SAMMLUNG TUSCULUM

MENANDER

KOMÖDIEN

Griechisch-deutsch

Herausgegeben und übersetzt
von Niklas Holzberg

DE GRUYTER

ISBN 978-3-11-163489-0
e-ISBN (PDF) 978-3-11-163490-6

Library of Congress Control Number: 2025932054

Bibliografische Information der Deutschen Nationalbibliothek
Die Deutsche Nationalbibliothek verzeichnet diese Publikation in der Deutschen Nationalbibliografie; detaillierte bibliografische Daten sind im Internet über http://dnb.dnb.de abrufbar.

Für Einbandgestaltung verwendete Abbildungen:
Cologny (Genève), Fondation Martin Bodmer, Cod. Bodmer 5: 3v/4r
(www.e-codices.unifr.ch)

Satz im Verlag
Druck und Bindung: Beltz Grafische Betriebe GmbH, Bad Langensalza

♾ Gedruckt auf säurefreiem Papier
Printed in Germany

www.degruyter.com

Fragen zur allgemeinen Produktsicherheit:
productsafety@degruyterbrill.com

κεδνῇ δάμαρτι

INHALT

ANHANG

EINFÜHRUNG

Er war neben Homer und Euripides der meistgelesene griechische Dichter des Altertums. In der Neuzeit dagegen kannte man sein Werk nur aus Zitaten einzelner Verse und Versabschnitte bei antiken Autoren und wusste, dass einige seiner Komödien einigen der von den römischen Komödiendichtern Plautus (um 250–184 v. Chr.) und Terenz (um 195–nach 159 v. Chr.) geschriebenen Stücke als Vorlage gedient hatten: Menander, 342/41 v. Chr. geborener und 292/91 oder 291/90 v. Chr. gestorbener Sohn des Diopeithes und der Hegestrate aus Kephisia bei Athen. Heute wissen wir durch zahlreiche Papyrustexte, die von 1844 bis in die jüngste Vergangenheit entdeckt wurden und unter denen sich wenigstens eine so gut wie vollständig erhaltene Komödie, der *Dyskolos* (›Der Schwierige‹) befindet, etwas, das Menander aus der Rückschau theatergeschichtlich auf besondere Weise bedeutend macht: Er ist für uns der älteste Verfasser von Dramen mit Happy End, denen ein nach wie vor in Bühnenstücken, Filmen und Fernsehserien verwendetes Handlungsschema zugrunde liegt; wie z. B. in modernen Boulevardkomödien wird auch bei Menander stets ein Liebespaar nach Irrungen und Wirrungen, die eine Trennung möglich erscheinen lassen, am Schluss durch Heirat vereint, wobei Intrige und Wiedererkennung oft eine wichtige Rolle spielen. In unserer Zeit kann dergleichen reichlich trivial inszeniert werden, etwa in TV-Seifenopern, doch das literarische Niveau von Menanders Komödien, die überwiegend in jambischen Trimetern gedichtet sind, ist sehr hoch. Nicht nur hat der Dramatiker seinen Figuren eine kunstvolle Sprache in den Mund gelegt, sondern er versteht es auch, diese Menschen schon durch die Art, wie sie reden, psychologisch feinfühlig zu charakterisieren; er stellt raffinierte intertextuelle Bezüge zu Dichtungen her, die das kulturelle Gedächtnis seiner Zuschauer:innen offenbar gespeichert hatte, und richtet an sie durch Thematisierung privater Probleme, mit denen sich die Griechen seiner Gegenwart konfrontiert sehen konnten, ein durchaus ernst zu nehmendes Identifikationsangebot. Betrachten wir also zunächst die historischen und literarischen Bedingungen für die Genese dieser Form von Dramatik.

»O Menander und Leben ...«

Menanders Charakterisierungskunst soll der Philologe Aristophanes von Byzanz (um 220 v. Chr.) dadurch gepriesen haben, dass er den Dichter und das personifizierte Leben fragte, wer von den beiden wen nachgeahmt habe. Das ist deswegen bemerkenswert, weil die Voraussetzungen dafür, dass man in den auf antiken Bühnen agierenden Figuren ›echte‹ Menschen aus Fleisch und Blut erblicken konnte, denkbar schlecht waren. Denn die Akteure trugen Masken, sie übernahmen, da man die Anzahl von dreien in der Regel nicht überschritt, innerhalb eines Stücks mehrere Rollen, indem sie die Maske und das Kostüm wechselten, und Frauen wurden von Männern gespielt. Die Masken, deren Aussehen uns zahlreiche bildliche Darstellungen zeigen – am eindrucksvollsten sind die auf der Insel Lipari bei Sizilien ausgegrabenen Terrakotten des 4. und 3. Jahrhunderts v. Chr. –, repräsentierten die traditionellen Typen des komischen Dramas, z. B. den jugendlichen Verliebten oder die Hetäre, und das legt nahe, was Philologen oft behaupteten: Der Komödiendichter habe seine Figuren nicht individuell, sondern nur typologisch charakterisieren können. Menander aber weiß, indem er die von den Masken geweckten Erwartungen sich nicht erfüllen lässt, die Zuschauer:innen durch lebensecht redende und agierende Personen zu überraschen; so konnte er z. B. die Gestalt des dummen, prahlerischen Söldneroffiziers durch einen liebenden Mann in militärischer Kleidung ersetzen, der nachvollziehbare Gefühle äußert.

Die Bühne, auf der zu Menanders Zeit so etwas zu sehen und zu hören war, befand sich unter freiem Himmel im Athener Dionysostheater am Fuß der Akropolis, von deren südöstlichem Abhang aus bis zu 18.000 Zuschauer:innen auf die Orchestra herabsahen; dabei handelte es sich um einen kreisförmigen Platz, auf dem der ins antike Drama fest integrierte Chor – zu seiner Funktion bei Menander komme ich noch – sang und tanzte und hinter ihm vom Publikum aus betrachtet das dramatische Geschehen ablief. Das erfolgte ausschließlich vor der Skene, einem Haus, in dem die Schauspieler sich für einen Rollenwechsel fertigmachten und welches meist einfach durch zwei Türen die Fiktion erzeugte, dass die hier ein- und ausgehenden Männer und Frauen zwei Nachbargebäude bewohnten; eine dritte Öffnung der Skene zwischen den beiden Türen konnte für das Heiligtum eines Gottes stehen, z. B. das des Pan im *Dyskolos*. Was sich in den zwei Häusern ereignet, wird in den Komödien entweder erzählt oder indirekt dadurch vermittelt, dass jemand beim Heraustreten zurückspricht. Außerszenisches Geschehen vergegenwärtigen die *dramatis personae* ebenfalls durch Erzählen; das kann sich nach dem Vorbild der Tragödie des 5. Jahrhunderts zu einem Botenbericht ausweiten, wie der *Sikyonios* (›Der Sikyonier‹) belegt (V. 176–271). Betraten die Akteure die Spielfläche von rechts, kamen sie in der Vorstellung der Zuschauer:innen aus der Stadt oder vom Hafen, durch den linken Seiteneingang vom Land.

Menander brachte seine erste Komödie 321 v. Chr. bei den Städtischen Dionysien, einem Fest, das in Athen im März/April stattfand, auf die Bühne. Es ist nicht eindeutig tradiert, ob die *Orge* oder die *Thais* aufgeführt wurde und ob er seinen ersten von acht Siegen im Wettstreit mit anderen Komödiendichtern schon in diesem Jahr errang; Sicherheit besteht über seinen ersten Platz mit dem *Dyskolos* an den Lenäen 316 (Januar/Februar). Von seinem Leben erfahren wir auch sonst nicht viel. Gemeinsamer Wehrdienst mit Epikur (341–271 v. Chr.), philosophischer Unterricht bei Theophrast (ca. 371–287 v. Chr.) und Freundschaft mit dem von der makedonischen Herrschaft 317–307 v. Chr. eingesetzten Stadtherrn Demetrios von Phaleron (ca. 360–280 v. Chr.) ist möglich, aber nicht zweifelsfrei bezeugt. Uns sind 106 Titel von Komödien Menanders bekannt, aber nicht die Anzahl von Zweittiteln wie *Thrasonides* zum *Misumenos* (›Der Gehasste‹) unter ihnen. Lediglich 5% dieser Textmasse können wir noch lesen, aber von nur wenigen Stücken kennen wir das genaue Datum der Aufführung. Man kann versuchen, die Komödien, die außer dem *Dyskolos* die meisten Verse aufweisen – *Aspis* (›Der Schild‹), *Epitrepontes* (›Das Schiedsgericht‹), *Misumenos*, *Perikeiromene* (›Die Geschorene‹), *Samia* (›Die Samierin‹) und *Sikyonios* (›Der Sikyonier‹) –, zeitlich ungefähr zu fixieren, aber Gewissheit ist hier nicht zu gewinnen. Sehen wir uns, bevor wir uns diesen und anderen Stücken zuwenden, erst einmal an, wie sie überliefert sind.

Lebensweisheiten und Sandkonserven

Die bereits erwähnten Zitate von Versen oder Versabschnitten aus Menander-Komödien, die man in ihrer Gesamtheit als die indirekte Überlieferung seiner Texte bezeichnen kann, wurden von den Prosaautoren, denen wir ihre Erhaltung verdanken, nach ganz spezifischen Kriterien ausgewählt. Die meisten sind dem Thema ›Lebensweisheit‹ zuzuordnen – Ioannes Stobaios (Anfang 5. Jh. n. Chr.) bietet in seinem *Anthologion* die Hauptmasse –, viele weckten kulturgeschichtliches Interesse, namentlich solche, die etwas über Ess- und Trinksitten der Zeit des Dichters verraten; davon findet man nicht wenige im ›Gelehrtengastmahl‹ (*Deipnosophistai*) des Athenaios (Anfang 3. Jh. n. Chr.). Eher gering ist die Zahl der Zitate, die bei der Rekonstruktion des verlorenen Stücks helfen können, aus dem sie stammen; einige führt Aelius Donatus (ca. 310–380 n. Chr.) in seinem Kommentar zu den vier Komödien des Terenz an, die auf Komödien Menanders fußen (*Andria*, *Heautontimorumenos*, *Eu-*

nuchus, *Adelphoe*). Zu den Aussagen ›über Gott und die Welt‹, die Stobaios exzerpierte, gehören mehrere, die nur aus einem einzigen Vers bestehen, z. B. die heute noch als ›geflügeltes Wort‹ gebrauchte Sentenz

> ὃν οἱ θεοὶ φιλοῦσιν ἀποθνήσκει νέος
> (Wen die Götter lieben, der stirbt jung),

die (vermutlich) der Sklave Syros im *Dis exapaton* (›Der Doppelbetrüger‹) formulierte (F 4). Ausschließlich Einzelverse wie diesen vereint eine in byzantinischen Handschriften überlieferte Sammlung von Lebensweisheiten mit dem Titel Γνῶμαι μονόστιχοι (›Sentenzen in jeweils einem Vers‹). Ein knappes Drittel von ihnen geht auf Menander zurück, der Rest auf andere Dichtungen, die jambische Trimeter enthalten, darunter die Tragödien des Euripides. Dennoch nennt man die Verse allgemein ›Menander-Sentenzen‹, was insofern eine gewisse Berechtigung hat, als die ältesten Florilegien solcher Sinnsprüche sehr wahrscheinlich zunächst einmal auf seine Stücke zurückgriffen.

Menander-Papyri kamen vom Jahr 1844 an über 100 zutage. Mehr als die Hälfte wurde in den ersten 300 Jahren der römischen Kaiserzeit beschrieben, und einen großen Teil hat man im oberägyptischen Oxyrhynchos (heute Al Bahnasa) ausgegraben; die Abfallhügel, in denen sie sich befanden, waren von Sandschichten bedeckt, die ebenso zur Konservierung beitrugen wie die Tatsache, dass fast nie Regen darauf fällt. Am bekanntesten unter solchen Manuskripten sind der 1905 veröffentlichte Papyrus Cairensis 43227, der u. a. große Partien der *Epitrepontes* enthält, und der Papyrus Bodmer IV, der 1959 für die Sensation der Wiedergewinnung des nahezu kompletten *Dyskolos* und zehn Jahre später für die Überraschung sorgte, dass darin außerdem längere Passagen der *Aspis* und der bruchstückhaft bereits durch den Cairensis bekannten *Samia* stehen. Fragt man, warum Abschriften von Texten, die in Athen verfasst worden waren, bis nach Ägypten gelangten, mag die Antwort, dass dort seit der Eroberung des Landes durch Alexander den Großen (356–323 v. Chr.) viele Griechen wohnten, zunächst genügen. Aber Menander erfreute sich, wie gesagt, als Autor zumindest bis zur Spätantike in der gesamten hellenischen Welt sehr großer Popularität. Davon und von seinem anschließenden Verschwinden aus dem Lektürekanon sei nun die Rede.

Erst höchst beliebt, dann ausgesondert

1970, ein Jahr nach der Publikation von *Aspis* und *Samia*, erfuhr man ebenfalls durch eine Erstveröffentlichung (Charitonidis [et al.], s. S. 590), dass nicht weit von Mytilene in einer Gegend, wo in hellenistischer und römischer Zeit reiche Bürger lebten, ein Haus freigelegt wurde, das man im späten 4. Jahrhundert mit Mosaik-Darstellungen von Szenen aus elf Menander-Komödien ausgeschmückt hatte. Zwei von ihnen, die durch Beschriftung Akt I der *Synaristosai* (›Die zusammen essenden Frauen‹) und Akt II der *Theophorumene* (›Die Besessene‹) zugeordnet sind, bestätigten die schon früher in der Forschung geäußerte Vermutung, dass zwei in Pompeji entdeckte, ähnlich konzipierte Mosaike des Dioskurides aus der Zeit zwischen 125 und 100 v. Chr. dieselben Szenen festhalten. Das wiederum lässt darauf schließen, dass diese Bilder auf Malereien zurückgriffen, die in Athen um 270 v. Chr. öffentlich ausgestellt waren. Inzwischen hat sich ergeben, dass die Originale außer den genannten Kunstwerken eine stattliche Reihe von Mosaiken und Fresken angeregt haben müssen, die sich quer über den östlichen Mittelmeerraum verteilen. Szenen aus 15 Stücken Menanders haben Archäolog:innen bereits zugänglich gemacht, und wie weit sie verbreitet waren, sieht man daran, dass unter den Fundorten neben Pompeji und Mytilene z. B. Brindisi, Chania auf Kreta, Selçuk nahe dem antiken Ephesos und Ulpia Oescus bei dem nordbulgarischen Plewen zu nennen sind. Menander-Komödien hat man also nicht nur, wie dokumentiert ist, bis in die Spätantike in Städten und kleineren Orten der Oikumene aufgeführt, sondern offenbar auch in Privathäusern wohlhabender Besitzer, wo Szenen, mit deren Darbietung man sich dort begnügt haben dürfte, bis ins 4./5. Jahrhundert n. Chr. hinein an Wänden und auf Fußböden verewigt wurden.

Von der Beliebtheit des Dramatikers im Altertum zeugt ebenso, dass er von allen griechischen Autoren der am häufigsten porträtierte ist. 71 Büsten existieren noch, deren Muster sicherlich eine Sitzstatue war, welche die Athener neben Standbildern der Tragödiendichter Aischylos (525/24–456/55 v. Chr.), Sophokles (497/96–406/05 v. Chr.) und Euripides (485/80–406 v. Chr.) im Dionysostheater errichtet hatten. Menanders Komödien wurden sowohl wiederholt inszeniert, als auch, wie man aus der großen Anzahl der Papyri folgern darf, gerne gelesen. Deshalb verfassten Philologen schon bald nach seinem Tod (heute verlorene) Kommentare, und seine Texte dienten als Schullektüre. Das hörte aber in der byzantinischen Ära auf, während der andere berühmte Komödiendichter Aristophanes (um 450–nach 385 v. Chr.) sich weiterhin im Unterricht behauptete. Das mag auf den ersten Blick verwunderlich erscheinen, da der ältere Dramatiker seinen Figuren die derbsten Obszönitäten in den Mund legt, wohingegen Menander die bürgerliche Welt seiner Bühnenstücke von dergleichen so gut wie ganz freihält. Doch seine Sprache ist nicht mehr das Attisch der Klassik des 5./4. Jahrhunderts, das man in der Kaiserzeit zum idealen Griechisch erklärt hatte, und die Formalästhetik der Texte war den Schulmeistern bis weit ins 20. Jahrhundert hinein fast wichtiger als der Gehalt. Was diesen betrifft, spielt bei Menander anders als bei Aristophanes das Thema ›Liebe und Ehe‹ eine führende Rolle, und damit wollte man Halbwüchsige wohl verschonen. Doch die Lebensweisheit vieler Passagen konnte man ihnen getrost vorlegen, was man gewiss auch wünschte, und die einschlägigen Verse stellten Stobaios und die Sammlung der ›Menander-Sentenzen‹ bequem zur Verfügung. Eine davon (F 165 = 808 Pernigotti) hatte sogar der Apostel Paulus verwendet (1 Kor 15,33).

So kam es, dass die Komödien des jüngeren Dichters nicht mehr abgeschrieben wurden und damit die dritte von drei Entwicklungsphasen der griechischen Komödie – man unterscheidet die Alte, Mittlere und Neue Komödie, – in der Neuzeit nur sehr bruchstückhaft kenntlich war. Seit der Entdeckung der Papyri ist es aber möglich, sich ein Bild davon zu machen, inwieweit Menander und seine Athener Kollegen an die Gattungstradition, die in der Phase der 486 v. Chr. erstmals nachweisbaren Alten Komödie für uns allein Aristophanes mit vollständigen Dramen repräsentiert, anknüpfen konnten. Über die Texte der Mittleren Komödie, die man zwischen 388 und 321 v. Chr. datiert, sind wir nach wie vor nur durch zitierte Verse informiert und können deshalb über ihren Einfluss auf die Neue Komödie lediglich Vermutungen anstellen. Fest steht dagegen, dass zur Genese des Dramentyps, als dessen Vertreter wir zusätzlich zu dem Griechen Menander seine römischen Bearbeiter Plautus und Terenz kennen, außer den komischen Bühnenspielen des 5./4. Jahrhunderts auch die damals entstandenen Tragödien, allen voran die des Euripides, wesentlich beitrugen. Damit sind wir beim Thema ›Gattung‹.

Zwischen Lysistrate und Helena

Das Handlungsschema der elf erhaltenen Komödien des Aristophanes konstituieren folgende Bauelemente, die der Dramatiker virtuos variiert: Der Protagonist oder die Protagonistin sieht sich zu Anfang mit einer politisch oder sozial bedingten Problemlage konfrontiert und entwickelt einen utopischen Plan, welcher für deren Beendigung sorgen soll. In dem populärsten Stück des Dichters, der *Lysistrate*, ist es der Peloponnesische Krieg, der, weil er die Männer Athens und Spartas immer wieder von ihren Frauen trennt, diese unter der Führung der Titelheldin dazu treibt, sich den Männern solange zu verweigern, bis die Herren zum Frieden bereit sind. Nachdem die Frauen die Akropolis eingenommen und so die Verwirklichung ihres utopischen Plans ermöglicht haben, wird die dadurch kreierte ›verkehrte Welt‹ in locker aneinandergereihten Episoden vor Augen gestellt; am Schluss versöhnen sich die beiden Geschlechter miteinander und feiern insofern erneut Hochzeit. Zu einer solchen kommt es auch stets im Finale eines Stücks von Menander, und auch seine Figuren müssen vor dem Happy End Hindernisse überwinden. Aber bei ihm bringt nicht wie in der *Lysistrate* eine Utopie die Lösung, sondern ein für die Zuschauer:innen nachvollziehbarer, also in ihrem Alltagsleben denkbarer Vorgang. In Bewegung versetzt diesen statt einer realen politischen Situation in Athen ein innerfamiliärer Konflikt, wie es ihn zu allen Zeiten geben kann. Und schließlich: Zerfällt das Bühnengeschehen in dem älteren Stück schon nach der ersten Hälfte, in der die Voraussetzung für das Gelingen des utopischen Plans geschaffen wurde, in Einzelszenen, so durchläuft es bei Menander von Anfang bis Ende eine durch aufsteigende und fallende Handlung mit der Peripetie dazwischen kohärent strukturierte Entwicklung.

Aristophanes ist dafür bekannt, dass in seinen Komödien athenische Mitbürger derb verspottet, ja diffamiert werden, darunter einflussreiche Männer des öffentlichen Lebens. Das gibt es bei Menander nur dreimal und ohne Schärfe in der wahrscheinlich früh entstandenen *Samia* (V. 504, 603, 606–608), die Attackierten sind ganz unbedeutend, und Bezüge zur politischen Situation in seiner Gegenwart stellt dieser Dichter so gut wie nie her. Aristophanes wiederum reduziert das ὀνομαστὶ κωμῳδεῖν (namentlich verspotten) nach 421 v. Chr. erheblich, so dass es im *Plutos* von 388 v. Chr., der letzten der von ihm überlieferten Komödien, kaum noch eine Rolle spielt. Sie wird zusammen mit den *Ekklesiazusai* (›Frauen in der Volksversammlung‹) von etwa 391 v. Chr. bereits zur Mittleren Komödie gerechnet, unter anderem deswegen, weil der in griechischen Dramen stets mitwirkende Chor nicht mehr wie in den vorausgegangenen neun Komödien permanent in die Handlung integriert ist, sondern nur kurz bei seinem ersten Auftritt zu Beginn. Anschließend füllt er lediglich durch Tanz und Gesang die Pausen zwischen größeren Szenenblöcken aus. Das markieren Abschriften der beiden genannten Aristophanes-Stücke durch ΧΟΡΟΥ (<Tanz und Lied> des Chors) – der Gesangstext, der vermutlich nicht auf die Bühnenaktion bezogen war, fehlt also –, und so finden wir es dann in den Menander-Papyri nach den Akten I–IV der regelmäßig in fünf Akte gegliederten Komödien. Die Teilnahme der Choreuten am Geschehen beschränkt sich darauf, dass jemand sie am Ende von Akt I als betrunkene junge Männer näherkommen sieht und ihnen die Spielfläche für ihren Entreakt freigibt.

Immerhin verbinden Menanders Komödien mit denen des Aristophanes zwei Gemeinsamkeiten. Die eine besteht darin, dass bestimmte Typen von Bühnenfiguren, die bei dem jüngeren Dichter immer wieder agieren, bei dem älteren ›präfiguriert‹ sind. Gewiss, die spezifischen Charaktereigenschaften, welche die Neue Komödie ihren *personae* zuweist und die Menander, wie gesagt, gerne modifiziert, dürfte in der Phase der Mittleren Komödie festgelegt worden sein. Aber der prahlerische Soldat, der schlaue Sklave und der alte Vater, der mit seinem Sohn in Konflikt gerät, haben ihre Vorgänger bei Aristophanes, und wenn bei Menander zwei Hetären, die Chrysis der *Samia* und die Habrotonon der *Epitrepontes*, durch eigene Aktionen in das Geschehen eingreifen, fühlt man sich an die zwei ›Macherinnen‹ Lysistrate im gleichnamigen Stück und Praxagora in den *Ekklesiazusai* erinnert. Einander ähnlich sind außerdem die Exodos, der letzte Szenenkomplex bei Aristophanes, und der fünfte Akt bei Menander. Der ältere Dramatiker lässt im Finale seine Protagonisten das Gelingen ihres utopischen Plans mit Essen, Trinken, Sex und Verspottung der Gegner feiern, und daran lehnt sich Menander mit seinem Schlussakt insofern an, als er ein amüsantes Nachspiel zu der mit Akt IV zu ihrem Ziel gelangten Handlung bietet: Der Vermählung des jungen Paars sind Szenen vorausgeschickt, in denen auf Kosten einer der *dramatis personae* ein Scherz, der sehr derb sein kann, als *play within the play* inszeniert wird; im frühen *Dyskolos* geht es dabei fast so rüpelhaft zu wie in analogen Szenen bei Aristophanes.

In fünf Akte eingeteilt sind innerhalb der europäischen Theatergeschichte für uns erstmals die Komödien Menanders. Wer ihm mit dieser Gliederung vorausging, wissen wir nicht, aber sie dürfte eher von der Tragödie als von der Komödie entwickelt worden sein. Denn für die Dramaturgie des Aristophanes ist, wie erwähnt, das Prinzip der lockeren Reihung charakteristisch, während in der Tragödie des 5. Jahrhunderts v. Chr. die Abfolge der Epeisodion genannten Handlungsabschnitte und die Unterbrechung durch die Chorlieder ganz deutlich auf die Sequenz der durch XOPOϒ getrennten Akte Menanders vorausweist. Außerdem ist die Neue Komödie inhaltlich von der Tragödie, am stärksten von ihrem in der Antike populärsten Autor Euripides beeinflusst. Vor allem mit den fünf Dramen *Elektra*, *Helena*, *Iphigenie im Taurerland*, *Ion* und *Orestes* bot der Tragödiendichter dem Komödiendichter wichtige Anregungen. Bereits in diesen Stücken bahnen Wiedererkennung und Intrige den Weg zu einem sonst im ›Trauerspiel‹ nicht üblichen Happy End. In der *Helena* z. B. findet Menelaos seine nicht nach Troja entführte, sondern nach Ägypten entrückte Frau dort wieder und kann sie nur durch Überlistung des in Helena verliebten Königssohns auf sein Schiff retten. Das Stück beginnt wie oft bei Euripides mit einem Prolog, hier der Titelheldin, die ausgiebig die Vorgeschichte erzählt, und eine solche Art von Exposition begegnet uns regelmäßig bei Menander, der seinen Prologsprecher, wenn dieser wie manchmal bei Euripides ein göttliches Wesen ist, sogar den Ausgang des jeweiligen Stückes voraussagen lässt.

Menanders Intertextualität mit der Tragödie beschränkt sich nicht auf die rein stoffliche Adaption euripideischer Handlungselemente. Er parodiert auch nicht selten Tragödienszenen und die für sie typische Diktion, und damit knüpft der Dichter der Neuen Komödie an das an, was man im Zusammenhang mit der Alten Komödie Paratragodie nennt. Menander evoziert gerne höchst amüsant Verse oder Versteile aus Tragödien, wobei er offenbar damit rechnet, dass sein Publikum die feinsinnige Intertextualität zu goutieren weiß; das ist durchaus denkbar, da klassische Tragödien wiederaufgeführt und die Texte, die ihnen zugrunde liegen, weiterhin abgeschrieben wurden. Um ein Beispiel für menandrische Paratragodie anzuführen, zitiere ich einen Vers aus der Szene der *Perikeiromene*, in der es während eines Gesprächs zur Wiedererkennung von Tochter und Vater kommt. Es handelt sich dabei überwiegend um stichomythische Wechselrede, wie man sie in der Tragödie besonders häufig antrifft: Jeder der beiden Dialogpartner spricht nur einen Vers mit einer knappen Aussage, und wenn dafür weniger Worte notwendig sind, als der Vers enthalten muss, wird er künstlich verlängert wie in V. 355:

> μόνη δ' ἔκεισο; τοῦτο γὰρ σήμαινέ μο[ι.
> (Lagst du allein? Zeig mir dies doch an!)

Die zeitgenössischen Zuschauer:innen dürften darüber gelacht haben. Aber schließt das aus, dass Menander mit seiner relativ engen Anlehnung an die Tragödie die Absicht verband, wie diese Gattung die Bühnenfiguren über Lebensphilosophie und Politik reflektieren zu lassen oder durch den Handlungsverlauf das Publikum nachdenklich zu stimmen? Immerhin soll der Dichter laut Überlieferung von keinem geringeren als Theophrast, dem Nachfolger des Aristoteles (384–322 v. Chr.) in der Leitung der peripatetischen Schule, persönlich unterrichtet worden sein. Fragen wir also jetzt, ob wir es bei aller Komik auch mit einem ›ernsten Menander‹ zu tun haben.

Menanders Schaubühne – eine moralische Anstalt?

In der Forschung hat man immer wieder moralphilosophische Unterweisung aus den menandrischen Komödien herauszulesen versucht. Weil man mit Blick auf Theophrast als ›Mentor‹ des Dramatikers die

Anverwandlung einzelner Textpassagen an die Philosophie des Aristoteles-Schülers und seines Meisters zu entdecken glaubte, ist man so weit gegangen, Menander als ›poeta del Peripato‹ zu bezeichnen (Adelmo Barigazzi). Das erinnert aber deutlich an Blütenlese wie die des Stobaios, die das Erbauliche aus den Komödien exzerpiert und dabei den komischen Kontext außer Acht lässt. Von diesem isoliert hört sich das oben zitierte Wort von der Liebe der Götter zu einem Menschen, die sich daran zeige, dass er jung stirbt, sehr tiefsinnig, ja existenzphilosophisch an. Aber den Zusammenhang, den uns Stobaios und andere, dank denen der Vers überlebt hat, vorenthalten, kann man in diesem Fall mit höchster Wahrscheinlichkeit rekonstruieren: Plautus bearbeitete den *Dis exapaton*, in dem der Trimeter steht, in seinen *Bacchides* und übersetzte ihn originalgetreu mit *quem di diligunt, adulescens moritur* (V. 816f.). Dort spricht die Worte der Sklave Chrysalus, der, bei Menander Syros genannt, seinen jungen, in eine Hetäre verliebten Herrn dabei unterstützt hat, dessen Vater um viel Geld zu betrügen, und das auch im menandrischen Prätext. Chrysalus fügt nun hinzu, jener Vater müsse, wenn irgendein Gott ihn liebe, mehr als zehn, ja mehr als zwanzig Jahre tot sein, und das wiederum klingt sehr plautinisch. Aber da der Menander-Vers wortwörtlich ›zitiert‹ ist, darf man annehmen, dass der Sklave sich schon bei dem griechischen Dichter zumindest ähnlich sarkastisch äußerte und so seine ›Sentenz‹ des philosophischen Tiefsinns beraubte.

Analysiert man vergleichbare Verse und Versgruppen wie hier innerhalb des jeweiligen gedanklichen Umfelds, kommt man immer wieder zu dem Ergebnis, dass der Kontext weise Aussagen komisch konterkariert. Doch natürlich kann man nicht bestreiten, dass Menander in seinen Stücken moralisch positives Handeln positiv bewertet wissen will. Denn zum an sich unvermeidlichen Happy End werden seine Menschen nicht einfach nur durch die wohlwollende Schicksalsgöttin Tyche geleitet, sondern sie verdienen sich das auch durch Einsicht in begangene Fehler, Kontrolle ihrer Affekte, Bereitschaft zum Verzeihen, Großzügigkeit, Treue gegenüber Freunden und andere Tugenden. Am eindrucksvollsten kann sich sittlich vorbildliches Verhalten darin zeigen, dass jemand, der nicht weiß, dass Tyche ihm kurz zuvor zu unerwartetem Glück verholfen hat, durch Selbsterkenntnis reif für dieses Glück wird; ein Beispiel dafür bietet der Monolog des Charisios in den *Epitrepontes*: Noch bevor er erfährt, dass das vermeintlich von einem anderen Mann empfangene Kind seiner Frau Pamphile sein eigenes ist, überdies von ihm nach Gewaltanwendung gezeugt, und er sie daher zu Unrecht verlassen hat, verurteilt er, dass er das tat (908–932a); dazu bewegt ihn das Belauschen eines Gesprächs Pamphiles mit ihrem über ihn erzürnten Vater, in dem sie ihre unveränderte Loyalität bekundet.

Menanders Bühnenfiguren bewältigen also moralisch musterhaft ihre innerfamiliären Probleme. Aber beabsichtigt Menander, wenn er seine Menschen den Zeitgenoss:innen präsentiert, dass diese aus deren Handeln eine Lehre für ihre Lebensführung ziehen? Da die meisten seiner Stücke in Athen lokalisiert sind, hat man untersucht, ob der Dramatiker, wenn er denn tatsächlich als Präzeptor seiner Mitbürger:innen wirken wollte, das mit Blick auf die politischen Verhältnisse des Stadtstaates in seiner Gegenwart intendiert habe. Athen, einst radikal demokratisch, war nach der Eroberung der Peloponnes durch die Makedonen unter deren Königsherrschaft geraten und unterstand bis 306 einem Statthalter, dessen Posten, wie erwähnt, 317–307 v. Chr. Demetrios von Phaleron innehatte; erst danach, rund 15 Jahre vor Menanders Tod, konnte die Polis vorübergehend zur Demokratie zurückkehren. Wie nicht anders zu erwarten, wurde in der Forschung sowohl dafür eingetreten, dass Menander die von ihm inszenierte heile Welt durch die makedonische Regierungsform ermöglicht sah, als auch dafür, dass er das demokratische System befürwortete – Letzteres, indem er z. B. Sklaven eigenständig und erfolgreich agieren lässt, um implizit für eine Verbesserung ihrer sozialen Lage zu werben. Doch politische Äußerungen in den Stücken, welche die eine oder andere These bestätigen könnten, würde man in den Komödien vergeblich suchen.

Das einzige, was man über Menanders Integration Athens in seine Dramen zweifelsfrei sagen kann, ist, dass er mit seinen allesamt zum glücklichen Ende führenden Spielhandlungen das Bild einer städtischen Gesellschaft zeichnet, zu der zu gehören sich offenbar lohnt, ob sie von einem Monarchen regiert wird oder sich demokratisch selbst verwaltet. In einem sehr lesenswerten Aufsatz von 2018 fühlt David Konstan (s. S. 587) sich mit Recht durch die menandrische Idealisierung des Familienlebens in Athen an die Produkte der Traumfabrik Hollywood erinnert, die Film- und TV-Komödien, die den *American Dream* als erfüllbar darstellen. Wie diese in Kinos und auf Bildschirmen der ganzen Erde angesehen werden, so fanden die Komödien Menanders, wie gezeigt, in den Theatern und den Salons von Privathäusern des östlichen Mittelmeerraums überall ihr Publikum. Wenden wir uns denn den 19 Stücken, die in dem vorliegenden Band vereint sind, näher zu.

The Big Seven

Von den Komödien *Dyskolos*, *Samia*, *Sikyonios*, *Aspis*, *Perikeiromene*, *Misumenos* und *Epitrepontes* ist jeweils so viel überliefert, dass es sich empfiehlt, sie als erste zu betrachten. Da ich den Texten Inhaltsangaben vorausschicke, hebe ich im Folgenden lediglich einzelne Besonderheiten hervor. Ich glaube, dass die ›großen Sieben‹ in der von mir gewählten Reihenfolge eine Entwicklung der dramatischen Technik Menanders widerspiegeln und sich daraus sogar vorsichtige Vermutungen über die Datierung ableiten lassen; nur vom *Dyskolos* kennt man sie ja (316 v. Chr.). Das Stück eignet sich auch deshalb gut für den Einstieg, weil es nahezu komplett erhalten ist.

Dyskolos (›Der Schwierige‹). Die Komödie wird wie diejenige von *Samia* und *Sikyonios* durch einen Prolog eröffnet, den wie zu Beginn des *Sikyonios* ein Gott spricht, hier Pan; das bedeutet, wie erwähnt, dass den Zuschauer:innen das Happy End prophezeit werden kann, was z. B. im *Dyskolos* geschieht. Dadurch erreicht der Dramatiker, dass die Aufmerksamkeit sich mehr auf das ›Wie‹ als auf das ›Was‹ der Handlung richtet. Die Zuschauer:innen wussten von vornherein, dass ein am Anfang der Komödie existierendes Problem am Schluss eine erfreuliche Lösung finden würde, und somit nahm ihnen die Prophezeiung Pans nicht die Spannung. Sie erfuhren ja nur, dass der junge Mann Sostratos, von dem der Gott sagt, er sei in die Tochter des Menschenfeindes Knemon verliebt, sie erringen werde, aber nicht, auf welche Weise das gelingt. Dafür würde – das hatte man auf den Bänken am Abhang der Akropolis am Schnürchen – wie immer ein Hindernis zu überwinden sein, und sofort wird es szenisch exponiert: die Misanthropie des potentiellen Brautvaters, der nicht einmal zu einem Gespräch mit Sostratos bereit ist. Wenn der Verliebte nun plant, seinen »in allen Dingen gewandten« Sklaven Getas helfen zu lassen, rechnet man damit, dass dieser dann in alter Tradition eine Intrige in Gang setzt, aber dazu kommt es nicht, wie man zu Beginn von Akt II erfährt; Getas muss der Mutter des Sostratos bei einem Opferfest für Pan zur Hand gehen. Eine weitere Erwartung wird geweckt und wiederum enttäuscht: Sostratos hat Aussicht darauf, mit Unterstützung des Gorgias, des Stiefbruders der von ihm begehrten jungen Frau, zu Knemon vorzudringen. Aber auch das misslingt, weil der »Schwierige« nicht auf dem Feld erscheint, wo der junge Mann, um dem alten Bauern zu imponieren, ganz gegen seine Gewohnheit sich in heißer Sonne mit einer Hacke betätigt.

Der spezielle Clou des Stückes ist, dass die Handlung, die das Happy End ermöglicht, gar nicht auf der Bühne abläuft, sondern hinterszenisch im Hause Knemons: Ein Eimer fällt in den Brunnen, die an ein Seil gebundene Hacke, die ihn heraufholen soll, ebenso und schließlich noch der Misanthrop beim Versuch, beides nach oben zu befördern. Die Rettung durch Gorgias veranlasst ihn dazu, diesem die Vormundschaft über seine Tochter zu übertragen, dann folgt die vielleicht größte Überraschung der Komödie: Dem Vorschlag des Stiefsohns, der Bräutigam solle Sostratos sein, stimmt Knemon mit Blick auf dessen Sonnenbräune zu, da er jetzt in ihm einen werktätigen Menschen zu sehen glaubt. Das ist Sostratos aber überhaupt nicht, und trotzdem hat ihn sein kurzer Ausflug in die Arbeitswelt, die zunächst erfolglos war, zu seinem Ziel geführt; wie immer bei Menander wird es mit dem Schluss von Akt IV erreicht. Gleichfalls wie immer bringt Akt V ein Nachspiel: Der Vater des Sostratos lässt sich im ersten Teil des Akts von diesem dafür gewinnen, Gorgias seine Tochter zu verheiraten, und Teil 2 präsentiert die traditionelle Verspottungsszene als Reprise einer Szene in Akt III. Dort hatten Getas und der Koch Sikon, die ein Opfer für Pan vorbereiteten, Knemon vergeblich um die Leihgabe von Kochgerät gebeten; nun wiederholen sie die Szene als Groteske, indem sie lautstark den Misanthropen, der infolge des Sturzes behindert und deshalb wehrlos ist, um eine viel zu große Menge an Küchenutensilien anbetteln und ihn gegen seinen Willen dazu bewegen, die Doppelhochzeit mitzufeiern.

Samia (›Die Samierin‹). Diese Komödie, die man sich spätestens 314 v. Chr., also bald nach dem *Dyskolos*, verfasst denken darf, bietet gleichfalls einige Überraschungen. Die größte besteht darin, dass das Happy End, die Verheiratung des jungen Mannes Moschion mit der Nachbarstochter Plangon, bei Handlungsbeginn nicht wie sonst infrage gestellt ist, sondern schon feststeht: In der letzten Szene von Akt I erfährt man, dass Moschions Adoptivvater Demeas und Plangons Vater Nikeratos die Vermählung ihrer Kinder auf einer Reise, von der sie jetzt zurückkehren, beschlossen haben. Sie findet aber auch in der *Samia* nicht vor dem Finale statt, weil es auch hier trotz der günstigen Ausgangslage Irrungen und Wirrungen gibt. Ausgelöst werden sie dadurch, dass Moschion, der den externen Prolog spricht und darin erzählt, dass Plangon ihm während der Abwesenheit der Väter ein Kind geboren hat, dies Demeas erst einmal nicht sagen möchte und deshalb auf einen Vorschlag des Sklaven Parmenon eingeht: Die Samierin Chrysis, eine Hetäre, mit der Demeas zusammenlebt, solle sich als Mutter des Säuglings ausgeben. Anders als im *Dyskolos* kommt in der *Samia* also die Intrige eines Sklaven zustande, aber sie muss zwangsläufig scheitern. Denn als Demeas durch Zufall vernimmt, dass Moschion das Kind gezeugt hat – das berichtet er dem Publikum in einem der längsten Monologe innerhalb der erhaltenen Komödien (V. 206–282) –, eröffnet er eine Verwechslungskomödie, die auf ihrem Höhepunkt in der Mitte von Akt IV den handelnden Personen die Durchführung der Hochzeit unmöglich erscheinen lässt.

Es ist freilich nicht Demeas, der, wie man erwarten könnte, Moschion im Zorn mit Entzug seiner Gunst bestraft und so dessen Glück zu verhindern droht. Da er eine optimale Beziehung zu dem von ihm adoptierten jungen Mann hat – die Komödie gehört zu nicht wenigen der Gattung, in denen das Verhältnis von Vätern und Söhnen thematisiert wird –, schiebt er die Schuld daran, dass es vermeintlich zum Sex Moschions mit seiner Geliebten kam, ihr zu. Er jagt also Chrysis in einer spektakulären Szene, die der Mosaizist von Mytilene abgebildet hat, mitsamt dem Säugling aus dem Haus, und es ist dann der etwas einfältige Nikeratos, der in dem Moment, als auch er glaubt, Moschion habe seinem Adoptivvater mit dessen Partnerin Hörner aufgesetzt, außer sich vor Wut wie ein Tragödienheld über das in seinen Augen ödipale Verbrechen tobt. Damit macht er sich total lächerlich, und das erst recht, als er seine Tochter beim Stillen des Babys erblickt und, weil er endgültig nichts mehr begreift, wie ein Wahnsinniger reagiert. Man würde daher damit rechnen, dass er in Akt V, nachdem Moschion Demeas endlich die Wahrheit gesagt und so die Handlung doch noch mit dem Schluss von Akt IV ihr Ziel erreicht hat, einer Verspottung zum Opfer fällt. Stattdessen treibt Moschion ein Spiel mit Demeas, indem er ihm vortäuscht, er wolle, durch dessen Unterstellung der Unzucht mit Chrysis schwer gekränkt, als Söldner in die Fremde marschieren.

Das führt aber nur dazu, dass der Adoptivvater seinen Zögling mit sehr ernsten Worten ermahnt, er möge seinen Wohltäter doch nicht wegen eines einzigen von ihm begangenen Fehlers verurteilen. Kurz darauf folgen rasch Vermählung und Ausklang des Stücks in einer wiederum sehr amüsanten Szene. Aber diese Komödie regt gleichwohl zum Nachdenken über die Gefährdung menschlicher Beziehungen durch mangelndes gegenseitiges Vertrauen an.

Sikyonios (›Der Sikyonier‹). Mit 423 Versen ist das vermutlich bald nach 314 v. Chr. geschriebene Stück, für das auch der von manchen Forschern als richtig angesehene Titel *Sikyonioi* (›Die Sikyonier‹) genannt wird, etwa zur Hälfte tradiert. Aber der Text weist so zahlreiche Lücken auf, dass der gesamte Inhalt sich nicht erfassen lässt. Immerhin erfährt man aus dem das Stück eröffnenden (leider fragmentarischen) Prolog einer unbekannten Gottheit etwas über die Vorgeschichte. Daraus geht hervor, dass diesmal zwei Wiedererkennungen das Happy End ermöglichen; der *Sikyonios* dürfte innerhalb der uns überlieferten Menander-Komödien die älteste sein, in welcher der Dichter das Motiv verwendet. Scheinbar aus Sikyon stammend, erhält der Offizier Stratophanes am Schluss von Akt III, in dem wir nach dem Prolog die ersten vollständigen Verse lesen, die Nachricht, die gerade gestorbene Frau, die ihn in Sikyon aufgezogen hatte, sei nicht seine Mutter gewesen, und am Schluss von Akt IV trifft er mit seinen leiblichen Eltern zusammen, so dass er nun sicher weiß: Er ist athenischer Bürger. Anspruch auf das Bürgerrecht der Polis kann ebenso die von ihm geliebte, aber ihm als Sklavin dienende junge Frau Philumena erheben. Wir wissen zwar nicht, wie das herausgefunden wurde, aber der schon kurz erwähnte Botenbericht von rund 100 Versen (V. 176–271) setzt es voraus, man vernimmt hier, dass Philumenas bürgerliche Herkunft während einer Volksversammlung kontrovers zur Debatte steht. Der Textabschnitt überbietet denjenigen, auf den er anspielt, den etwa gleichlangen Botenbericht im *Orestes* des Euripides (V. 866–956), durch die Anschaulichkeit seiner Schilderung eines dramatischen Ereignisses; dazu trägt die mehrfache Einlage direkter Rede bei.

Aus dem Botenbericht geht deutlich hervor, dass Stratophanes zu den Soldatenfiguren Menanders gehört, die nicht wie im *Miles gloriosus* (›Der prahlerische Soldat‹) des Plautus und seinem (nicht identifizierbaren) griechischen Prätext als lächerliche Aufschneider und erfolglose Schürzenjäger porträtiert werden. Denn der junge Mann bricht beim Anblick der von ihm geliebten Frau als einer Schutzflehenden unsoldatisch in Tränen aus. Einen Grund zum Weinen bekommt auch Philumenas Vater Kinesias, als in Akt V seine Wiedererkennung durch ein groteskes *play within the play*, wie es zu diesem Teil einer Menander-Komödie passt, regelrecht inszeniert wird: Theron, der Parasit des Stratophanes, bittet, weil er einen Zeugen für Philumenas athenische Abstammung braucht, einen alten Mann darum, sich als Kinesias auszugeben, ohne zu wissen, dass er an den ›Echten‹ geriet. Wie in der *Samia* wandelt Menander die traditionelle Verspottungsszene ab, die im *Dyskolos* wirklich eine solche ist. Bedauerlicherweise verrät der Papyrustext kaum etwas darüber, welche Rolle Menander dem Parasiten Theron, der eine Hetäre namens Malthake liebt, ansonsten in dem Stück zuwies. Die auf uns gekommenen Bruchstücke lassen auf jeden Fall vermuten, dass der *Sikyonios* neben subtiler Paratragodie auch außerhalb des Botenberichts Situationskomik wie diejenige der Szene des fünften Akts entfaltete.

Aspis (›Der Schild‹). Es spricht einiges für die Datierung der Komödie auf 312 v.Chr., und somit könnte sie die für uns älteste sein, in welcher dem Prolog Bühnengeschehen vorausgeht, er also intern platziert ist. Fast alle Menander-Stücke dieses Typs sind nach so einem ›Vorspiel‹ benannt, und bei denen, für die das gilt, soll der auf die Eröffnung der Handlung bezogene Titel zum einen Spannung wecken, zum anderen Voraussetzungen des Stücks entwickeln, welche die Zuschauer:innen in die Irre führen können. Der Schild der

Aspis gehört dem Söldneroffizier Kleostratos, und man fand ihn angeblich bei seiner Leiche, der Totgeglaubte kehrt aber zu Beginn von Akt IV heim; die *Perikeiromene,* die von ihrem eifersüchtigen Liebhaber geschorene vermeintliche Hetäre, ist keine und gab ihm keinen Anlass zur Eifersucht; den von seiner Geliebten gehassten *Misumenos* hasst diese am Ende nicht mehr, ja heiratet ihn sogar, und das *Phasma* ist keine geisterhafte Erscheinung, sondern eine junge Frau, die für ein Gespenst gehalten werden soll. Einzig der Bodmer-Papyrus der *Aspis* überliefert uns den vollständigen Text einer Abfolge von Eröffnungsszenario und nachträglicher Erzählung der Vorgeschichte, und da hier eine Gottheit auftritt, die über allem menschlichen Tun waltende Tyche, wird das Publikum nun darüber informiert, dass nicht zutrifft, was ihm im Monolog des Daos zu Anfang berichtet wurde. Freilich war das schon zu ahnen, denn zum einen redet der Sklave übertrieben paratragisch, zum anderen ist Scheintod ein häufiges Komödienmotiv, das wir in der *Aspis*-Variante ›aufgrund eines Indizes für gefallen erklärt‹ am besten aus Heinrich von Kleists *Prinz Friedrich von Homburg* kennen.

Die *Aspis* hat als Unikum außerdem zu bieten, dass wir in menandrischem Originalwortlaut einen Sklaven bei der Planung und Durchführung einer Intrige erleben können; wie z. B. der »Doppelbetrüger« Syros im *Dis exapaton* vorging, kann man nur aus der Bearbeitung des Plautus, den *Bacchides*, zu rekonstruieren versuchen. Da in der *Aspis* der habgierige Smikrines als Onkel des als tot geltenden Kleostratos nach dem Erbtochtergesetz Anspruch auf dessen mit einem jungen Mann verlobte Schwester erhebt, inszeniert Daos, dass Smikrines' reicher Bruder Chairestratos seinen Tod fingiert; denn da dieser gleichfalls eine ›Erbtochter‹ hat, ist zu erwarten, dass der Habgierige sie jetzt vorziehen wird. Wir haben auch hier ein *play within the play* vor uns, zumal es durch das Scheintodmotiv die Haupthandlung widerspiegelt. Sogar ein ›Schauspieler‹ tritt darin auf, da jemand als Arzt verkleidet – wir sind mit dem Motiv durch Wolfgang Amadeus Mozarts Oper *Cosi fan tutte* vertraut – Chairestratos als moribund ›diagnostiziert‹. Leider ist in Akt III die Szene mit dem falschen Doktor, der Dorisch, die ›Berufssprache‹ der Hippokrates-Jünger redet, nur lückenhaft erhalten, und da Akt IV und V nicht mehr als halbe Sätze und einzelne Wörter oder Buchstaben zu bieten haben, kann man lediglich darüber spekulieren, wie Smikrines auf den Betrug reagierte und ob er nach der Heimkehr des Kleostratos wie der Misanthrop Knemon im *Dyskolos* verspottet wurde. Aber das wäre nichts weiter als ein Denkspiel, also *Love's Labour's Lost*.

Perikeiromene (›Die Geschorene‹). Wie der Söldneroffizier Stratophanes im *Sikyonios* verkörpert Offizier Polemon, der Protagonist der Komödie, die vermutlich 300 v. Chr. ihre Uraufführung erlebte, nicht den traditionellen Typ des *miles gloriosous*. Er und sein ›Kamerad‹ Thrasonides‹ im *Misumenos* sind ›Präfigurationen‹ des elegisch Liebenden in den Gedichtsammlungen des Tibull (um 50–19 v. Chr.), Properz (um 47–nach 16 v. Chr.) und Ovid (43 v.–ca. 17 n. Chr.); ein solcher beharrt trotz der wiederholten Zurückweisung durch die Geliebte, eine Freigelassene wie Glykera und Krateia zu Beginn des jeweiligen Soldatenstücks, als *miles Amoris* (Soldat Amors) eisern auf seinem Schwur ewiger Liebe. Die *Perikeiromene* verbindet die unkonventionelle Charakterisierung des militärisch tätigen Protagonisten mit einem Rollentausch zwischen ihm und der Gestalt des jungen Liebenden, die z. B. Moschion in der *Samia* verkörpert. Wie er heißt auch der Bruder Glykeras, der Geliebten Polemons, und er ist es, der durch Umarmen und Küssen der jungen Frau, in der er nicht seine Schwester erkennt – sie dagegen weiß von der Verwandtschaft mit ihm, weshalb sie es duldet –, den Zorn des Offiziers erregt. Damit entspricht er für das Publikum vor dem Auftreten der Göttin Agnoia (Unwissenheit), welche dann die Zusammenhänge erklärt, der Gestalt des Rivalen eines Liebenden, wie er uns aus der römischen Elegie bekannt ist. Doch das Wissen, das ›Unwissenheit‹ vermittelt, macht ihn für die, welche nun darüber verfügen, lächerlich. Als er nämlich hört, dass Glykera vor Polemon in dem Nachbarhaus, in dem er wohnt, Zuflucht sucht, bemüht er sich, ein Rendezvous unter demselben Dach mit ihr zu arrangieren, aber natürlich vergeblich, wie es auch einem *miles gloriosus* stets widerfährt.

Züge dieser Figur trägt Moschion deutlicher nach einer Szene des dritten Akts, in der Polemon mit seinen Sklaven unter dem Kommando seines Gefolgsmanns Sosias das Haus, in dem Glykera sich aufhält, zu stürmen droht. Als der Offizier durch Pataikos, der sich später als Vater Moschions und der Schwester entpuppt, von seiner Attacke abgehalten wird und sein ›Heer‹ entlässt, prahlt Moschion, der den Sklaven hinterherblickt, in einem Monolog, sie seien mitsamt ihren Lanzen vor ihm davongerannt, und nennt sie Nichtsnutze, die nicht einmal ein Schwalbennest einzunehmen fähig seien (V. 276–279). Genauso könnte ein *miles gloriosus* reden, was Moschion ridikül macht, und er bleibt das in Akt IV während der letzten Szene, in der er auftritt (V. 344–397). Dort belauscht er den erwähnten stichomythischen Dialog des Pataikos mit Glykera, aus dem hervorgeht, dass er ihr Bruder ist und nicht ihr Liebhaber sein kann, und das kommentiert er mit tragikomischen Bemerkungen. Akt V bietet noch so viel lesbaren Text, dass man eine Art Reprise erkennt, wie man sie vom *Dyskolos* her erwarten kann. War in Akt II Sklave Daos, von Moschion zweimal in dessen Haus geschickt, um Glykeras Bereitschaft zum Sex mit seinem Herrn zu erkunden, zweimal mit einem Negativbescheid zurückgekehrt, so erlebt etwas Ähnliches nun Polemon: Er sitzt vor demselben Haus, harrt der Versöhnung und Vermählung, und die Sklavin Doris kommt in V. 976 heraus – vermutlich zum zweiten Mal (vorher fehlt Text) –, ohne eine positive Nachricht zu bringen. Doch jetzt gibt es ein drittes Mal, und kurz darauf kann Polemon mit Glykera den Bund der Ehe schließen. Für den enttäuschten Moschion hat Vater Pataikos auch schon eine Braut im Auge.

Misumenos (›Der Gehasste‹). Thrasonides, der von seiner Geliebten gehasst wird, gleicht einem elegisch Liebenden noch mehr als

Polemon, weil er zu Beginn des Stücks in der Nacht vor seinem Haus seine Klage über die Abweisung durch seine Krateia verströmt (V. 1–14); bei Tibull, Properz und Ovid entspricht ihm der *exclusus amator* (ausgeschlossener Liebhaber), der auf der Schwelle seiner *domina* (Herrin) ein Paraklausithyron (›bei der Tür Geweintes‹) singt oder deklamiert. Dem *Misumenos* wende ich mich, obgleich er wohl bald nach 306 v. Chr. entstand, also vielleicht vor der *Perikeiromene*, aus einem bestimmten Grund nach dieser zu: Wie in den sicherlich späteren *Epitrepontes* finden wir darin im Gegensatz zu den fünf bisher betrachteten Stücken keine katalektischen trochäischen Tetrameter, die aus älterer Tradition stammen dürften, neben den jambischen Trimetern. Weil das dritte in meiner Reihe der ›Soldatenstücke‹ sehr schlecht überliefert ist – von den 652 auf Papyrus bewahrten Versen sind 511 unvollständig –, hat man besonders häufig Versuche unternommen, die Fragen zu beantworten, die es bezüglich des Inhalts stellt. Aber weder eine überzeugende Erklärung für den Hass Krateias auf ihren Liebhaber noch eine Lösung des Problems, ob ihr Bruder auftrat, und wenn ja, auf welcher Stufe des dramatischen Geschehens, wurde bisher gefunden. Nicht einmal die Szene des fünften Akts, die eines der Mosaike von Mytilene festhält, konnte man bisher zweifelsfrei deuten; derjenige, der sich dort ein Tuch um den Hals legt, könnte Thrasonides oder Sklave Getas, der Mann in der Mitte zwischen ihm und der mit Krateia zu identifizierenden Frau Vater Demeas oder ihr Bruder sein.

Eines ist auf jeden Fall im *Misoumenos* auf Schritt und Tritt wahrnehmbar: Das Pathos des unglücklich liebenden Protagonisten wird mehrfach ins Lächerliche gezogen. Es dominiert in dem, was er sagt, z. B., nachdem Demeas ihm in Akt IV die Vermählung mit Krateia verweigert hat (die am Ende der Komödie ja dann doch erfolgt). Und das sahen die zeitgenössischen Zuschauer:innen nicht auf der Bühne, sondern bekamen es ausgerechnet von der traditionell komischen Figur des Sklaven lebendig geschildert, während dieser von dem Nachbarn Kleinias belauscht wurde. Der Text der Szene (V. 685–723) ist bis auf wenige Verse gut zu lesen. Sein spezieller Reiz besteht darin, dass Getas das Gesprochene zum Teil wörtlich zitiert und Kleinias, dessen sonstige Funktion im Stück Rätsel aufgibt, dazu Bemerkungen macht. Sogar ein sehr theatralisches Liebesbekenntnis des Thrasonides – »ich gewann dich lieb, hab dich lieb, liebe dich, liebste Krateia …« (V. 708f.) rekapituliert Getas, und man darf sich vorstellen, dass er bei den antiken Aufführungen *his master's* weinerliche *voice* imitierte. Der *Misumenos* muss in der Antike sehr populär gewesen sein, was man allein schon daraus schließen darf, dass bisher 17 Papyri aufgetaucht sind. Der berühmteste Text, der intertextuell auf die Komödie Bezug nimmt, ist Ovids Geschichte von Narcissus, der elegisch sein eigenes Spiegelbild liebt (*Metamorphosen* 3,339–510). Wenn der Knabe sich dem vermeintlich anderen Knaben, den er liebt, zugleich nahe und fern sieht, und deshalb z. B. verzweifelt ruft (V. 466):

> *quod cupio, mecum est: inopem me copia fecit*
> (Was ich begehre, ist bei mir: Arm hat mich mein Reichtum gemacht),

evoziert das den vor der eigenen Haustür klagenden Liebhaber (10–12a):

> παρ' ἐμοὶ γάρ ἐστιν ἔνδον, ἔξεστίν τε μοι
> καὶ βούλομαι τοῦθ' ὡς ἂν ἐμμανέστατα
> ἐρῶν τις, οὐ ποιῶ δ'.
> (Denn sie ist bei mir im Haus, ich könnte und will das [sie umarmen]
> wie nur je einer, der ganz rasend liebt, ich tu es aber nicht.)

Epitrepontes (›Das Schiedsgericht‹). Das vermutlich 294 oder 293 v. Chr. uraufgeführte Stück, schon seit 1905 größtenteils bekannt und bis in jüngste Zeit durch neugefundene Verse ergänzt – rund 1200 Verse, darunter freilich viele verstümmelte, kann man heute überblicken –, beginnt wie *Aspis*, *Perikeiromene* und *Misumenos* mit Bühnenaktion, auf die der (verlorene) Prolog wahrscheinlich einer Gottheit folgt, aber diesmal bezieht sich der Titel nicht auf die Eröffnungsszene, sondern die dritte des zweiten Akts (V. 210–375). »Die anheim Stellenden« (so die wörtliche Übertragung von Ἐπιτρέποντες), nämlich einem Schiedsrichter sein Urteil, sind die beiden Sklaven Daos und Syriskos, die sich darüber streiten, ob einem von Daos gefundenen und Syriskos anvertrauten Baby, das die von ihrem Mann Charisios vorehelich gewaltsam geschwängerte Mutter Pamphile aussetzen ließ, die beigegebenen Erkennungszeichen gehören und somit Syriskos ausgehändigt werden müssen oder nicht. Smikrines, der ihm die Gegenstände zuspricht, ist wie König Kerkyon in der (verlorenen) *Alope* des Euripides – die Titelheldin, von Poseidon zum Sex gezwungen, hat ebenso ihr Kind ausgesetzt und das findet ebenso ein Hirte – ahnungslos der Großvater des Babys; er trifft wie sein mythisches Vorbild die Entscheidung, welche bewirken wird, dass die wegen des Falls auseinander geratenen Eltern wieder zusammenkommen. Allein schon dieser intertextuelle Bezug fasziniert, aber erst recht, dass der Sklave Syriskos zusätzlich einen solchen zu der (verlorenen) *Tyro* des Sophokles sieht (V. 325–333).

Bei der anderen herausragenden, wiederum vor dem Hintergrund der euripideischen Dramatik am besten zu würdigenden Szene der *Epitrepontes* handelt es sich wie bei der Schiedsgerichtszene um einen Agon (Streitgespräch), hier um einen zwischen einander eng verbundenen Menschen, wie ihn der Tragödiendichter häufig gestaltet (V. 700–835). Es sind Smikrines und seine Tochter, die verschieden über Pamphiles Ehemann denken, nachdem dieser sie in der Meinung sich selbst überlassen hat, ein anderer Mann habe ihr Kind gezeugt. Während der Vater, weil er glaubt, Charisios verschwende sein Geld und führe ein Lotterleben, für die Trennung Pamphiles von ihrem Mann plädiert, rechtfertigt die junge Frau, deren persönliches Auftreten auf der Bühne höchst ungewöhnlich ist (allerdings übernahm ihren Part ja ein Mann), ihr Festhalten an der Ehe mit Charisios und ihre unveränderte Treue zu ihm. Sie zeigt sich dabei so selbstbewusst und eloquent, wie man es von einem weiblichen Wesen in der streng phallokratischen Gesellschaftsordnung des antiken Griechenland nicht erwarten würde. Umso mehr haben wir zu beklagen, dass ihre rund 40 Verse umfassende Rede Lücken aufweist, die nur Spekulation füllen kann. Gut überliefert ist eine längere Szene in Akt V, in welcher der Sklave Onesimos Smikrines, bevor er ihm von dem bereits mit dem Schluss von Akt IV erreichten Happy End berichtet, kräftig mit Hilfe einer pseudophilosophischen Moralpredigt und einer hier wiederum eingebrachten Anspielung auf eine Euripides-Tragödie auf den Arm nimmt (V. 1062–1132).

Clips aus der Athener Traumfabrik

Im Gegensatz zu den ›Big Seven‹ verdanken wir den Papyri, die Fragmente von weiteren 13 Menander-Komödien bewahrt haben – das *Encheiridion* (›Der Dolch‹) ist, weil vom Text nur halbe Verse tradiert sind, nicht in die vorliegende Bilingue aufgenommen – lediglich einzelne Szenen. Wenn ich die zwölf übrigen Stücke jetzt kurz in den Blick nehme, beginne ich mit denjenigen, deren Reste den Komödienanfang ganz oder teilweise konservieren, erörtere dann die, welche aus den drei mittleren Akten stammen, und beende die Revue der ›Clips‹, die wie die bisher betrachteten den *Athenian dream* inszenieren und sich einem bestimmten Abschnitt der jeweiligen Komödie zuordnen lassen, mit Szenen aus Akt V. In einer Art Anhang geht es dann noch um die rund 100 vom *Dis exapaton* erhaltenen Verse, die eine Besonderheit bieten: Es handelt sich dabei um die einzige menandrische Szenensequenz, mit der wir die entsprechende Szenensequenz der römischen Bearbeitung vergleichen können, der *Bacchides* des Plautus.

Heros (›Der Halbgott‹). Die Eröffnungsszene, auf die der verlorene Prolog des Heros, also eines (für uns anonymen) Halbgottes folgte, regt wie diejenige der *Aspis* zu Vermutungen darüber an, inwieweit auch hier geweckte Erwartungen nicht erfüllt werden. Wir wissen zwar aus der zusammen mit den Textbruchstücken überlieferten Hypothesis (Inhaltsangabe), wie das Stück ausging, aber da in dem Dialog der beiden Sklaven Getas und Daos der Letztere die Absicht bekundet, eine Mitsklavin zu heiraten, die er als ›edel gesinnt und anständig‹ (V. 40) bezeichnet, ahnt man auch so, dass es dazu dann nicht kommt. Die Vermählung erleben im Finale dieser Dramen nun einmal ein junger Mann mit einer Freien, die es entweder schon zu Anfang des Stücks ist oder als solche spätestens in Akt IV wiedererkannt wird. Das gilt ebenso für den *Heros*, der ein weiteres bei Menander häufiges Motiv verwendet: Die junge Frau, die der Sklave liebt und die am Ende ein anderer Mann heiratet, hat ein Jüngling namens Pheidias bereits in der Vorgeschichte des Stücks vergewaltigt und geschwängert.

Phasma (›Die Erscheinung‹). Erneut haben wir in diesem Stück die Sequenz Handlungseröffnung – Prolog eines (für uns anonymen) Gottes. Dieser beginnt wie Tyche mit einer Richtigstellung, hier mit den Worten »Das ist aber keine Erscheinung, sondern ein richtiges Mädchen, das in dem Haus der Braut versteckt ist« (40f.). Aber die Verse, die wir davor noch lesen können, verraten uns nicht, wie das Publikum über die vermeintliche Erscheinung informiert wurde. Erzählte der junge Mann Pheidias, der sich vor dem Prolog mit einer anderen Person, vermutlich seinem Pädagogen, unterhält, ihm in den verlorenen etwa 40 Versen, die der erhaltenen Dialogszene vorausgingen, von seiner ›Vision‹? Oder erblickte er das Mädchen, das seine Mutter nur als Gespenst sehen ließ, zusammen mit den Zuschauer:innen? Eines der Mosaike von Mytilene weist eine Szene mit zwei nicht identifizierbaren Personen, die das verkleidete Mädchen in seinem ›Heiligtum‹ wahrnehmen, dem zweiten Akt zu, und das lässt eher an die erste der beiden Möglichkeiten denken.

Georgos (›Der Bauer‹). Da es in dieser Komödie wohl nicht zu einer Wiedererkennung kam, dürfte der Monolog eines jungen Mannes, mit dem der überlieferte Text beginnt – er hieß entweder Chaireas oder Chairestratos –, mit dem externen Prolog identisch sein; auch in der *Samia*, wo gleichfalls nicht wiedererkannt wird, führt in die Vorgeschichte ein junger Mann ein, also keine Gottheit, welche das Zusammentreffen von Menschen, die einst auseinandergerissen wurden, prophezeien könnte. Der Prologsprecher des *Georgos* hat wie der Moschion der *Samia* eine junge Frau vergewaltigt, aber von seinem Vater, der das nicht weiß, soll ihm eine andere vermählt werden, und daraus resultieren die Irrungen und Wirrungen des Stücks. Denn an der Geschwängerten, die kurz vor dem Gebären steht und mit der der junge Mann natürlich am Ende Hochzeit feiert, ist vorläufig ein älterer Bauer interessiert. Er wird in der zweiten Szene des *Georgos* als ›Antityp‹ des misanthropischen Bauern Knemon charakterisiert, aber Spekulationen darüber, ob deshalb er in Akt 5, wo ihm klar sein muss, dass er die junge Frau nicht heiraten kann, von einer Verspottung verschont bleibt, sind müßig.

Leukadia (›Die Leukadierin‹). Die zehn z. T. nicht vollständig lesbaren Verse eröffneten sehr wahrscheinlich das Stück, denn »Apollon« würde zu einem Bühnengeschehen vor einem seiner Heiligtümer als erstes Wort passen. Der Gott übernahm denn auch vielleicht irgendwann nach dem für uns mit V. 10 abbrechenden Dialog seiner Priesterin mit einem jungen Mädchen den Prolog. Es wäre aber ebenso möglich, dass die Tempeldienerin die für eine Menander-Komödie ungewöhnlichen sechs anapästischen Dimeter des durch ein Zitat ›geretteten‹ Fragments sprach und mit ihnen zu einem Prolog über die Vorgeschichte überleitete. Das mag man daraus erschließen, dass in den Anapästen von dem freiwilligen Sturz Sapphos vom leukadischen Felsen die Rede ist: Dieser Mythos könnte den Hintergrund für die dramatische Handlung gebildet haben.

Kolax (›Der Schmeichler‹). Eines solchen bedarf der Offizier Bias, der im Gegensatz zu Stratophanes im *Sikyonios*, Polemon in der *Perikeiromene* und Thrasonides im *Misumenos* den Typus des *miles gloriosus* verkörpert und sich von dem Parasiten für die Heldentaten, mit denen er prahlt, preisen lässt. Das kann man allerdings nur in Fragmenten der indirekten Überlieferung erkennen, während im Zentrum der Exzerpte, die wir auf Papyrus haben, offensichtlich ein junger Mann namens Pheidias steht. Er oder sein Sklave Daos kann der Sprecher von V. 1–13 sein, bei dem wir es wohl wieder mit einem nicht einer Gottheit in den Mund gelegten externen Prolog zu tun haben. Aber von den Versen besitzen wir jeweils allein die zweite Hälfte, weshalb dies eine Vermutung bleiben muss. Auch die übrigen Exzerpte fordern mehr zum Rätselraten heraus, als dass sich daraus etwas über den Verlauf der Handlung gewinnen ließe.

Karchedonios (›Der Karthager‹). Der Fremde aus Nordafrika, der nach Athen kommt und dort in einer Szene, von der wenig lesbarer Text übrig ist (V. 30–39), sich einer Art Verhör über seine Herkunft unterzieht, wird durch den Titel angekündigt. Er könnte also gleich zu Anfang durch die Befragung implizit vorgestellt worden sein oder irgendwann sonst während des ersten Akts. Aber das muss bis zu einem eventuellen Neufund ebenso unsicher bleiben wie die Zuweisung der ebenfalls lückenhaften Verse 74–84 über das Bad vor einer Vermählung und einen Gesangsvortrag an Akt V.

Theophorumene (›Die Besessene‹). Auf einem der Mosaike von Mytilene sieht man die tanzende Titelheldin zusammen mit einem jungen Mann namens Lysias, der Zimbeln schwingt, einem weiteren jungen Mann namens Kleinias, der ein Tamburin schlagen dürfte, dem Sklaven Parmenon sowie einem die Flöte blasenden Knaben. Zweifellos dieselbe Szene, wenn auch in verschiedenen Anordnungen der Personen, zeigen drei Bilder aus Pompeji, darunter das berühmte des Dioskurides, und je eines aus Stabiae, aus Daphne bei

Antiochia, dem heutigen Antakya in der Türkei und aus Kastelli-Kissamos auf Kreta. Die Popularität der Szene dürfte damit zu erklären sein, dass sie für ein Menander-Stück höchst ungewöhnlich ist. Laut Beischrift des Mosaiks von Mytilene stand der Text dazu, aus dem vielleicht zwei nur teilweise zu lesende Hymnen auf Kybele stammen, in Akt II, während die Beischrift zum Mosaik von Daphne Akt III nennt. Letzteres könnte ein Versehen sein, da der vom Titel her zu erwartende Auftritt der jungen Frau, die sich an irgendeinem Punkt der Handlung als nicht besessen entpuppt haben dürfte, wohl nicht erst in der Mitte des Stücks stattfand.

Kitharistes (›Der Kitharaspieler‹). Weil die drei leeren Zeilen, die PCG VI 1, S. 233 als V. 28–30 zählt, vermutlich den Vermerk ΧΟΡΟΥ enthielten und die vorausgehenden Versreste die stets am Ende von Akt I zu vernehmende Ankündigung des Chors nicht erkennen lassen, hat man mit Recht angenommen, V. 31 habe Akt III eröffnet. Einen der beiden nachfolgenden Akte werden wir nicht vor uns haben, denn das Bühnengeschehen ist zumindest in V. 31–101 schwerlich schon über die Peripetie hinausgelangt: Aus dem Dialog zwischen Moschion und seinem Vater, der motivisch die Gespräche Moschions mit Demeas in der *Samia* evoziert, erfährt man, dass der junge Mann sich gerade verliebt hat. Ansonsten aber verraten uns die lesbaren Verse zu wenig über den Handlungsverlauf, ja nicht einmal, warum Menander das Stück nach dem Kitharaspieler, der Phanias heißt, benannt hat.

Perinthia (›Die Perinthierin‹). Das Bruchstück einer Szene, in der ein Laches, wie andere Träger seines Namens bei Menander offenbar ein alter Mann, seinen an einen Altar geflüchteten Sklaven Daos mit Feuer bedroht, kann man ohne Spekulationen über den Inhalt des Stücks – sie stützen sich üblicherweise auf die laut Terenz thematisch eng verwandte *Andria* dieses Dramatikers – in Akt V platzieren. Denn auch hier wird höchstwahrscheinlich wie in Akt

V des *Dyskolos* Spott und Reprise geboten: Laches erinnert seinen Sklaven in V. 13–15a höhnisch an dessen irgendwann früher geäußerte Prahlerei, einen untätigen und leichtsinnigen Herrn zu betrügen sei nichts Großartiges. Den Text, auf den sich der alte Herr bezieht, liefert F 2.

Koneiazomenai (›Die Schierling trinkenden Frauen‹). Welche Frauen auch immer es waren, die in der Komödie wie Sokrates den Schierlingsbecher an die Lippen setzten, sie tranken ihn mit Sicherheit nicht aus. Was sich nur vermuten lässt, ist, dass sich der Titel auf die Eröffnung des Stücks bezog, irgendwie die Erwartung geweckt wurde, es könne zu einer solchen Art von Selbsttötung gekommen sein oder noch kommen, und dies sogleich der Sprecher eines internen Prologs für nicht zutreffend erklärte. Der sehr lückenhafte Text aus den *Koneiazomenai*, der bisher einzig identifiziert werden konnte, stand auf jeden Fall in Akt V, da jemand einem jungen Mann die Vermählung ankündigt und dieser daraufhin die wohl irgendwann vorher von ihm angeklagte Schicksalsgöttin Tyche versöhnlich anredet.

Fabula incerta (Komödie mit unbekanntem Titel). Wiederum ein Laches setzt sich in den erhaltenen Versen wie Smikrines in Akt V der *Epitrepontes* dem Spott aus, weil auch er nicht über die während seiner Abwesenheit erfolgte Lösung eines Problems informiert ist. Da Menander diesem Szenentyp immer wieder einen Platz im letzten Handlungsteil zuweist und es zudem um die Hochzeit von Laches' Sohn Moschion geht, wird man nicht daran zweifeln, dass die Szene ebenfalls aus dem fünften Akt stammt.

Ein kurzer Blick auf den ›Menander Romanus‹

Die für 1968 zu verzeichnende Publikation eines größeren Abschnitts aus einer Komödie Menanders, die einer der römischen Bearbeitungen von Stücken des Griechen zum Vorbild gedient hatte, war eine Sensation. Denn es sind immerhin sieben *fabulae* des Plautus und Terenz, die von Menander kreierte Figuren nach ihrer Anpassung an die Wirkintention der beiden Dichter lateinisch reden ließen, und deshalb ist es als seltsame Fügung des Schicksals zu betrachten, dass bis zur Entdeckung von Szenen aus Akt II und III des *Dis exapaton* (›Der Doppelbetrüger‹) von den Originalen des Menander Romanus nur Zitate bei antiken Autoren zum Vergleich zu Gebote standen. Es handelt sich bei den römischen Komödien außer um die *Bacchides* nach dem *Dis exapataon* um die Plautus-Stücke *Cistellaria* (›Kästchenkomödie‹) nach den *Synaristosai* (›Die zusammen essenden Frauen‹) und *Stichus* nach den *Adelphoi* I (›Die Brüder‹) sowie die Terenz-Stücke *Andria*, *Heautontimorumenos*, *Eunuchus* und *Adelphoe*, deren Vorlagen *mutatis mutandis* dieselben Titel haben; das vierte Stück fußt auf Menanders *Adelphoi* II. Der altphilologische Quellenpositivismus von einst beschränkte sich weitgehend darauf, aus dem römischen Menander den griechischen zu rekonstruieren, was im Fall des Terenz dadurch erschwert war, dass er für die *Andria* auch auf die *Perinthia* Menanders, für den *Eunuchus* auch auf den *Kolax* des Atheners und für die *Adelphoe* auch auf die *Synapothneskontes* (›Die Mitsterbenden‹) von Menanders zeitgenössischem Kollegen Diphilos rekurrierte. Die Resultate der Rekonstruktionen konnten daher wenig überzeugen, aber nun bot der *Dis exapaton* gewissermaßen die Probe aufs Exempel.

Was die Adaption dieser Komödie durch Plautus betrifft, gleicht zwar der Geschehensverlauf von *Bacchides* V. 494–561a im Wesentlichen dem von *Dis exapaton* V. 1–103, aber in zwei Bereichen sind signifikante Unterschiede zu beobachten: Szenenführung und Charakterisierung; ich nenne für beides ein Beispiel. 1. Bei Menander geht Sostratos mit seinem Vater zur Übergabe des Geldes, das er bisher unterschlagen hat, am Schluss von Akt II in dessen Haus; der Chor präsentiert den Entreakt, und zu Beginn von Akt III betreten die zwei, die hinterszenisch vollzogen haben, was sie wollten, wieder die Bühne. Plautus kennt weder einen Chor noch eine Akteinteilung, und deshalb überbrückt er den Zeitraum der finanziellen Transaktion mit nur vier Versen, die sein Pistoclerus, Moschos bei Menander, vor seinem Dialog mit Mnesilochus, Menanders Sostratos, ins Haus der Hetäre zurückspricht (526–529 ~ *Dis ex.* 102b–103a). 2. Den Dialog der beiden hat Plautus quantitativ und im Tonfall gegenüber dem Original verändert. Bei Menander beschuldigt Sostratos den Freund schon nach 7 ½ jambischen Trimetern, ihm Unrecht getan zu haben, während Mnesilochus *perdidisti me* (du hast mich vernichtet) erst nach 21 trochäischen Septenaren ausruft. Und neben der eher schlichten Diktion des Griechen wirkt die des Römers betont pathetisch; im Vergleich mit Menanders Dialog bietet Plautus sozusagen große Oper, wie bereits die jeweils ersten Worte der zwei jungen Männer zeigen (*Dis ex.* 103b–104 ~ *Bacch.* 534):

> ΜΟ. χαῖρε, Σώστρατε.
> ΣΩ. καὶ σύ.
> (Mo. Sei gegrüßt, Sostratos! So. Auch du!)

> Pi. *estne hic meu' sodalis?* Mn. *estne hic hostis quem aspicio meus?*
> (Pi. Ist dies mein Freund? Mn. Ist dies mein Feind, den ich erblicke?)

Der ›echte‹ Athener erwidert den Gruß des von ihm als Verräter verdächtigten Freundes unhöflich wortkarg, während der römische *a parte* die spätere Beschuldigung vorwegnimmt. So viel soll zum Thema ›Menander Romanus‹ genügen, da die vorliegende Bilingue sich auf den griechischen Komödiendichter konzentrieren kann, ohne wie in früheren Zeiten angesichts nicht vorhandener Originale auf Bearbeitungen verweisen zu müssen.

Verbum ad verbum

Verdeutschungen aller Menander-Komödien, soweit sie dem Übersetzer zu seiner Zeit bekannt waren, gab es bisher nur in Jamben, fünffüßigen in der Tradition der deutschen Klassik und sechsfüßigen: 1949 in der *Bibliothek der Alten Welt* von Günther Goldschmidt, 1980 in der *Bibliothek der Antike* von Kurt und Ursula Treu und 2013/14 in der *Edition Antike* von Peter Rau. Trotz des metrischen Zwangs sind diese Übertragungen, namentlich diejenige Raus, vielfach bemerkenswert wörtlich (wie auch die des *Dyskolos* von Horst-Dieter Blume bei Reclam). Das weiß man vor allem zu schätzen, wenn man die umfangreichste Prosaübersetzung, die bisher existiert, zum Vergleich heranzieht: Geoffrey Arnotts Anglisierung in der *Loeb Classical Library*, die sukzessive 1979, 1996 und 2000 erschien. Einerseits ein Monumentalwerk, da Arnott seiner Bilingue das gesamte ihm zugängliche Wissen über Menanders Komödien beigibt, bietet es andererseits eine Wiedergabe des griechischen Textes, die überwiegend sehr frei ist, ja in vielen Passagen eher eine sinngemäße Bearbeitung bietet als eine Übersetzung. Darin mag, wer über solide Grundlagen für das Verständnis des Originaltextes verfügt, genauso wie der, welcher *Graeca sunt, non leguntur* sagen muss, kein Problem sehen, ja beide werden einen Lesetext auf der rechten Seite begrüßen. Ohnehin sind die Übersetzungsmöglichkeiten des Englischen, dem Flexionsendungen fast ganz fehlen, weshalb es an eine feste Wortstellung gebunden ist, und das auch sonst eine Reihe von Eigenheiten der beiden klassischen Sprachen nicht nachahmen kann, sehr begrenzt. Auf jeden Fall sollte man Arnotts Menander bei der Beschäftigung mit dem Dichter stets benutzen.

Nun erreichen aber heute nicht nur die stetig weniger werdenden Schüler:innen und Student:innen, die Griechisch als Fach wählen, sondern sogar ›berufsmäßige‹ Gräzist:innen selten eine so souveräne Beherrschung der Sprache, wie man sie für vergangene Zeiten, als humanistische Bildung das höchste Ideal war, voraussetzen kann; selbst Griech:innen der jüngeren Generation tun sich mit den Texten ihrer antiken Vorfahren schwer. Solchen potentiellen Menander-Leser:innen, die man sich doch dringend wünscht, hilft die Loeb-Bilingue wenig, wenn sie wissen wollen, was ganz genau im Originaltext steht. Ich lege deshalb eine Prosaübertragung vor, die darauf abzielt, dass beim Blick von der rechten auf die linke Seite bequem überprüft werden kann, welcher deutschen Formulierung welche griechische entspricht; hier ging mir Helmut Offermann mit seiner *Samia* bei Reclam voran. Wort für Wort, wenn irgend möglich, *verbum ad verbum* lautet meine Devise, wie sie im 15./16. Jahrhundert lautete, als Westeuropa von den emigrierten Hellenen deren Sprache erlernte. Das Deutsche eignet sich optimal dazu, Griechisch (und Latein) aufgrund zahlreicher formalgrammatischer und syntaktischer Gemeinsamkeiten adäquat umzusetzen. Wer dabei auf gebundene Sprache verzichtet, so ›authentisch‹ sie sein mag – ich, der ich sehr viel metrisch verdeutscht habe und um die Grenzen dieser Methode weiß, bin von der Leistung der drei genannten Vorgänger bei Menander sehr beeindruckt –, kann zu einem überzeugenderen Ergebnis gelangen. Ob mir das einigermaßen geglückt ist, müssen andere entscheiden, aber ich habe mich nach Kräften bemüht, und die mittlerweile doch relativ zahlreichen Kommentare vor allem englischer Kollegen haben mir dabei sehr geholfen.

Da ich mich an einen möglichst breiten Leserkreis wende, halte ich es für nötig, dass der in der modernen Standausgabe der *Poetae Comici Graeci* von Rudolf Kassel und Stephan Schröder an vielen Stellen sehr lückenhafte Text mit Hilfe der Konjekturen, die dem Scharfsinn zahlreicher Forscher:innen geschuldet sind und die Kassel und Schröder größtenteils in ihrem textkritischen Apparat verzeichnen, ergänzt und so besser lesbar gemacht wird. Das gilt freilich nicht uneingeschränkt. Bei Passagen, aus denen trotz der *lacunae* deutlich hervorgeht, was gemeint ist und was in etwa fehlen dürfte, scheint mir das ›Auffüllen‹ in einer Bilingue wie der vorliegenden unbedingt gerechtfertigt. Dazu rechne ich z. B. Verse, die einen häufig bei Menander inszenierten Vorgang wiedergeben; so habe ich z. B. Colin Austins Ergänzungen zu der Szene in der *Aspis*, in welcher Kleostratos heimkehrt und mit Daos zusammentrifft, übernommen (V. 491–498 und 507f. nach *Zeitschrift für Papyrologie und Epigraphik* 175, 2010, S. 9). Sehr zurückhaltend war ich dagegen bei Texten wie der Verteidigungsrede der Pamphile in den *Epitrepontes* (V. 799–835); hier vernehmen wir die Stimme einer antiken Frau mit Argumenten, die in ihrer Zeit sehr ungewöhnlich sind, und müssen deshalb, wie ich meine, darauf verzichten, das, was nicht dasteht, zu konjizieren.

Genug des Theoretisierens! Was ich unbedingt noch sagen möchte, ist dies: Ich danke Bernhard Zimmermann für die Ermunterung zu einer Arbeit, die weit mehr forderte als meine bisherige für die *Sammlung Tusculum*, Ioannis Konstantakos für nicht hoch genug zu schätzende Hinweise zu Versen, bei denen mir die Wörtlichkeit schwerfiel, sowie Torben Behm und Sonja Hausmann für die sorgfältige Durchsicht des Manuskripts. Die Widmung an Christine Jackson-Holzberg bedarf keiner Begründung: Das ehrwürdige homerische Epitheton, wahrhaft *ornans*, sagt alles.

München, im Januar 2025 Niklas Holzberg

ΑΣΠΙΣ

DER SCHILD

Der Soldat Kleostratos, Neffe des reichen Chairestratos und seines habgierigen Bruders Smikrines, wird von seinem Sklaven und ehemaligen Erzieher Daos als in einer Schlacht gefallen gemeldet; dieser hat ihn nur mit Hilfe von dessen Schild identifizieren können. Das geht aus der ersten Szene hervor, einem Dialog des Daos mit Smikrines. Anschließend verrät die Schicksalsgöttin Tyche in einem internen Prolog, dass Kleostratos lebe und heute heimkehren werde; dadurch würden alle durch seinen Scheintod hervorgerufenen Irrungen und Wirrungen ein Ende finden. Diese beginnen in Akt I damit, dass Smikrines die Schwester des Kleostratos, die heute Chaireas, der Stiefsohn des Chairestratos, heiraten soll, als Erbtochter für die Vermählung mit ihm beansprucht. Daos entwickelt deshalb in Akt II den Plan, dass Chairestratos scheinbar sterben soll, damit Smikrines die Tochter seines Bruders als Erbtochter vorzieht. Zur Bekräftigung der Fiktion, Chairestratos sei todkrank, tritt in Akt III ein Freund des Chaireas als falscher Arzt auf. Kurz nach dessen Abgang endet der Text, soweit er vollständige Verse enthält (V. 468). Den Bruchstücken der Verse 469–544 lässt sich entnehmen, dass Chairestratos dem Smikrines gegen Ende des vierten Aktes als tot gemeldet wurde und die Heimkehr des Kleostratos den Akt abschloss. Der fünfte Akt enthielt mit Sicherheit im Finale die Hochzeit des Chaireas mit der Schwester des Kleostratos und die des Kleostratos mit der Tochter des Chairestratos (V. 521: διπλοῦς γάμος / Doppelhochzeit); eine Szene, in welcher der geprellte Geizhals Smikrines verspottet wurde, ging diesem Happy End vermutlich voraus. Per Zitat sind sechseinhalb Verse (F 1) und ein weiterer Halbvers (F 2) erhalten, die sich nicht in den überlieferten Papyrustext einordnen lassen.

Personen
Daos, Sklave und Erzieher des Kleostratos
Smikrines, Bruder des Chairestratos und Onkel des Kleostratos
Tyche, Prologsprecherin
Koch
Servierer
Chairestratos, jüngerer Bruder des Smikrines
Chaireas, Stiefsohn des Chairestratos und Verlobter der Schwester des Kleostratos
(falscher) Arzt
Kleostratos, Neffe des Smikrines und des Chairestratos

Stumme Personen
Spinther, Gehilfe des Kochs
Schwester des Kleostratos
Frau des Chairestratos
Tochter des Chairestratos

ΜΕΡΟΣ Α'

ΔΑΟΣ

Ἀπροσδόκητον, νὴ Δί',] ἡμέραν ἄγω,
ὦ τρόφιμε, τὴν [νῦν] οὐδὲ διαλογίζομ[αι
παραπλήσι' ὡς τό[τ' ἤλ]πισ' ἐξορμώμεν[ος.
ᾤμην γὰρ εὐδο[ξο]ῦντα καὶ σωθέντα σ[ε
ἀπὸ στρατείας ἐν βίῳ τ' εὐσχήμονι
ἤδη τὸ λοιπὸν καταβιώσεσθαί τινι,
στρατηγὸν ἢ σ[ύμ]β[ο]υλον ὠνομασμένον,
καὶ τὴν ἀδελφήν, ἧσπερ ἐξώρμας τότε
ἕνεκα, σεαυτοῦ νυμφίῳ καταξίῳ
συνοικιεῖν ποθεινὸν ἥκοντ' οἴκαδε,
ἐμοί τ' ἔσεσθαι τῶν μακρῶν πόνων τινὰ
ἀνάπαυσιν εἰς τὸ γῆρας εὐνοίας χάριν.
νῦν δὲ σὺ μὲν οἴχει παραλόγως τ' ἀνήρπασαι,
ἐγὼ δ' ὁ παιδαγωγός, ⟨ὦ⟩ Κλεόστρατε,
τὴν οὐχὶ σώσασάν σε τήνδ' ἐλήλυθα
ἀσπίδα κομίζων ὑπὸ δὲ σοῦ σεσωμένην
πολλάκις· ἀνὴρ γὰρ ἦσθα τὴν ψυχὴν μέγας,
εἰ καί τις ἄλλος.

ΣΜΙΚΡΙΝΗΣ

τῆς ἀνελπίστου τύχης,
ὦ Δᾶε.
(ΔΑ.) δεινῆς.
(ΣΜ.) πῶς δ' ἀπώλετ' ἢ τίνι
τρόπῳ;
(ΔΑ.) στρατιώτῃ, Σμικρίνη, σωτηρίας
ἔστ' ἔργον εὑρεῖν πρόφασιν, ὀλέθρου δ' εὔπορον.
(ΣΜ.) ὅμως διήγησαι τὸ πρᾶγμα, Δᾶέ, μοι.
(ΔΑ.) ποταμός τις ἐστὶ τῆς Λυκίας καλούμενος
Ξάνθος, πρὸς ᾧ τότ' ἦμεν ἐπιεικῶς μάχαις
πολλαῖς διευτυχοῦντες, οἵ τε βάρβαροι

Akt I

(Straße in Athen, die rechts zum Marktplatz, links zum Hafen führt. Im Hintergrund das Haus des Smikrines und das des Chairestratos. Daos betritt die Bühne von rechts, gefolgt von Sklaven und Sklavinnen. Lasttiere tragen Beutestücke. Der Sklave hält einen zerbeulten Schild in der Hand. Während seines Monologs erscheint Smikrines.)

Daos. Einen unerwarteten Tag, bei Zeus, erlebe ich, mein junger Herr, an dem heutigen, und hege dabei keine Gedanken, die ähnlich sind wie mein Hoffen damals, als ich aufbrach. Ich glaubte nämlich, du könntest hochgeachtet und wohlbehalten nach dem Feldzug und in stattlicher Lebensweise nunmehr in Zukunft leben, zum Strategen oder Ratsherrn ernannt, und deine Schwester, deretwegen du damals aufbrachst, mit einem deiner würdigen Bräutigam verheiraten, nachdem du ersehnt nach Hause gekommen bist, und geben werde es für mich von meinen langen Mühen ein Ausruhen bis ins Alter zum Dank für meine gute Gesinnung. Jetzt jedoch bist du dahingegangen und gegen alle Erwartung hinweggerafft, ich aber, dein Erzieher, Kleostratos, bin gekommen, den hier, der dich nicht rettete, den Schild, bringend, der doch von dir oftmals gerettet worden ist; denn du warst ein Mann mit großem Mut, wenn überhaupt irgendein anderer.

Smikrines. Welch unverhofftes Schicksal, mein Daos.

Daos. Ein fürchterliches!

Smikrines. Wie aber kam er um, auf welche Weise?

Daos. Einem Soldaten, Smikrines, fällt es schwer, für das Überleben, leicht aber, für den Tod einen Grund zu finden.

Smikrines. Dennoch beschreibe mir das Geschehen, Daos.

Daos. Es gibt einen Fluss in Lykien, genannt Xanthos, in dessen Nähe wir damals waren, durchgehend ziemlich erfolgreich in vielen Schlachten, und die Barbaren hatten die Ebene verlas-

ἐπεφεύγεσαν τὸ πεδίον ἐκλελοιπότες.
ἦν δ' ὡς ἔοικε καὶ τὸ μὴ πάντ' εὐτυχεῖν
χρήσιμον· ὁ γὰρ πταίσας τι καὶ φυλάττεται.
ἡμᾶς δ' ἀτάκτους πρὸς τὸ μέλλον ἤγαγε
τὸ καταφρονεῖν. πολλοὶ γὰρ ἐκλελοιπότες
τὸν χάρακα τὰς κώμας ἐπόρθουν, τοὺς ἀγροὺς
ἔκοπτον, αἰχμάλωτ' ἐπώλουν, χρήματα
ἕκαστος ε[ἶ]χε πόλλ' ἀπελθών.
ΣΜ. ὡς καλόν.
(ΔΑ.) αὐτὸς δ'] ὁ τρόφιμος συνάγων χρυσοῦς τινας
ἑξακοσί]ους, ποτήρι' ἐπιεικῶς συχνά,
τῶν τ' αἰχ]μαλώτων τοῦτον ὃν ὁρᾷς πλησίον
ὄχλον, ἀπο]πέμπει μ' εἰς Ῥόδον καί τῷ ξένῳ
φράζει κ]αταλιπεῖν ταῦτα πρός θ' αὑτὸν πάλιν
ἔπειτ' ἀ]ναστρέφειν.
(ΣΜ.) τί οὖν δὴ γίνεται;
(ΔΑ.) ἐγὼ μὲν ἐξώρμων ἕωθεν· ᾗ δ' ἐγὼ
ἀπῆρον ἡμέρᾳ λαθόντες τοὺς σκοποὺς
τοὺς ἡμετέρους οἱ βάρβαροι λόφον τινὰ
ἐπίπροσθ' ἔχοντες ἔμενον, αὐτομόλων τινῶν
πεπυσμένοι τὴν δύναμιν ἐσκεδασμένην.
ὡς δ' ἐγένεθ' ἑσπέρα κατὰ σκηνάς θ' ἅπαν
ἦν τὸ στρατόπεδον ἔκ τε χώρας ἄφθονα
ἅπαντ' ἐχούσης, οἷον εἰκὸς γίνεται·
ἐβρύαζον οἱ πλεῖστοι.
(ΣΜ.) πονηρόν γε σφόδρα.
(ΔΑ.) ἄφνω γὰρ ἐπιπίπτουσιν αὐτοῖς μοι δοκεῖ.
(ΣΜ.) . .] . υ . . [. . . . .] . . υ . . φα . [

[ΔΑ.]]υπ[. . . .] . ἐγώ
]τα περὶ μέσας δ' ἴσως
νύκτας φυλακ]ὴν τῶν χρημά[τ]ων ποούμενος
τῶ]ν τ' ἀνδραποδίων περιπατ[ῶ]ν ἔμπροσθε τῆς

sen und waren geflohen. Er wäre aber, wie es scheint, auch nützlich, nicht in allem Erfolg zu haben; denn wer irgendwie zu Fall gekommen ist, nimmt sich nun auch in Acht. Uns aber, undiszipliniert, wie wir waren, trieb zu dem, was dann kam, [30] der Übermut. Denn viele hatten die gesicherte Schanze verlassen und plünderten die Dörfer, verwüsteten die Äcker, verkauften Beute, und Geld hatte jeder viel bei der Rückkehr.

SMIKRINES. Wie schön!

DAOS. Mein junger Herr selbst, der etwa [35] sechshundert Goldmünzen zusammenbrachte, ziemlich viele Trinkbecher und von den Kriegsgefangenen diesen Haufen, den du nahebei siehst, schickt mich nach Rhodos und sagt, bei seinem Gastfreund solle ich dies zurücklassen und zu ihm dann wieder zurückkehren.

SMIKRINES. Was also geschieht dann?

DAOS. [40] Ich brach bei Morgengrauen auf; doch an dem Tag, an dem ich mich auf den Weg machte, nahmen, unbemerkt von unseren Spähern, die Barbaren einen Hügel dicht bei uns ein und verharrten dort, weil sie von irgendwelchen Überläufern erfahren hatten, dass unsere Streitmacht verstreut war. [45] Als es Abend wurde und in den Zelten das ganze Heer war, zurück von einem Land, das alles im Überfluss hatte, geschieht, wie zu erwarten, dies: Die meisten feierten fröhlich.

SMIKRINES. Sehr übel das, gewiss!

DAOS. Ja, denn plötzlich fielen die über sie her, wie mir scheint.

SMIKRINES. [50] … *(1–2 Verse fehlen zwischen V. 50 und 52.)*

DAOS. [52] … ich … als ich wohl um Mitternacht Wache bei der Beute [55] und den Sklaven halte und auf und ab gehe vor dem

σκηνῆς ἀκούω θόρυβον οἰμω[γ]ὴν δρόμον
ὀδυρμόν, ἀνακαλοῦντας αὑτοὺς ὀνόματι·
ὧν καὶ τὸ πρᾶγμ' ἤκουον. εὐτυχῶς δέ τι
λοφίδιον ἦν ἐνταῦθ' ὀχυρόν. πρὸς τοῦτ' ἄνω
ἠθροιζόμεσθα πάντες, οἱ δ' ἐπέρρεον
ἱππεῖς ὑπασπισταὶ στρατιῶται, τραύματα
ἔχοντες.
⟨ΣΜ.⟩ ὡς ὤνησ' ἀποσταλεὶς τότε.
(ΔΑ.) αὐτοῦ δ' ἔωθεν χάρακα βαλόμενοί τινα
ἐμένομεν, οἱ δὲ τότε διεσκεδασμένοι
ἐν ταῖς προνομαῖς αἷς εἶπον ἐπεγίνοντ' ἀεὶ
ἡμῖν. τετάρτῃ δ' ἡμέρᾳ προήγομεν
πάλιν, πυθόμενοι τοὺς Λυκίους εἰς τὰς ἄνω
κώμας ἄγειν οὓς ἔλαβον.
(ΣΜ.) ἐν δὲ τοῖς νεκροῖς
πεπτωκότ' εἶδες τοῦτον;
(ΔΑ.) αὐτὸν μὲν σαφῶς
οὐκ ἦν ἐπιγνῶναι· τετάρτην ἡμέραν
ἐρριμμένοι γὰρ ἦσαν ἐξῳδηκότες
τὰ πρόσωπα.
(ΣΜ.) πῶς οὖν οἶσθ';
(ΔΑ.) ἔχων τὴν ἀσπίδα
ἔκειτο συντετριμμένην· διό μοι δοκεῖ
οὐδ' ἔλαβεν αὐτὴν οὐδὲ εἷς τῶν βαρβάρων.
ὁ δ' ἡγεμὼν ἡμῶν ὁ χρηστὸς καθ' ἕνα μὲν
καίειν ἐκώλυσεν διατριβὴν ἐσομένην
ὁρῶν ἑκάστους ὀστολογῆσαι, συναγαγὼν
πάντας δ' ἀθρόους ἔκαυσε. καὶ σπουδῇ πάνυ
θάψας ἀνέζευξ' εὐθύς, ἡμεῖς τ' εἰς Ῥόδον
διεπίπτομεν τὸ πρῶτον, εἶτ' ἐκεῖ τινας
μείναντες ἡμέρας ἐπλέομεν ἐνθάδε.
ἀκήκοάς μου πάντα.

Zelt, höre ich Lärm, Wehklagen, Herumlaufen, Jammern, Leute, die sich gegenseitig beim Namen rufen; durch sie hörte ich auch von dem Geschehen. Glücklicherweise war dort ein Hügelchen, ein sicherer Ort. Zu dem hinauf kamen wir alle zusammen, und herbei strömten Reiter, Leichtbewaffnete, Soldaten mit Wunden.

SMIKRINES. Welchen Vorteil du hattest, zu der Zeit schon weggeschickt!

DAOS. Dort warfen wir bei Morgengrauen eine gesicherte Schanze auf und harrten aus, die aber, die zu der Zeit schon weit verstreut waren beim Plündern, wovon ich sprach, kamen ständig zu uns dazu. Am vierten Tag begannen wir wieder auszurücken, nachdem wir erfahren hatten, die Lykier hätten in ihre hochgelegenen Dörfer die gebracht, die sie gefangen nahmen.

SMIKRINES. Unter den Toten, sahst du ihn da niedergestürzt?

DAOS. Ihn selbst deutlich zu erkennen war nicht möglich; denn sie lagen den vierten Tag hingestreckt da und hatten aufgedunsene Gesichter.

SMIKRINES. Wie weißt du es dann?

DAOS. Seinen Schild haltend, der ganz zerhauen war, lag er da; deshalb, scheint mir, nahm sich den auch nicht einer von den Barbaren. Unser feiner Kommandeur verbot, sie einzeln zu verbrennen, da er sah, es werde ein Zeitverlust sein, von jedem die Knochen zu sammeln, ließ alle zusammenbringen und gemeinsam verbrennen. Und nachdem er sie in großer Eile hatte bestatten lassen, ließ er uns sofort aufbrechen, und wir hier entkamen zuerst nach Rhodos, blieben dann einige Tage dort und segelten hierher. Du hast von mir alles gehört.

(ΣΜ.) χρυσοῦς φὴς ἄγειν
ἑξακοσίους;
(ΔΑ.) ἔγωγε.
(ΣΜ.) καὶ ποτήρια;
(ΔΑ.) ὁλκὴν ἴσως μνῶν τετταράκοντ᾽.
⟨ΣΜ.⟩ οὐ πλείονος;
⟨ΔΑ.⟩ κληρονόμε –
(ΣΜ.) πῶς; οἴει ⟨μ᾽⟩ ἐρωτᾶν, εἰπέ μοι,
διὰ τοῦτ᾽; Ἄπολλον. τἄλλα δ᾽ ἡρπάσθη;
(ΔΑ.) σχεδὸν
τὰ πλεῖστα, πλὴν ὧν ἔλαβον ἐξ ἀρχῆς ἐγώ.
ἱμάτι᾽ ἔνεστ᾽ ἐνταῦθα, χλαμύδες· τουτονὶ
τὸν ὄχλον ὁρᾷς οἰκεῖον.
⟨ΣΜ.⟩ οὐθέν μοι μέλει
τούτων· ἐκεῖνος ὤφελε ζῆν.
(ΔΑ.) ὤφελε.
παράγωμεν εἴσω τὸν ταλαίπωρον λόγον
ἀπαγγελοῦντες τοῦτον οἷς ἥκιστ᾽ ἐχρῆν.
(ΣΜ.) εἶτ᾽ ἐντυχεῖν βουλήσομαί τι, Δᾶέ, σοι
κατὰ σχολήν· νυνὶ δὲ καὐτός μοι δοκῶ
εἴσω παριέναι σκεψόμενος τίν᾽ ἂν τρόπον
τούτοις προσενεχθείη τις ἡμερώτατα.

ΘΕΟΣ ΤΥΧΗ

ἀλλ᾽ εἰ μὲν ἦν τούτοις τι γεγονὸς δυσχερές,
θεὸν οὖσαν οὐκ ἦν εἰκὸς ἀκολουθεῖν ἐμέ·
νῦν δ᾽ ἀγνοοῦσι καὶ πλανῶνται. τοῦτο δ[ὲ
ὁ προσέ]χων μαθήσετα[ι

. .]ν . . . .[.] .[. .] .[
ξ]ένος ἄλλος. ὡς δ[᾽ οὖν] τὸ κακ[ὸν αὐτοῖς προσέπεσεν
ἥ τ᾽ ἐπίθεσις τῶν βαρβάρων [ἐγένετο καὶ
ἐπέχων ἐσήμαιν᾽, ἐξεβοήθου[ν κατὰ τάχος
ὁπλιζόμενοι [τὸ] παρὸν ἕκαστος πλησίον.

Smikrines. Goldmünzen, sagst du, bringst du sechshundert?

Daos. Ja.

Smikrines. Und Trinkgefäße?

Daos. An Gewicht vielleicht vierzig Minen.

Smikrines. Nicht mehr?

Daos. [85] Du Erbe –

Smikrines. Wie? Sag mir, glaubst du, ich frage deswegen? Apollon! Das andere aber wurde geraubt?

Daos. Fast das meiste, außer dem, was ich anfangs bekam. Gewänder sind da, Mäntel; hier diesen Haufen Sklaven siehst du.

Smikrines. Nichts liegt mir [90] an denen; *er* sollte noch leben!

Daos. Ja, er sollte! Lass uns nach drinnen gehen, um diese traurige Nachricht denen zu vermelden, die sie am wenigsten verdient hätten.

Smikrines. Danach will ich mich mit dir, Daos, zu einem Gespräch treffen in aller Ruhe; jetzt aber, scheint mir, [95] begebe ich mich auch selbst nach drinnen, um zu überlegen, auf welche Weise man wohl am sanftesten mit ihnen umgeht.

(Daos mit Gefolge ab in Chairestratos' Haus, Smikrines in sein Haus. Tyche betritt die leere Bühne.)

Göttin Tyche. Doch wenn denen etwas Unangenehmes geschehen wäre, wäre es nicht angebracht, dass ich, die ich eine Göttin bin, auf sie folge; nun aber sind sie unwissend und irren. Das aber, [100] ... wird, wer aufpasst, erfahren. *(1–2 Verse fehlen zwischen V. 100 und 101.)* [102] ... ein anderer Söldner. Als nun das Unglück über die hereinbrach und der Angriff der Barbaren erfolgte und er immer wieder das Signal gab, stürmten sie rasch hinaus, um zu helfen, [105] jeder bewaffnet mit dem, was gerade

οὕτως ὁ μὲν παρὰ τῷ τροφίμῳ τούτου τότε
ὢν ἐξεβοήθει τήνδ' ἔχων τὴν ἀσπίδα
εὐθύς τε πίπτει· κειμένης δ' ἐν τοῖς νεκροῖς
τῆς ἀσπίδος τοῦ μειρακίου τ' ᾠδηκότος
οὗτος διημάρτηκεν. ὁ δὲ Κλεόστρατος
ἐκεῖθεν ἑτέροις ἐκβοηθήσας ὅπλοις
γέγον' αἰχμάλωτος. ζῇ δὲ καὶ σωθήσεται
ὅσον οὐδέπω. ταυτὶ μὲν οὖν μεμαθήκατε
ἱκανῶς. ὁ γέρων δ' ὁ πάντ' ἀνακρίνων ἀρτίως
γένει μὲν αὐτῷ θεῖός ἐστι πρὸς πατρός,
πονηρίᾳ δὲ πάντας ἀνθρώπους ὅλως
ὑπερπέπαικεν. οὗτος οὔτε συγγενῆ
οὔτε φίλον οἶδεν οὐδὲ τῶν ἐν τῷ βίῳ
αἰσχρῶν πεφρόντικ' οὐδέν, ἀλλὰ βούλεται
ἔχειν ἅπαντα· τοῦτο γινώσκει μόνον.
καὶ ζῇ μονότροπος, γραῦν ἔχων διάκονον.
οὗ δ' εἰσελήλυθ' ὁ θεράπων ἐν γειτόνων
ἀδελφὸς οἰκεῖ τοῦδε τοῦ φιλαργύρου
νεώτερος, ταὐτὸν προσήκων κατὰ γένος
τῷ μειρακίῳ, χρηστὸς δὲ τῷ τρόπῳ πάνυ
καὶ πλούσιος, γυναῖκ' ἔχων καὶ παρθένου
μιᾶς πατὴρ ὤν. ᾧ κατέλιπεν ἐκπλέων
ὁ μειρακίσκος τὴν ἀδελφήν· σύντροφοι
αὗταί θ' ἑαυταῖς εἰσιν ἐκτεθραμμέναι.
ὢν δ', ὅπερ ὑπεῖπα, χρηστὸς οὗτος μακροτέραν
ὁρῶν ἐκείνῳ τὴν ἀποδημίαν τά τε
οἰκεῖα μέτρια παντελῶς, τὴν παρθένον
αὐτὸς συνοικίζειν νεανίσκῳ τινὶ
ἔμελλεν, ὑῷ τῆς γυναικός, ἧς ἔχει,
ἐξ ἀνδρὸς ἑτέρου, προῖκά τ' ἐπεδίδου δύο
τάλαντα. καὶ ποιεῖν ἔμελλε τοὺς γάμους
νυνί. ταραχὴν δὲ τοῦτο πᾶσιν ἐμπεσὸν
τὸ νῦν παρέξει πρᾶγμα. τοὺς ἑξακοσίους

nahebei war. So ist der, welcher damals bei dessen jungem Herrn war, hinausgestürmt, um zu helfen, diesen Schild haltend, und sofort fällt er; da unter den Toten der Schild lag und der junge Mann aufgedunsen war, irrte dieser sich. Kleostratos aber, der von dort mit anderen Waffen hinausgestürmt war, um zu helfen, wurde Kriegsgefangener. Er lebt und wird wohlbehalten sehr bald ankommen. Das hier habt ihr nun zur Genüge erfahren. Der alte Mann aber, der soeben nach allem fragte, ist, was die Familie betrifft, sein Onkel vom Vater her, was aber seine Gemeinheit betrifft, überbietet er alle Menschen ganz und gar. Der will weder von einem Verwandten noch einem Freund etwas wissen und hat sich nie um das an seiner Lebensweise Hässliche irgendwelche Gedanken gemacht, sondern will alles haben; nur das hat er im Sinn. Und er lebt einsam, hat eine alte Frau als Dienerin. Dort im Nachbarhaus, wo der Sklave hineingegangen ist, wohnt ein Bruder dieses Geldgierigen, der jünger ist, im selben Grad verwandt mit dem jungen Mann, sehr anständig in seiner Wesensart und reich, hat eine Frau und ist der Vater eines einzigen jungen Mädchens. Ihm ließ, als er davonsegelte, der junge Mann seine Schwester zurück; zugleich genährt sind die miteinander und großgezogen worden. Als er, der, wie ich sagte, anständig ist, sah, dass länger für jenen die Abwesenheit von daheim dauerte und dessen Besitz sehr mäßig war, gedachte er von sich aus, das junge Mädchen mit einem jungen Mann zu verheiraten, dem Sohn der Frau, die er hat, von einem anderen Mann, und wollte als Mitgift dazu zwei Talente geben. Und er gedachte die Hochzeit genau heute auszurichten. Verwirrung aber wird das über alle hereingebrochene jetzige Geschehen verursachen. Denn da von den sechs-

χρυσοῦς ἀκούσας οὑτοσὶ γὰρ ἀρτίως
ὁ πονηρός, οἰκέτας τε βαρβάρους ἰδών,
σκευοφόρα, παιδίσκας, ἐπικλήρου τῆς κόρης
οὔσης κρατεῖν βουλήσετ' αὐτός, τῷ χρόνῳ
προέχων. μάτην δὲ πράγμαθ' αὑτῷ καὶ πόνους
πολλοὺς παρασχὼν γνωριμώτερόν τε τοῖς
πᾶ[σ]ιν ποήσας αὑτὸν οἷός ἐστ' ἀνὴρ
ἐ]πάνεισιν ἐπὶ τἀρχαῖα. λοιπὸν τοὔνομα
το]ὐμὸν φράσαι· τίς εἰμι, πάντων κυρία
τούτων βραβεῦσαι καὶ διοικῆσαι; Τύχη.
ΣΜ. ἵνα μή τις εἴπῃ μ' ὅτι φιλάργυρος σφόδρα,
οὐκ ἐξετάσας πόσον ἐστὶν ὃ φέρει χρυσίον
οὐδ' ὁπόσα τἀργυρώματ' οὐδ' ἀριθμὸν λαβὼν
οὐδενὸς ἑτοίμως εἰσενεγκεῖν ἐνθάδε
εἴασα· βασκαίνειν γὰρ εἰώθασί με
ἐπὶ παντί. τὸ γὰρ ἀκριβὲς εὑρεθήσεται
ἕως ἂν οἱ φέροντες ὦσιν οἰκέται.
οἶμαι μὲν οὖν ἑκόντας αὐτοὺς τοῖς νόμοις
καὶ τοῖς δικαίοις ἐμμενεῖν· ἐὰν δὲ μή,
οὐθεὶς ἐπιτρέψει. τοὺς δὲ γινομένους γάμους
τούτους προειπεῖν βούλομ' αὐτοῖς μὴ ποεῖν.
ἴσως μὲν ἄτοπον καὶ λέγειν· οὐκ ἐν γάμοις
ἐστὶν γὰρ ἥκοντος τοιούτου νῦν λόγου.
ὅμως δὲ τὴν θύραν γε κόψας ἐκκαλῶ
τὸν Δᾶον· οὗτος γὰρ προσέξει μοι μόνος.
ΔΑ. πολλὴ μὲν ὑμῖν ταῦτα συγγνώμη ποιεῖν
ἐκ τῶν δ' ἐνόντων ὡς μάλιστα δεῖ φέρειν
ἀνθρωπίνως τὸ συμβεβηκός.
ΣΜ. πρὸς σ' ἐγὼ
πάρειμι, Δᾶε.
(ΔΑ.) πρὸς ἐμέ;

hundert Goldmünzen soeben dieser üble Kerl gehört hat und er die Barbarensklaven sah, die Lasttiere, Sklavinnen, wird er, weil das Mädchen Erbtochter ist, sich selbst ihrer bemächtigen wollen, durch sein Alter im Vorteil. Nachdem er aber vergeblich sich selbst Schwierigkeiten und Mühen in großer Zahl bereitet und sich ihnen allen deutlicher erkennbar gemacht hat, was für ein Mann er ist, wird er zum alten Zustand zurückkehren. Übrig ist noch, meinen Namen zu sagen: Wer bin ich, mächtig, all dies zu lenken und zu ordnen? Tyche. *(Geht ab.)*

Smikrines *(kommt aus seinem Haus).* Damit nicht jemand sagt, dass ich höchst geldgierig sei, habe ich nicht geprüft, wie viel Gold es ist, das er bringt, auch nicht, wie viele Silbergefäße, und habe, ohne die Zahl von irgendetwas zu registrieren, bereitwillig es ihn dort hineintragen lassen; sie pflegen mich nämlich zu verleumden bei jeder Gelegenheit. Das Genaue nämlich wird sich herausfinden lassen, solange diejenigen, welche es tragen, Sklaven sind. Ich glaube nun, dass die sich freiwillig an Gesetz und Recht halten werden; wenn aber nicht, wird niemand es dulden. Was aber diese Hochzeit betrifft, die im Werden ist, will ich ihnen gebieten, sie nicht auszurichten. Vielleicht ist es fehl am Platz, davon auch nur zu reden; denn nicht um Hochzeit geht es, nachdem jetzt eine solche Nachricht gekommen ist. Dennoch will ich an die Tür klopfen und den Daos herausrufen; denn der wird mir als Einziger Aufmerksamkeit schenken.

Daos *(kommt aus Chairestratos' Haus und spricht zurück).* Viel Verständnis habe ich für euch, dass ihr dies tut, doch da es nun einmal so ist, muss man, so gut es geht, das Geschehene menschlich ertragen.

Smikrines. Zu dir komme ich, Daos.

Daos. Zu mir?

(ΣΜ.) ναὶ μὰ τὸν Δία.
ὤφελε μὲν οὖν ἐκεῖνος, ὃν δίκαιον ἦν,
ζῆν καὶ διοικεῖν ταῦτα καὶ τεθνηκότος
ἐμοῦ γενέσθαι τῶν ἐμῶν κατὰ τοὺς νόμους
κύριος ἁπάντων.
ΔΑ. ὤφελεν· τί οὖν;
(ΣΜ.) τί γάρ;
πρεσβύτατός εἰμι τοῦ γένους· ἀδικούμενος
ἀεί τε πλεονεκτοῦντα τὸν ἀδελφόν τι μου
ὁρῶν ἀνέχομαι.
ΔΑ. νοῦν ἔχεις.
(ΣΜ.) ἀλλ᾽, ὦγαθέ,
οὐδὲ μετριάζει· νενόμικεν δὲ παντελῶς
οἰκότριβά μ᾽ ἢ νόθον τιν᾽, ὃς νυνὶ γάμους
ἐποίει διδοὺς οὐκ οἶδ᾽ ὅτῳ ⟨τὴν⟩ παρθένον,
οὐκ ἐπανενεγκών, οὐκ ἐρωτήσας ἐμέ,
ἐμοὶ προσήκων ταὐτό, θεῖος ὢν ὅπερ
κἀγώ.
(ΔΑ.) τί οὖν δή;
(ΣΜ.) πάντα ταῦτ᾽ ὀργίζομαι
ὁρῶν. ἐπειδὴ δ᾽ ἐστὶν ἀλλοτρίως ἔχων
πρὸς ἐμέ, ποήσω ταῦτ᾽ ἐγώ. τὴν οὐσίαν
οὐχὶ καταλείψω τὴν ἐμὴν διαρπάσαι
τούτοις, ὅπερ δὲ καὶ παραινοῦσίν τινες
τῶν γνωρίμων μοι, λήψομαι τὴν παρθένον
γυναῖκα ταύτην· καὶ γὰρ ὁ νόμος μοι δοκεῖ
οὕτω λέγειν πως, Δᾶε. ταῦτ᾽ οὖν ὃν τρόπον
πράττοιτ᾽ ἂν ὀρθῶς καὶ σὲ φροντίζειν ἔδει·
οὐκ ἀλλότριος ⟨εἶ⟩.
ΔΑ. Σμικρίνη, πάνυ μοι δοκεῖ
τὸ ῥῆμα τοῦτ᾽ εἶναί τι μεμεριμνημένον,
τὸ γνῶθι σαυτόν. ἐμμένειν τούτῳ μ᾽ ἔα·
ὅσα δ᾽ οἰκέτῃ δεῖ μὴ πονηρῷ, ταῦτ᾽ ἐμοὶ

Smikrines. Ja, beim Zeus. Es sollte nun er, wie es gerecht wäre, leben und dies regeln und, wenn ich tot bin, für all das Meine gemäß den Gesetzen bevollmächtigt sein.

Daos. Ja, sollte er; was nun?

Smikrines. Ja, was? Ich bin der Älteste in der Familie; dass mir Unrecht geschieht und mein Bruder mich stets irgendwie übervorteilt, sehe ich und halte es aus.

Daos. Du hast Verstand.

Smikrines. Aber, mein Guter, er mäßigt sich auch nicht; er betrachtet mich ganz und gar als einen Haussklaven oder Bastard, er, der heute die Hochzeit ausrichten wollte und das Mädchen, ich weiß nicht wem, gibt, ohne meinen Rat einzuholen, ohne mich zu fragen, obwohl er genauso wie ich verwandt ist, obwohl er ein Onkel ist wie auch ich.

Daos. Was also nun?

Smikrines. Ich bin wütend, wenn ich all das sehe. Da er sich wie ein Fremder verhält mir gegenüber, werde ich dasselbe tun. Mein Vermögen werde ich nicht ihnen zur Plünderung überlassen, was auch einige von meinen Bekannten mir raten, ich werde dieses Mädchen zur Frau nehmen; denn auch das Gesetz scheint mir irgendwie so zu sprechen, Daos. Auf welche Weise dies nun richtig durchgeführt werden könnte, hättest auch du überlegen müssen; du bist kein Fremder.

Daos. Smikrines, sehr wohl scheint mir dieser Spruch wohlüberlegt zu sein, das »Erkenne dich selbst!« Lass mich dabei bleiben; aber was man einem nicht üblen Sklaven auftragen soll,

ἀνάφερε καὶ τούτων παρ᾽ ἐμοῦ ζήτει λόγον.
χ[αρισ]τέο[ν δ]έ γ᾽.
(ΣΜ.) ὡς [ὑπ]εστάλ[η]ς [λόγῳ.
(ΔΑ.) σῶν δ᾽ εἴ με δο[ῦν]αι πρα[γμάτων βούλει λόγον,
πᾶν τὰς θεραπαίνας ἔστι[ν ἀνακρίνειν τά τε
σώματα μεθ᾽ ὧ[ν] ἐλάμβανον τὰ [χρήματα·
σημεῖ᾽ ἔπεστι. [τί δὲ] συνήλλαξεν τίσιν
ἐκεῖνος ἀποδημῶν, ἔχω φράζειν ἐγώ.
ταῦτ᾽, ἂν κελεύῃ τίς με, δείξω καθ᾽ ἓν ὅπου,
πῶς, τοῦ παρόντος. περὶ δὲ κλήρου, Σμικρίνη,
ἢ νὴ Δί᾽ ἐπικλήρου γάμων τε καὶ γένους
καὶ διαφορᾶς οἰκειότητος μηκέτι
Δᾶον ἄγετ᾽ εἰς μέσον, τὰ τῶν ἐλευθέρων
αὐτοὶ δὲ πράττεθ᾽ οἷς τὸ τοιοῦτον ἁρμόσει.
ΣΜ. δοκῶ δέ σοι τι πρὸς θεῶν ἀγνωμονεῖν;
(ΔΑ.) Φρύξ εἰμι· πολλὰ τῶν παρ᾽ ὑμῖν φαίνεται
καλῶν ἐμοὶ πάνδεινα καὶ τοὐναντίον
τούτων. τί προσέχειν δεῖ σ᾽ ἐμοί; φρονεῖς ἐμοῦ
βέλτιον εἰκότως.
(ΣΜ.) σὺ νυνί μοι δοκεῖς
λέγειν ὁμοῦ τι "μὴ πάρεχέ μοι πράγματα",
τοιουτότροπόν τι. μανθάνω. τούτων τινὰ
ὀπτέον ἂν εἴη πρὸς ἀγορὰν ἐλθόντι μοι,
εἰ μή τις ἔνδον ἐστίν.
ΔΑ. οὐδείς. ὦ Τύχη,
οἵῳ μ᾽ ἀφ᾽ οἵου δεσπότῃ παρεγγυᾶν
μέλλεις. τί σ᾽ ἠδίκηκα τηλικοῦτ᾽ ἐγώ;

ΜΑΓΕΙΡΟΣ

ἂν καὶ λάβω ποτ᾽ ἔργον, ἢ τέθνηκέ τις,
εἶτ᾽ ἀποτρέχειν δεῖ μισθὸν οὐκ ἔχοντά με,
ἢ τέτοκε τῶν ἔνδον κυοῦσά τις λάθρᾳ,
εἶτ᾽ οὐκέτι θύουσ᾽ ἐξαπίνης, ἀλλ᾽ οἴχομαι
ἀπιὼν ἐγώ· τῆς δυσποτμίας.

das trage mir auf und suche darüber von mir Rede und Antwort. Aber du musst wenigstens nett sein.

Smikrines. Wie zurückhaltend du bist in deinen Worten!

Daos. Wenn du willst, dass ich Rechenschaft über deine Sachen ablege, kannst du über alles die Sklavinnen befragen und die Leute, mit denen ich die Güter in Empfang nahm; Siegel sind dabei. Was er mit einigen Leuten ausmachte, als er fern von daheim war, kann ich sagen. Das werde ich, wenn jemand es mir befiehlt, einzeln aufzeigen: wo, wie und wer dabei war. Über eine Erbschaft, Smikrines, oder, bei Zeus, die Heirat einer Erbtochter und eine Familie und die Unterscheidung beim Verwandtschaftsgrad, nehmt Daos nicht mehr in Anspruch, sondern betreibt die Angelegenheiten der Freien selbst, ihr, denen so etwas angemessen sein wird.

Smikrines. Bei den Göttern, glaubst du, dass ich eine Dummheit begehe?

Daos. Ich bin ein Phryger; viel von dem, was bei euch als schön gilt, erscheint mir ganz schrecklich, und umgekehrt ist es auch so. Warum sollst du dich an mich halten? Du hast natürlich einen besseren Verstand als ich.

Smikrines. Du scheinst mir jetzt mehr oder weniger zu sagen: »Bereite mir keine Schwierigkeiten!«, etwas von solcher Art. Ich verstehe. Von denen jemanden muss ich wohl sprechen und zum Markt gehen, wenn keiner im Haus ist.

Daos. Keiner. *(Smikrines ab nach rechts.)* O Tyche, an was für einen Herrn von was für einem hast du vor, mich weiterzugeben? Welches so große Unrecht habe ich dir getan?

(Ein Koch kommt mit seinem Gehilfen aus Chairestratos' Haus.)

Koch. Wenn ich schon einmal Arbeit bekomme, stirbt entweder jemand, und dann muss ich davongehen, ohne Lohn zu bekommen, oder eine von denen im Haus ist heimlich schwanger und hat geboren, und dann opfern sie plötzlich nicht mehr, ich aber muss mich schnell davonmachen; was für ein Unglück!

ΔΑ. πρὸς τῶν θεῶν,
μάγειρ', ἄπελθε.
ΜΑ. νῦν δὲ τί δοκῶ σο[ι] ποεῖν;
λαβὲ τὰς μαχαίρας, παιδάριον, θᾶττόν ποτε.
δραχμῶν τριῶν ἦλθον δι' ἡμερῶν δέκα
ἔργον λαβών. ᾤμην ἔχειν ταύτας· νεκρὸς
ἐλθών τις ἐκ Λυκίας ἀφήρηται βίᾳ
αὐτάς. τοιούτου συμβεβηκότος κακοῦ
τοῖς ἔνδον, ἱερόσυλε, κλαούσας ὁρῶν
καὶ κοπτομένας γυναῖκας ἐκφέρεις κενὴν
τὴν λήκυθον; μέμνησο καιρὸν παραλαβὼν
τοιοῦτον. οὐ Σπινθῆρ', Ἀριστείδην δ' ἔχω
ὑπηρέτην δίκαιον. ὄψομαί σ' ἐγὼ
ἄδειπνον. ὁ δὲ τραπεζοποιὸς καταμένει
εἰς τὸ περίδειπνον τυχὸν ἴσως.
ΤΡΑΠΕΖΟΠΟΙΟΣ
δραχμὴν ἐγὼ
ἂν μὴ λάβω κοπτόμενος ὑμῶν οὐδὲ ἓν
αὐτὸς διοίσω.
ΔΑ. πρόαγε. τοῦτον οὐχ ὁρᾷς;

(ΤΡ.) Δᾶος προσῆλθε· τί ποτ' ἀπαγ[γέλλων ἄρ[α;
ἀπαγγελεῖς, ἄνθρωπ[', ἄφ]ρα[σ]τα;
(ΔΑ.) πάνυ μ[ὲν οὖν.
ΤΡ. κακὸς κακῶ]ς ἀπόλοιο τοίνυν, νὴ Δία,
τοιό]νδ[ε π]εποηκώς. ἀπόπληκτε, χρυσίο[ν
ἔχων τοσοῦτο, παῖδας, ἥκεις δεσπότῃ
ταῦτ' ἀποκομίζων κοὐκ ἀπέδρας; ποταπός πο[τ' εἶ;
(ΔΑ.) Φρύξ.
(ΤΡ.) οὐδὲν ἱερόν, ἀνδρόγυνος. ἡμεῖς μόνοι
οἱ Θρᾷκές ἐσμεν ἄνδρες. οἱ μὲν δὴ Γέται,
Ἄπολλον, ἀνδρεῖον τὸ χρῆμα· τοιγαροῦν
γέμουσιν οἱ μυλῶνες ἡμῶν.

Daos. Bei den Göttern, Koch, geh weg!

Koch. Was glaubst du denn, was ich tue? *(Zu dem Gehilfen.)* Nimm die Messer, Sklavenjunge, schnell doch! Nach zehn Tagen erhielt ich einen Job für drei Drachmen und kam her. Ich glaubte, ich hätte sie: Irgendein Toter [225] kam aus Lykien und hat sie mir mit Gewalt weggenommen. *(Zu dem Gehilfen.)* Obwohl du, nachdem ein solches Unglück denen im Haus widerfahren ist, du Tempelräuber, weinen sahst und sich die Brüste schlagen die Frauen, trägst du leer den Ölkrug heraus? Denk doch daran, dass du eine solche Gelegenheit bekamst! [230] Nicht Spinther, sondern Aristeides habe ich als gerechten Gehilfen. Ich werde dich ohne Essen sehen. Der Servierer bleibt vielleicht noch bis zum Leichenschmaus. *(Koch und Gehilfe ab nach rechts.)*

Servierer *(kommt aus Chairestratos' Haus und spricht zurück).* Wenn ich die Drachme nicht bekomme, werde ich, geschlagen wie ich bin, gar nicht von euch [235] mich selbst unterscheiden.

Daos. Geh weiter. Siehst du den nicht? *(1–2 Verse fehlen zwischen V. 235 und 236.)*

Servierer. [236] Daos ist dahergekommen; was hat er denn zu melden? Mensch, willst du Schlimmes melden?

Daos. Sehr wohl.

Servierer. Du Elender mögest also elend verrecken, bei Zeus, weil du so etwas getan hast. Du Verrückter, hast [240] so viel Gold, Sklaven, kommst und bringst das für den Herrn und bist nicht entlaufen? Woher bist du denn?

Daos. Ich bin Phryger.

Servierer. Nichts Rechtes, ein Mannweib. Nur wir Thraker sind Männer, und dann die Geten, Apollon, eine mannhafte Sache; deshalb [245] sind die Mühlen voll von uns.

ΔΑ. ἐκποδὼν
ἀπαλλάγηθ' ἀπὸ τῆς θύρας· καὶ γάρ τινα
ὄχλον ἄλλον ἀνθρώπων προσιόντα τουτονὶ
ὁρῶ μεθυόντων. νοῦν ἔχετε. τὸ τῆς τύχης
ἄδηλον· εὐφραίνεσθ' ὃν ἔξεστιν χρόνον.

ΧΟΡΟΥ

ΜΕΡΟΣ Β'

ΣΜ. εἶέν· τί δή μοι νῦν λέγεις, Χαιρέστρατε;
ΧΑΙΡΕΣΤΡΑΤΟΣ
πρῶτον μέν, ὦ βέλτιστε, τὰ περὶ τὴν ταφὴν
δεῖ πραγματευθῆναι.
(ΣΜ.) πεπραγματευμένα
ἔσται. τὸ μετὰ ταῦθ' ὁμολόγει τὴν παρθένον
μηθενί· τὸ γὰρ πρᾶγμ' ἐστὶν οὐ σὸν ἀλλ' ἐμόν.
πρεσβύτερός εἰμι. σοὶ μέν ἐστ' ἔνδον γυνή,
θυγάτηρ, ἐμοὶ δὲ δεῖ γενέσθαι.
(ΧΑ.). Σμικρίνη,
οὐδὲν μέλει σοι μετριότητος;
(ΣΜ.) διὰ τί; παῖ.
(ΧΑ.) ὢν τηλικοῦτος παῖδα μέλλεις λαμβάνειν;
(ΣΜ.) πηλίκος;
(ΧΑ.) ἐμοὶ μὲν παντελῶς δοκεῖς γέρων.
(ΣΜ.) μόνος γεγάμηκα πρεσβύτερος;
(ΧΑ.) ἀνθρωπίνως
τὸ πρᾶγμ' ἔνεγκε, Σμικρίνη, πρὸς τῶν θεῶν.
τῇ παιδὶ ταύτῃ γέγονε Χαιρέας ὁδὶ
σύντροφος ὁ μέλλων λαμβάνειν αὐτήν. τί οὖν
λέγω; σὺ μηδὲν ζημιοῦ. τὰ μὲν ὄντα γὰρ
ταῦθ' ὅσαπέρ ἐστι λαβὲ σὺ πάντα, κύριος

Daos. Geh aus dem Weg fort von der Tür; denn diesen fremden Haufen betrunkener Menschen sehe ich näher kommen. Ihr habt Verstand. Was das Schicksal bringt, ist ungewiss; vergnügt euch so lange Zeit, wie es erlaubt ist.

(Servierer ab nach rechts, Daos in Chairestratos' Haus.)

Tanz und Gesang des Chors

Akt II

(Smikrines, Chairestratos und Chaireas kommen von rechts.)

Smikrines. Nun denn: Was sagst du mir jetzt, Chairestratos?

Chairestratos. Zuerst, mein Bester, muss das, was mit der Bestattung zu tun hat, arrangiert werden.

Smikrines. Es wird arrangiert werden. Doch was das danach betrifft, versprich das Mädchen niemandem; denn das ist nicht deine Angelegenheit, sondern meine. Ich bin der Ältere. Du hast im Haus eine Frau, eine Tochter, für mich aber muss das noch werden.

Chairestratos. Smikrines, liegt dir das rechte Maß in keiner Weise am Herzen?

Smikrines. Weswegen? Junge!

Chairestratos. Du bist schon so alt und hast vor, ein Mädchen zur Frau zu nehmen?

Smikrines. In welchem Alter?

Chairestratos. Mir scheinst du durchaus ein alter Mann zu sein.

Smikrines. Habe ich als einziger Älterer geheiratet?

Chairestratos. Menschlich nimm doch die Sache, Smikrines, bei den Göttern! Mit diesem Mädchen ist der Chaireas hier zusammen aufgewachsen, dafür bestimmt, sie zur Frau zu nehmen. Was also will ich sagen? Erleide du keinen Verlust. Dieses Vermögen, so viel es ist, nimm du doch als ganzes, werde

γενοῦ, δίδομέν σοι. τὴν δὲ παιδίσκην τυχεῖν
καθ’ ἡλικίαν ἔασον αὐτὴν νυμφίου.
ἐκ τῶν ἰδίων ἐγὼ γὰρ ἐπιδώσω δύο
τάλαντα προῖκα.
(ΣΜ.) πρὸς θεῶν, Μελιτίδῃ
λαλεῖν ὑπείληφας; τί φής; ἐγὼ λάβω
τὴν οὐσίαν, τούτῳ δὲ τὴν κόρην ἀφῶ,
ἵν’, ἂν γένηται παιδίον, φεύγω δίκην
ἔχων τὰ τούτου;
ΧΑ. τοῦτο δ’ οἴει; κατάβαλε.
(ΣΜ.) “οἴει” λέγεις; τὸν Δᾶον ὥς με πέμψατε,
ἵν’ ἀπογραφὴν ὧν κεκόμικεν δή μοι –
(ΧΑ.) τί χρὴ
νυνὶ λέγειν]ἔμ’; ἢ τί ⟨ποτε⟩ ποι[εῖ]ν μ’ ἔδει;
(ΣΜ.) . .] .μεν[
. .]εστιν.
(ΧΑ.) ἐμέ τ[ι θ]αῦ[μ’ ὑπῆλθεν· ᾠόμην
ἀεί{ς}σὲ μὲν λαβ[όν]τα ταύτη[ν, θυγατέρα
αὐτὸν δ’ ἐκεῖνον τὴν ἐμὴν τῆ[ς οὐσίας
ὑμᾶς καταλείψειν τῆς ἐμαυτοῦ κυρίου[ς·
ἀπαλλαγῆναι τὴν ταχίστην τοῦ βίου
γένοιτό μοι πρὶν ἰδεῖν ἃ μήποτ’ ἤλπισα.

ΧΑΙΡΕΑΣ

εἶέν· τὸ μὲν σὸν πρῶτον, ὦ Κλεόστρατε,
ἴσως ἐλεῆσαι καὶ δακρῦσαι κατὰ λόγον
πάθος ἐστί, δεύτερον δὲ τοὐμόν. οὐδὲ εἷς
τούτων γὰρ οὕτως ἠτύχηκεν ὡς ἐγώ.
ἔρωτι περιπεσὼν γὰρ οὐκ αὐθαιρέτῳ
τῆ[ς] σῆς ἀδελφῆς, φίλτατ’ ἀνθρώπων ἐμοί,
οὐθὲν ποήσας προπετὲς οὐδ’ ἀνάξιον
ο[ὐ]δ’ ἄδικον ἐδεήθην ἐμαυτῷ κατὰ νόμους
συνοικίσαι τὸν θεῖον ᾧ σὺ κατέλιπες
καὶ τὴν ἐμὴν μητέρα παρ’ ᾗ παιδεύεται·

sein Besitzer, wir geben es dir. Das Mädchen aber lass allein einen Bräutigam ihres Alters bekommen. Von meinem Eigentum werde ich nämlich zwei Talente als Mitgift dazugeben.

SMIKRINES. Bei den Göttern, glaubst du zu einem Melitides zu sprechen? Was sagst du da? Ich soll die Habe nehmen, dem aber das Mädchen überlassen, damit, wenn ein Kind geboren ist, ich vor Gericht angeklagt werde, weil ich besitze, was ihm gehört?

CHAIRESTRATOS. Das glaubst du? Lass doch das raus!

SMIKRINES. »Glaubst du«, sagst du? Schickt den Daos zu mir, damit er mir dann ein Verzeichnis dessen, was er gebracht hat –

CHAIRESTRATOS. Was soll ich nun sagen? Oder was hätte ich denn tun müssen?

SMIKRINES. … *(Ab in sein Haus.)* …

CHAIRESTRATOS *(zu Chaireas).* Mich überkam Verwunderung; ich glaubte immer, dass du sie zur Frau nehmen würdest, meine Tochter aber er selbst, und dass ich euch als Bevollmächtigte meiner Habe zurücklassen würde; aus dem Leben schnellstens zu scheiden widerfahre mir, bevor ich sehe, was ich nie erwartet hätte. *(Ab in sein Haus.)*

CHAIREAS. Nun denn: Dein Missgeschick, Kleostratos, als erstes, zu bedauern und zu beweinen ist vielleicht angemessen, als zweites aber meines. Nicht einer von diesen Leuten hat nämlich solches Unglück erlebt wie ich. Denn der nicht selbst gewählten Liebe zu deiner Schwester verfallen, du mir liebster unter den Menschen, bat ich, womit ich nichts Voreiliges und nichts Unwürdiges noch Ungerechtes tat, dass sie mir nach den Gesetzen verheirate dein Onkel, dem du sie zurückließt, und meine Mutter, bei der sie aufgezogen wird; ich glaubte, ein wahrhaft

ᾤμην δὲ μακάριός τις εἶναι τῷ βίῳ.
ἐλθεῖν δ' ἐπ' αὐτὸ τὸ πέρας οἰηθεὶς σφόδρα
καὶ προσδοκήσας οὐδ' ἰδεῖν δυνήσομαι
τὸ λοιπόν· ἕτερον κύριον δ' αὐτῆς ποεῖ
ὁ νόμος ὁ τοὐμὸν οὐδαμοῦ κρίνων ἔτι.
ΔΑ. Χαιρέστρατ', οὐκ ὀρθῶς ποεῖς. ἀνίστασο·
οὐκ ἔστ' ἀθυμεῖν οὐδὲ κεῖσθαι. Χαιρέα,
ἐλθὼν παραμυθοῦ, μὴ 'πίτρεπε· τὰ πράγματα
ἡμῖν ἅπασίν ἐστιν ἐν τούτῳ σχεδόν.
μᾶλλον δ' ἄνοιγε τὰς θύρας· φανερὸν πόει
σαυτόν. προήσει τοὺς φίλους, Χαιρέστρατε,
οὕτως ἀγεννῶς;
ΧΑ. Δᾶε παῖ, κακῶς ἔχω.
μελαγχολῶ τοῖς πράγμασιν· μὰ τοὺς θεούς,
οὐκ εἰμ' ἐν ἐμαυτοῦ, μαίνομαι δ' ἀκαρὴς πάνυ.
ὁ καλὸς ἀδελφὸς εἰς τοσαύτην ἔκστασιν
ἤδη καθίστησίν με τῇ πονηρίᾳ·
μέλλει γαμεῖν γὰρ αὐτός.
ΔΑ. εἰπέ μοι, γαμεῖν;
δυνήσεται δέ;
(ΧΑ.) φησὶν ὁ καλὸς κἀγαθός,
καὶ ταῦτ' ἐμοῦ διδόντος αὐτῷ πάνθ' ὅσα
ἐκεῖνος ἀποπέπομφεν.
ΔΑ. ὦ μιαρώτατος.
(ΧΑ.) μιαρὸν τὸ χρῆμ'· οὐ μὴ βιῶ, μὰ τοὺς θεούς,
εἰ τοῦτ' ἐπόψομαι γενόμενον.
ΔΑ. πῶς ἂν οὖν
τοῦ σφόδρα πονηροῦ περιγένοιτό τις;
⟨ΧΑ.⟩ πάνυ
ἐργῶδες.
(ΔΑ.) ἐργῶδες μέν, ἀλλ' ἔνεσθ' ὅμως.
(ΧΑ.) ἔνεστι;

Glücklicher im Leben zu sein. In dem festen Glauben, direkt zum Ziel gekommen zu sein, und dies erwartend, werde ich sie in Zukunft nicht einmal sehen können; einen anderen macht zum Herrn über sie das Gesetz, das mein Anliegen von nun an als nichtig beurteilt.

DAOS *(kommt aus Chairestratos' Haus und spricht zurück).* Chairestratos, du handelst nicht richtig. Steh auf! Es geht nicht, dass du verzweifelst und daliegst. *(Zu Chaireas.)* Chaireas, komm und tröste ihn, lass es ihm nicht hingehen; die Sache liegt für uns alle fast nur bei ihm. *(Spricht wieder zurück ins Haus.)* Öffne lieber die Tür; mach dich sichtbar! Deine Freunde preisgeben wirst du, Chairestratos, so unmännlich?

CHAIRESTRATOS *(kommt aus seinem Haus).* Daos, mein Junge, mir geht es schlecht. Ich leide aufgrund der Sache an schwarzer Galle; bei den Göttern, ich bin nicht Herr meiner selbst, ganz kurz davor, verrückt zu werden. Mein feiner Bruder versetzt mich bereits in so heftige Erregung durch seine Gemeinheit; er hat nämlich vor, selbst zu heiraten.

DAOS. Sag bloß, heiraten? Aber wird er dazu imstande sein?

CHAIRESTRATOS. Er sagt es, der feine Edelmann, und das sogar, obwohl ich ihm alles gebe, was jener hergeschickt hat.

DAOS. O der Allerverruchteste!

CHAIRESTRATOS. Ja, die Kreatur ist verrucht! Dass ich doch nicht mehr lebe, bei den Göttern, wenn ich mit ansehen muss, dass das geschieht!

DAOS. Wie könnte man nun die Oberhand gewinnen über den ganz gemeinen Kerl?

CHAIRESTRATOS. Sehr schwer.

DAOS. Schwer zwar, aber es ist dennoch möglich.

CHAIRESTRATOS. Es ist möglich?

⟨ΔΑ.⟩ καὶ μὴν ἄξιον φιλονικίας,
νὴ τὴν Ἀθηνᾶν, τοὖργον.
(ΧΑ.) εἴ τις πρὸς θεῶν
ὥρμηκ[.] . .τῶνδ' ε[.] .[

⟨ΔΑ.⟩] δύο τάλ[αντα
] αὐτῷ τιν' ἐλπίδ[
. . . . .]ο φ[ε]ρόμενον εὐθὺς ε .[
προπετῆ τιν' ἡμαρτηκότ' ἐπτ[οημένον
ὄψει μεταχειριεῖ τε τοῦτον εὐπόρω[ς·
ὃ βούλεται γὰρ μόνον ὁρῶν καὶ προσδοκῶν
ἀλόγιστος ἔσται τῆς ἀληθείας κριτής.
(ΧΑ.) τί οὖν λέγεις; ἐγὼ γὰρ ὅ τι βούλει ποεῖν
ἕτοιμός εἰμι.
(ΔΑ.) δεῖ τραγῳδῆσαι πάθος
ἀλλοῖον ὑμᾶς· ὃ γὰρ ὑπεῖπας ἀρ[τίως,
δόξαι σε δεῖ νῦν, εἰς ἀθυμίαν τινὰ
ἐλθόντα τῷ τε τοῦ νεανίσκου πάθει
τῆς τ' ἐκδιδομένης παιδός, ὅτι τε τουτονὶ
ὁρᾷς ἀθυμοῦντ' οὐ μετρίως ὃν νενόμικας
ὑὸν σεαυτοῦ, τῶν ἄφνω τούτων τινὶ
κακῶν γενέσθαι περιπετῆ. τὰ πλεῖστα δὲ
ἅπασιν ἀρρωστήματ' ἐκ λύπης σχεδόν
ἐστιν. φύσει δέ σ' ὄντα πικρὸν εὖ οἶδε καὶ
μελαγχολικόν. ἔπειτα παραληφθήσεται
ἐνταῦθ' ἰατρός τις φιλοσοφῶν καὶ λέγων
πλευρῖτιν εἶναι τὸ κακὸν ἢ φρενῖτιν ἢ
τούτων τι τῶν ταχέως ἀναιρούντων.
(ΧΑ.) τί οὖν;
(ΔΑ.) τέθνηκας ἐξαίφνης, βοῶμεν "οἴχεται
Χαιρέστρατος", κοπτόμεθα πρόσθε τῶν θυρῶν·
σὺ δ' ἐγκέκλεισαι, σχῆμα δ' ἐν μέσῳ νεκροῦ
κεκαλυμμένον προκείσεταί σου.

Daos. Ja, und die Anstrengung wert, bei der Athene, ist die Aktion.

Chairestratos. Bei den Göttern, wenn [320] jemand einen Anfang gemacht hat (?) ... *(1–2 Verse fehlen zwischen V. 320 und 321.)*

Daos. ... [321] zwei Talente ... ihm einige Hoffnung ... ... hingerissen sofort ... wirst du ihn voreilig, gewisse Fehler machend, in Unruhe versetzt [325] sehen und ihn leicht am Gängelband halten; denn da er nur sieht und erwartet, was er will, wird er ein unbesonnener Beurteiler der Wirklichkeit sein.

Chairestratos. Was also schlägst du vor? Denn ich persönlich bin bereit zu tun, was du willst.

Daos. Ihr müsst wie in einer Tragödie einen [330] schlimmen Schicksalsschlag inszenieren; denn was du gerade indirekt gesagt hast, musst du nun zu sein scheinen, dass du in eine Art Schwermut verfielst über dem Schicksalsschlag des jungen Mannes und der verheirateten Tochter, und weil du den hier maßlos schwermütig siehst, von dem du als [335] deinem Sohn gedacht hast, seist du einem dieser plötzlichen Leiden zum Opfer gefallen. Beinahe die meisten Krankheiten entstehen für alle aus Trauer. Dass du von Natur trübsinnig und voll schwarzer Galle bist, weiß er gut. Dann wird [340] hier irgendein Arzt hinzugezogen werden, der fachkundig ist und sagt, das Leiden sei Pleuritis oder Phrenitis oder irgendetwas von dem, was schnell dahinrafft.

Chairestratos. Was dann?

Daos. Du bist plötzlich tot, wir schreien: »Dahingegangen ist Chairestratos!«, und schlagen uns vor der Tür die Brust; [345] du wirst eingeschlossen sein, öffentlich wird ein Trugbild deiner Leiche verhüllt daliegen.

(ΧΑ.) μανθάνεις
ὃ λέγει;
(ΧΑΙ.) μὰ τὸν Διόνυσον, ⟨οὐ⟩ δῆτ᾽.
⟨ΧΑ.⟩ οὐδ᾽ ἐγώ.
(ΔΑ.) ἐπίκληρος ἡ θυγάτηρ ὁμοίως γίνεται
ἡ σὴ πάλιν τῇ νῦν ἐπιδίκῳ παρθένῳ·
τάλαντα δ᾽ ἐστὶ σοὶ μὲν ἑξήκοντ᾽ ἴσως,
ταύτῃ δὲ τέτταρ᾽, ὁ δὲ φιλάργυρος γέρων
ἀμφοῖν προσήκων ταὐτό –
(ΧΑ.) νυνὶ μανθάνω
(ΔΑ.) εἰ μὴ πέτρινος εἶ. τὴν μὲν εὐθὺς ἄσμεν[ος
δώσει παρόντων μαρτύρων τρισχιλ[ίων
τῷ πρῶτον αἰτήσαντι, τὴν δὲ λήψεται
(ΧΑ.) οἰμώξετ᾽ ἄρα
⟨ΔΑ.⟩ τῷ δοκεῖν. τήν τ᾽ οἰκίαν
πᾶσαν διοικήσει, περίεισι κλειδία
ἔχων, ἐπιβάλλων ταῖς θύραις σημεῖ᾽, ὄναρ
πλουτῶν.
⟨ΧΑ.⟩ τὸ δ᾽ εἴδωλον τί τοὐμόν;
⟨ΔΑ.⟩ κείσεται,
ἡμεῖς τε πάντες ἐν κύκλῳ καθεδούμε[θα
τηροῦν]τες αὐτὸν μὴ προσέλθῃ πολλ[

]. .[
] .[. .]ν τοὺς φί[λους
] .υ πεῖραν ἔσται τιν[
]πως ἦλθεν ἐπὶ τὴν οἰκίαν
] τις γέγον᾽ ὀφείλων· εἴ τινι
] διπλάσιον εἰσπράττει πάνυ.
⟨ΧΑ.⟩ εὖ γ᾽ ἐστ]ὶν ὃ λέγεις, Δᾶε, τοῦ τ᾽ ἐμοῦ τρόπου.
⟨ΔΑ.⟩ τιμωρί]αν δὲ τοῦ πονηροῦ τίν᾽ ἂν ἔχοις
λαβεῖν] σφοδροτέραν;

CHAIRESTRATOS *(zu Chaireas)*. Verstehst du, was er sagt?

CHAIREAS. Nein, beim Dionysos, gar nicht.

CHAIRESTRATOS. Ich auch nicht.

DAOS. Erbtochter wird deine Tochter wiederum gleich dem jetzt erbberechtigten Mädchen; [350] Talente hast du vielleicht sechzig, sie vier, der geldgierige Alte wird, da er mit beiden in derselben Weise verwandt ist –

CHAIRESTRATOS. Jetzt verstehe ich,

DAOS. wenn du nicht aus Stein bist – die sofort freudig in Gegenwart von 3000 Zeugen [355] dem, der sie zuerst begehrt, geben, die andere aber zur Frau nehmen –

CHAIRESTRATOS. Darüber wird er also zu jammern haben,

DAOS. wie er glaubt. Das ganze Haus wird er durchorganisieren, wird mit Schlüsselchen herumgehen und Siegel auf die Türen drücken, im Traum reich.

CHAIRESTRATOS. Aber was ist mit meinem Trugbild?

DAOS. Es wird daliegen, [360] wir alle werden im Kreis herum sitzen, [361] wobei wir aufpassen, dass an ihn nicht herantritt viel ... *(1–2 Verse fehlen zwischen V. 361 und 362.)* [362] ... ... die Freunde ... ... eine Probe wird (möglich?) sein ... ...[365] ... kam zum Haus ... ... wurde Schuldner; wenn jemandem ... treibt das Doppelte ein ...

CHAIRESTRATOS. Es ist gut, was du sagst, Daos, und nach meiner Art.

DAOS. Aber welche stärkere Rache könntest du an dem gemeinen Kerl [370] nehmen?

(ΧΑ.) λήψομαι, νὴ τὸν Δία,
ὧν] μ' ὠδύνηκε πώποτ' ἀξίαν δίκην.
τὸ γ]ὰρ λεγόμενον ταῖς ἀληθείαις 'λύκος
χ]ανὼν ἄπεισι διὰ κενῆς'.
(ΔΑ.) πράττειν ⟨δὲ⟩ δεῖ
ἤ]δη. ξενικόν τιν' οἶσθ' ἰατρόν, Χαιρέα,
ἀστεῖον, ὑπαλαζόνα;
(ΧΑΙ.) μὰ τὸν Δί', οὐ πάνυ.
(ΔΑ.) καὶ μὴν ἔδει.
(ΧΑΙ.) τί δὲ τοῦτο; τῶν ἐμῶν τινα
ἥξω συνηθῶν παραλαβὼν καὶ προκόμιον
αἰτήσομαι καὶ χλανίδα καὶ βακτηρίαν
αὐτῷ, ξενιεῖ δ' ὅσ' ἂν δύνηται.
ΔΑ. ταχὺ μὲν οὖν.
(ΧΑ.) ἐγὼ δὲ τί ποῶ;
(ΔΑ.) ταῦτα ⟨τὰ⟩ βεβουλευμένα·
ἀπόθνησκ' ἀγαθῇ τύχῃ.
(ΧΑ.) ποήσω. μηδένα
ἔξω δ' ἀφίετ', ἀλλὰ τηρεῖτ' ἀνδρικῶς
τὸ πρᾶγμα.
(ΔΑ.) τίς δ' ἡμῖν συνείσεται;
(ΧΑ.) μόνῃ
δεῖ τῇ γυναικὶ ταῖς τε παιδίσκαις φράσαι
αὐταῖς ἵνα μὴ κλάωσι, τοὺς δ' ἄλλους ἐᾶν
ἔνδον παροινεῖν εἴς με νομίσαντας νεκρόν.
(ΔΑ.) ὀρθῶς λέγεις. εἴσω τις ἀγέτω τουτονί.
ἕξει τιν' ἀμέλει διατριβὴν οὐκ ἄρρυθμον
ἀγωνίαν τε τὸ πάθος, ἂν ἐνστῇ μόνον
ὅ τ' ἰατρὸς ἡμῖν πιθανότητα σχῇ τινα.

ΧΟΡΟΥ

CHAIRESTRATOS. Ich werde ihn, bei Zeus, eine verdiente Strafe für das, was er mir jemals zuleide getan hat, büßen lassen. Der Wahrheit entspricht nämlich, was man sagt: »Der Wolf, der das Maul aufsperrt, geht mit leerem Magen davon.«

DAOS. Handeln müssen wir nun. Kennst du einen ausländischen Arzt, Chaireas, der Witz hat und etwas von einem Scharlatan?

CHAIREAS. Nein, bei Zeus, gar nicht.

DAOS. Das solltest du freilich!

CHAIREAS. Wie wäre es damit? Einen von meinen Freunden hole ich und komme wieder, und um eine Perücke werde ich leihweise bitten, einen feinen Mantel und einen Stock für ihn, und ausländisch wird er sprechen, wie er kann.

DAOS. Ja, schnell! *(Chaireas ab nach rechts.)*

CHAIRESTRATOS. Aber was soll *ich* tun?

DAOS. Das, was wir geplant haben: Stirb mit gutem Glück!

CHAIRESTRATOS. Das werde ich tun. Niemanden lasst nach draußen, sondern passt mannhaft auf die Sache auf!

DAOS. Wer wird davon mit uns wissen?

CHAIRESTRATOS. Allein meiner Frau und den Mädchen selbst soll man es sagen, damit sie nicht weinen, die anderen aber im Haus gegen mich losziehen lassen, weil sie mich für tot halten.

DAOS. Recht hast du! Jemand führe ihn hinein! *(Ein Sklave bringt Chairestratos in dessen Haus.)* Abwechslungsreiche Unterhaltung und Aufregung wird der Unglücksfall sicherlich bringen, wenn er nur erst stattfindet und der Arzt für uns eine gewisse Glaubwürdigkeit an sich hat.

Tanz und Gesang des Chors

ΜΕΡΟΣ Γʹ

(ΣΜ.) ταχύ γ' ἦλθ' ὁ Δᾶος πρός με τὴν τῶν χρημάτων
φέρων ἀπογραφήν, πολύ τ' ἐμοῦ πεφρόντικε.
Δᾶος μετὰ τούτων ἐστίν. εὖ γε, νὴ Δία,
καλῶς ἐπόησεν· πρόφασιν εἴληφ' ἄσμενος
πρὸς αὐτόν, ὥστε μὴ φιλανθρώπως ἔτι
ταῦτ' ἐξετάζειν, ἀλλ' ἐμαυτῷ συμφόρως.
τὰ γὰρ οὐ φανερὰ δήπουθέν ἐστι διπλάσια·
ἐγῷδα τούτου τὰς τέχνας τοῦ δραπέτου.
(ΔΑ.) ὦ δαίμονες, φοβερόν γε, νὴ τὸν Ἥλιον,
τὸ συμβεβ[ηκός·] οὐκ ἂν ᾠήθην ποτὲ
ἄνθρωπο[ν εἰς] τοσοῦτον οὑτωσὶ ταχὺ
πάθος ἐμ[π]εσεῖν. σκηπτός τις εἰς τὴν οἰκίαν
ῥαγδαῖος ἐμπέπτωκε.
(ΣΜ.) τί ποτε βούλεται;

ὦ δαῖ]μον ὃν βα . . . ν[
. . . .]αρα . . . . . [
ἄνθρωπος· ὑπ . [
(ΔΑ.) "οὐκ ἔστιν ὅστις πάντ' ἀνὴρ εὐδαιμονεῖ."
πάλιν εὖ διαφόρως. ὦ πολ[υτίμητοι θεοί,
ἀπροσδοκήτου πράγμα[τος] καὶ ἀ[νδροφθόρου.
(ΣΜ.) Δᾶε κακόδαιμον, ποῖ τρέχ[εις;
ΔΑ.] καὶ [τοῦτό που·
"τύχη τὰ θνητῶν πράγματ', οὐκ εὐβουλία."
ὑπέρευγε. "θεὸς μὲν αἰτίαν φύει βροτοῖς,
ὅταν κακῶσαι δῶμα παμπήδην θέλῃ."
Αἰσχύλος ὁ σεμνά
(ΣΜ.) γνωμολογεῖς, τρισάθλιε;
(ΔΑ.) "ἄπιστον, ἄλογον, δεινόν –"
(ΣΜ.) οὐδὲ παύσεται;
(ΔΑ.) "τί δ' ἔστ' ἄπιστον τῶν ἐν ἀνθρώποις κακῶν;"

Akt III

SMIKRINES *(kommt aus seinem Haus).* Wirklich schnell kam Daos zu mir mit der Liste der Güter, und er hat sich sehr um mich gekümmert. Daos hält zu denen. Wirklich gut, bei Zeus, er hat vortrefflich gehandelt; zu meiner Freude bekam ich einen Grund [395] ihm gegenüber, nicht mehr menschenfreundlich dies zu prüfen, sondern mir selbst zum Nutzen. Denn sicher ist das nicht Sichtbare doppelt so viel; ich kenne die Tricks dieses Ausreißers.

DAOS *(kommt aus Chairestratos' Haus).* Ihr göttlichen Mächte, wahrhaft fürchterlich, beim Helios, ist, [400] was geschah! Ich hätte niemals geglaubt, dass ein Mensch so schnell in ein so großes Leid stürzen kann! Ein plötzlicher Sturm [403] stürzte sich ungestüm auf das Haus!

SMIKRINES. Was meint er wohl? *(1–2 Verse fehlen zwischen V. 403 und 404.)* [404] O Gottheit, die ... [405] ... Mensch; ...

DAOS. »Es existiert kein Mann, der gänzlich glücklich lebt.« Wieder ausnehmend gut gesagt! O ihr vielgeehrten Götter, was für eine unerwartete und menschenverderbende Sache!

SMIKRINES. [410] Daos, Unglückseliger, wohin läufst du?

DAOS. Und vielleicht dies:

»Das Tun der Sterblichen lenkt Zufall, nicht ein Plan.«

Supergut!

»Ein Gott pflanzt eine Schuld in Sterbliche,
wenn ganz und gar ein Haus zugrund er richten will.«

Aischylos, erhaben –

SMIKRINES. Sprichst du in Sentenzen, dreimal Unseliger?

DAOS. [415] »Unglaublich, sinnlos, fürchterlich –«

SMIKRINES. Wird er nicht aufhören?

DAOS. »Was ist unglaublich von dem Leid, das Menschen trifft?«

ὁ Καρκίνος φήσ'· "ἐν μιᾷ γὰρ ἡμέρᾳ
τὸν εὐτυχῆ τίθησι δυστυχῆ θεός."
εὖ πάντα ταῦτα, Σμικρίνη.
(ΣΜ.) λέγεις δὲ τί;
(ΔΑ.) ἀδελφός (ὦ Ζεῦ, πῶς φράσω;) σχεδόν τι σου
τέθνηκεν.
(ΣΜ.) ὁ λαλῶν ἀρτίως ἐνταῦθ' ἐμοί;
τί παθών;
(ΔΑ.) χολή, λύπη τις, ἔκστασις φρενῶν,
πνιγμός.
(ΣΜ.) Πόσειδον καὶ θεοί, δεινοῦ πάθους.
⟨ΔΑ.⟩ "οὐκ ἔστιν οὐδὲν δεινὸν ὧδ' εἰπεῖν ἔπος
οὐδὲ πάθος"
(ΣΜ.) ἀποκναίεις σύ.
(ΔΑ.) "τὰς γὰρ συμφορὰς
ἀπροσδοκήτους δαιμόνων [τις] ὥρισεν."
Εὐριπίδου τοῦτ' ἔστι, τὸ δὲ Χαιρήμονος,
οὐ τῶν τυχόντων.
(ΣΜ.) εἰσελήλυθ[εν] δέ τις
ἰατρός;
(ΔΑ.) οἴχεται μὲν οὖν ὁ Χαιρέας
ἄξων.
(ΣΜ.) τίν' ἄρα;
(ΔΑ.) τουτονί, νὴ τ[ὸν Δία,
ὡς φαίνεται. βέλτιστ', ἐπίσπ[ε]υ[δ'.
ΙΑΤΡΟΣ
εἰστρέχω.

[ΔΑ.] "δυσάρεστον οἱ νοσοῦντες ἀπορίας ὕπο."
ΣΜ. ἐμὲ μὲν ἐὰν ἴδωσιν εὐθὺς ἄσμενον
φήσουσιν ἥκειν, τοῦτ' ἀκριβῶς οἶδ' ἐγώ,
αὐτός τ' ἐκεῖνος οὐκ ἂν ἡδέως μ' ἴδοι·
. . . .]ιδ' ἄτοπον οὐδ' ἐπηρόμην

sagt Karkinos: »Denn an einem einz'gen Tag
macht zum Unglücklichen den Glücklichen ein Gott.«
Gut das alles, Smikrines.

Smikrines. Was sagst du?

Daos. Dein Bruder – o Zeus, wie soll ich es sagen? – ist fast schon tot.

Smikrines. Der gerade noch hier zu mir sprach? Was hat er?

Daos. Galle, ein Kummer, ein Anfall von Wahnsinn, Atemnot.

Smikrines. Poseidon und ihr Götter, welch fürchterliches Leiden!

Daos. »Kein Wort gibt's, das so fürchterlich zu sagen ist,
kein Leid –«

Smikrines. Du machst mich fertig!

Daos. »Denn das Ungemach,
bestimmte einer von den Göttern unverhofft.«
Dies stammt von Euripides, das andere von Chairemon, nicht von x-Beliebigen.

Smikrines. Ist irgendein Arzt gekommen?

Daos. Chaireas ist gegangen, um einen herzubringen.

Smikrines. Wen denn?

([Falscher] *Arzt und Gehilfe kommen von rechts.)*

Daos. Den hier, bei Zeus, wie es aussieht. Mein Bester, beeil dich!

Arzt. Ich renne hinein. *(Arzt und Gehilfe gehen in Chairestratos' Haus.)*

Daos. »In ihrer Not ist Kranke zu befried'gen schwer.«

(Ab in Chairestratos' Haus.)

Smikrines. Wenn die mich sehen, werden sie sofort sagen, ich käme vor Freude, das weiß ich genau. Er selbst dürfte mich wohl nicht gerne sehen; … fehl am Platz, und ich habe auch nicht weiter gefragt.

]. ν·
]
ΙΑ.] αὐτῶ τὰν χολὰν
]ιμε[. .] .δη φερομένῳ
.........] διὰ τὴ[ν] παρεῦσαν ἀπορίαν.
(ΣΜ.) ....] . ω τοῦτο δήπου μανθάνω.
(ΙΑ.) ....]σαν
(ΣΜ.) ταῦτα δήπου μανθάνω.
(ΙΑ.) ....α]ὐτὰς τὰς φρένας δή μοι δοκῶ
......] . ὀνυμάζειν μὲν ὦν εἰώθαμες
ἁμὲς φ]ρενῖτιν τοῦτο.
⟨ΣΜ.⟩ μανθάνω· τί οὖν;
(ΙΑ.) οὐκ ἔσ]τιν ἐλπὶς οὐδεμία σωτηρίας·
καίρια] γάρ, αἰ μὴ δεῖ σε θάλπεν διὰ κενᾶς,
τὰ τ]οιαῦτα.
(ΣΜ.) μὴ θάλπ', ἀλλὰ τἀληθῆ λέγε.
(ΙΑ.) οὐ πάμπαν οὗτός ἐστί τοι βιώσιμος.
ἀνερεύγεταί τι τᾶς χολᾶς· ἐπισκοτεῖ
]εντ . [. .] καὶ τοῖς ὄμμασι
π]υκνὸν ἀναφρίζει τε καὶ
] .ας ἐκφορὰν βλέπει.
(ΣΜ.)
ΙΑ.] . προάγωμες, παῖ.
(ΣΜ.) σέ, σέ
ΙΑ.] .μετακαλῇς;
(ΣΜ.) πάνυ μὲν οὖν.
δ]εῦρ' ἀπὸ τῆς θύρας ἔτι.
(ΙΑ.) οὐ]κ ἂν βιῴης τὼς τέως.
(ΣΜ.)] αὐτὸν εὔχου τρόπον ἔχειν
] .πολλὰ γίνεται.
(ΙΑ.) γέλα
] φαμι τᾶς ἐμᾶς τέχνας

(Etwa 16 Verse fehlen zwischen V. 436 und 437.) [437] ...

ARZT. ... seine Galle ... [440] getragenem ... wegen seiner gegenwärtigen Hilflosigkeit.

SMIKRINES. ... das verstehe ich ⟨nicht⟩ ganz.

ARZT. ...

SMIKRINES. Diese Dinge verstehe ich ganz.

ARZT. ... die Phren selbst, scheint mir. ... [445] zu nennen also pflegen wir dies Phrenitis.

SMIKRINES. Ich verstehe; was nun?

ARZT. Es gibt keine Hoffnung auf Genesung; denn tödlich ist, wenn ich dich nicht vergeblich beruhigen soll, so etwas.

SMIKRINES. Beruhige mich nicht, sondern sage mir die Wahrheit.

ARZT. [450] Nicht mehr ganz und gar lebensfähig ist der. Er erbricht Galle; es verdunkelt ... und für seine Augen ... er spuckt dichten Schaum hervor ... er sieht nach Bestattung aus.

SMIKRINES. [455] ...

ARZT. ... Lass uns gehen, Sklave.

SMIKRINES. Dich, dich ...

ARZT. ... Rufst du mich zurück?

SMIKRINES. Ja, sehr wohl. ... Hierher, ein bisschen weiter weg von der Tür.

ARZT. ... Du dürftest nicht leben wie bisher.

SMIKRINES. ... bete, dass du dieselbe Konstitution hast ⟨wie ich⟩... [460] viel geschieht.

ARZT. Lach nur ... sage ich, dass meine Künste ... du selbst scheinst

τ]ὺ δ’ αὐτὸς μοι δοκῇς
. . . .] .[.] . . . αλην, ἀλλ’ ὑπέρχεταί τι τοι
φθιτικὸν νόσαμα. σὺ μὲν ὅλως θανάτους βλέπεις.
(ΣΜ.) ἤ που φέρουσιν αἱ γυναῖκες ὡσπερεὶ
ἐκ πολεμίων. ἐπιτάττεται τοῖς γείτοσι
διὰ τῶν ὑδρορροῶν.
ΔΑ. θορυβήσω τουτονί.
ἀλλ’ ὅπερ ἔπραττον πρα .[

⟨ΧΟΡΟΥ⟩

ΜΕΡΟΣ Δ΄

βοῶσιν οἴχεθ[’
Χαιρεστρατ[
ΣΜ. † δεδρακιχ’ .[
τέθνηκε
(::) .[
ἀνὴρ ἀπολ[ωλ

ΚΛΕΟΣΤΡΑΤΟΣ
ὦ φιλτάτη γῆ, χαῖρ[’· ἐγὼ Κλεόστρατος
προσεύχομαί σοι μ[όλις ἐμαυτὸν ἐκ πόνων
πολλῶν σεσωκώς· εἰ [δὲ νῦν σεσωμένος
πάρειμι, τὴν σωτηρ[ίαν κοινωνίας
ὁρῶ δεομένην τὴν [ἐμὴν ἀνθρωπίνης.
εἰ δ’ αὖ διαπέφευγε[ν πάλιν ἐλήλυθεν
ὁ Δᾶος εὐτυχῶς, ἁπ[άντων δὴ τότ’ ἂν
νομίσαιμ’ ἐμαυτὸ[ν εὐτυχέστατον πολύ.
παιητέα δ’ ἔσθ’ ἡ θύρ[α. παῖδες.
ΔΑ. [τίς εἶ;
[ΚΛ.] ἐγώ.

mir ... aber es schleicht über dich eine dich abzehrende Krankheit. Du siehst ganz und gar nach Tod aus. *(Arzt und Gehilfe ab nach rechts.)*

SMIKRINES. [465] Sicherlich tragen die Frauen davon wie aus Feindesland. Aufträge werden den Nachbarn durch die Regenrinnen gegeben.

DAOS. Ich werde den da beunruhigen. [468] Aber was ich machte ...

(Zwischen V. 468 und 469 fehlen etwa 205 Verse, in denen Akt IV begann.)

⟨*Tanz und Gesang des Chors*⟩

Akt IV

[469] Sie schreien: »Er ist dahingegangen ... [470]« Chairestratos ...

SMIKRINES. Er hat getan (?) ... Er ist tot ...

(::) ... [473] Der Mann starb ...

(Von V. 474–490 sind nur einzelne Wörter oder Buchstaben erhalten.)

KLEOSTRATOS *(kommt von links).* [491] O liebste Erde, sei gegrüßt! Ich, Kleostratos, bete zu dir, nachdem ich mich kaum aus vielen Mühen gerettet habe! Wenn ich nun gerettet hier bin, [495] sehe ich, dass meine Rettung der menschlichen Gemeinschaft bedarf. Wenn aber wiederum geflohen und wiedergekommen ist Daos auf glückliche Weise, dann dürfte ich mich von allen Leuten für den bei weitem glücklichsten halten. Ich muss an die Tür klopfen. Sklaven!

DAOS. Wer bist du?

KLEOSTRATOS. [500] Ich.

(ΔΑ.) τίνα ζητεῖς; ὁ μ[ὲν γὰρ κύριος
τῆς οἰκίας τέθνηκ[ε
(ΚΛ.) τέθνηκεν; οἴμοι δυ[στυχής.
ΔΑ. [ἄπελθε σὺ
καὶ μὴ 'νόχλει πενθ[οῦσι
(ΚΛ.) οἴμοι τάλας· ὦ θεῖ'. ἄν[οιγε τὴν θύραν
ἄνθρωπέ μοι κακόδ[αιμον.
ΔΑ. οὐκ ἄπει ποτέ,
μειράκιον – ὦ Ζεῦ [
(ΚΛ.) Δᾶε, τί λέγεις;
(ΔΑ.) Κ[λεόστραθ', ὡς παρ' ἐλπίδα
ἔχω σε. 508
(ΚΛ.) κατ[έχειν τὰ δάκρυ' οὐ δυνήσομαι.

⟨ΧΟΡΟΥ⟩

ΜΕΡΟΣ Ε′

ΔΑ.?] .ὁμολογῶ 516

F 1 ὦ τρισάθλιοι
⟨ὅσοι⟩ τι πλέον ἔχουσι τῶν ἄλλων. βίον
ὡς οἰκτρὸν ἐξαντλοῦσιν οἱ τὰ φρούρια
τηροῦντες, οἱ τὰς ἀκροπόλεις κεκτημένοι·
εἰ πάντας ὑπονοοῦσιν οὕτω ῥᾳδίως
ἐγχειρίδιον ἔχοντας αὑτοῖς προσιέναι,
οἵαν δίκην διδόασιν

F 2 Ἑλληνίς, οὐκ Ἰβηρίς

Daos. Wen suchst du? Denn der Herr des Hauses ist tot …
Kleostratos. Er ist tot? Weh mir Unglücklichem!
Daos. Geh weg und belästige nicht die Trauernden …
Kleostratos. Weh mir, ich Armer! Ach, Onkel! Öffne die Tür mir, du unglückseliger Mensch!
Daos. [505] Gehst du niemals weg, junger Mann – o Zeus …
Kleostratos. Daos, was sagst du?
Daos. Kleostratos, wie ich dich entgegen aller Hoffnung habe!
Kleostratos. [508] Die Tränen zurückhalten werde ich nicht können.

(Etwa 5 Verse fehlen zwischen V. 508 und 509. Von V. 509–515 sind nur einzelne Wörter oder Buchstaben erhalten.)

⟨Tanz und Lied des Chors⟩

Akt V

Daos. (?) … [516] Ich stimme zu …

(Von V. 516–544 am Anfang des Aktes sind nur die Versenden erhalten, die aus einzelnen Wörtern bestehen. Danach fehlen bis zum Ende der Komödie etwa 90 Verse.)

Nicht einzuordnende Fragmente

F 1 O dreimal Elende, die mehr haben als die anderen. Welch ein jämmerliches Leben stehen die aus, die die Festungen bewachen, und die, die die Burgen besitzen! Wenn sie argwöhnen, alle würden sich so leicht mit einem Dolch ihnen nähern, welchen Preis bezahlen sie …

F 2 … Griechin, keine Ibererin …

ΓΕΩΡΓΟΣ

DER BAUER

Ein junger Mann, vermutlich mit Namen Chaireas oder Chairestratos (V. 219), hat die Tochter der Nachbarin Myrrhine vergewaltigt und geschwängert und will sie auch heiraten. Doch sein Vater, der davon nichts weiß, wünscht, dass er seine Halbschwester zur Frau nimmt. Gorgias, der Sohn der Myrrhine und Bruder der Schwangeren, die kurz vor der Niederkunft steht, hat sich während seiner Arbeit für den Bauern Kleainetos durch Pflege des alten Mannes nach einem Unfall besonders beliebt gemacht, so dass Kleainetos die Schwester des Gorgias heiraten möchte. Erhalten ist, nur teilweise lesbar, der Monolog des jungen Mannes, der vermutlich wie derjenige Moschions zu Beginn der *Samia* das Stück eröffnete, und die darauffolgende Szene, in der zunächst Myrrhine und Philinna auftreten. Ihnen berichtet Daos, der Sklave des Vaters des jungen Mannes, über das Geschehen bei Kleainetos. Vom zweiten Akt sind nur 5 vollständig lesbare Verse erhalten, die Kleainetos zu Gorgias spricht. Per Zitat haben wir mit F 1–6 noch insgesamt 15 Verse und drei Halbverse, die sich nicht in den Text der Papyrusüberlieferung einordnen lassen. Es ist davon auszugehen, dass die Komödie wie *Der Schild* mit einer Doppelhochzeit endete: Der junge Mann heiratete die Schwester des Gorgias und dieser die Halbschwester des jungen Mannes.

Personen
Junger Mann (Chaireas oder Chairestratos?)
Myrrhine, Mutter einer von dem jungen Mann vergewaltigten jungen Frau
Philinna, alte Frau, vielleicht Myrrhines Amme
Daos, Sklave des Vaters des jungen Mannes
Kleainetos, ein alter Bauer
Gorgias, Sohn der Myrrhine
vermutlich
Schwester des jungen Mannes
Vater des jungen Mannes

Stumme Personen
Syros, Mitsklave des Daos
vermutlich
Tocher der Myrrhine

ΜΕΡΟΣ Α′

⟨ΧΑΙΡΕΑΣ ?⟩

ουχ[ ] προσιών, πράττων δέ πως
εξ.[.].[ ] ὑποφοβούμενος
ἦν δ' οὐ πονηρὸς οὐδ' ἐδόκουν [ ].(.)αις δ' ἔτι
...[..]ν δ' ὁ μειρακίσκος ἐν ἀγρῷ διετέλει
.... το συμβεβηκὸς ὅ μ' ἀπολώλεκεν.
διέδραμον εἰς Κόρινθον ἐπὶ πρᾶξίν τινα
..]..[.]. ὑπὸ νύκτα γινομένους γάμους τινὰς
καταλα[μ]βάνω μοι, τοὺς θεοὺς στεφανουμένους,
τὸν πατέρα θύοντ' ἔνδον. ἐκδίδωσι δὲ
αὐτ[ὸς] ὁ πατήρ· ὁμοπατρία γάρ ἐστί μοι
ἐ]ξ [ἧς ἔχει] νυνὶ γυναικὸς τρεφομένη
ἐνταῦθ' ἀδελφή. [..(.)]να δὲ δυσφεύκτῳ κακῷ
ἐμαυτὸ[ν]α πλὴν οὕτως ἔχω·
ἀπέρχομ' ἐκ τ[ῆς οἰ]κίας οὐδὲν φράσας
οὐθενί, λιπὼν δὲ τὸν γάμον. τὴν φιλτάτην
οὐθὲν γὰρ ἀδικήσαιμ' ἄν· οὐ γὰρ εὐσεβές.
κόπτειν δὲ μέλλων τὴν θύραν ὀκνῶ πάλαι.
οὐκ οἶδα γὰρ τὸν ἀδελφὸν εἰ νῦν ἐξ ἀγροῦ
ἐνθάδ' ἐπιδημεῖ· πάντα προνοεῖσθαί με δεῖ.
ἀλλ' ἐκποδὼν ἄπειμι καὶ βουλεύσομαι
τοῦτ' αὖθ', ὅπως δεῖ διαφυγεῖν με τὸν γάμον.

ΜΥΡΡΙΝΗ

ἀλλ' ὡς πρὸς εὔνουν, ὦ Φίλιννα, τοὺς λόγους
ποουμένη σε πάντα τἀμαυτῆς λέγω.
ἐν [τ]οῖσδ' ἐγὼ νῦν εἰμι.

Akt I

(Straße in Athen (?). Im Hintergrund das Haus der Myrrhine und das des Vaters des in 1–64 sprechenden jungen Mannes, der höchstwahrscheinlich Chaireas oder Chairestratos heißt und offensichtlich den das Stück eröffnenden Prolog spricht. Die sehr geringen Reste von V. 1–43 sind hier nicht abgedruckt.)

Chaireas. (?) [44] … herantretend, irgendwie handelnd, [45] … etwas Angst habend. Ich war aber kein schlechter Mensch und ⟨man (?)⟩ glaubte nicht … … der junge Mann war ständig auf dem Landgut … geschah das, was mich vernichtete. Ich eilte nach Korinth zu einer geschäftlichen Angelegenheit; [50] ⟨zurückgekehrt (?)⟩ in der Nacht, fand ich vor, dass eine Hochzeit für mich arrangiert wurde, dass die Götter bekränzt wurden und mein Vater im Haus opferte. In die Ehe gibt sie aber mein Vater selbst; denn sie ist meine Stiefschwester von der Frau, die er jetzt hat, und aufgezogen [55] hier ⟨im Haus⟩ … dem schwer zu entrinnenden Unheil mich selbst … so steht es mit mir; ich gehe aus dem Haus, nachdem ich niemandem etwas gesagt, aber die Hochzeit hinter mir gelassen habe. Denn meiner Liebsten könnte ich niemals Unrecht tun; denn das wäre nicht anständig. [60] Drauf und dran, an die Tür zu klopfen, zögere ich schon länger. Denn ich weiß nicht, ob ihr Bruder jetzt weg vom Landgut hier sich aufhält; für alles muss ich Vorsorge tragen. So will ich denn fortgehen und dies wiederum überlegen, wie ich der Hochzeit entrinnen kann.

(Myrrhine tritt mit Philinna aus ihrem Haus.)

Myrrhine. [65] Nun, zu dir, die du mir wohlgesinnt bist, Philinna, spreche ich meine Worte und sage alles, was mich betrifft. In dieser Lage bin ich jetzt.

⟨ΦΙΛΙΝΝΑ⟩

καί, νὴ τὼ θεώ,
ἔγ]ωγ᾽ ἀκούουσ᾽, ὦ τέκνον, μικροῦ δέω
πρὸς τὴν θύραν ἐλθοῦσα καὶ καλέσασα τὸν
ἀλαζόν᾽ ἔξω τοῦτον εἰπεῖν ὅσα φρονῶ.
(ΜΥ.) μ]ὴ σύ γε, Φίλιννα· χαιρέτω.
(ΦΙ.) τί χαιρέτω;
οἰ]μωζέτω μὲν οὖν το[ιο]ῦτος ὤν. γαμεῖ
ὁ μι]αρὸς οὗτος ἠδικηκὼς τὴν κόρην;
ΜΥ. τί δὴ] τοσούτους κατατ[εμὼ]ν προσέρχεται
ὄζους] ὁ θεράπων ἐξ ἀγροῦ Δᾶος; βραχὺ
δ[ευ]ρὶ μεταστῶμεν.
⟨ΦΙ.⟩ τί δ᾽ ἡμῖν, εἰπέ μοι,
τούτου] μέλει;
(ΜΥ.) καλόν γ᾽ ἂν εἴη, νὴ Δία.
⟨ΔΑΟΣ⟩
ἀγρὸν εὐσεβέστερον γεωργεῖν οὐδένα
οἶμαι. φέρει γὰρ μυρρ[ίνας, κιττὸν] καλόν,
ἄνθη τοσαῦτα· τἄλλα δ᾽ ἄν τις καταβάλῃ
ἀπέδωκεν ὀρθῶς καὶ δικαίως, οὐ [πλέον
ἀλλ᾽ αὐτὸ τὸ μέτρον. ὁ Σύρος, εἰσένεγχ᾽ ὅμως
πάνθ᾽ ὅσα ⟨γε⟩ φέρομεν ταῦτα. πάντ᾽ εἰς τοὺς γάμους.
ὦ χαῖρε πολλά, Μυρρίνη.
(ΜΥ.) νὴ καὶ σύ γε.
⟨ΔΑ.⟩ οὗ σε καθεώρων, γεννικὴ καὶ κοσμία
γύναι. τί πράττεις; βούλομαί σ᾽ ἀγαθῶν λόγων,
μᾶλλον δὲ πράξεων ἐσομένων, ἂν οἱ θεοὶ
θ]έλωσι, γεῦσαι καὶ φθάσαι πρῶτο[ς φράσας.
ὁ Κλεαίνετος γάρ, οὗ τὸ μειράκιον [τὸ σὸν
ἐ]ργάζεται, πρώην ποτ᾽ ἐν ταῖς ἀμ[πέλοις
σκ[ά]πτων διέκοψε τὸ σκέλος χρησ[τῶς] πάνυ.
(ΜΥ.) τάλαιν᾽ ἐγώ.

Philinna. Und ich wäre, bei den zwei Göttinnen, als ich es gehört hatte, mein Kind, beinahe an seine Tür gegangen, hätte diesen frechen Kerl herausgerufen und ihm gesagt, was ich denke.

Myrrhine. Nicht doch, Philinna! Mag er davonkommen.

Philinna. Was, davonkommen? Er soll es doch zu beklagen haben, dass er so einer ist! Hochzeit feiert dieser Verruchte, nachdem er das Mädchen geschändet hat?

(Daos und Syros treten auf, beide Zweige mit Blättern tragend.)

Myrrhine. Warum denn sonst kommt, nachdem er so viele Zweige abgeschnitten hat, der Sklave Daos vom Landgut daher? Lass uns hierher kurz beiseite treten!

Philinna. Warum, sage mir, kümmert der uns?

Myrrhine. Es wäre gut, bei Zeus.

Daos. Einen heiligeren Acker bearbeitet niemand, glaube ich. Er trägt Myrten, schönen Efeu, so viele Blumen; wenn einer die anderen sät, gibt er richtig und gerecht zurück, nicht mehr, sondern genau das Maß. Syros, trage dennoch all dies, was wir tragen, hinein, alles für die Hochzeit. Oh, sei vielmals gegrüßt, Myrrhine!

Myrrhine. Ja, auch du!

Daos. Ich sah dich nicht, edle und anständige Frau. Wie geht es dir? Ich will dich gute Worte, nein, lieber Taten, die bevorstehen, wenn die Götter es wollen, genießen lassen und vor allen der erste sein, der erzählt. Denn Kleainetos, bei dem dein Sohn arbeitet, hat sich neulich in den Weinstöcken beim Graben so richtig ins Bein geschnitten.

Myrrhine. Ich Arme!

(ΔΑ.) θάρρει, τὸ πέρας δ᾽ ἄκουέ μου.
ἀπὸ τοῦ γὰρ ἕλκους, ὡς τριταῖον ἐγένετο,
βουβὼν ἐπήρθη τῷ γέροντι θέρμα τε
ἐπέλαβεν αὐτόν, καὶ κακῶς ἔσχεν πάνυ.
(ΦΙ.) ἀλλ᾽ ἐκκορηθείης σύ γ᾽, οἷα τἀγαθὰ
ἥκεις ἀπαγγέλλων.
(ΔΑ.) σιώπα, γρᾴδιον.
ἐνταῦθα χρείας γενομένης αὐτῷ τινος
κηδεμ[ό]νος, οἱ μὲν οἰκέται καὶ βάρβ[αρ]οι,
ἐφ᾽ οἷς ἐκεῖνός ἐστιν, οἰμώζειν μ[ακ]ρὰ
ἔλ[ε]γον ἅπαντες, ὁ δὲ σὸς υἱός, οἱον[εὶ
νομίσας ἑαυτοῦ πατέρα, ποιήσας [ἃ δεῖ
ἤλειφεν, ἐξέτριβεν, ἀπέν[ι]ζεν, φαγεῖν
προσέφερ[ε], παρεμυθεῖτο, πάνυ φαύλως ἔχειν
δ[ό]ξ[α]ντ᾽ ἀνέστησ᾽ αὐτὸν ἐπιμελούμενος.
(ΜΥ.) φίλον τέκν[ο]ν.
(ΔΑ.) νὴ τὸν Δί᾽, εὖ δῆθ᾽ οὑτοσί.
ἀναλ]αμβάνων γὰρ αὑτὸν ἔνδον καὶ σχολὴν
ἄγ]ων ἀπαλλαγεὶς δικέλλης καὶ κακῶν
(οὕτως] τίς ἐστι σκληρὸς ὁ γέρων τῷ βίῳ)
τοῦ μειρ]ακίου τὰ πράγματ᾽ ἀνέκρινεν, τίνα
ἔστ᾽,] οὐχὶ παντάπασιν ἀγνοῶν ἴσως.
κοινου]μένου δὲ τοῦ νεανίσκο[υ] τ[ά]δε
περὶ τ]ῆς ἀδελφῆς ἐμβαλόντος σοῦ ⟨τε⟩ καὶ
τῆς ἀπορί]ας ἔπαθέν τι κοινὸν καὶ χάριν
τῆ]ς ἐπιμελείας ᾤετ᾽ ἐκ παντὸς λόγου
δεῖ]ν αὐτὸν ἀποδοῦναι, μόνος τ᾽ ὢν καὶ γέρων
ν]οῦ[ν] ἔσχε· τὴν γὰρ παῖδ᾽ ὑπέσχ[ητ]αι γαμεῖν.
κ]εφάλαιόν ἐστι τοῦτο τοῦ παντὸς λόγου.
ἥ]ξ[ο]υσιν ἤδη δεῦρ᾽, ἄπεισιν εἰς ἀγρὸν
αὐτ]ὴν λαβών. παύσεσθ[ε] πενίᾳ μαχόμενοι,
δυσνουθετήτῳ θηρίῳ καὶ δυσκόλῳ,
κ]αὶ ταῦτ᾽ [ἐν] ἄστει. δεῖ γὰρ ἢ πλουτεῖν ἴσως

Daos. Sei unbesorgt und höre von mir, wie es ausging. Aus der Wunde erhob sich dem alten Mann, als der dritte Tag kam, ein Geschwür, Fieber [95] ergriff ihn, und es ging ihm sehr schlecht.

Philinna. Mögest du doch weggefegt werden, du, welch gute Nachricht du zu melden kommst!

Daos. Sei still, altes Mütterchen! Als für ihn da die Notwendigkeit eines Pflegers bestand, haben die Sklaven und Barbaren, [100] in deren Händen er ist, ihm alle gewünscht, er solle lange zu jammern haben, dein Sohn aber, der ihn wie seinen Vater achtet, tat, was sein muss, salbte ihn, rieb ihn ab, wusch ihn, brachte ihm zu essen, redete ihm gut zu, richtete ihn, als es ihm sehr schlecht zu gehen [105] schien, wieder auf, indem er ihn umsorgte.

Myrrhine. Ein liebes Kind!

Daos. Ja, bei Zeus, er hat das gut gemacht. Denn als der sich im Haus erholte und Ruhe hielt, befreit von der Hacke und den Leiden – so hart ist der alte Mann durch seine Lebensweise –, befragte er [110] den jungen Mann nach dessen Verhältnissen, wie sie seien, obwohl er vielleicht nicht gänzlich unkundig war. Als der Jüngling ihn über das mit seiner Schwester in Kenntnis setzte, wobei er dich und deine Armut mit einbrachte, reagierte der allgemeinmenschlich und glaubte, seinen Dank [115] für die Fürsorge in jeder Hinsicht abstatten zu müssen, und da er allein ist und ein alter Mann, zeigte er Verstand; denn er hat erklärt, er wolle deine Tochter heiraten. Das ist der Hauptpunkt meiner ganzen Geschichte. Sie werden schon bald hierher kommen, er wird auf sein Landgut zurückgehen [120] und sie mitnehmen. Ihr werdet aufhören, mit der Armut zu kämpfen, dem schwer zurechtzuweisenden und unfreundlichen Untier, und das sogar in der Stadt. Denn man muss vielleicht entweder reich sein oder

ἢ ζῆν ὅπου μὴ μάρτυρας τ[ο]ῦ δυστυχεῖν
πολλούς τις ἕξει τοὺς ὁρῶντας· ἔστι δὲ
ἀγρὸ]ς εἰς τὸ τοιοῦτ' εὐκτὸν ἥ τ' ἐρημία.
εὐ]αγγελίσασθαι πρ[ό]ς σε ταῦτ' ἐβουλόμην·
ἔρρ]ωσο πολλά.
⟨ΜΥ.⟩ καὶ σύ.
⟨ΦΙ.⟩ τί πέπονθας, τέκνον;
τί περιπατεῖς τρίβουσα τὰς χεῖρας;
(ΜΥ.) τί γάρ;
Φί]λινν', ἀποροῦμαι νῦν τί ποιῆσαι με δεῖ.
(ΦΙ.) περ]ὶ τίνος;
⟨ΜΥ.⟩ ἡ παῖς ἐστι τοῦ τόκου, φίλη,

ΧΟΡΟ]Υ

ΜΕΡΟΣ Β'

ΚΛΕΑΙΝΕΤΟΣ

εὐκαταφρόνητόν ἐστι, Γοργία, πένης 172
κἂν πάνυ λέγῃ δίκαια· τούτου γὰρ λέγειν
ἕνεκα μόνου νομίζεθ' οὗτος, τοῦ λαβεῖν.
καὶ συκοφάντης εὐθὺς ὁ τὸ τριβώνιον
ἔχων καλεῖται, κἂν ἀδικούμενος τύχῃ. 176

dort leben, wo man nicht viele Zeugen des Unglücks haben wird, die es sehen; [125] das Land ist für dergleichen wünschenswert und die Einsamkeit. Diese gute Nachricht wollte ich zu dir bringen; lebe lange wohl!

MYRRHINE. Auch du! *(Daos mit Syros ab.)*

PHILINNA. Was ist mit dir los, Kind? Warum gehst du hin und her und ringst die Hände?

MYRRHINE. Warum wohl? Philinna, ich bin ratlos, was ich jetzt machen soll.

PHILINNA. [130] In welchem Punkt?

MYRRHINE. Das Mädchen ist kurz vor dem Gebären, meine Liebe,

(Von V. 131–139, den letzten Versen des ersten Aktes, sind nur wenige Buchstaben erhalten.)

Tanz und Gesang des Chors

Akt II

(Der Akt beginnt mit 2 Versen [140f.], von denen nur 2 Buchstaben erhalten sind. Zwischen V. 141 und 142 fehlen etwa 16–29 Verse; darauf folgen 30 [142–171], von denen nur die Anfänge erhalten sind. Wie viele Verse anschließend fehlen, ist unbekannt. Als V. 172–210 werden sechs Bruchstücke, als V. 211–220 zwei Bruchstücke gezählt, die nur einzelne Wörter oder Buchstaben enthalten und nicht in den Gang der Handlung eingeordnet werden können. Lesbar sind lediglich V. 172–176.)

KLEAINETOS. [172] Leicht zu verachten ist der Arme, Gorgias, auch wenn er sehr Gerechtes sagt; denn deswegen allein, so wird geglaubt, rede dieser so, weil er etwas bekommen wolle. [175] Und ein Sykophant wird sofort der, welcher ein abgeriebenes Mäntelchen [176] trägt, genannt, auch wenn er gerade Unrecht erleidet ...

F 1 ὁ δ' ἠδικηκώς, ὅστις ἔσθ' οὗτός ποτε,
τὴν ὑμετέραν πενίαν κακοδαίμων ἔσθ', ὅτι
τοῦτ' ἠδίκηκεν, οὗ τυχὸν μεταλήψεται.
εἰ καὶ σφόδρ' εὐπορεῖ γάρ, ἀβεβαίως τρυφᾷ·
τὸ τῆς τύχης γὰρ ῥεῦμα μεταπίπτει ταχύ.

F 2 οὐδὲν πέπονθας δεινὸν ἂν μὴ προσποιῇ.

F 3 οὗτος κράτιστός ἐστ' ἀνήρ, ὦ Γοργία,
ὅστις ἀδικεῖσθαι πλεῖστ' ἐπίστατ' ἐγκρατῶς·
τὸ δ' ὀξύθυμον τοῦτο καὶ λίαν πικρὸν
δεῖγμ' ἐστὶν εὐθὺς πᾶσι μικροψυχίας.

F 4 εἰμὶ μὲν ἄγροικος, καὐτὸς οὐκ ἄλλως ἐρῶ,
καὶ τῶν κατ' ἄστυ πραγμάτων οὐ παντελῶς
ἔμπειρος, ὁ δὲ χρόνος τί μ' εἰδέναι ποεῖ
πλέον.

F 5 ἐμβεβρόντησαι; γελοῖον, ὃς κόρης ἐλευθέρας
εἰς ἔρωθ' ἥκων σιωπᾷς καὶ μάτην ποιουμένους
περιορᾷς γάμους σεαυτῷ.

F 6 ὡς σχολῇ πορεύεθ' οὑτοσί.

Nicht einzuordnende Fragmente

F 1 Der aber, wer immer dieser ist, der eure Armut geschmäht hat, ist unglücklich dran, weil er das geschmäht hat, was er selbst bekommen wird. Denn wenn er auch sehr reich ist, lebt er unbeständig in seinem Luxus; denn die Woge des Glücks schlägt schnell um ...

F 2 Du hast nichts Furchtbares erlitten, wenn du es ignorierst ...

F 3 Der beste Mann ist der, Gorgias, der sehr viel Unrecht beherrscht zu ertragen weiß; dieser Jähzorn aber und die allzu große Bitterkeit ist für alle sofort ein Zeichen von Kleinmut ...

F 4 Ich bin ein Landmann, und ich selbst werde es nicht leugnen, und in den städtischen Geschäften bin ich nicht voll und ganz erfahren, die Zeit aber macht, dass ich etwas mehr weiß ...

F 5 Bist du verrückt? Lächerlich du, der du dich in ein freies Mädchen verliebt hast und schweigst und zulässt, dass sie vergeblich für dich die Hochzeit ausrichten ...

F 6 Wie bedächtig der da voranschreitet ...

ΔΙΣ ΕΞΑΠΑΤΩΝ

DER DOPPELBETRÜGER

Sostratos, ein junger Athener, hat sich, als er in Ephesos Schulden für seinen Vater (Demeas? Vgl. F 2) eintrieb, in eine Hetäre verliebt und schreibt, als diese einem Offizier nach Athen gefolgt ist, seinem Freund Moschos, er solle sie suchen. Um sie freikaufen zu können, lässt Sostratos, nach Athen zurückgekehrt, seinem Vater durch den Sklaven Syros vortäuschen, das eingetriebene Geld sei aus Sicherheitsgründen in Ephesos geblieben. Dann erfährt er von Moschos' Vater und Lydos, dem Sklaven und Pädagogen des Freundes, dieser befinde sich im Haus der Hetäre. Weil Sostratos nicht weiß, dass dort eine weitere Hetäre (vermutlich die Zwillingsschwester der anderen) wohnt, argwöhnt er Verrat durch die Geliebte und den Freund. Außer V. 1a (= F 1) der Komödie und den 3 ganzen und 5 halben Versen von F 2–5, bei denen es sich um Zitate handelt, sind die letzten 63 Verse von Akt II und die ersten 40 von Akt III erhalten, von denen aber 49 nur einzelne Wörter/Buchstaben bieten. Die überlieferten Szenen repräsentieren die Handlung von dem Moment an, wo Sostratos den falschen Eindruck gewinnt, bis zum Dialog mit Moschos, der vor der Klärung des Missverständnisses abbricht. Die Vorgeschichte dieser Szenen ist in groben Zügen aus der Bearbeitung des *Dis exapaton* durch Plautus in seinen *Bacchides* (»Die zwei Schwestern Bacchis«) rekonstruierbar, aber die römische Komödie dürfte sich mindestens stellenweise so weit von ihrem Prätext entfernt haben, dass der Verlauf der *Dis exapaton*-Handlung im restlichen dritten Akt und Akt IV/V nicht ohne Weiteres aus dem entsprechenden Abschnitt der *Bacchides* erschlossen werden kann. Das ergibt sich allein schon daraus, dass beim Vergleich von *Dis exapaton* 1–113 mit *Bacchides* 494–561a durchaus signifikante Abweichungen des Plautus von Menander erkennbar sind. Zu F 2–5 finden sich in den *Bacchides* Entsprechungen.

Personen
Lydos, Erzieher des Moschos
Vater des Moschos
Sostratos, ein junger Mann
Vater des Sostratos (Demeas?)
Moschos, ein junger Mann
Syros, Sklave des Vaters des Sostratos
Hetäre I
vermutlich
Hetäre II

ΜΕΡΟΣ Α΄

F 1 πρὸς τῶν θεῶν, μειράκιο[ν

ΜΕΡΟΣ Β΄

⟨ΜΟΣΧΟΥ ΠΑΤΗΡ⟩

]υ δ᾽ ἐκεῖνον ἐκκάλε[ι
]ν, νουθέτει δ᾽ ἐναν[τίον,
αὐτόν τε σῶσον οἰκίαν θ᾽ ὅλην φίλων.
Λυδέ, προάγωμεν.

(ΛΥΔΟΣ)

εἰ δὲ κἀμὲ καταλίποις –

[Μ.Π.] προάγωμεν· ἱκανὸς ο[ὗ]τος αὐτῷ.

⟨ΛΥ.⟩ Σώστρα[τε,
χρῆσαι πικρῶς, ἔλαυν᾽ ἐκεῖνον τὸ[ν] ἀκρα[τῆ·
ἅπαντας αἰσχύνει γὰρ ἡμᾶς τοὺ[ς] φίλους.

ΣΟΣΤΡΑΤΟΣ

ἤδη ᾽στὶν οὗτος φροῦδ[ο]ς. ενπλη . . [ ] . .[ ] . .[
τουτου καθέξει. Σώστρα[τ]ον προήρπασας.
ἀρνήσεται μέν, οὐκ [ἄ]δηλόν ἐστί μοι
(ἰταμὴ γάρ), εἰς μέσον τε π[ά]ντες οἱ θεοὶ
ἥξουσι· "μὴ τοίνυν ὀνα[ί]μην". νὴ Δία·
κακὴ κακῶς τοίνυν – ἐ[πίσ]χες, Σώστρατε.
ἴσως σε πείσει. δοῦλο[ς . .(.)] .[. . .]ρ .π . . . . .[
ἐγὼ μάλισθ᾽. ἡ δ᾽ ὡ[ς κενὸν συ]μπεισάτω
ἔχοντα μηδ[έν. πᾶν ἀποδώσω τ]ῷ πατρὶ

AKT I

(Straße in Athen, die rechts zum Marktplatz, links zum Hafen führt. Im Hintergrund das Haus der von Sostratos geliebten Hetäre und das des Vaters des Sostratos. Der junge Mann wird vermutlich im ersten Vers, dessen Sprecher:in unbekannt ist, angeredet.)

F 1 Bei den Göttern, junger Mann …

AKT II

(Von den als 1–10 gezählten Versen, die vermutlich bereits von Lydos, Sostratos und dem Vater des Moschos gesprochen werden, sind nur einzelne Wörter oder Buchstaben erhalten. Die drei stehen vor dem Haus der Hetäre.)

VATER DES MOSCHOS. … [11] ruf ihn heraus … ermahne ihn von Angesicht zu Angesicht, und rette ihn und die ganze Gemeinschaft der Freunde. Lydos, lass uns gehen!

LYDOS. Wenn du aber auch mich zurückließest –

VATER DES MOSCHOS. [15] Lass uns gehen; der reicht für ihn.

LYDOS. Sostratos, geh hart mit ihm um, quäle diesen Unbeherrschten; denn uns allen, seinen Freunden, macht er Schande. *(Beide ab, wahrscheinlich nach rechts.)*

SOSTRATOS. Der ist schon hinüber … sie wird ihn festhalten. Sostratos hast du vorher geschnappt. [20] Sie wird es leugnen, nur zu klar ist das mir – denn sie ist dreist –, in den Zeugenstand werden ihr alle Götter treten: »Ich möchte nun aber nicht davon profitieren.« Bei Zeus! Schlecht soll es der Schlechten nun – warte, Sostratos. Vielleicht wird sie dich herumkriegen. Ein Sklave [25] … ich ganz und gar. Die aber soll mich, wenn ich leer bin, umstimmen, wenn ich nichts mehr habe. Ganz werde

τὸ χ]ρυσίον. π[ι]θαν[ευομέν]η γὰρ παύσεται,
ὅταν] ποτ’ αἴσθητα[ι, τὸ τῆς πα]ροιμίας,
νεκρῷ] λέγουσα [μῦθον. ἀλλ’] ἤδη [με] δεῖ
ἐλθεῖν ἐπ’] ἐκεῖνον. ἀλλ’ ὁρῶ γὰ]ρ τ[ουτο]νὶ

⟨ΣΩΣΤΡΑΤΟΥΣ ΠΑΤΗΡ⟩

ἔ]δωκεν δέ σοι 47
].[.....] τὸν τόκον
⟨ΣΩ.⟩].[ ].ειδον· μηδὲ ἓν
.......]αθ[.......ἐγκ]άλει χρηστῷ ξένῳ.
(Σ. Π.) ......]τι τ[οῦ]θ’; 51
⟨ΣΩ.⟩ ἥ]κω κομίζων δεῦρό σοι
πάνθ’ ὅ]σα –
⟨Σ. Π.⟩ τ[ὸ χρυ]σίον [δό]θ’ ὑμεῖς, παῖ, ταχύ.
(ΣΩ.) λήψει π]αρ’ [ἡ]μῶν· μὴ πρόσεχε κενῷ λόγῳ.
Σ. Π. οὐδεὶς] παρώρμη[σ’ ο]ὐδ’ ἐπεβούλευσ’;
⟨ΣΩ.⟩ οὐδὲ εἷς.
(Σ. Π.) οὐ πρὸς Θ]εό[τ]ιμον [κ]ατετέ[θ]η τὸ χρυσίον;
(ΣΩ.) τί πρὸς Θ]εό[τ]ιμον; α[ὐ]τὸς ἐφύλαττεν λαβών,
ὅ[περ εἰ]ς βί[ο]ν διφο[ρ]εῖ, πάτερ.
(Σ. Π.) χρηστὸς σφόδρα·
ἐφ[ρόντι]σέ τι. τί οὖν ὁ Σύρος ἐβούλετο;
(ΣΩ.) ἐ[ατέο]ν. μετ’ ἐμοῦ δ’ ἀκολούθει καὶ λαβὲ
τὸ [χρ]υσίον.
(Σ. Π.) παίζεις.
(ΣΩ.) ἀκολούθει καὶ λαβέ.
(Σ. Π.) οὐ[κοῦ]ν ἀκολουθῶ. δὸς μόνον, καλῶς τε μοι
ὡς [δεῖ] κέχρησαι. πρὶν λαβεῖν μάχομαί [τ]ι σοι;
ἐμ[οὶ] δὲ πάντων τοῦτο προυργιαίτερον.

ich dem Vater das Gold zurückgeben. Mit dem Überreden wird sie nämlich aufhören, wenn sie erst merkt, wie's im Sprichwort heißt, dass sie einem Toten eine Geschichte erzählt. Doch jetzt muss ich [30] zu ihm gehen. Doch ich sehe ihn …

(Von den als 31–46 gezählten Versen sind nur einzelne Wörter oder Buchstaben erhalten.)

VATER DES SOSTRATOS.

… er gab dir … den Zins …

SOSTRATOS. … ich sah (?): nicht ein einziges … [50] wirf dem anständigen Gastfreund vor.

VATER DES SOSTRATOS. [51] … dies?

SOSTRATOS. Ich bin zu dir hierher gekommen mit allem, was –

VATER DES SOSTRATOS. Gebt ihr mir das Gold schnell, mein Sohn!

SOSTRATOS. Du wirst es von uns bekommen; achte nicht auf leere Rede.

VATER DES SOSTRATOS. Niemand ging vor Anker oder stellte uns nach?

SOSTRATOS. Nicht einer.

VATER DES SOSTRATOS. [55] Nicht bei Theotimos hinterlegt wurde das Gold?

SOSTRATOS. Was meinst du mit »bei Theotimos«? Er selbst nahm es und passte darauf auf, er trägt, was die Mittel zum Lebensunterhalt betrifft, zweifach, Vater.

VATER DES SOSTRATOS. Er ist sehr anständig; er hat darüber nachgedacht. Was aber wollte nun Syros?

SOSTRATOS. Lassen wir das. Komm mit mir und empfange [60] das Gold.

VATER DES SOSTRATOS. Du machst einen Witz.

SOSTRATOS. Komm mit und empfange es.

VATER DES SOSTRATOS. Also komme ich mit. Gib es mir nur, gut hast du dich mir gegenüber, wie es sein muss, verhalten. Was soll ich mit dir streiten, bevor ich es empfange? Für mich ist dies wichtiger als alles. *(Beide ab in sein Haus.)*

ΧΟΡΟΥ

ΜΕΡΟΣ Γ'

(ΣΩ.) τ[ί φ]ής; τὸ [χρ]υσ[ί]ον παρὰ τ[ο]ῦ ξένου λ[αβ]ὼν
ε]ἰ[ς] πάντ' ἀνέγ[κλ]ητος γέγονέ σοι;
(Σ. Π.) γέγονε γάρ.
ΣΩ. μ]ᾶ[λ]λόν [θ' ἅ]μ' εὐφραίνει σε; 66
(Σ. Π.) μᾶ[λ]λον, Σώστρατε.

. . .] . .φανῆναι τὸν κάκιστ' ἀπ[ολού]μενον 68

οὕτως ἀθῷ[ος γέγονε] τῶν πεπ[οη]μένων 78

ΣΣΩ. ὅπερ [ε]ἶπα, μὴ πίστευε . 83
[Σ. Π.] . αλ . . . .[
ἢ [γ]ὰ[ρ Σ]ύρος τὸν ἥλιόν μ[οι] το[υ]τονὶ
εἰ] νῦν πα[ρ]αστὰς ἐξέχ[ει]ν φάσκοι, σκότον
νομίσαιμ' ἂν εἶναι, νύκτα γεγονέναι· γόης
ἀ]κ[ό]λ[α]στος.
(ΣΩ.) οὔκουν ἐστὶ τοῦτό μ[οι], πάτερ,
"οὐ]θὲν ἀποτεύξει τοῦ πατρὸ[ς] σὺ χρηστὸς ὤν";
ἀ]λλ[ὰ] πα[ρά]θες μοι.
(Σ. Π.) ταῦ[τ'] ἄπειμι πρὸς ἀγορὰν
πρ]άττ[ων· ὅ] τι πράττῃς ἄ[λ]λο δέδοται τοῦτό σοι.
ΣΩ. [κα]ὶ μ[ὴν δο]κῶ μ[ο]ι τὴν καλήν τε κἀγαθὴν
ἰδεῖν ἐρωμένην ἂν ἡδ[έ]ως κενὸς
πιθανευομένην καὶ προσδοκῶσαν ("αὐτ[ί]κα"
φησὶν δ' ἐν αὑτῇ) πᾶν ὃ κομίζω χρυσίον.
"πάνυ γὰρ κομίζει τοῦ[το] καί, νὴ τοὺς θεούς,
ἐλ]ευθερίως (τί[ς] μᾶλλον;) ἀξί[ω]ς τ' ἐμοῦ."

Tanz und Gesang des Chors.

AKT III

(Sostratos und sein Vater kommen aus dem Haus des Vaters.)

SOSTRATOS. Was sagst du? Da er das Gold von dem Gastfreund empfangen hat, [65] ist er nun in jeder Hinsicht für dich frei von Tadel?

VATER DES SOSTRATOS. Ja, das ist er.

SOSTRATOS. [66] Erfreut er dich zugleich mehr?

VATER DES SOSTRATOS. Ja, mehr, Sostratos.

(Von den als 67–82 gezählten Versen sind außer in V. 68 und 78 nur einzelne Wörter oder Buchstaben erhalten.)

[68] … dass der übelst Verruchte erscheint …

[78] so bekam er keine Strafe für das Getane …

SOSTRATOS. [83] … wie ich sagte, vertraue nicht.

VATER DES SOSTRATOS. … [85] Denn wahrlich, wenn Syros jetzt neben mich treten und sagen würde, diese Sonne scheine hier, würde ich glauben, dass Dunkelheit herrsche, dass es Nacht geworden sei; ein zügelloser Betrüger ist er.

SOSTRATOS. Also gilt dies für mich, Vater, »Du wirst deinen Vater nicht verlieren, wenn du anständig bist.« Doch deponiere es nur!

VATER DES SOSTRATOS. Um dies zu tun, gehe ich zum Markt; [90] das andere, was du tun sollst, ist dir überlassen. *(Ab nach rechts.)*

SOSTRATOS. Und ich glaube wirklich, meine feine und gute Geliebte würde ich, der ich leer bin, gerne sehen, wie sie mich zu überreden versucht und wartet – »gleich«, sagt sie bei sich – auf das ganze Gold, das ich bringe. [95] »Er bringt es auf alle Fälle und, bei den Göttern, wie ein Edler – wer wäre es mehr? –

α[ὕ]τη δ' ἱ[κα]ν[ῶς], καλῶς ποοῦ[σ]ά [γ'], εὑρέθη
ο[ἵ]αν ποτ' ᾤ[μ]ην οὖσα. τὸν δ' ἀβέλτερον
Μόσχον ἐλεῶ· καὶ τὰ μὲν ἔγωγ' ὀργίζομαι,
τὰ δ' οὐκ ἐκεῖνον τοῦ γεγονότος αἴτιον
ἀδικήματος νενόμικα, τὴν δ' ἰταμωτάτην
πασῶν ἐκείνην.

ΜΟΣΧΟΣ

εἶτ' ἀκούσας ἐνθάδε
εἶναί με, ποῦ γῆς ἐστι; χαῖρε, Σώστρατε.
ΣΩ. καὶ σύ.
⟨ΜΟ.⟩ τί κατηφὴς καὶ σκυθρωπός, εἰπέ μοι,
καὶ βλέμμα τοῦθ' ὑπόδακρυ; μὴ νεώτερον
κακὸν κατείληφάς τι τῶν [γ'] ἐνταῦθα;
(ΣΩ.) ναί.
(ΜΟ.) εἶτ' οὐ [λ]έγεις;
(ΣΩ.) ἔνδον γὰρ ἀμέλει, Μόσχε.
(ΜΟ.) πῶς;
(ΣΩ.) τόν μ' ἐ[κτόπως] φιλοῦντα τὸν πρὸ τοῦ χρόνον
εὗρο[ν κακὸν ὄν]τα· τοῦτο πρῶτον ὧν ἐρῶ·
δεινότατά μ' ἠδίκηκας.
(ΜΟ.) ἠδίκηκα δὲ
ἐγώ σε; μὴ γένοιτο τοῦτο, Σώστρατε.
(ΣΩ.) οὐκ ἠξίουν γοῦν οὐδ' ἐγώ.
(ΜΟ.) λέγεις δὲ τί;
(ΣΩ.) ἐμὲ γάρ, τὸν ἔρωτα· τἆλλα δ' ἠνία μ' ἄγ[αν

und wie ich es verdiene.« Aber sie wurde hinreichend – gut hat sie das gemacht – als die befunden, die, wie ich einmal glaubte, dass sie sei. Aber den dummen Moschion bemitleide ich; und einerseits bin ich wütend, andererseits glaube ich nicht, dass er an dem Unrecht, das geschah, schuld ist, sondern sie, die unverschämteste von allen.

Moschos *(kommt aus dem Haus der Hetäre und spricht zurück).* Nachdem er dann gehört hat, dass ich hier bin, wo in aller Welt ist er? Gegrüßt seist du, Sostratos!

Sostratos. Auch du!

Moschos. Warum bist du betrübt und mürrisch, sag es mir, und dein Auge fast in Tränen? Bist du in ein brandneues Unglück unter den hiesigen geraten?

Sostratos. Ja.

Moschos. Nennst du es dann nicht?

Sostratos *(zeigt auf das Haus der Hetäre).* Es steckt natürlich dort drin, Moschos.

Moschos. Wie das?

Sostratos. Dass der, welcher mich früher außerordentlich liebte, ein Schurke ist, fand ich heraus; dies ist das erste von dem, was ich sagen werde: Du hast mir auf schrecklichste Weise Unrecht getan.

Moschos. Unrecht getan hätte ich dir? Das möge nicht geschehen, Sostratos.

Sostratos. Das hätte wahrlich auch ich nicht gedacht.

Moschos. Was meinst du aber?

Sostratos. Mich halt, meine Liebe; das Übrige hat mich übermäßig betrübt ...

F 2 βουληφόρως
⟨τὴν⟩ ἡμετέραν, ⟨ὦ⟩ Δημέα, προκατέλαβες
ὄρασιν

F3 ἐμοὶ παράστα· τὴν θύραν κόψας ἐγὼ
καλῶ τιν' αὐτῶν

F 4 ὃν οἱ θεοὶ φιλοῦσιν ἀποθνῄσκει νέος

F 5 οὐ Μεγάβυξος ἦν
ὅστις γένοιτο ζάκορος

Nicht einzuordnende Fragmente

F 2 Ratgeberisch hast du, Demeas, unsere Sichtweise vorweggenommen ...

F 3 Tritt neben mich; ich will an die Tür klopfen und einen von ihnen rufen ...

F 4 Wen die Götter lieben, der stirbt jung ...

F 5 Es war nicht Megabyzos, wer auch immer Tempeldiener wurde ...

ΔΥΣΚΟΛΟΣ Η ΜΙΣΑΝΘΡΩΠΟΣ

DER SCHWIERIGE ODER DER MENSCHENHASSER

Ἀριστοφάν(ους) γραμματι[κ](οῦ) ἡ ὑπόθεσις

ἔχων θυγατέρα δύσκολος μητρὸς μέν, ἣν
ἔγημεν ἔχουσαν υἱόν, ἀπελείφθη τάχος
διὰ τοὺς τρόπους, μόνος δ' ἐπ' ἀγρῶν διετέλει.
τῆς παρθένου δὲ Σώστρατος σφοδρῶς ἐρῶν
προσῆλθεν αἰτῶν· ἀντέπιφθ' ὁ δύσκολος.
τὸν ἀδελφὸν † αὐτῆς ἔπειθεν· οὐκ εἶχ' ὅτι λέγοι
ἐκεῖνος. ἐμπεσὼν δὲ Κνήμων εἰς φρέαρ
τὸν Σώστρατον βοηθὸν εἶχε διὰ τάχους.
κατηλλάγη μὲν τῇ γυναικί, τὴν κόρην
τούτῳ δ' ἐδίδου γυναῖκα κατὰ νόμους ἔχειν.
τούτου δ' ἀδελφὴν λαμβάνει τῷ Γοργίᾳ,
τῷ τῆς γυναικὸς παιδί, πρᾶος γενόμενος.

ἐδίδαξεν εἰς Λήναια ἐπὶ Δημογένους ἄρχοντος καὶ ἐνίκα. ὑπεκρίνατο Ἀριστόδημος Σκαφεύς. ἀντεπιγράφεται Μισάνθρωπος.

Inhaltsangabe des Philologen Aristophanes
Ein Schwieriger hatte eine Tochter von einer Mutter, die einen Sohn hatte, und er heiratete; er wurde schnell verlassen wegen seines Charakters, war ständig allein auf dem Land. In das Mädchen verliebte Sostratos sich heftig und kam, um zu werben; der Schwierige war dagegen. Ihren Bruder überredete er; der hatte auch nichts, was er sagen konnte. Als aber Knemon in den Brunnen fiel, hatte er den Sostratos schnell als Helfer. Er versöhnte sich mit der Frau, das Mädchen aber gab er dem als Frau zu besitzen nach den Gesetzen. Dessen Schwester aber nimmt er an für Gorgias, den Sohn der Frau, nachdem er sanftmütig geworden ist.

Er führte es auf an den Lenäen unter dem Archonten Demogenes und siegte. Der Protagonist war Aristodemos aus Skarphe. Es wird alternativ »Der Menschenhasser« betitelt.

Τὰ τοῦ δράματ(ος) πρόσωπα

Πὰν ὁ θεός	Δᾶος
Χαιρέας ὁ παράσιτος	Γοργίας ὁ ἐκ μ[η]τρὸς ἀδελφ[ός
Σώστρατος ὁ ἐρασθείς	Σίκων μάγειρος
Πυρρίας ὁ δοῦλος	Γέτας ὁ δοῦλο[ς
Κνήμων ὁ πατήρ	Σιμίκη γραῦς
παρθένος θυγάτηρ Κνήμων(ος)	Καλλιππίδης π[α]τὴρ τοῦ Σωστράτ[ου

Die Personen des Dramas
Pan, der Gott
Chaireas, der Parasit
Sostratos, der Verliebte
Pyrrhias, der Sklave
Knemon, der Vater
Jungfräuliche Tochter Knemons
Daos⟨, der Sklave⟩
Gorgias, der Bruder vonseiten der Mutter
Sikon, ein Koch
Getas, der Sklave
⟨Die Mutter des Sostratos⟩
Simiche, die alte Frau
Kallippides, Vater des Sostratos

⟨*Stumme Personen*
Plangon, Sostratos' Schwester
Flötenspielerin Parthenis
Gorgias' Mutter⟩

ΜΕΡΟΣ Α΄

(ΠΑΝ)

τῆς Ἀττικῆς νομίζετ᾽ εἶναι τὸν τόπον
Φυλήν, τὸ νυμφαῖον δ᾽ ὅθεν προέρχομαι
Φυλασίων καὶ τῶν δυναμένων τὰς πέτρας
ἐνθάδε γεωργεῖν, ἱερὸν ἐπιφανὲς πάνυ.
τὸν ἀγρὸν δὲ τὸν [ἐ]πὶ δεξί᾽ οἰκεῖ τουτονὶ
Κνήμων, ἀπάνθρωπός τις ἄνθρωπος σφόδρα
καὶ δύσκολος πρὸς ἅπαντας, οὐ χαίρων τ᾽ ὄχλῳ.
ὄχλῳ λέγω; ζ[ῶ]ν οὗτος ἐπιεικῶς χρόνον
πολὺν λελάληκεν ἡδέως ἐν τῷ βίῳ
οὐδενί, προσηγόρευκε πρότερος δ᾽ οὐδένα
πλὴν ἐξ ἀνάγκης, γειτνιῶν παριών τ᾽, ἐμὲ
τὸν Πᾶνα· καὶ τοῦτ᾽ εὐθὺς αὐτῷ μεταμέλει,
εὖ οἶδ᾽. ὅμως οὖν τῷ τρόπῳ τοιοῦτος ὢν
χήραν γυναῖκ᾽ ἔγημε, τετελευτηκότος
αὐτῇ νεωστὶ τοῦ λαβόντος τὸ πρότερον
ὑοῦ τε καταλελειμμένου μικροῦ τότε.
ταύτῃ ζυγομαχῶν οὐ μόνον τὰς ἡμέρας,
ἐπιλαμβάνων δὲ τὸ πολὺ τῆς νυκτὸς μέρος
ἔζη κακῶς. θυγάτριον αὐτῷ γίνεται·
ἔτι μᾶλλον. ὡς δ᾽ ἦν τὸ κακὸν οἷον οὐθὲν ἂν
ἕτερον γένοιθ᾽, ὁ βίος τ᾽ ἐπίπονος καὶ πικρός,
ἀπῆλθε πρὸς τὸν ὑὸν ἡ γυνὴ πάλιν
τὸν πρότερον αὐτῇ γενόμενον. χωρίδιον
τούτῳ δ᾽ ὑπάρχον ἦν τι μικρὸν ἐνθαδὶ
ἐν γειτόνων, οὗ διατρέφει νυνὶ κακῶς
τὴν μητέρ᾽, αὑτόν, πιστὸν οἰκέτην θ᾽ ἕνα
πατρῷον. ἤδη δ᾽ ἐστὶ μειρακύλλιον
ὁ παῖς ὑπὲρ τὴν ἡλικίαν τὸν νοῦν ἔχων·
προάγει γὰρ ἡ τῶν πραγμάτων ἐμπειρία.
ὁ γέρων δ᾽ ἔχων τὴν θυγατέρ᾽ αὐτὸς ζῇ μόνος

AKT I

(Phyle bei Athen. Im Hintergrund von links nach rechts das Haus Knemons, die Grotte Pans und das Haus des Gorgias. Nach links gelangt man zu den Äckern, nach rechts zur Stadt.)

PAN *(tritt aus der Grotte).* In Attika, denkt euch, ist der Ort Phyle, die Nymphengrotte aber, aus der ich hervortrete, gehört den Phylasiern und denen, die imstande sind, die Felsen hier zu beackern, ein deutlich sichtbares Heiligtum. Dieses Grundstück da zur Rechten bewohnt Knemon, ein sehr unmenschlicher Mensch und schwierig allen gegenüber, und er hat keine Freude an einer Menge. »Einer Menge«, sage ich? Der lebt schon ziemlich lange Zeit und hat in seinem Leben mit keinem freundlich geredet, keinen als erster angesprochen, nur notgedrungen, weil er mein Nachbar ist, und im Vorbeigehen mich, den Pan; und das bereut er sofort, ich weiß es gut. Dennoch, obwohl er doch in seinem Wesen so einer ist, heiratete er eine Frau, eine Witwe, nachdem ihr kürzlich der gestorben war, welcher sie vorher zur Frau genommen hatte, und ein Sohn zurückgeblieben war, ein damals noch kleiner. Mit ihr stritt er nicht nur tagsüber, sondern er nahm auch einen großen Teil der Nacht dazu, und lebte elend. Ein Töchterchen wird ihm geboren: noch schlimmer. Als das Elend von der Art war, dass es keinesfalls anders werden würde, und das Leben mühevoll und bitter, ging die Frau wieder fort zu ihrem Sohn, dem, der ihr früher geboren wurde. Ein Ackergütchen besaß der, ein kleines, hier in der Nachbarschaft, von dem er nun elend seine Mutter ernährt, sich selbst, und einen einzigen treuen Sklaven aus väterlichem Besitz. Er ist schon ein feiner Kerl, der Knabe, und hat über sein Alter hinaus Verstand; denn reif macht die Erfahrung mit Problemen. Der Alte, der seine Tochter bei

καὶ γραῦν θεράπαιναν, ξυλοφορῶν σκάπτων τ', ἀε[ὶ
πονῶν, ἀπὸ τούτων ἀρξάμενος τῶν γειτόνων
καὶ τῆς γυναικὸς μέχρι Χολαργέων κάτω
μισῶν ἐφεξῆς πάντας. ἡ δὲ παρθένος
γέγονεν ὁμοία τῇ τροφῇ τις, οὐδὲ ἓν
εἰδυῖα φλαῦρον· τὰς δὲ συντρόφους ἐμοὶ
Νύμφας κολακεύουσ' ἐπιμελῶς τιμῶσά τε
πέπεικεν αὑτῆς ἐπιμέλειαν σχεῖν τινα
ἡμᾶς. νεανίσκον τε καὶ μάλ' εὐπόρου
πατ[ρ]ός, γεωργοῦντος ταλάντων κτήματα
ἐντα]ῦθα πολλῶν, ἀστικὸν τῇ διατριβῇ,
ἥκο]ντ' ἐπὶ θήραν μετὰ κυνηγέτου τινὸς
φίλο]υ, κατὰ τύχην παραβαλόντ' εἰς τὸν τόπον
ἰδόντ]α ἔχειν πως ἐνθεαστικῶς ποῶ.
ταῦτ'] ἐστὶ τὰ κεφάλαια· τὰ καθ' ἕκαστα δὲ
ὄψεσθ]' ἐὰν βούλησθε· βουλήθητε δέ.
καὶ γὰ]ρ προσιόνθ' ὁρᾶν δοκῶ μοι τουτονὶ
τὸν ἐρῶντα τόν τε συγκ[υνηγέτη]ν ἅμα
αὑτοῖς ὑπὲρ τούτων τι σ[υγκοινουμ]ένους.

ΧΑΙΡΕΑΣ

τί φής; ἰδὼν ἐνταῦθα παῖδ' ἐλευθέραν
τὰς πλησίον νύμφας στεφ[ανο]ῦσαν, Σώστρατε,
ἐρῶν ἀπῆλθες εὐθύς;

ΣΩΣΤΡΑΤΟΣ

εὐθ[ύς.

ΧΑΙ.] ὡς ταχύ.

ἦ τοῦτ' ἐβεβούλευσ' ἐξιών, ἐρᾶ[ν] τινος;

(ΣΩ.) σκώπτεις· ἐγὼ δέ, Χαιρέα, κακῶς ἔχω.

(ΧΑΙ.) ἀλλ' οὐκ ἀπιστῶ.

(ΣΩ.) διόπερ ἥκω παραλαβὼν
σὲ πρὸς τὸ πρᾶγμα, καὶ φίλον καὶ πρακτικὸν
κρίνας μάλιστα.

sich hat und eine alte Sklavin, lebt ganz allein, schleppt Holz, gräbt und müht sich ständig ab, wobei er, beginnend mit den Nachbarn hier und seiner Frau bis hinab nach Cholargos alle der Reihe nach hasst. Das Mädchen wurde entsprechend ihrer Erziehung eine, die nicht eine einzige Schlechtigkeit kennt; weil sie meine Mitbewohnerinnen, die Nymphen, liebevoll umhegt und sorgsam ehrt, hat sie uns dazu gebracht, ihr Fürsorge zu gewähren. Einen jungen Mann, dazu mit einem sehr wohlhabenden Vater, der einen viele Talente werten Grundbesitz hier beackern lässt, einen Städter in seiner Lebensweise, lasse ich zur Jagd herkommen mit einem Jagdgefährten, seinem Freund, und, wenn er durch Zufall an den Ort gelangt, sie sehen und verzückt sein. Dies sind die Hauptpunkte; alles im Einzelnen werdet ihr sehen, wenn ihr wollt; wollt es aber auch! Denn ihn herankommen zu sehen glaube ich, den Liebenden und den Jagdgefährten mit ihm zugleich, wie sie sich über diese Dinge miteinander austauschen.

(Ab in die Grotte. Chaireas und Sostratos treten von rechts auf.)

Chaireas. Was sagst du? Du erblicktest hier ein freies Mädchen, wie es die benachbarten Nymphen bekränzte, Sostratos, und gingst sofort verliebt davon?

Sostratos. Sofort.

Chaireas. Wie schnell! Oder hast du das, als du loszogst, geplant, dich in eine zu verlieben?

Sostratos. Du machst dich über mich lustig; mir geht es aber schlecht, Chaireas.

Chaireas. Das glaub ich gerne.

Sostratos. Darum bin ich hergekommen und hab dich hinzugezogen zu dieser Sache und weil ich dich als Freund und Helfer besonders positiv beurteile.

(ΧΑΙ.) πρὸς τὰ τοιαῦτα, Σώστρατε,
οὕτως ἔχω· παραλαμβάνει τις τῶν φίλων
ἐρῶν ἑταίρας· εὐθὺς ἁρπάσας φέρω,
μοχλεύω, κατακάω, λόγον ὅλως οὐκ ἀνέχομαι·
πρὶν ἐξετάσαι γὰρ ἥτις ἐστί, δεῖ τυχεῖν·
τὸ μὲν βραδύνειν γὰρ τὸν ἔρωτ' αὔξει πολύ,
ἐν τῷ ταχέως δ' ἔνεστι παύσασθαι ταχύ.
γάμον λέγει τις καὶ κόρην ἐλευθέραν·
ἕτερός τις εἴμ' ἐνταῦθα· πυνθάνομαι γένος,
βίον, τρόπους· εἰς πάντα τὸν λοιπὸν χρόνον
μνείαν γὰρ ἤδη τῷ φίλῳ καταλείπομαι,
ὡς ἂν διοικήσω περὶ ταῦτα.
(ΣΩ.) καὶ μάλ' εὖ,
οὐ πάνυ δ' ἀρεσκόντως ἐμοί.
(ΧΑΙ.) καὶ νῦν γε δεῖ
ταῦτα διακοῦσαι πρῶτον ἡμᾶς.
(ΣΩ.) ὄρθριον
τὸν Πυρρίαν τὸν συγκυνηγὸν οἴκοθεν
ἐγὼ πέπομφα.
(ΧΑΙ.) πρὸς τίν';
(ΣΩ.) αὐτῷ τῷ πατρὶ
ἐντευξόμενον τῆς παιδός, ἢ τῷ κυρίῳ
τῆς οἰκίας, ὅστις ποτ' ἐστίν.
(ΧΑΙ.) Ἡράκλεις,
οἷον λέγεις.
(ΣΩ.) ἥμαρτον· οὐ γὰρ οἰκέτῃ
ἥρμοττ' ἴσως τὸ τοιοῦτον. ἀλλ' οὐ ῥᾴδιον
ἐρῶντα συνιδεῖν ἐστι τί ποτε συμφέρει.
καὶ τὴν διατριβὴν ἥτις ἔστ' αὐτοῦ πάλαι
τεθαύμακ'· εἰρήκειν γὰρ εὐθὺς οἴκαδε
αὐτῷ παρεῖναι πυθομένῳ τἀνταῦθά μοι.

Chaireas. Bei etwas Derartigem, Sostratos, halte ich es so: Einer von meinen Freunden zieht mich hinzu, weil er eine Hetäre liebt; sofort entführe ich sie und bringe sie herbei, ich heble ihre Tür aus, zünde die an, dulde kein einziges Wort; bevor man nämlich fragt, wer sie ist, muss man sie kriegen; denn langsames Vorgehen wird die Liebe sehr verstärken, in der Schnelligkeit liegt ihr schnelles Aufhören. Man spricht von Hochzeit und einem freien Mädchen; da bin ich anders: Ich erkundige mich nach Familie, finanziellen Verhältnissen, Charakter; denn für alle Zukunft hinterlasse ich nun meinem Freund die Erinnerung daran, wie ich darüber Anordnungen traf.

Sostratos. Sogar sehr gut, *(a parte)* aber gar nicht in meinem Sinne.

Chaireas. Auch jetzt müssen wir zuerst das zu hören kriegen.

Sostratos. Am frühen Morgen habe ich den Pyrrhias, den Jagdbegleiter, von zu Hause losgeschickt.

Chaireas. Zu wem?

Sostratos. Den Vater des Mädchens persönlich soll er angehen oder den Herrn des Hauses, wer auch immer das ist.

Chaireas. Herakles, wie du redest!

Sostratos. Ich habe es falsch gemacht; denn zu einem Sklaven passt so etwas vielleicht nicht. Aber nicht leicht ist, wenn man liebt, zu wissen, was wohl nützt. Und über sein langes Verweilen, was auch immer es bedeutet, wundere ich mich schon längst; denn ich hatte ihm gesagt, er solle sofort nach Hause kommen, wenn er für mich erkundet habe, was dort los ist.

ΠΥΡΡΙΑΣ
πάρες, φυλάττου, πᾶς ἄπελθ᾽ ἐκ τοῦ μέσου.
μαίνεθ᾽ ὁ διώκων, μαίνεται.
(ΣΩ.) τί τοῦτο, παῖ;
(ΠΥ.) φεύγετε.
(ΣΩ.) τί ἐστι;
(ΠΥ.) βάλλομαι βώλοις, λίθοις·
ἀπόλωλα.
(ΣΩ.) βάλλει; ποῖ, κακόδαιμον;
(ΠΥ.) οὐκέτι
ἴσως διώκει;
(ΣΩ.) μὰ Δί᾽.
(ΠΥ.) ἐγὼ δ᾽ ᾤμην.
(ΣΩ.) τί δὲ
λέγεις;
(ΠΥ.) ἀπαλλαγῶμεν, ἱκετεύω σε.
(ΣΩ.) ποῖ;
(ΠΥ.) ἀπὸ τῆς θύρας ἐντεῦθεν ὡς πορρωτάτω.
Ὀδύνης γὰρ ὑὸς ἦν. κακοδαιμονῶν τις ἢ
μελαγχολῶν ἄνθρωπος οἰκῶ[ν ἐνθαδ]ὶ
τὴν οἰκίαν, πρὸς ὅν μ᾽ ἔπεμπ[ες, ὦ θεοί,
μεγάλου κακοῦ· τοὺς δακτύλους [κατέαξα γὰρ
σχεδόν τι προσπταίων ἅπα[ντας.
ΣΩ. δηλαδὴ
ἐλθών τι πεπαρῴνηκε.
⟨ΧΑΙ.⟩ δεῦ[ρ᾽ ἥξων ταχὺ
εὔδηλός ἐστι.
(ΠΥ.) νὴ Δί᾽, ἐξώλ[ης ἄρα,
Σώ]στρατ᾽, ἀπολο[ίμην.
ΧΑΙ.? ἔχε] δέ πως φυλακτικῶς.
⟨ΠΥ.⟩ ἀλλ᾽ οὐ δύναμαι λ[έγειν, προ]σέστηκεν δέ μοι
τὸ πνεῦμα. κόψας [τὴν θύ]ραν τῆς οἰκίας
τὸν κύριον ζητεῖν [ἔφ]ην. προῆλθέ μοι

PYRRHIAS *(kommt von links gerannt)*. Lass mich vorbei, pass auf, jeder gehe aus dem Weg! Rasend ist der, der mich verfolgt, rasend.

SOSTRATOS. Was ist das hier, Sklave?

PYRRHIAS. Flieht!

SOSTRATOS. Was ist denn?

PYRRHIAS. Beworfen werde ich mit Erdklumpen, Steinen; ich bin verloren!

SOSTRATOS. Du wirst beworfen? Wohin nun, Unglückseliger?

PYRRHIAS. Verfolgt er mich [85] vielleicht nicht mehr?

SOSTRATOS. Nein, bei Zeus.

PYRRHIAS. Ich dachte doch.

SOSTRATOS. Was sagst du?

PYRRHIAS. Lasst uns weggehen, ich flehe dich an!

SOSTRATOS. Wohin?

PYRRHIAS. Von der Tür dort so weit wie möglich. *(Zeigt auf Knemons Tür.)* Denn da war Odynes Sohn. Es ist ein böse besessener Mensch oder einer mit schwarzer Galle, der dort [90] in dem Haus haust, zu dem du mich geschickt hast, ihr Götter, zu meinem großen Unglück: Meine Zehen habe ich angestoßen und fast alle gebrochen.

SOSTRATOS. Offensichtlich war der, als er hinging, betrunken.

CHAIREAS. Er wird schnell herkommen, das ist sehr deutlich.

PYRRHIAS. Bei Zeus, ich möchte daher [95] zugrunde gehen, Sostratos.

CHAIREAS. (?) Pass ja auf!

PYRRHIAS. Aber ich kann nicht reden, mir stockt der Atem. Als ich an die Tür des Hauses geklopft hatte, sagte ich, ich würde den

γραῦς τις κακοδαίμων· α[ὐτ]όθεν δ' οὗ νῦν λέγων
ἕστηκ', ἔδειξεν αὐ[τὸ]ν ἐπὶ τοῦ λοφιδίου
ἐκεῖ περιφθειρόμενον, ἀχράδας ἢ πολὺν
κύφων' ἑαυτῷ συλλέγονθ'.
(ΣΩ.) ὡς ὀργίλως.
(ΧΑΙ.) τί ⟨δ'⟩, ὦ μακάρι';
⟨ΠΥ.⟩ ἐγὼ μὲν εἰς τὸ χωρίον
ἐμβὰς ἐπορευόμην πρὸς αὐτόν. καὶ πάνυ
πόρρωθεν, εἶναί τις φιλάνθρωπος σφόδρα
ἐπιδέξιός τε βουλόμενος, προσεῖπα· καὶ
"ἥκω τι" φημί, "πρός σε, πάτερ, ἰδεῖν τί σε
σπεύδων ὑπὲρ σοῦ πρᾶγμ'." ⟨ὁ δ'⟩ εὐθὺς "ἀνόσιε
ἄνθρωπε," φησίν, "εἰς τὸ χωρίον δέ μου
ἥκεις ⟨σύ⟩; τί μαθών;" βῶλον αἴρεταί τινα·
ταύτην ἀφίησιν εἰς τὸ πρόσωπον αὐτό μου.
ΧΑΙ. ἐς κόρακας.
(ΠΥ.) ἐν ὅσῳ δ' "ἀλλά σ' ὁ Ποσειδῶν" λέγων
κατέμυσα, χάρακα λαμβάνει πάλιν τινά,
ἐκάθαιρέ τ' αὐτῇ "σοὶ δὲ κἀμοὶ πρᾶγμα τί
ἐστιν;" λέγων, "τὴν δημοσίαν οὐκ οἶσθ' ὁδόν;",
ὀξύτατον ἀναβοῶν τι.
ΧΑΙ. μαινόμενον λέγεις
τελέως γεωργόν.
(ΠΥ.) τὸ δὲ πέρας· φεύγοντα γὰρ
δεδίωχ' ἴσως με στάδια πέντε καὶ δέκα,
περὶ τὸν λόφον πρώτιστον, εἶθ' οὕτω κάτω
εἰς τὸ δασὺ τοῦτο, σφενδονῶν βώλοις, λίθοις,
ταῖς ἀχράσιν ὡς οὐκ εἶχεν οὐδὲν ἄλλ' ἔτι.
ἀνήμερόν τι πρᾶγμα τελέως ἀνόσιος
γέρων. ἱκετεύω σ', ἄπιτε.
(ΣΩ.) δειλίαν λέγεις.
(ΠΥ.) οὐκ ἴστε τὸ κακὸν οἷόν ἐστι· κατέδεται
ἡμᾶς.

Herrn suchen. Es kam zu mir eine unglückselige Alte heraus; genau von hier, wo ich jetzt stehe und spreche, zeigte sie ihn mir, wie er auf einem kleinen Hügel dort umherschlotterte, wobei er Birnen oder viel Knüppelholz für sich sammelte.

Sostratos. Wie wütend er spricht!

Chaireas. Was dann, du Glückseliger?

Pyrrhias. Ich betrat sein Landstück und ging auf ihn zu. Und aus sehr weiter Entfernung, weil ich irgendwie sehr menschenfreundlich und geschickt sein wollte, redete ich ihn an; und ich sage: »Ich bin zu dir gekommen, Vater, um dich in meinem Bemühen um eine Angelegenheit zu deinem Vorteil zu sprechen.« Der sagt sofort: »Ruchloser Mensch, auf mein Land bist du gekommen? Was fällt dir ein?« Er hebt einen Erdklumpen auf; den wirft er mir direkt ins Gesicht.

Chaireas. Ab zu den Raben!

Pyrrhias. Während ich »Aber dich soll doch Poseidon – « sage und die Augen schließe, nimmt er wiederum einen Spitzpfahl, und er gab mir damit eine Abreibung, wobei er sagte: »Was für eine Angelegenheit gibt es für dich und mich? ? Kennst du nicht die öffentliche Straße?«, wobei er schrill aufschrie.

Chaireas. Du sprichst von einem vollkommen verrückten Bauern.

Pyrrhias. Um zum Schluss zu kommen: Denn während ich floh, verfolgte er mich vielleicht über 15 Stadien, zuerst um den Hügel herum, dann so hinab in dieses Gehölz, warf mit Erdklumpen, Steinen, mit den Birnen, als er nichts anderes mehr hatte. Ein wildes Lebewesen, der ganz und gar ruchlose Alte! Ich flehe dich an, geht von hier weg.

Sostratos. Du sprichst von Feigheit.

Pyrrhias. Ihr wisst nicht, was das für ein Unheil ist: Auffressen wird er uns.

ΧΑΙ. τυχὸν ἴσως ὁδ' ὀδυνώνομενός τι νῦν
τετύχηκε· διόπερ ἀναβαλέσθαι μοι δοκεῖ
αὐτῷ προσελθεῖν, Σώστρατ'. εὖ τοῦτ' ἴσθ', ὅτι
πρὸς πάντα πράγματ' ἐστὶ πρακτικώτερον
εὐκαιρία.
ΠΥ. νοῦν ἔχεθ'.
(ΧΑΙ.) ὑπέρπικρον δέ τι
ἐστὶν πένης γεωργός, οὐχ οὗτος μόνος,
σχεδὸν δ' ἅπαντες. ἀλλ' ἕωθεν αὔριον
ἐγὼ πρόσειμ' αὐτῷ μόνος, τὴν οἰκίαν
ἐπείπερ οἶδα· νῦν δ' ἀπελθὼν οἴκαδε
καὶ σὺ διάτριβε. τοῦτο δ' ἕξει κατὰ τρόπον.
(ΠΥ.) πράττωμεν οὕτως.
ΣΩ. πρόφασιν οὗτος ἄσμενος
εἴληφεν. εὐθὺς φανερὸς ἦν οὐχ ἡδέως
μετ' ἐμοῦ βαδίζων, οὐδὲ δοκιμάζων πάνυ
τὴν ἐπιβολ]ὴν τὴν τοῦ γάμου. κακὸν δέ σε
κακῶς ἅπ]αντες ἀπολέσειαν οἱ θεοί,
μαστιγία.
ΠΥ. τί] δ' ἠδίκηκα, Σώστρατε;
(ΣΩ.) κακὸν ἐπό]εις τὸ χωρίον τι δηλαδὴ
κλέπτων.
ΠΥ.] ἔκλεπτον;
(ΣΩ.) ἀλλ' ἐμαστίγου σέ τις
οὐδὲν ἀδικοῦντα;
(ΠΥ.) καὶ πάρεστί γ' οὑτοσὶ
αὐτός. ὑπάγω, βέλτιστε.
(ΣΩ.) σὺ δὲ τούτῳ λάλει.
(ΧΑΙ.) οὐκ ἂ[ν] δυναίμην· ἀπίθανός τις εἴμ' ἀεὶ
ἐν τῷ λαλεῖν. ποῖον λέγει[ν δὲ τῷδ' ἔ]νι;
(ΣΩ.) οὐ πάνυ φιλάνθρωπον βλ[έπειν μ]οι φαίνεται,
μὰ τὸν Δί'. ὡς δ' ἐσπούδακ'. ἐπ[ανά]ξω βραχὺ
ἀπὸ τῆς θύρας· βέλτιον. ἀλλὰ κ[αὶ β]οᾷ

CHAIREAS. Vielleicht ist er jetzt zufällig bekümmert wegen eines Unglücksfalls; daher halte ich für gut, es aufzuschieben, an ihn heranzutreten, Sostratos. Wisse wohl dies, dass bei allen Sachen sachdienlicher der richtige Moment ist.

PYRRHIAS. Ihr habt Verstand.

CHAIREAS. Aber etwas übermäßig Herbes ist ein armer Bauer, nicht dieser allein, sondern fast alle. Doch morgen früh werde ich allein an ihn herantreten, da ich sein Haus ja kenne; jetzt aber gehe ich nach Hause, und auch du warte ab. Dies wird nach Wunsch gehen.

PYRRHIAS. Machen wir es so.

SOSTRATOS. Den Vorwand hat der freudig aufgegriffen. Es war sofort deutlich, dass er nicht gerne mit mir ging und gar nichts hielt von meinem Heiratsplan. Dich üblen Kerl aber sollen alle Götter übel vernichten, Mensch für die Peitsche!

PYRRHIAS. Was für Unrecht habe ich getan, Sostratos?

SOSTRATOS. Übles hast du dem Landstück angetan, indem du offensichtlich etwas stahlst.

PYRRHIAS. Ich hätte etwas gestohlen?

SOSTRATOS. Aber hätte dich jemand gepeitscht, wenn du kein Unrecht getan hättest?

PYRRHIAS. Und da ist der ja selbst! Ich ziehe mich zurück, mein Bester. *(Ab nach rechts. Knemon kommt von links.)*

SOSTRATOS. Rede du mit ihm.

CHAIREAS. Das könnte ich nicht; ich bin nie überzeugend beim Reden. Wie wäre es da möglich, mit dem zu sprechen? *(Ab nach rechts.)*

SOSTRATOS. Nicht sehr menschenfreundlich scheint er mir zu blicken, beim Zeus. Wie er sich bemüht! Ich will mich ein kurzes Stück von der Tür zurückziehen; das ist besser. Aber er brüllt

μόνος βαδίζων· οὐχ ὑγιαίνειν μ[οι] δοκεῖ.
δέδοικα μέντοι, μὰ τὸν Ἀπόλλω καὶ θεούς,
αὐτόν· τί γὰρ ἄν τις μὴ οὐχὶ τἀληθῆ λέγοι;

ΚΝΗΜΩΝ

εἶτ' οὐ μακάριος ἦν ὁ Περσεὺς κατὰ δύο
τρόπους ἐκεῖνος, ὅτι πετηνὸς ἐγένετο
κοὐδενὶ συνήντα τῶν βαδιζόντων χαμαί,
εἶθ' ὅτι τοιοῦτο κτῆμ' ἐκέκτηθ' ᾧ λίθους
ἅπαντας ἐπόει τοὺς ἐνοχλοῦντας; ὅπερ ἐμοὶ
νυνὶ γένοιτ'· οὐδὲν γὰρ ἀφθονώτερον
λιθίνων γένοιτ' ⟨ἂν⟩ ἀνδριάντων πανταχοῦ.
νῦν δ' οὐ βιωτόν ἐστι, μὰ τὸν Ἀσκληπιόν.
λαλοῦσ' ἐπεμβαίνοντες εἰς τὸ χωρίον
ἤδη. παρ' αὐτὴν τὴν ὁδὸν γάρ, νὴ Δία,
εἴωθα διατρίβειν· ὃς οὐδ' ἐργάζομαι
τοῦτο τὸ μέρος τοῦ χωρίου, πέφευγα δὲ
διὰ τοὺς παριόντας. ἀλλ' ἐπὶ τοὺς λόφους ἄνω
ἤδη διώκουσ'. ὢ πολυπληθείας ὄχλου.
οἴμοι· πάλιν τις οὑτοσὶ πρὸς ταῖς θύραις
ἕστηκεν ἡμῶν.

ΣΩ. ἆρα τυπτήσει γέ με;

ΚΝ. ἐρημίας οὐκ ἔστιν οὐδαμοῦ τυχεῖν,
οὐδ' ἂν ἀπάγξασθαί τις ἐπιθυμῶν τύχῃ.

ΣΩ. ἐμοὶ χαλεπαίνει. περιμένω, πάτερ, τινὰ
ἐνταῦθα· συνεθέμην γάρ.

(ΚΝ.) οὐκ ἐγὼ 'λεγον;
τουτὶ στοὰν νενομίκατ' ἢ τὸ τοῦ Λεώ;
πρὸς τὰς ἐμὰς θύρας, ἐὰν ἰδεῖν τινα
βούλησθε, συντάττεσθ' ἀπαντᾶν; παντελῶς
καὶ θῶκον οἰκοδομήσατ', ἂν ἔχητε νοῦν,
μᾶλλον δὲ καὶ συνέδριον. ὢ τάλας ἐγώ·
ἐπηρεασμὸς τὸ κακὸν εἶναί μοι δοκεῖ.

auch, obwohl er allein geht; er scheint mir nicht bei Verstand zu sein. Ich habe wirklich Angst vor ihm, beim Apollon und den Göttern; denn warum sollte man nicht die Wahrheit sagen?

KNEMON. War denn jener Perseus nicht glücklich auf zweifache Weise, weil er geflügelt war und keinem von denen, die auf dem Boden gehen, begegnete, dann, weil er einen solchen Besitz besaß, mit dem er zu Steinen alle machte, die ihn belästigten? Den möchte ich jetzt haben; denn nichts gäbe es reichlicher als steinerne Statuen überall. Jetzt aber kann ich nicht leben, beim Asklepios. Sie schwätzen daher und betreten schon mein Land. Denn direkt neben dem Weg, bei Zeus, pflege ich meine Zeit zu verschwenden; ich, der ich diesen Teil des Landstücks nicht bearbeite, sondern geflohen bin wegen der Vorbeigehenden. Doch zu den Hügeln hinauf verfolgen sie mich schon. O welch große Menge von Leuten! Weh mir! Wieder steht der da bei unserer Tür!

SOSTRATOS. Wird der mich wohl schlagen?

KNEMON. Ein einsamer Ort ist nirgendwo zu bekommen, auch nicht, wenn man gerade Verlangen hat, sich zu erhängen.

SOSTRATOS *(a parte)*. Er ist wütend auf mich. *(Zu Knemon.)* Vater, ich warte hier auf jemanden; denn ich habe es mit ihm ausgemacht.

KNEMON. Sagte ich's nicht? Haltet ihr dies hier für eine Säulenhalle oder eine Stätte des Leos? Bei meiner Tür vereinbart ihr, wenn ihr jemanden sprechen wollt, euch zu treffen? Errichtet unbedingt auch einen Sitz, wenn ihr Verstand habt, besser noch einen Sitzungssaal. Ach ich Armer! Boshafte Störung scheint mir das Übel zu sein. *(Ab in sein Haus.)*

ΣΩ. οὐ τοῦ τυχόντος, ὡς ἐμοὶ δοκεῖ, πόνου
τουτὶ τὸ πρᾶγμά ⟨γ'⟩ ἀλλὰ συντονωτέρου.
πρόδηλόν ἐστιν. ἆρ' ἐγὼ πορεύσομαι
ἐπὶ τὸν Γέταν τὸν τοῦ πατρός; νὴ τοὺς θεούς,
ἔγωγ'· ἔχει ⟨τὸ⟩ διάπυρον καὶ πραγμάτων
ἔμπειρός ἐστιν παντοδαπῶν· τὸ δύσκολον
τὸ τοῦδ' ἐκεῖνος ⟨τοῦτ'⟩ ἀπώσετ', οἶδ' ἐγώ.
τὸ μὲν χρόνον γὰρ ἐμποιεῖν τῷ πράγματι
ἀποδοκιμάζω. πόλλ' ἐν ἡμέρᾳ μιᾷ
γένοιτ' ἄν. ἀλλὰ τὴν θύραν πέπληχέ τις.

ΚΟΡΗ
οἴμοι τάλαινα τῶν ἐμῶν ἐγὼ κακῶν.
τί νῦν ποιήσω; τὸν κάδον γὰρ ἡ τροφὸς
ἱμῶσ' ἀφῆκεν εἰς τὸ φρέαρ.
ΣΩ. ὦ Ζεῦ πάτερ
καὶ Φοῖβε Παιάν, ὦ Διοσκόρω φίλ[ω,
κάλλους ἀμάχου.
(ΚΟ.) θερμὸν ⟨δ'⟩ ὕδωρ πρ[οσέταξέ μοι
ποιεῖν ὁ πάππας ἐξιών.
(ΣΩ.) ἄνδρε[ς, τί δρῶ;
[ΚΟ.] ἐὰν δὲ τοῦτ' αἴσθητ', ἀπολεῖ κακ[ῶς πάνυ
παίων ἐκείνην.
(ΣΩ.) οὐ σχολή, μὰ τ[οὺς θεούς.
[ΚΟ.] ὦ φίλταται Νύμφαι, παρ' ὑμῶν λ[ηπτέον.
αἰσχύνομαι μέν, εἴ τινες θύουσ' ἄ[ρα
ἔνδον, ἐνοχλεῖν.
(ΣΩ.) ἀλλ' ἂν ἐμοὶ δ[ῷς τὴν χύτραν,
βάψας ἐγώ σοι τ[ήνδε πάλιν ἥ]ξω φέρων.
(ΚΟ.) ναί, πρὸς θεῶν, ἄ[νυσον δ'.
ΣΩ.] ἐλευθερίως γέ πως
ἄγροικός ἐστιν. ὦ [πολυτίμ]ητοι θεοί.
τίς ἄν με σώσαι δ[αιμό]νων;

SOSTRATOS. Nicht gewöhnlicher Mühe, wie mir scheint, bedarf diese Angelegenheit, sondern ziemlich angestrengter. Ganz klar ist das. Soll ich mich zu Getas begeben, dem Sklaven meines Vaters? Ja, bei den Göttern, das soll ich: Er hat etwas Energisches und ist erfahren in vielfältigen Angelegenheiten; dessen schwierige Art wird er ihm austreiben, das weiß ich. Das Gewinnen von Zeit für die Angelegenheit weise ich zurück. Viel dürfte an einem einzigen Tag geschehen. Aber da hat jemand gegen die Tür gestoßen.

MÄDCHEN. Weh mir, ich Arme mit meinem Unglück! Was soll ich jetzt tun? Den Eimer hat die Amme nämlich, als sie ihn hochzog, in den Brunnen fallen lassen.

SOSTRATOS. O Vater Zeus und Phoibos Paian, o ihr zwei lieben Dioskuren, welch unwiderstehliche Schönheit!

MÄDCHEN. Wasser warm zu machen trug mir der Papa auf, als er ging.

SOSTRATOS *(zum Publikum)*. Ihr Männer, was mach ich nur?

MÄDCHEN. Wenn er das bemerkt, wird er sie sehr übel schlagen und umbringen.

SOSTRATOS. Es ist keine Zeit zu verlieren, bei den Göttern!

MÄDCHEN. Ihr liebsten Nymphen, von euch muss ich es holen. Ich scheue mich, falls Leute darin gerade opfern, sie zu stören.

SOSTRATOS. Aber wenn du mir den Krug gibst, werde ich ihn dir wieder vollschöpfen, kommen und ihn bringen.

MÄDCHEN. Ja, bei den Göttern, mach das.

SOSTRATOS *(a parte)*. Wie frei doch irgendwie ist sie, die vom Land. O ihr vielgeehrten Götter! Welche von den Gottheiten mag mich retten? *(Ab in die Grotte.)*

(ΚΟ.) τάλαιν' ἐγώ,
τίς ἐψόφηκεν; ἆρ' ὁ [πάπ]πας ἔρχεται;
ἔπειτα πληγὰς λ[ήψ]ομ', ἄν με καταλάβῃ
ἔξω.

ΔΑΟΣ

διατρίβω σοι διακονῶν πάλαι
ἐνταῦθ', ὁ δὲ σκάπτει μόνος. πορευτέον
πρὸς ἐκεῖνόν [ἐ]στιν. ὦ κάκιστ' ἀπολουμένη
Πενία, τί σ' ἡ[μ]εῖς τηλικοῦτ' ἐφεύρομεν;
τί τοσοῦτον ἡμῖν ἐνδελεχῶς οὕτω χρόνον
ἔνδον κάθησαι καὶ συνοικεῖς;

(ΣΩ.) λάμβανε
τηνδί.

(ΚΟ.) φέρε δεῦρο.

ΔΑ. τί ποτε βούλεθ' οὑτοσὶ
ἄνθρωπος;

(ΣΩ.) ἔρρωσ', ἐπιμελοῦ τε τοῦ πατρός.
οἴμοι, κακοδαίμων. παῦε θρηνῶν, Σώστρατε·
ἔσται κατὰ τρόπον.

(ΔΑ.) κατὰ τρόπον τί;

(ΣΩ.) μὴ φοβοῦ,
ἀλλ' ὅπερ ἔμελλες ἄρτι τὸν Γέταν λαβὼν
ἐπάνηκ', ἐκείνῳ πᾶν τὸ πρᾶγμ' εἰπὼν σαφῶς.

ΔΑ. τουτὶ τὸ κακὸν τί ποτ' ἐστίν; ὡς οὔ μοι πάνυ
τὸ πρᾶγμ' ἀρέσκει. μειράκιον διακονεῖ
κόρῃ· πονηρόν. ἀλλά σ', ὦ Κνήμων, κακὸν
κακῶς ἅπαντες ἀπολέσειαν οἱ θεοί.
ἄκακον κόρην μόνην ἀφεὶς ἐν ἐρημίᾳ
ἐᾷς, φυλακὴν οὐδεμίαν ὡς προσῆκον ἦν
ποιούμενος. τουτὶ ⟨δὲ⟩ καταμαθὼν ἴσως
οὗτος προσερρύη, νομίζων ὡσπερεὶ
ἕρμαιον. οὐ μὴν ἀλλὰ τἀδελφῷ γε δεῖ
αὐτῆς φράσαι με τὴν ταχίστην ταῦθ', ἵνα

MÄDCHEN. Ich Arme, wer hat gegen die Tür gestoßen? Kommt der Papa? Dann werde ich Schläge bekommen, wenn er mich draußen ertappt.

DAOS *(kommt aus dem Haus des Gorgias und spricht zurück zu dessen Mutter).* Ich halte mich schon länger hier auf, dir zu helfen, er aber gräbt allein. Ich muss zu ihm gehen. O du aufs übelste verreckte Penia, warum fanden wir dich in solcher Größe vor? Warum sitzt du so lange Zeit ununterbrochen bei uns drinnen und wohnst bei uns?

SOSTRATOS *(kommt aus der Grotte).* Nimm den hier!

MÄDCHEN. Bring ihn hierher!

DAOS *(a parte).* Was will denn dieser Mensch da?

SOSTRATOS. Leb wohl und sorge für deinen Vater! *(Das Mädchen geht in Knemons Haus.)* Weh mir, ich Unglückseliger! Höre auf zu klagen, Sostratos; es wird nach Wunsch gehen.

DAOS *(a parte).* Nach Wunsch was?

SOSTRATOS. Hab keine Angst, sondern hole, wie du es soeben vorhattest, den Getas und komm zurück, nachdem du ihm die ganze Angelegenheit genau erzählt hast *(Ab nach rechts).*

DAOS. Was ist denn das hier Übles? Weil mir die Sache gar nicht gefällt! Ein junger Mann ist dem Mädchen dienstbar: schlimm! Doch dich üblen Kerl, Knemon, mögen alle Götter übel vernichten! Ein unschuldiges Mädchen schickst du alleine weg und lässt sie in Einsamkeit, ohne auf sie aufzupassen, wie es sich gehören würde. Bemerkt hat dies vielleicht der da und hat sich an sie herangeschlichen, in der Meinung, es sei ein Glücksfund. Auf jeden Fall muss ich dies auf schnellstem Wege

ἐν ἐπιμελείᾳ τῆς κόρης γενώμεθα.
ἤδη δὲ τοῦτ' ἐλθὼν ποιήσειν μοι δοκῶ.
καὶ γὰρ προσιόντας τούσδε Πανιστάς τινας
εἰς τὸν τόπον δεῦρ' ὑποβεβρεγμένους ὁρῶ,
οἷς μὴ 'νοχλεῖν εὔκαιρον εἶναί μοι δοκεῖ.

ΧΟΡΟΥ

ΜΕΡΟΣ Β'

ΓΟΡΓΙΑΣ
οὕτω παρέργως δ', εἰπέ μοι, τῷ πράγματι
φαύλως τ' ἐχρήσω;
ΔΑ. πῶς;
(ΓΟ.) ἔδει σε, νὴ Δία,
τὸν τῇ κόρῃ προσιόντα, ⟨Δᾶ'⟩, ὅστις ποτ' ἦν,
ἰδεῖν τότ' εὐθύς, τοῦτο τοῦ λοιποῦ χρόνου
εἰπεῖν θ' ὅπως μηδείς ποτ' αὐτὸν ὄψεται
ποιοῦντα· νυνὶ δ' ὥσπερ ἀλλοτρίου τινὸς
πράγματος ἀπέστης. οὐκ ἔνεστ' ἴσως φυγεῖν
οἰκειότητα, Δᾶ'. ἀδελφῆς ἔτι μέλει
ἔμοι[γ']. ὁ πατὴρ ἀλλότριος εἶναι βούλεται
αὐ[τ]ῆς πρὸς ἡμᾶς· μὴ τὸ τούτου δύσκολον
μ[ι]μώμεθ' ἡμεῖς. ἂν γὰρ αἰσχύνῃ τινὶ
αὕτη] περιπέσῃ, τοῦτο κἀμοὶ γίνεται
ὄνειδο]ς. ὁ γὰρ ἔξωθεν οὐ τὸν αἴτιον
ὅστις] ποτ' ἐστὶν οἶδεν, ἀλλὰ τὸ γεγονός.
κόψωμε]ν.
(ΔΑ.) ὦ τᾶν, τὸν γέροντα, Γοργία,
δέδοικ'· ἐ]ὰν γὰρ τῇ θύρᾳ προσιόντα με
λάβῃ, κρ]εμᾷ παραχρῆμα.

ihrem Bruder sagen, damit wir uns um das Mädchen kümmern können. Sofort gehe ich hin, um dies zu tun, glaube ich. Ich sehe ja diese Pansverehrer zu diesem Ort hierher angeheitert kommen, die nicht zu stören mir im Augenblick angebracht scheint.

Tanz und Gesang des Chors

AKT II

Gorgias *(kommt mit Daos von links)*. So beiläufig und lässig, sage mir, bist du mit der Angelegenheit umgegangen?

Daos. Wieso?

Gorgias. Du hättest, bei Zeus, den, der sich dem Mädchen näherte, wer auch immer es war, Daos, da sofort ansprechen und ihm sagen sollen, dass in künftiger Zeit niemand ihn jemals dabei sehen sollte, wie er das tat; jetzt aber hieltest du dich wie von einer fremden Angelegenheit fern. Man darf, nehme ich an, sich der Verwandtschaft nicht entziehen, Daos. Meine Schwester liegt mir immer noch am Herzen. Ihr Vater will uns gegenüber ein Fremder sein; lass uns seine schwierige Art nicht nachahmen. Denn wenn sie irgendwie in Schande gerät, wird das auch für mich zum Vorwurf. Denn ein Außenstehender kennt nicht den Schuldigen, wer immer es ist, sondern das, was geschehen ist. Lass uns anklopfen.

Daos. Mein lieber Gorgias, vor dem alten Mann habe ich Angst; denn wenn er mich erwischt, wie ich an seine Tür trete, hängt er mich sofort auf.

ΓΟ. δυσχρήστως γέ πως
ἕξει ζυ]γομαχῶν. τοῦτον οὔθ' ὅτῳ τρόπῳ
ἀναγκάσαι τις εἰς τὸ βέλτι[ον ποτ' ἄ]ν
οὔτ' ἂν μεταπείσαι νουθετῶν ο[ὐδεὶς ὅλω]ς,
ἀλλ' ἐμποδὼν τῷ μὲν βιάσασθαι [τὸν ν]όμον
ἔχει μεθ' αὑτοῦ, τῷ δὲ πεῖσαι τὸν τρ[όπο]ν.
ΔΑ. ἔπισχε μικρόν· οὐ μάτην γὰρ ἥκ[ομ]εν,
ἀλλ' ὥσπερ εἶπον ἔρχετ' ἀνακάμψας πάλιν.
ΓΟ. ὁ τὴν χλανίδ' ἔχων; οὗτός ἐστιν ὃν λέγεις;
(ΔΑ.) οὗτος.
(ΓΟ.) κακοῦργος εὐθὺς ἀπὸ τοῦ βλέμματος.
ΣΩ. τὸν μὲν Γέταν οὐκ ἔνδον ὄντα κατέλ[α]βον,
μέλλουσα δ' ἡ μήτηρ θεῷ θύειν τινὶ
οὐκ οἶδ' ὅτῳ (ποεῖ δὲ τοῦθ' ὁσημέρᾳ,
περιέρχεται θύουσα τὸν δῆμον κύκλῳ
ἅπαντ') ἀπέσταλκ' αὐτὸν αὐτόθεν τινὰ
μισθωσόμενον μάγειρον. ἐρρῶσθαι δὲ τῇ
θυσίᾳ φράσας ἥκω πάλιν πρὸς τἀνθάδε.
καί μοι δοκῶ τοὺς περιπάτους τούτους ἀφεὶς
αὐτὸς διαλέξεσθ' ὑπὲρ ἐμαυτοῦ. τὴν θύραν
κόψω δ', ἵν' ᾖ μοι μηδὲ βουλεύσασθ' ἔτι.
ΓΟ. μειράκιον, ἐθελήσαις ἂν ὑπομεῖναι λόγον
σπουδαιότερόν μου;
(ΣΩ.) καὶ μάλ' ἡδέως· λέγε.
(ΓΟ.) εἶναι νομίζω πᾶσιν ἀνθρώποις ἐγώ,
τοῖς τ' εὐτυχοῦσιν τοῖς τε πράττουσιν κακῶς,
πέρας τι τούτου καὶ μεταλλαγήν τινα.
καὶ τῷ μὲν εὐτυχοῦντι μέχρι τούτου μένειν
τὰ πράγματ' εὐθενοῦντ' ἀεὶ τὰ τοῦ βίου,
ὅσον ἂν χρόνον φέρειν δύνηται τὴν τύχην
μηδὲν ποήσας ἄδικον, εἰς δὲ τοῦθ' ὅταν
ἔλθῃ προαχθεὶς τοῖς ἀγαθοῖς, ἐνταῦθά που
τὴν μεταβολὴν τὴν εἰς τὸ χεῖρον λαμβάνειν·

Gorgias. Ja, irgendwie schwer erträglich zankend wird er sich verhalten. Den wird wohl keiner auf irgendeine Weise jemals zum Besseren zwingen noch jemand durch Zurechtweisung gänzlich umstimmen, sondern gegen Zwang hat er das Gesetz auf seiner Seite, gegen Überredung seinen Charakter.

(Sostratos kommt von rechts.)

Daos. Warte ein bisschen; wir sind nämlich nicht vergeblich gekommen, sondern er ist, wie ich sagte, zurückgekehrt und kommt wieder.

Gorgias. Der mit dem feinen Mantel, ist das der, den du meinst?

Daos. Ja, der.

Gorgias. Ein Übeltäter bereits von seinem Blick her!

Sostratos *(bei sich)*. Den Getas traf ich nicht im Haus an, da meine Mutter irgendeinem Gott zu opfern vorhat, welchem, weiß ich nicht – sie macht das an jedem Tag, geht opfernd im Kreis in ihrem ganzen Demos herum –, und ihn von dort losgeschickt hat, damit er irgendeinen Koch mietet. Ich aber sage Lebewohl dem Opfer und bin wieder hierher gekommen, und ich denke, ich lasse dieses Herumlaufen sein und führe selbst in meinem Interesse ein Gespräch. Ich will an die Tür klopfen, damit ich keine Möglichkeit zum Überlegen mehr habe.

Gorgias. Junger Mann, wärst du willens, ein ernsteres Wort von mir zuzulassen?

Sostratos. Ja, und sehr gerne; sprich!

Gorgias. Ich persönlich glaube, dass es für alle Menschen, sowohl für die Wohlhabenden als auch die, denen es schlecht geht, irgendein Ende dafür und irgendeinen Wechsel gibt, und zwar, dass dem Wohlhabenden so lange Zeit prosperierend stets fortdauern die Angelegenheiten des Lebens, wie er sein Glück ertragen kann und nichts Unrechtes tut, er aber, wenn er dazu übergeht, verleitet von seinen Gütern, dann die Wende zum

τοῖς δ' ἐνδεῶς πράττουσιν, ἂν μηδὲν κακὸν
ποιῶσιν ἀποροῦντες, φέρωσιν δ' εὐγενῶς
τὸν δαίμον', εἰς πίστιν ποτ' ἐλθόντας χρόνῳ,
βελτίον' εἶναι μερίδα προσδοκᾶν τινα.
τί οὖν λέγω; μήτ' αὐτός, εἰ σφόδρ' εὐπορεῖς,
πίστευε τούτῳ, μήτε τῶν πτωχῶν πάλιν
ἡμῶν καταφρόνει· τοῦ διευτυχεῖν δ' ἀεὶ
πάρεχε σεαυτὸν τοῖς ὁρῶσιν ἄξιον.
ΣΩ. ἄτοπον δέ σοι τι φαίνομαι νυνὶ ποεῖν;
(ΓΟ.) ἔργον δοκεῖς μοι φαῦλον ἐζηλωκέναι,
πείσειν νομίζων ἐξαμαρτεῖν παρθένον
ἐλευθέραν ἢ καιρὸν ἐπιτηρῶν τινα
κατεργάσασθαι πρᾶγμα θανάτων ἄξιον
πολλῶν.
(ΣΩ.) Ἄπολλον.
(ΓΟ.) οὐ δίκαιόν ἐστι γοῦν
τὴν σὴν σχολὴν τοῖς ἀσχολουμένοις κακὸν
ἡμῖν γενέσθαι. τῶν δ' ἁπάντων ἴσθ' ὅτι
πτωχὸς ἀδικηθείς ἐστι δυσκολώτατον.
πρῶτον μέν ἐστ' ἐλεεινός, εἶτα λαμβά[νει
οὐκ εἰς ἀδικίαν ὅσα πέπονθ', ἀλλ' εἰς [ὕβριν.
ΣΩ. μειράκιον, οὕτως εὐτυχοίης, βραχ[ύ τι μου
ἄκουσον.
(ΔΑ.) εὖ γε, δέσποθ', οὕτω πολλά [μοι
ἀγαθὰ γένοιτο.
(ΣΩ.) καὶ σύ γ' ὁ λαλῶν πρ[ὶν μαθεῖν.
κόρην τιν' εἶδο[ν ἐνθαδί· τ]αύτης ἐρῶ.
εἰ τοῦτ' ἀδίκημ' [εἴρηκ]ας, ἠδίκηκ' ἴσως.
τί γὰρ ἄν τις εἴποι; π[λὴν π]ορεύομ' ἐνθάδε
οὐχὶ πρὸς ἐκείνη[ν, βο]ύλομαι δ' αὐτῆς ἰδεῖν
τὸν πατέρ'. ἐγὼ γὰ[ρ] ὢν ἐλεύθερος, βίον
ἱκανὸν ἔχων, ἕτοιμός εἰμι λαμβάνειν
αὐτὴν ἄπροικον, πίστιν ἐπιθεὶς διατελεῖν

Schlechteren erfährt; für die aber, die bedürftig leben, wenn die nichts Böses tun, obwohl sie Mangel leiden, sondern ihr Schicksal würdevoll ertragen und mit der Zeit zu Vertrauen gelangen, ist möglich, dass sie ein besseres Los erwarten. Was will ich nun sagen? Du selbst, wenn du sehr wohlhabend bist, vertraue dem nicht und verachte wiederum nicht uns Arme; des ständigen Wohlstands erweise dich denen, die dich sehen, würdig.

Sostratos. Scheine ich dir jetzt etwas Ungehöriges zu tun?

Gorgias. Du strebst, wie ich glaube, eine schlechte Tat an, da du denkst, du könntest ein freies Mädchen dazu überreden, einen Fehltritt zu begehen, oder auf eine Gelegenheit lauerst, eine Tat zu begehen, die vieler Tode würdig ist.

Sostratos. Apollon!

Gorgias. Es ist jedenfalls nicht recht, wenn dein faules Leben uns, die wir nie faul sind, zum Unheil wird. Wisse, dass allen voran ein Armer, wenn ihm Unrecht getan wird, am verdrießlichsten ist. Erstens ist er bemitleidenswert, ferner fasst er das, was er alles erlitten hat, nicht als Unrecht, sondern als Hohn auf.

Sostratos. Junger Mann, so wahr es dir gut gehen möge, höre mir kurz zu.

Daos. Ja, gut, mein Herr, so wahr mir viel Gutes zuteil werden soll.

Sostratos. Auch du, der du schwatzt, bevor du Bescheid weißt. Ein Mädchen habe ich hier erblickt; das liebe ich. Wenn du das Unrecht genannt hast, habe ich vielleicht Unrecht getan. Denn was sonst könnte man dazu sagen? Ausgenommen, dass ich nicht zu ihr hierher komme, sondern ihren Vater sprechen will. Denn ich bin ein freier Mann, habe ein ausreichendes Vermögen, bin bereit, sie ohne Mitgift zur Frau zu nehmen, und füge das Versprechen hinzu, sie immer zu lieben. Aber wenn ich

στέργων. ἐπὶ κακῷ δ' εἰ προσελήλυθ' ἐνθάδε,
ἢ βουλόμενος ὑμῶν ⟨τι⟩ κακοτεχνεῖν λάθρᾳ,
οὗτός μ' ὁ Πάν, μειράκιον, αἱ Νύμφαι θ' ἅμα
ἀπόπληκτον αὐτοῦ πλησίον τῆς οἰκίας
ἤδη ποιήσειαν. τετάραγμ', ⟨εὖ⟩ ἴσθ' ὅτι,
οὐδὲ μετρίως, εἴ σοι τοιοῦτος φαίνομαι.
ΓΟ. ἀλλ' εἴ τι κἀγὼ τοῦ δέοντος σφοδρότερον
εἴρηκα, μηδὲν τοῦτο λυπείτω σ' ἔτι.
ἅμα γὰρ μεταπείθεις ταῦτα καὶ φίλον μ' ἔχεις.
οὐκ ἀλλότριος δ' ὤν, ἀλλ' ἀδελφὸς τῆς κόρης
ὁμομήτριος, βέλτιστε, ταῦτά σοι λέγω.
ΣΩ. καὶ χρήσιμός γε, νὴ Δί', εἰς τὰ λοιπά μοι.
(ΓΟ.) τί χρήσιμος; γεννικὸν ὁρῶ σε τῷ τρόπῳ·
οὐ πρόφασιν εἰπὼν βούλομ' ἀποπέμψαι κενήν,
τὰ δ' ὄντα πράγματ' ἐμφανίσαι. ταύτῃ πατὴρ
ἔσθ' οἷος οὐδεὶς γέγονεν οὔτε τῶν πάλαι
ἄνθρωπος οὔτε τῶν καθ' ἡμᾶς.
(ΣΩ.) ὁ χαλεπός·
σχεδὸν οἶδ'.
(ΓΟ.) ὑπερβολή τις ἐστὶν τοῦ κακοῦ.
τούτῳ ταλάντων ἔστ' ἴσως τουτὶ δυεῖν
τὸ κτῆμα. τοῦτ' αὐτὸς γεωργῶν διατελεῖ
μόνος, συνεργὸν δ' οὐδέν' ἀνθρώπων ἔχων,
οὐκ οἰκέτην οἰκεῖον, οὐκ ἐκ τοῦ τόπου
μισθωτόν, οὐχὶ γείτον', ἀλλ' αὐτὸς μόνος.
ἥδιστόν ἐστ' αὐτῷ γὰρ ἀνθρώπων ὁρᾶν
οὐδένα. μεθ' αὑτοῦ τὴν κόρην ἐργάζεται
ἔχων τὰ πολλά· προσλαλεῖ ταύτῃ μόνῃ,
ἑτέρῳ δὲ τοῦτ' οὐκ ἂν ποιήσαι ῥᾳδίως.
τότε φησὶν ἐκδώσειν ἐκείνην, ἡνίκ' ἂν
ὁμότροπον αὑτῷ νυμφίον λάβῃ.
(ΣΩ.) λέγεις
οὐδέποτε.

zu etwas Üblem hierher gekommen bin oder mit dem Willen, euch heimlich übel zu betrügen, sollen mich dieser Pan, junger Mann, und zugleich die Nymphen hier nahe dem Haus jetzt mit dem Schlag treffen. Ich bin, das wisse gut, in nicht geringem Maße erschüttert, wenn ich dir als ein solcher vorkomme.

Gorgias. Nun, wenn ich heftiger als recht gesprochen habe, möge dich das keineswegs weiter kränken. Denn zugleich stimmst du mich damit um und hast mich zum Freund. Nicht als Fremder, sondern als Bruder des Mädchens von derselben Mutter, mein Bester, sage ich dir dies.

Sostratos. Ja, und als einer, der mir nützlich ist, bei Zeus, für das, was für mich noch kommt.

Gorgias. Was meinst du mit nützlich? Ich sehe, dass du von edler Art bist; ich will dich nicht wegschicken, nachdem ich leere Ausflüchte gemacht habe, sondern die Lage der Dinge aufzeigen. Sie hat einen Vater, der so ist, wie es keinen Menschen je gab, weder unter den früheren noch unter denen unserer Zeit.

Sostratos. Der Unbequeme; ich weiß ungefähr Bescheid.

Gorgias. Es ist ein Übermaß an Übel. Er hat dieses Grundstück im Wert von vielleicht zwei Talenten. Das beackert er selbst ständig allein, ohne irgendeinen Menschen als Mitarbeiter zu haben, keinen Haussklaven, keinen Tagelöhner aus der Gegend, keinen Nachbarn, nein, er selbst allein. Denn am liebsten ist es ihm, keinen Menschen zu sehen. Während er meistens das Mädchen bei sich hat, arbeitet er; er redet allein sie an, mit einem anderen täte er das nicht leicht. Er sagt, er werde sie dann aus dem Haus geben, wenn er einen ihm in der Art gleichen Bräutigam finde.

Sostratos. Du meinst niemals.

(ΓΟ.) μὴ δὴ πράγματ᾽, ὦ βέλτιστ᾽, ἔχε·
μάτην γὰρ ἕξεις. τοὺς δ᾽ ἀναγκαίους ἔα
ἡμᾶς φέρειν ταῦθ᾽, οἷς δίδωσιν ἡ Τύχη.
(ΣΩ.) πρὸς τῶν θεῶν, οὐπώποτ᾽ ἠράσθης τινός,
μειράκιον;
(ΓΟ.) οὐδ᾽ ἔξεστί μοι, βέλτιστε.
(ΣΩ.) πῶς;
τίς ἐσθ᾽ ὁ κωλύων;
(ΓΟ.) ὁ τῶν ὄντων κακῶν
λογισμός, ἀνάπαυσιν διδοὺς οὐδ᾽ ἡντινοῦν.
(ΣΩ.) οὔ μοι δοκεῖς· ἀπειρότερον γοῦν διαλέγει
πε[ρὶ τ]αῦτ᾽. ἀποστῆναι κελεύεις μ᾽· οὐκέτι
τόδ᾽ ἐσ]τὶν ἐπ᾽ ἐμοί, τῷ θεῷ δέ.
(ΓΟ.) τοιγαροῦν
οὐδὲ]ν ἀδικεῖς ἡμᾶς, μάτην δὲ κακοπαθεῖς.
(ΣΩ.) οὔκ, εἰ λά]βοιμι τὴν κόρην.
(ΓΟ.) οὐκ ἂν λάβοις·
ὄψει σὺ ν]ῦν, ἄ⟨ν⟩ συνακολουθήσας ἐμοὶ
αὐτὸν] παραιτῇ· πλησίον γὰρ τὴν νάπην
ἐργάζε]θ᾽ ἡμῶν.
(ΣΩ.) πῶς;
(ΓΟ.) λόγον τιν᾽ ἐμβαλῶ
ἐγὼ περὶ] γάμου τῆς κόρης· τὸ τοιοῦτο γὰρ
ἴδοιμι κἂ]ν αὐτὸς γενόμενον ἄσμενος.
εὐθὺς μαχεῖται, πᾶσι λοιδ[ορούμενο]ς
εἰς τοὺς βίους οὓς ζῶσι· σὲ δ᾽ [ἄγον]τ᾽ ⟨ἂν⟩ ἴδῃ
σχολὴν τρυφῶντά τ᾽, οὐδ᾽ ὁρ[ῶν ἀν]έξεται.
ΣΩ. νῦν ἐστ᾽ ἐκεῖ;
(ΓΟ.) μὰ Δί᾽, ἀλλὰ μ[ικρ]ὸν ὕστερον
ἔξεισιν ἣν εἴωθεν.
⟨ΣΩ.⟩ ὦ τᾶν, τὴν κόρην
ἄγων μεθ᾽ αὑτοῦ, φῄς;

GORGIAS. Mach dir also keine Schwierigkeiten, mein Bester; denn du wirst sie dir umsonst machen. Lass uns Angehörige dies ertragen, denen Tyche es gibt.

SOSTRATOS. Bei den Göttern, hast du noch nie eine geliebt, junger Mann?

GORGIAS. Das ist für mich nicht möglich, mein Bester.

SOSTRATOS. Wieso? Wer ist es, der dich hindert?

GORGIAS. Die Betrachtung der bösen Lage, die besteht und die mir keinerlei Erholung schenkt.

SOSTRATOS. Ich glaube dir das nicht; jedenfalls redest du ziemlich unerfahren darüber. Davon abzustehen forderst du mich auf; nicht mehr in meiner Macht liegt das, sondern bei dem Gott.

GORGIAS. Nun denn, uns tust du damit nichts an, erleidest aber umsonst Übles.

SOSTRATOS. Nicht, wenn ich das Mädchen bekommen sollte.

GORGIAS. Du bekommst sie wohl nicht: Sehen wirst du das nun, wenn du mit mir gehst und ihn selbst bittest; er bearbeitet nämlich den Talgrund in unserer Nähe.

SOSTRATOS. Wie dann?

GORGIAS. Ich werde eine Bemerkung über die Verheiratung des Mädchens einwerfen; denn dass eine solche stattfindet, sähe ich auch selbst gerne. Sofort wird er streitbar sein, alle schmähen wegen des Lebens, das sie führen; wenn er aber dich erblickt, untätig und weichlich, wie du bist, wird er es nicht einmal aushalten, dich anzusehen.

SOSTRATOS. Ist er jetzt dort?

GORGIAS. Nein, bei Zeus, aber wenig später wird er auf dem gewohnten Weg hinausgehen.

SOSTRATOS. Mein Lieber, das Mädchen mit sich führend, sagst du?

(ΓΟ.) ὅπως ἂν τοῦτό γε
τύχῃ.
(ΣΩ.) βαδίζειν ⟨εἴμ'⟩ ἕτοιμος οἷ λέγεις.
ἀλλ', ἀντιβολῶ, συναγώνισαί μοι.
(ΓΟ.) τίνα τρόπον;
(ΣΩ.) ὅντινα τρόπον; προάγωμεν οἷ λέγεις.
(ΓΟ.) τί οὖν;
ἐργαζομένοις ἡμῖν παρεστήξεις ἔχων
χλανίδα;
(ΣΩ.) τί δὴ γὰρ οὐχί;
(ΓΟ.) ταῖς βώλοις βαλεῖ
εὐθύς σ', ἀποκαλεῖ τ' ὄλεθρον ἀργόν. ἀλλὰ δεῖ
σκάπτειν μεθ' ἡμῶν σ'. εἰ τύχοι γάρ, τοῦτ' ἰδὼν
ἴσως ἂν ὑπομείνειε καὶ παρὰ σοῦ τινα
λόγον, νομίσας αὐτουργὸν εἶναι τῷ βίῳ
πένηθ'.
(ΣΩ.) ἕτοιμος πάντα πειθαρχεῖν· ἄγε.
ΓΟ. τί κακοπαθεῖν σαυτὸν βιάζῃ;
ΔΑ. βούλομαι
ὡς πλεῖστον ἡμᾶς ἐργάσασθαι τήμερον,
τοῦτόν τε τὴν ὀσφῦν ἀπορρήξανθ' ἅμα
παύσασθ' ἐνοχλοῦνθ' ἡμῖν προσιόντα τ' ἐνθάδε.
ΣΩ. ἔκφερε δίκελλαν.
(ΔΑ.) τὴν παρ' ἐμοῦ λαβὼν ἴθι.
τὴν αἱμασιὰν ἐποικοδομήσω γὰρ τέως
ἐγώ· ποιητέον δὲ καὶ τοῦτ' ἔστι.
(ΣΩ.) δός.
ἀπέσωσας.
⟨ΔΑ.⟩ ὑπάγω, τρόφιμ'· ἐκεῖ διώκετε.
(ΣΩ.) οὕτως ἔχω γάρ· ἀποθανεῖν ἤδη με δεῖ
ἢ ζῆν ἔχοντα τὴν κόρην.
(ΓΟ.) εἴπερ λέγεις
ἃ φρονεῖς, ἐπιτύχοις.

GORGIAS. Wie sich das halt zufällig ergibt.

SOSTRATOS. Ich bin bereit zu gehen, wohin du sagst. Aber, ich bitte dich, sei mein Mitstreiter!

GORGIAS. Auf welche Weise?

SOSTRATOS. Auf welche Weise? Lass uns gehen, wohin du sagst.

GORGIAS. Wie wohl? Während wir arbeiten, willst du daneben stehen mit feinem Mantel?

SOSTRATOS. Warum denn nicht?

GORGIAS. Mit seinen Klumpen wird er dich sofort bewerfen und dich eine faule Pest nennen. Nein, du musst mit uns hacken. Denn falls es sich ergibt, wird er, wenn er das sieht, vielleicht sogar von dir ein Wort ertragen, weil er glaubt, du seist von deiner Lebensweise her ein selbst arbeitender Armer.

SOSTRATOS. Ich bin bereit, in allem zu gehorchen; auf denn!

GORGIAS. Was zwingst du dich selbst, Übles zu erleiden?

DAOS *(a parte)*. Ich will, dass wir heute möglichst viel arbeiten und dass der sich dabei das Kreuz verrenkt und somit aufhört, uns zu belästigen und hierher zu kommen.

SOSTRATOS *(zu Daos)*. Bring eine Hacke heraus!

DAOS. Nimm die von mir und geh! Den Steinwall werde ich nämlich währenddessen aufschichten; getan werden muss auch das.

SOSTRATOS. Gib sie mir! Du hast mich gerettet.

DAOS. Ich gehe, junger Herr; folgt mir dorthin. *(Ab nach links.)*

SOSTRATOS. So geht es mir nämlich: Ich muss schon sterben oder das Mädchen besitzen und leben.

GORGIAS. Wenn du sagst, was du denkst, viel Glück. *(Ab nach links.)*

(ΣΩ.) ὦ πολυτίμητοι θεοί·
οἷς ἀποτρέπεις νυνὶ γὰρ ὡς οἴει με σύ,
τούτοις παρώξυμμ᾽ εἰς τὸ πρᾶγμα διπλασίως.
εἰ μὴ γὰρ ἐν γυναιξίν ἐστιν ἡ κόρη
τεθραμμένη μηδ᾽ οἶδε τῶν ἐν τῷ βίῳ
τούτων κακῶν μηδὲν ὑπὸ τηθίδος τινὸς
δεδιδαγμένη μαίας τ᾽, ἐλευθερίως δέ πως
μετὰ πατρὸς αὐτοῦ μισοπονήρου τῷ τρόπῳ,
πῶς οὐκ ἐπιτυχεῖν ἐστι ταύτης μακάριον;
ἀλλ᾽ ἡ δίκελλ᾽ ἄγει τάλαντα τέτταρα
αὕτη· προαπολεῖ μ᾽. οὐ μαλακιστέον δ᾽ ὅμως,
ἐπείπερ ἦργμαι καταπονεῖν τὸ πρᾶγμ᾽ ἅπαξ.

ΣΙΚΩΝ
τουτὶ τὸ πρόβατόν ἐστιν οὐ τὸ τυχὸν κακόν·
ἄπαγ᾽ εἰς τὸ βάραθρον. ἂν μὲν αἰρόμενος φέρω
μετέωρον, ἔχεται τῷ στόματι θαλλοῦ, κράδης
κατεσθίει τὰ θρῖ᾽, ἀποσπᾷ δ᾽ εἰς βίαν·
ἐὰν δ᾽ ἀφῇ χαμαί τις, οὐ προέρχεται.
τοὐναντίον δὴ γέγονε· κατακέκομμ᾽ ἐ[γὼ
ὁ μάγειρος ὑπὸ τούτου νεωλκῶν τὴν ὁδ[όν.
ἀλλ᾽ ἔστιν εὐτυχῶς τὸ νυμφαῖον τοδ[ί,
οὗ θύσομεν. τὸν Πᾶνα χαίρειν. παῖ Γέ[τα,
τοσοῦτ᾽ ἀπολείπῃ;

ΓΕΤΑΣ
τεττάρων γὰρ φορ[τίον
ὄνων συνέδησαν αἱ κάκιστ᾽ ἀπολο[ύμεναι
φέρειν γυναῖκές μοι.

(ΣΙΚ.) πολύς τις ἔρ[χεται
ὄχλος, ὡς ἔοι[κε. στρ]ώματ᾽ ἀδιήγηθ᾽ ὅσα
φέρεις.

(ΓΕ.) τί δ᾽ ἐγ[ὼ νῦν;

ΣΙΚ.] ταῦτ᾽ ἔρεισον δεῦρ᾽.

Sostratos. Ihr vielgeehrten Götter! Denn durch das, womit du mich jetzt abschreckst, wie du glaubst, werde ich zu der Tat doppelt angestachelt. Wenn nämlich nicht unter Frauen das Mädchen aufgezogen worden ist und nichts von all den Übeln im Leben weiß, von irgendeiner Tante und einer Amme unterrichtet, sondern irgendwie frei bei ihrem Vater, der nach seiner Art das Schlechte hasst, wie wäre es dann nicht ein Glück, dieses Mädchen zu gewinnen? Aber diese Hacke wiegt vier Talente; sie bringt mich vorher um. Dennoch darf ich nicht schlappmachen, da ich nun einmal begonnen habe, mich mit dieser Tat abzumühen. *(Ab nach links.)*

(Von rechts kommt der Koch Sikon, der ein Schaf hinter sich herzieht.)

Sikon. Dieses Schaf hier ist kein zufälliges Übel: Ab mit dir in die Mördergrube! Wenn ich es hochhebe und hochgehoben trage, fasst es mit dem Maul nach einem Zweig, frisst die Blätter eines Feigenbaums, zieht sich mit Gewalt von mir weg; wenn man es aber auf den Boden herablässt, geht es nicht weiter. Das Gegenteil vom Normalen ist passiert: Niedergehauen bin ich, der Koch, von dem da, das ich wie ein Schiff auf dem Weg ziehe. Aber glücklicherweise ist dies die Nymphengrotte, wo wir opfern werden. Pan, sei gegrüßt! Sklave Getas, so weit bleibst du zurück?

Getas *(von rechts)*. Eine Last von vier Eseln schnürten ja die übelst verreckten Frauen mir zum Tragen zusammen.

Sikon. Ein großer Haufen Leute kommt, wie es scheint. Unbeschreiblich, wie viele Decken du trägst!

Getas. Was soll ich nun damit?

Sikon. Lehne sie dort an.

⟨ΓΕ.⟩ ἰδού.
ἐὰν ἴδῃ γὰρ ἐνύπ[νιο]ν τὸν Πᾶνα τὸν
Παιανιοῖ, τού[τ]ῳ βαδιούμεθ’, οἶδ’ ὅτι,
θύσοντες εὐθύς.
[ΣΙΚ. τ]ίς δ’ ἑόρακεν ἐνύπνιον;
(ΓΕ.) ἄνθρωπε, μή με κόφθ’.
(ΣΙΚ.) ὅμως εἶπον, Γέτα·
τίς εἶδεν;
(ΓΕ.) ἡ κεκτημένη.
(ΣΙΚ.) τί πρὸς θεῶν;
(ΓΕ.) ἀπολεῖς· ἐδόκει τὸν Πᾶνα
(ΣΙΚ.) τουτονὶ λέγεις;
(ΓΕ.) τοῦτον.
(ΣΙΚ.) τί ποιεῖν;
(ΓΕ.) τῷ τροφίμῳ τῷ Σωστράτῳ
(ΣΙΚ.) κομψῷ νεανίσκῳ γε
(ΓΕ.) περικρούειν πέδας.
(ΣΙΚ.) Ἄπολλον.
(ΓΕ.) εἶτα δόντα διφθέραν τε καὶ
δίκελλαν ⟨ἐν⟩ τῷ χωρίῳ τῷ πλησίον
σκάπτειν κελεύειν.
(ΣΙΚ.) ἄτοπον.
(ΓΕ.) ἀλλὰ θύομεν
διὰ τοῦθ’, ἵν’ εἰς βέλτιον ἀποβῇ τὸ φοβερόν.
ΣΙΚ. μεμάθηκα. πάλιν αἶρου δὲ ταυτὶ καὶ φέρε
εἴσω. ποῶμεν στιβάδας ἔνδον εὐτρεπεῖς
καὶ τἆλλ’ ἕτοιμα· μηδὲν ἐπικωλυέτω
θύειν γ’, ἐπὰν ἔλθωσιν. ἀλλ’ ἀγαθῇ τύχῃ.
καὶ τὰς ὀφρῦς ἄνες ποτ’, ὦ τρισάθλιε·
ἐγώ σε χορτάσω κατὰ τρόπον τήμερον.
ΓΕ. ἐπαινέτης μέν εἰμι σοῦ καὶ τῆς τέχνης
ἔγωγ’ ἀεί ποτ’, οὐχὶ πιστεύω δ’ ὅμως.

Getas. Da! Wenn sie nämlich als Traumbild den Pan sieht, den von Paiania, marschieren wir, das weiß ich, sofort zu ihm zum Opfern.

Sikon. Wer hat ein Traumbild gesehen?

Getas. Mensch, mach mich nicht müde!

Sikon. Sag es trotzdem, Getas! Wer sah?

Getas. Die Herrin.

Sikon. Was, bei den Göttern?

Getas. Du bringst mich um! Es schien ihr, dass Pan –

Sikon *(zeigt auf die Grotte)*. Meinst du den?

Getas. Ja, den.

Sikon. Was tat?

Getas. Dem jungen Herrn Sostratos –

Sikon. Ja, einem feinen jungen Mann –

Getas. Fesseln um die Füße schlug.

Sikon. Apollon!

Getas. Ihm dann ein Ziegenfell und eine Hacke gab und auf dem Landstück in der Nähe zu graben befahl.

Sikon. Unfasslich!

Getas. Aber wir opfern deswegen, damit das Schreckliche sich zum Besseren wendet.

Sikon. Ich hab es verstanden. Nimm das hier wieder auf und trag es hinein. Lass uns drinnen bequeme Lager und das Übrige zurechtmachen; nichts soll am Opfern hindern, wenn sie kommen. Und mit gutem Glück! Und entspanne endlich deine Augenbrauen, dreimal Unseliger! Ich werde dich heute nach Wunsch füttern.

Getas. Ich jedenfalls bin dein Lobredner und der deiner Kunst seit jeher, vertraue dir aber dennoch nicht.

ΧΟΡΟΥ

ΜΕΡΟΣ Γ′

ΚΝ. γραῦ, τὴν θύραν κλείσασ᾽ ἄνοιγε μηδενί,
ἕως ἂν ἔλθω δεῦρ᾽ ἐγὼ πάλιν· σκότους
ἔσται δὲ τοῦτο παντελῶς, ὡς οἴομαι.
(ΣΩΣΤΡΑΤΟΥ ΜΗΤΗΡ)
Πλαγγών, πορεύου θᾶττον· ἤδη τεθυκέναι
ἡμᾶς ἔδει.
ΚΝ. τουτὶ τὸ κακὸν τί βούλεται;
ὄχλος τις· ἄπαγ᾽ ἐς κόρακας.
(Σ. Μ.) αὔλει, Παρθενί,
Πανός· σιωπῇ φασι τούτῳ τῷ θεῷ
οὐ δεῖν προσιέναι.
(ΓΕ.) νὴ Δί᾽, ἀπεσώθητέ γε.
ὦ Ἡράκλεις, ἀηδίας· καθήμεθα
χρόνον τοσοῦτον περιμένοντες.
(Σ. Μ.) εὐτρεπῆ
ἅπαντα δ᾽ ἡμῖν ἐστι;
(ΓΕ.) ναί, μὰ τὸν Δία·
τὸ γοῦν πρόβατον – μικροῦ τέθνηκε γάρ –
(Σ. Μ.) τάλαν.
⟨ΓΕ.⟩ οὐ περιμενεῖ τὴν σὴν σχολήν. ἀλλ᾽ εἴσιτε·
κανᾶ πρόχειρα, χέρνιβας, θυλήματα
ποιεῖτε. ποῖ κέχηνας, ἐμβρόντητε σύ;
ΚΝ. κακοὶ κακῶς ἀπόλοισθε. ποιοῦσίν γε με
ἀργόν· καταλιπεῖν γὰρ μόνην τὴν οἰκίαν
οὐκ ἂν δυναίμην. αἱ δὲ Νύμφαι μοι κακὸν
α[ὗ]ται παροικοῦσ᾽· ὥστε μοι δοκῶ πάλιν
με]τοικοδομήσειν καταβαλὼν τὴν οἰκίαν

Tanz und Gesang des Chors

AKT III

(Knemon tritt aus seinem Haus. Von rechts kommen die Mutter des Sostratos, seine Schwester Plangon, die Flötenspielerin Parthenis sowie Sklaven und Sklavinnen.)

KNEMON *(spricht zurück)*. Alte, schließe die Tür und öffne niemandem, bis ich wieder hierher komme; das wird sein, wenn es vollkommen dunkel ist, wie ich glaube.

MUTTER DES SOSTRATOS. [430] Plangon, geh schneller! Wir sollten bereits geopfert haben.

KNEMON *(a parte)*. Was bedeutet dieses Übel? Ein Haufen Leute! Ab zu den Raben!

MUTTER DES SOSTRATOS. Parthenis, blas auf deiner Flöte Pans Lied! Mit Schweigen, heißt es, darf man diesem Gott nicht nahen.

GETAS *(tritt aus der Grotte)*. Bei Zeus, ihr seid heil angekommen. [435] O Herakles, was für eine Langeweile! Wir sitzen hier schon so lange Zeit und warten!

MUTTER DES SOSTRATOS. Ist alles bereit für uns?

GETAS. Ja, beim Zeus! Jedenfalls das Schaf – es wäre nämlich beinahe schon tot –

MUTTER DES SOSTRATOS. Das Arme!

GETAS. Es wird nicht warten, bis du Zeit hast. Doch geht hinein! [440] Körbe, Handwaschwasser, Opferkuchen macht bereit! *(Zu einem Sklaven.)* Was sperrst du das Maul auf, du Behämmerter? *(Alle ab in die Nymphengrotte.)*

KNEMON. Ihr Elenden sollt elend verrecken! Sie machen mich ja untätig; denn ich könnte das Haus nicht allein zurücklassen. Diese Nymphen wohnen zu meinem Elend [445] nebenan; deshalb glaube ich, dass ich mein Haus hier abreißen und anderswo

ἐντ]εῦθεν. ὡς θύουσι δ' οἱ τοιχωρύχοι·
κοίτας φέρονται, σταμνί', οὐχὶ τῶν θεῶν
ἕνεκ' ἀλλ' ἑαυτῶν. ὁ λιβανωτὸς εὐσεβὲς
καὶ τὸ πόπανον· τοῦτ' ἔλαβεν ὁ θεὸς ἐπὶ τὸ πῦρ
ἅπαν ἐπιτεθέν. οἱ δὲ τὴν ὀσφῦν ἄκραν
καὶ τὴν χολήν, ὅτι ἔστ' ἄβρωτα, τοῖς θεοῖς
ἐπιθέντες αὐτοὶ τἆλλα καταπίνουσι. γραῦ,
ἄνοιγε θᾶττον τὴν θύραν. [ποητέ]ον
ἐστὶν γὰρ ἡμῖν τἄνδον, ὡ[ς ἐμοὶ] δοκεῖ.
(ΓΕ.) τὸ λεβήτιον, φῄς, ἐπιλέλη[σθ]ε; παντελῶς
ἀποκραιπαλᾶτε. καὶ τί νῦν ποιή[σ]ομεν;
ἐνοχλητέον τοῖς γειτνιῶσι τῷ θεῷ
ἐσθ', ὡς ἔοικε. παιδίον. μὰ τοὺς θεούς,
θεραπαινίδια γὰρ ἀθλιώτερ' οὐδαμοῦ
οἶμαι τρέφεσθαι. παῖδες. οὐδὲν ἄλλο πλὴν
κινητιᾶν ἐπίσταται – παῖδες κ[α]λοί –
καὶ διαβαλεῖν ἐὰν ἴδῃ τις. παιδίον.
τουτὶ τὸ κακὸν ⟨τί⟩ ἐστι; παῖδες. οὐδὲ εἷς
ἐστ' ἔνδον. ἠήν, προστρέχειν τις φαίνεται.
ΚΝ. τί τῆς θύρας ἅπτει, τρισάθλι', εἰπέ μοι,
ἄνθρωπε;
⟨ΓΕ.⟩ μὴ δάκῃς.
(ΚΝ.) ἐγώ σε, νὴ Δία,
καὶ κατέδομαί γε ζῶντα.
(ΓΕ.) μή, πρὸς ⟨τῶν⟩ θεῶν.
(ΚΝ.) ἐμοὶ γάρ ἐστι συμβόλαιον, ἀνόσιε,
καὶ σοί τι;
(ΓΕ.) συμβόλαιον οὐδέν. τοιγαροῦν
προσελήλυθ' οὐ χρέος σ' ἀπαιτῶν, οὐδ' ἔχων
κλητῆρας, ἀλλ' αἰτησόμενος λεβήτιον.
(ΚΝ.) λεβήτιον;
(ΓΕ.) λεβήτιον.

wieder aufbauen werde. Wie sie opfern, die Einbrecher! Körbe tragen sie mit sich, Krüge, nicht für die Götter, sondern für sich selbst. Der Weihrauch ist fromm, auch der Gerstenfladen; das nahm schon immer der Gott ganz, wenn es ins Feuer gelegt wurde. Die aber legen den Rücken bis zum Schwanz und die Galle, weil das nicht essbar ist, den Göttern hin und verschlingen selbst das Übrige. Alte, öffne schnell die Tür. Machen müssen wir nämlich das, was im Haus zu tun ist, wie mir scheint. *(Ab in sein Haus.)*

Getas *(tritt aus der Nymphengrotte und spricht zunächst zurück).* Das Kesselchen, sagst du, hast du vergessen? Ihr schlaft ganz und gar einen Rausch aus. Und was sollen wir jetzt machen? Wir müssen die Nachbarn des Gottes belästigen, wie es scheint. *(Klopft an Knemons Tür.)* Sklave! Bei den Göttern, elendere Sklavenmädchen werden ja nirgendwo, glaube ich, gefüttert. Sklaven! Nichts anderes als gefickt werden wollen, das können sie – schöne Sklaven! – und, wenn es einer bemerkt, ihn verleumden. Sklavenjunge! Was ist das hier Übles? Sklaven! Nicht einer ist drinnen. Na, jemand scheint herbeizurennen.

Knemon *(kommt aus seinem Haus).* Was fasst du meine Tür an, dreimal Unseliger, sage es mir, Mensch!

Getas. Beiß mich nicht!

Knemon. Ich werde dich, bei Zeus, sogar bei lebendigem Leib auffressen!

Getas. Nein, bei den Göttern!

Knemon. Haben denn ich und du irgendein Geldgeschäft, du Gottloser?

Getas. Kein Geldgeschäft. Also bin ich nicht gekommen, um Schulden von dir zurückzufordern, oder mit einer Vorladung, sondern um ein Kesselchen zu erbitten.

Knemon. Ein Kesselchen?

Getas. Ein Kesselchen.

⟨ΚΝ.⟩ μαστιγία,
θύειν με βοῦς οἴει ποιεῖν τε ταὔθ' ἅπερ
ὑμεῖς ποεῖτ';
(ΓΕ.) οὐδὲ κοχλίαν ἔγωγέ σε.
ἀλλ' εὐτύχει, βέλτιστε. κόψαι τὴν θύραν
ἐκέλευσαν αἱ γυναῖκες αἰτῆσαί τε με·
ἐπόησα τοῦτ'. οὐκ ἔστι· πάλιν ἀπαγγελῶ
ἐλθὼν ἐκείναις. ὦ πολυτίμητοι θεοί·
ἔχις πολιὸς ἄνθρωπός ἐστιν οὑτοσί.
(ΚΝ.) ἀνδρόφονα θηρί'· εὐθὺς ὥσπερ πρὸς φίλον
κόπτουσιν. ἂν ἡμῶν προσιόντα τῇ θύρᾳ
λάβω τιν', ἂν μὴ πᾶσι τοῖς ἐν τῷ τόπῳ
παράδειγμα ποιήσω, νομίζεθ' ἕνα τινὰ
ὁρᾶν με τῶν πολλῶν. ὁ νῦν δ' οὐκ οἶδ' ὅπως
διευτύχηκεν οὗτος, ὅστις ἦν ποτε.
ΣΙΚ. κάκιστ' ἀπόλοι'. ἐλοιδορεῖτό σοι; τυχὸν
ᾔτεις σκατοφάγως. οὐκ ἐπίστανταί τινες
ποεῖν τὸ τοιοῦθ'. εὕρηκ' ἐγὼ τούτου τέχνην·
διακονῶ γὰρ μυρίοις ἐν τῇ πόλει
τούτων τ' ἐνοχλῶ τοῖς γείτοσιν καὶ λαμβάνω
σκεύη παρ' ἁπάντων. δεῖ γὰρ εἶναι κολακικὸν
τὸν δεόμενόν του. πρεσβύτερός τις τ[ῇ] θύ[ρ]ᾳ
ὑπακήκο'· εὐθὺς πατέρα καὶ πάππα[ν λέγω.
γραῦς· μητέρ'. ἂν τῶν διὰ μέσου τ[ις ᾖ γυνή,
ἐκάλεσ' ἱερέαν. ἂν θεράπων [τις ᾖ, καλῶ
βέλτιστον. ὑμεῖς δ' ἐκκρεμανν[ύοισθε δή·
ὢ τῆς ἀμαθίας. παιδίον. παῖ[δες.
ΚΝ. τί ἦν;
[ΣΙΚ.] ἐγώ. πρόελθε, πατρίδιον, σὲ β[ούλομαι.
ΚΝ. πάλιν αὖ σύ;
(ΣΙΚ.) π[ῶς; τί το]ῦτ';

KNEMON. Mensch für die Peitsche, glaubst du, ich opfere Ochsen und mache dasselbe, was [475] ihr macht?

GETAS *(a parte)*. Du? Nicht einmal eine Schnecke, glaube ich. *(Zu Knemon.)* Doch leb wohl, mein Bester! An die Tür zu klopfen und zu bitten befahlen mir die Frauen; das habe ich getan. Du hast keines; ich gehe zurück und werde es ihnen melden. *(A parte.)* Ihr vielgeehrten Götter! [480] Eine grauhaarige Schlange ist dieser Mensch da. *(Ab in die Grotte.)*

KNEMON. Männermordende Bestien! Sofort klopfen sie wie bei einem Freund an. Wenn ich einen, der an unsere Tür kommt, zu fassen bekomme, wenn ich nicht für alle in dieser Gegend ein Exempel statuiere, glaubt einen Beliebigen [485] aus der Masse in mir zu sehen. Der da jetzt eben hat, ich weiß nicht, wie, Glück gehabt, wer auch immer es war. *(Ab in sein Haus.)*

SIKON *(kommt aus der Grotte und spricht zurück)*. Er soll elend verrecken! Er hat dich beschimpft? Vielleicht hast du nach Art eines Kotfressers gebeten. Manche verstehen es nicht, so etwas zu tun. Ich habe dafür eine trickreiche Methode erfunden; [490] denn ich diene Tausenden in der Stadt, und deren Nachbarn belästige ich und hole mir Gerät von allen. Denn schmeichlerisch muss sein, wer um etwas bittet. Ein Älterer hat auf mein Klopfen an der Tür reagiert: Sofort sage ich »Vater« oder »Papa« zu ihm. [495] Eine alte Frau: »Mutter.« Wenn es eine Frau mittleren Alters ist, nenne ich sie immer »Priesterin«. Wenn es ein Sklave ist, nenne ich ihn »meinen Besten«. Ihr aber möget aufgehängt werden! Welch eine Dummheit! *(Klopft an Knemons Tür.)* Sklavenjunge! Sklaven!

KNEMON *(kommt aus seinem Haus)*. Was war das?

SIKON. Ich. Komm nach draußen, Väterchen, ich will dich!

KNEMON. [500] Schon wieder du?

SIKON. Wie? Was ist das?

(ΚΝ.) ἐρεθίζεις μ᾽ ὡσπερεὶ
ἐπίτηδες. οὐκ [εἴρη]κά σοι πρὸς τὴν θύραν
μὴ προσιέναι; [τὸ]ν ἱμάντα δός, γραῦ.
(ΣΙΚ.) μηδαμῶς·
ἀλλ᾽ ἄφες.
(ΚΝ.) ἄφε[ς;
ΣΙΚ.] βέλτιστε, ναὶ πρὸς ⟨τῶν⟩ θεῶν.
(ΚΝ.) ἧκε πάλιν.
(ΣΙΚ.) ὁ Ποσειδῶν σε –
(ΚΝ.) καὶ λαλεῖς ἔτι;
(ΣΙΚ.) αἰτούμενος χυτρόγαυλο[ν] ἦλθον.
(ΚΝ.) οὐκ ἔχω
οὔτε χυτρό[γ]αυλον οὔτε πέλεκυν οὔθ᾽ ἅλας
οὔτ᾽ ὄξος οὔτ᾽ ἄλλ᾽ οὐδέν. ἀλλ᾽ εἴρηχ᾽ ἁπλῶς
μὴ προσι[έ]ναι μοι πᾶσι τοῖς ἐν τῷ τόπῳ.
(ΣΙΚ.) ἐμοὶ μὲν οὐκ εἴρηκας.
(ΚΝ.) ἀλλὰ νῦν λέγω.
(ΣΙΚ.) νὴ σὺν κακῷ γ᾽· οὐδ᾽ ὁπόθεν ἄν τις, εἰπέ μοι,
ἐλθὼν λάβοι φράσαις ἄν;
(ΚΝ.) οὐκ ἐγὼ ᾽λεγον;
ἔτι μοι λαλήσεις;
(ΣΙΚ.) χαῖρε πόλλ᾽.
(ΚΝ.) οὐ βούλομαι
χαίρειν παρ᾽ ὑμῶν οὐδενός.
(ΣΙΚ.) μὴ χαῖρε δή.
(ΚΝ.) ὢ τῶν ἀνηκέστων κακῶν.
(ΣΙΚ.) καλῶς γέ με
βεβωλοκόπηκεν. οἷόν ἐστ᾽ ἐπιδεξίως
αἰτεῖν· διαφέρει, νὴ Δί᾽. ἐφ᾽ ἑτέραν θύραν
ἔλθῃ τις; ἀλλ᾽ εἰ σφαιρομαχοῦσ᾽ ἐν τῷ τόπῳ
οὕτως ἑτοίμως, χαλεπόν. ἆρά γ᾽ ἐστί μοι
κράτιστον ὀπτᾶν τὰ κρέα πάντα; φαίνεται.

Knemon. Du reizt mich wohl absichtlich. Habe ich dir nicht gesagt, dass du nicht zu meiner Tür kommen sollst? *(Er packt ihn und ruft in sein Haus.)* Gib mir den Riemen, Alte!

Sikon. Nicht! Nein, lass mich los!

Knemon. »Lass mich los«?

Sikon. Mein Bester, ja, bei den Göttern! *(Reißt sich los.)*

Knemon. Komm zurück!

Sikon. Der Poseidon soll dich –

Knemon. Schwatzt du noch?

Sikon. Mit der Bitte um einen Schmortopf kam ich.

Knemon. Ich habe weder einen Schmortopf noch eine Axt noch Salz noch Essig noch etwas anderes. Nein, ich habe gerade heraus allen in der Gegend gesagt, nicht zu mir zu kommen.

Sikon. Mir hast du es nicht gesagt.

Knemon. Aber jetzt sage ich es.

Sikon. Ja, zu deinem Schaden! *(Laut.)* Auch nicht, sage mir, woher man es bekäme, wenn man hinginge, würdest du mir angeben?

Knemon. Sagte ich das nicht? Du willst noch mit mir schwatzen?

Sikon. Leb vielmals wohl!

Knemon. Ich will von keinem von euch »Lebewohl«.

Sikon. Also lebe nicht wohl!

Knemon. Welch unerträgliche Übel! *(Ab in sein Haus.)*

Sikon. Der hat mich ja fein auseinandergenommen! Was bedeutet es doch, geschickt zu bitten! Es ist wichtig, bei Zeus. Soll man zu einer anderen Tür gehen? Aber wenn die in dieser Gegend so bereitwillig zum Faustkampf sind, ist es schwer. Ist für mich nicht am besten, das ganze Fleisch zu braten? Scheint so.

ἔστιν δέ μοι λοπάς τις. ἐρρῶσθαι λέγω
Φυλασίοις· τοῖς οὖσι τούτοις χρήσομαι.
ΣΩ. ὅστις ἀπορεῖ κακῶν, ἐπὶ Φυλὴν ἐλθέτω
κυνηγέτης. ὢ τρισκακοδαίμων, ὡς ἔχω
ὀσφῦν, μετάφρενον, τὸν τράχηλον, ἑνὶ λόγῳ
ὅλον τὸ σῶμ᾿. εὐθὺς γὰρ ἐμπεσὼν πολὺς
νεανίας ἐγώ τις, ἐξαίρων ἄνω
σφόδρα τὴν δίκελλαν, ὡς ἂν ἐργάτης, βαθὺ
ἐνέπαιον. ἐπεκείμην φιλοπόνως, οὐ πολὺν
χρόνον· εἶτα καὶ μετεστρεφόμην τι, πηνίκα
ὁ γέρων πρόσεισι τὴν κόρην ἄγων ἅμα
σκοπούμενος. καὶ νὴ Δί᾿ ἐλαβόμην ποτὲ
τῆς ὀσφύος, λάθρᾳ τὸ πρῶτον. ὡς μακρὸν
ἦν παντελῶς δὲ τοῦτο, λορδοῦν ἠρχόμην,
ἀπεξυλούμην ἀτρέμα δ᾿. οὐδεὶς ἤρχετο,
ὁ δ᾿ ἥλιος κατέκα᾿, ἑώρα τ᾿ ἐμβλέπων
ὁ Γοργίας ὥσπερ τὰ κηλώνειά με
μόλις ἀνακύπτοντ᾿, εἶθ᾿ ὅλῳ τῷ σώματι
πάλιν κατακύπτοντ᾿. “οὐ δοκεῖ μοι νῦν”, ἔφη,
“ἥξειν ἐκεῖνος, μειράκιον.” “τί οὖν”, ἐγὼ
εὐθύς, “ποῶμεν;” “αὔριον τηρήσομεν
α[ὐ]τόν, τὸ δὲ νῦν ἐῶμεν.” ὅ τε Δᾶος παρῆν
ἐπὶ] τὴν σκαπάνην διάδοχος. ἡ πρώτη μὲν οὖν
ἔφο]δος τοιαύτη γέγονεν. ἥκω δ᾿ ἐνθάδε,
διὰ] τί μὲν οὐκ ἔχω λέγειν, μὰ τοὺς θεούς,
ἕλκ]ει δέ μ᾿ αὐτόματον τὸ πρᾶγμ᾿ εἰς τὸν τόπον.
(ΓΕ.) τί τὸ κ]ακόν; οἴει χεῖρας ἑξήκοντά με,
ἄνθρ]ωπ᾿, ἔχειν; τοὺς ἄνθρακάς σοι ζωπυρῶ,
δέχο]μαι, φέρω, πλύνω, κατατέμνω σπλάγχν᾿ ἅμα,
μάττω, περιφέρω τὰ κ[ρέα τιμῶν το]υτονὶ
ὑπὸ τοῦ καπνοῦ τυφλός [γεγονώ]ς τούτοις. ὄνος
ἄγειν δοκῶ μοι τὴν ἑορτή[ν.
ΣΩ. π]αῖ Γέτα.

Ich habe eine Pfanne. Lebewohl sage ich den Phylasiern; das, was da ist, werde ich benutzen. *(Ab in die Grotte.)*

Sostratos *(kommt von links).* Wer Mangel an Leiden hat, gehe nach Phyle als Jäger. Ich dreimal Unglückseliger, wie hab ich es im Kreuz, im Rücken, im Genick, mit einem Wort: am ganzen Leib! Denn sofort stürzte ich mich mit aller Kraft darauf, so recht ein junger Kerl, hob sehr hoch die Hacke, wohl wie ein Feldarbeiter, und schlug tief hinein. Ich machte mich eifrig dran, nicht lange Zeit; dann drehte ich mich etwas um und schaute, wann der alte Mann zusammen mit dem Mädchen kommen würde. Und irgendwann, bei Zeus, griff ich mir ans Kreuz, beim ersten Mal heimlich. Als das aber ganz und gar langwierig wurde, begann ich mich einwärts zu biegen, wurde aber allmählich hart wie Holz. Niemand kam, die Sonne brannte, und Gorgias, der zu mir her schaute, sah, dass ich mich wie ein Pumpenschwengel nur mit Mühe aufrichtete, dann mich mit dem ganzen Körper wieder niederbückte. »Ich glaube,« sagte er, »dass er jetzt nicht kommen wird, junger Mann.« »Was also«, sagte ich sofort, »wollen wir machen?« »Morgen werden wir ihn abpassen, es jetzt aber sein lassen.« Und Daos war zur Stelle als Nachfolger beim Graben. Der erste Angriff verlief also auf solche Weise. Ich bin hierher gekommen, weswegen, kann ich nicht sagen, bei den Göttern, es zieht mich ganz von selbst die Angelegenheit an diesen Ort.

Getas *(kommt aus der Grotte und spricht zurück).* Was soll der Unfug? Glaubst du, ich hätte sechzig Hände, Mensch? Die Kohlen fache ich dir an, ich übernehme, trage, wasche, schneide Innereien gleichzeitig, ich knete, reiche die Opferstücke herum, ehre den hier, vom Rauch blind geworden für die hier. Als Esel feiere ich, wie mir scheint, das Fest.

Sostratos. Sklave Getas!

ΓΕ. ἐμὲ τίς;
(ΣΩ.) ἐγώ.
(ΓΕ.) σὺ δ' εἶ τίς;
(ΣΩ.) οὐχ [ὁρᾷ]ς;
(ΓΕ.) ὁρῶ.
τρόφιμος.
(ΣΩ.) τί ποιεῖτ' ἐνθάδ', [εἰ]πέ μοι;
(ΓΕ.) τί γάρ;
τεθύκαμεν ἄρτι καὶ παρασκευάζομεν
ἄριστον ὑμῖν.
(ΣΩ.) ἐνθάδ' ἡ μήτηρ;
[ΓΕ.] πάλαι.
(ΣΩ.) ὁ πατὴρ δέ;
(ΓΕ.) προσδοκῶμεν· ἀ[λ]λὰ πάραγε σύ.
(ΣΩ.) μικρὸν διαδραμών ⟨γ'⟩. ἐνθαδὶ τρ[ό]πον τινὰ
γέγον' οὐκ ἄκαιρος ἡ θυσία. παραλήψομαι
τὸ μειράκιον τουτὶ γὰρ ἐλθὼν ὡς ἔχω
καὶ τὸν θεράποντ' αὐτοῦ· κεκοινωνηκότες
ἱερῶν γὰρ εἰς τὰ λοιπὰ χρησιμώτεροι
ἡμῖν ἔσονται σύμμαχοι πρὸς τὸν γάμον.
(ΓΕ.) τί φῄς; ἐπ' ἄριστόν τινας παραλαμβάνειν
μέλλεις πορευθείς; ἕνεκ' ἐμοῦ τρισχίλιοι
γένοισθ'. ἐγὼ μὲν γὰρ πάλαι τοῦτ' οἶδ', ὅτι
οὐ γεύσομ' οὐδενός· πόθεν γάρ; συνάγετε
πάντας. καλὸν γὰρ τεθύκαθ' ἱερεῖον πάνυ,
ἄξιον ἰδεῖν. ἀλλὰ τὰ γύναια ταῦτά μοι
(ἔχει γὰρ ἀστείως) μεταδοίη γ' ἄν τινος;
οὐδ' ἄν, μὰ τὴν Δήμητρ', ἁλὸς πικροῦ.
(ΣΩ.) καλῶς
ἔσται, Γέτα, τὸ τήμερον (μαντεύσομαι
τοῦτ' αὐτός, ὦ Πάν, ἀλλὰ μὴν προσεύχομαι
ἀεὶ παριών σοι), καὶ φιλανθρωπεύσομαι.

Getas. Wer ruft mich?

Sostratos. Ich.

Getas. Wer bist du?

Sostratos. Siehst du es nicht?

Getas. Ich sehe es. Der junge Herr.

Sostratos. Was macht ihr hier, sage es mir!

Getas. Was denn wohl? Wir haben soeben geopfert und bereiten ein Essen für euch zu.

Sostratos. Ist meine Mutter hier?

Getas. Schon lange.

Sostratos. Und der Vater?

Getas. Wir erwarten ihn; doch komm du dazu!

Sostratos. Ja, wenn ich einen kleinen Gang gemacht habe. In gewisser Weise ist das Opfer hier nicht ungelegen gekommen. Denn ich werde gehen und diesen jungen Mann unverzüglich einladen sowie seinen Sklaven; denn wenn sie an den heiligen Handlungen teilgenommen haben, werden sie in Zukunft nützlicher für uns sein als Bundesgenossen im Hinblick auf die Hochzeit.

Getas. Was sagst du? Zu gehen und zum Essen irgendwelche Leute einzuladen hast du vor? Meinetwegen sollt ihr doch dreitausend werden! Ich persönlich weiß nämlich dies schon lange, dass ich nichts zu kosten bekommen werde; woher denn auch? Bringt alle zusammen! Denn ein sehr schönes Opfertier habt ihr geschlachtet, stattlich anzusehen. Aber würden diese Frauenzimmer mir – denn sie verhalten sich fein – etwas davon abgeben? Bei der Demeter, nicht einmal ein bitteres Salzkorn!

Sostratos. Schön, Getas, wird es heute sein – ich prophezeie das selbst, o Pan, aber bete gewiss immer zu dir, wenn ich vorbeigehe –, und ich werde mich freundlich zeigen. *(Sostratos ab nach links.)*

ΣΙΜΙΧΗ
ὢ δυστυχής, ὢ δυστυχής, ὢ δυστυχής.
(ΓΕ.) ἄπαγ' εἰς τὸ βάραθρον· τοῦ γέροντός τις γυνὴ
προελήλυθεν.
(ΣΙΜ.) τί πείσομαι; τὸν γὰρ κάδον
ἐκ τοῦ φρέατος βουλομένη τοῦ δεσπότου
εἴ πως δυναίμην ἐξελεῖν αὐτὴ λάθρᾳ,
ἀνῆψα τὴν δίκελλαν ἀσθενεῖ τινι
καλῳδίῳ σαπρῷ, διερράγη τέ μοι
τοῦτ' εὐθύς
(ΓΕ.) ὀρθῶς.
⟨ΣΙΜ.) ἐνσέσεικά θ' ἀθλία
καὶ τὴν δίκελλαν εἰς τὸ φρέαρ μετὰ τοῦ κάδου.
(ΓΕ.) ῥῖψαι τὸ λοιπόν σοι σεαυτήν ἐστ' ἔτι.
(ΣΙΜ.) ὁ δ' ἀπὸ τύχης κόπρον τιν' ἔνδον κειμένην
μέλλων μεταφέρειν περιτρέχων ταύτην πάλαι
ζητεῖ βοᾷ τε – καὶ ψοφεῖ γε τὴν θύραν.
ΓΕ. φεῦγ', ὦ πονηρά, φεῦγ', ἀποκτενεῖ σε, γραῦ,
μᾶλλον δ' ἀμύνου.
ΚΝ. ποῦ 'στιν ἡ τοιχωρύχος;
(ΣΙΜ.) ἄκουσα, δέσποτ', ἐνέβαλον.
(ΚΝ.) βάδιζε δὴ
εἴσω.
(ΣΙΜ.) τί ποιεῖν δ', εἰπέ μοι, μέλλεις;
(ΚΝ.) ἐγώ;
δήσας καθιμήσω σε.
(ΣΙΜ.) μὴ δῆτ', ὦ τάλαν.
⟨ΚΝ.⟩ ταὐτῷ γε τούτῳ σχοινίῳ.
⟨ΓΕ.⟩ νὴ τοὺς θεοὺς
κράτιστον, εἴπερ ἐστὶ παντελῶς σαπρόν.
(ΣΙΜ.) τὸν Δᾶον ἐκ τῶν γειτόνων ἐγὼ [καλ]ῶ.
(ΚΝ.) Δᾶον καλεῖς, ἀνόσι', ἀνῃρηκυῖά [με;
οὐ σοὶ λέγω; θᾶττον βάδιζ' εἴσω. [τάλας

Simiche *(stürzt aus Knemons Haus).* Ach ich Unglückliche, ach ich Unglückliche, ach ich Unglückliche!

Getas *(a parte).* Ab mit dir in die Mördergrube! Von dem Greis ist da eine Frau gekommen.

Simiche. Was wird mit mir geschehen? Ich habe nämlich, als ich selbst den Eimer aus dem Brunnen wenn möglich irgendwie unbemerkt von meinem Herrn holen wollte, die Hacke an einen dünnen, morschen Strick gebunden, und zerrissen ist mir der sofort, –

Getas *(a parte).* Recht so!

Simiche. – und ich Arme habe auch die Hacke zusammen mit dem Eimer in den Brunnen fallen lassen!

Getas *(a parte).* Dich selbst hineinzustürzen bleibt dir noch übrig.

Simiche. Der aber hat zufällig vor, im Hause liegenden Mist woanders hinzubringen, läuft schon länger herum, sucht sie und brüllt – und er stößt gegen die Tür.

Getas. Flieh, du Ärmste, flieh, er wird dich umbringen, Alte! Nein, wehr dich lieber!

Knemon *(kommt aus seinem Haus).* Wo ist die Einbrecherin?

Simiche. Herr, unabsichtlich warf ich sie hinein!

Knemon. Geh nun nach drinnen.

Simiche. Was, sage mir, hast du vor zu tun?

Knemon. Ich? Ich binde dich fest und lass dich hinab.

Simiche. Ach, bitte nicht!

Knemon. Ja, mit diesem selben Strick.

Getas *(a parte).* Bei den Göttern, am besten, wenn er ganz und gar verfault ist.

Simiche. Den Daos rufe ich aus dem Nachbarhaus!

Knemon. Daos rufst du, du Gottlose, die du mich vernichtet hast? Sag ich's dir nicht? Geh schnell hinein! *(Simiche ab in sein*

ἐγώ, τάλας νῦν τῆς ἐρημίας, [τάλας
ὡς οὐδὲ εἷς. καταβήσομ' εἰ[ς τὸ φρέαρ· τί γὰρ
ἔτ' ἔστιν ἄλλ';
(ΓΕ.) ἡμεῖςποριοῦ[μεν ἁρπάγην
καὶ σχοινίον.
(ΚΝ.) κακὸν κάκ[ιστά σ' οἱ θεοὶ
ἅπαντες ἀπολέσειαν εἴ τι μ[οι λαλεῖς.
(ΓΕ.) καὶ μάλα δικ[αίως. εἰσ]πεπήδηκεν πάλιν.
ὢ τρισκακοδαί[μων οὗ]τος. οἷον ζῇ βίον.
τοῦτ' ἔστιν εἰλικρ[ινῶς] γεωργὸς Ἀττικός·
πέτραις μαχόμ[εν]ος θύμα φερούσαις καὶ σφάκον
ὀδύνας ἐπισπᾶ[τ', ο]ὐδὲν ἀγαθὸν λαμβάνων.
ἀλλ' ὁ τρόφιμος [γ]ὰρ οὑτοσὶ προσέρχεται
ἄγων μεθ' α[ὑτ]οῦ τοὺς ἐπικλήτους. ἐργάται
ἐκ τοῦ τόπου τ[ιν]ές εἰσιν. ὢ τῆς ἀτοπίας.
οὗτος τί τούτους δεῦρ' ἄγει νῦν; ἢ πόθεν
γεγονὼς συνήθης;
ΣΩ. οὐκ ἂν ἐπιτρέψαιμί σοι
ἄλλως ποιῆσαι. "πάντ' ἔχομεν." ὦ Ἡράκλεις,
τουτὶ δ' ἀπαρνεῖταί τις ἀνθρώπων ὅλως,
ἐλθεῖν ἐπ' ἄριστον συνήθους τεθυκότος;
εἰμὶ γάρ, ἀκριβῶς ἴσθι, σοὶ πάλαι φίλος,
πρὶν ἰδεῖν. λαβὼν ταῦτ' εἰσένεγκε, Δᾶε, σύ,
εἶθ' ἧκε.
ΓΟ. μηδαμῶς μόνην τὴν μητέρα
οἴκοι καταλείπων, ἀλλ' ἐκείνης ἐπιμελοῦ
ὧν ἂν δέηται· ταχὺ δὲ κἀγὼ παρέσομαι.

ΧΟΡΟΥ

Haus.) Ich Armer, Armer jetzt in meiner Einsamkeit, ich Armer wie nicht einer sonst. Ich werde in den Brunnen steigen; denn was bleibt mir sonst?

Getas. Wir werden dir einen Haken bringen und ein Seil.

Knemon. Dich Elenden sollen elend alle Götter vernichten, wenn du mir etwas hinschwatzt!

(Ab in sein Haus.)

Getas. Und sehr zu Recht. Der ist wieder hineingerannt. O dieser dreimal Unglückselige! Was für ein Leben er lebt! Das ist ganz deutlich der attische Bauer: Mit Felsen kämpft er, die nur Thymian und Salbei tragen, und zieht sich Schmerzen zu, ohne etwas Gutes zu bekommen. *(Sostratos, Gorgias und Daos kommen von links.)* Doch der junge Herr hier kommt her und bringt mit sich die Geladenen. Irgendwelche Feldarbeiter aus der Gegend sind es. Was für ein Unverstand! Was bringt er die jetzt hierher? Oder woher ist er mit ihnen vertraut? *(Ab in die Grotte.)*

Sostratos *(zu Gorgias).* Nicht will ich dir gestatten, anders zu handeln. »Wir haben alles.« O Herakles, dies verweigert irgendein Mensch gänzlich, zu einem Mahl zu kommen, wenn ein Vertrauter geopfert hat? Ich bin nämlich, wisse es genau, schon längst dein Freund, noch bevor ich dich sah. Daos, nimm dies und trage es hinein, dann komm.

Gorgias. Auf keinen Fall lass die Mutter allein im Haus, sondern sorge für sie mit den Dingen, die sie braucht; auch ich werde bald da sein.

(Sostratos und Gorgias ab in die Grotte, Daos ab in das Haus des Gorgias.)

Tanz und Gesang des Chors

ΜΕΡΟΣ Δ΄

ΣΙΜ. τίς ἂν βοηθήσειεν; ὢ τάλαιν᾽ ἐγώ,
τίς ἂν βοηθήσειεν;
ΣΙΚ. Ἡράκλεις ἄναξ·
ἐάσαθ᾽ ἡμᾶς, πρὸς θεῶν καὶ δαιμόνων,
σπονδὰς ποῆσαι. λοιδορεῖσθε, τύπτετε·
οἰμώζετ᾽. ὢ τῆς οἰκίας τῆς ἐκτόπου.
(ΣΙΜ.) ὁ δεσπότης ἐν τῷ φρέατι.
ΣΙΚ. πῶς;
(ΣΙΜ.) ὅπως;
ἵνα τὴν δίκελλαν ἐξέλοι καὶ τὸν κάδον
κατέβαινε κᾆτ᾽ ὤλισθ᾽ ἄνωθεν, ὥστε καὶ
πέπτωκεν.
(ΣΙΚ.) οὐ γὰρ ὁ χαλεπὸς γέρων σφόδρα;
⟨ΣΙΜ.⟩ οὗτος.
⟨ΣΙΚ.⟩ καλά γ᾽ ἐπόησε, νὴ τὸν Οὐρανόν·
ὦ φιλτάτη γραῦ, νῦν σὸν ἔργον ἐστί.
(ΣΙΜ.) πῶς;
(ΣΙΚ.) ὅλμον τιν᾽ ἢ λίθον τιν᾽ ἢ τοιοῦτό τι
ἄνωθεν ἔνσεισον λαβοῦσα.
(ΣΙΜ.) φίλτατε,
κατάβα.
⟨ΣΙΚ.⟩ Πόσειδον, ἵνα τὸ τοῦ λόγου πάθω;
ἐν τῷ φρέατι κυνὶ μάχωμαι; μηδαμῶς.
(ΣΙΜ.) ὦ Γοργία, ποῦ γῆς ποτ᾽ εἶ;
(ΓΟ.) ποῦ γῆς ἐγώ;
τί ἐστι, Σιμίχη;
(ΣΙΜ.) τί γάρ; πάλιν λέγω,
ὁ δεσπότης ἐν τῷ φρέατι.
ΓΟ. Σώστρατε,
ἔξελθε δεῦρ᾽. ἡγοῦ, βάδιζ᾽ εἴσω ταχύ.

AKT IV

SIMICHE *(stürzt aus Knemons Haus).* [620] Wer könnte zu Hilfe kommen? Ach, ich Arme, wer könnte zu Hilfe kommen?

SIKON *(kommt aus der Grotte).* Gebieter Herakles! Lasst uns, bei den Göttern und Halbgöttern, das Trankopfer darbringen! Ihr schimpft, ihr prügelt: Ihr sollt zu jammern haben! Was für ein sonderbares Haus!

SIMICHE. [625] Der Herr – im Brunnen!

SIKON. Wie?

SIMICHE. Wie? Um die Hacke und den Eimer herauszuholen, stieg er hinab, und dann glitt er oben aus, so dass auch er hineinfiel.

SIKON. Doch nicht der höchst unbequeme Alte?

SIMICHE. Doch, der.

SIKON. Gut hat er das gemacht, beim Uranos! [630] Liebste Alte, nun hast du eine Aufgabe.

SIMICHE. Wie?

SIKON. Nimm einen Mörser oder einen Stein oder so etwas und wirf das von oben auf ihn.

SIMICHE. Mein Liebster, steig hinab!

SIKON. Beim Poseidon, damit ich das in der Fabel erleide? In dem Brunnen soll ich mit einem Hund kämpfen? Keinesfalls!

SIMICHE. [635] Ach Gorgias, wo in aller Welt bist du?

GORGIAS *(kommt aus der Grotte).* Wo in aller Welt ich? Was ist, Simiche?

SIMICHE. Ja, was? Wieder sage ich es, der Herr – im Brunnen.

GORGIAS. Sostratos, Komm heraus, hierher! *(Zu Simiche.)* Geh voran, begib dich schnell hinein! *(Gorgias und Simiche ab in Knemons Haus, gefolgt von Sostratos.)*

ΣΙΚ. εἰσὶν θεοί, μὰ τὸν Διόνυσον. οὐ δίδως
λεβήτιον θύουσιν, ἱερόσυλε σύ,
ἀλλὰ φθονεῖς· ἔκπιθι τὸ φρέαρ εἰσπεσών,
ἵ]να μηδ' ὕδατος ἔχῃς μεταδοῦναι μηδενί.
νυ]νὶ μὲν αἱ Νύμφαι τετιμωρημέναι
εἴσ'] αὐτὸν ὑπὲρ ἐμοῦ δικαίως. οὐδὲ εἷς
μάγειρον ἀδικήσας ἀθῷος διέφυγεν.
ἱεροπρεπής πως ἐστὶν ἡμῶν ἡ τέχνη·
ἀλλ' εἰ]ς τραπεζοποιὸν ὅτι βούλει ποίει.
τί δ'; ἆ]ρα μὴ τέθνηκε; πάππαν φίλτατον
κλαί]ουσ' ἀποιμώζει τις. οὐδὲν τοῦτό γε

δηλονοθικαθ[
οὕτως ἀνιμησ[
τὴν ὄψιν αὐτοῦ . . .[
οἴεσθ' ἔσεσθαι, πρὸς θεῶν, βεβ[ρεγ]μένου,
τρέμοντος; ἀστείαν ἐγὼ μέν· ἡδέως
ἴδοιμ' ἄν, ἄνδρες, νὴ τὸν Ἀπόλλω τουτονί.
ὑμεῖς δ' ὑπὲρ τούτων, γυναῖκες, σπένδετε,
εὔχεσθε τὸν γέροντα σωθῆναι κακῶς,
ἀνάπηρον ὄντα, χωλόν· οὕτω γίνεται
ἀλυπότατος γὰρ τῷδε γείτων τ[ῷ] θεῷ
καὶ τοῖς ἀεὶ θύουσιν. ἐπιμελὲς δέ μοι
τοῦτ' ἔστιν, ἄν τις ἄρα μισθώσητ' ἐμέ.
(ΣΩ.) ἄνδρες, μὰ τὴν Δήμητρα, μὰ τὸν Ἀσκληπιόν,
μὰ τοὺς θεούς, οὐπώποτ' ἐν τὠμῷ βίῳ
εὐκαιρότερον ἄνθρωπον ἀποπε⟨π⟩νιγμένον
ἑόρακα μικροῦ· τῆς γλυκείας διατριβῆς.
ὁ Γοργίας γάρ, ὡς τάχιστ' εἰσήλθομεν,
εὐθὺς κατεπήδησ' εἰς τὸ φρέαρ, ἐγὼ δὲ καὶ
ἡ παῖς ἄνωθεν οὐδὲν ἐποοῦμεν· τί γὰρ
ἐμέλλομεν; πλὴν ἡ μὲν αὑτῆς τὰς τρίχας
ἔτιλλ', ἔκλα', ἔτυπτε τὸ στῆθος σφόδρα·

SIKON. Es *gibt* Götter, beim Dionysos! Du gibst [640] kein Kesselchen den Opfernden, du Tempelräuber, sondern missgönnst ihn! Trink, hineingefallen, den Brunnen aus, damit du auch niemandem von deinem Wasser abgeben kannst! Jetzt haben die Nymphen Rache genommen an ihm für mich gerechterweise. Auch nicht ein einziger, [645] der einem Koch Unrecht tut, kommt straflos davon. Irgendwie von heiliger Würde ist unsere Kunst. Doch einem Servierer tu an, was du magst! *(Horcht auf Laute aus Knemons Haus.)* Was? Er ist doch nicht tot? Den liebsten Papa [649] bejammert jemand weinend. Dieses keineswegs ... *(Etwa 4 Verse fehlen zwischen 649 und 654.)* [654] Es ist klar, dass ... [655] So zogen sie herauf (?) ... seinen Anblick ... glaubt ihr, bei den Göttern, sein werde es der (?) eines Durchnässten, Zitternden? *(Zum Publikum.)* Lustig, finde ich; gerne sähe ich, ihr Männer, ihn, bei diesem Apollon hier! *(Zeigt auf eine Statue des Gottes und spricht dann in Richtung Grotte.)* [660] Bringt ihr für dies ein Trankopfer dar, ihr Frauen, betet, dass der Alte gerettet wird – übel dran, verkrüppelt, lahm; so wird er nämlich der Nachbar, der den geringsten Kummer diesem Gott und den hier stets Opfernden bereitet. Ein Anliegen [665] ist mir das, falls mich vielleicht jemand mietet. *(Ab in die Grotte.)*

SOSTRATOS *(kommt aus Knemons Haus und redet das Publikum an)*. Ihr Männer, bei der Demeter, bei dem Asklepios, bei den Göttern, niemals in meinem Leben habe ich einen Menschen zu einer passenderen Zeit beinahe ertrinken sehen; was für eine angenehme Unterhaltung! [670] Denn Gorgias sprang, sobald wir hineingekommen waren, sofort in den Brunnen hinab, aber ich und das Mädchen, wir taten oben nichts; was sonst erwartete man von uns? Ausgenommen, dass sie sich ihr Haar raufte,

ἐγὼ δ' ὁ χρυσοῦς, ὡσπερεί, νὴ τοὺς θεούς,
τροφὸς παρεστώς, ἐδεόμην γε μὴ ποεῖν
ταῦθ', ἱκέτευον, ἐμβλέπων ἀγάλματι
οὐ τῷ τυχόντι. τοῦ δὲ πεπληγμένου κάτω
ἔμελεν ἔλαττον ἤ τινός μοι· πλὴν ἀεὶ
ἕλκειν ἐκεῖνον, τοῦτ' ἐνώχλει μοι σφόδρα.
μικροῦ γε, νὴ Δί', αὐτὸν εἰσαπολώλεκα.
τὸ σχοινίον γὰρ ἐμβλέπων τῇ παρθένῳ
ἀφῆκ' ἴσως τρίς. ἀλλ' ὁ Γοργίας Ἄτλας
ἦν οὐχ ὁ τυχών· ἀντεῖχε καὶ μόλις ποτὲ
ἀνενήνοχ' αὐτόν. ὡς ἐκεῖνος ἐξέβη,
δεῦρ' ἐξελήλυθ'. οὐ γὰρ ἐδυνάμην ἔ[τ]ι
κατέχειν ἐμαυτόν, ἀλλὰ μικροῦ [τὴν κόρην
ἐφίλουν προσιών· οὕτω σφόδρ' ἐ[ξέστηκα καὶ
ἐρῶ. παρασκευάζομαι δή – τὴν θ[ύραν
ψοφοῦσιν. ὦ Ζεῦ σῶτερ, ἐκτόπου θ[έας.

ΓΟ. βούλει τι, Κνήμων; εἰπέ μοι.
(ΚΝ.) τί [δεῖ λέγειν;
φαύλως ἔχω.
(ΓΟ.) θάρρει.
(ΚΝ.) τεθάρ[ρηκ'· οὐκέτι
ὑμῖν ἐνοχλήσει τὸν ἐπίλοιπον γὰ[ρ χρόνον
Κνήμων.
(ΓΟ.) τοιοῦτόν ἐστ' ἐρημία κ[ακόν.
ὁρᾷς; ἀκαρὴς νῦν παραπόλωλας ἀρτίως.
τηρούμενον δὴ τηλικοῦτον τῷ βίῳ
ἤδη καταζῆν δεῖ.
(ΚΝ.) χαλεπῶς μέν, οἶδ' ὅτι,
ἔχω. κάλεσον δέ, Γοργία, τὴν μητέρα
ὡς ἔνι μάλιστα. τὰ κακὰ παιδεύειν μόνα
ἐπίσταθ' ἡμᾶς, ὡς ἔοικε. θυγάτριον,
βούλει μ' ἀναστῆσαι λαβοῦσα;

weinte, ihre Brust heftig schlug; [675] ich aber, der Goldene, stand, bei den Göttern, wie eine Amme daneben, bat sie, das nicht zu tun, flehte, wobei ich auf dieses nicht alltägliche Bildnis schaute. Der Verwundete unten war weniger als irgendwas meine Sorge; ausgenommen, dass ich [680] ihn ständig zog, und das war mir höchst lästig. Ja, beinahe, bei Zeus, hätte ich ihn umgebracht. Das Seil habe ich nämlich, während ich auf das Mädchen schaute, vielleicht dreimal losgelassen. Doch Gorgias war ein nicht alltäglicher Atlas; er stemmte sich gegen ihn und brachte ihn endlich irgendwann [685] nach oben. Als der herausstieg, bin ich hierher herausgekommen. Ich konnte mich nicht mehr zurückhalten, sondern wäre beinahe hingegangen und hätte das Mädchen geküsst; so heftig bin ich außer mir und liebe sie. Also mache ich mich bereit – [690] sie stoßen gegen die Tür. O Retter Zeus, was für ein sonderbarer Anblick!

(Knemon, auf dem Ekkyklema, sowie Gorgias und das Mädchen kommen aus dem Haus.)

GORGIAS. Wünschst du etwas, Knemon? Sag es mir.

KNEMON. Was soll ich sagen? Es geht mir schlecht.

GORGIAS. Habe Mut!

KNEMON. Ich habe Mut gefasst; nicht mehr wird euch nämlich zur Last fallen in der künftigen Zeit Knemon.

GORGIAS. Ein solches Übel ist die Einsamkeit. [695] Siehst du das? Jetzt gerade wärst du um ein Haar zu Tode gekommen. Behütet also sollte man in so hohem Lebensalter schon leben.

KNEMON. Schlimm, das weiß ich, geht es mir. Rufe deine Mutter, Gorgias, so schnell wie möglich. *(Gorgias ab in sein Haus.)* Das Unheil allein [700] versteht es, uns zu erziehen, wie es scheint. Töchterlein, magst du mich festhalten und aufrichten?

ΣΩ. μακάριε
ἄνθρωπε.
(ΚΝ.) τί παρέστηκας ἐνταῦθ', ἄθλι[ε

]εσοις ἐβουλόμην
Μυρ]ρίνη καὶ Γοργία,
ε. [ ]ον προειλόμην
οὐχισω .[. . . .] . κ . [.]ν οὐδ' ἂν εἷς δύναιτό με
τοῦτο με[τα]πεῖσαί τις ὑμῶν, ἀλλὰ συγχωρήσετε.
ἓν δ' ἴσω[ς] ἥμαρτον, ὅτι γε τῶν ἁπάντων ᾠόμην
αὐτὸς αὐ[τά]ρκης τις εἶναι καὶ δεήσεσθ' οὐδενός.
νῦν δ' [ἰ]δὼν ὀξεῖαν οὖσαν ἄσκοπόν τε τοῦ βίου
τὴν τε[λ]ευτήν, εὗρον οὐκ εὖ τοῦτο γινώσκων τότε.
δεῖ γὰρ [εἶ]ναι καὶ παρεῖναι τὸν ἐπικουρήσοντ' ἀεί.
ἀλλά, μὰ τὸν Ἥφαιστον, οὕτω σφόδρα ⟨δι⟩εφθάρμην ἐγὼ
τοὺς βίους ὁρῶν ἑκάστων, τοὺς λογισμοὺς ὃν τρόπον
πρὸς τὸ κερδαίνειν ἔχουσιν· οὐδέν' εὔνουν ᾠόμην
ἕτερον ἑτέρῳ τῶν ἁπάντων ἂν γενέσθαι. τοῦτο δὴ
ἐμποδὼν ἦν μοι· μόλις δὲ πεῖραν εἷς δέδωκε νῦν
Γοργίας, ἔργον ποιήσας ἀνδρὸς εὐγενεστάτου.
τὸν γὰρ οὐκ ἐῶνθ' ἑαυτὸν ⟨καὶ⟩ προσιέναι τῇ θύρᾳ,
οὐ βοηθήσανθ' ἑαυτῷ πώποτ' εἰς οὐδὲν μέρος,
οὐ προσειπόντ', οὐ λαλήσανθ' ἡδέως, σέσωχ' ὅμως.
ὅπερ ἂν ἄλλος, καὶ δικαίως· "οὐκ ἐᾷς με προσιέναι,
οὐ προσέρχομ'· οὐδὲν ἡμῖν γέγονας αὐτὸς χρήσιμος,
οὐδ' ἐγώ σοι νῦν". τί δ' ἐστί; μειράκιον, ἐάν τ' ἐγὼ
ἀποθάνω νῦν (οἴομαι δέ, καὶ κακῶς ἴσως ἔχω)
ἄν τε περισωθῶ, ποοῦμαί σ' ὑόν, ἅ τ' ἔχων τυγχάνω
πάντα σαυτοῦ νόμισον εἶναι. τήνδε σοι παρεγγυῶ,
ἄνδρα ⟨δ'⟩ αὐτῇ πόρισον· εἰ γὰρ καὶ σφόδρ' ὑγιαίνοιμ' ἐγώ,
αὐτὸς οὐ δυνήσομ' εὑρεῖν· οὐ γὰρ ἀρέσει μοί ποτε
οὐδὲ εἷς. ἀλλ' ἐμὲ μέν, ⟨ἂν ζῶ,⟩ ζῆν ἐᾶθ' ὡς βούλομαι·
τἄλλα πρᾶττ' αὐτὸς παραλαβών. νοῦν ἔχεις σὺν τοῖς θεοῖς,

SOSTRATOS. Glücklicher [702] Mensch!

KNEMON. Was stehst du hier dabei, Elender … *(5 Verse fehlen zwischen V. 702 und 708. Gorgias kommt mit Myrrhine aus seinem Haus zurück.)* [708] … ich wollte … Myrrhine und Gorgias [710] … ich vorzog. … und nicht einer von euch könnte mich zu etwas anderem überreden, nein, gesteht es mir zu. Den einen Fehler machte ich vielleicht, dass ich glaubte, selbst von allen unabhängig zu sein und niemanden zu brauchen. [715] Jetzt, da ich gesehen habe, dass rasch und unvorhergesehen da sein kann des Lebens Ende, fand ich heraus, dass ich damals nicht richtig dachte. Denn es muss stets da und zur Stelle sein einer, der helfen wird. Aber, beim Hephaistos, so sehr verdorben war ich, weil ich die Lebensweisen aller sah, ihre Berechnungen, in welcher Weise [720] sie diese aufs Gewinnen ausrichten; keiner von allen, glaubte ich, sei dem anderen wohlgesinnt. Das also war mir im Wege; doch jetzt endlich lieferte Gorgias einen Beweis, indem er das Werk eines sehr edlen Mannes tat. Denn den, der ihn nicht auch nur an seine Tür herantreten ließ, [725] der ihm niemals auch nur in irgendeiner Hinsicht half, der ihn nicht grüßte, nicht freundlich ansprach, rettete er dennoch. Was ein anderer, und zwar mit Recht, gesagt hätte: »Du lässt mich nicht herkommen, da komme ich nicht her; du selbst warst uns in keiner Weise nützlich, auch ich bin es dir jetzt nicht« – Was ist? Junger Mann, ob ich jetzt [730] sterbe – das glaube ich, und es geht mir wohl schlecht –, oder ob ich überlebe, ich mache dich zu meinem Sohn, und was ich habe, glaub mir, all das gehört dir. Sie hier gebe ich in deine Hand, verschaffe du ihr aber einen Mann; denn auch wenn ich ganz gesund werde, ich selbst werde keinen finden können; denn gefallen wird mir niemals [735] auch nur einer. Doch lasst mich, falls ich lebe, leben, wie ich will; das andere übernimm und mach es selbst. Du hast dank

κηδεμὼν εἶ τῆς ἀδελφῆς εἰκότως. τοῦ κτήματος
ἐπιδίδου ⟨τὴν⟩ προῖκα τοὐμοῦ διαμετρήσας ἥμισυ,
τ[ὸ] δ' ἕτερον λαβὼν διοίκει κἀμὲ καὶ τὴν μητέρα.
ἀλλὰ κατάκλινόν με, θύγατερ. τῶν δ' ἀναγκαίων λέγειν
πλείον' οὐκ ἀνδρὸς νομίζω, πλὴν ἐκεῖνό γ' ἴσθι, παῖ·
ὑπὲρ ἐμοῦ γὰρ βούλομ' εἰπεῖν ὀλίγα σοι καὶ τοῦ τρόπου.
εἰ τοιοῦτοι πάντες ἦσαν, οὔτε τὰ δικαστήρια
ἦν ἄν, οὔθ' αὑτοὺς ἀπῆγον εἰς τὰ δεσμωτήρια,
οὔτε πόλεμος ἦν, ἔχων δ' ἂν μέτρι' ἕκαστος ἠγάπα.
ἀλλ' ἴσως ταῦτ' ἔστ' ἀρεστὰ μᾶλλον οὕτω· πράττετε.
ἐκποδὼν ὑμῖν ⟨ὁ⟩ χαλεπὸς δύσκολός τ' ἔσται γέρων.
ΓΟ. ἀλλὰ δέχομαι ταῦτα πάντα. δεῖ δὲ μετὰ σοῦ νυμφίον
ὡς τάχισθ' εὑρεῖν ⟨τιν'⟩ ἡμᾶς τῇ κόρῃ, σοὶ συνδοκοῦν.
(ΚΝ.) οὗτος, εἴρηχ' ὅσ' ἐφρόνουν σοι· μὴ 'νόχλει, πρὸς τῶν θεῶν.
(ΓΟ.) βούλεται γὰρ ἐντυχεῖν σοι
ΚΝ. μηδαμῶς, πρὸς τῶν θεῶν.
ΓΟ. τὴν κόρην αἰτῶν τις.
(ΚΝ.) οὐδὲν ⟨οὐδενὸς⟩ ἔτι μοι μέλει.
(ΓΟ.) ὅ ⟨σε⟩ συνεκσώσας.
(ΚΝ.) ὁ ποῖος;
(ΓΟ.) οὑτοσί· πρόσελθε σύ.
(ΚΝ.) ἐπικέκαυται μέν· γεωργός ἐστι;
(ΓΟ.) καὶ μάλ', ὦ πάτερ.
οὐ τρυφῶν οὐδ' οἷος ἀργὸς περιπατεῖν τὴν ἡμέραν
. . . . . .] . . . ενος . . [
ΚΝ.
† . . .] .δίδου· πόει του[τ
εἰσκ]υκλεῖτ' εἴσω με.
(ΓΟ.) καὶ .[. . . .] . . .[
ἐπιμ]ελοῦ τούτου.
(ΣΩ.) τὸ λο[ιπὸν] ἐγγυᾶν [σόν ἐστί μοι
τὴν] ἀδελφήν.
(ΓΟ.) ἐπανέ[νεγ]κε ταῦτα [.]ως .[.] .[

den Göttern Verstand, du bist natürlicherweise der Vormund deiner Schwester. Von meinem Besitz gib, wenn du ihn in zwei Hälften geteilt hast, ihr die Mitgift, die andere Hälfte nimm du und sorge für mich und deine Mutter. Doch hilf mir, meine Tochter, mich hinzulegen. Mehr als das Nötige zu sagen ist nicht Sache eines Mannes, meine ich, nur das noch wisse, mein Sohn; denn über mich und mein Wesen möchte ich dir noch Weniges sagen. Wenn alle von solcher Art wären, gäbe es die Gerichte nicht und man würde sich nicht gegenseitig in die Gefängnisse abführen, auch Kriege gäbe es nicht, jeder wäre mit mäßigem Besitz zufrieden. Doch vielleicht findet dies so mehr Gefallen: Handelt denn! Nicht im Weg wird euch der unangenehme und schwierige Alte sein.

Gorgias. Ja, dies alles nehme ich an. Wir müssen aber zusammen mit dir so schnell wie möglich einen Bräutigam für das Mädchen finden, wenn es auch dir recht ist.

Knemon. Du, ich habe dir gesagt, was ich meinte; behellige mich nicht, bei den Göttern!

Gorgias. Dich sprechen möchte nämlich –

Knemon. Keinesfalls, bei den Göttern!

Gorgias. – jemand, der um das Mädchen bittet.

Knemon. Das ist nicht mehr meine Sorge.

Gorgias. Der, der dich mit gerettet hat.

Knemon. Was für einer?

Gorgias. Der hier! *(Zu Sostratos.)* Tritt du vor!

Knemon. Braungebrannt ist er; ist er ein Bauer?

Gorgias. Ja, gewiss, mein Vater. Er ist nicht verweichlicht und nicht fähig, den ganzen Tag faul herumzuspazieren. …

Knemon. Tu dies … Rollt mich hinein.

Gorgias. Und … *(Zu dem Mädchen.)* Kümmere dich um ihn. *(Das Mädchen rollt Knemon hinein.)*

Sostratos. Dir bleibt noch, mir deine Schwester zu verloben.

Gorgias. Überlass das …

[ΣΩ.] οὐδὲν ὁ πατὴρ ἀντερεῖ [μοι.
ΓΟ.] τοιγαροῦν ἔγωγέ σ[ο]ι
ἐγγυῶ, δίδωμι πάντων [τῶ]ν θεῶν ἐναντίον
⟨ἥν σ'⟩ ἐνεγκεῖν ὡς δίκαιον ἐστ' ἐπεί[σ]θη⟨ν⟩, Σώστρατε.
οὐ πεπλασμένῳ γὰρ ἤθει πρὸς τὸ πρᾶγμ' ἐλήλυθ[ας,
ἀλλ' ἁπλῶς, καὶ πάντα ποιεῖν ἠξίωσας τοῦ γάμου
ἕνεκα· τρυφερὸς ὢν δίκελλαν ἔλαβες, ἔσκαψας, πονε[ῖν
ἠθέλησας. ἐν δὲ τούτῳ τῷ μέρει μάλιστ' ἀνὴρ
δείκνυτ', ἐξισοῦν ἑαυτὸν ὅστις ὑπομένει τινὶ
εὐπορῶν πένητι· καὶ γὰρ μεταβολὴν οὗτος τύχ[ης
ἐγκρατῶς οἴσει. δέδωκας πεῖραν ἱκανὴν τοῦ τρόπ[ου·
διαμένοις μόνον τοιοῦτος.
(ΣΩ.) πολὺ μὲν οὖν κρείττω[ν ἔτι.
ἀλλ' ἐπαινεῖν αὑτόν ἐστι φορτικόν τι πρᾶγμ' ἴσως.
εἰς καλὸν δ' ὁρῶ παρόντα τὸν πατέρα.
(ΓΟ.) Καλλιππίδης
ἐστί σου πατήρ;
⟨ΣΩ.⟩ πάνυ μὲν οὖν.
(ΓΟ.) νὴ Δία, πλούσιός γ' ἀνὴρ
⟨καὶ⟩ δίκαιος ⟨καὶ⟩ γεωργὸς ἄμαχος.
ΚΑΛΛΙΠΠΙΔΗΣ
ἀπολέλειμμ' ἴσως·
καταβεβρωκότε⟨ς γὰρ ἤ⟩δη τὸ πρόβατον φροῦδοι πάλαι
εἰσὶν εἰς ἀγρόν.
ΓΟ. Πόσειδον, ὀξυπείνως πως ἔχει.
αὐτίκ' αὐτῷ ταῦτ' ἐροῦμεν;
(ΣΩ.) πρῶτον ἀριστησάτω·
πρᾳότερος ἔσται.
(ΚΑ.) τί τοῦτο, Σώστρατ'; ἠριστήκατε;
⟨ΣΩ.⟩ ἀλλὰ καὶ σοὶ παραλέλειπται· πάραγε.
(ΚΑ.) τοῦτο δὴ ποῶ.
ΓΟ. εἰσιὼν αὐτῷ λαλήσεις, εἴ τι βούλει, τῷ πατρὶ
κατὰ μόνας.

SOSTRATOS. Mein Vater wird mir nicht widersprechen.

GORGIAS. Also verlobe ich sie dir, gebe sie dir in Gegenwart aller Götter, die du – davon bin ich überzeugt – so, wie es recht ist, bekommst, Sostratos. Denn nicht mit verstelltem Wesen bist du an deine Sache herangegangen, sondern aufrichtig, und du hieltest es für recht, alles um der Heirat willen zu tun; obwohl du weichlich bist, nahmst du die Hacke, grubst, warst bereit, dich abzumühen. In diesem Punkt zeigt sich am meisten ein Mann, der es auf sich nimmt, sich, obwohl er wohlhabend ist, einem Armen gleichzustellen; denn der wird auch eine Veränderung des Schicksals beherrscht ertragen. Du gabst eine ausreichende Kostprobe deines Wesens; mögest du nur immer ein solcher sein!

SOSTRATOS. Ja, noch viel besser. Doch sich selbst zu loben, ist wohl etwas Plumpes. *(Kallippides kommt von rechts.)* Gerade recht sehe ich meinen Vater herankommen.

GORGIAS. Kallippides ist dein Vater?

SOSTRATOS. Ja, sehr wohl.

GORGIAS. Bei Zeus, ein reicher Mann und gerecht und ein Bauer ohne seinesgleichen.

KALLIPPIDES. Ich habe es wohl versäumt; denn sie haben das Schaf schon verspeist und sind schon längst fort zum Landgut.

GORGIAS. Poseidon, der verhält sich irgendwie heißhungrig. Werden wir es ihm sofort sagen?

SOSTRATOS. Erst soll er essen; dann wird er milder sein.

KALLIPPIDES. Was ist das, Sostratos? Habt ihr gegessen?

SOSTRATOS. Ja, doch auch für dich ist etwas übriggelassen; geh hin.

KALLIPPIDES. Das also tu ich. *(Ab in die Grotte.)*

GORGIAS. Wenn du hineingehst, wirst, falls du willst, du mit deinem Vater ganz allein reden.

(ΣΩ.) ἔνδον περιμενεῖς, οὐ γάρ;
(ΓΟ.) οὐκ ἐξέρχομαι
ἔνδοθεν.
(ΣΩ.) μικρὸν διαλιπὼν παρακαλῶ τοίνυν ⟨σ'⟩ ἐγώ.

ΧΟΡΟΥ

ΜΕΡΟΣ Ε'

ΣΩ. οὐχ ὡς ἐβουλόμην ἅπαντά μοι, πάτερ,
οὐδ' ὡς προσεδόκων γίνεται παρὰ σοῦ.
(ΚΑ.) τί δέ;
οὐ συγκεχώρηχ' ἧς ἐρᾷς σε λαμβάνειν;
καὶ βούλομαι καί φημι δεῖν.
(ΣΩ.) οὔ μοι δοκεῖς.
(ΚΑ.) νὴ τοὺς θεοὺς ἔγωγε, γινώσκων ὅ[τι
νέῳ γάμος βέβαιος οὕτως γίνετ[αι,
ἐὰν δι' ἔρωτα τοῦτο συμπεισθῇ ποε[ῖν.
(ΣΩ.) ἔπειτ' ἐγὼ μὲν τὴν ἀδελφὴν λήψο[μαι
τὴν τοῦ νεανίσκου, νομίζων ἄ[ξιον
ἡμῶν ἐκεῖνον· πῶς δὲ τοῦτο νῦ[ν σὺ φής
οὐκ ἀντιδώσειν τὴν ἐμήν;
(ΚΑ.) αἰσχρὸν λέγει[ς.
νύμφην γὰρ ἅμα καὶ νυμφίον πτωχοὺς λαβεῖν
οὐ βούλομ', ἱκανὸν δ' ἐστὶν ἡμῖν θάτερον.
(ΣΩ.) περὶ χρημάτων λαλεῖς, ἀβεβαίου πράγματος.
εἰ μὲν γὰρ οἶσθα ταῦτα παραμενοῦντά σοι
εἰς πάντα τὸν χρόνον, φύλαττε, μηδενὶ
τοῦ σοῦ μεταδιδούς· ὧν δὲ μὴ σὺ κύριος
εἶ, μηδὲ σαυτοῦ, τῆς Τύχης δὲ πάντ' ἔχεις,
τί ἂν φθονοίης, ὦ πάτερ, τούτων τινί;
αὕτη γὰρ ἄλλῳ τυχὸν ἀναξίῳ τινὶ

Sostratos. Du wirst im Haus warten, nicht wahr?

Gorgias. Ich gehe nicht aus dem Haus.

Sostratos. Nach kurzer Zeit werde ich dich also herbeirufen.

(Sostratos ab in die Grotte, Gorgias in sein Haus.)

Tanz und Gesang des Chors

AKT V

(Sostratos und Kallippides kommen aus der Grotte.)

Sostratos. Nicht wie ich alles für mich wollte, Vater, und nicht, wie ich erwartete, geschieht es von deiner Seite.

Kallippides. Was? Habe ich nicht zugestimmt, dass du die, die du liebst, zur Frau nimmst? Und ich will es und sage, es muss sein.

Sostratos. So kommst du mir nicht vor.

Kallippides. Doch, bei den Göttern, ich erkenne, dass so für einen jungen Mann die Ehe beständig ist, wenn er aus Liebe sich hat überzeugen lassen, sie zu schließen.

Sostratos. Dann werde ich zur Frau die Schwester des jungen Mannes nehmen, weil ich ihn für unserer würdig halte; wieso aber verweigerst du dies, dafür ihm die meine zu geben?

Kallippides. Du sprichst schändlich. Denn Schwiegertochter und Schwiegersohn zugleich als Bettler bekommen will ich nicht, genug ist für uns eines von beidem.

Sostratos. Du redest von Geld, einer unbeständigen Sache. Denn wenn du weißt, dass es dir bleibt für alle Zeit, hüte es, gib niemandem von dem ab, was dir gehört; doch das, worüber du nicht Herr bist, und das du alles nicht von dir, sondern von Tyche hast, warum solltest du, Vater, jemandem etwas davon missgönnen? Denn sie wird alles irgendeinem Unwürdigen an-

παρελομένη σοῦ πάντα προσθήσει πάλιν.
διόπερ ἐγώ σε φημὶ δεῖν, ὅσον χρόνον
εἶ κύριος, χρῆσθαί σε γενναίως, πάτερ,
αὐτοῖς, ἐπικουρεῖν πᾶσιν, εὐπόρους ποιεῖν
ὡς ἂν δύνῃ πλείστους διὰ σαυτοῦ. τοῦτο γὰρ
ἀθάνατόν ἐστι, κἄν ποτε πταίσας τύχῃς,
ἐκεῖθεν ἔσται ταὐτὸ τοῦτό σοι πάλιν.
πολλῷ δὲ κρεῖττόν ἐστιν ἐμφανὴς φίλος
ἢ πλοῦτος ἀφανής, ὃν σὺ κατορύξας ἔχεις.
ΚΑ. οἶσθ' οἷός εἰμι, Σώστραθ'· ἃ συνελεξάμην
οὐ συγκατορύξω ταῦτ' ἐμαυτῷ. πῶς γὰρ ἄν;
σὰ δ' ἐστί. βούλει περιποιήσασθαί τινα
φίλον δοκιμάσας; πρᾶττε τοῦτ' ἀγαθῇ τύχῃ.
τί μοι λέγεις γνώμας; πόρισον· βάδιζε καὶ
δίδου, μεταδίδου. συμπέπεισμαι πάντα σοι.
⟨ΣΩ.⟩ ἑκών;
(ΚΑ.) ἑκών, εὖ ἴσθι· μηδὲν τοῦτό σε
ταραττέτω.
(ΣΩ.) τὸν Γοργίαν τοίνυν καλῶ.
ΓΟ. ἐπακήκο' ὑμῶν ἐξιὼν πρὸς τῇ θύρᾳ
ἅπαντας οὓς εἰρήκατ' ἐξ ἀρχῆς λόγους.
τί οὖν; ἐγώ ⟨σε⟩, Σώστρατ', εἶναι μὲν φίλον
ὑπολαμβάνω σπουδαῖον ἀγαπῶ τ' ἐκτόπως.
μείζω δ' ἐμαυτοῦ πράγματ' οὔτε βούλομαι
οὔτ' ἂν δυναίμην, μὰ Δία, βουληθεὶς φέρειν.
(ΣΩ.) οὐκ οἶδ' ὅ τι λέγεις.
(ΓΟ.) τὴν ἀδελφὴν τὴν ἐμὴν
δίδωμί σοι γυναῖκα· τὴν δὲ σὴν λαβεῖν –
καλῶς ἔχει μοι.
(ΣΩ.) πῶς καλῶς;
(ΓΟ.) οὐχ ἡδύ μοι
εἶναι τρυφαίνειν ἀλλοτρίοις πόνοις δοκεῖ,
συλλεξάμενον δ' αὐτόν.

deren, nachdem sie es dir weggenommen hat, wieder hinzufügen. Deshalb sage ich, du musst, so lange Zeit, wie du Herr darüber bist, es edelmütig verwenden, Vater, allen helfen, wohlhabend machen so viele, wie du kannst durch dich. Denn das ist unsterblich, und falls du einmal Unglück haben solltest, wird eben dies von dort dir wieder werden. Um vieles besser ist ein deutlich sichtbarer Freund als unsichtbarer Reichtum, den du besitzt, nachdem du ihn vergraben hast.

Kallippides. Du weißt, wie ich bin, Sostratos: Was ich zusammengebracht habe, das werde ich nicht für mich mit mir begraben. Wie denn wohl? Deines ist es. Du willst jemanden für dich gewinnen, den du als Freund kennengelernt hast? Mach das mit gutem Glück! Was predigst du mir Weisheitssprüche? Vollbringe es! Geh hin und gib, gib ab. Ich habe mich von dir in allem überzeugen lassen.

Sostratos. Gerne?

Kallippides. Gerne, wisse es wohl; in keiner Weise soll dich das beunruhigen.

Sostratos. Also rufe ich den Gorgias.

Gorgias *(kommt aus seinem Haus)*. Ich habe, als ich heraustreten wollte, bei der Tür alle Worte, die ihr gesprochen habt, von Anfang an gehört. Was nun? Ich glaube, dass du, Sostratos, ein ernsthaft bemühter Freund bist, und ich liebe dich außerordentlich. Aber etwas, das für mich zu groß ist, will ich nicht und könnte es, bei Zeus, auch dann nicht, wenn ich wollte, tragen.

Sostratos. Ich weiß nicht, was du meinst.

Gorgias. Meine Schwester gebe ich dir zur Frau; doch deine zur Frau nehmen – danke, sehr nett.

Sostratos. Wieso sehr nett?

Gorgias. Nicht angenehm zu sein scheint es mir, üppig zu leben aufgrund der Mühen anderer, sondern wenn ich selbst etwas zusammengebracht habe.

(ΣΩ.) φλυαρεῖς, Γοργία.
οὐκ ἄξιον κρίνεις σεαυτὸν τοῦ γάμου;
(ΓΟ.) ἐμαυτὸν εἶναι κέκρικ᾽ ἐκείνης ἄξιον,
λαβεῖν δὲ πολλὰ μίκρ᾽ ἔχοντ᾽ οὐκ ἄξιον.
ΚΑ. νὴ τὸν Δία τὸν μέγιστον, εὐγενῶς γέ πως
πα[ράλο]γος εἶ.
(ΓΟ.) πῶς;
(ΚΑ.) οὐκ ἔχων βούλει δοκεῖν.
ἀλλ᾽ εἴκ᾽,] ἐπειδὴ συμπεπεισμένον μ᾽ ὁρᾷς.
αὐτῷ δ]ὲ τούτῳ μ᾽ ἀναπέπεικας διπλασίως,
ἀπαξι]ῶν πένης ⟨τις⟩ ἀπόπληκτός θ᾽ ἅμα,
ἣν ὁ γάμο]ς ὑποδείκνυσιν εἰς σωτηρίαν.
(ΓΟ.) εἴκω.
ΣΩ. τ]ὸ λοιπόν ἐστιν ἡμῖν ἐγγυᾶν.
(ΚΑ.) ἀλλ᾽ ἐγγυῶ παίδων ἐπ᾽ ἀρότῳ γνησίων
τὴν θυγατέρ᾽ ἤδη, μειράκιόν, σοι, προῖκά τε
δίδωμ᾽ ἐπ᾽ αὐτῇ τρία τάλαντ᾽.
(ΓΟ.) ἐγὼ δέ γε
ἔχω τάλαντον προῖκα τῆς ἑτέρας.
(ΚΑ.) ἔχεις;
μηδ᾽ αὖ σὺ λίαν.
(ΓΟ.) ἀλλ᾽ ἔχω.
⟨ΚΑ.⟩ τὸ δὲ χωρίον
κέκτησ᾽ ὅλον σύ, Γοργία. τὴν μητέρα
ἤδη σὺ δεῦρο τήν τ᾽ ἀδελφὴν μετάγαγε
πρὸς τὰς γυναῖκας τὰς παρ᾽ ἡμῖν.
(ΓΟ.) ἀλλὰ χρή.
(ΣΩ.) τὴν νύκτα [ταύτην ἑστιώμεθ᾽ ἐνθαδὶ
πάντες μέν[οντες· αὔριον δὲ το]ὺς γάμους
ποήσομεν. κ[αὶ τὸν] γέροντα, [Γορ]γία,
κομίσατε δε[ῦ]ρ᾽· ἕξει τὰ δ[έον]τ᾽ ἐνταῦθ᾽ ἴσω[ς
μ]ᾶλλον παρ᾽ ἡμῖν.
(ΓΟ.) οὐκ ἐθ[ελ]ήσει, Σώστρατε.

Sostratos. Du faselst, Gorgias. Beurteilst du dich selbst als nicht würdig dieser Ehe?

Gorgias. Ich beurteile mich als würdig, was jene betrifft, aber viel zu nehmen, wenn man wenig hat, ist nicht würdig.

Kallippides. Beim höchsten Zeus, auf edle Weise bist du irgendwie unvernünftig.

Gorgias. Wieso?

Kallippides. Du willst nicht etwas nur dem Anschein nach besitzen. Doch gib nach, da du mich überzeugt siehst. Eben dadurch hast du mich doppelt überzeugt, dass du, ein Armer und zugleich geistig verwirrt, die Rettung verschmähtest, welche die Heirat aufzeigt.

Gorgias. Ich gebe nach.

Sostratos. Es bleibt uns noch die Verlobung.

Kallippides. Also verlobe ich dir zur Zeugung frei geborener Kinder nun meine Tochter, junger Mann, und als Mitgift gebe ich zu ihr dazu drei Talente.

Gorgias. Ich aber habe wenigstens ein Talent Mitgift für die andere.

Kallippides. Hast du das? Gib auch wieder nicht zu viel.

Gorgias. Aber ich habe es.

Kallippides. Doch das Land besitze du ganz, Gorgias. Hole du jetzt deine Mutter und deine Schwester hierher hinüber zu den Frauen bei uns.

Gorgias. Ja, das muss sein.

Sostratos. Diese Nacht bleiben wir alle hier und schmausen; morgen aber werden wir die Hochzeit ausrichten. Und den alten Mann, Gorgias, bringt hierher; er wird vielleicht das, was er braucht, hier bei uns besser bekommen.

Gorgias. Er wird nicht wollen, Sostratos.

(ΣΩ.) σύμπεισον αὐτόν
(ΓΟ.) ἂν δύνωμ[αι.
ΣΩ.] δεῖ πότον
ἡμῶν γενέσθαι, παππία, νυνὶ [κ]αλόν,
καὶ τῶν γυναικῶν παννυχίδα.
(ΚΑ.) τοὐναντίον
πίοντ' ἐκεῖναι, παννυχιοῦμεν, οἶδ' ὅτι,
ἡμεῖς. παράγων δ' ὑμῖν ἑτοιμάσω τι τῶν
προὔργου.
ΣΩ. ποίει τοῦτ'. οὐδενὸς χρὴ πράγματος
τὸν εὖ φρονοῦνθ' ὅλως ἀπογνῶναί ποτε.
ἁλωτὰ γίνετ' ἐπιμελείᾳ καὶ πόνῳ
ἅπαντ'· ἐγὼ τούτου παράδειγμα νῦν φέρω.
ἐν ἡμέρᾳ μιᾷ κατείργασμαι γάμον
⟨ὃν⟩ οὐδ' ἂν εἷς ποτ' ᾠετ' ἀνθρώπων ὅλως.
ΓΟ. προάγετε δὴ θᾶττόν ποθ' ὑμεῖς.
ΣΩ. δεῦτε δή·
μῆτερ, δέχου ταύτας. ὁ Κνήμων δ' οὐδέπω;
(ΓΟ.) ὃς ἱκέτευεν ἐξαγαγεῖν τὴν γραῦν ἔτι,
ἵν' ᾖ τελέως μόνος καθ' αὑτόν;
(ΣΩ.) ὢ τρόπου
ἀμάχου.
(ΓΟ.) τοιοῦτος.
⟨ΣΩ.⟩ ἀλλὰ πολλὰ χαιρέτω.
ἡμεῖς δ' ἴωμεν.
(ΓΟ.) Σώστραθ', ὑπεραισχύνομαι
γυναιξὶν ἐν ταὐτῷ –
(ΣΩ.) τίς ὁ λῆρος; οὐ πρόει;
οἰκεῖα ταῦτ' ἤδη νομίζειν πάντα δεῖ.
ΣΙΜ. ἄπειμι, νὴ τὴν Ἄρτεμιν, κἀγώ. μόνος
ἐνταῦθα κατακείσει· τάλας σὺ τοῦ τρόπου.
πρὸς τὸν θεόν σε βουλομένων [τούτων ἄγειν
ἀντεῖπας. ἔσται μέγα κακὸν πάλιν [τί σοι,

SOSTRATOS. Überrede ihn.

GORGIAS. Wenn ich kann. *(Ab in Knemons Haus.)*

SOSTRATOS. Jetzt soll es für uns einen schönen Umtrunk geben, Papa, und ein Nachtfest für die Frauen.

KALLIPPIDES. Im Gegenteil, sie werden trinken, wir werden ein Nachtfest feiern, das weiß ich. Ich gehe und werde für euch etwas von dem Notwendigen vorbereiten. *(Ab in die Grotte.)*

SOSTRATOS. Tu das. Gegenüber keiner Situation darf, wer wohl bedacht ist, jemals ganz verzweifeln. Erreichbar wird durch Sorgsamkeit und Mühe alles; ich gebe dafür jetzt ein Beispiel. An einem einzigen Tag habe ich eine Heirat bewerkstelligt, an die auch nicht einer von den Menschen jemals geglaubt hätte.

GORGIAS *(kommt mit Mutter und Schwester aus Knemons Haus)*. Ihr, geht doch endlich schneller.

SOSTRATOS. Ja, hierher! *(Führt sie zur Grotte.)* Mutter, empfange sie. *(Zu Gorgias.)* Ist Knemon noch nicht hier?

GORGIAS. Der flehte, ich sollte noch die alte Frau hinausführen, damit er endlich bei sich allein sei.

SOSTRATOS. Was für ein unbezwinglicher Charakter!

GORGIAS. So ist er.

SOSTRATOS. So soll er denn ganz und gar seine Ruhe haben. Gehen wir nun.

GORGIAS. Sostratos, ich schäme mich über die Maßen zusammen mit Frauen –

SOSTRATOS. Was für ein Geschwätz! Willst du wohl weitergehen? Du musst jetzt davon ausgehen, dass dies alles Familie ist.

SIMICHE *(spricht zurück in Knemons Haus)*. Bei der Artemis, ich gehe auch. Allein wirst du dort liegen; du Armer mit deinem Charakter! Als die dich zu dem Gott führen wollten, hast du dich geweigert. Ein großes Unheil wird es wieder für

νὴ τὼ θεώ, ⟨καὶ⟩ μεῖζον ἢ νῦν· εὖ πά[θοις.
ΓΕ. ἐγὼ προσελθὼν ὄψομαι δεῦρ[ʼ ὡς ἔχει.
αὐλεῖ
τί μοι προσαυλεῖς, ἄθλιʼ; οὗτος, οὐδέπω σχολή [μοι.
πρὸς τὸν κακῶς ἔχοντα πέμπουσʼ ἐνθαδί μʼ· ἐπίσ[χες.
ΣΙΜ. καὶ παρακαθήσθω γʼ εἰσιὼν αὐτῷ τις ἄλλος ὑμῶ[ν.
ἐγὼ δʼ ἀποστέλλουσα τροφίμην βούλομαι λαλῆ[σαι
αὐτῇ, προσειπεῖν, ἀσπάσασθαι.
(ΓΕ.) νοῦν ἔχεις· βάδ[ιζε.
τοῦτον δὲ θεραπεύσω τέως ἐγώ. πάλαι δʼ [ἔχρῃζον
τ[οῦτο]ν λαβε[ῖν] τὸν καιρόν, ἀλλὰ διαπον[εῖν ἔδει με.
]εσει καὶ τῶν β[
ο]ὔπω δυνησ[ ]ι. μάγειρε
Σίκων, πρόελ[θε δ]εῦρό μ[ο]ι [σὺ θᾶττ]ον. ὦ Πόσειδον,
οἵαν ἔχειν οἶμ[αι δι]ατριβήν.
(ΣΙΚ.) σύ μ[ε κα]λεῖς;
(ΓΕ.) ἔγωγε.
τιμωρίαν [βούλ]ει λαβεῖν ὧν ἀρτίως ἔπασχες;
(ΣΙΚ.) ἐγὼ δʼ ἔπασχ[ον ἀ]ρτίως; οὐ λαικάσει φλυαρῶν;
(ΓΕ.) ὁ δύσκολός [γʼ ἔνδ]ον καθεύδει μόνος.
(ΣΙΚ.) ἔχει δὲ πῶς [νῦν;
[ΓΕ.] οὐ παντάπ[ασ]ιν ἀθλίως.
(ΣΙΚ.) οὐκ ἂν δύναιτό γʼ ἡμᾶς
τύπτειν ἀναστάς;
(ΓΕ.) οὐδʼ ἀναστῆναι ⟨γάρ⟩, ὡς ἐγᾦμαι.
(ΣΙΚ.) ὡς ἡδὺ πρᾶγμά μοι λέγεις. αἰτήσομʼ εἰσιών τι·
ἔξω γὰρ ἔσται τῶν φρενῶν.
(ΓΕ.) ⟨τί δʼ ἄν,⟩ τὸ δεῖνα, πρῶτον
ἔξω προελκύσωμεν αὐτόν, εἶτα θέντες αὐτοῦ
κόπτωμεν οὕτω τὰς θύρας, αἰτῶμεν, ἐπιφλέγωμεν;
ἔσται τις ἡδονή, λέγω.
(ΣΙΚ.) τὸν Γοργίαν δέδοικα
μὴ καταλαβὼν ἡμᾶς καθαίρῃ.

dich geben, bei den zwei Göttinnen, und zwar ein größeres als jetzt; möge es dir gut gehen.

Getas *(kommt aus der Grotte).* Ich komme hierher, um zu sehen, wie es ihm geht. *(Der Flötenspieler bläst.)* Was flötest du mir zu, Unglückseliger? Du, ich habe noch keine Zeit. Sie schicken mich hierher zu dem, dem es schlecht geht; hör auf!

Simiche. Ja, und hineingehen und bei ihm sitzen soll ein anderer von euch. Ich aber will, da ich die junge Herrin von mir ließ, plaudern mit ihr, sie grüßen, herzen und küssen.

Getas. Du hast Verstand; geh nur. *(Simiche ab in die Grotte.)* Den werde so lange *ich* versorgen. Ich wünschte lange, diese Gelegenheit zu bekommen, aber ich musste mich abmühen. ... noch nicht ... Koch Sikon, komm du schnell hierher zu mir. O Poseidon, was für einen Spaß habe ich, wie ich denke!

Sikon *(kommt aus der Grotte).* Rufst du mich?

Getas. Ja. Willst du Rache nehmen für das, was du soeben erlittst?

Sikon. Ich soeben erlitt? Willst du mich wohl am Arsch lecken mit deinem Geschwätz?

Getas. Der Schwierige schläft allein im Haus.

Sikon. Wie geht es ihm jetzt?

Getas. Nicht ganz und gar elend.

Sikon. Könnte er wohl nicht aufstehen und uns schlagen?

Getas. Ja, nicht einmal aufstehen, wie ich glaube.

Sikon. Was du mir Erfreuliches sagst! Ich werde hineingehen und um etwas bitten; er wird außer sich sein.

Getas. Weißt du was? Wie ist es wohl, wenn wir ihn erst nach draußen schleppen, dann hier niedersetzen, so an die Tür klopfen, bitten, ihn zur Weißglut bringen? Das wird ein Vergnügen sein, sage ich.

Sikon. Ich habe Angst vor Gorgias, er könnte uns erwischen und uns eine Abreibung geben.

ΓΕ. θόρυβός ἐστιν ἔνδον,
πίνουσιν· οὐκ αἰσθήσετ' οὐδείς. τὸ δ' ὅλον ἐστὶν ἡμῖν
ἄνθρωπος ἡμερωτέος. κηδεύομεν γὰρ αὐτῷ,
οἰκεῖος ἡμῖν γίνετ'· εἰ δ' ἔσται τοιοῦτος ἀεί,
ἔργον ὑπενεγκεῖν.
(ΣΙΚ.) πῶς γὰρ οὔ;
(ΓΕ.) λαθεῖν μόνον προθυμοῦ
αὐτὸν φέρων δεῦρ' εἰς τὸ πρόσθεν. πρόαγε δὴ σύ.
⟨ΣΙΚ.⟩ μικρὸν
πρόσμεινον. ἱκετεύω σε, μή με καταλιπὼν ἀπέλθῃς·
καὶ μὴ ψόφει, πρὸς τῶν θεῶν.
(ΓΕ.) ἀλλ' οὐ ψοφῶ, μὰ τὴν Γῆν.
εἰς δεξιάν.
(ΣΙΚ.) ἰδού.
⟨ΓΕ.⟩ θὲς αὐτοῦ. νῦν ὁ καιρός.
⟨ΣΙΚ.⟩ εἶέν·
ἐγὼ προάξω πρότερος. ἤν (καὶ τὸν ῥυθμὸν σὺ τήρει)·
⟨παῖ⟩, παιδίον, παῖδες ⟨καλοί⟩, παῖ, παῖδες.
⟨ΚΝ.⟩ οἴχομ', οἴμοι.
⟨ΣΙΚ.⟩ παῖδες καλοί, παῖ, παιδίον, ⟨παῖ⟩, παῖδες.
⟨ΚΝ.⟩ οἴχομ', οἴμοι.
⟨ΣΙΚ.⟩ τίς οὗτος; ἐντεῦθέν τις εἶ;
(ΚΝ.) [δη]λονότι. σὺ δὲ τί βούλει;
⟨ΣΙΚ.⟩ λέβητά σ' αἰτοῦμαι παρ' ὑμῶν καὶ σκάφην.
(ΚΝ.) τίς ἄν με
στήσειεν ὀρθόν;
(ΣΙΚ.) ἔστιν ὑμῖν, ἔστιν ὡς ἀληθῶς.
καὶ τρίποδας ἑπτὰ καὶ τραπέζας δώδεκ'. ἀλλά, παῖδες,
τοῖς ἔνδον εἰσαγγείλατε· σπεύδω γάρ.
(ΚΝ.) οὐδὲν ἔστιν.
(ΣΙΚ.) οὐκ ἔστιν;
(ΚΝ.) ⟨ἀλλ'⟩ ἀκήκοας μυριάκις.
(ΣΙΚ.) ἀποτρέχω δή.

GETAS. Drinnen ist Lärm, sie trinken; keiner wird es bemerken. Überhaupt muss der Mensch von uns gezähmt werden. Denn wir verschwägern uns mit ihm, er wird ein Mitglied unserer Familie; wenn er immer so sein wird, [905] ist er schwer zu ertragen.

SIKON. Wie denn auch nicht?

GETAS. Nur bemüh dich, ihn unbemerkt hierher nach vorne zu bringen. Geh du nun voraus.

SIKON. Warte ein bisschen. Ich flehe dich an, lass mich nicht im Stich und geh weg; und mach keinen Krach, bei den Göttern.

GETAS. Ich mach doch keinen Krach, bei der Ge! *(Sie rollen Knemon auf dem Ekkyklema aus seinem Haus.)* Nach rechts!

SIKON. Sieh da.

GETAS. Setz ihn hier ab. Jetzt ist die Gelegenheit.

SIKON. Auf denn! [910] Ich werde den Anfang machen. Schau! *(Zum Flötenspieler.)* Und du halte den Takt! *(Sikon klopft an Knemons Tür.)* Sklave, Sklavenjunge, schöne Sklaven, Sklave, Sklaven!

KNEMON. Ich vergehe, o weh!

SIKON. Schöne Sklaven, Sklave, Sklavenjunge, Sklave, Sklaven!

KNEMON. Ich vergehe, o weh!

SIKON. Wer ist der da? Bist du einer von hier?

KNEMON. Klar! Aber du, was willst du?

SIKON. Um einen Kessel von euch bitte ich dich und einen Trog.

KNEMON. Wer möchte mir helfen [915] aufzustehen?

SIKON. Ihr habt das, habt das wahrhaftig. Und sieben Dreifüße und zwölf Tische. Auf, Sklaven, meldet es denen drinnen; denn ich habe es eilig.

KNEMON. Ich habe davon nichts.

SIKON. Hast du nicht?

KNEMON. Du hast es doch tausendmal gehört.

SIKON. Also lauf ich weg.

ΚΝ. ὢ δυστυχὴς ἐγώ· τίνα τρόπον ἐνθαδὶ προήχθην;
τίς μ' εἰ]ς τὸ πρόσθε κατατέθηκεν; ἄπαγε δὴ σύ.
⟨ΓΕ.⟩ καὶ δή·
παῖ, παι]δίον, γυναῖκες, ἄνδρες, παῖ θυρωρέ.
(ΚΝ.) μαίνει,
ἄνθρ]ωπε; τὴν θύραν κατάξεις.
(ΓΕ.) δάπιδας ἐννέ' ἡμῖν
χρήσα]τε.
(ΚΝ.) πόθεν;
(ΓΕ.) καὶ παραπέτασμα βαρβαρικὸν ὑφαντὸν
προσέτι] ποδῶν τὸ μῆκος ἑκατόν.
(ΚΝ.) εἴθε μοι γένοιτο
ἱμάς] π[ο]θεν. γραῦ. ποῦ 'στιν ⟨ἡ⟩ γραῦς;
(ΓΕ.) ἐφ' ἑτέραν βαδίζω
θύραν.
(ΚΝ.) ἀπαλλάγητε δή. γραῦ Σιμίχη. κακὸν δὲ
κακῶς ⟨σ'⟩ ἅπαντες ἀπολέσειαν οἱ θεοί. τί βούλει;
(ΣΙΚ.) κρατῆρα βούλομαι λαβεῖν χαλκοῦν μέγαν.
(ΚΝ.) τίς ἄν με
στήσειεν ὀρθόν,
(ΓΕ.) ἔστιν ὑμῖν, ἔστιν ὡς ἀληθῶς
τὸ παραπέτασμα, παππία.
(ΚΝ.) μὰ τὸν Δί'.
⟨ΣΙΚ.⟩ οὐδ' ὁ κρατήρ;
(ΚΝ.) τὴν Σιμίχην ἀποκτενῶ.
(ΓΕ.) κάθευδε μή [τι] γρύζων.
φεύγεις ὄχλον, μισεῖς γυναῖκας, οὐκ ἐᾷς κομίζειν
εἰς ταὐτὸ τοῖς θύουσι σαυτόν· πάντα ταῦτ' ἀνέξει,
οὐδεὶς βοηθός σοι πάρεστιν. πρῖε σαυτὸν αὐτοῦ,
ἄκουε δ' ἑξῆς πάντα .[. .] . . .[. . . .] . . . [
. . . .]αγκασουδετην[. . . . .] .[.].[. . .] .
ἐπεὶ παρῆλθ]ον αἱ γυναῖκες [ἐνθάδ' αἱ] παρ' ὑμῶν
τῇ σῇ γυν]αικὶ τῇ τε παιδὶ [περιβ]ολαὶ τὸ πρῶτον

Knemon. Ach, ich Unglücklicher! Auf welche Weise wurde ich hierher gebracht? [920] Wer hat mich vorne abgestellt? Verschwinde doch, du!

Getas. Und also: Sklave, Sklavenjunge, Frauen, Männer, Türhütersklave!

Knemon. Bist du rasend, Mensch? Du wirst die Tür zerschlagen.

Getas. Leiht uns neun Teppiche.

Knemon. Woher?

Getas. Und einen Wandbehang, ein barbarisches Gewebe dazu, mit einer Länge von hundert Fuß.

Knemon. Wenn ich doch [925] eine Peitsche von irgendwo bekäme! Alte! Wo ist die Alte?

Getas. Ich gehe zu einer anderen Tür.

Knemon. Verschwindet doch! Simiche, Alte! Dich Elenden sollen alle Götter elend vernichten! Was willst du?

Sikon. Einen großen bronzenen Mischkrug will ich bekommen.

Knemon. Wer mag mich aufrecht hinstellen?

Getas. Ihr habt, habt ganz sicher [930] den Wandbehang, Väterchen.

Knemon. Nein, beim Zeus.

Sikon. Auch nicht den Mischkrug?

Knemon. Die Simiche werde ich umbringen.

Getas. Bleib ruhig ohne einen Mucks! Du fliehst vor der Menge, du hasst die Frauen, lässt dich nicht an denselben Ort wie die Opfernden bringen; all dies wirst du erdulden, kein Helfer ist dir zur Seite. Beiß dir auf die Lippen und [935] höre der Reihe nach alles … … Als die Frauen hierher von euch herüberkamen, gab es für deine Frau und deine Tochter als erstes Umarmungen und Begrüßungen; nicht unangenehm ist ihr Aufenthalt dort.

καὶ δεξι]ώματ᾽· οὐκ ἀηδὴς διατρ[ι]βή τις αὐτῶν.
⟨ΣΙΚ.?⟩ μικ]ρ[ὸν δ᾽] ἄνωθεν ηὐτρέπιζον συμπόσιον ἐγώ τι
τοῖς ἀνδράσιν τούτοις. ἀκούεις; μὴ κάθευδε.
(ΚΝ.) μὴ γάρ;
οἴμοι.
(ΣΙΚ.) ⟨τί δ᾽; οὐ⟩ βούλει παρεῖναι; πρόσε[χε] καὶ τὰ λοιπά.
σπουδὴ γὰρ ἦν· ἐστρώννυτο στιβὰς χαμαί· τραπέζας
ἔγωγε, τοῦτο γὰρ ποεῖν ἐμοὶ προσῆκ᾽, ἀκούεις;
μάγειρος ὢν γὰρ τυγχάνω, μέμνησο.
⟨ΓΕ.⟩ μαλακὸς ἁνήρ.
(ΣΙΚ.) ἄλλος δὲ χερσὶν Εὔιον γέροντα πολιὸν ἤδη
ἔκλινε κοῖλον εἰς κύτος μειγνύς τε νᾶμα Νυμφῶν
ἐδεξιοῦτ᾽ αὐτοῖς κύκλῳ, καὶ ταῖς γυναιξὶν ἄλλος.
ἦν δ᾽ ὥσπερ εἰ ᾽ς ἄμμον φοροίης. ταῦτα μανθάνεις σύ;
καί τις βρεχεῖσα προσπόλων εὐήλικος προσώπου
ἄνθος κατεσκιασμένη χορεῖον εἰσέβαινε
ῥυθμὸν μετ᾽ αἰσχύνης ὁμοῦ μέλλουσα ⟨καὶ⟩ τρέμουσα·
ἄλλη δὲ συγκαθῆπτε ταύτῃ χεῖρα, κἀχόρευον.
(ΓΕ.) ὦ πρᾶγμα πάνδεινον παθών, χόρευε, συνεπίβαινε.
⟨ΚΝ.⟩ τί ποτε, τί βούλεσθ᾽, ἄθλιοι;
(ΓΕ.) μᾶλλον ⟨σὺ⟩ συνεπίβαινε.
ἄγροικος εἶ.
(ΚΝ.) μή, πρὸς θεῶν.
⟨ΓΕ.⟩ οὐκοῦν φέρωμεν εἴσω
ἤδη σε;
⟨ΚΝ.⟩ τί πόησω;
⟨ΓΕ.⟩ χόρευε δὴ σύ.
(ΚΝ.) φέρετε, κρεῖττον
ἴσως ὑπομένειν ἐστὶ τἀκεῖ.
(ΓΕ.) νοῦν ἔχεις. κρατοῦμεν·
ὦ καλλίνικοι. παῖ Δόναξ, Σίκων σύ γε,
αἴρεσθε τοῦτον, εἰσφέρετε. φύλαττε δὴ
σεαυτόν, ὡς ἐὰν σε παρακινοῦντά τι

Sikon. (?) Ein wenig weiter oben habe ich ein Gelage ausgerichtet für diese Männer. Hörst du? Schlaf nicht ein!

Knemon. Nicht? Wehe mir!

Sikon. Was? Willst du nicht dabei sein? Vernimm auch das Übrige! Es herrschte Geschäftigkeit: Am Boden wurde eine Matte ausgebreitet; Tische habe ich – denn das zu tun ist meine Pflicht – hörst du? Ich bin nämlich zufällig Koch, denke daran.

Getas. Ein weichlicher Mann!

Sikon. Ein anderer senkte mit den Händen Euios, einen schon ergrauten Alten, in ein gewölbtes Gefäß, mischte es mit dem Nass der Nymphen, und trank ihnen ringsum zu, und den Frauen ein anderer. Es war, wie wenn man ihn in Sand gösse. Verstehst du das? Und eine von den Sklavinnen, beschwipst, die jugendliche Blüte ihres Gesichts beschattet, schritt zum rhythmischen Tanz mit Scheu, zugleich zögernd und zitternd; eine andere fasste ihre Hand, und sie tanzten.

Getas. O du, der du etwas sehr Schreckliches erlitten hast, steh auf und tanze.

Knemon. Was denn, was wollt ihr, ihr Elenden?

Getas. Steh du etwas mehr auf. Du bist doch ein Bauernlümmel!

Knemon. Nein, bei den Göttern!

Getas. Sollen wir dich also nun hineintragen?

Knemon. Was soll ich machen?

Getas. Tanze du doch!

Knemon. Tragt mich; besser vielleicht ist das, was dort ist, auszuhalten.

Getas. Du hast Verstand. Wir siegen! O schöner Sieg! Sklave Donax, du, Sikon, hebt ihn hoch, tragt ihn hinein! *(Zu Knemon.)* Hüte dich also davor, dass, falls wir dich wieder dabei

λάβωμεν αὖτις, οὐδὲ μετρίως, ἴσθ' ὅτι,
χρησόμεθά σοι τὸ τηνικαῦτ'. ἀλλ' ἐκδότω
στεφάνους τις ἡμῖν, δᾷδα.
(ΣΙΚ.) τουτονὶ λαβέ.
⟨ΓΕ.⟩ εἶέν· συνησθέντες κατηγωνισμένοις
ἡμῖν τὸν ἐργώδη γέροντα φιλοφρόνως,
μειράκια, παῖδες, ἄνδρες, ἐπικροτήσατε.
ἡ δ' εὐπάτειρα φιλόγελώς τε παρθένος
Νίκη μεθ' ἡμῶν εὐμενὴς ἕποιτ' ἀεί.

ertappen, wie du Ärger machst, wir dann, wisse das, nicht maßvoll mit dir umgehen werden. Doch es gebe jemand uns Kränze heraus, eine Fackel.

SIKON. Nimm den hier.

GETAS. [965] Na denn! Freut euch mit uns, dass wir den schwierigen alten Mann überwunden haben, und freundlich, ihr jungen Männer, Knaben, Männer, applaudiert uns! Die edle und das Lachen liebende Jungfrau Nike möge stets wohlgesonnen mit uns marschieren.

ΕΠΙΤΡΕΠΟΝΤΕΣ

DAS SCHIEDSGERICHT

Charisios, ein nicht lange verheirateter junger Mann, hat von seinem Sklaven Charisios gehört, seine Frau Pamphile habe ein Kind, das sie vorehelich empfangen haben muss, geboren und aussetzen lassen. Empört darüber hat er sein Haus verlassen, die Hetäre Habrotonon gemietet und hält sich im Haus seines Freundes Charisios bei einem Gelage auf. Soweit erfuhr man in der vollständigen Komödie aus den Eröffnungsszenen, von denen, über die Zitate F 1–3 und 5 verteilt, nur 5 ganze und 6 halbe Verse sowie 69 auf Papyrus überlieferte Versreste erhalten sind. Nach den Eröffnungsszenen verriet der interne Prolog eines Gottes, dass Charisios Pamphile vor der Ehe vergewaltigt hat und somit der Vater des Kindes ist. Der Rest des ersten Aktes eröffnet die von der Figur des Geizhalses Smikrines ausgehende Teilhandlung, die ihn empört über das Verhalten seines Schwiegersohns und bei Bemühungen um die Rückkehr seiner Tochter zu ihm zeigt. In einer Szene nicht lange nach dem Beginn von Akt II ermöglicht Simikrines, ohne es zu wissen. das Happy End: Von dem Hirten Daos, der das ausgesetzte Kind gefunden hat, und dem Köhler Syriskos, dem er das Kind schenkte, wird er zum Schiedsrichter in ihrem Streit um die Erkennungszeichen gewählt und weist diese Syriskos zu. Onesimos, der ihn bei deren Durchsicht sieht, erkennt einen Ring, den sein Herr verlor. Bevor er ihn Charisios zeigt, erfährt Habrotonon in Akt III durch Belauschen eines Gesprächs des Sklaven mit Syriskos, dass Charisios den Ring bei den Tauropolien verlor, als er dort eine junge Frau vergewaltigte. Habrotonon sah sie, kennt aber nicht ihren Namen, und um sicherzustellen, dass Charisios der Täter ist, gibt sie sich mit Hilfe des Rings als sein Opfer aus; die übrigen Szenen des dritten Aktes, in denen Smikrines wieder auftritt, und die erste Hälfte von Akt IV sind sehr schlecht überliefert, so dass von Pamphiles Rede an ihren Vater, in dem sie ihre Treue zu Charisios rechtfertigt, nicht alles lesbar ist. Dieser belauscht das Gespräch, und als Habrotonon mit Pamphile zur Wiedererkennung und Klärung der Sachlage zusammengekommen ist, bekennt er sich, ohne diese zu kennen, in einem Monolog als Vergewaltiger gegenüber seiner Frau schuldig. Mit seiner Aufklärung durch Habrotonon schließt Akt IV. Akt V, von dem wir nur die zweite Hälfte (nicht bis zum Ende) haben, enthält die Aufklärung und Verspottung des noch unwissenden Smikrines durch Onesimos.

Personen
Karion, ein Koch
Onesimos, Sklave des Charisios
Chairestratos, Freund des Charisios
⟨Gott, Prologsprecher⟩
Smikrines, Vater Pamphiles
Habrotonon, Hetäre
Daos, Sklave und Schafhirte
Syriskos, Sklave des Chairestratos und Köhler
Pamphile, Frau des Charisios
Charisios, junger Ehemann
Sophrone, Pamphiles Amme

Stumme Personen
Frau des Syriskos
Simias, Gehilfe Karions (?)

(Auf Papyrus ist eine Inhaltsangabe erhalten, in der das Stück bewertet und ein Überblick über die handelnden Personen gegeben wird. Da der Text fragmentarisch ist und von den 14 Zeilen jeweils die zweite Hälfte fehlt, ist er hier nicht zweisprachig abgedruckt (s. PCG VI 1, 127).)

ΜΕΡΟΣ Α΄

F 1

[ΚΑΡΙΩΝ]

οὐχ ὁ τρόφιμός σου, πρὸς θεῶν, Ὀνήσιμε,
ὁ νῦν ἔχων ⟨τὴν⟩ Ἁβρότονον τὴν ψάλτριαν
ἔγημ’ ἔναγχος;

(ΟΝΗΣΙΜΟΣ)

πάνυ μὲν οὖν

F 2

[ΚΑ.] φιλῶ σ’, Ὀνήσιμε·
καὶ σὺ περίεργος εἶ

οὐδέν ⟨ἐστι⟩ γὰρ
γλυκύτερον ἢ πάντ’ εἰδέναι

F 3 τί δ’ οὐ ποιεῖς ἄριστον; ὁ δ’ ἀλύει πάλαι
κατακείμενος

F 5 ἐπέπασα
ἐπὶ τὸ τάριχος ἅλας, ἐὰν οὕτω τύχῃ

AKT I

(Straße in einem Dorf bei Athen, die rechts zum Markt, links aufs Land führt. Im Hintergrund das Haus des Charisios und das des Chairestratos. Das Stück wurde durch einen Dialog des Kochs Karion und des Sklaven Onesimos, die vom Einkaufen in der Stadt zurückgekommen sind, eröffnet; V. 1–4a sind als F 1 erhalten.)

F 1 KARION. Bei den Göttern, hat nicht dein junger Herr, Onesimos, der jetzt das Harfenmädchen Habrotonon bei sich hat, kürzlich geheiratet?
ONESIMOS. Ja, allerdings …

F 2 KARION. Ich mag dich, Onesimos: Auch du bist neugierig … Nichts ist nämlich erfreulicher, als alles zu wissen …

F 3 Warum bereitest du nicht das Essen? Der liegt schon längst da und ist außer sich …

F 5 Ich streue Salz auf den Salzfisch, wenn es sich so ergibt …

(V. 41–109 bestehen nur aus einzelnen Wörtern oder Buchstaben zunächst der Versenden [41–74], dann der Versanfänge [75–109]; aus letzteren ergibt sich, dass Karion, Chairestratos und Onesimos ein Dreigespräch führen. Es geht offenbar um die Vorbereitung eines Essens, das später im Stück stattfinden soll. Der interne Prolog einer Gottheit, der mit Sicherheit vorauszusetzen ist, dürfte auf diese Szene gefolgt sein, nachdem die drei Männer die Bühne verlassen hatten. Chairestratos trat dann wieder in einer Szene auf, in der er Smikrines belauscht; der in der Papyrusüberlieferung erste Vers, in PCG VI 1 als Nr. 127 gezählt, führt uns mitten in einen Scheinmonolog des Smikrines.)

[ΣΜΙΚΡΙΝΗΣ]
ἄνθρωπος οἶνον. αὐτὸ τοῦτ᾽ ἐκπλήτ[τομαι
ἔγωγ᾽· ὑπὲρ ⟨δὲ⟩ τοῦ μεθύσκεσθ᾽ οὐ λέγω.
ἀπιστίᾳ γάρ ἐσθ᾽ ὅμοιον τοῦτό γε,
εἰ καὶ βιάζεται κοτύλην τις τοὐβολ[οῦ
ὠνούμενος πίνειν ἑαυτόν.

(ΧΑΙΡΕΣΤΡΑΤΟΣ)
τοῦτ᾽ ἐγ[ὼ
προσέμενον· οὗτος ἐμπεσὼν διασκ[εδᾷ
τὸν ἔρωτα. τί δέ μοι τοῦτο; πάλιν οἰμω[ζέτω.

ΣΜ. προῖκα δὲ λαβὼν τάλαντα τέτταρ᾽ ἀργύρ[ου
οὐ τῆς γυναικὸς νενόμιχ᾽ αὑτὸν οἰκέτ[ην·
ἀπόκοιτός ἐστι, πορνοβοσκῷ δώδεκα
τῆς ἡμέρας δραχμὰς δίδωσι.

(ΧΑ.) δώδεκα.
πέπυ]στ᾽ ἀκριβῶς οὑτοσὶ τὰ πράγματα.

(ΣΜ.) μηνὸ]ς δια[τ]ροφὴν ἀνδρὶ καὶ πρὸς ἡμερῶν
ἕξ.

ΧΑ. εὖ] λελ[όγ]ισται, δύ᾽ ὀβολοὺς τῆς ἡμέρας,
ἱκανό]ν τι τῷ πεινῶντι ⟨πρὸς⟩ πτισ[άνη]ν ποτέ.

(ΑΒΡΟΤΟΝΟΝ)
Χαρίσι]ός σ[ε] προσμένει, Χαιρέ[στρατε.
τίς ὅδ᾽ ἐσ]τὶ δ[ή], γλυκύταθ᾽;

(ΧΑ.) ὁ τῆς ν[ύμφης π]ατήρ
δριμὺ βλέπ]ων ὡς ἄθλιός τις φ[ιλόσοφος
ἀκριβολογεῖθ᾽.

ΣΜ. ὁ] τρισκακοδα[ίμων ψάλ]τριαν
πρὸς τὴν ἐνοικοῦ]σαν γυναῖκ᾽ [ἐπεισάγε]ι.

[ΑΒ.] οὕτως ἀγαθόν τι σοι γένοιτο, μὴ λέγε
ἅ ⟨γ᾽⟩ εἶπον.

ΧΑ. οὐκ ἐς κόρακας; οἰμώξει μακρά.

⟨ΣΜ.⟩ εἴσειμι δ᾽ οὖν εἴσω, σαφῶς τε πυθόμενος

SMIKRINES. [127] ... der Mensch Wein. Eben darüber bin ich entsetzt; davon, dass er sich betrinkt, rede ich nicht. Denn das grenzt jedenfalls ans Unglaubliche, [130] wenn einer sich selbst zwingt, einen Becher, den er für einen Obolos gekauft hat, zu trinken.

CHAIRESTRATOS *(a parte).* Das habe ich erwartet: Der stürzt herein und macht die Liebesfreuden zunichte. Doch was betrifft das mich? Wiederum soll er etwas zu jammern haben!

SMIKRINES. Er bekam als Mitgift vier Talente in Silber, [135] sieht sich aber nicht als Hausgenossen seiner Frau; er ist weg vom Bett, gibt dem Zuhälter zwölf Drachmen am Tag.

CHAIRESTRATOS *(a parte).* Zwölf. Der hat die Sachlage genau herausgefunden.

SMIKRINES. Den Monatsunterhalt für einen Mann und für [140] sechs Tage dazu.

CHAIRESTRATOS *(a parte).* Gut gerechnet, zwei Obolen für einen Tag, einem Armen genug für einen Gerstenbrei.

HABROTONON *(kommt aus Chairestratos' Haus).* Charisios erwartet dich, Chairestratos. Wer ist denn das, mein Süßester?

CHAIRESTRATOS. Der Vater der jungen Frau, der bitter dreinblickt wie ein trauriger Philosoph und [145] pedantisch seine Berechnungen macht.

SMIKRINES. Der dreifach Unglückselige bringt ein Harfenmädchen [146] zu seiner Frau, die im Haus wohnt, hinzu.

(V. 147–149 und 150–158, zwischen denen kaum mehr als 20 Verse fehlen, bestehen nur aus einzelnen Wörtern oder Buchstaben.)

HABROTONON. [159] So wahr dir Gutes geschehen möge, sage nicht, [160] was ich gesagt habe.

CHAIRESTRATOS. Ab zu den Raben! Du wirst lange zu jammern haben.

SMIKRINES. Ich gehe jetzt hinein, und wenn ich all das, was meine Tochter betrifft, genau herausgefunden habe, werde ich mit mir

ἅπαντα τ[αῦ]τα τῆς θυγατρὸς βουλεύσομαι
ὅντιν[α τ]ρόπον πρὸς τοῦτον ἤδη προσβαλῶ.
[ΧΑ.] φράσω[μ]εν αὐτῷ τοῦτον ἥκοντ' ἐνθάδε.
(ΑΒ.) φράσω]μεν.
(ΧΑ.) οἷον κίναδος· οἰκίαν ποεῖ
ἀνάστ]ατον.
(ΑΒ.) πολλὰς ἐβουλόμην ἅμα.
ΧΑ. πολλάς;]
(ΑΒ.) μίαν μὲν τὴν ἐφεξῆς.
(ΧΑ.) τὴν ἐμήν;
ΑΒ. τὴν σ]ήν γ'. ἴωμεν δεῦρο πρὸς Χαρίσιον.
ΧΑ. ἴωμ]εν· ὡς καὶ μειρακυλλίων ὄχλος
εἰς τ]ὸν τόπον τις ἔρχεθ' ὑποβεβρεγμέν[ων,
ο]ἷς μὴ 'νοχλεῖν εὔκαιρον εἶν[α]ί μο[ι δοκεῖ.

ΧΟ]Ρ[ΟΥ

ΜΕΡΟΣ Β'

(ΟΝ.) ἐπί[πονα] πάντα τἀνθ[άδ'· οὐχ ὑ]περευφραν[εῖ 172

(ΣΜ.) ἀργὸς δ' ὑγιαίνων τοῦ πυρέττοντος πολύ 207
ἐστ' ἀθλιώτερος· διπλάσιά γ' ἐσθίει
μάτην. ἰδεῖν βουλήσομ' αὐ[τὸν ὕστερον.

zu Rate gehen, auf welche Weise ich sogleich gegen ihn anrücken werde. *(Ab in Charisios' Haus.)*

CHAIRESTRATOS. Sagen wir ihm, dass der gekommen ist?

HABROTONON. [165] Ja, sagen wir es ihm.

CHAIRESTRATOS. Was für ein Fuchs! Er versetzt das Haus in Aufruhr.

HABROTONON. Viele zugleich, würde ich wünschen.

CHAIRESTRATOS. Viele?

HABROTONON. Eines nebenan.

CHAIRESTRATOS. Meines?

HABROTONON. Ja, deines. Gehen wir denn hierher zu Charisios.

CHAIRESTRATOS. Lass uns gehen; denn irgendeine Schar bezechter junger Burschen kommt auf den Platz, denen nicht in die Quere zu kommen mir günstig erscheint. *(Beide ab.)*

Tanz und Gesang des Chors

AKT II

ONESIMOS. [172] Alles hier ist mühevoll; es wird keine übermäßige Freude machen ...

(Von V. 173–183 [Diese Verse sind unvollständig in PCG VI 1 ediert; vgl. aber jetzt Furley 2021 (s. S. 589), 4f.] und V. 180^a–180^u, zwischen denen wohl wenige Verse fehlen dürften, sind nur einzelne Wörter oder Buchstaben erhalten. Nach einer Lücke von wenigen Versen spricht ab dem als Nr. 195 gezählten Vers Smikrines. V. 195–206 bieten nur Versreste).

SMIKRINES. [207] Ein gesunder Fauler ist viel schlimmer dran als ein Fieberkranker; das Doppelte isst er ja sinnlos. Ich werde ihn später sehen wollen.

(Daos und Syros sowie dessen Frau mit einem Baby auf dem Arm kommen von links.)

ΔΑΟΣ

π]ροσμείνατ’· ὦ δειλης μετα[

ΣΥΡΙΣΚΟΣ

ἔρ]ρωσο καὶ τὸ κατὰ σὲ πρόσ[μεινον μόνος.
π]αρ’ ἕνα γάρ ἐσθ’ ἕκαστον ἡ σω[τηρία.
ΔΑ. ο]ὐθὲν λέγεις δίκαιον.
ΣΥ. οὔ μ’ ἀ[ποστρέφεις.
ἐγὼ δ]ὲ πρὸς τὸν δεσπότην [τραπήσομαι
τὸν ἐμ]όν. κατοικεῖ δ’ ἐνθα[δὶ Χαιρέστρατος.
ἀλλ’ εἰσ]ί[ω]μεν· οἱ κενοὺ[ς ἀεὶ λόγους
[λέγοντες οὐκ εἰσ’ ἄξιοι κοινωνίας.]

[ΣΥ.] φεύγεις τὸ δίκαιον.
(ΔΑ.) συκοφαντεῖς δυστυχής.
οὐ δεῖ σ’ ἔχειν τὰ μὴ σ’.
(ΣΥ.) ἐπιτρεπτέον τινί
ἐστι περὶ τούτων.
(ΔΑ.) βούλομαι· κρινώμεθα.
(ΣΥ.) τίς οὖν;
(ΔΑ.) ἐμοὶ μὲν πᾶς ἱκανός. δίκαια δὲ
πάσχω· τί γάρ σοι μετεδίδουν;
(ΣΥ.) τοῦτον λαβεῖν
βούλει κριτήν;
(ΔΑ.) ἀγαθῇ τύχῃ.
(ΣΥ.) πρὸς τῶν θεῶν,
βέλτιστε, μικρὸν ἂν σχολάσαις ἡμῖν χρόνον;
(ΣΜ.) ὑμῖν; περὶ τίνος;
(ΣΥ.) ἀντιλέγομεν πρᾶγμά τι.
(ΣΜ.) τί οὖν ἐμοὶ μέλει;
(ΣΥ.) κριτὴν τούτου τινὰ
ζητοῦμεν ἴσον. εἰ δή σε μηδὲν κωλύει,
διάλυσον ἡμᾶς.

DAOS. [210] Wartet! Was für ein Nachmittag ...

SYRISKOS. Lebe wohl und warte für dich allein. Denn bei jedem Einzelnen ist das Heil.

DAOS. Nichts Gerechtes sagst du.

SYRISKOS. Du bringst mich nicht davon ab. Ich werde mich an [215] meinen Herrn wenden. Hier wohnt Chairestratos. Auf, lass uns hineingehen; die, welche stets leere Worte [217] reden, sind einer Gemeinschaft nicht wert.

(Zwischen V. 217 und 218 fehlen wenige Verse.)

SYRISKOS. [218] Du entziehst dich der Gerechtigkeit.

DAOS. Du erpresst mich, Elender. Du darfst nicht haben, was nicht das Deine ist.

SYRISKOS. Wir müssen uns einem Schiedsrichter [220] damit anvertrauen.

DAOS. Ja, das möchte ich; wir wollen ein Urteil über uns fällen lassen.

SYRISKOS. Wer sei es also?

DAOS. Für mich ist jeder geeignet. Mir geschieht es recht: Warum gab ich dir etwas ab?

SYRISKOS *(zeigt auf Smikrines)*. Möchtest du den als Richter nehmen?

DAOS. Ja, mit gutem Glück.

SYRISKOS. Bei den Göttern, mein Bester, hättest du ein wenig Zeit für uns?

SMIKRINES. [225] Für euch? Wofür?

SYRISKOS. Wir sind über eine gewisse Sache im Streit.

SMIKRINES. Was geht das mich an?

SYRISKOS. Wir suchen einen unparteiischen Richter dafür. Wenn dich also nichts daran hindert, schlichte unseren Streit.

(ΣΜ.) ὦ κάκιστ᾽ ἀπολούμενοι,
δίκας λέγοντες περιπατεῖτε, διφθέρας
ἔχοντες;
(ΣΥ.) ἀλλ᾽ ὅμως. τὸ πρᾶγμ᾽ ἐστὶν βραχύ,
καὶ ῥᾴδιον μαθεῖν. πάτερ, δὸς τὴν χάριν·
μὴ καταφρονήσῃς, πρὸς θεῶν. ἐν παντὶ δεῖ
καιρῷ τὸ δίκαιον ἐπικρατεῖν ἁπανταχοῦ,
καὶ τὸν παρατυγχάνοντα τούτου τοῦ μέρους
ἔχειν πρόνοιαν κοινόν ἐστι τῷ βίῳ
πάντων.
ΔΑ. μετρίῳ γε συμπέπλεγμαι ῥήτορι.
τί γὰρ μετεδίδουν;
(ΣΜ.) ἐμμενεῖτ᾽ οὖν, εἰπέ μοι,
οἷς ἂν δικάσω;
ΣΥ. πάντως.
(ΣΜ.) ἀκούσομαι· τί γὰρ
τὸ κωλύον; σὺ πρότερος ὁ σιωπῶν λέγε.
ΔΑ. μικρόν γ᾽ ἄνωθεν, οὐ τὰ πρὸς τοῦτον μόνον
πραχθένθ᾽, ἵν᾽ ᾖ σοι καὶ σαφῆ τὰ πράγματα.
ἐν τῷ δασεῖ τῷ πλησίον τῶν χωρίων
τούτων ἐποίμαινον τριακοστὴν ἴσως,
βέλτιστε, ταύτην ἡμέραν αὐτὸς μόνος
κἀκκείμενον παιδάριον εὗρον νήπιον
ἔχον δέραια καὶ τοιουτονί τινα
κόσμον.
(ΣΥ.) περὶ τούτων ἐστίν.
ΔΑ. οὐκ ἐᾷ λέγειν.
(ΣΜ.) ἐὰν λαλῇς μεταξύ, τῇ βακτηρίᾳ
καθίξομαί σου.
(ΣΥ.) καὶ δικαίως.
(ΣΜ.) λέγε.
(ΔΑ.) λέγω.
ἀνειλόμην, ἀπῆλθον οἴκαδ᾽ αὔτ᾽ ἔχων,

Smikrines. O ihr elend Verreckten, prozessierend lauft ihr herum, Ziegenfelle tragend?

Syriskos. Aber trotzdem. Die Sache ist etwas Kurzes und leicht zu begreifen. Vater, schenke uns deine Gunst; verachte uns nicht, bei den Göttern. Zu jeder Gelegenheit muss die Gerechtigkeit überall die Oberhand behalten, und dass jeder, der zufällig darüber hin kommt, dafür Sorge trägt, ist dem Leben aller gemeinsam.

Daos. Mit einem ziemlich guten Redner bin ich zusammengeraten. Warum gab ich auch ab?

Smikrines. Werdet ihr also, sage mir, zu dem stehen, was ich entscheiden werde?

Syriskos. Ganz und gar.

Smikrines. Ich will zuhören; denn was wäre hinderlich? Du, der du bisher schwiegst, rede.

Daos. Ein bisschen über das Vorherige, nicht nur das mit dem da Geschehene, damit dir die Sachlage ganz klar wird. In dem Gehölz nahe bei diesen Landgütern weidete ich die Schafe wohl vor dreißig Tagen, mein Bester, und habe, an diesem Tag ganz allein, ein ausgesetztes noch ganz kleines Kind gefunden, das eine Halskette und derartigen Schmuck bei sich hatte.

Syriskos. Darum geht es.

Daos. Er lässt mich nicht reden.

Smikrines *(zu Syriskos)*. Wenn du dazwischen schwatzt, werde ich dich mit meinem Stock schlagen.

Syriskos. Und das mit Recht.

Smikrines. Rede.

Daos. Ich rede. Ich hob es auf, ging nach Hause und nahm es

τρέφειν ἔμελλον. ταῦτ᾽ ἔδοξέ μοι τότε.
ἐν νυκτὶ βουλὴν δ᾽, ὅπερ ἅπασι γίνεται,
διδοὺς ἐμαυτῷ διελογιζόμην· ἐμοὶ
τί παιδοτροφίας καὶ κακῶν; πόθεν δ᾽ ἐγὼ
τοσαῦτ᾽ ἀναλώσω; τί φροντίδων ἐμοί;
τοιουτοσί τις ἦν. ἐποίμαινον πάλιν
ἕωθεν. ἦλθεν οὗτος (ἔστι δ᾽ ἀνθρακεύς)
εἰς τὸν τόπον τὸν αὐτὸν ἐκπρίσων ἐκεῖ
στελέχη. πρότερον δέ μοι συνήθης ἐγεγόνει.
ἐλαλοῦμεν ἀλλήλοις. σκυθρωπὸν ὄντα με
ἰδὼν "τί σύννους", φησί, "Δᾶος;" "τί γάρ;" ἐγώ,
"περίεργός εἰμι." καὶ τὸ πρᾶγμ᾽ αὐτῷ λέγω,
ὡς εὗρον, ὡς ἀνειλόμην. ὁ δὲ τότε μὲν
εὐθὺς πρὶν εἰπεῖν πάντ᾽ ἐδεῖθ᾽, "οὕτω τί σοι
ἀγαθὸν γένοιτο, Δᾶε" παρ᾽ ἕκαστον λέγων,
"ἐμοὶ τὸ παιδίον δός. οὕτως εὐτυχής,
οὕτως ἐλεύθερος. γυναῖκα", φησί, "γὰρ
ἔχω, τεκούσῃ δ᾽ ἀπέθανεν τὸ παιδίον",
ταύτην λέγων, ἣ νῦν ἔχει τὸ παιδίον.
ἐδέου, Συρίσκ᾽;
⟨ΣΥ. ἔγωγ᾽.⟩
(ΔΑ.) ὅλην τὴν [ἡ]μέραν
κατέτριψε. λιπαροῦντι καὶ πείθοντί με
ὑπεσχόμην. ἔδωκ᾽, ἀπῆλθεν μυρία
εὐχόμενος ἀγαθά· λαμβάνων μου κατεφίλει
τὰς χεῖρας. ἐπόεις ταῦτ᾽;
(ΣΥ.) ἐπόουν.
(ΔΑ.) ἀπηλλάγη.
μετὰ τῆς γυναικὸς περιτυχών μοι νῦν ἄφνω
τὰ τότε συνεκτεθέντα τούτῳ (μικρὰ δὲ
ἦν ταῦτα καὶ λῆρός τις, οὐθέν) ἀξιοῖ
ἀπολαμβάνειν καὶ δεινὰ πάσχειν φήσ᾽, ὅτι
οὐκ ἀποδίδωμ᾽, αὐτὸς δ᾽ ἔχειν ταῦτ᾽ ἀξιῶ.

mit, hatte vor, es aufzuziehen. Das beschloss ich da. In der Nacht aber ging ich, wie es allen geschieht, mit mir zu Rate und dachte nach: Was sollte ich mit Kinderaufzucht und Plagen? Woher soll ich so viel an Aufwand nehmen? Was soll ich mit den Sorgen? So etwa stand es mit mir. Wieder weidete ich meine Schafe am frühen Morgen. Da kam der – er ist ein Köhler – an denselben Ort, um dort Baumstümpfe zu zersägen. Er war mir schon früher gut bekannt geworden. Wir schwatzten miteinander. Weil er sieht, dass ich bedrückt bin, sagt er: »Warum so nachdenklich, Daos?« »Ja, warum?«, sage ich, »ich bin vorwitzig.« Und ich erzähle ihm die Sache, wie ich es fand, wie ich es aufhob. Der nun begann da sofort, bevor ich alles gesagt hatte, zu bitten, wobei er: »So wahr es dir gut gehen möge, Daos« bei jedem Wort sagte, »gib mir das Kind! So wahr du glücklich, so wahr du frei sein mögest! Eine Frau«, sagt er, »habe ich nämlich, der starb, als sie geboren hatte, ihr Kind«, womit er die meinte, die jetzt das Kind hält. Hast du darum gebeten, Syriskos?

Syriskos. Ja.

Daos. Den ganzen Tag zermürbte er mich. Er bat und versuchte mich zu überreden, und da sagte ich zu. Ich gab es ihm, er ging, mir zehntausendfach Gutes wünschend; er nahm meine Hände und küsste sie. Hast du das getan?

Syriskos. Ich tat es.

Daos. Er ging davon. Als er mir nun plötzlich zusammen mit seiner Frau begegnet, verlangt er das, was damals zusammen mit dem da ausgesetzt war – das war Kleinzeug und irgendwelcher Kram, ein Nichts –, zu bekommen und sagt, er erleide Fürchterliches, weil ich es nicht hergebe, sondern verlange, es selbst zu

ἐγὼ δέ γ᾽ αὐτόν φημι δεῖν ἔχειν χάριν
οὗ μετέλαβεν δεόμενος· εἰ μὴ πάντα δὲ
τούτῳ δίδωμ᾽, οὐκ ἐξετασθῆναί με δεῖ.
εἰ καὶ βαδίζων εὗρεν ἅμ᾽ ἐμοὶ ταῦτα κ[αὶ
ἦν κοινὸς Ἑρμῆς, τὸ μὲν ἂν οὗτος ἔλαβ[έ που,
τὸ δ᾽ ἐγώ. μόνου δ᾽ εὑρόντος, οὐ παρὼν τ[ότε,
ἅπαντ᾽ ἔχειν οἴει σὲ δεῖν, ἐμὲ δ᾽ οὐδὲ ἕ[ν;
τὸ πέρας· δέδωκά σοι τι τῶν ἐμῶν ἐγ[ώ.
εἰ τοῦτ᾽ ἀρεστόν ἐστί σοι, καὶ νῦν ἔχε·
εἰ δ᾽ οὐκ ἀρέσκει, μετανοεῖς δ᾽, ἀπόδος πά[λιν
καὶ μηδὲν ἀδίκε[ι] μηδ᾽ ἐλαττοῦ. πάντα δέ,
τὰ μὲν παρ᾽ ἑκόντος, τὰ δὲ κατισχύσαντά με,
οὐ δεῖ σ᾽ ἔχειν. εἴρηκα τόν γ᾽ ἐμὸν λόγον.
(ΣΥ.) εἴρηκεν;
(ΣΜ.) οὐκ ἤκουσας; εἴρηκεν.
ΣΥ. καλῶς.
οὐκοῦν ἐγὼ μετὰ ταῦτα. μόνος εὗρ᾽ οὑτοσὶ
τὸ παιδίον, καὶ πάντα ταῦθ᾽ ἃ ν[ῦ]ν λέγει
ὀρθῶς λέγει, καὶ γέγονεν οὕτως, ὦ πάτερ.
οὐκ ἀντιλέγω. δεόμεν[ο]ς, ἱκετεύων ἐγὼ
ἔλαβον παρ᾽ αὐτοῦ τοῦτ᾽. [ἀ]λη[θ]ῆ γὰρ λέγει.
ποιμήν τις ἐξήγγειλέ μοι, πρὸς ὃν οὑτοσὶ
ἐλάλησε, τῶν τούτῳ συνεργῶν, ἅμα τινὰ
κόσμον συνευρεῖν αὐτό[ν. ἐ]πὶ τοῦτον, πάτερ,
αὐτὸς πάρεστιν οὑτοσί. τ[ὸ] πα[ιδί]ον
δός μοι, γύναι. τὰ δέραια καὶ γνωρίσματα
οὗτός σ᾽ ἀπαιτεῖ, Δᾶ᾽. ἑαυτῷ φησι γὰρ
ταῦτ᾽ ἐπιτεθῆναι κόσμον, οὐ σοὶ διατροφήν.
κἀγὼ συναπαιτῶ κύριος γεγενημένος
τούτου· σὺ δ᾽ ἐπόησάς με δούς. νῦν γνωστέον,
βέλτιστε, σοὶ ταῦτ᾽ ἐστίν, ὡς ἐμοὶ δοκεῖ,
τὰ χρυσί᾽ ἢ ταῦθ᾽ ὅ τι ποτ᾽ ἐστὶ πότερα δεῖ
κατὰ τὴν δόσιν τῆς μητρός, ἥτις ἦν ποτε,

behalten. [280] Ich sage, dass er dankbar sein müsse für das, was er auf sein Bitten bekommen hat; wenn ich ihm nicht alles gäbe, müsse ich mich nicht verhören lassen. Auch wenn er mitgegangen wäre und das mit mir zusammen gefunden hätte, wäre es ein gemeinsamer Glücksfund, das eine hätte er bekommen, denke ich, [285] das andere ich. Doch obwohl ich es allein fand, glaubst du, obwohl du damals nicht dabei warst, du müsstest alles haben, ich aber überhaupt nichts? Schließlich dies: Ich habe dir etwas von dem Meinen gegeben. Wenn dir das gefällig ist, behalte es auch jetzt; wenn es dir aber nicht gefällt und du anders denkst, gib es wieder zurück [290] und tue weder Unrecht noch verliere etwas. Alles jedoch, das von mir als freiwilligem Geber, das andere, wenn du mich besiegt hast, darfst du nicht haben. Ich habe mein Plädoyer gesprochen.

SYRISKOS. Hat er gesprochen?

SMIKRINES. Hast du es nicht gehört? Er hat gesprochen.

SYRISKOS. Fein. Also ich danach. Der da fand allein [295] das Kind, und alles, was er jetzt sagt, sagt er richtig, und es ist so geschehen, Vater. Ich widerspreche nicht. Auf mein Bitten und Flehen hin bekam ich es von ihm. Ja, er spricht die Wahrheit. Ein Hirte, mit dem der da [300] geschwatzt hatte, einer von seinen Arbeitskollegen, vermeldete mir, dass jener zugleich irgendwelchen Schmuck fand. Dessentwegen, Vater, ist der hier *(zeigt auf das Kind)* selbst da. Gib mir das Kind, Frau. Die Halskette und die Erkennungszeichen fordert er von dir, Daos. Denn ihm, sagt er, [305] seien sie als Schmuck beigegeben worden, nicht dir als Lebensunterhalt. Und ich fordere sie zusammen mit ihm, da ich sein Vormund geworden bin; du hast mich dazu gemacht, indem du ihn mir gabst. Nun musst du urteilen, mein Bester, an dir ist es, wie mir scheint, ob die Goldsachen, oder was auch immer dies ist, [310] gemäß der Gabe der Mutter, wer auch im-

τῷ παιδίῳ τηρεῖσθ᾽, ἕως ἂν ἐκτραφῇ,
ἢ τὸν λελωποδυτηκότ᾽ αὐτὸν ταῦτ᾽ ἔχειν,
εἰ πρῶτος εὗρε τἀλλότρια. τί οὖν τότε,
ὅτ᾽ ἐλάμβανον τοῦτ᾽, οὐκ ἀπῄτουν ταῦτά σε;
οὔπω παρ᾽ ἐμοὶ τοῦτ᾽ ἦν. ὑπὲρ τούτου λέγων
ἥκω δὲ καὶ νῦν, οὐκ ἐμαυτοῦ σ᾽ οὐδὲ ἓν
ἴδιον ἀπαιτῶν. κοινὸς Ἑρμῆς; μηδὲ ἓν
εὕ]ρισχ᾽ ὅπου πρόσεστι σῶμ᾽ ἀδικούμενον·
οὐχ εὕρεσις τοῦτ᾽ ἔστιν ἀλλ᾽ ἀφαίρεσις.
βλέ]ψον δὲ κἀκεῖ, πάτερ· ἴσως ἔσθ᾽ οὑτ[ο]σὶ
ὁ π]αῖς ὑπὲρ ἡμᾶς καὶ τραφεὶς ἐν ἐργάταις
ὑπ]ερόψεται ταῦτ᾽, εἰς δὲ τὴν αὑτοῦ φύσιν
ᾄξας ἐλεύθερόν τι τολμήσει ποεῖν,
θηρᾶν λέοντας, ὅπλα βαστάζειν, τρέχειν
ἐν] ἀγῶσι. τεθέασαι τραγῳδούς, οἶδ᾽ ὅτι,
κ]αὶ ταῦτα κατέχεις πάντα, Νηλέα τινὰ
Π]ελίαν τ᾽· ἐκείνους εὗρε πρεσβύτης ἀνὴρ
αἰπόλος, ἔχων οἵαν ἐγὼ νῦν διφθέραν.
ὡς δ᾽ ᾔσθετ᾽ αὐτοὺς ὄντας αὑτοῦ κρείττονας,
λέγει τὸ πρᾶγμ᾽, ὡς εὗρεν, ὡς ἀνείλετο·
ἔδωκε δ᾽ αὐτοῖς πηρίδιον γνωρισμάτων,
ἐξ οὗ μαθόντες πάντα τὰ καθ᾽ αὑτοὺς σαφῶς
ἐγένοντο βασιλεῖς οἱ τότ᾽ ὄντες αἰπόλοι.
εἰ δ᾽ ἐκλαβὼν ἐκεῖνα Δᾶος ἀπέδοτο,
αὐτὸς ἵνα κερδάνε[ι]ε δραχμὰς δώδεκα,
ἀγνῶτες ἂν τὸν πάντα διετέλουν χρόνον
οἱ τηλικοῦτοι καὶ τοιοῦτοι τῷ γένει.
οὐ δὴ καλῶς [ἔχ]ει τ[ὸ] μὲν σῶμ᾽ ἐκτρέφειν
ἐμὲ τοῦτο, [τὴ]ν [αὐ]τοῦ δὲ τῆς σωτηρίας
ἐλπίδα λαβόντα Δᾶον ἀφανίσαι, πάτερ.
γαμῶν ἀδελφήν τις διὰ γνωρίσματα
ἐπέσχε, μητέρ᾽ ἐντυχὼν ἐρρύσατο,
ἔσωσ᾽ ἀδελφόν. ὄντ᾽ ἐπισφαλῆ φύσει

mer sie ist, für das Kind verwahrt werden müssen, bis es aufgewachsen ist, oder ob der, der sie gestohlen hat, sie selbst behalten soll, weil er die fremden Sachen als erster fand. Warum habe ich damals, als ich das da bekam, sie nicht von dir gefordert? Es lag noch nicht in meiner Hand. Um für es zu sprechen, komme ich auch jetzt, wobei ich von dir nichts für mich selbst Eigenes fordere. Gemeinsamer Glücksfund? Finde nichts dort, wo eine Person, der Unrecht getan wird, im Spiel ist; das ist kein Finden, sondern ein Entwinden. Schau aber auch darauf, Vater: Vielleicht steht dieser Knabe über uns und wird, aufgewachsen unter Landarbeitern, das hier von oben herab betrachten, sich zum eigenen Naturell hochschwingen und wagen, etwas Freies zu tun, Löwen jagen, Waffen tragen, laufen bei Wettkämpfen. Du hast, das weiß ich, Tragödienschauspielern zugeschaut, und du hast das alles im Gedächtnis, einen gewissen Neleus und einen Pelias; die fand ein alter Mann, ein Ziegenhirt, der wie ich jetzt ein Ziegenfell trug. Als er aber wahrgenommen hat, dass sie etwas Besseres sind als er, erzählt er den Hergang, wie er sie fand, wie er sie aufhob; er gab ihnen das Ränzchen mit den Erkennungszeichen, woraus sie alles, was sie betraf, sehr klar erfuhren, und zu Königen wurden sie, die einst Ziegenhirten waren. Wenn Daos die herausgenommen und verkauft hätte, um selbst zwölf Drachmen Gewinn zu erzielen, hätten unbekannt die ganze Lebenszeit verbracht die so Bedeutenden und so Großartigen von Herkunft. Es wäre nicht schön, wenn ich dieses Wesen aufzöge, seine Hoffnung auf sein Wohlergehen Daos ihm nähme und zerstörte, Vater. Seine Schwester zu heiraten hat einer aufgrund von Erkennungszeichen sein gelassen, seine Mutter gefunden und befreit, seinen Bruder gerettet. Da unsicher von Natur das Leben aller ist, muss

τὸν βίον ἁπάντων τῇ προνοίᾳ δεῖ, πάτερ,
τηρεῖν, πρὸ πολλοῦ ταῦθ᾿ ὁρῶντ᾿ ἐξ ὧν ἔνι.
ἀλλ᾿ "ἀπόδος, εἰ μή" φησ᾿ "ἀρέσκει." τοῦτο γὰρ
ἰσχυρὸν οἴεταί τι πρὸς τὸ πρᾶγμ᾿ ἔχειν.
οὐκέτι δίκαιον· εἴ τι τῶν τούτου σε δεῖ
ἀποδιδόναι, καὶ τοῦτο πρὸς ζητεῖς λαβεῖν,
ἵν᾿ ἀσφαλέστερον πονηρεύσῃ πάλιν,
εἰ νῦν τι τῶν τούτου σέσωκεν ἡ Τύχη;
εἴρηκα. κρῖνον ὅ τι δίκαιον νενόμικας.
(ΣΜ.) ἀλλ᾿ εὔκριτ᾿ ἐστί· πάντα τὰ συνεκκείμενα
τοῦ παιδίου ᾿στί. τοῦτο γινώσκω.
(ΔΑ.) καλῶς.
τὸ παιδίον δ᾿;
(ΣΜ.) οὐ γνώσομ᾿ εἶναι, μὰ Δί[α, σοῦ
τοῦ νῦν ἀδικοῦντος, τοῦ βοηθοῦντος δ[ὲ καὶ
ἐπεξιόντος τἀδικεῖν μέλλοντί σο[ι.
(ΣΥ.) πόλλ᾿ ἀγαθά σοι γένοιτ⟨ο⟩.
(ΔΑ.) δεινή γ᾿ ἡ [κρίσις,
νὴ τὸν Δία τὸν σωτῆρ᾿. ἅπανθ᾿ εὑρὼν [ἐγὼ
ἅπαντα περιέσπασμ᾿, ὁ δ᾿ οὐχ εὑρὼν ἔχ[ει.
οὐκοῦν ἀποδιδῶ;
(ΣΜ.) φημί.
(ΔΑ.) δεινή γ᾿ ἡ κρ[ίσις,
ἢ μηθὲν ἀγαθόν μοι γένοιτο.
(ΣΥ.) φέρε τ[αχύ.
[ΔΑ.] ὦ Ἡράκλεις, ἃ πέπονθα.
(ΣΥ.) τὴν πήραν χ[άλα
καὶ δεῖξον· ἐν ταύτῃ περιφέρεις γάρ. βρα[χὺ
πρόσμεινον, ἱκετεύω σ᾿, ἵν᾿ ἀποδῷ.
(ΔΑ.) τί γὰρ ἐγὼ
ἐπέτρεψα τούτῳ;
(ΣΥ.) δός ποτ᾿, ἐργαστήριον.
⟨ΔΑ.⟩ αἰ]σχρά γ᾿ ἃ πέπονθα.

man es mit Voraussicht bewahren, Vater, und vor allem darauf schauen, mit welchen Mitteln es möglich ist. Doch er sagt: »Gib es zurück, wenn es dir nicht gefällt.« Denn er glaubt, das habe Gewicht in der Sache. Das ist nicht mehr gerecht; wenn du von dem, was ihm gehört, etwas zurückgeben sollst, begehrst du auch das zusätzlich zu bekommen, damit du wieder mit größerer Sicherheit übel handeln kannst, wo jetzt Tyche etwas von dem, was ihm gehört, gerettet hat? Ich habe gesprochen. Fälle das Urteil, das du für gerecht hältst.

SMIKRINES. Also, es ist leicht zu fällen: Alles, was beigelegt worden ist, gehört dem Kind. Darauf erkenne ich.

DAOS. Schön. Aber das Kind?

SMIKRINES. Das werde ich, bei Zeus, dir nicht zuerkennen, der du ihm jetzt Unrecht tust, sondern dem, der ihm hilft und der gegen dich vorgeht, weil du vorhast, Unrecht zu tun.

SYRISKOS. Viel Gutes möge dir zuteil werden.

DAOS. Fürchterlich ist das Urteil, beim Retter Zeus! Mir, der ich alles fand, wird alles entrissen, der aber, der es nicht fand, hat es. Soll ich es also hergeben?

SMIKRINES. Ja, sage ich.

DAOS. Fürchterlich ist das Urteil, oder nichts Gutes soll mir zuteil werden.

SYRISKOS. Schnell her damit!

DAOS. O Herakles, was erleide ich!

SYRISKOS. Mach den Ranzen auf und zeige; denn darin trägst du es herum. *(Zu Smikrines.)* Warte kurz, ich flehe dich an, damit er es auch hergibt.

DAOS. Warum nur beauftragte ich den als Schiedsrichter?

SYRISKOS. Gib schon her, du Zuchthaus!

DAOS. Schändlich ist, was ich erleide!

(ΣΜ.) πάντ᾽ ἔχεις;
(ΣΥ.) οἶμαί γε δή,
εἰ] μή τι καταπέπωκε, τὴν δίκην ἐμοῦ
λέγοντος ὡς ἡλίσκετ᾽.
(ΔΑ.) οὐκ ἂν [ᾠ]όμην.
⟨ΣΥ.⟩ ἀλλ᾽ εὐτύχει, βέλτιστε. τοιούτ[ο]υς ἔδ[ει
θᾶττ[ον] δικάζειν πάντας.
(ΔΑ.) [ἀδί]κ[ου π]ρ[άγ]ματος.
ὦ Ἡράκλεις, οὐ γέγονε δειν[ο]τ[έρ]α κρίσ[ι]ς.
ΣΥ. πονηρὸς ἦσθας.
⟨ΔΑ.⟩ ὦ πο[ν]ήρ᾽, ὅ[π]ως σὺ νῦν
τούτῳ φυλάξεις αὐτ[ὰ σώσεις τ᾽ ἀσφαλῶς,
εὖ ἴσθι, τηρήσω σε π[ά]ντα [τὸ]ν [χ]ρ[ό]νον.
(ΣΥ.) οἴμωζε καὶ βάδιζε. σὺ δὲ ταυτί, γύναι,
λαβοῦσα πρὸς τὸν τρόφιμον ἐνθάδ᾽ εἴσφερε
Χαιρέστρατον. νῦν γὰρ μενοῦμεν ἐνθάδε,
εἰς αὔριον δ᾽ ἐπ᾽ ἔργον ἐξορμήσομεν
τὴν ἀποφορὰν ἀποδόντες. ἀλλὰ ταῦτά μοι
πρῶτ᾽ ἀπαρίθμησαι καθ᾽ ἕν. ἔχεις κοιτίδα τινά;
βάλλ᾽ εἰς τὸ προκόλπιον.
ΟΝ. μάγειρον βραδύτερον
οὐδεὶς ἑόρακε· τηνικαῦτ᾽ ἐχθὲς πάλαι
ἔπινον.
ΣΥ. [οὐκ]οῦν οὑτοσὶ μὲν φαίνεται
ἀλεκτρυών τις καὶ μάλα στιφρός· λαβέ.
τουτὶ δὲ διάλιθόν τι. πέλεκυς οὑτοσί.
ΟΝ. τί ταῦθ᾽;
(ΣΥ.) ὑπόχρυσος δακτύ[λι]ός τις οὑτοσί,
αὐτὸς σιδηροῦς. γλύμμα ταῦρος ἢ τράγος·
οὐκ ἂν διαγνοίην. Κλεόστρατος δέ τις
ἐσ]τὶν ὁ ποιήσας, ὡς λέγει τὰ γράμματα.
(ΟΝ.) ἐπί]δειξον.
(ΣΥ.) ἤν. σὺ δ᾽ εἶ τίς;

Smikrines. Hast du alles?

Syriskos. Ich glaube schon, falls er nicht, während ich mein Plädoyer hielt, etwas verschluckt hat, als er sich besiegt sah.

Daos. Ich hätte das nicht geglaubt.

Syriskos. Lebe denn wohl, mein Bester! *(Smikrines ab nach rechts.)* So sollten alle Recht sprechen, und das recht bald.

Daos. Welche Ungerechtigkeit! O Herakles, ein fürchterlicheres Urteil gab es noch nicht.

Syriskos. Du warst ein übler Kerl.

Daos. Du übler Kerl, wie du nun das für ihn behüten und sicher verwahren wirst, werde ich, das wisse wohl, die ganze Zeit beobachten. *(Ab nach links.)*

Syriskos. Jammere nur und geh! Du aber, Frau, nimm dies hier und bringe es zu unserem jungen Herrn hier hinein, dem Chairestratos. Denn wir werden jetzt hierbleiben, aber morgen zur Arbeit aufbrechen, wenn wir die Abgabe gezahlt haben. Doch zähle mir diese zuerst Stück für Stück. Hast du ein Kästchen? *(Sie schüttelt den Kopf.)* Wirf sie in deinen Gewandbausch.

Onesimos *(kommt aus Chairestratos' Haus, in das er zurückspricht)*. Einen langsameren Koch hat noch keiner gesehen; zu dieser Zeit war man gestern schon längst beim Trinken.

Syriskos *(betrachtet die Erkennungszeichen)*. Dies also scheint ein Hahn zu sein, und zwar ein sehr massiver; nimm ihn. Dies hier ist etwas mit edlen Steinen Besetztes. Dies hier ist eine Axt.

Onesimos. Was ist da los?

Syriskos. Ein vergoldeter Ring ist dies hier, selbst aus Eisen. Das Eingravierte ist ein Stier oder ein Bock; ich kann es nicht gut erkennen. Ein Kleostratos ist der, der ihn gemacht hat, wie das Geschriebene sagt.

Onesimos. Zeig her!

Syriskos. Schau! Aber wer bist du?

(ΟΝ.) οὗτός ἐστι.
(ΣΥ.) τίς;
(ΟΝ.) ὁ δ]ακτύλιος.
ΣΥ. ὁ ποῖος; οὐ γὰρ μανθάνω.
(ΟΝ.) τοῦ] δεσπότου τοὐμοῦ Χαρ[ι]σίου.
ΣΥ. χολᾷς.
(ΟΝ.) ὃν] ἀπώλεσεν.
ΣΥ. τὸν δακτύλιον θές, ἄθλιε.
⟨ΟΝ.⟩ τὸ]ν ἡμέτερον σοὶ θῶ; πόθεν δ' αὐτὸν λαβὼν
ἔχ]εις;
ΣΥ. Ἄπολλον καὶ θεοί, δεινοῦ κακοῦ.
οἷ]όν τε σῶσαι χρήματ' ἐστὶν ὀρφανοῦ
π]αιδός; ὁ προσελθὼν εὐθὺς ἁρπάζειν βλέπει.
τ]ὸν δακτύλιον θές, φημί.
(ΟΝ.) προσπαίζεις ἐμοί;
τοῦ δεσπ[ό]του 'στί, νὴ τὸν Ἀπόλλω καὶ θεούς.
(ΣΥ.) ἀποσφαγείην [π]ρότερον ἂν δήπουθεν ἢ
τούτων τι καθυφείμην. ἄραρε, δικάσομαι
ἅπασι κ[α]θ' ἕνα· π[αι]δίου 'στίν, οὐκ ἐμά.
στρεπτόν τι τουτί, λαβὲ σύ. πορφυρᾶ πτέρυξ.
εἴσω δὲ πάρ[αγ]ε. σὺ δὲ τί μοι λέγεις;
(ΟΝ.) ἐγώ;
Χαρισίου 'στὶν ουτοσί· τοῦτόν ποτε
μεθύω[ν ἀπώλ]εσ', ὡς ἔφη.
(ΣΥ.) Χαιρεστράτου
εἰμ' οἰκέτης· ἢ σῷζε τοῦτον ἀσφαλῶς
ἢ 'μοὶ δ[ός], ἵ[ν' ἐγ]ὼ σ[ο]ὶ παρέχω σῶν.
(ΟΝ.) βούλομαι
αὐτ[ὸ]ς φ[υλάττει]ν.
(ΣΥ.) οὐδὲ ἕν μοι διαφέρει.
εἰς ταὐτὸ [γ]ὰρ παράγομεν, ὡς ἐμοὶ δοκεῖ,
δεῦρ' ἀμφότεροι.

Onesimos. Der ist es!

Syriskos. Wer?

Onesimos. Der Ring.

Syriskos. Was für einer? Ich verstehe dich nicht.

Onesimos. Der meines Herrn Charisios.

Syriskos. Du bist verrückt.

Onesimos. Den er verloren hat.

Syriskos. Lege den Ring hin, Elender!

Onesimos. [395] Den unsrigen soll ich dir hinlegen? Woher bekamst du ihn und hast ihn nun?

Syriskos. Apollon und ihr Götter, welch fürchterliche Plage! Wie ist es nur möglich, die Sachen eines Waisenkindes zu retten? Wer daher kommt, hat sofort Rauben im Blick. Lege den Ring hin, sage ich!

Onesimos. Machst du dir einen Witz mit mir? [400] Er gehört meinem Herrn, beim Apollon und den Göttern.

Syriskos. Abschlachten ließe ich mich ganz bestimmt, eher als dass ich davon etwas preisgäbe. Es steht fest, ich werde mit allen einzeln prozessieren; es gehört dem Kind, ist nicht meines. *(Zur Frau.)* Das hier ist eine Halskette, nimm du sie. Ein Purpurkleidchen. [405] Geh hinein. *(Frau ab in Chairestratos' Haus.)* Was sagst du mir?

Onesimos. Ich? Der hier gehört Charisios; den hat er einmal, als er betrunken war, verloren, wie er sagte.

Syriskos. Ich bin ein Sklave des Chairestratos; entweder bewahre ihn zuverlässig auf oder gib ihn mir, damit ich ihn dir sicher übergeben kann.

Onesimos. Ich will ihn [410] selbst hüten.

Syriskos. Das macht mir überhaupt nichts aus. Denn wir gehen, wie mir scheint, in dasselbe Haus hier beide.

(ΟΝ.) νυνὶ μὲν οὖν συνάγουσι καὶ
οὐκ ἔστιν εὔκαιρον τὸ μηνύειν ἴσως
αὐτῷ περὶ τούτων, αὔριον δέ.
(ΣΥ.) καταμενῶ,
αὔριον ὅτῳ βούλεσθ' ἐπιτρέπειν ἑνὶ λόγῳ
ἕτοιμος· οὐδὲ νῦν κακῶς ἀπήλλαχα.
πάντων δ' ἀμελήσανθ', ὡς ἔοικεν, δεῖ δίκας
μελετᾶν· διὰ τούτου πάντα νυνὶ σῴζεται.

ΧΟΡΟΥ

ΜΕΡΟΣ Γ'

ΟΝ. τὸν δακτύλιον ὥρμηκα πλεῖν ἢ πεντάκις
τῷ δεσπότ[ῃ] δεῖξαι προσελθών, καὶ σφόδρα
ὢν ἐγγὺς ἤ[δ]η καὶ πρὸς αὐτῷ παντελῶς
ἀναδύομαι. καὶ τῶν πρότερόν μοι μεταμέλει
μηνυμάτων. λέγει γὰρ ἐπιεικῶς πυκνά·
"ὡς τὸν φράσαντα ταῦτά μοι κακὸν κακ[ῶς
ὁ Ζεὺς ἀπολέσαι." μή με δὴ διαλλαγ[εὶς
πρὸς τὴν γυναῖκα τὸν φράσαντα ταῦ[τα καὶ
συνειδότ' ἀφανίσῃ λαβών. καλῶς [ποῶ
ἕτερόν τι πρὸς τούτοις κυκᾶν ὃς ἀ[πέχομαι·
κἀνταῦθα κακὸν ἔνεστιν ἐπιεικῶς μ[έγα.
ΑΒ. ἐᾶτέ μ', ἱκετεύω σε, καὶ μή μοι κακὰ
παρέχετ'. ἐμαυτήν, ὡς ἔοικεν, ἀθλ[ία
λέληθα χλευάζουσ'· ἐρᾶσθαι προσ[εδ]όκων,
θεῖον δὲ μισεῖ μῖσος ἄνθρωπός με τι.
οὐκέτι μ' ἐᾷ γὰρ οὐδὲ κατακεῖσθαι, τάλαν,
παρ' αὐτόν, ἀλλὰ χωρίς.

ONESIMOS. Jetzt allerdings sind sie zusammen und es ist vielleicht nicht passend, ihm über das Kunde zu geben, aber morgen.

SYRISKOS. Ich werde warten, morgen bin ich mit einem einzigen Wort bereit, jeden, den ihr wollt, als Schiedsrichter zu nehmen; auch jetzt kam ich nicht schlecht davon. Man muss alles vernachlässigen, wie es scheint, und Plädoyers einstudieren; dadurch wird jetzt alles unversehrt bewahrt. *(Beide ab in Chairestratos' Haus.)*

Tanz und Gesang des Chors

AKT III

ONESIMOS. Mehr als fünfmal habe ich einen Anlauf gemacht, zu meinem Herrn zu gehen und ihm den Ring zu zeigen, und wenn ich ihm schon sehr nahe bin und ganz und gar dran, ziehe ich mich zurück. Und ich bereue meine früheren Informationen. Denn er sagt ziemlich häufig: »Wie doch den Elenden, der mir dies gemeldet hat, Zeus elend vernichten soll!« Dass er doch nur nicht sich mit seiner Frau versöhnt und mich, der ich dies meldete und der Mitwisser bin, greift und umbringt! Gut handle ich, der ich mich zurückhalte, außerdem etwas anderes aufzurühren; auch hier ist das Unheil ziemlich groß.

HABROTONON *(kommt aus Chairestratos' Haus und spricht zurück).* Lasst mich, ich bitte dich, und bereitet mir keinen Ärger! *(Bei sich.)* Ich Arme habe mich, wie es scheint, ohne es zu merken, lächerlich gemacht; geliebt zu werden hoffte ich, aber der Mensch hasst mich mit übernatürlichem Hass. Ach, er lässt mich auch nicht mehr neben sich liegen, sondern nur fern von ihm.

ΟΝ. ἀλλ᾽ ἀποδῶ πάλιν
παρ᾽ οὗ παρέλαβον ἀρτίως; ἄτοπον.
ΑΒ. τάλας
οὗτος· τί τοσοῦτον ἀργύριον ἀπολλύει;
ἐπεὶ τό γ᾽ ἐπὶ τούτῳ τὸ τῆς θεοῦ φέρειν
κανοῦν ἔμοιγ᾽ οἷόν τε νῦν ἐστιν, τάλαν·
ἁγνὴ γάμων γάρ, φασίν, ἡμέραν τρίτην
ἤδη κάθημαι.
(ΟΝ.) πῶς ἂν οὖν, πρὸς τῶν θεῶν,
πῶς ἄν, ἱκετεύω –
ΣΥ. ποῦ ᾽στ[ιν, ὃν ζ]ητῶν ἐγὼ
περιέρχομ᾽ ἔνδον; οὗτος, [ἀπόδο]ς, ὦγαθέ,
τὸν δακτύλιον, ἢ δεῖξον ᾧ μέ[λ]λεις ποτέ.
κρινώμεθ᾽· ἐλθεῖν δεῖ μέ ποι.
ΟΝ. τοιουτονί
ἐστιν τὸ πρᾶγμ᾽, ἄνθρωπε· τοῦ μὲν δεσπότου
ἔστ᾽, οἶδ᾽ ἀκριβῶς, ούτοσὶ Χαρισίου,
ὀκνῶ δὲ δεῖξαι· πατέρα γὰρ τοῦ παιδίου
αὐτὸν ποῶ σχεδόν τι τοῦτον προσφέρων
μεθ᾽ οὗ συνεξέκειτο.
(ΣΥ.) πῶς, ἀβέλτερε;
(ΟΝ.) Ταυροπολίοις ἀπώλεσεν τοῦτόν ποτε
παννυχίδος οὔσης καὶ γυναικῶν· κατὰ λόγον
ἐστὶν βιασμὸν τοῦτον εἶναι παρθένου·
ἡ δ᾽ ἔτεκε τοῦτο κἀξέθηκε δηλαδή.
εἰ μέν τις οὖν εὑρὼν ἐκείνην προσφέροι
τοῦτον, σαφὲς ἄν τι δεικνύ[οι] τεκμήριον·
νυνὶ δ᾽ ὑπόνοιαν καὶ ταραχὴν ἔχει.
(ΣΥ.) σκόπει
αὐτὸς περὶ τούτων· εἰ δ᾽ ἀνασείεις, ἀπολαβεῖν
τὸ]ν δακτύλιόν με βουλόμενος δοῦναί τε σοι
μι]κρόν τι, ληρεῖς· οὐκ ἔνεστιν οὐδὲ εἷς
π]αρ᾽ ἐμοὶ μερισμός.

ONESIMOS *(bei sich)*. Doch geb ich ihn wieder dem, von dem ich ihn gerade bekam? Unsinnig.

HABROTONON *(bei sich)*. Dieser Unglückliche! Warum verschwendet er so viel Geld? Denn soweit es ihn angeht, wäre es für mich jetzt möglich, den Korb der Göttin zu tragen, ach! [440] Denn rein von der Liebesvereinigung, wie man sagt, sitze ich schon den dritten Tag da.

ONESIMOS *(bei sich)*. Wie also könnte ich nun, bei den Göttern, wie wohl, ich flehe –

SYRISKOS *(kommt aus dem Haus)*. Wo ist er, den suchend ich im Haus herumgehe? Du da, gib, mein Guter, den Ring her, oder zeige ihn dem, dem ihn zu zeigen du vorhast! [445] Lass uns die Entscheidung treffen; ich muss gehen.

ONESIMOS. So ist die Sache, Mensch: Meinem Herrn gehört, ich weiß es genau, der hier, dem Charisios, aber ich zögere, ihn ihm zu zeigen; denn zum Vater des Kindes mache ich ihn so gut wie sicher, wenn ich ihm den bringe, [450] mit dem zusammen es ausgesetzt worden war.

SYRISKOS. Wie, du Dummkopf?

ONESIMOS. Bei den Tauropolien verlor er ihn irgendwann, als das nächtliche Fest war und Frauen da waren: Es ist natürlich, dass diese Gewalt einer Jungfrau widerfuhr; sie hat es offensichtlich geboren und ausgesetzt. [455] Wenn man sie also fände und ihm diesen vorlegen würde, würde man einen deutlichen Beweis zum Vorschein bringen; jetzt aber bringt es nur Verdacht und Verwirrung.

SYRISKOS. Stell darüber selbst eine Untersuchung an! Wenn du drohst, weil du willst, dass ich den Ring zurücknehme und dir [460] auch nur ein bisschen gebe, bist du töricht; auch nicht ein einziges Aufteilen ist bei mir drin.

(ΟΝ.) οὐδὲ δέομαι.
ΣΥ. ταῦτα δὴ
ἥξ]ω διαδραμών (εἰς πόλιν γὰρ ἔρχομαι
νυ]νί), περὶ τούτων εἰσόμενος τί δε[ῖ] ποεῖν.
(ΑΒ.) τὸ] παιδάριον, ὃ νῦν τιθηνεῖθ' ἡ [γ]υνή,
Ὀ]νήσιμ', ἔνδον, οὗτος εὗρεν ἁν[θ]ρακεύς;
(ΟΝ.) ναί], φησίν.
(ΑΒ.) ὡς κομψόν, τάλαν.
⟨ΟΝ.⟩ καὶ τουτονὶ
τ[ὸ]ν δακτύλιον ἐπόντα τοὐμοῦ δεσπότου.
(ΑΒ.) αἴ, δύσμορ'· εἶτ', εἰ τρόφιμος ὄντως ἐστί σου,
τρεφόμενον ὄψει τοῦτον ἐν δούλου μέρει,
κοὐκ ἂν δικαίως ἀποθάνοις;
(ΟΝ.) ὅπερ λέγω,
τὴν μητέρ' οὐδεὶς οἶδεν.
(ΑΒ.) ἀπέβαλεν δέ, φής,
Ταυροπολίοις αὐτόν;
(ΟΝ.) παροινῶν γ', ὡς ἐμοὶ
τὸ παιδάρι[ο]ν εἶφ', ἀκόλουθος.
ΑΒ. δηλαδὴ
εἰς τὰς [γ]υναῖκας παννυχιζούσας μόνος
ἐνέπ[εσε. κἀ]μοῦ γὰρ παρούσης ἐγένετο
τοιοῦτον ἕτερον.
(ΟΝ.) σοῦ παρούσης;
(ΑΒ.) πέρυσι, ναί,
Ταυροπο[λίοις. π]αισὶν γὰρ ἔψαλλον κόραις
αὐτή θ' [ὁμοῦ συ]νέπαιζον· οὐδ' ἐγὼ τότε,
οὔπω γάρ, ἄνδρ' ᾔδειν τί ἐστι.
⟨ΟΝ.⟩ καὶ μάλα.
⟨ΑΒ.⟩ μὰ τὴν Ἀφροδίτην.
(ΟΝ.) τὴν δὲ παῖδ⟨ά γ'⟩ ἥτις ἦν
οἶσθας;

ONESIMOS. Darum bitte ich nicht.

SYRISKOS. Eben deshalb werde ich kommen, wenn ich meinen Gang gemacht habe – denn zur Stadt gehe ich jetzt –, um zu erfahren, was getan werden soll. *(Ab nach rechts.)*

HABROTONON. Das Kind, das jetzt die Frau im Haus stillt, [465] Onesimos, hat das dieser Köhler gefunden?

ONESIMOS. Ja, er sagt es.

HABROTONON. Meine Güte, wie zierlich!

ONESIMOS. Und dass dieser Ring hier, der meines Herrn, dabei gewesen sei.

HABROTONON. O weh, du Unglücksvogel! Dann, wenn es wirklich dein junger Herr ist, wirst du mit ansehen, dass dieser im Sklavenstand großgezogen wird, [470] und würdest nicht den Tod verdienen?

ONESIMOS. Wie ich sage, die Mutter kennt niemand.

HABROTONON. Er verlor ihn, sagst du, bei den Tauropolien?

ONESIMOS. Ja, betrunken, wie mir der Sklavenjunge sagte, sein Begleiter.

HABROTONON. Offensichtlich ist er zu den nächtlich feiernden Frauen allein [475] eingedrungen. Denn auch als ich dabei war, geschah etwas Derartiges.

ONESIMOS. Während du dabei warst?

HABROTONON. Ja, letztes Jahr bei den Tauropolien. Denn ich spielte Harfe für die jungen Mädchen und feierte selbst zugleich mit; denn ich wusste damals auch noch nicht, was ein Mann ist.

ONESIMOS. Ja freilich.

HABROTONON. [480] Nein, bei der Aphrodite!

ONESIMOS. Von dem Mädchen aber weißt du, wer es war?

(AB.) πυθοίμην ἄν· παρ' αἷς γὰρ ἦν ἐγὼ
γυναιξί, τούτων ἦν φίλη.
(ON.) πατρὸς τίνος,
ἤκουσας;
(AB.) οὐδὲν οἶδα· πλὴν ἰδοῦσά γε
γνοίην ἂν αὐτήν. εὐπρεπής τις, ὦ θεοί,
καὶ πλουσίαν ἔφασάν τιν'.
ON. αὕτη 'στὶν τυχόν.
(AB.) οὐκ οἶδ'. ἐπλανήθη γὰρ μεθ' ἡμῶν οὖσ' ἐκεῖ.
εἶτ' ἐξαπίνης κλάουσα προστρέχει μόνη
τίλλουσ' ἑαυτῆς τὰς τρίχας, καλὸν πάνυ
καὶ λεπτόν, ὦ θεοί, ταραντῖνον σφόδρα
ἀπολωλεκυῖ'· ὅλον γὰρ ἐγεγόνει ῥάκος.
(ON.) καὶ τοῦτον [εἶχ]εν;
(AB.) εἶχ' ἴσως, ἀλλ' οὐκ ἐμοὶ
ἔδειξεν· οὐ γὰρ ψεύσομαι.
(ON.) τί χρὴ ποεῖν
ἐμὲ νῦν;
(AB.) ὅρα σὺ τοῦτ'· ἐὰν δὲ ν⟨ο⟩ῦν ἔχῃς
ἐμοί τε πείθῃ, τοῦτο πρὸς τὸν δεσπότ[ην
φανερὸν ποήσεις. εἰ γάρ ἐστ' ἐλευθέρα[ς
παιδός, τί τοῦτον λανθάνειν δεῖ τὸ γε[γονός;
(ON.) πρότερον ἐκείνην ἥτις ἐστίν, Ἀβρότονο[ν,
εὕρωμεν· ἐπὶ τούτῳ δ' ἐμοὶ σὺ νῦν [γ]εν[οῦ –
(AB.) οὐκ ἂν δυναίμην, τὸν ἀδικοῦντα πρὶν [σαφῶς
τίς ἐστιν εἰδέναι. φοβοῦμαι τοῦτ' ἐγω,
μάτην τι μηνύειν πρὸς ἐκείνας ἃς λ[έγω.
τίς οἶδεν, εἰ καὶ τοῦτον ἐνέχυρον λαβὼ[ν
τότε τις παρ' αὐτοῦ τῶν παρόντων ἀπέβαλεν
ἕτερος; κυβεύων τυχὸν ἴσως εἰς συμβολὰς
ὑπόθημ' ἔδωκ', ἢ συντιθέμενος περί τινος
περιείχετ', εἶτ' ἔδωκεν. ἕτερα μυρία
ἐν τοῖς πότοις τοιαῦτα γίνεσθαι φιλεῖ.

HABROTONON. Ich könnte es erkunden; die Frauen, bei denen ich war, deren Freundin war sie.

ONESIMOS. Von welchem Vater sie stammt, hörtest du das?

HABROTONON. Nichts weiß ich; nur, dass, wenn ich sie sähe, ich sie erkennen würde. Sie ist schön, ihr Götter, und reich, sagten sie.

ONESIMOS. Sie könnte diejenige sein.

HABROTONON. Ich weiß nicht. Denn sie war mit uns dort und streifte umher. Dann läuft sie plötzlich weinend allein herbei und rauft sich die Haare, und, o ihr Götter, ihr sehr schönes und feines Tarentinisches war vollkommen ruiniert; denn es war ganz zum Fetzen geworden.

ONESIMOS. Und hatte sie ihn?

HABROTONON. Vielleicht hatte sie ihn, aber sie zeigte ihn mir nicht; ich will ja nicht lügen.

ONESIMOS. Was soll ich jetzt machen?

HABROTONON. Sieh du selbst zu! Aber wenn du Verstand hast und mir folgst, wirst du das deinem Herrn offenbar machen. Denn wenn es von einem freien Mädchen ist, warum soll ihm das Geschehene verborgen sein?

ONESIMOS. Erst lass sie uns finden, wer immer sie ist, Habrotonon; zu diesem Zweck sei du mir nun –

HABROTONON. Das könnte ich nicht, bevor ich nicht sicher weiß, wer es ist, der ihr das antat. Denn ich scheue dies, sinnlos den Frauen, die ich meine, etwas kundzutun. Wer weiß, ob den nicht damals von ihm als Pfand erhielt ein anderer von denen, die dabei waren, und verlor? Beim Würfeln gab er ihn vielleicht in die Kasse als Einsatz, oder er verbürgte sich für etwas, wurde in Bedrängnis gebracht, gab ihn dann her. Unendlich viel anderes Derartiges pflegt bei Trinkgelagen zu geschehen. Be-

πρὶν εἰδέναι δὲ τὸν ἀδικοῦντ' οὐ βούλομαι
ζητεῖν ἐκείνην οὐδὲ μηνύειν ἐγὼ
τοιοῦτον οὐδέν.
ΟΝ. οὐ κακῶ[ς] μέντοι λέγεις.
τί οὖν ποήσῃ τις;
ΑΒ. θέασ', Ὀνήσιμε,
ἂν συναρέσῃ σοι τοὐμὸν ἐνθύμημ' ἄρα.
ἐμὸν ποήσομαι τὸ πρᾶ[γ]μα τοῦτ' ἐγώ,
τὸν δακτύλιον λαβοῦ[σ]ά τ' εἴσω τουτονὶ
εἴσειμι πρὸς ἐκεῖνον.
(ΟΝ.) λέγ' ὃ λέγεις· ἄρτι γὰρ
νοῶ.
(ΑΒ.) κατιδών μ' ἔχουσαν ἀνακρινεῖ πόθεν
εἴληφα. φήσω "Ταυροπολίοις, παρθένος
ἔτ' οὖσα", τἀκείνῃ γενόμενα πάντ' ἐμὰ
ποουμένη· τὰ πλεῖστα δ' αὐτῶν οἶδ' ἐγώ.
(ΟΝ.) ἄριστά γ' ἀνθρώπων.
(ΑΒ.) ἐὰν {δ'} οἰκεῖον ᾖ
αὐτῷ τὸ πρᾶγμ⟨α δ',⟩ εὐθὺς ἥξει φερόμενος
ἐπὶ τὸν ἔλεγχον, καὶ μεθύων γε νῦν ἐρεῖ
πρότερος ἅπαντα καὶ προπετῶς· ἃ δ' ἂν λέγῃ,
προσομολογήσω τοῦ διαμαρτεῖν μηδὲ ἓν
προτέρα λέγουσ'.
(ΟΝ.) ὑπέρευγε, νὴ τὸν Ἥλιον.
(ΑΒ.) τὰ κοινὰ ταυτὶ δ' ἀκκιοῦμαι τῷ λόγῳ
τοῦ μὴ διαμαρτεῖν· "ὡς ἀναιδὴς ἦσθα καὶ
ἰταμός τις."
(ΟΝ.) εὖγε.
(ΑΒ.) "κατέβαλες δέ μ' ὡς σφόδρα.
ἱμάτια δ' οἶ' ἀπώλεσ' ἡ τάλαιν' ἐγώ"
φή]σω. πρὸ τούτου δ' ἔνδον αὐτὸ βούλομαι
λα]βοῦσα κλαῦσαι καὶ φιλῆσαι καὶ πόθεν
ἔλα]βεν ἐρωτᾶν τὴν ἔχουσαν.

vor ich den, der ihr das antat, kenne, will ich sie nicht suchen noch irgendetwas dergleichen kundtun.

Onesimos. Du redest allerdings nicht schlecht. Was soll man nun tun?

Habrotonon. Schau, Onesimos, ob dir also meine Idee gefällt. Zur meinen werde ich diese Sache machen, indem ich diesen Ring nehme und ins Haus hineingehe zu ihm.

Onesimos. Sage, was du sagen willst; denn eben erst kapiere ich.

Habrotonon. Sieht er, dass ich ihn habe, wird er fragen, woher ich ihn bekam. Ich werde sagen: »Bei den Tauropolien, als ich noch Jungfrau war«, wobei ich alles, was ihr geschah, als mir geschehen ausgebe; das meiste davon weiß ich.

Onesimos. Ja, am besten von allen Menschen!

Habrotonon. Wenn er mit der Sache zu tun hat, wird er sofort in Eile zum Verhör kommen, und da er jetzt ja betrunken ist, wird er vor mir und bereitwillig alles sagen; was auch immer er sagt, werde ich bestätigen, um auch nicht einen einzigen Fehler zu machen, indem ich zuerst rede.

Onesimos. Supergut, beim Helios.

Habrotonon. Das hier Übliche werde ich ihm mit dem Zweck vorspielen, keinen Fehler zu machen: »Wie schamlos und ungestüm du warst!«

Onesimos. Ja, gut!

Habrotonon. »Wie heftig du mich zu Boden warfst, was für ein Kleid ich Arme einbüßte!«, werde ich sagen. Vorher aber will ich es mir im Haus nehmen, weinen, es küssen und die, die es hält, fragen, woher sie es sich nahm.

ON. Ἡράκλεις.
(AB.) τὸ] πέρας δὲ πάντων "παιδίον τοίνυν", ἐρῶ,
"ἐσ]τὶ γεγονός σοι", καὶ τὸ νῦν εὑρημένον
δε]ίξω.
(ON.) πανούργως καὶ κακοήθως, Ἁβρότονον.
(AB.) ἂ]ν δ' ἐξετασθῇ ταῦτα καὶ φανῇ πατὴρ
ὢ]ν οὗτος αὐτοῦ, τὴν κόρην ζητήσομεν
κατὰ σχολήν.
(ON.) ἐκεῖνο δ' οὐ λέγεις, ὅτι
ἐλευθέρα γίνῃ σύ· τοῦ γὰρ παιδίου
μητέρα σε νομίσας λύσετ' εὐθὺς δηλαδή.
(AB.) οὐκ οἶδα· βουλοίμην δ' ἄν.
(ON.) οὐ γὰρ οἶσθα σύ;
ἀλλ' ἡ χάρις τίς, Ἁβρότονον, τούτων ἐμοί;
(AB.) νὴ τὼ θεώ, π[ά]ντων γ' ἐμαυτῇ σ' αἴτιον
ἡγήσομαι τούτων.
⟨ON.⟩ ἐὰν δὲ μηκέτι
ζητῇς ἐκείνην ἐξεπίτηδες, ἀλλ' ἐᾷς
παρακρουσαμένη με, πῶς τὸ τοιοῦθ' ἕξει;
(AB.) τάλαν,
τίνος ἕνεκεν; παίδων ἐπιθυμεῖν σοι δοκῶ;
ἐλευθέρα μόνον γενοίμην, ὦ θεοί·
τοῦτον λάβοι[μ]ι μισθὸν ἐκ τούτων.
ON. λάβοις.
(AB.) οὐκοῦν συν[αρ]έ[σκ]ει σοι;
(ON.) συναρέσκει διαφόρως.
ἂν γὰρ κακοηθεύσῃ, μαχοῦμαί σοι τότε·
δυνήσομαι γάρ. ἐν δὲ τῷ παρόντι νῦν
ἴδωμεν, εἰ τοῦτ' ἔστιν.
(AB.) οὐκοῦν συνδοκεῖ;
(ON.) μάλιστα.
(AB.) τὸν δακτύλιον ἀποδίδου ταχύ.
(ON.) λάμβανε.

ONESIMOS. Herakles!

HABROTONON. Am Ende von allem werde ich sagen: »Ein Kind ist dir geboren!«, und ihm das jetzt gefundene [535] zeigen.

ONESIMOS. Durchtrieben und skrupellos, Habrotonon!

HABROTONON. Wenn das ermittelt und offenkundig ist, dass er sein Vater ist, werden wir das Mädchen in Ruhe suchen.

ONESIMOS. Das sagst du nicht, dass du eine Freie wirst; denn da er dich [540] für die Mutter des Kindes hält, wird er dich natürlich sofort freikaufen.

HABROTONON. Ich weiß nicht; ich wünschte es aber.

ONESIMOS. Du weißt es nicht? Doch welchen Dank dafür, Habrotonon, wird es für mich geben?

HABROTONON. Bei den zwei Göttinnen, ich werde dich als den ansehen, der die Ursache von allem für mich ist.

ONESIMOS. Wenn du aber absichtlich nicht mehr [545] nach ihr suchst, sondern mich täuschst und es sein lässt, wie wird es damit stehen?

HABROTONON. Ach du, weshalb denn? Glaubst du, ich habe Verlangen nach Kindern? Ich möchte nur frei werden, ihr Götter; diesen Lohn möchte ich davon bekommen.

ONESIMOS. Ja, mögest du ihn bekommen!

HABROTONON. [550] Gefällt dir das also?

ONESIMOS. Es gefällt mir außerordentlich. Denn wenn du ein Doppelspiel treibst, dann gibt es Krieg mit mir; dazu werde ich nämlich fähig sein. Doch in der jetzigen Situation lass uns sehen, ob es wirklich so ist.

HABROTONON. Pflichtest du mir also bei?

ONESIMOS. Allerdings!

HABROTONON. Gib mir schnell den Ring!

ONESIMOS. [555] Nimm ihn nur.

⟨ΑΒ.⟩ φίλη Πειθοῖ, παροῦσα σύμμαχος
πόει κατορθοῦν τοὺς λόγους οὓς ἂν λέγω.
(ΟΝ.) τοπαστικὸν τὸ γύναιον· ὡς ᾔσθηθ' ὅτι
κατὰ τὸν ἔρωτ' οὐκ ἔστ' ἐλευθερίας τυχεῖν,
ἄλλως δ' ἀλύει, τὴν ἑτέραν πορεύεται
ὁδόν. ἀλλ' ἐγὼ τὸν πάντα δουλεύσω χρόνον,
λέμφος, ἀπόπληκτος, οὐδαμῶς προνοητικὸς
τὰ τοιαῦτα. παρὰ ταύτης δ' ἴσως τι λήψομαι,
ἂν ἐπιτύχῃ· καὶ γὰρ δίκαιον. ὡς κενὰ
καὶ διαλογίζομ' ὁ κακοδαίμων προσδοκῶν
χάριν κομιεῖσθαι παρὰ γυναικός· μὴ μόνον
κακόν τι προσλάβοιμι. νῦν ἐπισφαλῆ
τὰ πράγματ' ἐστὶ τὰ περὶ τὴν κεκτημέ[νην·
ταχέως ἐὰν γὰρ εὑρεθῇ πατρὸς κόρ[η
ἐλευθέρου μήτηρ τε τοῦ νῦν παιδί[ου
γεγονυῖ', ἐκείνην λήψεται, ταύτην .[
. . . . .ν ἀπολείπειν .[
καὶ νῦν χαριέντως ἐκνενευκέναι δο[κῶ
τῷ μὴ δι' ἐμοῦ ταυτὶ κυκᾶσθαι. χαιρέ[τω
τὸ πολλὰ πράττειν· ἂν δέ τις λάβῃ μ[έ] τ[ι
περιεργασάμενον ἢ λαλήσαντ', ἐκτεμεῖν
δίδωμ' ἐμαυτοῦ τούς, τὸ δεῖν' – ἀλλ' οὑτοσὶ
τίς ἐσθ' ὁ προσιών; Σμ[ι]κρίνης ἀναστρέφει
ἐξ ἄστεως πάλιν ταρα[κτι]κῶς ἔχων
αὖτις· πέπ[υσ]ται τὰς ἀλ[ηθείας ἴσ]ως
παρά τινος οὗτος· ἐκπ[οδὼν δὲ β]ούλομαι
ποιεῖν ἐ[μαυτόν] . . .ειν·

οὐδεὶς . . . . . .[. .] ἕτερος ὑμῖν.
(ΣΜ.) ποικίλον
ἄριστον ἀριστῶσιν
(ΚΑ.) ὢ τρισάθλιος
ἐγὼ κατὰ πολλά. νῦν μὲν οὖν οὐκ οἶδ' ὅπως

Habrotonon. Liebe Peitho, als Bundesgenossin gegenwärtig mach, dass die Worte, die ich sagen will, mir gelingen! *(Ab in Chairestratos' Haus.)*

Onesimos. Erfinderisch, das Frauchen! Da sie wahrgenommen hat, dass sie mit dem Sex die Freiheit nicht erringen kann und umsonst Energie aufbringt, geht sie den anderen [560] Weg. Doch ich werde meine ganze Lebenszeit Sklave sein, verschnupft, gelähmt, keineswegs vorsichtig bei so etwas. Von ihr aber werde ich vielleicht etwas bekommen, wenn es ihr glückt; und das wäre ja gerecht. Wie ich doch ins Leere kalkuliere, ich Unglückseliger, wenn ich erwarte, ich würde [565] Dank von einer Frau bekommen! Möge ich nur nicht etwas Übles dazu bekommen! Gefährlich ist nun die Lage, was meine Herrin betrifft; denn wenn man das Mädchen schnell als von einem freien Vater stammend und als Mutter des Kindes, das jetzt da ist, [570] findet, wird er die zur Frau nehmen, sie … … zu verlassen. Und ich bin jetzt, wie ich glaube, fein dadurch ausgewichen, dass dies hier nicht durch mich aufgerührt wird. Adieu, Vielgeschäftigkeit! Wenn mich jemand erwischt, [575] wie ich mich einmische oder daher schwätze, gebe ich zum Abschneiden meine die-und-die – doch wer ist der, der daherkommt? Smikrines kehrt aus der Stadt zurück, wieder in der Stimmung, Verwirrung anzurichten: Der hat vielleicht [580] von jemandem die Wahrheit erfahren; ich will [581] mich davon machen …

(Smikrines kommt von rechts. Von V. 582–609a sind nur einzelne Wörter oder Buchstaben erhalten.)

Karion. (?) [609] Kein anderer ⟨wird⟩ euch ⟨bedienen.⟩

Smikrines. Ein buntes [610] Essen essen sie.

Karion. Ich dreimal Unglückseliger in vieler Hinsicht! Jetzt weiß ich nicht, wieso sie sich nach draußen verstreuen; aber wenn

δ[ια]σκεδάν[νυντ’] ἐκτός· ἀλλ’ ἐὰν πάλιν
. [ ] μαγείρου [τι]ς τύχῃ
. . ν . [ ]. ε βαλεῖτ’ ε[ἰ]ς μακαρίαν

(ΣΜ.)]ν δυστυχῆ
τοῦτο[ν, μὰ τ]ὸν Διό[νυσο]ν. ἀλλ’ ἴσως ἐγὼ
πολυπραγμονῶ [πλεί]ω τε πράττω τῶν ἐμῶν,
κατὰ λόγον ἐξὸν ἀπιέναι τὴν θυγατέρα
λαβόντα. τοῦτο μὲ[ν π]οήσω καὶ σχεδὸν
δεδογμένον μοι τυγχάνει. μαρτύρομαι
ὑμᾶς δ’ ὀμό[σας, Χ]αιρέστρατ[’, αὐτοὺς τοὺς θεούς
μεθ’ ὧν θ[υγατέρ’ ἔ]πεμψα π[ρὸς τὸν νυμφίον.
⟨ΧΑ.⟩ θυγατέρα τὴ[ν σὴν λ]αμβάνε[ιν βούλει πάλιν
ἀνάξι’ ὑμῶν, [Σμικρίνη.
ΣΜ. μὴ νῦν δόκει
μηδὲ λέγε. τ[αῦτα γὰρ λ]έγων παίζεις. ἄνους
καὶ περιβόητον πᾶσιν ἀνθρώποις ⟨ποῶν⟩
αὑτόν, ἀκρατὴς καὶ τοῦτο δὴ τὸ λεγόμενον
ἥττων ἑαυτοῦ πορνιδίῳ τρισαθλίῳ
ἑαυτὸν οὕτω παραδέδωκεν – ◡ –

μισεῖ τὸν ἡδὺν λεγόμενον τοῦτον βίον;
ἔπινε μετὰ τ[ῆ]ς δεῖνος, εἶχεν ἑσπέρας
τ]ὴν δεῖν’, [ἔ]μελλεν δ’ αὔριο[ν τὴν] δεῖν’ ἔχει⟨ν⟩.
π]ολλὰς πεπό[η]κεν [οἰκίας ἀναστάτ]ους
οὗ]τος ὁ .(.)ος. [.] λέκ[τρα πόλλ’ ἀπολώλ]εκεν.
ἔχ]θρας. (.)οσο[. .]ειο .]ει
αὐτῳ [κ]αθ’ ἑκ[ά]στην εὖ φ[ρ]ονή[σασ’ ἡμέραν,
ἀλλ’ οὐκ ἔπειθεν. τοιγαροῦν, ὅπερ [λέγ]ω,
ἀποδιδότω τ[ὴ]ν προῖκα.
ΧΑ. μήπω, Σμ[ικρίνη.
ΣΜ. οὐδ’ ἄν, μὰ τὴν Δήμητρα, δέκατον ἡμέ[ρας
μέρος καταμείν]ει’ ἡ θυγάτηρ ἐνταῦθ’ ἔτι,

wieder ... jemand einen Koch bekommt ... [614] schert euch ins Land der Seligen!»

(Von V. 615–654 sind nur einzelne Wörter oder Buchstaben erhalten.)

SMIKRINES. [654] ... diesen Unglücklichen, [655] beim Dionysos. Aber vielleicht bin ich ein Wichtigtuer, tu mehr, als mich etwas angeht, obwohl es vernünftigerweise möglich wäre, wegzugehen und meine Tochter mitzunehmen. Das werde ich tun und es ist schon fast beschlossen von mir. [660] Ich rufe euch zu Zeugen an, Chairestratos, und schwöre bei denselben Göttern, mit denen ich meine Tochter zu ihrem Bräutigam schickte.

CHAIRESTRATOS. Du gedenkst deine Tochter wieder mitzunehmen, was unser unwürdig ist, Smikrines.

SMIKRINES. Bilde dir das nicht ein und sage es nicht. Denn wenn du das sagst, machst du einen Scherz. Töricht bringt er auch sich selbst [665] in Verruf bei allen Menschen, unbeherrscht und, wie man sagt, schwächer als er selbst hat er so sich einem dreimal elenden Hürchen [668] so ausgeliefert ...

(Etwa 7 Verse fehlen. Von V. 676–679 sind nur einzelne Buchstaben erhalten.)

[680] Er hasst dieses sogenannte süße Leben? Er trank doch mit der da, er hatte am Abend [682] die da, würde die da morgen haben. [682a] Viele Häuser zu Grunde gerichtet hat [682b] dieser Lebenswandel (?), viele Ehen ruiniert. [683] ... feindlich ... ihm jeden Tag wohlgesonnen, [685] doch ⟨sie hat⟩ ihn nicht überredet. Also, wie ich sage, er soll die Mitgift zurückgeben.

CHAIRESTRATOS. Noch nicht, Smikrines.

SMIKRINES. Nein, bei der Demeter, auch nicht den zehnten Teil eines Tages bleibt meine Tochter noch hier, es sei denn, er wäre

εἰ μὴ μετοικήσα[σ]ι παραγεγραμμένοις
ἡμῖν κεκήδευκ’.
ΧΑ. οὐδ’ ἐκεῖνος οἴεται.
ΣΜ. ὑψηλὸς ὢν τις οὗτος οὐκ οἰμώξεται;
καταφθαρείς τ’ ἐν ματρυλείῳ τὸν βίον
μετὰ τῆς καλῆς γυναικὸς ἣν ἐπεισάγει
βιώσεθ’, ἡμᾶς δ’ [ο]ὐδὲ γινώσκειν δοκῶν
αὐτὴν μὲν ἕξε[ι], τὴν δ’ ἐπ[ει]σάξει λαβὼν
ἐκεῖνος εὐθὺς ὡ[ς] ἑαυτὸν δηλαδή.
⟨ΧΑ.⟩ π]άξ· διαγέγραπτ[αι] τοὐμόν, [ὡ]ς ἐμοὶ δοκεῖ.
δια]κονητέον δ[ὲ κ]αὶ πορευ[τέ]ον
ἐφ’] ἣν ἐτάχθη[ν] ἐπ[ι]μέλ[ειάν] ἐστί μοι.

ΧΟΡ[ΟΥ

ΜΕΡΟΣ Δ΄

ΣΜ. οὐκ οἶδα τούτω[ν τῶν κακῶν ἄλλην λύσιν,
ἀλλ’ ἀπιέναι δε[ῖ, Παμφίλη· τοῖς ἔμφροσιν
μί’ ἐστὶν ἀρετή, τἄτοπον φεύγειν ἀεί.
(ΠΑΜΦΙΛΗ)
πάππα, τί ⟨δὲ⟩ τοῦτ’ ἔστ[
ἀεὶ σὺ γίνῃ κύριο[ς μου;
ΣΜ.
σκιαῖς· χολᾷ γὰρ ἐ[μφανῶς Χαρίσιος.
(ΠΑ.) τἀμφίβ[ο]λα δεῖ[ται σκέψεως πολλῆς ἀεί.
(ΣΜ.) πάλαι προτεί[νω σ’ αὖθις ἐκδώσειν ἐγώ.
(ΠΑ.) ὑπὲρ ⟨δ’⟩ ἐμ[ο]ῦ τοῦθ’ ὡς δ’ ὑπὲρ σαυτοῦ λέγεις.

ἀλλ’ εἴ με σῴζων τοῦτο μὴ πείσαις ἐμέ,
οὐκέτι πατὴρ κρίνοι’ [ἄ]ν, ἀλλὰ δεσπότης.

mit uns als rechtlosen Zugewanderten [690] liiert.

CHAIRESTRATOS. Und das denkt er nicht.

SMIKRINES. Einem, der hochnäsig ist, wird das keinen Anlass zum Jammern geben? Und er wird, nachdem sein Vermögen im Bordell ruiniert worden ist, mit der schönen Frau, die er ins Haus führt, leben, und, indem er so tut, als würde er uns nicht kennen, [695] die eine haben, die andere holen und natürlich sofort zu sich ins Haus führen. *(Ab in Charisios' Haus.)*

CHAIRESTRATOS. So weit das! Mir ist ein Strich durch die Rechnung gemacht, wie mir scheint. Ich muss meinen Dienst leisten und mich aufmachen zur Erfüllung des Auftrags, zu dem ich beordert wurde. *(Ab nach rechts.)*

Tanz und Gesang des Chors

AKT IV

(Smikrines und Pamphile kommen aus dem Haus des Charisios.)

SMIKRINES. [700] Ich weiß für diese üblen Verhältnisse keine andere Lösung, als dass du weggehen musst, Pamphile; für die Vernünftigen gibt es eine einzige Tugend, vor dem Widersinnigen stets zu fliehen.

PAMPHILE. Papa, aber was ist das ... ? Wirst du immer mein Vormund sein? ...

SMIKRINES. ... [705] Schatten; offenkundig ist Charisios verrückt.

PAMPHILE. Das Zweifelhafte bedarf stets vieler Überlegung.

SMIKRINES. Schon längst schlage ich vor, dass ich dich wieder verheirate.

PAMPHILE. [708] Von dem, was für mich gut ist, sprichst du, als ob es für dich gut wäre. *(2–4 Verse fehlen zwischen 708 und 714.)* [714] Doch wenn du mich beim Versuch, mich zu retten, nicht überzeugst, [715] giltst du mir wohl nicht mehr als Vater, sondern als Herr.

(ΣΜ.) λόγου δὲ δεῖται τ[α]ῦτα καὶ συμπείσεως;
οὐκ ἐπι[π]ό[λαιον; α]ὐτ[ό, Π]αμφίλη, βοᾷ
φωνὴν ἀφιέν. εἰ δὲ κἀμὲ δεῖ λέγειν,
ἕτοι]μ[ό]ς εἰμι, τρία δέ σοι προθήσομαι.
οὔτ'] ἂν ἔτι σωθείη ποθ' οὗτος [οὔ]τε σύ

τὴν πολυτέλειαν. Θεσμοφόρια δὶς τίθει,
Σκίρα δίς· τὸν ὄλεθρον τοῦ βίου καταμάνθανε.
οὐκοῦν ἀπόλωλεν οὗτος ὁμολογουμένως·
σκόπει τὸ σὸν δή. φησὶ δεῖν εἰς Πειραιᾶ
αὑτὸν βαδίσαι· καθεδεῖτ' ἐκεῖσ' ἐλθ[ών, σὺ δὲ
τούτοις ὀδυνήσει, περιμενεῖς π . . ν[
ἄδειπ[ν]ος· ὁ δὲ πίνει με[τ' ἐκε]ίνης δη[λαδή

φάρμακ', ἐπιβο[υλαί, λ]οιδορίαι καθ[' ἡμ]έραν,
ὡς ἐκβαλεῖ σ'. αἰ[του]μένη μὲν ο[ὐδὲ] ἓν
εἰς τοῦτ' ἐνέγκα[σθαι,] μετέχουσα δ' [ἐ]ξ ἴσου
ἱλαρῶς βιώσετ[' εἰκ]ότως κἄν[ευ κ]ακῶν,
ἔσται ⟨τε⟩ τοῦτ' αὐτῇ παραμύθιον τότε.
σὺ [δ]ὲ σκυθρωπάζουσα, νουθετοῦσ' ἀεί,
γα[μ]ετῆς ἔχουσα σχῆμα, κατακεκλειμένη
ἐν[ταῦ]θα, παραλύσει σε. χαλεπόν, Παμφίλη,
ἐλευθέρᾳ γυναικὶ πρὸς πόρνην μάχη·
πλείονα πανουργεῖ, πλείον' οἶδ', αἰσχύνεται
οὐδέν, κολακεύει μᾶλλον, αἰσχρῶν [εὐπορεῖ.
ἕξ[ει κ]αλῶς νῦν· ταῦτά σοι τὴν Πυθ[ίαν
εἰρη[κέ]ναι νόμιζ' ἀκριβῶς ἐσόμενα.

ΠΑ. πά[τερ, π]ροθεμένη τοῦτο παντὶ τῷ λ[όγῳ,
τό μ[' οὐ]δὲν ἄκοντος ποῆσαι σοῦ ποτ' ἄν,
καὶ τ[ὴ]ν ἐμὴν γνώμην λέγειν πειρά[σομαι.
. . . (.)[. .]πάντων, ὅ τι ποθ' ἡγεῖ συμφέρε[ιν
. . . . .]ελη· καὶ γὰρ φρονεῖν ει .[
. . . . .] .ον ἤ τ' εὔνοια [.]νεριστα μεν .[

SMIKRINES. Bedarf dies denn der Begründung und des Überzeugens? Ist es nicht offensichtlich? Selbst lässt es seine Stimme ertönen, Pamphile, und schreit. Wenn aber auch ich es sagen soll, bin ich bereit, werde dir drei Argumente vorlegen. [720] Weder wird er wohl noch gerettet werden noch wirst du es ... *(Von V. 721–725 sind nur einzelne Wörter erhalten; dann fehlen etwa 24 Verse.)* [749] ... den großen Aufwand. Rechne zweimal Thesmophorien, [750] zweimal Skiren: Erkenne den Verlust seines Vermögens! Also ist er anerkanntermaßen ruiniert! Betrachte nun deine Situation. Er sagt, er müsse zum Peiraieus gehen: Er wird, wenn er dorthin gegangen ist, da sitzen, du aber wirst darüber betrübt sein, wirst warten ... [755] ohne gegessen zu haben; er aber zecht offensichtlich mit ihr ... *(Von V. 756–759 sind nur einzelne Wörter oder Buchstaben erhalten; dann fehlen etwa 28 Verse.)* [786] ... Zaubersäfte, Anschläge, tägliche Drohungen, dass er dich hinauswerfen werde. Sie wird um gar nichts gebeten, hierzu etwas beizutragen, aber weil sie gleichen Anteil hat, natürlich heiter leben und ohne Unannehmlichkeiten. [790] Und dies wird für sie dann eine Ermutigung sein. Aber du, die du finster blickst, ständig schimpfst, nur die Haltung einer Ehefrau hast, hier eingeschlossen bist – es wird dich lähmen. Schwer, Pamphile, ist für eine freie Frau der Wettstreit mit einer Hure; [795] die beherrscht mehr Tricks, weiß mehr, schämt sich für nichts, schmeichelt mehr, steckt voller Schamlosigkeiten. Sie wird es jetzt gut haben; glaube mir, dies hat dir die Pythia als deine Zukunft genau vorausgesagt.

PAMPHILE. Vater, dies schicke ich meiner ganzen Argumentation voraus, [800] dass ich nichts gegen deinen Willen jemals tun würde, und ich werde meine Meinung zu sagen versuchen. ... von allem, was du für nützlich hältst ... denn auch zu denken ...

.....] . σε πείθεσθα[ι δ]ὲ μᾶλλον ἐπα[
ἐπεὶ δ]ὲ τοῦτο, πάππα, λυπηρὸν δοκεῖ
γυναῖκα] μηδέν' ἠδικηκυῖαν τυχεῖν
πόρνας θ'] ἁμαρτούσας ἐῶμεν. δεύτερο[ν·
"ταἰσχρὸν] παρὰ τούτου γ'." αἴτιον τοῦτον τίθει·
ἔστ' οὐ]δὲν αἰσχρόν. ἐν ὀλίγοις εὑρί[σ]κ[ε]ται
τἀκρι]βές, οἱ πολλοὶ [δὲ] τὸ γεγονὸς [μ]όνον
ὁρ]ῶσι καὶ λέγουσιν, ὥσ[τ]ε γίνεται
ὁ τυχὼν ἐπίπροσθε τ[ῆ]ς ἀληθείας [δόκ]ος.
"φυγεῖν δὲ δεῖ τοῦτόν σ'"· ὅσον γ .....μοι.
ὃ μὲν γὰρ εἶπας ἀρτίω[ς], αἰσχρόν πάνυ
ε[ἴρ]ηκας· "ἀπολεῖθ' οὗ[τ]ος." εἶτ' αὐτὴ [φύγ]ω
διὰ τοῦτο; πότερον ἦλθ[ον] εὐποροῦντι [μὲ]ν
συνευτυχήσουσ', ἂν ἄ[πο]ρος δ' ᾖ, μηκ[έτι
αὐτῷ προΐδωμ'; ἄτοπον σύ με νου[θετ]εῖς. [ἐγὼ
κοινωνὸς ἦλθον το[ῦ βί]ου κα[ὶ] τῆς τύ[χη]ς·
ἔπταικεν, οἴσω. τοῦτ[ο] λοιπόν, ὡς α[
δύ' οἰκίας οἰκοῦνθ', ὑπ' [ἐκ]είνης ἀγόμε[νον, 822

F 6 ἐξετύφην μὲν οὖν κλαίουσ' ὅλως

(ΑΒ.) [τὸ παιδίον 852
ἔξειμ' ἔχουσα· κλαυμυρίζεται, τάλαν,
πάλαι γάρ. οὐκ οἶδ' ὅ τι κακὸν πέπονθέ μοι.
(ΠΑ.) τίς ἂν θεῶν τάλαιναν ἐλεήσειέ με;
ΑΒ. ὦ φίλτατον [τέκνον, πότ'] ὄψει μητ[έ]ρα;
καὶ .....[..] ....
(ΠΑ.) πορεύσομαι.
[ΑΒ.] μικρόν, γύναι, πρόσμεινον.
(ΠΑ.) ἐμὲ καλεῖς;
(ΑΒ.) ἐγώ.
ἐν[α]ντίον βλ[έ]π'.

… und das Wohlwollen … [805] … gehorchen mehr. Da aber dies, Papa, schmerzlich scheint, lass uns eine Ehefrau, die zufällig niemandem etwas angetan hat, und Huren, die übel gehandelt haben, beiseite lassen. Zweitens: »Die Schande kommt von ihm.« Halte ihn für schuldig: [810] Da ist keine Schande. Nur unter wenigen wird das Richtige herausgefunden, die Masse sieht nur, was geschehen ist, und redet darüber, so dass die zufällig der Wahrheit nahe liegende Meinung entsteht. »Du musst vor ihm fliehen.« … [815] Denn was du gerade sagtest, hast du sehr hässlich gesagt: »Er wird zugrunde gehen.« Also soll ich deshalb fliehen? Kam ich zu ihm, weil er wohlhabend war, um das Glück mit ihm zu teilen, und soll, wenn er unbemittelt ist, nicht mehr für ihn sorgen? Du tadelst mich als töricht. [820] Ich kam als Teilhaberin seines Lebens und seines Schicksals: Er ist gestrauchelt? Ich werde es ertragen. Das Übrige: … [822] dass er zwei Häuser bewohnt, von ihr getrieben, …

(Von V. 823–835 sind nur die Anfänge erhalten, dann fehlen etwa 21 Verse, darunter wohl F 6.)

F 6 Ganz ausgetrocknet bin ich vom Weinen …

(Smikrines ab nach rechts.)

Habrotonon *(kommt aus Chairestratos' Haus).* [852] … Mit dem Kind komme ich heraus; denn es weint, ach, schon lange. Ich weiß nicht, was für einen Schmerz es mir da erleidet.

Pamphile. [855] Wer von den Göttern könnte sich meiner in meinem Elend erbarmen?

Habrotonon. Liebstes Kind, wann wirst du deine Mutter sehen? Und …

Pamphile. Ich will gehen.

Habrotonon. Warte ein wenig, Frau!

Pamphile. Rufst du mich?

Habrotonon. Ja. Sieh mir ins Gesicht!

[ΠΑ.] ἦ με γινώσκεις, γύναι;
(ΑΒ.) αὐτή ’στιν ἣν ἑό[ρ]ακα. χαῖρε, φιλτάτη.
(ΠΑ.) τί[ς δ’ εἶ] σύ;
[ΑΒ. χε]ῖρα δεῦρό μοι τὴν σὴν δίδου.
λέγε μοι, γλυκεῖα, πέρυσιν ἦλθες ἐπὶ θέαν
τοῖς Ταυροπολίοις ε . . . .
(ΠΑ.) γύναι, πόθεν ἔχεις, εἰπέ μοι, τὸ παιδί[ον
λ]αβοῦσ’;
(ΑΒ.) ὁρᾷς τι, φιλτάτη, σοι γνώριμον
ὧν] τοῦτ’ ἔχει; μηδέν με δείσῃς, ὦ γύναι.
(ΠΑ.) οὐκ [ἔ]τεκες αὐτὴ τοῦτο;
(ΑΒ.) προσεποιησάμην,
οὐχ ἵν’ ἀδικήσω τὴν τεκοῦσαν, ἀλλ’ ἵνα
κατὰ σχολὴν εὕροιμι. νῦν δ’ εὕρηκα· σὲ
ὁρῶ γάρ, ἣν καὶ τότε.
(ΠΑ.) τίνος δ’ ἐστὶν πατρός;
(ΑΒ.) Χαρισίου.
(ΠΑ.) τοῦτ’ οἶσθ’ ἀκριβῶς, φιλτάτη;
(ΑΒ.) εὖ ο]ἶδ’ ἔ[γωγ’· ἀλ]λ’ οὐ σὲ τὴν νύμφην ὁρῶ
τὴν ἔνδον οὖσαν;
(ΠΑ.) ναιχί.
(ΑΒ.) μακαρία γύναι,
θεῶν τις ὑμᾶς ἠλέησε. τὴν θύραν
τῶν γειτόνων τις ἐψόφηκεν ἐξιών.
εἴσω λαβοῦσά μ’ ὡς σεαυτὴν εἴσαγε,
ἵνα καὶ τὰ λοιπὰ πάντα μου πύθῃ σαφῶς.
ΟΝ. ὑπομαίνεθ’ οὗτος, νὴ τὸν Ἀπόλλω, μαίνεται,
μεμάνητ’ ἀληθῶς. μαίνεται, νὴ τοὺς θεούς·
τὸν δεσπότην λέγω Χαρίσιον. χολὴ
μέλαινα προσπέπτωκεν ἢ τοιοῦτό [τι.
τί γὰρ ἂν τις ε[ἰκ]άσειεν ἄλλο γεγονέ[ναι;
πρὸς ταῖς θύραις γὰρ ἔνδον ἀρτί[ως πολὺν
χρόνον διακύπτων ἐνδ[ιέτριβ’ ἀκροώμενος.

Pamphile. Kennst du mich, Frau?

Habrotonon. Sie ist es, die ich gesehen habe. Sei gegrüßt, Liebste!

Pamphile. Wer bist du?

Habrotonon. Komm, und gib mir deine Hand. Sag mir, du Süße, kamst du letztes Jahr zum Fest an den Tauropolien … ?

Pamphile. Frau, woher hast du, sage mir, das Kind, das du da hast, genommen?

Habrotonon. Siehst du, Liebste, etwas dir Bekanntes von dem, was es hat? Habe gar keine Angst vor mir, Frau!

Pamphile. Hast du es nicht selbst geboren?

Habrotonon. Nein, ich täuschte es vor, nicht, um der, die es gebar, Unrecht zu tun, sondern um sie in Ruhe zu finden. Nun habe ich sie gefunden: Dich sehe ich nämlich, die ich auch damals sah.

Pamphile. Von welchem Vater stammt es?

Habrotonon. Von Charisios.

Pamphile. Das weißt du genau, Liebste?

Habrotonon. Ja, ich weiß es gut; doch sehe ich nicht, dass du die junge Frau bist, die dort im Haus lebt?

Pamphile. Ja.

Habrotonon. Glückselige Frau, einer von den Göttern hat sich eurer erbarmt. Gegen die Tür der Nachbarn hat jemand gestoßen, um herauszukommen. Geh zu dir hinein und nimm mich mit, damit du auch alles Übrige von mir ganz klar erfährst. *(Beide ab in Charisios' Haus.)*

Onesimos *(kommt aus Chairestratos' Haus)*. Wahnsinnig ist der, beim Apollon, wahnsinnig; Wahrhaftig wahnsinnig, wahnsinnig, bei den Göttern! Meinen Herrn meine ich, Charisios. Die schwarze Galle hat ihn befallen oder etwas Derartiges. Denn was soll man anderes als geschehen annehmen? Bei der Tür nämlich hielt er sich gerade lange Zeit auf, wobei er sich vor-

ὁ πατὴρ δὲ τῆς νύμφης τι περὶ τ[ο]ῦ [π]ρ[άγματος
ἐλάλει πρὸς ἐκείνην, ὡς ἔοιχ', ὁ δ' οἷα μὲν
ἤλλαττε χρώματ', ἄνδρες, οὐδ' εἰπεῖν καλόν.
"ὦ γλυκυτάτη" δὲ "τῶν λόγων οἵους λέγεις",
ἀνέκραγε τὴν κεφαλήν τ' ἀνεπάταξε σφόδρα
αὑτοῦ. πάλιν δὲ διαλιπὼν "οἵαν λαβὼν
γυναῖχ' ὁ μέλεος ἠτύχηκα." τὸ δὲ πέρας,
ὡς πάντα διακούσας ἀπῆλθ' εἴσω ποτέ,
βρυχηθμὸς ἔνδον, τιλμός, ἔκστασις συχνή.
"ἐγὼ" γὰρ "ἁλιτήριος" πυκνὸν πάνυ
ἔλεγεν, "τοιοῦτον ἔργον ἐξειργασμένος
αὐτὸς γεγονώς τε παιδίου νόθου πατὴρ
οὐκ ἔσχον οὐδ' ἔδωκα συγγνώμης μέρος
οὐθὲν ἀτυχούσῃ ταὔτ' ἐκείνῃ, βάρβαρος
ἀνηλεής τε." λοιδορεῖτ' ἐρρωμένως
α]ὑτῷ βλέπει θ' ὕφαιμον ἠρεθισμένος.
πέφρικ' ἐγὼ μέν, αὖός εἰμι τῷ δέει·
οὕτως ἔχων γὰρ αὐτὸν ἂν ἴδῃ μέ που
τὸν διαβαλόντα, τυχὸν ἀποκτείνει[ε]ν ἄν.
διόπερ ὑπεκδέδυκα δεῦρ' ἔξω λάθρᾳ.
καὶ ποῖ τράπωμαί γ'; εἰς τί βουλῆς; οἴχομαι,
ἀπόλωλα· τὴν θύραν πέπληχεν ἐξιών.
Ζεῦ σῶτερ, εἴπερ ἐστὶ δυνατόν, σῷζέ με.

ΧΑΡΙΣΙΟΣ

ἐγώ τις ἀναμάρτητος, εἰς δόξαν βλέπων
καὶ τὸ καλὸν ὅ τι πότ' ἐστι καὶ ταἰσχρὸν σκοπῶν,
ἀκέραιος, ἀνεπίπληκτος αὐτὸς τῷ βίῳ,
εὖ μοι κέχρηται καὶ προσηκόντως πάνυ
τὸ δαιμόνιον, ἐνταῦθ' ἔδειξ'· "ἄνθρωπος ὤν,
ὦ τρισκακόδαιμον, μεγάλα φυσᾷς καὶ λαλεῖς;
ἀκούσιον γυναικὸς ἀτύχημ' οὐ φέρεις,
αὐτὸν δὲ δείξω σ' εἰς ὅμοι' ἐπταικότα.
καὶ χρήσετ' αὐτὴ σοὶ τότ' ἠπίως, σὺ δὲ

beugte und lauschte. [885] Der Vater der jungen Frau sprach über die Lage mit ihr, wie es scheint, aber wie er die Farbe wechselte, *(zum Publikum)* ihr Männer, ist nicht schön zu sagen. »Meine Süßeste, weil du solche Worte sprichst!«, rief er laut und schlug sich heftig an seinen Kopf. [890] Nach einer Weile wieder: »Was für eine Frau habe ich und bin doch im Unglück, ich Elender!« Am Ende, als er alles gehört hatte, ging er zurück ins Haus, ein Gebrüll drinnen, Haareraufen, langer Wahnsinnsausbruch. Denn »Ich Frevler«, sagte er sehr häufig, [895] »eine solche Tat habe ich getan, der ich, obwohl selbst Vater eines Bastards geworden, nicht ein bisschen Nachsicht empfand noch ihr schenkte, die im selben Unglück ist, ich Barbar und Erbarmungsloser!« Er beschimpft kräftig [900] sich selbst und blickt stark erregt aus blutunterlaufenen Augen. Ich jedenfalls bin erschauert, starr vor Angst; denn wenn er in einer solchen Verfassung gerade mich erblickt, der sie verhasst gemacht hat, tötet er mich vielleicht. Deshalb bin ich heimlich hierher nach draußen entschlüpft. [905] Und wohin soll ich mich wenden? Zu welchem Rat? Ich bin dahin, bin verloren; er hat beim Hinausgehen gegen die Tür gestoßen. Retter Zeus, wenn es möglich ist, rette mich! *(Ab in Charisios' Haus.)*

CHARISIOS *(kommt aus Chairestratos' Haus).* Ich, fehlerlos, auf guten Ruf bedacht und darauf schauend, was das Gute und das Schlechte ist, [910] vom Laster unberührt, tadellos in meiner eigenen Lebensführung – richtig und höchst angemessen hat mich die göttliche Macht behandelt, hat hier aufgezeigt: »Obwohl du nur ein Mensch bist, du dreimal Unglückseliger, bläst du dich groß auf und schwatzt daher, erträgst nicht ein unfreiwillig ertragenes Unglück deiner Frau, [915] aber ich zeige auf, dass du ganz gleich gestrauchelt bist. Und sie will dich dann

ταύτην ἀτιμάζεις· ἐπιδειχθήσει θ' ἅμα
ἀ]τυχὴς γεγονὼς καὶ σκαιὸς ἀγνώμων τ' ἀνήρ."
ὅμο]ιά γ' εἶπεν οἷς σὺ διενόου τότε
πρὸ]ς τὸν πατέρα· κοινωνὸς ἥκειν τοῦ βίου
λέγουσα κ]οὐ δεῖν τἀτύχημ' αὐτὴν φυγεῖν
τὸ συμβ]εβηκός. σὺ δέ τις ὑψηλὸς σφόδρα
]ν
] .βάρβαρο[ς
]υν ταύτῃ σοφῶς
]ε μέτεισι διὰ τέλους
τῶν δαιμ]όνων τις. ὁ δὲ πατὴρ
χ]αλεπώτατ' αὐτῇ χρήσεται. τί δέ μοι πατρός;
ἐρ]ῶ διαρρήδην· "ἐμοὶ σύ, Σμικρίνη,
μὴ] πάρεχε πράγματ'. οὐκ ἀπολείπει μ' ἡ γυνή.
τ]ί οὖν ταράττεις καὶ βιάζῃ Παμφίλην;
τ]ί σ' αὖ βλέπω 'γώ;"
ΟΝ. πάνυ κακῶς ἔχω σφόδρα·
ο]ἴμοι τάλας. καὶ σο[ῦ δ]έομαι τοῦτ', ὦ γύ[ναι,
μή μ' ἐγκαταλίπῃς.
[ΧΑΡ.] οὗτος, ἐπακροώμε[νος
ἕστηκας, ἱερόσυλέ, μου;
[ΟΝ. μ]ὰ τοὺς θεούς,
ἀλλ' ἀρτίως ἐξῆλθον.
[ΧΑΡ.] α[.....] λαθεῖν

[ΧΑΡ.] τί φής, Ὀν[ήσιμ'], ἐξεπειράθη[τέ μου;
ΟΝ. αὔ]τη μ' ἔ[πε]ισε, νὴ τὸν Ἀπόλλω [καὶ θε]ού[ς].
(ΧΑΡ.) καὶ σύ μ]ε περισπᾷς, ἱερόσυλε;
(ΑΒ.) μὴ μάχου,
γλυκύ]τατε· τῆς γαμετῆς γυναικός ἐστί σου
τουτὶ] γάρ, οὐκ ἀλλότριον.
(ΧΑΡ.) εἰ γὰρ ὤφελεν.
(ΑΒ.) νὴ τὴν] φίλην Δήμητρα.

noch gütig behandeln, du aber entehrst sie; und es wird sich zugleich zeigen, dass du ein glückloser, linkischer, unvernünftiger Mann bist.« Sie sprach ja wahrhaftig genauso, wie du von ihr dachtest, vorhin [920] zu ihrem Vater: Als Gefährtin deines Lebens sei sie gekommen, sagte sie, und sie dürfe nicht vor dem Unglück davonlaufen, das geschehen ist. Du aber, ein sehr hochmütiger … … Barbar … [925] ihr gegenüber weise … wird bis ans Ende verfolgen … eine der göttlichen Mächte. Ihr Vater wird sehr schlimm mit ihr verfahren. Was schert mich ihr Vater? Ich werde ausdrücklich sagen: »Smikrines, [930] mach du mir keine Schwierigkeiten! Meine Frau verlässt mich nicht. Warum also regst du Pamphile auf und bedrängst sie? Warum sehe ich dich schon wieder?«

ONESIMOS *(kommt aus Charisios' Haus und spricht zu Habrotonon zurück).* Mir geht es sehr schlecht; o weh, ich Armer! Und dich bitte ich, Frau, lass mich nicht im Stich!

CHARISIOS. He du, hast du dagestanden [935] und mir zugehört, Tempelräuber?

ONESIMOS. Nein, bei den Göttern, [936] sondern ich bin gerade herausgekommen. … verborgen sein …

(Von V. 937–949 sind nur die Versanfänge erhalten. Spätestens ab V. 941 spricht Habrotonon, die offenbar wieder das Kind auf dem Arm hat.)

CHARISIOS. [950] Was sagst du, Onesimos, ihr habt mich getestet?

ONESIMOS. Die hat mich dazu überredet, beim Apollon und den Göttern.

CHARISIOS. Auch du führst mich in die Irre, Tempelräuber?

HABROTONON. Zank nicht, Süßester! Denn von deiner Ehefrau hast du dies hier, es ist kein fremdes.

CHARISIOS. Wenn es doch so wäre!

HABROTONON. [955] Ja, bei der lieben Demeter!

(ΧΑΡ.) τίνα λόγον λέγεις;
ΑΒ. ὃν οἶδ’] ἀληθῆ.
(ΧΑΡ.) Παμφίλης τὸ παιδίον;
αὐτῆς ἄρ’] ἦν;
(ΑΒ.) καὶ σόν γ’ ὁμοίως.
(ΧΑΡ.) Παμφίλης;
Ἁβρότο]νον, ἱκε[τ]εύω σε, μ[ή] μ’ ἀναπτέρου.

[ΧΟΡΟΥ]

ΜΕΡΟΣ Ε΄

ΧΑ. Χ[α]ι[ρέστρ]ατ’, ἤδη τὸ μετὰ τα[ῦ]τα σκεπτέ[ον,
ὅπως [δια]μενεῖς ὢν Χαρισίῳ[φ]ί[λος
οἷός ποτ’ ἦσθα πιστός. οὐ γάρ ἐσ[τί που
ἑταιρίδιον τοῦτ’ οὐδὲ τὸ τυχὸν [παίγνιον.
σπουδῇ δὲ καὶ παιδάριον ἤδ’ [ἔσωσ’· ὁ νοῦς
ἐλεύθερος. πάξ· μὴ βλέπ’ εἰς .[
καὶ πρῶτον αὐτὴν κατὰ μόνα[ς ⏓ – ⏑ –
τὸν φίλτα[τ]ον καὶ τὸν γλυκύτατ[ον – ⏑ –

[ΧΑ.?] σώφρονα. τοιαυτησὶ γὰρ οὐκ ἀπέσχετ’ ἂν
ἐκεῖνος, εὖ τοῦτ’ οἶδ’· ἐγὼ δ’ ἀφέξομαι.
ΣΜ. ἂν μὴ κατάξω τὴν κεφαλήν σου, Σωφρόνη,
κάκιστ’ ἀπολοίμην. νουθετήσεις καὶ σύ με;
προπετῶς ἀπάγω τὴν θυγατέρ’, ἱερόσυλε γραῦ;
ἀλλ’ ἢ περιμένω καταφαγεῖν τὴν προῖκά μου
τὸν χρηστὸν αὐτῆς ἄνδρα καὶ λόγους λέγω
περὶ τῶν ἐμαυτοῦ; ταῦτα συμπείθεις με σύ;

CHARISIOS. Was für eine Geschichte erzählst du?
HABROTONON. Eine, die, wie ich weiß, wahr ist.
CHARISIOS. Das Kind ist Pamphiles? Ihres also war es?
HABROTONON. Und deines ebenso.
CHARISIOS. Pamphiles? [958] Habrotonon, ich flehe dich an, gib mir keine Flügel! *(Etwa 10 Verse fehlen, und von V. 968–978 sind nur Versenden erhalten.)*

⟨*Tanz und Gesang des Chors*⟩

AKT V

(Von V. 979–981 sind nur einzelne Wörter oder Buchstaben erhalten.)
CHAIRESTRATOS *(kommt von rechts)*. [982] Chairestratos, nun ist zu schauen, was danach kommt, damit du Charisios ein Freund bleibst, treu, wie du bisher warst. Denn sie ist kein [985] Hürchen noch ein beliebiges Spielzeug. Mit Eifer auch hat sie das Kind gerettet; ihr Geist ist ein freier. Genug davon! Blicke nicht auf ... und dass sie zuerst allein ... [989] den liebsten und süßesten ...
(Es fehlen etwa 10 Verse. Von V. 1003–1059, zwischen denen an drei Stellen wieder jeweils wenige Verse fehlen, sind nur einzelne Wörter oder Buchstaben erhalten.)
CHAIRESTRATOS. (?) [1060] Klug. Einer solchen Frau würde er sich nicht enthalten, das weiß ich gut; ich aber werde mich enthalten. *(Geht in sein Haus.)*
SMIKRINES *(kommt von rechts mit der Amme Sophrone)*. Wenn ich dir nicht den Schädel einschlage, Sophrone, will ich elend verrecken. Willst auch du mich zurechtweisen? Voreilig bringe ich meine Tochter weg, tempelräuberische Alte? [1065] Aber soll ich warten, bis die Mitgift von mir auffrisst ihr braver Mann, und leere Worte reden über mein Eigentum? Dazu willst du mich

οὐκ ὀξυλαβῆσαι κρεῖττον; οἰμώξει μακρά,
ἂν ἔ[τ]ι λαλῇς. τί; κρίνομαι πρὸς Σωφρόνην;
μετάπεισον αὐτήν, ὅταν ἴδῃς. οὕτω τί μοι
ἀγαθὸν γένοιτο, Σωφρόνη, γάρ, οἴκαδε
ἀπιών – τὸ τέλμ' εἶδες παριοῦσ'; ἐνταῦθά σε
τὴν νύκτα βαπτίζων ὅλην ἀποκτενῶ,
κ[ἀ]γώ σε ταὔτ' ἐμοὶ φρονεῖν ἀναγκάσω
καὶ [μ]ὴ στασιάζειν. ἡ θύρα παιητέα·
κεκλειμένη γάρ ἐστι. παῖδες. παιδίον.
ἀνοιξάτω τις. παῖδες, οὐχ ὑμῖν λέγω;
ΟΝ. τίς ἐσθ' ὁ κόπτων τὴν θύραν; ὤ, Σμικρίνης
ὁ χαλεπός, ἐπὶ τὴν προῖκα καὶ τὴν θυγατέρα
ἥκων.
(ΣΜ.) ἔγωγε, τρισκατάρατε.
(ΟΝ.) καὶ μάλα
ὀρθῶς· λογιστικοῦ γὰρ ἀνδρὸς καὶ σφόδρα
φρονοῦντος ἡ σπουδή, τό θ' ἅρπασμ', Ἡράκλεις,
θαυμαστὸν οἷον.
⟨ΣΜ.⟩ πρὸς θεῶν καὶ δαιμόνων –
⟨ΟΝ.⟩ οἴει τοσαύτην τοὺς θεοὺς ἄγειν σχολήν,
ὥστε τὸ κακὸν καὶ τἀγαθὸν καθ' ἡμέραν
νέμειν ἑκάστῳ, Σμικρίνη;
(ΣΜ.) λέγεις δὲ τί;
(ΟΝ.) σαφῶς διδάξω σ'· εἰσὶν αἱ πᾶσαι πόλεις,
ὅμοιον εἰπεῖν, χίλιαι. τρισμύριοι
οἰκοῦσ' ἑκάστην. καθ' ἕνα τούτων οἱ θεοὶ
ἕκαστον ἐπιτρίβουσιν ἢ σῴζουσι; πῶς;
λέγεις γὰρ ἐπίπονόν τιν' αὐτοὺς ζῆν [βίον.
"οὐκ ἆρα φροντίζουσιν ἡμῶν [ο]ἱ θ[εοί;"
φήσεις. ἑκάστῳ τὸν τρόπον συν[ῴκισαν
φρούραρχον. οὗτος ἔνδο[ν] ἐπ[ιτεταγμένος
ἐπέτριψεν, ἂν αὐτῷ κακῶς χρή[σητ' ἀνήρ,
ἕτερον δ' ἔσωσεν. οὗτός ἐσθ' ἡμῖν θεὸς

überreden? Ist es nicht besser, rasch zuzugreifen? Du wirst viel zu jammern haben, wenn du noch weiter plapperst. Was? Stehe ich bei Sophrone vor Gericht? Stimm du sie doch um, wenn du sie siehst! Denn so wahr es mir gut gehen möge, Sophrone, wenn ich nach Hause gehe – sahst du den Tümpel beim Vorbeigehen? Dort werde ich dich die ganze Nacht hindurch untertauchen und töten, und ich werde dich zwingen, dasselbe wie ich zu denken und nicht aufzumucken. *(An Charisios' Tür.)* Ich muss an die Tür klopfen; denn sie ist zugesperrt. Sklaven! Sklave! Jemand soll öffnen. Sklaven, sage ich es euch nicht?

Onesimos *(kommt heraus).* Wer ist es, der an die Tür schlägt? Ah, der schwierige Smikrines, der wegen der Mitgift und seiner Tochter gekommen ist.

Smikrines. Ja, du dreimal Verfluchter!

Onesimos. Und sehr zu Recht; denn das Wesen eines rechnenden und scharf denkenden Mannes ist der Eifer, und der Raub, Herakles, wie erstaunlich!

Smikrines. Bei den Göttern und den göttlichen Mächten –

Onesimos. Glaubst du, die Götter haben so viel Muße, dass sie das Schlechte und das Gute täglich jedem Einzelnen zuteilen, Smikrines?

Smikrines. Was sagst du da?

Onesimos. Ich werde es dich deutlich lehren: Städte gibt es insgesamt, um es ungefähr zu sagen, tausend. Dreißigtausend bewohnen eine jede. Und von ihnen jeden einzelnen für sich richten die Götter zugrunde oder bewahren ihn? Wie? Du sagst ja dann, dass sie ein mühseliges Leben führen. »Kümmern sich die Götter nicht um uns?«, wirst du sagen. Bei jedem haben sie den Charakter als Wächter angesiedelt. Dieser, innendrin aufgestellt, reibt den Mann auf, wenn der schlecht mit ihm umgeht, einen anderen aber bewahrt er. Dieser ist uns ein Gott,

ὅ τ' αἴτιος καὶ τοῦ καλῶς καὶ τοῦ κακῶς
πράττειν ἑκάστῳ· τοῦτον ἱλάσκου ποῶν
μηδὲν ἄτοπον μηδ' ἀμαθές, ἵνα πράττῃς καλῶς.
(ΣΜ.) εἶθ' οὑμός, ἱερόσυλε, νῦν τρόπος ποεῖ
ἀμαθές τι;
(ΟΝ.) συντρίβει σε.
(ΣΜ.) τῆς παρρησίας.
⟨ΟΝ.⟩ ἀλλ' ἀπαγαγεῖν παρ' ἀνδρὸς αὑτοῦ θυγατέρα
ἀγαθὸν σὺ κρίνεις, Σμικρίνη;
(ΣΜ.) λέγει δὲ τίς
τοῦτ' ἀγαθόν; ἀλλὰ νῦν ἀναγκαῖον.
(ΟΝ.) θεᾷ;
τὸ κακὸν ἀναγκαῖον λογίζεθ' οὑ[τ]οσί.
τοῦτον τίς ἄλλος, οὐχ ὁ τρόπος, ἀπολλύει;
καὶ νῦν μὲν ὁρμῶντ' ἐπὶ πονηρὸν πρᾶγμά σε
ταὐτόματον ἀποσέσωκε, καὶ καταλαμβάνεις
διαλλαγὰς λύσεις τ' ἐκείνων τῶν κακ[ῶ]ν.
αὖθις δ' ὅπως μὴ λήψομαί σε, Σμικρίνη,
προπετῆ, λέγω σοι· νῦν δὲ τῶν ἐγκλ[η]μάτων
ἀφεῖσο τούτων, τὸν δὲ θυγατριδοῦν λαβὼν
ἔνδον πρόσειπε.
(ΣΜ.) θυγατριδοῦν, μαστιγία;
⟨ΟΝ.⟩ παχύδερμος ἦσθα καὶ σύ, νοῦν ἔχειν δοκῶν.
οὕτως ἐτήρεις παῖδ' ἐπίγαμον; τοιγαροῦν
τέρασιν ὅμοια πεντέμηνα παιδία
ἐκτρέφομεν.
(ΣΜ.) οὐκ οἶδ' ὅ τι λέγεις.
(ΟΝ.) ἡ γραῦς δέ γε
οἶδ', ὡς ἐγᾦμαι, τότε γὰρ οὑμὸς δεσπότης
τοῖς Ταυροπολίοις, Σωφρόνη, ταύτην λαβὼν
χορῶν ἀποσπασθεῖσαν – αἰσθάνει γε;
(ΣΩΦΡΟΝΗ)
νή.

und er ist der Grund für jeden dafür, dass es ihm gut oder schlecht geht; ihn stimme gnädig, indem du nichts Widersinniges und nichts Dummes tust, damit es dir gut geht.

SMIKRINES. Dann, du Tempelräuber, tut mein Charakter jetzt etwas Dummes?

ONESIMOS. Er reibt dich auf.

SMIKRINES. Was für eine Frechheit!

ONESIMOS. Aber von ihrem Mann deine Tochter wegzuführen hältst du für gut, Smikrines?

SMIKRINES. Wer nennt das gut? Aber es ist jetzt notwendig.

ONESIMOS. Siehst du? Das Schlechte begreift der da als notwendig. Vernichtet jemand anders ihn, nicht sein Charakter? Und jetzt, wo du dich zu schlechtem Handeln anschickst, hat der Zufall dich gerettet, und du bekommst Versöhnung und Befreiung von jenen Schwierigkeiten. Damit ich dich, Smikrines, nicht wieder als Voreiligen ertappe, sage ich dir: Hör jetzt auf mit diesen Anschuldigungen, empfange deinen Tochtersohn im Haus und begrüße ihn.

SMIKRINES. Tochtersohn, Mensch für die Peitsche?

ONESIMOS. Dickhäutig warst auch du und glaubtest, Verstand zu haben. *So* hast du auf die heiratsfähige Tochter aufgepasst? Also ziehen wir, was einem Wunder gleichkommt, ein Fünfmonatskind auf.

SMIKRINES. Ich weiß nicht, wovon du sprichst.

ONESIMOS. Die Alte aber weiß es ja, wie ich glaube. Denn damals hat mein Herr sie, Sophrone, bei den Tauropolien genommen und von den Tänzen weggerissen – du verstehst?

SOPHRONE. Ja.

(ΟΝ.) νυν⟨ὶ⟩ δ' ἀναγνωρισμὸς αὐτοῖς γέγονε καὶ
ἅπαντ' ἀγαθά.
(ΣΜ.) τί φησιν, ἱερόσυλε γραῦ;
(ΟΝ.) "ἡ φύσις ἐβούλεθ' ᾗ νόμων οὐδὲν μέλει·
γυνὴ δ' ἐπ' αὐτῷ τῷδ' ἔφυ." τί μῶρος εἶ;
τραγικὴν ἐρῶ σοι ῥῆσιν ἐξ Αὔγης ὅλην,
ἂν μή ποτ' αἴσθῃ, Σμικρίνη.
(ΣΜ.) σύ μοι χολὴν
κ]ινεῖς παθαινομένη· σὺ γὰρ σφόδρ' οἶσθ' ὅ τι
οὗτο]ς λέγει νῦν.
(ΟΝ.) οἶδεν, οἶδ'· εὖ ἴσθ' ὅτι
ἡ γραῦ]ς προτέρα συνῆκε.
(ΣΜ.) πάνδεινον λέγεις.
(ΟΝ.) ο[ὐ] γέγ[ο]νεν εὐτύχημα μεῖζον οὐδὲ ἕν.
⟨ΣΜ.⟩ εἰ τοῦτ' ἀληθές ἐσθ' ὃ λέγεις, τὸ παιδίον
ἐκ τ[ῆς γ]αμετῆς γυν[αικὸ]ς ἦν Χαρισ[ί]ῳ

Nicht einzuordnendes Fragment

F 7 ἐλευθέρῳ τὸ καταγελᾶσθαι ⟨γὰρ⟩ πολὺ
αἴσχιόν ἐστι, τὸ δ' ὀδυνᾶσθ' ἀνθρώπινον

ONESIMOS. Jetzt gab es für sie eine Wiedererkennung, und alles ist gut.

SMIKRINES. Was sagt er da, alte Tempelräuberin?

ONESIMOS. »Natur hat es gewollt, ihr sind Gesetze gleich;
geboren just dafür ist eine Frau.«
Warum bist du dumm? [1125] Ich werde dir die ganze tragische Rede der Auge aufsagen, wenn du es nicht merkst, Smikrines.

SMIKRINES *(zu Sophrone)*. Du erregst mir die Galle mit deinem Gefühlsausbruch; denn du weißt genau, was der jetzt meint.

ONESIMOS. Sie weiß es, ich weiß; wisse wohl, dass die Alte es vorher begriffen hat.

SMIKRINES. Ganz Ungeheuerliches sagst du.

ONESIMOS. [1130] Kein einziges größeres Glück hat es gegeben.

SMIKRINES. Wenn das wahr ist, was du sagst, stammte das Kind für Charisios von seiner Ehefrau

(Von V. 1133–1144 sind nur einzelne Wörter oder Buchstaben erhalten.)

Nicht einzuordnendes Fragment

F 7 Für einen Freien ist ausgelacht zu werden nämlich viel schlimmer, Kummer zu haben aber ist menschlich.

*(F 7–*15 bestehen nur aus wenigen Wörtern bzw. Buchstaben auf Papyrus.)*

ΗΡΩΣ

DER HALBGOTT

Ἥ]ρ[ως Μ]ενάνδρου

ἄρρεν ⟨τε⟩ θῆλύ θ᾽ ἅμα τεκοῦσα παρθένος
ἔδωκεν ἐπιτρόπῳ τρέφειν· εἶθ᾽ ὕστερον
ἔγημε τὸν φθείραντα. ταῦτα δ᾽ ὑπέθετο
ὁ τρέφων πρὸς αὐτὸν ἀγνοῶν. θεράπων δέ τις
ἐνέπεσεν εἰς ἔρωτα τῆς νεάνιδος
ὁμόδουλον εἶναι διαλαβών. γείτων δέ τις
προηδικήκει μετὰ βίας τὴν μείρακα.
τὴν αἰτίαν ἐφ᾽ ἑαυτὸν ὁ θεράπων στρέφειν
ἐβούλετ᾽. οὐκ εἰδυῖα δ᾽ ἡ μήτηρ ἄγαν
ἐδυσχέραινε. καταφανῶν δὲ γενομένων
εὗρεν μὲν ὁ γέρων τοὺς ἑαυτοῦ γνωρίσας,
ὁ δ᾽ ἠδικηκὼς ἔλαβε τὴν κόρην θέλων.

Inhaltsangabe
Einen Jungen [Gorgias] und ein Mädchen [Plangon] gebar zugleich eine junge Frau [Myrrhine] und gab sie einem Vormund [Tibeios] zum Aufziehen; dann später heiratete sie den, der sie geschändet hatte [Laches]. Jene gab diesem als Pfand, ohne es zu wissen der, welcher sie aufzog. Ein Sklave [Daos] verfiel in Liebe zu dem Mädchen, wobei er annahm, sie sei eine Mitsklavin. Ein Nachbar [Pheidias] aber hatte vorher mit Gewalt das junge Mädchen entehrt. Die Schuld wollte der Sklave auf sich nehmen. Die Mutter, die nichts wusste, war sehr entrüstet. Als es aber deutlich wurde, fand der alte Mann die seinen, nachdem er sie erkannt hatte, und der, welcher sie entehrt hatte, nahm das Mädchen gern zur Frau.

Auf Papyrus erhalten sind nur V. 1–52 der Eröffnungsszene und Versreste eines Dialogs des Laches mit Myrrhine. Hinzu kommen 8 ganze und 6 halbe Verse in Zitaten (F 1–8).

Τὰ τοῦ δράμ(ατος) πρόσωπα

Γέτας	Σωφρόνη
Δᾶος	Σαγγάριος
Ἥρως θεός	Γοργίας
Μυρρίνη	Λάχης
Φειδίας	

Personen

Getas, Sklave (des Pheidias?)
Daos, Sklave des Laches
Halbgott, Prologsprecher
Myrrhine, Mutter Plangons und des Gorgias, Frau des Laches
Pheidias, junger Mann
Sophrone, Amme (?)
Sangarios, Sklave (?)
Gorgias
Laches

ΜΕΡΟΣ Α΄

ΓΕΤΑΣ
κακόν τι, Δᾶέ, μοι δοκεῖς πεποηκέναι
παμμέγεθες, εἶτα προσδοκῶν ἀγωνιᾷς
μυλῶνα σαυτῷ καὶ πέδας· εὔδηλος εἶ.
τί γὰρ σὺ κόπτεις τὴν κεφαλὴν οὕτω πυκνά;
τί τὰς τρίχας τίλλεις ἐπιστάς; τί στένεις;
(ΔΑΟΣ)
οἴμοι.
ΓΕ. τοιοῦτόν ἐστιν, ὦ πονηρὲ σύ;
εἶτ' οὐκ ἐχρῆν, κερμάτιον εἰ συνηγμένον
σοι τυγχάν]ει τι, τ[ο]ῦτ' ἐμοὶ δοῦναι τέως
σῴζειν ἕως] τὰ κατὰ σεαυτὸν πράγματα
ἔθου καλῶς, Δᾶ'; ὡς σ]υνάχθομαί γε σοι,
εἰ προσδοκᾷς πον]ηρά.
ΔΑ. σὺ μὲν οὐκ οἶδ' ὅ τι

ληρεῖς· ἐγὼ δὲ συ]μπέπλεγμαι πράγματι
ἀπροσδοκήτῳ καὶ μάλ]' ἔφθαρμαι, Γέτα.
(ΓΕ.) ποίῳ, κατάρατε;]
ΔΑ. μὴ καταρῶ, πρὸς ⟨τῶν⟩ θεῶν,
βέλτιστ', ἐρῶντι.
ΓΕ.] τί σὺ λέγεις; ἐρᾷς;
ΔΑ. ἐρῶ.
(ΓΕ.) πλέον δυοῖν σοι χοινίκων ὁ δεσπότης
παρέχει; πονηρόν, Δᾶ', ὑπερδειπνεῖς ἴσως.
ΔΑ. πέπονθα τὴν ψυχήν τι παιδίσκην ὁρῶν
συντρεφομένην ἄκακον, κατ' ἐμαυτόν, ὦ Γέτα.
ΓΕ. δούλη 'στίν;
(ΔΑ.) οὕτως, ἡσυχῇ, τρόπον τινά.
ποιμὴν γὰρ ἦν Τίβειος οἰκῶν ἐνθαδὶ
Πτελέασι, γεγονὼς οἰκέτης νέος ὢν ποτε.

AKT I

(Straße in Ptelea, die nach rechts in die Stadt, nach links aufs Land führt. Im Hintergrund das Haus des Laches und das des Pheidias.)

GETAS. Etwas riesengroßes Übles, Daos, scheinst du mir getan zu haben. Also ängstigst du dich, weil du Mühle und Fußfesseln für dich erwartest; das ist sehr deutlich an dir. Denn warum schlägst du dir so häufig den Kopf? Warum bleibst du stehen und raufst dir die Haare? Warum stöhnst du?

DAOS. Weh mir!

GETAS. Ist es etwas Derartiges, du Armer? Solltest du da nicht, falls zufällig etwas Geld von dir zusammengebracht wurde, dieses mir so lange zur Aufbewahrung geben, bis du die dich betreffenden Schwierigkeiten gut behoben hast, Daos? Wie bekümmert bin ich mit dir, wenn du Schlimmes erwartest.

DAOS. Ich weiß nicht, was du schwatzt; ich aber bin in eine unerwartete Schwierigkeit verwickelt und ganz und gar verloren, Getas.

GETAS. In was für eine, Fluchbeladener?

DAOS. Fluche nicht, bei den Göttern, mein Bester, einem Liebenden.

GETAS. Was sagst du, du liebst?

DAOS. Ich liebe.

GETAS. Mehr als zwei Choiniken gewährt dir der Herr? Das ist schlimm, Daos; du isst vielleicht im Überfluss.

DAOS. Ich wurde krank an der Seele, als ich ein Mädchen sah, ein redliches, das zusammen mit uns ernährt wird und zu mir passt, Getas.

GETAS. Ist es eine Sklavin?

DAOS. Ja, schon irgendwie, in gewisser Weise. Da war nämlich ein Hirte Tibeios, der hier in Ptelea wohnte, einst jung zum Sklaven

ἐγένετο τούτῳ δίδυμα ταῦτα παιδία,
ὡς ἔλεγεν αὐτός, ἥ τε Πλαγγὼν ἧς ἐρῶ
(ΓΕ.) νῦν μανθάνω
ΔΑ. τὸ μειράκιόν θ’, ὁ Γοργίας.
⟨ΓΕ.⟩ ὁ τῶν προβατίων ἐνθάδ’ ἐπιμελούμενος
νυνὶ παρ’ ὑμῖν;
ΔΑ. οὗτος. ὢν ἤδη γέρων
ὁ Τίβειος ὁ πατὴρ εἰς τροφήν γε λαμβάνει
τούτοις παρὰ τοὐμοῦ δεσπότου μνᾶν, καὶ πάλιν,
λιμὸς γὰρ ἦν, μνᾶν, εἶτ’ ἀπέσκλη.
ΓΕ. τὴν τρίτην
ὡς οὐκ ἀπεδίδου τυχὸν ὁ δεσπότης ὁ σός.
(ΔΑ.) ἴσως. τελευτήσαντα δ’ αὐτὸν προσλαβὼν
ὁ Γοργίας τι κερμάτιον ἔθαψε καὶ
τὰ νόμιμα ποιήσας πρὸς ἡμᾶς ἐνθάδε
ἐλθὼν ἀγαγών τε τὴν ἀδελφὴν ἐπιμένει
τὸ χρέος ἀπεργαζόμενος.
ΓΕ. ἡ Πλαγγὼν δὲ τί;
ΔΑ. μετὰ τῆς ἐμῆς κεκτημένης ἐργάζεται
ἔρια διακονεῖ τε, παιδίσκη πάνυ,
Γέτα – καταγελᾷς;
(ΓΕ.) μὰ τὸν Ἀπόλλω.
ΔΑ. πάνυ, Γέτα,
ἐλευθέριος καὶ κοσμία.
(ΓΕ.) τί οὖν σύ; τί
πράττεις ὑπὲρ σαυτοῦ;
(ΔΑ.) λάθρᾳ μέν, Ἡράκλεις,
οὐδ’ ἐγκεχείρηκ’, ἀλλὰ τὠμῷ δεσπότῃ
εἴρηχ’, ὑπέσχηταί τ’ ἐμ[οὶ σ[υνοικιεῖν
αὐτὴν διαλεχθεὶς πρὸς [τ]ὸ[ν ἀδελφόν.
ΓΕ. λαμπρὸς εἶ.
[ΔΑ.] τί λαμπρός; ἀποδημεῖ τρ[ίμηνος ἐπί τινα
πρᾶξιν ἰδίαν εἰς Λῆμ[νον, ἡμεῖς δ’ ἐνθάδε

geworden. Dem wurden diese Zwillingskinder geboren, wie er selbst sagte, die Plangon, die ich liebe –,

GETAS. Jetzt verstehe ich –

DAOS. – und der junge Mann, Gorgias.

GETAS. Der, welcher jetzt hier bei euch für die Schafe sorgt?

DAOS. Ja, der. Als Vater Tibeios schon ein alter Mann ist, leiht er für die beiden zur Ernährung von meinem Herrn eine Mine, und wieder, denn es herrschte Hunger, eine Mine, dann ging er dahin.

GETAS. Weil die dritte dein Herr ihm wohl nicht gab.

DAOS. Vielleicht. Als er gestorben war, lieh Gorgias etwas Geld dazu und bestattete ihn, und als er das Gebräuchliche getan hat, kommt er hierher zu uns, bringt seine Schwester mit, bleibt und arbeitet die Schuld ab.

GETAS. Und was ist mit Plangon?

DAOS. Sie bearbeitet mit meiner Herrin Wolle und dient ihr, ganz ein Mädchen, Getas – lachst du mich aus?

GETAS. Nein, beim Apollon.

DAOS. – sehr edel gesinnt und anständig, Getas.

GETAS. Was ist nun mit dir? Was tust du für dich?

DAOS. Heimlich, beim Herakles, habe ich es nicht versucht, sondern meinem Herrn gesagt, und er hat versprochen, sie mit mir zusammenwohnen zu lassen, wenn er mit dem Bruder gesprochen hat.

GETAS. Du stehst glänzend da.

DAOS. Warum glänzend? Seit drei Monaten ist er in einer eigenen Angelegenheit nach Lemnos verreist, wir aber klammern

ἐχόμεθα τῆς αὐτῆς [ἔτ' ἐλπίδος· μόνον
σῳ̣ζοιτο.
(ΓΕ.) χρηστὸς [εἶ σύ.
ΔΑ. τῆς τ' ἀποδημίας
ὄνησις εἴη.
(ΓΕ.) πολὺ π[
φρονεῖς. ἐγὼ γὰρ κ. .[50
θύσαιμ'. ἀνόνητος . . .[
ᾧ̣ ξυλοφορῷ̣ . . .[

ΜΕΡΟΣ/ΜΕΡΗ ?

(ΛΑΧΗΣ?)
σύ, τάλαινα. 69
⟨ΜΥΡΡΙΝΗ⟩
τί;
(ΛΑ.?) φ[α]νερῶς γε νὴ Δί', ὦ γύναι·
ἐς κόρακας. 70
⟨ΜΥ.⟩ ἐξέστηκας· οἷα γὰρ λεγεις.
(ΛΑ.?) ἃ καὶ ποήσω καὶ δέδοκταί μοι πάλαι.
ἱδρώς, ἀπορία. νὴ Δί' εὖ γ', ὦ Μυρρίνη,
ἐπ' ἐμαυτὸν ἔλαβον ποιμέν' ὃς βληχώμενον 73

(ΜΥ.) ὡς οἰκτρόν, ἣ τοιαῦτα δυστυχῶ μόνη, 76
ἃ μηδὲ πιθανὰς τὰς ὑπερβολὰς ἔχει. 77

(ΛΑ.?)]πρῶτον λέγε. 93
ἔτη 'στὶν ὀκτὼ καὶ δέκ';
(ΜΥ.?) οὐκ ἔστιν μόνη
. . [.]. . .[. .]αυτ'· ἔστω δὲ τοῦτ', εἰ σοὶ δοκεῖ. 95

uns hier noch an dieselbe Hoffnung; möge er nur wohlbehalten wiederkehren!

GETAS. Du bist anständig.

DAOS. Und von der Reise möge es einen Gewinn geben.

GETAS. Viel ... [50] denkst du. Denn ich ... ich möchte opfern. Ohne Verstand ... für den ich Holz trage ...

(Es sind, über sechs Papyrusbruchstücke vermutlich des dritten und vierten Aktes verteilt, noch 45 Verse [53–97] überliefert, aber sie bieten fast nur einzelne Wörter oder Buchstaben; lediglich 9 vollständige Verse liest man mittendrin. Darin sprechen offenbar Laches und Myrrhine.)

AKT/AKTE ?

LACHES. (?) [69] Du, Unglückliche.

MYRRHINE. Warum?

LACHES. (?) Es ist offenkundig, Frau, bei Zeus; [70] ab zu den Raben mit ihnen!

MYRRHINE. Du bist verrückt; wie du nämlich redest!

LACHES. (?) Was ich auch tun werde und was von mir schon längst beschlossen ist. Schweiß. Entbehrung. Ja, bei Zeus, das ist gut, Myrrhine, [73] ich nahm zu mir einen Hirten, der einen blökenden ...

MYRRHINE. [76] Wie betrüblich für mich, die ich als Einzige derartiges Unglück erleide, [77] das kein noch höheres Maß, welches glaubwürdig wäre, haben kann.

LACHES. (?) ... [93] Sprich zuerst! Ist es achtzehn Jahre her?

MYRRHINE. (?) Sie ist nicht die Einzige. ... [95] Das soll auf sich beruhen, wenn es dir gut scheint.

(ΛΑ.?) ἀσαφὲ]ς τὸ πρᾶγμα γίνεται. πῶς λανθάνει
ὁ προ[σ]πεσών σε; πῶς δ᾽ ἀπέλ[ι]πε; πηνίκα 97

F 1 δέσποιν᾽, Ἔρωτος οὐδὲν ἰσχύει πλέον,
οὐδ᾽ αὐτὸς ὁ κρατῶν ⟨τῶν⟩ ἐν οὐρανῷ θεῶν
Ζεύς, ἀλλ᾽ ἐκείνῳ πάντ᾽ ἀναγκασθεὶς ποεῖ

F 2 ἐχρῆν γὰρ εἶναι τὸ καλὸν εὐγενέστατον,
τὸν ἐλεύθερον δὲ πανταχοῦ φρονεῖν μέγα

F 3 χοῦς κεκραμένου
οἴνου· λαβὼν ἔκπιθι τοῦτον

F 4 ἐπεφαρμάκευσο, γλυκύτατ᾽, ἀναλυθεὶς μόλις

F 5 εὖ ἴσθι, κἀγὼ τοῦτο συγχωρήσομαι

F 6 τῶν ⟨δὲ⟩ παιδισκῶν τινι
δούς

F 7 ὢ δυστυχής, εἰ μὴ βαδιεῖ

F 8 νῦν δὲ τοῖς ἐξ ἄστεως
κυνηγέταις ἥκουσι περιηγήσομαι
τὰς ἀχράδας

LACHES. (?) Die Sache ist unklar. Warum ist er dir unbekannt, [97] der, welcher über dich herfiel? Wie kam er davon? Wann ...

Nicht einzuordnende Fragmente

F 1 Herrin, nichts hat größere Kraft als Eros, auch nicht er selbst, der über die Götter im Himmel herrscht, Zeus, sondern der tut, von ihm bezwungen, alles ...

F 2 Denn das Schöne sollte höchst edel sein, der Freie aber überall von hoher Gesinnung ...

F 3 ... eine Kanne mit gemischtem Wein; nimm sie und trink aus ...

F 4 Du wurdest verhext, Süßeste, und bist kaum davon befreit.

F 5 Wisse wohl, auch ich werde damit konform sein.

F 6 ... aber einer von den Mädchen gebend ...

F 7 Ach Unglückselige(r), wenn du nicht gehen willst ...

F 8 Jetzt werde ich die aus der Stadt kommenden Jäger herumführen und ihnen die wilden Birnen zeigen ...

ΘΕΟΦΟΡΟΥΜΕΝΗ

DIE BESESSENE

Offensichtlich bieten die auf Papyrus überlieferten zwei Bruchstücke des zweiten Aktes – es wäre auch denkbar, dass V. 1–30 in der Eröffnungsszene standen – wenigstens teilweise die Textgrundlage für zahlreiche bildliche Darstellungen der Titelfigur. Unter ihnen ist das Mosaik des Dioskurides des 1. Jahrhunderts v. Chr. (s. Einf. S. 14f.) am bekanntesten, während das in Mytilene gefundene die Namen der abgebildeten Personen nennt und die Szene Akt II zuordnet. Es zeigt die Szene, in der die für uns namenlose junge Frau zu Flötenmusik tanzt, während (vermutlich) Kleinias das Tamburin schlägt, Lysias Zimbeln schwingt und der Sklave Parmenon klatscht. Beide Instrumente sind auch in dem Text genannt. Er beginnt mitten in einem Dialog der beiden jungen Männer (?) über die junge Frau, der viele Rätsel aufgibt. Es folgen 27 jeweils leider nur zur Hälfte erhaltene Verse (31–57), von denen sechs lyrische Hexameter (36–41) und einen Mix aus jambischen Trimetern und lyrischen Hexametern (50–57) sehr wahrscheinlich die (vermeintlich?) Besessene singt, mit der Flöte begleitet; bei dem Lied dürfte es sich, wie zahlreiche Wörter nahelegen, um einen Kultgesang für die Große Mutter, die Göttin Kybele handeln. Von dem Stück sind außerdem 23 ganze und 4 halbe Verse in 5 Zitaten (F 1–5) überliefert.

Personen
Lysias, junger Mann
Kleinias, junger Mann
Junge Frau
Parmenon, Sklave
Kraton, alter Mann

ΜΕΡΟΣ Β′ (?)

ταχ[. . .] καταστάξαντες οιδ’ ἀπ’ ὀμμ[άτων
ἔπλησα. “τἀμὰ δῶρ’ (ἀκούεις;)”, ἡ κόρη,
“τὰ δῶρα”, φησί, “τἀμά μ’ ἐξεῖλονθ’.” ὁ δὲ
“τί δ’ ἔλαβες, ἱππόπο[ρ]νε; τὸν δὲ δόν[τα σοι
πόθεν οἶσθα τοῦτον; τί δέ; νεανίσκο[ν κορῃ;
ἢ σὺ τί λαβοῦσα στέφανον ἔξω περιπατ[εῖς;
μαίνει; τί οὖν οὐκ ἔνδον ἐγκεκλειμ[ένη
μαίνει;”

(ΚΛΕΙΝΙΑΣ?)
φλυαρεῖς. [τ]οῦτό γ’ αὐτό, Λυσία,
οὐ προσποεῖται.

(ΛΥΣΙΑΣ?)
πεῖραν ἔξεστιν λα[βεῖν.
εἰ θεοφορεῖται ταῖς ἀληθείαισι γάρ,
νῦν εἰς τὸ πρόσθεν ἐνθάδ’ ἐκπηδή[σεται.
Μητρὸς θεῶν, μᾶλλον δὲ Κορυβάντ[ων σύ μοι
αὔλει. παράστα δ’ ἐνθαδὶ πρὸς τὰς θύρ[ας
τοῦ πανδοκείου.

⟨ΚΛ.?⟩ νὴ Δί’, εὖ γε, Λυσία,
ὑπέρευ⟨γε⟩, τοῦτο βούλομαι. καλὴ θέα

(ΚΟΡΗ?)
] καὶ τὸ χρυσίον
εἰς] θάλατταν ἔκχεον
τοῦ]το προσφιλές
τοῖ]ς παροῦσι δ’ ἅμα λέγω
πά]ντες ἐπολολύξατε.

] βασίλεια μεγίστα
] ἐμοὶ καὶ σεισικάρηνοι
Κ]ορύβαντές θ’ ἀδυπρόσωποι

AKT II (?)

(Straße, vermutlich in Athen. Im Hintergrund mindestens zwei Häuser, eines davon wohl eine Taverne, während in dem anderen die junge Frau leben dürfte, die eine Besessene zu sein scheint. Von V. 1–15 sind nur einzelne Wörter oder Buchstaben erhalten.)

… herabtropfend … von den Augen … ich füllte. »Meine Geschenke – hörst du?«, sagt das Mädchen, »– meine Geschenke nahmen sie weg.« Der aber sagt: »Was hast du bekommen, du Pferdehure? Den, der sie dir gab, woher kennst du ihn? Aber was? Ein junger Mann einem Mädchen? Oder warum läufst du mit dem Kranz außerhalb des Hauses herum? Bist du rasend? Warum bist du nicht, eingesperrt im Haus, rasend?«

KLEINIAS. (?) Du faselst. Genau das, Lysias, täuscht sie nicht vor.

LYSIAS. (?) Wir können einen Test machen. Denn wenn sie in Wahrheit von einem Gott besessen ist, wird sie jetzt hierher vor die Frontseite springen. *(Zu dem Flötenspieler.)* Von der Göttermutter, nein, lieber von den Korybanten spiel mir auf der Flöte. Stehe hier bei der Tür der Taverne.

KLEINIAS. (?) Ja, bei Zeus, gut, Lysias, supergut, das will ich. Ein schöner Anblick … *(Vermutlich fehlen nur wenige Verse.)*

MÄDCHEN. (?) … und das Gold … ins Meer ausgießend … erfreulich … den Anwesenden sage ich zugleich … jauchztet alle auf … mächtigste Königin … mir und denen mit geschüttelten Köpfen … und lieblichgesichtige Korybanten … Opfer und glänzende

θυ]σίαν κλειτάν θ' ἑκατόμβαν
] θεὰ Φρυγία βασίλεια
τὰ σ]ὰ τύμπανα, μᾶτερ ὀρ[εία

] θορυβοῦντες οὔτ' ἐ[γώ
]. ους σαυτῷ ποίει
κ]ατὰ χώραν, λαβέ
τὴν λιβανωτ]όν, ἐπτίθει τε πῦρ [
τὴν] θεὸν γὰρ βούλομαι
πάν]τες. αὔλει δὴ σύ μοι
εὐμ]ενὴς γίνοιο δέ
]μένοις ἀεί.

χ]αῖρ', Ἄγγδιστι
μ]ετὰ κυμβάλων
]. . ρ ὀλολυγμῶν
] μῆτερ θεῶν
Ἀγγ]διστι Φρυγία Κρησία
δ]εῦρο, κυρία
]ναπας βασίλεια
]α Λυδίους

F 1 εἴ τις προσελθών μοι θεῶν λέγοι "Κράτων,
ἐπὰν ἀποθάνῃς, αὖθις ἐξ ἀρχῆς ἔσῃ.

ἔσῃ δ' ὅ τι ἂν βούλῃ, κύων, πρόβατον, τράγος,
ἄνθρωπος, ἵππος. δὶς βιῶναι γάρ σε δεῖ·
εἱμαρμένον τοῦτ' ἔστιν. ὅ τι βούλει δ' ἑλοῦ."
"ἅπαντα μᾶλλον", εὐθὺς εἰπεῖν ἂν δοκῶ,
"πόει με πλὴν ἄνθρωπον. ἀδίκως εὐτυχεῖ
κακῶς τε πράττει τοῦτο τὸ ζῷον μόνον.
ὁ κράτιστος ἵππος ἐπιμελεστέραν ἔχει
ἑτέρου θεραπείαν. ἀγαθὸς ἂν γένῃ κύων,

Hekatombe … Göttin, phrygische Königin … deine Tamburine, Bergmutter … lärmende auch ich nicht … tu für dich … am Ort, nimm … den Weihrauch, lege Feuer an … denn die Göttin will ich … alle. Blas du mir die Flöte … mögest du wohlgesinnt sein … immer … sei gegrüßt, Angdistis … mit Zimbeln … mit Jauchzen … Mutter der Götter … Angdistis, Phrygerin, Kreterin … hierher, Herrin … König des Waldtals (?) … lydische …

Nicht einzuordnende Fragmente

F 1 Wenn einer von den Göttern heranträte und mir sagte: »Kraton, wenn du stirbst, wirst du von Anfang an wieder leben. Du wirst sein, was du willst, Hund, Schaf, Bock, Mensch, Pferd. Denn du musst zweimal leben; das ist dir bestimmt. Was du willst, wähle!« »Zu allem lieber«, würde ich sofort, glaube ich, sagen, »mach mich als zu einem Menschen. Zu Unrecht hat Glück und Unglück dieses Lebewesen allein. Der stärkste Hengst hat die sorgfältigere Pflege als ein anderer.

ἐντιμότερος εἶ τοῦ κακοῦ κυνὸς πολύ.
ἀλεκτρυὼν γενναῖος ἐν ἑτέρᾳ τροφῇ
ἐστιν, ὁ δ' ἀγεννὴς καὶ δέδιε τὸν κρείττονα.
ἄνθρωπος ἂν ᾖ χρηστός, εὐγενής, σφόδρα
γενναῖος, οὐδὲν ὄφελος ἐν τῷ νῦν γένει.
πράττει δ' ὁ κόλαξ ἄριστα πάντων, δεύτερα
ὁ συκοφάντης, ὁ κακοήθης τρίτα λέγει.
ὄνον γενέσθαι κρεῖττον ἢ τοὺς χείρονας
ὁρᾶν ἑαυτοῦ ζῶντας ἐπιφανέστερον"

F2 ὁ πλεῖστον νοῦν ἔχων
μάντις τ' ἄριστός ἐστι σύμβουλός θ' ἅμα

F3 ἄλλοις ἀναπετῶ
ταυτὶ προσελθὼν κοὐκ ἀνέξομ' οὐκέτι

F4 καὶ ταχὺ
πάλιν τὸ πρῶτον περισοβεῖ ποτήριον
αὐτοῖς ἀκράτου

F5 μέσως μεθύων ⟨τὴν⟩ Θηρίκλειον ἔσπασε

Wenn du zu einem guten Hund wirst, bist du viel geehrter als ein schlechter Hund. Ein edler Hahn steht in einer anderen Kost, der unedle fürchtet auch den besseren. Wenn ein Mensch anständig, wohlgeboren, sehr edel ist, hat er keinen Nutzen in der jetzigen Generation. Dem Schmeichler geht es am besten von allen, am zweitbesten dem Sykophanten, der Bösartige nimmt Platz drei ein. Ein Esel zu werden wäre besser, als zu sehen, wie die, die schlechter sind als man selbst, in größerem Glanz leben« …

F 2 Wer den meisten Verstand hat, ist der beste Seher und Ratgeber zugleich …

F 3 Anderen eröffnen will ich dies hier, herantretend, und ich werde es nicht mehr aushalten …

F 4 … und schnell wird er wieder den ersten Becher mit ungemischtem Wein bei ihnen herumgehen lassen …

F 5 Halb betrunken trank er den Therikleischen aus …

ΚΑΡΧΗΔΟΝΙΟΣ

DER KARTHAGER

Zwar sind es immerhin 104 Verse, welche die drei wahrscheinlich zusammengehörigen Papyri P. Ox. 2654, P. Ox. 3966 und Pap. Köln 4 als Text aus dem Karchedonios überliefern, aber nur wenige davon sind ganz erhalten. Sie lassen zwei Szenen erkennen: In V. 30–39 wird offensichtlich der Karthager, die Titelfigur, nach seiner Herkunft gefragt, weil er eine attische Bürgerin zu heiraten gedenkt, und in V. 74–84 geht es um das rituelle Bad für eine Hochzeit, und eine gemietete Sängerin gibt ein Lied zum Besten. Diese Szene folgt vermutlich auf eine Aktpause und könnte des Themas wegen der Anfang von Akt V gewesen sein, und da in V. 30–39 der Karthager sich vorstellt, wird man dort an eine Szene im ersten Akt denken. Weder diese Verse noch die insgesamt 7 ½ der antiken Zitate (F 1–5) geben einen Hinweis auf den Verlauf der Handlung.

Personen
Karthager (junger Mann)
Athener (junger Mann)
Sklave des Atheners
Daos (= Sklave des Atheners?)
Frau

ΜΕΡΟΣ ?

(ΚΑΡΧΗΔΟΝΙΟΣ?)
] . . ἐψόφηκεν· ἐπανάγω
(ΝΕΑΝΙΑΣ?)
]ην θῆτε· μηδὲν μηδέπω
] . ον.
(ΟΙΚΕΤΗΣ?)
ου κεχείμασται σφόδρα
]ος ἔργον ἐκ πολλοῦ χρόνου
ἄνοιαν ἡμέρᾳ μεταστῆσαι μιᾷ.
(ΚΑ.?) τουτὶ τὸ κακὸν τί]ἐστι; περὶ τίνος λαλεῖ
ὁ τρισκακοδαίμ]ων; οὗτός ἐστιν οἰκέτης

ΝΕ.?) ἥ]κιστα· .[. . .] πρόσεισιν [οὗ]το[ς].
(ΟΙ.?) [οὐκ] ἴσω[ς
βέλτιστ[ε, σ]αυτὸν ἀγνοῶν ἐλήλυθας;
(ΚΑ.?) οὐκ οἴομαί γε.
(ΟΙ.?) καὶ τίς ἐστί σοι, φράσον,
μ[ή]τηρ;
(ΚΑ.?) ἐμοί;
(ΟΙ.?) νή· καὶ τίνος πατρὸς λέγε.
τ]οὺς δημό[τ]ας νόμιζε ποιεῖν ἐγγραφάς.
(ΚΑ.?) θυγάτηρ Ἀμ[ί]λκου τοῦ στρατηγοῦ, δραπέτα,
Καρχηδονίων ἐμή 'στι μήτηρ. τί βλέπεις;
(ΟΙ.?) ἔπειτ' Ἀμί[λκου] θυγατριδοῦς ὢν πράγματα
ἡμῖν παρ[έ]χε[ις] οἴει τε λήψεσθαι κόρην
ἀστήν;
(ΚΑ.?) ἐπειδ[άν γ' ἐγ]γραφῶ κατὰ τοὺς νόμους.

AKT?

(Straße, vermutlich in Athen. Im Hintergrund mindestens zwei Häuser. Von V. 1–29 sind außer in 4–10 nur einzelne Wörter oder Buchstaben erhalten.)

KARTHAGER. (?) [4] … jemand hat ⟨gegen die Tür⟩ gestoßen; ich ziehe mich zurück.

JUNGER MANN. (?) *(zu Sklave)*. [5] … legt; nichts noch …

SKLAVE. (?) Er ist nicht heftig geschlagen worden … Es ist schwer, seit langer Zeit vorhandene Dummheit an einem einzigen Tag zu ändern.

KARTHAGER. (?) *(a parte)*. Was ist das hier Übles? Was ist? Worüber schwatzt der dreimal Unglückselige? … [10] Der ist ein Sklave …

JUNGER MANN. (?) [30] Keineswegs. Er nähert sich.

SKLAVE. (?) Mein Bester, du bist doch wohl nicht, ohne zu wissen, wer du bist, gekommen?

KARTHAGER. (?) Ich glaube nicht.

SKLAVE. (?) Und wer ist, sage, deine Mutter?

KARTHAGER. (?) Meine?

SKLAVE. (?) Ja; und dein Vater? Rede! Stell dir vor, die Angehörigen des Demos nähmen eine Registrierung vor.

KARTHAGER. (?) [35] Die Tochter Hamilkars, des Strategen der Karthager, du Ausreißer, ist meine Mutter. Was glotzt du?

SKLAVE. (?) Also, weil du Hamilkars Enkel bist, machst du uns Schwierigkeiten und glaubst, du wirst ein Bürgermädchen bekommen?

KARTHAGER. (?) [39] Wenn ich nach den Gesetzen registriert bin.

(Von V. 40–69 sind nur einzelne Wörter oder Buchstaben erhalten. V. 70–84 auf einem anderen Papyrus als V. 1–6, die mit hoher Wahrscheinlichkeit dem Karchedonios *zuzuweisen sind, überliefern vermutlich den Übergang von einem Akt zum nächsten; von V. 69–72 sind nur 3 Buchstaben übrig.)*

]ης, ἐὰν δέηθ' ἅ[μα

ΧΟΡ[ΟΥ

ΜΕΡΟΣ Έ' ?

::] . τερον νῦν αυτος .[μ
] . αληθες ο[.] .οχο[
φέρων τὰ]λουτρά· τοῦτο γὰρ [νομίζεται
. . . .] . τοῖς γαμοῦσιν ἀπ[ὸ κ]ρή[ν]ης φέρειν,
ᾄδειν πρ]ὸς αὐλόν· καί τι μέντοι, πρὸς θεῶν,
πάρες] ποτ' ἐπακούσαιμ' ἂν ἡδέως, γύνα[ι.
:: ἀφύπ]νισον, ἀφύπνισον α[φυπνισον] .[.] .[
[::] αὐτὴ καθηῦδεν ἔνδον ἐγκεκλειμ[ένη·
ᾄ]δειν γὰρ ἐμεμίσθωτο πρὸς τοῦτο[
πρὸς ποῖον ὑδροφορεῖν με δεῖ μέλος ποτέ;
παιδάριον οἰκότριψ γὰρ εἶναί μοι δοκεῖ

F 1 ἐπιθυμιάσας τῷ Βορέᾳ ⟨λιβαν⟩ίδιον
ὀψάριον οὐδὲν ἔλαβον· ἑψήσω φακῆν

F 2 αὐτὸν γὰρ οὐθεὶς οἶδε τοῦ ποτ' ἐγένετο,
ἀλλ' ὑπονοοῦμεν πάντες ἢ πιστεύομεν

*F 3 χρεία διδάσκει, κἂν ἄμουσος ᾖ, σοφόν
Καρχηδόνιον

F 4 ᾄδοντα λιτυέρσην ἀπ' ἀρίστου τέως

F 5 τὸ καλῶς ἔχον που κρεῖττόν ἐστι καὶ νόμου.

[73] … falls ihr benötigt

Tanz und Gesang des Chors

AKT V?

A. [74] … anderes nun … wahr … [75] das Badewasser bringend; denn das ist der Brauch … den Heiratenden von einer Quelle zu bringen und zur Flöte zu singen; und tatsächlich, bei den Göttern, bitte, ich möchte gerne etwas hören, Frau.

B. *(singt).* [80] Wach auf, wach auf, wach auf …

A. Sie selbst schlief im Haus, dort eingesperrt; denn dazu zu singen wurde er/sie gemietet …
Zu was für einem Lied soll ich Wasser tragen? [84] Er scheint mir ein im Haus aufgezogener Sklave zu sein.

(Von V. 85–103 sind nur einzelne Wörter oder Buchstaben erhalten.)

Nicht einzuordnende Fragmente

F1 Als ich dem Boreas Weihrauch opferte, bekam ich keinen Fisch; ich werde Linsen kochen …

F2 Denn niemand weiß, wie er einst gezeugt wurde, sondern wir alle vermuten es oder vertrauen jemandem …

**F3* Not lehrt, auch wenn er dumm ist, Weisheit einen Karthager …

F4 … ihn, der die Lityersis so lange singt nach dem Essen …

F5 Was gut ist, steht vielleicht über dem Gesetz …

ΚΙΘΑΡΙΣΤΗΣ

DER KITHARASPIELER

Obwohl von dieser Komödie relativ viel erhalten ist, weisen die Textzeugen auf Papyrus so viele Lücken auf, dass sich nicht einmal Konturen einer Handlung erkennen lassen. Es gibt einen verliebten Jüngling, der seinem Vater verkündet, er wolle die Tochter der Titelfigur heiraten, aber das Wortmaterial gibt allenfalls vage Hinweise darauf, dass es Schwierigkeiten gibt, die vor der (durch die Gattung geforderten) Hochzeit am Ende zu meistern sind. Zu wenig erfahren wir auch über die Rolle, die dem Kitharisspieler Phanias zugewiesen ist und gar nicht, welche Funktion der Sklave Parmenon ausübt. Fast ganz unergiebig sind auch die über Fragment 1–8 verteilten Verse, da sie, von späteren Autoren zitiert, überwiegend Lebensweisheit vermitteln.

Personen
Moschion, junger Mann
Frau, vielleicht Moschions Mutter
Phanias, Kitharaspieler
(junger?) Mann (= Freund des Phanias ?)
Frau oder Hetäre des Phanias (wohl nicht auf der Bühne)
Vater Moschions (= Laches?)
Tochter des Phanias (wohl nicht auf der Bühne)
Parmenon, Sklave
Laches, alter Mann

ΜΕΡΟΣ Γʹ ?

ΑΝΗΡ

ζηλοῖς, λαβών τε τὴ[ν καλὴν ἐλ]ήλυθα[ς
θυγατέρα δεῦρο πλουσίαν θ' [ἠγ]ῇ̣ μόνη[ν
ταύτην, σεαυτὸν δ' οὐχί;

(ΦΑΝΙΑΣ?)

πάντ' ἐγὼ [μ]όνης
ταύτης λογίζομαί τ' ἐμαυτοῦ τὴν ἐμήν.
ἐλευθέρα τ' ἦν καὶ πόλεως Ἑλλη[νί]δος,
καὶ πάντα ταῦτ' ἐκτήσα[τ' ἐπ'] ἀ[γαθ]ῇ̣ τύχῃ.
οὐ δεῖ λαβεῖν με πορνο[κόπου θρέμμα νῦν.

(ΑΝ.) τί δὴ τὸ λυποῦν σ' ἐστίν; τ[ί ποτ' οὐ]κ ἤγαγες
ἐνταῦθα τὴν γυναῖκα κα[ὶ τὴν οὐσία]ν;

⟨ΦΑ.?⟩ οὐκ οἶδ' ὅπου γῆς ἐστιν· οὐκ [ἐλήλ]υθεν,
οὔπω γε, νυνὶ τῶν χρόν[ω]ν ὄντων μακρῶν.
λογίζομαι πᾶν· μή τι κατὰ θάλατταν ἢ̣
ἀτύχημα γεγονὸς ἢ περὶ λῃ̣στάς.

(ΑΝ.) μηθαμῶς.

⟨ΦΑ.?⟩ οὐκ οἶδ'· ἀθυμῶ καὶ δέδοιχ' ὑπερβολῇ̣.

⟨ΑΝ.⟩ εἰκός τι πάσχειν.

(ΦΑ.?) πρὸς ἀγορὰν δ' οὕτως ἅμα
προάγων ἀκούσῃ καὶ τὰ λοίφ', ὧν μοι γενοῦ
σύμβουλος.

(ΑΝ.) οὐθὲν κωλύει με.

(ΦΑ.?) ταῦτα δὲ
εἴσω τις ἀγέτω τὴν ταχίστην ἐκποδών.

AKT III ?

(Straße in Athen, die nach rechts zum Markt und zum Hafen führt, nach links aufs Land, im Hintergrund die Häuser des Phanias und des Vaters Moschions [Laches? s. F 4] Von V. 1–34 sind nur die Versenden mit einzelnen Wörtern oder Buchstaben erhalten. Was PCG als V. 28–30 zählt, zeigte vermutlich mit ΧΟΡΟΥ *eine Pause zwischen zwei Akten an, am ehesten die zwischen Akt II und III. Phanias und ein Mann, vermutlich ein Freund, kommen mit Sklaven, die Gepäck tragen, von rechts.)*

MANN. [35] Du bist neidisch, nahmst zur Frau die schöne Tochter, bist hierher gekommen und hältst für reich allein sie, dich nicht?

PHANIAS. (?) Ich rechne damit, dass alles ihr allein gehört und die meine mir. Sie war frei und aus einer griechischen Stadt, [40] und all dies hat sie zu gutem Glück erworben. Ich muss nun nicht das heiraten, was einer ernährt, der mit Huren zu tun hat.

MANN. Was also ist es, das dich betrübt? Warum hast du nicht die Frau und ihren Besitz hierher gebracht?

PHANIAS. (?) Ich weiß nicht, wo in aller Welt sie ist; sie ist nicht gekommen, [45] noch nicht, obwohl die Zeit jetzt schon lang ist. Ich rechne mit allem; möge doch nur nicht auf dem Meer ein Unglück geschehen sein oder mit Piraten!

MANN. Das doch nicht!

PHANIAS. (?) Ich weiß es nicht; verzagt bin ich und habe übermäßig Angst.

MANN. Es ist nur natürlich, dass du leidest.

PHANIAS. (?) [50] Wenn du mit mir zum Markt gehst, wirst du so auch das Übrige hören, sei, was das betrifft, mein Ratgeber.

MANN. Nichts hindert mich

PHANIAS. (?) *(zeigt auf das Gepäck).* Dies aber soll jemand schnellstens weg von hier ins Haus bringen. *(Beide ab nach rechts.)*

⟨ΜΟΣΧΙΟΝΟΣ ΠΑΤΗΡ⟩

καὶ τί ποτ᾽ ἂν εἴη; πάνυ γὰρ οὐχ αὑτοῦ ποεῖ
ἔργον· μεταπέμπετ᾽ ἐξ ἀγροῦ με Μοσχίων,
ὃς ἄλλοτ᾽, εἰ μὲν ἐνθάδ᾽ ὢν τύχοιμ᾽ ἐγώ,
εἰς ἀγρὸν ἔφευγεν, εἰ δ᾽ ἐκεῖσ᾽ ἔλθοιμ᾽ ἐγώ,
ἐνταῦθ᾽ ἀναστρέψας ἔπινε. καὶ μάλα
κατὰ λόγον· οὐ γὰρ ἦν ὁ νουθετῶν πατήρ.
οὐκ [εἶχον ὀρ]γήν. καὶ γὰρ αὐτὸς ἐγενόμην
εἷς [τῶν δυνα]μένων οὐσίαν μικρὰν ποεῖν.
οὐκ [ἠδίκηκε]ν ἡ γυνὴ κατὰ τοῦτό γε,
ἀλλ᾽ ἐξ ἐμο[ῦ] ᾽στιν· οὐθὲν ἀγαθὸν γοῦν ποεῖ.
εἰσιτέον εἴ[σω] δ᾽ ἐστίν. ἂν δὲ μὴ τύχῃ
ὢν ἔνδο[ν, εὐθ]ὺ πρὸς ἀγορὰν πορεύσομαι.
ἐκεῖ γὰρ αὐ[τό]ν που πρὸς Ἑρμαῖς ὄψομαι.

⟨ΜΟΣΧΙΩΝ⟩

ἆρ᾽ οὖν ὁ π[ατὴρ] ἐλήλυθ᾽, ἢ πορευτέον
ἐμοὶ πρ[ὸς ἐκεῖ]νόν ἐστιν; οὐ γὰρ δεῖ χρόνον
τὸ πρᾶ[γμα λαμ]βάνειν [ὅ]λως οὐδ᾽ ὁντινοῦν.
ἤδη δο[κεῖ μοι πρ]οσβ[αλεῖν περὶ τοῦ γάμου.]

⟨ΜΟ.⟩ γῆμαί με βούλει κα[
φρονήσεως γὰρ τοῦτ[ο
⟨Μ. Π.⟩ ὦ Μοσχίων, ἄλλην μ[

⟨ΜΟ.⟩ μηθεὶς μάτην ε .[.]. [
τὰ δ᾽ ἄλλ᾽ ἄκουσον . . . . .[
εἰς τὴν Ἔφεσον ἔπεσον [
τῆς Ἀρτέμιδος ἦν τῆς ε[
δειπνοφορία τις παρθένω[ν ⏓ – ⏑ –
εἶδον κόρην ἐνταῦθα Φανίου [τινὸς
Εὐωνυμέως.
(Μ. Π.) Εὐωνυμεῖς κἀ[κεῖ τινές
εἰσ᾽ ἐν Ἐφέσῳ;

MOSCHIONS VATER *(kommt von links).* Und was wäre das? Denn er macht gar nicht, was er sonst tut; vom Land holen lässt mich Moschion, [55] er, der sonst, wenn ich zufällig hier war, aufs Land flüchtete, wenn ich aber dorthin ging, hierher zurückkehrte und zechte. Und das sehr wohl vernunftgemäß; denn da war kein Vater, der ihn zurechtwies. Ich hatte keinen Zorn. Denn auch ich selbst war [60] einer von denen, die den Besitz verkleinern können. Meine Frau hat in diesem Punkt jedenfalls kein Unrecht getan. Nein, er geht nach mir; er tut gewiss nichts Gutes. Ich muss aber hineingehen. Wenn er jedoch gerade nicht drinnen ist, werde ich mich sofort zum Markt begeben. [65] Denn dort werde ich ihn vielleicht bei den Hermen sehen.

MOSCHION *(von rechts).* Ist der Vater jetzt gekommen, oder muss ich mich zu ihm begeben? Denn die Sache darf sich ganz und gar nicht auch nur die geringste Zeit nehmen. [69] Es scheint mir jetzt gut, einen Vorstoß wegen der Hochzeit zu unternehmen.

(Von V. 70–95 sind nur Versanfänge erhalten, von denen wenige vermuten lassen, worum es in dem Gespräch von Vater und Sohn geht.)

MOSCHION. [79] Du willst, dass ich heirate ... [80] Denn das ⟨bedarf?⟩ kluger Überlegung ...

MOSCHIONS VATER. [81] Ach, Moschion, eine andere ...

MOSCHION. [91] Niemand vergeblich ... Höre das andere ... Ich fiel in Ephesos ein ... Für Artemis gab es ... [95] einen Festzug der jungen Frauen ... Ich erblickte dort die Tochter eines gewissen Phanias ... aus Euonymon.

MOSCHIONS VATER. Euonymoner gibt es auch dort in Ephesos?

(ΜΟ.) χρέα μὲν οὖν π[ράξων παρῆν
ἐντεῦθεν.
(Μ. Π.) ἆρα τοῦ κ[ι]θαριστοῦ [Φανίου
ταύτην λαβεῖν ἐσπούδακ[ας τὴν θυγατέρα
τοῦ γείτονος νῦν ὄντος; ου[.]ο[

γλ]αφυρός τις ἐστὶν οὗτος. οὐκ ἐγὼ 'λ[εγον;
ν]αί· πραγματοκοπεῖ Φανίας ὁ διδάσ[καλος.
ἅπ]αντά γ' ἄν τις ὡς ἀληθῶς ἐλπίσ[αι
. [.] . .τος ἡμῖν αυτὸν ου τίθησ' ἴσον.
ΦΑ. ἑόρακας;
ΠΑΡΜΕΝΩΝ
εἶδον.
(ΦΑ.) ὦ πολυτίμητο[ι θεοὶ
καὶ φ[ί]λτατε Ζεῦ σῶτερ, ὡς πολλὴ χ[άρις.
τί οὖν; ὑγιαίνουσιν μέν;
(ΠΑ.) ὅσα γ' οὕτως [ἰδεῖν.
[ΦΑ.] τὴν αἰτίαν τίν' ἔλεγον εἶναι [τοῦ πάθους;
(ΠΑ.) τὸ πλοῖον εἰς Κρήτην κατεν[εχθὲν αὐτίκα
ἐκρίθη [πο]λέμιον καὶ διενεγ[κεῖν δείν' ἔδει.

F 1 ᾤμην ἐγὼ τοὺς πλουσίους, ὦ Φανία,
οἷς μὴ τὸ δανείζεσθαι πρόσεστιν, οὐ στένειν
τὰς νύκτας οὐδὲ στρεφομένους ἄνω κάτω
οἴμοι λέγειν, ἡδὺν δὲ καὶ πρᾶόν τινα
ὕπνον καθεύδειν, ἀλλὰ τῶν πτωχῶν τινα
κακοπαθίαν ταύτην ἰδίαν [ἐ]λογιζό[μ]ην.
νυνὶ δὲ καὶ τοὺς μακαρίους καλουμένους
ὑμᾶς ὁρῶ πονοῦντας ἡμῖν ἐμφερῆ.
ἆρ' ἐστὶ συγγενές τι λύπη καὶ βίος;
τρυφερῷ βίῳ σύνεστιν, ἐνδόξῳ βίῳ
πάρεστιν, ἀπόρῳ συγκαταγηράσκει βίῳ.

Moschion. Nein, um Steuern einzutreiben, kam er von hier.

Moschions Vater. Du bist also eifrig darauf bedacht, [100] diese Tochter des Kitharaspielers Phanias zur Frau zu nehmen, der jetzt unser Nachbar ist? ...

(Eine unbekannte Anzahl von Versen fehlt zwischen V. 101 und 102.)

[102] Ein Schlauer ist der. Sagte ich das nicht? Ja; der Lehrer Phanias mischt sich in Geschäfte ein. Alles könnte man wahrhaftig erhoffen [105] ... ihn uns gleich.

Phanias *(kommt von rechts* [?]*)*. Hast du sie gesehen?

Parmenon. Ich sah sie.

Phanias. Ihr vielgeehrten Götter und liebster Retter Zeus! Wie groß ist meine Dankbarkeit! Also was nun? Sind sie wohlbehalten?

Parmenon. So weit ich jetzt sehe.

Phanias. Was sagten sie, was der Grund sei für das Leid?

Parmenon. [110] Das Schiff wurde sofort nach Kreta verschlagen, wurde für feindlich gehalten und musste Schlimmes ertragen.

(Von V. 112–117 sind nur einzelne Wörter oder Buchstaben erhalten.)

Nicht einzuordnende Fragmente

F 1 Ich glaubte immer, dass die Reichen, mein Phanias, bei denen es kein Schuldenmachen gibt, nicht stöhnen in den Nächten und nicht sich auf und ab wälzend »Weh mir« rufen, sondern einen süßen und sanften [5] Schlaf haben, doch ich hielt das für ein den Armen eigenes Leiden. Jetzt aber sehe ich, dass auch ihr, die sogenannten Glücklichen, ähnlich wie wir leidet. Sind Kummer und Leben etwas Verwandtes? Er ist mit einem Luxusleben verbunden, einem ruhmreichen Leben [10] wohnt

οὐδεὶς [ἀλύπως γὰρ] βεβίωκ᾽ ἄν[θρωπος ὤν.
⏑ –]κατειληπτο[.......(...)]ρων
καταν[

F 2 τὸ κουφότατόν σε τῶν κακῶν πάντων δάκνει,
πενία. τί γὰρ τοῦτ᾽ ἔστιν; ἧς γένοιτ᾽ ἂν εἷς
φίλος βοηθήσας ἰατρὸς ῥᾳδίως

F 3 εἰ τοὺς ἀδικηθέντας, πάτερ, φευξούμεθα,
τίσιν ἂν βοηθήσαιμεν ἄλλοις ῥᾳδίως;

F 4 τὸ μηθὲν ἀδικεῖν ἐκμαθεῖν γάρ, ὦ Λάχης,
ἀστεῖον ἐπιτήδευμα κρίνω τῷ βίῳ

F 5 φιλόμουσον εἶναι ⟨κἀγαπᾶν⟩ αὐτὸν πάνυ
ἀκούσματ᾽ εἰς τρυφήν τε παιδεύεσθ᾽ ἀεί

F 6 οὐκ οἰκοσίτους τοὺς ἀκροατὰς λαμβάνεις

F 7 οὕτω τι πρᾶγμ᾽ ἔστ᾽ ἐπίπονον τὸ προσδοκᾶν

F 8 ὡς ποικίλον πρᾶγμ᾽ ἐστὶ καὶ πλάνον τύχη

er bei, wird zusammen mit einem bedürftigen Leben alt. Denn keiner, der ein Mensch ist, hat kummerlos gelebt … …

F 2 Das leichteste von allen Übeln beißt dich, Armut. Denn was ist das schon? Ihr Arzt könnte ein einziger Freund, der hilft, leicht werden …

F 3 Wenn wir die Unrecht Leidenden meiden, Vater, welchen anderen könnten wir leicht helfen? …

F 4 Denn zu lernen, keinerlei Unrecht zu tun, Laches, halte ich für ein feines Bestreben im Leben …

F 5 … er sei Musikfreund, liebe sehr Gesang und lasse sich ständig zu einem Luxusleben erziehen …

F 6 Du bekommst keine Zuhörer, die für sich selbst bezahlen …

F 7 Eine so qualvolle Sache ist das Warten …

F 8 Was für eine buntscheckige und trügerische Sache ist das Schicksal …

ΚΟΛΑΞ

DER SCHMEICHLER

Aus dem Prolog des Terenz zu seinem *Eunuchus* wissen wir, dass in dieser Komödie ein phrahlerischer Offizier und sein Parasit auftraten (30f.). Von den beiden Figuren ist mehr in den Verszitaten (F 3–5) als in den drei erhaltenen Papyrusbruchstücken die Rede. Diese bieten lediglich Exzerpte, die überwiegend sehr lückenhaft sind, so dass über die Handlung, die von einem jungen Mann namens Pheidias und seinen Sklaven ausgeht, wenig Konkretes zu erfahren ist. Es lässt sich nicht einmal mit Sicherheit feststellen, ob die Namen Struthias (F 3) und Gnathon (V. 68), die beide für Parasiten stehen, zwei verschiedene Personen oder nur eine mit zwei verschiedenen Namen bezeichnen.

Personen
Pheidias, junger Mann
Bias, Soldat
Daos, Sklave des Pheidias
Struthias, Parasit
Gnatho, Parasit, vielleicht mit Struthias identisch
Zuhälter
Koch

Vielleicht auch sprechend
Trachelion, Sklave
Doris, Sklavin

ὡς οὐδέν ἐστ' ἄπι]στον ἐν τῷ νῦν βίῳ· 1

(::) οὐθεὶς ἐπλούτησεν ταχέως δίκαιος ὤν· 42
ὁ μὲν γὰρ αὐτῷ συλλέγει καὶ φείδεται,
ὁ δὲ τὸν πάλαι τηροῦντ' ἐνεδρεύσας πάντ' ἔχει.
(::) ὡς ἀδύ[νατ' εἶπας.]
(::) ὀμνύω τὸν Ἥλιον·
εἰ μὴ φέ[ρων ὁ παῖ]ς ὄπισθ' ἐβάδιζ[έ] μου
τὰ Θάσ[ι]α [καί τις] ἦν ὑπόνοια κραιπάλης,
ἐβόω[ν ἂν αὐτῷ π]αρακολουθῶν ἐν ἀγορᾷ·
"ἄνθρωπε, πέρυσι πτωχὸς ἦσθα καὶ νεκρός,
νυν[ὶ] δὲ πλουτεῖς· λέγε, τίν' εἰργάζου τέχνην;
τοῦτό γ' ἀπόκρ[ιν]αι, πόθεν ἔχεις ταῦτ'; οὐκ ἄπει
ἐκ τῆς [ὁδοῦ 'τέ]ρωσε; τί διδάσκεις κακά;
τί λυσιτελὲς ἡμῖν ἀποφαίνεις τἀδικεῖν;" 53

(ΔΑΟΣ?)

εἷς ἐστ[ι]ν, εἷς, 90
δι' οὗ τὰ πάν[τ'] ἀ[π]όλωλε, τρόφιμε, πράγματα
ἄρδην. [λ]έγω σ[οι .] . . . ν ὅσας ἀναστάτους
πόλεις ἑ[όρ]ακα[ς, τ]οῦτ' ἀπολώλεκεν μόνον
ταύτας. ὃ νῦν δι[ὰ] τοῦτον ἐξεύρηκ' ἐγώ·
ὅσοι τύραννοι πώποθ', ὅστις ἡγεμὼν
μέγας, σατράπ[ης], φρούραρχ[ο]ς, οἰκιστὴς τόπ[ο]υ,
στρατηγός, οὐ [γὰρ] ἀλλὰ τοὺς τελέως λέγω
ἀπολωλότας [νῦν, τ]οῦτ' ἀνῄρηκεν μόνον,
οἱ κόλακες, οὗτοι δ' εἰσὶν αὐτοῖς ἄθλιοι.

[1] Wie doch nichts unglaublich ist im heutigen Leben: …

(Von V. 1–13, dem ersten Exzerpt, das wahrscheinlich der Eröffnung des Stücks entspricht, sind nur Versenden erhalten, von V. 14–53, dem zweiten Exzerpt, außer Versenden und lückenhaften Versen die folgenden vollständige bzw. ergänzbare Verse.)

(::) [42] Niemand wurde schnell reich, der gerecht war; denn der eine sammelt für sich und spart, der andere stellt dem, der schon lange aufpasst, nach und hat alles.

(::) [45] Wie Unmögliches hast du gesagt!

(::) Ich schwöre beim Helios, wenn der Sklave nicht hinter mir ginge und den Thasischen trüge und ein gewisser Verdacht bestünde, ich hätte einen Rausch, würde ich ihm auf dem Markt nachfolgen und schreien: »Mensch, letztes Jahr warst du arm und ein Toter, [50] jetzt aber bist du reich: Sage, welche Kunst hast du ausgeübt? Darauf antworte! Woher hast du das? Gehst du mir nicht aus dem Weg auf die andere Seite? Warum lehrst du Übles? [53] Warum zeigst du uns auf, das Unrechttun sei nützlich?«

(Von V. 54–89 sind nur einzelne Wörter oder Buchstaben erhalten. Mit V. 90 beginnt das *dritte Exzerpt, das die Verse 90–99 umfasst. Darin führt offenbar jemand einen Dialog mit Pheidias, vermutlich sein Sklave Daos, da Pheidias in V. 91 mit »junger Herr« angeredet wird. Daos dürfte ihn vor dem Schmeichler warnen, wobei er z. T. in Metaphern spricht.)*

DAOS. (?) [90] Einer ist es, einer, durch den alle Dinge ganz und gar zugrunde gegangen sind, junger Herr. Ich sage dir … All die vielen Städte, die du vernichtet gesehen hast, hat dies allein zugrunde gerichtet, und das geschah, wie ich jetzt herausgefunden habe, seinetwegen; [95] all die vielen Tyrannen, die es jemals gab, wer auch immer ein großer Anführer, Satrap, Festungskommandant, Stadtgründer, Heerführer war, denn ich spreche nur von den jetzt vollkommen Ruinierten – das allein hat sie jetzt vernichtet: die Schmeichler, diese sind für sie das Unglück.

(ΦΕΙΔΙΑΣ?)
σοβαρὸς μὲν ὁ λόγος· ὅ τι δὲ τοῦτ᾽ ἔστιν ποτέ,
οὐκ οἶδ᾽ ἔγωγε.
(::) π[ᾶ]ς τις ἂν κρίνας κακῶς
εὔνουν ὑπολάβο[ι] τὸν ἐπιβουλεύοντά σοι.
(ΦΕ.?) κἂν μὴ δύνητα[ι];
(::) πᾶς δύναται κακῶς ποεῖν,
ἂν μὴ φυλάττῃ. τὸν σφόδρ᾽ ἰσχυρὸν [
.[.]..θεν .ιον Ἀστυάνακ[το]ς ὑ[πτίου
κ[α]τακειμένου· δοίδυ[κ..]....τα[.].[...]καις
τὴν ῥῖνα συντριψαιμ..[.]μ[..]..[....]αν
ἀλλ᾽ οὐχ ὁ πέντε μνα[ῖ]ς κατεσ[κ]ευα[σμένος
ἐπ᾽ αὐτὸ τοῦθ᾽ ἥκων ἵν᾽ ἐκειν[..].[..]κυ[
οὐ[κ ε]ὐπόρως ἂν τοῦ[τ᾽ ἐ]ποιησ᾽ α....αμαπ[
φυ[λ]άττεται [...]εξε.[.].λεινε· ἀντιβλεπ[
...τεαλ[.].ς οἶδεν ὄντα· κα[.]νε..υς...[
......]φυλ[ά]ξεταί σ᾽ ὁμοίως [...]..α[
]ει[]πι. θυρα[
.].[....]..[.] σαυτοῦ [το]ὺς φίλου[ς
ο.[] πρὸς βίαν με.[....]πησ.[.]αν[
τ..[.]πεις τι χωρήσει γὰρ αὐτ[ό]θ[εν
μ[ε]ταπέμψεθ᾽ [ἑ]τέρους [ὁ] στρατ[ιώτης
ου[..]αραφυλάξει. παῖδες. ἐκτρίβο[ιτο δ᾽ ἂν
ἤτοι ποθ᾽ οὗτος ἢ σύ. πιστευθεὶς δ[ὲ σὺ
ὑπεναν[τί]ον τε μηθὲν ὧν ποεῖ[ς ποεῖν
δόξας, ἔχεις τὸν ἄνδρ᾽ ἀφύλακτον, ἔ[κτοθεν
τῶν πραττομένων, τῆς οἰκίας· ὃν [δ᾽ ἂν τρόπον
β[ο]ύλῃ διοικηθήσεται τὰ λοιπά σοι.
(ΠΟΡΝΟΒΟΣΚΟΣ)
.ου.[...]......ς φανερός, οὐ λιμοὶ [τύλους
ἔχον[τ]ες ἐν τ[αῖς] χερσίν, ἄλλο δ᾽ οὐδὲ ἕν.
ὧν ἐσθ᾽ ὁ γείτων· ἀλλ᾽ ἐὰν αἴσθηθ᾽ ὅμ[ως,

(Im vierten Exzerpt [100–124] sprechen wohl immer noch Pheidias und Daos, aber statt Daos wäre auch Gnathon denkbar.)

Pheidias. (?) [100] Ein gewaltiges Wort! Was das aber wohl bedeutet, weiß ich jedenfalls nicht.

Daos. (?) Jeder, der schlecht urteilt, würde als wohlwollend den einschätzen, der dir nachstellt.

Pheidias. (?) Auch wenn er es nicht kann?

Daos. (?) Jeder kann dir etwas Übles antun, wenn du nicht auf der Hut bist. Den sehr starken [105] ... wenn Astyanax rücklings daliegt; mit einer Mörserkeule ... die Nase zertrümmern ... Doch nicht der, welcher für fünf Minen angestiftet worden ist und eben dafür kommt, damit er jen ... [110] das nicht leicht getan hätte ... er hütet sich ... ... er weiß ... ... er wird sich vor dir auf gleiche Weise hüten ... ... Tür ... ... [115] deine Freunde ... ... mit Gewalt ... wird sogleich kommen, wird andere holen der Soldat ... wird behüten. Sklaven! Vernichtet werden dürfte [120] entweder er oder du. Doch wenn dir vertraut wird und du nichts von dem, was du tust, unnormal zu tun scheinst, hast du den Mann unvorsichtig, fern von seinen Tätigkeiten, seinem Haus; auf welche Weise [124] du willst, wird das Übrige von dir besorgt werden.

(Mit V. 125 beginnt das fünfte Exzerpt, in dem ein Zuhälter spricht.)

Zuhälter. [125] ... offensichtlich ... nein, die Hungerleider haben Knüppel in den Händen, sonst überhaupt nichts. Er ist ihnen nahe; aber wenn er es dennoch bemerkt, wird er kommen und

πρόσεισιν ἐξήκ[ο]νθ' ἑταίρους παραλαβ[ών,
ὅσ]ου[ς] Ὀδυσσεὺς ἦλθεν εἰς Τροίαν ἔχω[ν,
βο]ῶν, ἀπειλῶν· "ἄν σε μή, μαστιγία –·
. . . . .π]έπρακας πλέον ἔχοντι χρυσίο[ν;"
. . . .] . .τι[.]αρα πωλῶ; μὰ τοὺς δώδεκα [θε]ούς,
οὐ . .]όμ[ε]νο[ς] διὰ τοῦτον. ἡ μία λαμβάνει
ὅσον οὐχ]ὶ δέκα, τρεῖς μνᾶς ἑκάστης ἡμέρας
παρὰ τοῦ] ξένου. δέδοικα δ' οὕτω λαμβάνειν.
ἐκ τῆς ὁ]δοῦ γὰρ ἁρπάσονθ', ὅταν τύχῃ,
αὐτήν.] δικάσομαι, πράγμαθ' ἕξω, μάρτ[υρας

F 2 σπονδή. δίδου σὺ σπλάγχν' ἀκολουθῶν. ποῖ βλέπεις;
σπονδή. φέρ', ὦ παῖ Σωσία. σπονδή. καλῶς
ἔχει. θεοῖς Ὀλυμπίοις εὐχώμεθα
Ὀλυμπίαισι πᾶσι πάσαις (λάμβανε
τὴν γλῶτταν ἐν τούτῳ) διδόναι σωτηρίαν,
ὑγίειαν, ἀγαθὰ πολλά, τῶν ὄντων τε νῦν
ἀγαθῶν ὄνησιν πᾶσι. ταῦτ' εὐχώμεθα

F 3
(ΒΙΑΣ)
κοτύλας χωροῦν δέκα
ἐν Καππαδοκίᾳ κόνδυ χρυσοῦν, Στρουθία,
τρὶς ἐξέπιον μεστόν γ'.
(ΣΤΡΟΥΘΙΘΣ)
Ἀλεξάνδρου πλέον
τοῦ βασιλέως πέπωκας.
(ΒΙ.) οὐκ ἔλαττον, οὐ
μὰ τὴν Ἀθηνᾶν.
(ΣΤ.) μέγα γε

sechzig Gefährten mitnehmen, so viele, wie Odysseus hatte, als er nach Troja kam, schreiend, drohend: »Wenn ich dich nicht, du Mensch für die Peitsche – … du hast sie dem verkauft, der mehr Gold hat?« … soll ich verkaufen, bei den zwölf Göttern, … seinetwegen. Die allein nimmt, wie sonst zehn nicht, drei Minen jeden Tag von dem Söldner. Ich scheue mich, das so zu nehmen. Von der Straße werden sie sie rauben, wenn es geht, ich werde vor Gericht gehen, Schwierigkeiten haben, Zeugen …

(Von V. 139–155 sind nur einzelne Wörter oder Buchstaben erhalten, ebenso von F 1.)

Nicht einzuordnende Fragmente

F 2

Koch. Das Trankopfer! Folge mir und gib mir die Eingeweide. Wohin glotzt du? Das Trankopfer! Los, Sklave Sosias! Das Trankopfer! Es ist gut. Lasst uns zu den olympischen Göttern beten und zu den Olympierinnen, allen – nimm die Zunge inzwischen –, dass sie Heil schenken, Gesundheit, vieles Gute, und von den jetzt vorhandenen Gütern allen den Nutzen. Darum lasst uns beten …

F 3

Bias. Einen zehn Becher fassenden goldenen Pokal habe ich in Kappadokien, Struthias, dreimal ausgetrunken, der voll war.

Struthias. Mehr als König Alexander hast du da getrunken.

Bias. Nicht weniger bei der Athene.

Struthias. Ja, großartig …

F 4 γελῶ τὸ πρὸς τὸν Κύπριον ἐννοούμενος

F 5 Χρυσίδα, Κορώνην, Ἀντίκυραν, Ἰσχάδα
καὶ Νάννάριον ἔσχηκας ὡραίαν σφόδρα

F *6 ἀλλ' οὐδὲ γεννήτην δύναμ' εὑρεῖν οὐδένα
ὄντων τοσούτων, ἀλλ' ἀπείλημμαι μόνος

F 7 πρόσεισιν οἷον ἀψοφητὶ θρέμματος

F 8 κωβιός, ἠλακατῆνες,
κυνὸς οὐραῖον

F 4 Ich lache, wenn ich an das über den Kyprioten denke …

F 5 Chrysis, Korone, Antikyra, Ischas und Nannarion hast du gehabt, die sehr schöne …

*F *6* Doch ich kann keinen Verwandten finden, obwohl es so viele sind, doch ich bin allein gelassen …

F 7 Er kommt heran, lautlos, wie wegen eines Tiers …

F 8 … Gründling, Thunfisch, Hundsfischschwanz …

ΚΩΝΕΙΑΖΟΜΕΝΑΙ

DIE SCHIERLING TRINKENDEN FRAUEN

Die Komödie begann vermutlich mit einer spektakulären Eröffnungsszene, wie sie für Menander typisch ist: Frauen gaben vor, sie würden Schierling trinken oder drohten damit. Der auf einem Papyrus erhaltene Text stammt, weil darin erwähnt wird, dass jetzt gleich eine Hochzeit stattfindet, sicherlich aus dem fünften Akt. Dafür spricht auch, dass der junge Mann, der offensichtlich wider Erwarten Bräutigam wird, in einer Art Resümee sein mangelndes Vertrauen auf Tyche bereut. Wie im *Schild* könnte die Schicksalsgöttin den Prolog gesprochen haben, nachdem die Zuschauer durch die Szene mit den Frauen in Spannung versetzt worden waren, welche Tyche nun durch Voraussage des Happy End löste. Der Inhalt der zwei überlieferten Szenen ist trotz des schlechten Überlieferungszustandes – von V. 1–20 sind nur die Versenden, von V. 21 geringe Reste der Versanfänge vorhanden – weitgehend erkennbar, und deshalb habe ich die Ergänzungen verschiedener Forscher in den Text aufgenommen: Sie sind, weil die Ausgangslage günstig ist, sehr überzeugend. F 1 enthält wieder nur eine Sentenz.

Personen

Junger Mann

Sklave

Chaireas, Freund des jungen Mannes

ΜΕΡΟΣ Ε′ ?

(ΝΕΑΝΙΣΚΟΣ)
]η[. .]εμ̣[. .]ο[. . . .].
ἆρ’ ἐστὶ τοῦτ’ ἐνύπν]ιον;
(ΟΙΚΕΤΗΣ?)
εἰ καθεύδομεν.
δίδωσι τὴν κόρην,] τάλαντα πένθ’ ἅμα
προῖκ’ ἐπιδιδοὺς καὶ] κόσμον.
(ΝΕ.) οὐκ ἐγρήγορα.
(ΟΙ.?) νὴ τὸν Διόνυσον, γ]άμους γ’ ἤδη ποεῖ.
(ΝΕ.) νοσῶν γὰρ;
(ΟΙ.?) ὡς κροτ]ών.
(ΝΕ.) τί λέγεις;
(ΟΙ.?) ‘κροτών’ ἐγώ·
ὑγιὴς γὰρ ὑπὸ τὸ] δειλινὸν παρῆν.
(ΝΕ.) τί οὖν,
τί δὴ ποεῖ;
(ΟΙ.?) τί; παρακ]αθήμενος λαλεῖ
τῷ̣ σῷ̣ φίλῳ̣.
(ΝΕ.) τίν]ι;
(ΟΙ.?) Χαιρέᾳ̣.
(ΝΕ.) ποῦ; βούλομαι
αὐτὸν ἀνερέσθ’.
(ΟΙ.?) ἐγγ]ύς τις ἐστὶν ἐξέδρα
[(οἶσθ]α δήπου) δεξιᾶς·
ἐνταῦθα νῦν λαλοῦ]σιν.
(ΝΕ.) ὄψομ’ εἰσιών.
λελοιδόρημ’ ἄρ ο]ὐ δικαίως τῇ̣ Τύχῃ,
ὡς γὰρ τυφλὴν αὐτὴν κ]ακῶς εἴρηκά που·
νῦν δ’ ἐξέσωσέ μ’, ὡς ἔ]οιχ’, ὁρῶσά τι.
ἐπόνησα δεινῶ]ς, τοῖς πόνοις δ’ εἰργαζόμην
οὐδὲν πλέον. τούτ]ων γὰρ οὐκ ἂν ἐπέτυχον,

AKT V?

…

Junger Mann. Ist das ein Traum?

Sklave. (?) Sofern wir schlafen. Er gibt dir das Mädchen zur Frau, fünf Talente zugleich gibt er als Mitgift dazu und Schmuck.

Junger Mann. Ich bin nicht wach.

Sklave. (?) Beim Dionysos, er richtet schon die Hochzeit aus.

Junger Mann. Ist er denn krank?

Sklave. (?) Wie eine Zecke.

Junger Mann. Was sagst du?

Sklave. (?) »Eine Zecke«, sagte ich; denn gesund war er noch vor dem Abend da.

Junger Mann. Was nun? Was tut er?

Sklave. (?)Was? Er sitzt da und schwatzt mit deinem Freund.

Junger Mann. Mit welchem?

Sklave. (?) Mit Chaireas.

Junger Mann. Wo? Ich will ihn befragen.

Sklave. (?) In der Nähe ist eine Halle … – du weißt doch – hier nach rechts; dort schwatzen sie jetzt.

Junger Mann. Ich gehe hin, um ihn zu sehen. Also habe ich nicht mit Recht Tyche beschimpft. Denn auf üble Weise habe ich sie blind genannt; nun hat sie mich gerettet, weil sie, wie es scheint, etwas sah. Ich bemühte mich gewaltig, doch durch meine Mühen bewirkte ich weiter nichts. Denn dies hätte ich nicht

εἰ μὴ συνέλαβεν.] ὥστε μηδείς, πρὸς θεῶν,
πράττων κακῶς λίαν ἀθυμήσῃ ποτέ·
ἴσως γὰρ ἀγαθοῦ τοῦτο πρόφασις γίνεται.

F 1 τὸ γνῶθι σαυτόν ἐστιν, ἂν τὰ πράγματα
εἰδῇς τὰ σαυτοῦ καὶ τί σοι ποιητέον

erreicht, wenn sie nicht geholfen hätte. Deshalb soll, bei den Göttern, niemand, dem es schlecht geht, jemals allzu mutlos sein; [20] denn vielleicht wird das zum Anlass für Gutes.

(Von V. 21–37 sind nur Buchstaben an den Versanfängen erhalten.)

Nicht einzuordnendes Fragment

F 1 Das »Erkenne dich selbst« bedeutet »Wenn du um deine eigenen Probleme weißt und um das, was du tun musst …

ΛΕΥΚΑΔΙΑ

DIE LEUKADIERIN

Wie F 1 verrät, knüpfte die Komödie irgendwie an den Mythos an, die Dichterin Sappho (600 v. Chr.) habe sich, als der von ihr geliebte Phaon, ein schöner junger Mann, sie verlassen hatte, vom leukadischen Felsen gestürzt. Aber über die Handlung lässt sich weder den Textfragmenten noch dem Mosaik von Mytilene etwas entnehmen.

Personen
Junges Mädchen
Tempeldienerin
Alter Mann *(auf dem Mosaik von Mytilene)*

ΜΕΡΟΣ Α΄

(ΠΑΙΔΙΟΝ)
Ἄ]πολλον, εἰς [οἷο]ν κατῳκίσθης τό[πον.
ἅ]παντα πέτρα[ι], καὶ θάλαττ' ἐστὶν κ[άτω
ἰ]δεῖν φοβερά. τ[ί]ς –
(ΖΑΚΟΡΟΣ)
χαῖρε πολλά, παιδίον.
(ΠΑ.) νὴ καὶ σύ γ' ἥτις εἶ ποθ'
⟨ΖΑ.⟩ ἥτις εἶμ' ἐγ[ώ;
ἡ ζάκορος ἡ κοσμοῦσα τὸν νεώ, τέκνον.
ἐφ' ὕδωρ βαδίζεις;
(ΠΑ.) ναιχί.
(ΖΑ.) τουτὶ πλ[ησίον
ἱερ[ὸν θεοῦ 'στι ν]ᾶμα;
(ΠΑ.) μῆτερ φιλτάτ[η,
ἄκουσον· οἶσθ' ε]ἴ που πέτρα 'στίν, εἰπέ μοι
ἀφ' ἧς ὁ κλισμὸς] ἰθύς, ἵνα τοὺς –
(ΖΑ.?) ἐνθαδί
ὁρᾷς, μεγάλη τις. τὴ]ν [γὰ]ρ ὑψηλὴν λέγεις

F 1 οὗ δὴ λέγεται πρώτη Σαπφὼ
τὸν ὑπέρκομπον θηρῶσα Φάων'
οἰστρῶντι πόθῳ ῥῖψαι πέτρας
ἄπο τηλεφανοῦς· ἀλλὰ κατ' εὐχὴν
σήν, δέσποτ' ἄναξ, εὐφημείσθω
τέμενος πέρι Λευκάδος ἀκτῆς

AKT I

(Vorplatz des Apollontempels auf dem Kap Leukatas der Insel Leukas mit einer Statue des Gottes neben dem Eingang. Vielleicht stand daneben ein Gebäude, aber über dessen Bewohner ist nichts bekannt. Auf die Bühne tritt die Tempeldienerin, die von einem Mädchen angesprochen wird.)

Mädchen *(zu der Statue).* Apollon, an was für einen Ort du versetzt bist! Alles besteht aus Felsen, und unten ist das Meer fürchterlich zu sehen. Wer? –

Tempeldienerin. Sei vielfach gegrüßt, Mädchen!

Mädchen. Ja, auch du, wer immer du bist.

Tempeldienerin. Wer ich bin? Die Tempeldienerin, die die Aufsicht über den Tempel hat, mein Kind. Kommst du, um Wasser zu holen?

Mädchen. Ja.

Tempeldienerin. Dieses hier nahebei, das heilige Quellwasser des Gottes?

Mädchen. Liebste Mutter, höre: Weißt du, ob hier irgendwo eine Klippe ist, sage mir, von der es direkt abwärts geht, damit die –

Tempeldienerin. (?) Hier, siehst du, eine große. Denn du meinst die hohe ...

Nicht einzuordnende Fragmente

F 1 Wo, wie man sagt, als erste Sappho, nachjagend dem überstolzen Phaon, in sie anstachelnder Sehnsucht sich herabwarf von der weithin sichtbaren Klippe; doch gemäß deinem Wunsch, Gebieter, Herr, sei fromm geschwiegen von deinem Tempel auf dem Felsen von Leukas ...

F 2 ὅστις ὑπέχει χρυσίῳ
τὴν χεῖρα, κἂν μὴ φῇ, πονηρὰ βούλεται

F 3 ἀεὶ νομίζονθ' οἱ πένητες τῶν θεῶν

F 4 ἐπίθες τὸ πῦρ, ἡ ζάκορος. οὑτωσὶ καλῶς

F 2 Wer seine Hand nach Gold ausstreckt, will, auch wenn er es nicht sagt, Böses …

F 3 Die Armen werden immer für Geschöpfe der Götter gehalten …

F 4 Zünde das Feuer an, Tempeldienerin. So schön …

ΜΙΣΟΥΜΕΝΟΣ Η ΘΡΑΣΩΝΙΔΗΣ

DER GEHASSTE ODER THRASONIDES

Der Offizier Thrasonides wird von Krateia, die er als Sklavin gekauft hat und mit der er zusammenlebt, gehasst, aber er kennt den Grund nicht, und den erhaltenen Versen lässt sich dieser auch nicht entnehmen. Zwar sind Passagen aus allen fünf Akten überliefert, aber das Stück gibt wegen der vielen Lücken im Text zahlreiche Rätsel auf, u. a. bezüglich der Rolle des Bruders der Krateia: Trat er auf und hielt man ihn bis dahin für tot? Der gesamte Verlauf der Handlung ist nicht aus den Fragmenten erkennbar, lediglich eine Reihe spektakulärer Szenen: Der »elegische« Monolog des Thrasonides vor der eignen Haustür, hinter der die Geliebte sich ihm verweigert; das anschließende Gespräch mit dem Sklaven Getas, die Wiedererkennung Krateias durch Demas als seine freigeborerne Tochter; die dramatische Schilderung der Ablehnung des Thrasonides durch Vater und Tochter; ein langer Monolog des Thrasonides mit dessen Entschluss, seinen Selbstmord zu fingieren und das (nur in Halbversen überlieferte) Finale mit der doch noch zustande kommenden Hochzeit des Thrasonides mit Krateia.

Personen
Thrasonides, junger Offizier
Getas, Sklave des Thrasonides
⟨Gott, Prologsprecher⟩
Demeas, Vater der Krateia
Chrysis, Hetäre (wohl nicht mit Krateias Amme identisch)
Syra, Sklavin
Alte Frau, Sklavin des Kleinias
Krateia, Geliebte des Thrasonides
Amme Krateias
Kleinias, Nachbar des Thrasonides
Koch
Simiche, Sklavin

ΜΕΡΟΣ Α′

(ΘΡΑΣΩΝΙΔΗΣ)

ὦ νύξ, σὺ γὰρ δὴ πλεῖστον Ἀφροδίτης μέρος
μετέχεις θεῶν, ἐν σοί τε περὶ τούτων λόγοι
πλεῖστοι λέγονται φροντίδες τ' ἐρωτ[ι]καί,
ἆρ' ἄλλον ἀνθρώπων τιν' ἀθλιώτερον
ἑόρακας; ἆρ' ἐρῶντα δυσποτμώτερον;
πρὸς ταῖς ἐμαυτοῦ νῦν θύραις ἕστηκ' ἐγὼ
ἐν τῷ στενωπῷ περιπατῶ τ' ἄνω κάτω
ἀμφοτερ⟨ίσ⟩ας μέχρι νῦν, μεσούσης σοῦ σχεδόν,
ἐξὸν καθεύδειν τήν τ' ἐρωμένην ἔχειν.
παρ' ἐμοὶ γάρ ἐστιν ἔνδον, ἔξεστίν τε μοι
καὶ βούλομαι τοῦθ' ὡς ἂν ἐμμανέστατα
ἐρῶν τις, οὐ ποιῶ δ'. ὑπαιθρίῳ δέ μοι
χειμ[ῶνος ὄ]ντος ἐστὶν αἱρετώτερον
ἑστη[κέναι] τρέμοντι καὶ λαλοῦντί σοι.

ΓΕΤΑΣ

τὸ δ[ὴ λεγόμ]ενον οὐδὲ κυνί, μὰ τοὺς θε[ούς,
νῦν [ἐξι]τητόν ἐστιν, ὁ δ' ἐμὸς δεσπότης
ὥσπερ θέρους μέσου περιπατεῖ φιλοσο[φῶν
τοσοῦτ'. [ἀ]πολεῖ μ'· οὐ δρύϊνος; οὐκ ἐᾷ μ' ὕ[πνον
λαβεῖν δ]ιατρίβων γ' ἐγκραγ[ὼν] πεσ[ὼν χαμαί.
τίς νῦν ἀνακρο]ύσει τὴν θύραν; ὦ δυστυχής,
τί οὐ καθεύδεις; σύ μ' ἀποκναίεις περιπατῶν.
ἢ καὶ καθε]ύδεις; περίμεν' εἴ μ' ἐγρη[γ]ορὼς
ὁρᾷς.

ΘΡ. ὁρῶ. σ]ὺ δ' αὐτὸς ἐξελήλυθας;
τί βουλό]μεν[ο]ς; πότερα κελευσθε[ὶ]ς ὑπό τινος
τῶν ἔνδον] ἢ τὸ τοιοῦτον ἀπὸ σαυτοῦ π[οι]ῶν;

⟨ΓΕ.⟩ μὰ Δί' οὐκ ἐ]κέλευον οἱ καθεύδ[ο]ντες.

(ΘΡ.) Γέτα
παρῆσθας, ὡς] ἔοικε, κηδεμὼν ἐμός.

AKT I

(Straße in Athen, die rechts zum Marktplatz und zum Hafen, links aufs Land führt. Im Hintergrund das Haus des Thrasonides und das des Kleinias. Thrasonides steht allein vor seinem Haus.)

THRASONIDES. O Nacht, denn du hast ja von den Göttern den meisten Anteil an Aphrodite, in dir werden darüber die meisten Worte und die Sorgen, die die Liebe bringt, ausgesprochen – hast du irgendeinen anderen noch elenderen unter den Menschen gesehen, einen unglücklicheren Liebenden? An meiner eigenen Tür stehe ich jetzt, und auf der Straße laufe ich auf und ab, bis jetzt hin und her gerissen, während du fast halb vorbei bist, obwohl ich schlafen und die Geliebte im Arm halten könnte. Denn sie ist bei mir im Haus, ich könnte und will das wie nur je einer, der ganz rasend liebt, ich tu es aber nicht. Unter freiem Himmel, während eines Sturms zu stehen ist für mich wünschenswerter, wobei ich zittere und mit dir schwatze.

GETAS *(kommt aus Thrasonides' Haus)*. Bei den Göttern, nicht einmal ein Hund, wie es heißt, muss jetzt hinausgehen, mein Herr aber spaziert wie mitten im Sommer und philosophiert so viel. Er bringt mich noch um; er ist doch nicht aus Eichenholz? Keinen Schlaf lässt er mich finden mit seinem ständigen Herumschreien und Zu-Boden-Fallen. Wer wird jetzt gegen die Tür stoßen? Du Unglücklicher, warum schläfst du nicht? Du machst mich fertig mit deinem Herumlaufen. Oder schläfst du sogar? Bleib stehen, wenn du wach bist und mich siehst.

THRASONIDES. Ich sehe dich. Du bist von selbst herausgekommen? In welcher Absicht? Auf Befehl von einem der Leute im Haus, oder weil du so etwas von dir aus tust?

GETAS. Bei Zeus, die Schlafenden befahlen es nicht.

THRASONIDES. Getas, du bist, wie es scheint, als mein Beschützer gekommen.

⟨ΓΕ.⟩ εἴσελθε κἂν νῦν, ὦ μακάρι᾽· ἐν πα[ντ]ὶ γὰρ
σύ γ᾽ εἶ μα]κάριος.
⟨ΘΡ.⟩ τίς; [ἀ]τυχῶ δεινῶς τ[άλας
ἔχων κακ᾽, ὦ Γ]έτα, μέγιστ᾽. ἀλλ᾽ οὐδέπω
σχολὴ καθο]ρᾶν σ᾽· ἐχθὲς γὰρ εἰς τὴν οἰκ[ί]αν
ἐλήλυθας τὴν ἡμετέ[ρα]ν σὺ διὰ χρόν[ο]υ.
(ΓΕ.) τοῦ στρατο]πέδου γὰρ ὡς ἀπῆρα καταλιπών,
ἦσθ᾽ εἰκό]τως εὔψυχος· [ὅτ]ι δὲ τάττομαι
ἐπὶ τῆς π]αραπομπῆς τ[ῶ]ν λαφύρων, ἔ[σχ]ατος
ἥκω. τί δὲ τὸ] λυποῦν σ᾽;
ΘΡ. ἐλείν᾽ ὑβρίζομαι.
(ΓΕ.) ὑπὸ τίνος;
ΘΡ.] ὑπὸ τῆς αἰχμαλώτου· πριάμενος
ὥσπερ περιθεὶς ἐλευθερίαν, τῆς οἰκίας
δέσποιν]αν ἀποδείξας, θεραπαίνας χρυσία
ἱμάτια δο]ύς, γυναῖκα νομ[ί]σας –
(ΓΕ.) εἶτα τί
ποοῦσ᾽ ὑβ]ρίζει;
ΘΡ. καὶ λέγειν αἰσχύνομαι,
μὰ τὴν Ἀθ]ηνᾶν.
ΓΕ. ἀλλ᾽ ἔμοιγ᾽ ὅμως φράσον.
(ΘΡ.) μισεῖ νέον] με μῖσος.
(ΓΕ.) ὦ, Μα[γ]νῆτις εἶ;

(ΘΡ.)] τηρῶ τὸν Δία
ὕοντα πολλῷ νυκτὸς [οὔσ]ης, ἀστραπάς,
βροντάς, ἔχων αὐτὴν δὲ κατάκειμ᾽.
(ΓΕ.) εἶτα τί;
⟨ΘΡ.⟩ κέκραγα "παιδίσκη· βαδίσαι γάρ", φημί, "δεῖ
ἤδη με πρὸς τὸν δεῖν᾽", ⟨ὑπ⟩είπας ὄνομά τι.
πᾶσ᾽ ἂν γυνὴ δήπ[ο]υ[θεν] εἶποι 'τοῦ Διὸς
ὕοντος, ὦ τάλαν; [πρὸς ἄνθρ]ωπόν τινα;

Getas. Komm jetzt wenigstens herein, du Glücklicher; denn in allem bist du glücklich.

Thrasonides. Wer? Fürchterlich unglücklich bin ich Armer, [30] mein Getas, weil ich die größten Schwierigkeiten habe. Aber es war noch keine Zeit, dich zu sehen; denn gestern erst bist du in unser Haus nach langer Zeit gekommen.

Getas. Ja, denn als ich aus dem Lager aufbrach und es verließ, warst du natürlich in guter Stimmung; weil ich [35] beim Schutzgeleit für die Beute eingesetzt werde, bin ich als letzter gekommen. Aber was ist es, das dich betrübt?

Thrasonides. Ich werde elendiglich gekränkt.

Getas. Von wem?

Thrasonides. Von der Kriegsgefangenen: Ich kaufte sie, wobei ich sie gleichsam freiließ, ernannte sie zur Herrin des Hauses, gab ihr Sklavinnen, Goldschmuck, [40] Kleider, dachte von ihr als meiner Frau –

Getas. Also was tut sie, dass sie dich kränkt?

Thrasonides. Ich schäme mich, es auch nur zu sagen, bei der Athene.

Getas. Aber erzähle es mir dennoch!

Thrasonides. [43] Sie hasst mich mit unerwartetem Hass.

Getas. O, bist du ein Magnetstein?

(Von V. 44–50a sind nur einzelne Wörter oder Buchstaben erhalten.)

Thrasonides. [50] ... Ich beobachte Zeus, wie er heftig regnet, als es Nacht ist, die Blitze, die Donner, liege aber da und halte sie im Arm.

Getas. Was dann?

Thrasonides. Ich rufe: »Mädchen! Ich muss ja jetzt zu dem und dem gehen«, wobei ich einen Namen nannte. [55] Jede Frau würde doch wohl sagen: ›Während Zeus [56] regnet, du Armer? Zu irgendeinem Menschen?‹

(Von V. 57–84 sind nur einzelne Wörter oder Buchstaben erhalten.)

(ΘΡ.?) αὕτη ᾿στί. [πρ]οσέχ᾿, ὦ φιλ[τάτη, τὸν νοῦν ἐμοί·
παροργωμένῳ δὲ πε[ριβαλεῖς παραχρῆμά μοι
φιλ[ο]νικίαν πόνο[ν] μανί[αν
(ΓΕ.) τί, ὦ κακόδαιμον;
[ΘΡ.] ἀλλ᾿ ἔγωγ᾿ ἂν φί[λος ἅπαξ
κλη[θ]εὶς μόνον θύσαιμι πᾶσι τοῖς θε[ο]ῖ[ς.
(ΓΕ.) τί τοῦτ᾿ ἂν εἴη τὸ κακόν; οὐδὲ γὰρ σφόδρ᾿ εἶ
ἄκρως ἀηδὴς ὥστε γ᾿ εἰπεῖν. ἀλλά σο[ι
τὸ μικρὸν ἀμέλε[ι] τοῦ στρατιωτικοῦ [νοσεῖ·
ἀλ[λ᾿] ὄψιν ὑπεράστειος. ἀλλὰ μὴν ἄγ[εις
τ[ῆς] ἡλικίας .[.]ναα . . ε . . .ποθεν .[
(ΘΡ.) κακῶς ἀ[π]όλοιο· δεῖ τὸ πρᾶγμ᾿ εὑρεῖν [ὅ τι
ἐστίν ποτ᾿, αἰτίαν ἀναγκ[α]ίαν τινὰ
δεῖ]ξαι.
(ΓΕ.) μιαρ[ὸ]ν τὸ φῦλόν [ἐσ]τι, δέσ[π]οτ[α.
ΘΡ. ἂν μὴ] παρῇ[ς –
⟨ΓΕ.⟩ σὺ δέ γ᾿ ἃ διηγεῖ, δέσπ[οτα,
οὔτε γ᾿] ὁμοθυμεῖ πρὸς [σὲ] συκάζει τέ [σε
αὐτό]νομο[ς· ο]ὐκ ἀεὶ γ[ὰρ ε]ὔλογος τέ τ[ις
[γυνή]

F 10 ἐκ Κύπρου λαμπρῶς πάνυ
πράττων· ἐκεῖ γὰρ ὑπό τιν᾿ ἦν τῶν βασιλέων

F adesp. *1036
ἀγαπᾶτε τοῦτον πάντες ὃς ἔχει τἀγαθὰ
ἅπαντ᾿ ἐν αὑτῷ· χρηστός, εὐγενής, ἁπλοῦς,
φιλοβασιλεύς, ἀνδρεῖος, ἐμ πίστει μέγας,
σώφρων, φιλέλλην, πραΰς, εὐπροσήγορος,
τὰ πανοῦργα μισῶν, τὴν ἀλήθειαν σέβων,
ἐπιστάμ[ενος
τιμᾶν θεο . . . [
αὑτὸν κυβε[ρνᾶν

THRASONIDES. (?) [85] ... ist sie. Schenke mir, Liebste, deine Aufmerksamkeit; wenn ich aber nicht beachtet werde, bringst du mich sofort in Eifersucht, Kummer, Wut ...

GETAS. Was, du Unglückseliger?

THRASONIDES. Doch würde ich nur einmal lieb genannt, würde ich allen Göttern opfern.

GETAS. [90] Was mag dieses Übel sein? Denn du bist durchaus nicht höchst unangenehm, sozusagen. Aber für dich ist natürlich die geringe Menge des Solds ein Problem; doch anzusehen bist du superelegant. Aber du bist natürlich in der Jugendblüte ...

THRASONIDES. [95] Elend mögest du verrecken! Wir müssen die Sache herausfinden, was damit ist, und einen notwendigen Grund aufzeigen.

GETAS. Es ist eine verruchte Rasse, Herr.

THRASONIDES. Wenn du nicht aufhörst –

GETAS. Wie du es erzählst, Herr, ist sie nicht einer Meinung mit dir und treibt [100] absichtlich ihr Spiel mit dir; denn nicht immer rational ist eine Frau ...

(Nach wenigen weiteren Versen dürfte der Gott aufgetreten sein, der einen internen Prolog gesprochen haben muss. Zwei Fragmente könnten daraus stammen, da das erste Vorgeschichte erzählt und die Charakterisierung des zweiten gut zu Thrasonides passt.)

F 10 ... aus Kypros, wo es ihm wahrhaft glänzend ging; denn dort stand er unter einem der Könige ...

*F adesp. *1036* Liebt ihn alle, der alle Vorzüge in sich hat: anständig, edel, aufrichtig, königstreu, tapfer, großartig in seiner Treue, besonnen, philhellenisch, mild, leutselig, das Kriminelle hassend, die Wahrheit verehrend, sich darauf verstehend ... die Götter zu ehren ... sich selbst beherrschen ...

] .π[. .] . . . [.]δ . [.] .ω καταβη . [
ἐκ]είνης οὐκ . . .ούσης, Γέτα [
]νης· . . . .[. . .]· ἀπιοῦσα δ[
ΓΕ. Ἄπ]ολλον, καὶ μάλα στρατιωτ[ικ ⏓
]ασαι. νῦν, ὁρᾷς, εἰσέρχομα[ι.
] .λωποδύτας μοι περιπ[ατῶν
τ]ούτους τε φ[ε]ύγων ε . .υ .[
]τερος ω ταλαιπ[ωρ – ⏑ –

⟨ΧΟΡΟΥ⟩

ΜΕΡΟΣ Β′

]μεθα· ποδαπὸς εἶ, ξένε;
⟨ΔΗΜΕΑΣ⟩
ἐγώ; παρὰ[Κύπρου

ΜΕΡΟΣ Γ′

(Die folgenden Verse dürften nach einer Lücke von unbestimmbarem Umfang am Ende von Akt I gestanden haben. Getas, der ab V. 44 spricht, will vor Kleiderdieben fliehen, bei denen an Figuren zu denken ist, die in mehreren anderen Komödien Menanders den Chor bilden und Akt I beschließen; s. Einf. S. 17f.)

[241] herabsteig... ... jener nicht ... Getas ... ... (die) weggehende ...

GETAS. ... Beim Apollon, und sehr soldatisch ... [245] ... nun, du siehst, ich gehe hinein. ... Kleiderdiebe mir herumgehend ... vor diesen fliehend ... ... [248] ... o Unglücklich...

⟨*Tanz und Gesang des Chors*⟩

AKT II

(Von V. 401–492, die, nach etwa 150 Versen auf [das Ende von?] Akt I folgten, sind nur Versanfänge und -enden erhalten. Ihnen ist zu entnehmen, dass Demeas in Akt II auf der Suche nach Krateia auftritt und, nachdem er bei Kleinias, dem Nachbarn des Thrasonides, angeklopft hat, erfährt, dass eine Krateia nebenan wohne; hier nur V. 431b–432a:)

... Woher bist du, Fremder?

DEMEAS. Ich? Aus Kypros ...

AKT III

(Auf eine unbestimmbare Lücke folgen V. 501–676 von Akt III. Von V. 501–531 sind nur einzelne Wörter oder Buchstaben erhalten. Spätestens ab V. 521 befindet sich Getas auf der Bühne, und irgendwann beginnt der Dialog zwischen Chrysis, wahrscheinlich einer Hetäre, wohl mit Syra, einer Sklavin vermutlich des Kleinias, mit der sie nach V. 557a abgeht.)

ἱκετηρίαν· τί λέγουσ';

ΧΡΥΣΙΣ

"ἐμοὶ μαχεῖ, τάλαν;"

"μ]ὰ Δί', ἀλλ' ἐκεί[νῳ]", φησί, "δεινὸν γὰρ βίον
ζῇ κ[α]ὶ ταλαίπωρόν τιν', οὐ γάρ; μακάριον
αὕτη δὲ καὶ ζηλωτὸν ὅσα γ' οὕτως ἰδεῖν."
αὐ]τὴ δ' ἄμ[ει]νον οἶδε τά γ' ἑαυτῆς. ἐγὼ
τοῦτ' ε[. .] .[. .]εμον τὸν τράχηλον τουτονί
. .] .εμ' α[. . . . .]ε. .εῖν ἂν τὸν ὑποκαθήμενον
τί] τοῦτο;

⟨::⟩ τ[ο]ῦτο;

⟨::⟩ τίς ποτ' ἐστίν;

(::) ἔστι γὰρ

παρά τινος οὗτος ὁ ψιθυρισμός, οἶδ' ἐγώ.
ἀπαλλάγηθ' ἐνθένδ', ἐγὼ δ' ἀναλή[ψο]μαι.

ἔσ]τιν γέ]νη [το]ιαῦτα θηρίων παρεισφέρων
εἴ]σω τις ἡμᾶς λανθάνει, νῦν δ' οὐκέτι,
ἂν οἱ θεοὶ θέλωσιν.

ΧΡ. ἀπίω[μ]εν, Σύρα.

ἐγὼ [συν]άχθομαι δέ, νὴ τὴν Ἄρτεμιν
ἡμεῖς . . . . . .κ. .[. .]

(ΓΕ.) μετὰ τίνων πίν[ε]ι ποτέ

ὁ δε[σπότ]ης; ἐντα[ῦ]θ' ἄπιστον οὐδὲ ἕ[ν.
]εν .[ ] .μελ[. . .]έρχεται πα[
κατέλειπον· ἦσ' ἄν[θ]ρω[πος . . .] .[. .] παχ[ὺς
τὴν ὄψιν· ὗς ἄνθρωπ[ος . . . .] . .[
τὰ γύναι' ἵν' ἔξωθεν θεωρε[ῖν
ἆρ' οὗτός ἐστι δοῦλος ⟨ὃς⟩ κελεύεται;
ᾖσέν ποτ' αὐτῶν θάτερος σα[. .] . .ε[
τὸν ἄνδρα . . . .γάρ, ὦ πολυτίμητ[οι θεοί.
ἐπὶ πᾶσιν .[. .]. ως, τοῦτο δὴ τὸ το[ῦ] λόγου,
πίνων δικαίως ᾖσεν ἀνθρώπων [πότῳ.

[532] … schutzflehenden ⟨Zweig⟩; was sagen sie?

Chrysis. »Ach, zankst du mit mir?« »Nein, bei Zeus, sondern mit ihm«, sagt er, »denn ein fürchterliches Leben lebt er und ein unglückseliges, nicht wahr? Ein glückliches [535] aber sie und ein beneidenswertes, soweit man sehen kann.« Sie aber weiß ihre eigenen Angelegenheiten besser. Ich dies … diesen Nacken hier … den im Hinterhalt liegenden. Was ist das?

Syra. (?) Das?

Chrysis. Wer ist es?

Syra. (?) Ja, es kommt [540] von jemandem, dieses Flüstern, ich weiß es. Geh weg von hier, ich werde es übernehmen.

(Von V. 542–552 sind nur einzelne Wörter oder Buchstaben erhalten.)

[553] Da ist einer, der solche Arten von Untieren verborgen vor uns ins Haus hereinträgt, jetzt aber nicht mehr, [555] wenn die Götter wollen.

Chrysis. Lass uns fortgehen, Syra. Ich ärgere mich aber mit dir, bei der Artemis, wir … *(Beide ab.)*

Getas *(allein auf der Bühne).* Mit welchen Leuten trinkt mein Herr? Dort ist nichts unglaublich. … er geht. [560] Ich ließ das hinter mir; es sang ein Mensch … fett anzusehen: ein Schwein von einem Menschen … Damit die Mädchen von außen zu sehen … ist das ein Sklave, der Befehle empfängt? Der eine von beiden sang … [565] den Mann … nämlich, ihr vielgeehrten Götter … bei allen … das ist das, was man sagt: Trinkend beim Trunk

ἀγαθὸν ἄκουσμ’ ἥκεις πρὸς ἡμᾶς· ἀλλὰ τί
. . .δε . .κάμπτεις καὶ πάλιν στέλλει διδοὺς
τὰς συμβολάς, εἰ μή τι κακὸν ἡμᾶς ποεῖς;
λῆρος. κελεύσω τοῦτον ἐπὶ δεῖπνον πάλιν
τὸν δεσ[π]ότην καλέσαντα; φανερῶς ἐστι γὰρ
φέναξ. β]αδιοῦμ’ εἴσω δὲ καὶ πειράσομαι
κρύπτω]ν ἐμαυτὸν ἐπιθεωρῆσαί τι τῶν
ποιουμέ]νων ἔνδον λαλουμένων θ’ ἅμα.

⟨ΓΡΑΥΣ⟩
ἀτοπώ]τερον τούτου, μὰ τὼ θεώ, ξένον
οὐπώπο]τ’ εἶδον. αἲ τάλας, τί βούλεται;
ἐν τῷ γὰ]ρ οἴκῳ τὰς σπάθας τῶν γειτόνων

(ΔΗ.) παῖ. παῖδε[ς]. ἐ[π]ανάξω· ψ[οφεῖ
αὐτῶν προϊών τις εἰς τὸ πρ[όσθ]ε[ν τὴν θύραν.

ΚΡΑΤΕΙΑ
οὐκ ἂν [δυ]ναίμην κ[α]ρτερ[εῖ]ν [⏓ – ⏑ –
τοτ’ ε[. . . (.)]νον. τί ταῦτ .[

ΔΗ. ὦ Ζεῦ, τίν’ ὄψιν οὐδὲ προσδ[οκωμένην
ὁρῶ;
(ΚΡ.) τί βούλει, τηθία; τί μοι λαλεῖς;
πατὴρ ἐμός; ποῦ;
(ΔΗ.) παιδίον, Κράτεια.
[ΚΡ. τίς
καλεῖ με; πάππα, χαῖρε πολλά, φίλτατ[ε.
(ΔΗ.) ἔ]χω σε, τέκνον.
(ΚΡ.) ὦ ποθούμενος φαν[είς,
ὁρῶ σ’ ὃν οὐκ ἂν ᾠόμην ἰδεῖν ἔτι.
ΓΕ. ἐξῆλθεν ἔξω. παῖ, τί τοῦθ’; αὕτη τί σ[οι,
ἄνθρωπε; τί ποεῖς οὗτος; οὐκ ἐγὼ ’λε[γον;
ἐπ’ αὐτοφώρῳ τόνδε τὸν ζητούμε[νον
ἔχω. γέρων οὗτός γε πολιὸς φαίνε[ται
ἐτῶν τις ἑξήκονθ’· ὅμως δὲ κλαύ[σεται.

der Männer sang er passend. Du bist als Ohrenschmaus zu uns gekommen; doch warum ... drehst du dich weg und brichst wieder auf, obwohl du [570] deinen Beitrag gegeben hast, wenn du uns doch nichts Böses antust? Unsinn! Soll ich den wieder zum Essen herbeiholen lassen, der meinen Herrn eingeladen hat? Denn offensichtlich ist er ein Betrüger. Ich werde hineingehen und versuchen, mich zu verstecken und etwas von dem zu beobachten, [575] was drinnen getan und zugleich geschwatzt wird. *(Ab in Thrasonides' Haus.)*

ALTE FRAU *(kommt aus Kleinias' Haus).* Bei den zwei Göttinnen, einen seltsameren Gast als diesen sah ich nie. Ach, was will der? [578] Denn im Haus die Schwerter der Nachbarn ...

(Von V. 579–607a sind nur einzelne Wörter oder Buchstaben erhalten.)

DEMEAS. [607] Sklave! Sklaven! Ich werde zurücktreten; jemand von ihnen stößt gegen die Tür und kommt heraus.

KRATEIA *(kommt mit der alten Frau aus Thrasonides' Haus).* Ich könnte das nicht ertragen ... [610] ... was ... dies ...?

DEMEAS. O Zeus, was für einen nicht erwarteten Anblick sehe ich?

KRATEIA. Was willst du, Amme? Was schwatzt du mir da? Mein Vater? Wo?

DEMEAS. Mein Kind, Krateia!

KRATEIA. Wer ruft mich? Papa! Sei vielmals gegrüßt, mein Liebster!

DEMEAS. [615] Ich habe dich, Kind!

KRATEIA. O du, ersehnt erschienen, ich sehe dich, den zu sehen ich nicht mehr geglaubt habe!

GETAS *(kommt aus dem Haus des Thrasonides).* Sie ging nach draußen. He, was soll das? Was hat sie mit dir, Mensch? Du da, was tust du? Sagte ich es nicht? Auf frischer Tat habe ich den Gesuchten hier [620] ertappt. Er scheint ein ergrauter alter Mann

τίνα περιβάλλειν καὶ φιλεῖν οὗτος [δοκεῖς;
ΚΡ. [ο]ὑμὸς πατήρ, Γέτα, π[ά]ρ[εστιν.
ΓΕ. τίς λόγος
οὕτω γελοῖος· οὐκ ἐρεῖ[ς
τίς εἶ πόθεν θ' [ἥκεις;
ΔΗ. αὐτὸς πορε[υθεὶς ὄψομαι τὸν δεσπότην
ταύτης.
(ΓΕ.) ἀληθῶς σ[ου πατήρ, πρὸς τῶν θεῶν;
ὅδ' ἐστὶν ὁ γέρων.
(ΚΡ.) λάμ[βαν' αὐτὴν μάρτυρα.
[ΓΕ. ?] τί τοῦτο; καὶ σύ, γρᾴδ[ι]ο[ν, τοιαῦτά μοι
λαλεῖς; πόθεν, βέλτιστε, [νῦν π]α[ρ]ελ[ήλυθας;
οἴκοθεν;
ΔΗ. ἐ[βο]υλόμην ἄν.
ΓΕ. ἀλλ[' ἐτ]ύγχανε[ς
ἀ]πόδημος ὢν ἐκεῖθεν;
ΔΗ. ἐκ Κύπρου παρὼ[ν
ἐνταῦθα πρῶτον τῶν ἐμῶν ταύτην ὁρ[ῶ.
καὶ δῆλον ὡς ἔσπαρκε τῶν οἴκοι τινὰς
ὁ κοινὸς ἐχθρὸς πόλεμος ἄλλον ἀλλαχῇ.
ΓΕ. ἔχει γὰρ οὕτως· αἰχμάλωτος γενομένη
αὕτη πρ[ὸ]ς ἡμᾶς ἦλθε τοῦτον τὸν τ[ρ]όπον.
δ]ραμὼν δέ σοι τὸν δεσπότην ἤδη καλῶ.
.[......].......[.].[..].[.]α
ΔΗ. οὕτω πόει.

ΔΗ. ὁ]δ' οὐκ[έτ'] ἔστι; τίς λέγει σοι τὸν λόγο[ν;
ΚΡ. αὐτός.
ΔΗ.] ἀπ[ό]λωλ'.
(ΚΡ.) οἴμοι τάλαινα τῆς ἐμ[ῆς
ἐγὼ τύ]χης. ὡς οἰκτρά, πάππα φίλτατε,
π]επόνθαμεν.
(ΔΗ.) τέθ[ν]ηχ';

zu sein, ein sechzigjähriger; dennoch wird er zu heulen haben. Wen glaubst du da zu umarmen und zu küssen?

KRATEIA. Mein Vater ist gekommen, Getas.

GETAS. Was für ein Märchen, so lächerlich; wirst du nicht sagen ... [625] Wer bist du, woher kommst du? ...

DEMEAS. Allein herbeigereist werde ich ihren Herrn sehen.

GETAS. Wahrhaftig dein Vater, bei den Göttern? Es ist der alte Mann!

KRATEIA. Nimm sie als Zeugin.

GETAS. Was ist das? Auch du, altes Mütterchen, [630] schwatzt mir sowas daher? Woher, mein Bester, bist du jetzt gekommen? Von zuhause?

DEMEAS. Das würde ich wollen!

GETAS. Aber warst du gerade von dort weg auf Reisen?

DEMEAS. Ja, von Kypros kam ich her und sehe hier als erste von den Meinen sie. Und es ist klar, dass einige von denen zuhause zerstreut [635] hat der gemeinsame Feind, der Krieg, den einen hierhin, den anderen dorthin.

GETAS. Ja, so verhält es sich: Als sie Kriegsgefangene geworden war, kam sie zu uns auf diese Weise. Ich laufe schon und rufe dir meinen Herrn her. [639] ... So mach es. *(Getas ab nach rechts. Von V. 640–646 sind nur einzelne Wörter oder Buchstaben erhalten.)*

DEMEAS. [647] Er ist nicht mehr? Wer kündet dir die Kunde?

KRATEIA. Er selbst.

DEMEAS. Ich bin verloren!

KRATEIA. Weh mir, ich Unglückliche mit meinem Schicksal! Wie Jammervolles, liebster Papa, [650] haben wir erlitten!

DEMEAS. Er ist tot?

(ΚΡ.) ὑφ’ οὗ γ’ ἥκιστ’ ἐχ[ρῆν.
ΔΗ. οἶσ]θας σὺ τοῦτον;
[ΚΡ.] οἶδα καὶ συν .[. . .] . . .[
ἁλοῦσ’ ἅμιλλά τ’ οὖσα του[. . . .]λι[. . .] . . [
(ΔΗ.) διὰ τί, Κράτεια, φ[.]ρ[
(ΚΡ.) ὁ τοῦτο πράξας ἐ .[
ΔΗ.
[ΚΡ.] ἀλλά, πάτερ, ε[ ]. α
ἅπαντ’ ἀ[. . . . . .]υκ[. . .] .[. .] .[. . . . .] .
βουλευτέ[ο]ν νῦν ἐστ[ιν·] ἀλληκα[.]εδ[. . .].
.ζην . .πρε[.] . . μετο. . [.]υ[.] . . . [ ] .[
(ΔΗ.) ὢ τοῦ παραδόξου καὶ ταλαιπ[ώρ]ου [βίου.
(ΘΡ.) πατὴρ Κρατείας, φής, ἐλήλ[υ]θ’; ὦ Τ[ύχη,
νῦν ἢ μακάριον ἢ τρισαθλιώτατον
δείξεις με τῶν ζώντων ἁπάντ ων γεγονότα.
εἰ μὴ γὰρ οὗτος δοκιμάσει με κυρίως
δώσει τε ταύτην, οἴχεται Θρασωνίδης.
ὃ μὴ γένοιτ’. ἀλλ’ εἰσίωμεν· οὐκέτι
τὸ τοιοῦτον εἰκάζειν γάρ, εἰδέναι δὲ δεῖ
ἡμᾶς. ὀκνηρῶς καὶ τρέμων εἰσ[έρ]χομ[αι.
μαντεύεθ’ ἡ ψυχή τι μου, Γέτα, κακόν.
δέδοικα· βέλτιον δ’ ἁπαξάπαν [γ]ε [τ]ῆς
οἰήσεως.
ΓΕ. πῶς ταῦτα θαυμάσαιμι δ’ [ἄ]ν;
(ΚΛΕΙΝΙΑΣ)
ξένος ἐστὶν εἷς, μάγειρε, κἀγὼ καὶ τρίτη
ἐμή τις, εἴπερ, νὴ Δί’, εἰσελήλυθεν·
ἀγωνιῶ γὰρ καὐτός. εἰ δὲ μή, μόνος
ὁ ξένος· ἐγὼ γὰρ περιδραμοῦμαι τὴν π[όλιν
ζητῶν ἐκείνην πᾶσαν. ἀλλὰ πάραγε [σὺ
καὶ τοῦ ταχέως, μάγειρε, φρόντισ[ο]ν πάνυ.

ΧΟΡΟΥ

KRATEIA. Durch den, durch den es am wenigsten hätte sein sollen.

DEMEAS. Kennst du ihn?

KRATEIA. Ich kenne ihn und mit … Gefangengenommene und Kampfpreis bin ich …

DEMEAS. Weswegen, Krateia, …

KRATEIA. Derjenige, der das getan hat …

DEMEAS. …

KRATEIA. [655] Aber Vater, … alles … Es muss nun beraten werden … …

DEMEAS. Ach, was für ein widersinniges und unglückseliges Leben! *(Alle ab in das Haus des Thrasonides.)*

THRASONIDES *(kommt mit Getas von rechts).* [660] Der Vater Krateias, sagst du, ist gekommen? O Tyche, entweder zu einem Glücklichen oder zum dreimal Elendsten unter allen Lebenden wirst du mich nun machen. Denn wenn er mich nicht für wert befindet und rechtsgültig mir sie gibt, ist es mit Thrasonides aus. [665] Das möge nicht geschehen. Aber lass uns hineingehen; denn nicht mehr mutmaßen über eine solche Sache, sondern wissen müssen wir. Zögerlich und zitternd gehe ich hinein. Meine Seele sagt etwas Schlimmes voraus, Getas. Ich habe Angst; aber alles ist jedenfalls besser als [670] Vermutung.

GETAS *(a parte).* Wie sollte ich mich darüber wundern? *(Beide ab in Thrasonides' Haus.)*

KLEINIAS *(kommt von rechts mit einem Koch).* Der Gast ist einer, Koch, und dann ich und als dritte eine gewisse bei mir, wenn sie, bei Zeus, hereingekommen ist; denn auch ich bin beunruhigt. Wenn nicht, ist er der einzige Gast; denn ich renne in der ganzen Stadt herum [675] auf der Suche nach ihr. Doch geh du hinein und sei sehr auf deine Schnelligkeit bedacht. *(Beide ab in Kleinias' Haus.)*

Tanz und Gesang des Chors

ΜΕΡΟΣ Δʹ

ΚΛ. τί φής; ἐπιγνοὺς τὴν σπάθην τὴν κειμέν[ην
ἔνδον παρ᾽ ἡμῖν ᾤχεθ᾽ ὡς τοὺς γείτονας,
τούτων ἀκούσας οὖσαν αὐτ[ήν]; πηνίκα
ἔθεντο δ᾽ οὗτοι δεῦρο τα[ύτ]ην ἢ τίνος
ἕνεκα πρὸς ἡμᾶς, γραῦ; [.].[.]ειστων....[
μόνη 'στὶ λήψεων .[......]ατ....[
εὔδηλος εἶ. ψοφεῖν δ[ὲ π]ροϊὼν φαίν[ε]ται
αὐτῶν τις, ὥστε πάντ᾽ ἀκούσομαι σαφῶ[ς.
ΓΕ. ὦ Ζεῦ πολυτίμητ᾽, ὠμότητος ἐκτόπου
ἀμφοῖν ἀπανθρώπου τε, νὴ τὸν Ἥλιον.
(ΚΛ.) ξένος τις εἰσελήλυθ᾽ ἀρτίως, Γέτα,
ἐνθάδε πρὸς ὑμᾶς;
ΓΕ. Ἡράκλεις, αὐθαδίας

......πατ]ὴρ ⟨καὶ⟩ κύριος." ταυτὶ λέγει
.[...].α κλάων, ἀντιβολῶν. ὄνος λύρας.
(ΚΛ.) σ]υμπεριπατήσω καὐτός, ὡς ἐμοὶ δοκῶ.
ΓΕ. ἓν τοῦτο δ᾽ εἶρει· "τὴν ἐμαυτοῦ σ᾽ ἀξιῶ
ἥκων ἀπολυτροῦν ὢν πατήρ". "ἐγὼ δέ γε
αἰτῶ γυναῖκά σ᾽ ἐντετυχηκώς, Δημέα."
ΚΛ. ἔνδ[ο]ν μέν ἐσθ᾽ ἄνθρωπος εἰσεληλυθώς·
τοὔν[ο]μα λέγει γὰρ οὑτοσὶ τὸν Δημέαν.
(ΓΕ.) ὦ [Ἡρ]άκλεις· ἀνθρωπίνως ἂν οὐ λάβοι
τὸ συμβεβηκός; ὗς ὄρει, τὸ τοῦ λόγου.
ἀλλ᾽ οὐχὶ τοῦτο δεινόν, ἀλλ᾽ αὕτη πάλιν
ἀφ[ο]ρᾷ λέγ[ο]ντος. "ἀντιβολῶ, Κράτειά, σε,
μή μ᾽ ἐ[γκ]αταλίπῃς. παρθένον σ᾽ εἴ[λ]ηφ᾽ ἐγ[ώ,
ἀνὴρ ἐκλήθην πρῶτος, ἠγάπησά σε,

AKT IV

KLEINIAS *(kommt aus seinem Haus und spricht zurück).* Was sagst du? Er erkannte das Schwert, das drinnen bei uns liegt und ging fort zu unseren Nachbarn, als er gehört hatte, es sei von ihnen? Wann [680] brachten die es hierher zu uns und weswegen, Alte? ... das Einzige von dem Erbeuteten ... bist du offensichtlich. Es scheint jemand von ihnen gegen die Tür zu stoßen und herauszukommen, so dass ich alles deutlich zu hören bekommen werde.

GETAS *(kommt aus dem Haus des Thrasonides und spricht zu sich selbst, ohne Kleinias zu bemerken).* [685] O vielgeehrter Zeus, was für eine abgeschmackte und unmenschliche Rohheit der beiden, beim Helios!

KLEINIAS. Ist gerade ein Fremder [688] hier zu euch hereingekommen, Getas?

GETAS. Herakles, welche Selbstgefälligkeit! *(Von. V. 689–694 sind nur einzelne Wörter oder Buchstaben erhalten.)* [695] ⟨»Du bist ihr⟩ Vater und Vormund.« Das sagt er ... weinend, flehend. Der Esel hört eine Lyra.

KLEINIAS. Ich werde auch selbst mit hin und her gehen, wie mir gut scheint.

GETAS. Dies eine sagt er wiederholt: »Ich bin gekommen und verlange von dir als ihr Vater, meine Tochter für Geld freizugeben.« »Ich aber [700] erbitte sie, da ich mit dir zusammengekommen bin, von dir als meine Frau, Demeas.«

KLEINIAS. Nach drinnen ist der Mensch hineingegangen; denn er nennt seinen Namen: Demeas.

GETAS. O Herakles! Könnte er das Geschehene nicht menschlich aufnehmen? Das Wildschwein am Berg, das des Sprichworts. [705] Doch das ist noch nicht schrecklich, nein, sie schaut wieder weg, als er sagt: »Ich flehe dich an, Krateia, verlass mich nicht! Du warst ein Mädchen, als ich dich bekam, dein Mann wurde ich als erster genannt, ich gewann dich lieb, hab dich

ἀγ]απῶ, φιλῶ. Κράτεια φιλτάτη, τί σοι
λυπηρόν ἐστι τῶν παρ' ἐμοί; τεθνηκότα
πεύσει μ', ἐάν μ' ἐγκαταλίπῃς." οὐδ' ἀπόκρισις.
⟨ΚΛ.⟩ τί ποτ' ἐστὶ τὸ κακόν;
ΓΕ. βάρβαρος, λ[έ]αινά τις
ἄν[θρωπος].
ΚΛ. οὐχ ὁρᾷς με, κακόδαιμον, πάλαι;
⟨ΓΕ.⟩ ἀπροσ[δόκη]τον.
(ΚΛ.) οὐχ ὑγιαίνει παντελῶς.
(ΓΕ.) ἐγὼ μὲν [αὐτήν], μὰ τὸν Ἀπόλλω τουτονί,
οὐκ ἂν ἀπ[έ]λυσ'. Ἑλληνικόν, καὶ πανταχ[οῦ
γινόμ[ε]νον ἴσμεν. ἀλλ' ἐλεεῖν ὀρθῶς ἔχει
τὸν ἀ[ν]τελεοῦνθ'. ὅταν δὲ μηδ' ὑμεῖ[ς ἐ]μέ,
οὐδὲ λόγον ὑμῶν οὐδ' ἐπιστροφὴν ἔχω.
οὐ[κ ἔστ]ι σοι; τί δ'; [ο]ὐθὲν ἄτοπον, ὡς ἐγὼ
δ[οκ]ῶ. βοήσεται δὲ καὶ βουλεύσεται
κ[τα]νεῖν ἑαυτόν. στὰς βλέπει δὲ πῦρ ἅμα
. υ[. .] . . .κει .αι δράττεταί ⟨ϖ⟩ τῶν τριχῶν.
ΚΛ. ἄν[θρωπε], κατακόψεις με.
ΓΕ. χαῖρε, Κλεινία.
π[όθεν πάρ]εσθ';
ΚΛ. οὑμός τι θορυβεῖν φαίνεται
. . .] .[. . . . ε]λθὼν δ[.]ε .ισ' ως ὁ ξένος

(ΘΡ.?) ἴσ]ως με μικρόψ[υ]χον εἶπέ τι[ς], τυχὸν
ὁ]ρῶν ἀλύονθ' ὧ[δε πολλὰ πρ[ά]γματα.
εἰ δ' εἰς μέσον μ. . . . . . .φερ . . .[
ἑτέροις τί τουτ . . .υ . . . . .ελ .[
ἔστω στέ[γ]ειν με καὶ λίθον ψυχὴν φ[ορε]ῖ[ν.
ποεῖ⟨ν⟩ τ' ἄδηλον τοῖς συνοῦσι τὴν νόσ[ο]ν.
δυνήσ[ομαι] . .[. . . . .] . . . . . .[. . .]. .[.]τινα[
τρόπον καθέξω τοῦτο καὶ σιγῇ φέρων.
ἀπαμφιεῖ γὰρ τὸ κατάπλαστον τοῦτό μου

lieb, liebe dich, liebste Krateia, was ist dir [710] verhasst an dem, was an mir ist? Du wirst von meinem Tod erfahren, wenn du mich verlässt.« Keine Antwort.

KLEINIAS. Was ist da wohl Schlimmes los?

GETAS. Eine Barbarin, eine Löwin von einem Menschen!

KLEINIAS. Siehst du mich nicht längst, Unglückseliger?

GETAS. Unverhofft!

KLEINIAS. Er ist ganz und gar nicht bei gesundem Verstand.

GETAS. [715] Ich persönlich hätte sie, bei diesem Apollon da *(zeigt auf eine Apollon-Statue)*, nicht freigelassen. Griechisch das und überall geschehend, wir wissen es. Doch Mitleid hat zu Recht den als Objekt, der Mitleid erwidert. Wenn ihr nicht mit mir, habe ich kein Verständnis für euch und keine Rücksicht. [720] Ist es dir nicht möglich? Was? Nichts Ungewöhnliches ist es, wie ich meine. Er wird schreien und darauf sinnen, sich umzubringen. Er steht da, hat einen Blick wie Feuer, zugleich … rauft sich die Haare.

KLEINIAS. Mensch, du haust mich nieder!

GETAS. Sei gegrüßt, Kleinias! *(A parte.)* [725] Wo kommt der her?

KLEINIAS. Mir scheint, mein Gastfreund bringt Unruhe, … [726] nachdem er … gekommen ist.

(Von V. 727–756 sind nur einzelne Wörter oder Buchstaben erhalten. Kleinias geht in V. 742 in sein Haus, Getas wohl in V. 755f. in das des Thrasonides, der hervortritt.)

THRASONIDES. [757] Vielleicht hat mich jemand kleinmütig genannt, da er sah, dass ich so heftig außer mir war wegen der Dinge. Aber wenn unvoreingenommen … warum [760] für andere … Es gilt für mich zu ertragen und einen Stein als Seele zu tragen und unsichtbar zu machen denen, die zusammen mit mir sind, mein Leiden. Ich werde können … Auf irgendeine Weise werde ich das aushalten, wobei ich es sogar mit Schweigen ertrage. [765] Denn abziehen wird mir dieses Pflaster irgend-

καὶ λανθάνειν βουλόμενον ἡ μέθη ποτέ,
ἀσχημονήσω δ' . . . . . [

ἐ]ξῆλθ' ἕνεχ . .[. . . .]συν . . . .[
ὀργης ἐλεεινός. Σιμίχη 'ξελήλυ[θ]εν.
τ]ί φής; πέπονθ' ἅπα[ν]θ'; ὑπὲρ ταύτης λαλε[ῖς;
μέ[λ]ει τ' ἐμοὶ ταύτης δι' ἐ[μ]αυτόν; μὴ λέγε.
ἅπα]ν ἀτύχημα τοῦτ'; ἐκεῖ[νον μὴ] ψέγω;
οὐκουν ἔνεστι τοῦτό σοι, τὸ κωλύε[ι]ν
ταύτην ἀπολαβεῖν τοῦτο[ν; ⟨ἀλλὰ⟩ παντ]αχοῦ
οὕτως ἔχει τὰ πρόσθε γενό[μενα ἀ]νατ[ρέπει
τὸ ζῆν. ἀφήσεις; ἀλλ' ἐρεῖ· θέλ[εις, τά]λαν,
οἴκτῳ τὸ μισοῦν ὡς σεαυτὸν [ἑλ]κ[ύσαι;]
καὶ τίς ὁ βίος σοι; ποῦ τὸ τῆ[ς] σ[ω]τηρίας
ἐπίσημον; εἴ τις ὀμ[ό]σε ταῖ[ς ὀ]ργαῖς [τρέχ]οι –
πλεονεξία τοῦτ' – εἴ[περ; ἁ]ρπάσαι βλέπων
ἴσως ἰταμὸς εἶ τότε· λογισμῷ νῦν γενοῦ
εὔψυχος. ἀ[π]όρως ζῇς, ὀδυνηρῶς, ἀσθενῶ[ς·
ὄν[ε]ιδος αὐτη τοῦτο καταλιπεῖν σε δεῖ
ἀθάνατον. εὖ παθοῦσ' ἐτιμωρήσατο
τὸν τἀγάθ' αὐτῇ δόντα. πῶς ο[ὔ]κ ἐ[σ]τί μοι
αὐτὸν κταν]εῖν με προσποου[μένῳ
        π]έμψαι τοῦτον εἰ[ς

ΧΟΡΟ]Υ

ΜΕΡΟΣ Ε΄

wann, auch wenn ich verborgen bleiben will, Betrunkenheit. [766[a]] Ich werde mich schlecht benehmen ... *(Von V. 766[b]–788 sind nur einzelne Wörter oder Buchstaben erhalten.)* [789] Sie kam heraus wegen ... [790] ... im Zorn bemitleidenswert. Simiche ist herausgekommen. Was sagst du? Sie litt in jeder Hinsicht? Für sie sprichst du? Mir liegt an ihr nur meinetwegen? Sag das nicht! Alles das ist nur Unglück? Tadle ich ihn nicht? Ist das nicht deine einzige Möglichkeit, zu verhindern, [795] dass er sie wegnimmt? Aber überall verhält es sich so, dass das vorher Geschehene das Leben zerstört. Du wirst sie gehen lassen? Aber sie wird sagen: Ach ja, du willst meinen Hass durch Mitleid auf deine Seite ziehen? Und was ist dein Leben noch? Wo ist [800] das Abzeichen der Rettung? Wenn man doch nur gegen die Zornesausbrüche anrennen könnte – das wäre zu viel verlangt –, wenn aber doch? Wenn du nach Beute ausschaust, dann bist du vielleicht verwegen; durch Überlegung werde nun beherzt! Du lebst ratlos, jämmerlich, schwach; du musst diesen [805] ewigen Vorwurf gegen sie hinterlassen. Obwohl es ihr gut ging, hat sie den bestraft, der ihr Gutes gab. Wie soll ich da nicht vortäuschen, dass ich mich selbst töte ... [808]... ihn schicken in ... *(Von V. 809–816 sind nur einzelne Wörter oder Buchstaben erhalten.)*

Tanz und Gesang des Chors

AKT V

(Von V. 817–821 zu Beginn des Aktes und von V. 919–932, zwischen denen eine Lücke von 90–110 Versen klafft, sind nur einzelne Wörter und Buchstaben erhalten, ebenso von V. 948 958. Die auf eine Lücke von 10–20 Versen folgenden Reste des Aktschlusses weisen deutliche Spuren eines traditionellen Komödienfinales auf. Daher erscheinen sie hier trotz ihrer Lückenhaftigkeit zweisprachig.)

ΓΕ. ἀπὸ τῆς θύρας, ἄνθρ[ωπ' ἄπιθι.
ΘΡ.
φαίνει γὰρ ἀγαθὸ ν . θ[
ΓΕ.
διδόασί σοι γυναῖκα. . .[
προσευξάμην . .αυ . . .[
οὕτως ἀγαθὸ[ν] γέ[νοιτο
(ΘΡ.) οὐκ ἐξαπατᾷς δὲ [
πῶς εἶπεν;
(ΓΕ.) Ἡρ[άκλεις
[ΘΡ.] τὰ ῥήματ' αὐτά μοι [
λέγων τάχα τρέχει[
(ΓΕ.) ἔλεγεν "θυγάτριον [
"ναί," φησί, "πάππα, βούλ[ομαι ⏓ – ⏑ –
ἤκουσ'· ἃ δ' ἤκουσα ε[
ἔκπλεα γελωσά γ' ηπ .[
(ΘΡ.) ἀγαθὰ λέγεις.
(ΓΕ.) ἐφήδομα[ι ⏓ τὴν θύραν
ψοφεῖ τις αὐτῶν.
ΔΗ. πρ[ός σε νῦν ἐξέρχομαι.
[ΘΡ. ?] καλῶς ποιῶν.
(ΔΗ.) παίδ[ων ἐπ' ἀρότῳ γνησίων
δίδωμι τὴν ἐμὴν θυγ[ατέρα σοι γαμεῖν
καὶ δύο τάλαντα προῖκα [
ΘΡ.
μόνον ἀπόδος . .δ . . .[
πάντας .α . .ντ .σ[
ἀπὸ ταὐτομάτου [. .]ε .[
δεῖπνον ξένια κ[αὶ
ἀλλ' εἰσί[ωμ]εν . . .[
.ε[.] . .[. . . . .] . .[
πα .[
ἐπ' αὔρ[ιον

GETAS. [959] Geh weg von der Tür, Mensch ...

THRASONIDES. ... [960] Denn du scheinst Gutes ...

GETAS. ... Sie geben dir zur Frau ... ich betete ... so wahr es gut gehen möge ...

THRASONIDES. Täuscht du ⟨mich⟩ nicht ...? [965] Was sagte er?

GETAS. Herakles ...

THRASONIDES. Die genauen Worte ⟨sage⟩ mir ... Sag sie und laufe schnell ...

GETAS. Er sagte: »Töchterchen ...« »Ja,«, sagt sie, »Papa, ich will ... [970] Ich hörte; aber was ich hörte ... Erfüllt fing sie an zu lachen ...

THRASONIDES. Du erzählst etwas Gutes.

GETAS. Ich freue mich ... Gegen die Tür stößt jemand von ihnen.

DEMEAS. Zu dir komme ich jetzt heraus.

THRASONIDES. (?) Woran du gut tust.

DEMEAS. Zur Zeugung frei geborener Kinder [975] gebe ich dir meine Tochter zum Heiraten und zwei Talente Mitgift ...

THRASONIDES. Gib mir nur ... alle ... vom Zufall [980] ein Mahl, gastliche ... Aber lasst uns hineingehen ... ... Auf morgen ...

.] .[.]οπ[. . . . .]α[
ἐστ’ ἔνδο[ν . . . .].[
(ΔΗ.?) .υ .ρ[.]φ . .[.] . . . .υν .[
εἶ[έν], μετέμελ’ αὐτ[ῇ
παιδάριον, ἄψας δᾳ[δας ἡμῖν ἐκδίδου
στεφάνους τ’ ἔ[χο]ντε[ς
καὶ μηδέπω δει.(.)ν[
προσμείνατ’ ἐπ . . .[
ὑμᾶς ν . . .[. .] . λ . .· μ[ειράκια, παῖδες καλοί,
ἄνδρες, πρεπόντως πά[ντες ἐπικροτήσατε.
ἡ δ’ εὐπάτειρα φιλόγελώς τε παρθένος
Νίκη μεθ’ ἡμῶν εὐμενὴς ἕποιτ’ ἀεί.

F 8 παιδισκάριόν με καταδεδούλωκ’ εὐτελές,
ὃν οὐδὲ εἷς τῶν πολεμίων οὐπώποτε

F 9 εἰ γὰρ ἐπίδοιμι τοῦτο, κἂν ψυχὴν ⟨πάλιν⟩
λάβοιμ’ ἐγώ· νυνὶ γάρ – ἀλλὰ ποῦ θεοὺς
οὕτως δικαίους ἔστιν εὑρεῖν, ὦ Γέτα;

F 11 Λακωνικὴ κλείς ἐστιν ὡς ἔοικέ μοι
περιοιστέα

F 12 ἀφανεῖς γεγόνασιν αἱ σπάθαι

F 13 πάτερ, † θράσωνα †, ἀπεκτάγκασι δ’ οὔ

[985] … Sie ist drinnen …

DEMEAS. … Sei's drum, Sie bereut es … Sklavenjunge, zünde die Fackeln an und bringe sie uns heraus … [990] und mit den Kränzen … und noch nicht … wartet … Euch … junge Männer, schöne Knaben, Männer, klatscht alle gebührend! Die edle und das Lachen liebende Jungfrau Nike möge stets wohlgesonnen mit uns marschieren.

Nicht einzuordnende Fragmente

(Von F 1–7 sind nur einzelne Wörter oder Buchstaben erhalten.)

F 8 Ein billig zu habendes Sklavenmädchen hat mich versklavt, den auch nicht ein einziger von meinen Feinden jemals …

F 9 Denn wenn ich das sehen könnte, würde ich auch wieder Mut fassen; jetzt nämlich – aber wo sind so gerechte Götter zu finden, Getas? …

F 11 Einen lakonischen Schlüssel muss ich, wie mir scheint, herumtragen …

F 12 Verschwunden sind die Schwerter …

F 13 Vater, … getötet haben sie nicht …

ΠΕΡΙΚΕΙΡΟΜΕΝΗ

DIE GESCHORENE

Die Geschorene ist Glykera, Konkubine des Söldneroffiziers Polemon, der ihr im Zorn die Haare abgeschnitten hat, nachdem ihm von seinem Gefolgsmann Sosias berichtet worden ist, sie habe sich von Moschion, dem vermeintlichen Sohn seiner Nachbarin Myrrhine, umarmen und küssen lassen. Auf den internen Prolog der Agnoia, die verrät, dass Glykera und Moschion einst als freigeborene Zwillinge ausgesetzt worden waren, folgen im ersten Akt des überlieferten Textes nur noch zwei Szenen: die Mitteilung durch Sosias, dass der Soldat seinen Kummer über das Geschehene mit Freunden beim Wein zu vergessen sucht, und die Ankündigung des Chors durch Moschions Sklaven Daos. In einer längeren Szene mit ihm zu Beginn von Akt II versucht der junge Mann, zu Glykera, die inzwischen in das Haus der Myrrhine geflohen ist, durch Vermittlung des Daos vorzudringen, was aber nicht gelingt. Von diesem Akt ist dann nur noch eine Szene erhalten, in der Sosias androht, mit Sklaven Polemons das Glykera-Problem gewaltsam zu lösen. Zu Beginn des dritten Aktes scheitert dieses Unternehmen durch die Intervention von Polemons Freund Pataikos, mit dem der Offizier ein Gespräch über seine Liebe zu Glykera führt. Vom vierten Akt ist nur eine längere Szene erhalten, in der Glykera gegenüber Pataikos ihre Sicht der Dinge vertritt und er sie dann anhand von Erkennungszeichen als seine Tochter identifiziert; so erfährt Moschion, der den Schluss des Dialogs belauscht, dass er Glykeras Zwillingsbruder ist. Vom fünften Akt sind nur die letzen 50 Verse erhalten, in denen Polemon, nachdem er etwas hingehalten worden ist, von Pataikos mit Glykera verlobt wird. Außerdem bieten uns zwei Zitate je einen Vers, der in die auf uns gekommenen Verse der Papyri nicht eingeordnet werden kann (F 1 und 2).

Personen
Polemon, Offizier
Sosias, sein Gefolgsmann
Glykera, Konkubine Polemons und Tochter des Pataikos
Agnoia, Prologsprecherin
Doris, Sklavin Polemons
Moschion, Ziehsohn Myrrhines und Sohn des Pataikos
Daos, Moschions Sklave
Pataikos, Vater Glykeras und Moschions, (wahrscheinlich) Mann der Myrrhine

Stumme Personen
Myrrhine (?)
Habrotonon, Flötenspielerin

ΜΕΡΟΣ Α΄

F *96 Γλυκέρα, τί κλάεις; ὀμνύω σοι τὸν Δία
τὸν Ὀλύμπιον καὶ τὴν Ἀθηνᾶν, φιλτάτη,
ὀμωμοκὼς καὶ πρότερον ἤδη πολλάκις.

ΑΓΝΟΙΑ

τὸ μὲν] προθυμηθεῖσα θῆλυ, τὸ δ' ἕτερον
γυναικὶ] δοῦναι πλουσίᾳ τὴν οἰκίαν
ταύτη]ν κατοικούσῃ, δε[ο]μένῃ παιδίου.
ἤρεσ]ε δὲ τα[ῦτ]'. [ἐγγενο]μένων δ' ἐτῶν τινων
καὶ τ]οῦ πολέμου καὶ τῶν Κορινθιακῶν κακῶν
αὐ]ξανομένων ἡ γραῦς ἀπορουμένη σφόδρα,
τεθραμμένης τῆς παιδός, ἣν νῦν εἴδετε
ὑμεῖς, ἐραστοῦ γενομένου τε τοῦ σφοδροῦ
τούτου νεανίσκου γένει Κορινθίου
ὄντος, δίδωσι τὴν κόρην ὡς θυγατέρα
αὑτῆς ἔχειν. ἤδη δ' ἀπειρηκυῖα καὶ
προορωμένη τοῦ ζῆν καταστροφήν τινα
αὑτῇ παροῦσαν οὐκ ἔκρυψε τὴν τύχην,
λέγει δὲ πρὸς τὴν μείραχ', ὡς ἀνείλετο
αὐτήν, ἐν οἷς τε σπαργάνοις δίδωσ' ἅμα,
τὸν ἀγνοούμενόν τ' ἀδελφὸν τῇ φύσει
φράζει, προνοουμένη τι τῶν ἀνθρωπίνων,
εἴ ποτε δεηθείη βοηθείας τινός,
ὁρῶσα τοῦτον ὄντ' ἀναγκαῖον μόνον

AKT I

(Straße in Korinth, die rechts zum Marktplatz, links aufs Land führt. Im Hintergrund das Haus Polemons und das der Myrrhine. Die Eröffnungsszenen vor dem Prolog sind verloren, in einer davon, die auf einem Mosaik in Daphne dargestellt ist [s. S. 14f.], agierten Polemon, Sosias und Glykera, der ihr Liebhaber noch nicht die Haare abgeschnitten hatte; wahrscheinlich geschah das hinterszenisch. William Furley vermutet in seinem Kommentar [S. 586] mit Recht, dass Polemon danach die folgenden Verse zu ihr sprach.)

*F *96* Glykera, warum weinst du? Ich schwöre dir bei dem Zeus, dem Olympier, und bei der Athene, Liebste, nachdem ich auch früher schon oft geschworen habe ...

(Nach den Eröffnungsszenen gehen alle ab. Der Anfang des anschließenden Prologs fehlt.)

AGNOIA. ... das Mädchen, weil sie es wünschte, den anderen aber der reichen Frau zu geben, die dieses Haus bewohnt und die kein Kind hat. Das gefiel ihr. Als einige Jahre verstrichen waren und der Krieg und die korinthischen Schwierigkeiten schlimmer wurden, litt die alte Frau große Entbehrungen, und da das Mädchen herangewachsen war, das ihr jetzt gesehen habt, und ihr Liebhaber dieser ungestüme junge Mann geworden war, der von Herkunft Korinther ist, gibt sie ihm das Mädchen, als wäre es ihre eigene Tochter, es bei sich zu haben. Da sie schon altersschwach geworden war und voraussah, dass das Ende ihres Lebens ihr nahe war, verbarg sie vor ihm nicht ihr Schicksal, sondern sagt zu der jungen Frau, wie sie sie aufgehoben habe, und gibt ihr zugleich die Windeln, in denen sie lag, und den von ihr nicht gekannten leiblichen Bruder nennt sie, weil sie im Voraus bedenkt, was bei menschlichen Angelegenheiten so geschieht, falls jene irgendwelche Hilfe brauche, sieht, dass er ihr

αὐτῇ, φυλακήν τε λαμβάνουσα, μή ποτε
δι᾽ ἐμέ τι τὴν Ἄγνοιαν αὐτοῖς συμπέσῃ
ἀκούσιον, πλουτοῦντα καὶ μεθύοντ᾽ ἀεὶ
ὁρῶσ᾽ ἐκεῖνον, εὐπρεπῆ [δὲ] κα[ὶ] νέαν
ταύτην, βέβαιον δ᾽ οὐθὲν ᾧ κ[ατ]ελε[ί]πετο.
αὕτη μὲν οὖν ἀπέθανεν, ὁ δὲ τὴν οἰκίαν
ἐπρίατο ταύτην ὁ στρατιώτης οὐ πάλαι.
ἐν γειτόνων δ᾽ οἰκοῦσα τἀδελφοῦ τὸ μὲν
πρᾶγμ᾽ οὐ μεμήνυκ᾽ οὐδ᾽ ἐκεῖνον βούλεται
εἶναι δοκοῦντα λαμπρὸν εἰς μεταλλαγὴν
ἀγαγεῖν, ὄνασθαι δ᾽ ὧν δέδωκεν ἡ Τύχη.
ἀπὸ ταὐτομάτου δ᾽ ὀφθεῖσ᾽ ὑπ᾽ αὐτοῦ, θρασυτέρου
ὥσπερ προείρηκ᾽ ὄντος, ἐπιμελῶς τ᾽ ἀεὶ
φοιτῶντος ἐπὶ τὴν οἰκίαν, ἔτυχ᾽ ἑσπέρας
π[έ]μπουσά ποι θεράπαιναν. ὡς δ᾽ ἐπὶ ταῖς θύραις
α[ὐ]τὴν γενομένην εἶδεν, εὐθὺ προσδραμὼν
ἐφίλει, περιέβαλλ᾽, ἡ δὲ τῷ προειδέ[ναι
ἀδελφὸν ὄντ᾽ οὐκ ἔφυγε. προσιὼν δ᾽ ὁ [θεράπων
ὁρᾷ. τὰ λοιπὰ δ᾽ αὐτὸς εἴρηχ᾽, ὃν τρόπ[ον
ὁ μὲν ᾤχετ᾽ εἰπὼν ὅτι κατὰ σχολὴν ἰδ[εῖν
αὐτήν τι βούλεθ᾽, ἡ δ᾽ ἐδάκρυ᾽ ἑστῶσα καὶ
ὠδύρεθ᾽ ὅτι ταῦτ᾽ οὐκ ἐλευθέρως ποεῖν
ἔξεστιν αὐτῇ. πάντα δ᾽ ἐξεκάετο
ταῦθ᾽ ἕνεκα τοῦ μέλλοντος, εἰς ὀργήν θ᾽ ἵνα
οὗτος ἀφίκητ᾽ (ἐγὼ γὰρ ἦγον οὐ φύσει
τοιοῦτον ὄντα τοῦτον), ἀρχὴν δ᾽ ἵνα λάβῃ
μηνύσεως τὰ λοιπὰ τούς θ᾽ αὑτῶν ποτε
εὕροιεν. ὥστ᾽ εἰ τοῦτ᾽ ἐδυσχέρανέ τις
ἀτιμίαν τ᾽ ἐνόμισε, μεταθέσθω πάλιν.
διὰ γὰρ θεοῦ καὶ τὸ κακὸν εἰς ἀγαθὸν ῥέπει
γινόμενον. ἔρρωσθ᾽ εὐμενεῖς τε γενόμενοι
ἡμῖν θεαταὶ καὶ τὰ λοιπὰ σῴζετε.

einziger Verwandter ist, und verhüten möchte, dass durch mich, die Agnoia ihnen etwas widerfährt, das ihnen unlieb ist, sowie sieht, dass er reich und immer betrunken ist, sie hübsch und jung, aber gar nicht zuverlässig der, dem sie sie überlassen hat. Die starb nun, der Offizier aber kaufte dieses Haus vor nicht langer Zeit. Sie wohnt in der Nachbarschaft ihres Bruders, hat die Sache nicht aufgedeckt und will auch nicht, dass sie ihn, der anscheinend glanzvoll lebt, in eine veränderte Lage bringt, sondern dass er genießt, was Tyche ihm gegeben hat. Durch Zufall wurde sie von ihm erblickt, und da er ziemlich verwegen ist, wie ich vorhin gesagt habe, geht er immer wieder eifrig zu dem Haus, und da geschah es, dass sie am Abend ihre Sklavin irgendwohin schickte. Als er sie bei der Tür stehen sah, lief er gleich hin und küsste, umarmte sie, sie aber, da sie das Vorauswissen hatte, dass er ihr Bruder ist, entzog sich nicht. Der Gefolgsmann tritt hinzu und sieht es. Das Weitere hat er selbst erzählt, auf welche Weise der mit den Worten wegging, dass er sie in Ruhe treffen wolle, sie aber weinend dastand und beklagte, dass dies frei zu tun ihr nicht möglich ist. Angefacht wurde all dies der Zukunft wegen, damit der in Wut gerät – ich nämlich trieb ihn an, der von Natur nicht von solcher Art ist –, damit einen Anfang nimmt mit der Aufdeckung das Weitere und sie einmal die Ihren finden können. Wenn also jemand darüber empört ist und es für Entehrung hält, soll er seine Meinung wieder ändern. Denn durch einen Gott wendet sich auch das Schlechte zum Guten. Lebt wohl und uns wohlgesinnt, ihr Zuschauer, und verderbt nicht das Weitere.

(ΣΩΣΙΑΣ)
ὁ σοβαρὸς ἡμῖν ἀρτίως καὶ πολεμικός,
ὁ τὰς γυναῖκας οὐκ ἐῶν ἔχειν τρίχας
κλάει κατακλινείς. κατέλιπον ποούμενον
ἄριστον αὐτοῖς ἄρτι, καὶ συνηγμένοι
εἰς ταὐτόν εἰσιν οἱ συνήθεις, τοῦ φέρειν
αὐτὸν τὸ πρᾶγμα ῥᾷον. οὐκ ἔχων δ' ὅπως
τἀνταῦθ' ἀκο[ύσ]η̣ γινόμεν' ἐκπέπομφέ με
ἱμάτιον οἴσοντ' ἐξεπίτηδες, οὐδὲ ἓν
δεόμενος. ἀλλ' ἢ περιπατεῖν με βούλεται;

(ΔΩΡΙΣ)
ἐγὼ προελθοῦσ' ὄψομαι, κεκτημένη.

(ΣΩ.) ἡ Δωρίς. οἷα γέγονεν, ὡς δ' ἐρρωμένη.
ζῶσιν τρόπον τιν', ὡς ἐμοὶ καταφαίνεται,
αὗται. πορεύσομαι δέ.

(ΔΩ.) κόψω τὴν θύραν·
οὐδεὶς γὰρ αὐτῶν ἐστιν ἔξω. δυστυχής,
ἥτις στρατιώτην ἔλαβεν ἄνδρα· παράνομοι
ἅπαντες, οὐδὲν πιστόν. ὦ κεκτημένη,
ὡς ἄδικα πάσχεις. παῖδες. εὐφρανθήσεται
κλάουσαν αὐτὴν πυθόμενος νῦν· τοῦτο γὰρ
ἐβούλετ' αὐτός. παιδίον, κέλευέ μοι
]ε[

[ΔΑΟΣ]
παῖδες. μεθύοντα μειράκια προσέρχεται
πάμπολλ'. ἐπαινῶ διαφόρως κεκτημένην·
εἴσω πρὸς ἡμᾶς εἰσάγει τὴν μείρακα.
τοῦτ' ἔστι μήτηρ. ὁ τ[ρ]όφιμος ζητητέος·
ἥκειν γὰρ αὐτὸν τὴ[ν] ταχίστην ἐνθάδε
εὔκαιρον εἶναι φαίνεθ', ὡς ἐμοὶ δοκεῖ.

ΧΟΡΟΥ

Sosias *(kommt von rechts).* Unser soeben noch Ungestümer und Militanter, er, der die Frauen nicht ihre Haare behalten lässt, liegt weinend da. Ich ließ ihnen [55] gerade ein zubereitetes Mittagsmahl zurück, und versammelt am selben Ort sind seine Vertrauten, damit er die Sache leichter nimmt. Da er nicht weiß, wie er von dem, was hier geschieht, hören kann, hat er mich ausgeschickt, einen Mantel zu holen – absichtlich, obwohl er ihn gar nicht [60] braucht. Aber will er etwa, dass ich umhergehe?

Doris *(kommt aus Polemons Haus und spricht zu Glykera zurück).* Ich gehe nach draußen und schaue nach, Gebieterin.

Sosias *(a parte).* Die Doris! Was für eine sie geworden ist, wie gesund und stark! Die leben auf eine gewisse Art, wie mir scheint, die Frauen. Doch ich will gehen. *(Ab nach rechts.)*

Doris *(tritt vor Myrrhines Haus).* Ich will an die Tür klopfen; [65] keiner von ihnen ist hier draußen. *(Bei sich.)* Die Unglückliche, die einen Soldaten zum Mann nahm; gesetzlos alle, keine Treue. Ach Gebieterin, wie ungerecht leidest du! *(Laut.)* Sklaven! *(Bei sich.)* Der wird sich freuen, wenn er erfährt, dass sie jetzt weint; denn das [70] wollte er selbst. *(Zum Türsklaven.)* Sklavenjunge, bitte mir ⟨deine Herrin⟩ heraus [70^{a}] ...

(Zwischen V. 70^{a} und 71 fehlen etwa 70 Verse.)

Daos. [71] ... Sklaven! Betrunkene junge Männer kommen daher in großer Zahl. Ich preise ausnehmend meine Gebieterin: Zu uns herein bringt sie die junge Frau. Das ist eine Mutter! Der junge Herr muss gesucht werden; [75] denn dass er schnellstens hierher kommt, scheint passend zu sein, wie ich glaube. *(Ab nach rechts.)*

Tanz und Gesang des Chors

ΜΕΡΟΣ Β′

(ΜΟΣΧΙΩΝ)
Δᾶε, πο[λλ]άκις μὲν ἤδη πρός μ' ἀπήγγελκας λόγους
ο]ὐκ ἀληθεῖς, ἀλλ' ἀλαζὼν καὶ θεοῖσιν ἐχθρὸς εἶ.
εἰ δὲ καὶ [νυ]νὶ πλανᾷς με
(ΔΑ.) κρέμασον εὐθύς, εἰ π[λανῶ.
(ΜΟ.) ἥμερον λέγεις τι.
(ΔΑ.) χρῆσαι πολεμίου τοίνυν [τρό]πον.
ἂν δ' ἀληθὲς ᾖ κα[τ]αλαβῃς τ' ἔνδον αὐτὴν ἐνθάδε,
ὁ δεδιωκηκὼ[ς ἐ]γώ σ[ο]ι ταῦτα π[ά]ντα, Μοσχίων,
καὶ πεπεικὼς τὴ[ν] μὲν ἐλθεῖ[ν] δεῦρ' ἀναλώσας λόγους
μυρίους, τὴν σὴ[ν] δὲ μητέρ' ὑ[ποδ]έ[χ]εσθαι καὶ ποεῖν
πάνθ' ἃ σο[ὶ] δοκεῖ, τίς ἔσομ[αι;
ΜΟ. τί]ς βίος μάλισθ', ὅρα,
Δᾶε, τῶν πάντων ἀρέσκει; π[ά]ντ' ἐπιβλέψα[ς ἑλοῦ.
ἆρα τὸ μυλωθρεῖν κράτιστον; εἰς μυλῶνά [μοι δοκεῖ
οὑτοσὶ φερόμενος ἥξειν.
(ΔΑ.) μηδαμῶ[ς τέχνην [λ]έγ[ε.
[ΜΟ.] βούλομαι δὲ προστάτην σε πραγμάτων Ἑλλην[ι]κῶ[ν
καὶ διοικητ[ὴ]ν στρατοπέδων.
(ΔΑ.) [ἐν τ]έλει [δὲ πάντα δὴ
ὄ[ντ'] ἀποσφά[τ]τουσιν εὐθύς, ἂ[ν τύ]χῃ, κλέψ[α]ν[τ]ά τι.
(ΜΟ.) ἀλλ' ὀνήσει γ' ἐκδότης ⟨ὤν⟩· ἐκδόσει [λήσ]ει λαβὼ[ν
ἑπτὰ [τῶν ὀκτ]ὼ τάλαντα.
(ΔΑ.) παντοπωλεῖν βούλ[ομαι,
Μοσχίων, ἢ [τυρ]οπ[ω]λεῖν ἐ[ν ἀ]γορᾷ καθήμενος·
ὀμνύω μη[δὲν μέλειν μοι πλο]υσίῳ καθεσ[τάναι.
κατ' ἐμὲ ταῦτ' ἐ[μοί τ' ἀρέσκει] μᾶλλον.
(ΜΟ.) αἰ[νετόν γέ που·
εἰ δ' ἐκεῖνο μὴ γένο[ι]θ' ὃ μελ[ιτόπ]ωλις εὔ[χεται
γραῦς.

AKT II

(Moschion und Daos kommen von rechts.)

MOSCHION. Daos, oft schon hast du Nachrichten an mich übermittelt, die nicht wahr waren, nein, du bist ein Aufschneider und den Göttern verhasst. Wenn du mich auch jetzt irreführst –

DAOS. Häng mich sofort auf, wenn ich dich irreführe.

MOSCHION. Etwas Mildes nennst du.

DAOS. Verfahre also mit mir wie mit einem Feind. Wenn es aber wahr ist und du sie hier drinnen antriffst und der, der das alles für dich arrangiert hat, ich bin, Moschion, und der, der sie überredet hat, hierher zu kommen, zahllose Worte aufwendend, und deine Mutter, sie aufzunehmen und alles zu tun, was dir gut scheint, wer bin ich dann?

MOSCHION. Welche Lebensform, schau, Daos, gefällt dir am besten von allen? Sieh dir jede an und wähle! Ist die Arbeit in der Mühle am besten? *(A parte.)* In die Mühle, scheint mir, wird der da eilends kommen.

DAOS. Sprich auf keinen Fall von Handwerk!

MOSCHION. Ich will, dass du Oberster der hellenischen Politik wirst und Organisator der Heere –

DAOS. Aber jeden, der an der Macht ist, schlachten sie sofort ab, weil er etwas gestohlen hat, wenn es sich ergibt,

MOSCHION. Aber du wirst profitieren, wenn du Steuerpächter bist; durch die Pacht wirst du heimlich sieben von acht Talenten bekommen.

DAOS. Ich will alles Mögliche verkaufen, Moschion, oder auf dem Markt sitzen und Käse verkaufen; ich schwöre, dass mir nichts daran liegt, reich zu werden. Das entspricht mir und gefällt mir besser.

MOSCHION. Das ist lobenswert; wenn nur das nicht geschieht, worum die alte Honighändlerin bittet.

(ΔΑ.) τὸ γαστρίζεσθ' ἀρέ[σ]κε[ι], γεγ[ονέναι δέ γ' ἄξιος
φήμ' ἐφ' οἷς εἴρηκα τούτοις.
(ΜΟ.) μα[
ᾔσθας· ἀλλὰ τυροπώλει καὶ τὸ λ[ο]ι[πὸν εὐτύχει.
(ΔΑ.) τ]αῦτα μὲν δή, φ[α]σίν, εὔχθω· δ[εῦρο πάραγε τήν τε σὴν
ο]ἰκίαν ἄνοι[γε], τρόφιμε.
(ΜΟ.) δεῖ μ[⏑ – ⏓ – ⏑ –
ἐ[μὲ δὲ] παραμυθεῖσθ' [ἐκεί]ν[ην νῦν προσήκει καὶ γελᾶν
ἐπὶ θεοῖς ἐχθρῷ πτεροφόρᾳ χιλιάρχῳ.
(ΔΑ.) καὶ μάλα.
(ΜΟ.) εἰσιὼν δέ μοι σύ, Δᾶε, τῶν ὅλων κατάσκοπος
πραγμάτων γενοῦ, τί ποιεῖ, π[ο]ῦ 'στιν ἡ μήτηρ, ἐμὲ
εἰς τὸ προσδοκᾶν ἔχουσι πῶς. τὸ τοιουτὶ μέρος
οὐκ ἀκριβῶς δεῖ φρά[σαι] σοί· κομψὸς εἶ.
(ΔΑ.) πορεύσομαι.
(ΜΟ.) περιπατῶν δὲ προσμενῶ σε, ⟨Δᾶε⟩, πρόσθε τῶν θυρῶν.
ἀλλ' ἔδειξεν μέν τι τοιοῦθ', ὡς προσῆλθον ἑ[σ]πέρας·
προσδραμόντ' οὐκ ἔφυγεν, ἀλλὰ περιβαλοῦσ' ε[. . . (.)] .ε.
οὐκ ἀηδής, ὡς ἔοικεν, εἴμ' ἰδεῖν οὐδ' ἐντ[υχεῖ]ν,
οἴομαι, μὰ τὴν Ἀθηνᾶν, ἀλλ' ἑταίρ[αι[ς προσφιλής.
τὴν δ' Ἀδράστειαν μάλιστα νῦν ἄρ[' ὥρα προσκυνεῖ]ν.
(ΔΑ.) Μοσχίων, ἡ μὲν λέλουται καὶ κάθηται.
(ΜΟ.) φιλτάτη.
(ΔΑ.) ἡ δὲ μήτηρ σου διοικεῖ περιπατ[ο]ῦσ' οὐκ οἶδ' ὅ τι.
εὐτρεπὲς δ' ἄριστόν ἐστιν, ἐκ δὲ τῶν πο[ο]υμένω[ν
περιμένειν δοκοῦσί μοι [σ]ε.
(ΜΟ.) καὶ πάλαι γὰρ εἶπ[ον·] οὐκ
εἴμ' ἀηδής. [ε]ἶπας αὐ[τ]αῖς [ν]ῦ[ν π]αρ[ό]ντα μ' ἐνθάδε;
(ΔΑ.) μὰ Δί[α].
⟨ΜΟ.⟩ νῦν τοί[ν]υν [λ]έγ' ἐλ[θ]ών.
(ΔΑ.) ὡς ὁρᾷς, ἀναστρέφω.

Daos. Den Bauch voll zu haben, gefällt mir, und ich wurde es wert, sage ich, für das, was ich gesagt habe …

Moschion. … warst du; doch verkaufe Käse und sei künftig glücklich.

Daos. Darum soll also, wie man sagt, gebetet werden; komm hierher und öffne dein Haus, junger Herr.

Moschion. Ich muss … Mir kommt es jetzt zu, sie zu trösten und zu lachen über den den Göttern verhassten, federbuschgeschmückten Chiliarchen.

Daos. Ja, sehr.

Moschion. Geh du mir hinein, Daos, und sei Kundschafter der ganzen Situation, was sie macht, wo meine Mutter ist, wie es ihnen in Erwartung meiner Person geht. Eine solche Rolle muss ich dir nicht genau beschreiben; du bist schlau.

Daos. Ich werde gehen.

Moschion. Ich werde herumlaufen und dich vor der Tür erwarten, Daos. *(Daos ab in Myrrhines Haus.)* Sie zeigte ja etwas Derartiges an, als ich am Abend herantrat; als ich herangelaufen war, floh sie nicht, sondern umarmte und … mich. Nicht unangenehm, wie es scheint, bin ich anzusehen, auch nicht, wenn ich ihr begegne, glaube ich, bei der Athene, sondern bin den Hetären lieb. Es ist nun höchste Zeit, Adrasteia Verehrung zu bezeugen.

Daos *(kommt heraus)*. Moschion, sie ist gebadet und sitzt da.

Moschion. Die Liebste!

Daos. Deine Mutter läuft herum und arrangiert, ich weiß nicht, was. Das Essen ist bereit, und nach dem, was gemacht wird, scheinen sie mir dich zu erwarten.

Moschion. Und das habe ich ja längst gesagt; nicht unangenehm bin ich. Sagtest du ihnen, ich sei jetzt da?

Daos. Nein, bei Zeus.

Moschion. Also geh und sag es jetzt.

Daos. Wie du siehst, mache ich kehrt. *(Ab in Myrrhines Haus.)*

[ΜΟ.] ἡ μὲν αἰσχ[υν]ε[ῖτ' ἐ]πειδὰν εἰσίωμεν δηλαδὴ
παρακαλύψ[εταί τ', ἔ]θος γὰρ τοῦτο· τὴν δὲ μητέρα
εἰσιόντ' εὐθὺς φιλῆσαι δεῖ μ', ἀνακτήσασθ' ὅλως,
εἰς τὸ κολακεύειν τραπέσθαι ζῆν τε πρὸς ταύτην ἁπλῶς·
ὡς γὰρ οἰκείως κέχρηται τῷ παρόντι πράγματι.
ἀλλὰ τὴν θύραν ψοφεῖ τις ἐξιών. τί τοῦτο, παῖ;
ὡς ὀκνηρῶς μοι προσέρχε[ι], Δᾶε.
(ΔΑ.) ναὶ μὰ τὸν Δία,
πάνυ γὰρ ἄτοπον· ὡς γὰρ ἐλθὼν εἶπα πρὸς τὴν μητέρα
ὅτι πάρει, "μηδὲν ἔτι τούτων" φησ[ί, "πῶς δ' ἀ]κήκοεν;
ἢ σὺ λελάληκας πρὸς αὐτ[όν], ὅτι φοβηθεῖσ' ἐνθάδε
κα]ταπέφευγ' αὕ[τ]η πρ[ὸς ἡμᾶς; πάν]υ γε. μὴ ὥρας σύ γε",
φή]σ', "ἴκοι'· ἀλλ' [ἀσχολοῦμαι, νῦ]ν βά[δ]ιζε, παιδίον,
ἐ]κποδών." [. . . . .] .[. . .]αλλ[.] πάντ' ἀ[ν]ήρπαστ' ἐκ μέσου.
οὐ σ]φόδρ' [ἤκ]ουσεν παρόντα σ' ἡδέ[ως.
ΜΟ.] μαστιγία,
κατακ]έχρ[η]σαί μοι.
(ΔΑ.) γελοῖον. ἡ μὲν οὖν μήτηρ
(ΜΟ.) τί φής;
οὐ φυγεῖν ἐ]κοῦσαν αὐτήν; ἢ τί πρᾶγμ'; οὐχ ἕνεκ' ἐμοῦ;
εἶτα πῶ]ς πέπεικας ἐλθεῖν πρός μ';
(ΔΑ.) ἐγὼ δ' εἴρηκά σοι,
ὡς πέπει]κ' ἐλθεῖν ἐκείνην; μὰ τὸν Ἀπόλλω 'γὼ μὲν οὔ·
[οὐδὲ ἓν ψε]ῦδο[ς, τρ]όφ[ι]μέ μου, σοῦ καταψεύδεσθ' [ἔ]τι
βούλομ'.
ΜΟ. οὐ τὴν μ[ητέρ' αὐτὸ]ς ταῦτα συμπεπε[ικ]έναι
ἀρτίως ἔφησθα, ταύτην ἐνθάδ' ὑποδέξασθ' ἐμοῦ
ἕνεκα;
ΔΑ. τοῦθ', ὁρᾷς, ἔφην. ναί, μνημονεύω.
(ΜΟ.) καὶ δοκεῖν
ἕνεκ' ἐμοῦ σοι τοῦτο πράττειν;
ΔΑ. οὐκ ἔχω τουτὶ φράσαι,
ἀλλ' ἔγωγ' ἔπειθον.

Moschion. Sie wird verschämt sein, wenn wir hineingehen, klar, und wird sich verhüllen; denn das ist der Brauch; meine Mutter muss ich, wenn ich hereingegangen bin, sofort küssen, sie ganz für mich gewinnen, mich zum Schmeicheln wenden und ganz einfach für sie leben: Denn wie vorteilhaft geht sie mit der gegenwärtigen Situation um! Aber jemand stößt beim Hinausgehen gegen die Tür. *(Daos kommt aus Myrrhines Haus.)* Was ist los, Sklave? Wie zögerlich du daher kommst, Daos!

Daos. Ja, beim Zeus, denn es ist sehr seltsam; als ich nämlich hinging und zu deiner Mutter sagte, dass du da seist, sagt sie: »Nichts mehr davon! Wie hat er davon gehört? Oder hast du zu ihm gesagt, dass sie, in Angst versetzt, hierher zu uns geflohen ist? Sicher. Unheil möge über dich«, sagt sie, »kommen; aber ich bin beschäftigt, geh jetzt aus dem Weg, Sklave!« Alles ist uns direkt vor der Nase entrissen worden. Nicht sehr gerne hörte sie, dass du da bist.

Moschion. Du Mensch für die Peitsche! Du hast ein Spiel mit mir getrieben.

Daos. Lächerlich! Deine Mutter also –

Moschion. Was meinst du? Ist sie nicht freiwillig geflohen? Oder was ist los? Ist sie es nicht meinetwegen? Wie hast du sie dann dazu überredet, zu mir zu kommen?

Daos. Ich hätte dir gesagt, dass ich sie zu kommen überredet habe? Beim Apollon, nein, ich nicht; nicht eine einzige Lüge, mein junger Herr, will ich dir mehr sagen.

Moschion. Hast du nicht soeben gesagt, du selbst hättest meine Mutter dazu überredet, sie meinetwegen hier aufzunehmen?

Daos. Das, du siehst es, sagte ich, ja, ich erinnere mich.

Moschion. Und dir scheine es, dass sie das meinetwegen tue?

Daos. Das kann ich nicht sagen, aber ich habe sie zu überreden versucht.

ΜΟ. εἶέν· δεῦρο δὴ βάδιζε.
ΔΑ. ποῖ;
⟨ΜΟ.⟩ μ[ὴ] μακράν, εἴσει.
(ΔΑ.) τὸ δεῖνα, Μοσχίων· ἐγὼ τότε –
μ[ικ]ρ[ὸ]ν ἔτι μεῖνον.
(ΜΟ.) φλυαρεῖς πρός με.
(ΔΑ.) μὰ τὸν Ἀσκληπιόν,
οὐ[κ ἔγ]ωγ', ἐὰν ἀκούσῃς. τυχὸν ἴσως οὐ βούλεται
(μ[ανθ]άνεις;) ἐξ [ἐ]πιδρομῆς ταῦθ', ὡς ἔτυχεν, ἀλλ' ἀξιοῖ,
π[ρὶν τάδ'] εἰδέναι σ', ἀκοῦσα[ι] τὰ παρὰ σοῦ γε, νὴ Δία.
οὐ [γὰρ ὡς α]ὐλ[η]τρὶς οὐδ' ὡς πορνίδιον τρισάθλιον
ἦλθε.
ΜΟ. νῦν δο]κεῖς λέγειν μοι, Δᾶέ, τι πάλιν.
(ΔΑ.) δοκί[μασον·
οἶσθας] οἷ[όν ἐ]στιν, οἶμαι. καταλέλοιπεν οἰκίαν,
οὐ φλυαρ[ῶ, ⟨τὸν⟩ τ'] ἐραστήν· εἰ σὺ τρεῖς ἢ τέτταρας
ἡ]μέρας βο[ύ]λει, προσέξει σοί τις· ἀνεκοινοῦτό μοι
το]ῦτ'· ἀκοῦσαι γάρ σ[ε δ]εῖ νῦν.
(ΜΟ.) ποῦ σε δήσας κατα[βάλω,
Δ]ᾶε; περιπατεῖν [πο]εῖς με περίπ[α]τον π[ο]λύν τινα.
ἀρτίως μὲν οὖν [ἔπ]ειθες, ν[ῦ]ν δὲ λελάλ[η]κας πάλιν.
(ΔΑ.) οὐκ ἐᾷς φρονεῖν μ' [ἀ]θορύβ[ως· μετα]βαλοῦ τρόπον τινά,
κοσμίως τ' εἴσω πάρ[ε]λθε.
(ΜΟ. σ[ὺ δ' ἀποδ]ράσει;
(ΔΑ.) καὶ μάλα·
ἐφόδι' οὐχ ὁρᾷς μ' ἔχοντα; π[α]ῦε, [πά]ραγε, παιδίο[ν·
εἰσιὼν δὲ κἄ[ν] τι τούτων συνδιορθώσαις.
(ΜΟ.) ἐγώ;
ὁμολογῶ νικᾶν σε.
(ΔΑ.) μικροῦ γ', Ἡράκλεις, καὶ νῦν [δ]έ[ει
αὗός εἰμ'. οὐκ [ἔ]στι γὰρ ταῦθ', ὡς τότ' ᾤμην, εὐκρινῆ.
(ΣΩ.) πάλιν πέπομφε τὴν χλαμύδα φέροντά με
καὶ τὴν σπάθην, ἵν' ἴδω τί ποιεῖ καὶ λέγω

MOSCHION. Gut denn; komm mal her.

DAOS. Wohin?

MOSCHION. Nicht weit von mir, gleich weißt du es.

DAOS. Das und das, Moschion; ich habe da – warte noch ein wenig.

MOSCHION. Du faselst mich voll.

DAOS. Nein, beim Asklepios, tu ich nicht, wenn du zuhörst. Vielleicht will sie das nicht – verstehst du? – aus dem Moment heraus, durch Zufall, sondern hält für angemessen, bevor du es weißt, von deiner Seite etwas zu hören, bei Zeus. Denn sie kam nicht als Flötenspielerin oder als dreimal elendes Hürchen.

MOSCHION. Jetzt, glaube ich, hast du wieder etwas zu sagen, Daos.

DAOS. Denke nach! Du weißt, wie es ist, glaube ich. Sie hat das Haus verlassen – ich scherze nicht – und ihren Liebhaber; wenn du sie drei oder vier Tage lang begehrst, wird eine dir Beachtung schenken; sie hat mir das mitgeteilt; nun musst du es hören.

MOSCHION. Wo soll ich dich einsperren und den Schlüssel wegwerfen, Daos? Du lässt mich auf einem langen Rundgang herumgehen. Soeben noch hast du mich überzeugt, jetzt aber hast du wieder dahergeschwatzt.

DAOS. Du lässt mich nicht in Ruhe nachdenken; ändere deine Art irgendwie, und geh mit Anstand hinein.

MOSCHION. Wirst du ausreißen?

DAOS. Ja, sicher; siehst du nicht, dass ich Reiseverpflegung habe? Hör auf, geh hinein, Knabe; wenn du hineingehst, kannst du wohl etwas davon zusammen mit mir einrenken.

MOSCHION. Ich? Ich gebe zu, du bist Sieger. *(Ab in Myrrhines Haus.)*

DAOS. Beinahe, Herkules, und nun bin ich starr vor Angst. Denn dies ist nicht so deutlich, wie ich glaubte.

SOSIAS *(kommt von rechts)*. Wieder hat er mich mit seinem Mantel und seinem Schwert geschickt, damit ich schaue, was sie

ἐλθών. ἀκαρὲς δέω δὲ φάσκειν καταλαβεῖν
τὸν μοιχὸν ἔνδον, ἵν᾽ ἀναπηδήσας τρέχῃ,
εἰ μή γε παντ[ά]πασιν αὐτὸν ἠλέουν.
κακοδαίμον᾽ οὕτω δε[σπ]ότην οὐδ᾽ ἐνύπνι[ον
ἰδὼν γὰρ οἶδ᾽. ὢ τῆς π[ικρᾶ]ς ἐπιδημίας.
(ΔΑ.) ὁ ξένος ἀφῖκται. χαλεπὰ ταῦτα παντελ[ῶς
τὰ πράγματ᾽ ἐστί, νὴ τὸν Ἀπόλλω τουτο[νί.
καὶ τὸ κεφάλαιον οὐδέπω λογίζομαι,
τὸν δεσπότην, [ἂ]ν ἐξ ἀγροῦ θᾶττον π[άλιν
ἔλθῃ, ταραχὴν οἵαν ποήσει παραφ[ανείς.
ΣΩ. ὑμεῖς δ᾽ ἀφήκαθ᾽, ἱερόσυλα θηρία,
ἀ[φή]κατ᾽ ἔξω τῆς θύρας;
[ΔΑ. ἀ]νασ[τρ]έφ[ει
ἄ[νθ]ρωπος ὀργιζόμ[εν]ος· [ὑπα]πο[στήσομαι.
[ΣΩ.] ἡ δ᾽ οἴχεθ᾽ ὡς τὸν γείτον᾽ εὐθὺς δηλαδή,
τὸν μοιχόν, οἰμώζειν φράσασ᾽ ἡμῖν μακρὰ
καὶ μεγάλα.
(ΔΑ.) μάντιν ὁ στρατιώτης π[ε]ριά[γει
τοῦτον· ἐπιτυγχάνει τι.
ΣΩ. κόψω τὴν θύραν.
(ΔΑ.) ἄνθρωπε κακόδαιμον, τί βούλει; ποῖ φέ[ρ]ει;
(ΣΩ.) ἐντεῦθεν εἶ;
(ΔΑ.) τυχόν. ἀλλὰ τί [π]ολυπρα[γ]μον[εῖς;
[ΣΩ.] ἀπονενόησθε, πρὸς θεῶν; [ἐλ]ευθέραν
ἔχειν γυναῖκα πρὸς β[ία]ν τ[οῦ] κυρί[ου
τολμᾶτε κατακλείσαντες;
(ΔΑ.) ὡς πο[νηρὸς εἶ
καὶ συκοφάντης, ὃς [τοιαῦτ᾽ ἐπαιτιᾷ.
(ΣΩ.) πότερα νομίζετ᾽ οὐκ ἔχειν ἡ[μᾶς χολὴν
οὐδ᾽ ἄνδρας εἶναι;
(ΔΑ.) ναὶ μὰ Δία, τε[τρω]βό[λους.
ὅταν δὲ τετράδραχμος τοιούτ[ους ἐπ]ιλά[βῃ,
ἦ ῥᾳδίως μαχούμεθ᾽ ὑμῖν.

macht, und es ihm sage, wenn ich zurückkomme. Fast möchte ich sagen, ich hätte den Liebhaber im Haus ertappt, damit er aufspringt und hinläuft, wenn ich ihn nicht heftig bemitleiden würde. Denn, wie ich weiß, habe ich meinen Herrn nicht einmal im Traum so unglücklich gesehen. Welch eine bittere Heimkehr! *(Ab in Polemons Haus.)*

Daos. Der Söldner ist angekommen. Ganz und gar schwierig ist die Lage, bei diesem Apollon da. *(Weist auf eine Statue des Gottes.)* Und ich bedenke noch nicht einmal das Hauptproblem, meinen Herrn, falls er schneller wieder vom Land kommt, was für eine Unruhe er machen wird, wenn er erscheint.

Sosias *(kommt aus Polemons Haus und spricht zurück)*. Ihr habt sie gehen lassen, tempelräuberische Monster, aus der Tür gehen lassen?

Daos *(a parte)*. Der Mensch kehrt zurück und ist wütend; ich will beiseite treten.

Sosias. Sie ist offensichtlich sofort zum Nachbarn gegangen, ihrem Liebhaber, und befiehlt uns langes und lautes Jammern.

Daos. Als Propheten führt der Soldat den mit; er trifft es.

Sosias. Ich will an die Tür klopfen.

Daos. Unglückseliger Mensch, was willst du, wohin treibt es dich?

Sosias. Bist du von hier?

Daos. Zufällig. Aber was hast du hier zu schaffen?

Sosias. Seid ihr von Sinnen, bei den Göttern? Eine freie Frau ihrem Herrn zum Trotz festzuhalten wagt ihr, nachdem ihr sie eingesperrt habt?

Daos. Wie schlecht du bist und ein Sykophant, der du einen solchen Vorwurf erhebst!

Sosias. Glaubt ihr, wir haben keine Galle und sind keine Männer?

Daos. Doch, bei Zeus, wenn sich solche Vier-Obolen-Männer ein Vier-Drachmen-Mann zulegt, werden wir wahrhaft leicht mit euch kämpfen.

(ΣΩ.) [Ἡράκλ]ε[ις,
πράγματος [ἀ]σελγοῦς. [ὁ]μολ[ο]γεῖτε δ', εἰπέ μ[οι,
ἔ[χει]ν; πρ[όσ]ελθ' ἄνθρωφ' [ὁ π]αριών – οἴχετ[αι.
φυ[γὼ]ν ὃς ἦλ[θ]ε μάρτυ[ς. ὁμ]ολογεῖτ' ἔχειν;
(ΔΑ.) οὐχ [ηὕρετ' αὐτὴ]ν ἔν[δον;
ΣΩ. ὄ]ψ[ο]μαί τινας
ὑμῶν [στένον]τας. πρὸς τίν' οἴεσθ', εἰπέ μοι,
παίζειν; [τίς] ὁ λῆρος; κατὰ κράτος τὸ δυστυχ[ὲ]ς
οἰκίδιον τ[ο]ῦτ' αὐτίκ' ἐξαιρ[ήσ]ομεν.
ὅπλιζε τὸν μοιχόν.
(ΔΑ.) πονηρόν, ἄθλιε·
ὥσπερ παρ' ἡμῖν οὖσαν ἐπι[μ]ένεις πάλαι;
(ΣΩ.) οἱ παῖδες οἱ τὰ πελτί' οὗτο[ι] πρὶν πτύσαι
διαρπάσονται πάντα, κἂν τετρωβόλους
καλῇς.
(ΔΑ.) ἔπαιζον· σκατοφάγ[ο]ς γὰρ εἶ.
(ΣΩ.) πόλιν
οἰκοῦντες –
(ΔΑ.) ἀλλ' οὐκ ἔχομε[ν].
(ΣΩ.) αἰβοῖ, λήψομαι
σάρισαν.
(ΔΑ.) ἄπαγ' ἐς κόρακας· [ὡ]ς εἴσειμ' ἐγώ,
ἕως ἔοικας ἀν[δρα]ποδιστῇ.
(ΔΩ.) Σωσία.
(ΣΩ.) σ]ὺ μὲν εἰ πρό[σει] μοι, Δωρί, μέγα τί σοι κακὸν
δ]ώσω· σὺ τ[ού]των γέγονας α[ἰ]τιωτάτη.
(ΔΩ.) οὕ]τως ὄναιο, λέγ', ὅτι πρὸς γυναῖκά ποι
δείσασα κατ[α]πέφευγε.
(ΣΩ.) πρὸς γυναῖκά ποι
δεί]σασα;
(ΔΩ.) καὶ γὰρ οἴχεθ' ὡς τὴν Μυρρίν[η]ν,
τὴν] γείτον', οὕτω μο[ι] γένοιθ' ἃ βούλομαι.
(ΣΩ.) ὁρᾷ]ς ἵν' οἴχεθ'; οὗ τὸ μέλημ' ἔστ', ἐνθά[δ]ε.

Sosias. Herakles, was für eine freche Tat! Aber gebt ihr zu, sage mir, dass ihr sie habt? *(Zu einem Passanten.)* Komm her, vorbeigehender Mensch – weg ist er. [195] Auf der Flucht ist der, der als Zeuge kam. Gebt ihr zu, dass ihr sie habt?

Daos. Habt ihr sie drinnen nicht gefunden?

Sosias. Einige von euch werde ich stöhnen sehen. Mit wem, glaubt ihr, sage mir, ein Spiel zu treiben? Was soll der Quatsch? Mit Gewalt werden wir dies unglückselige Häuschen sofort erobern. [200] Bewaffne den Liebhaber!

Daos. Übel, du Elender! Als wäre sie bei uns, bleibst du hier schon lange?

Sosias. Die Burschen hier mit den kleinen Schilden werden, bevor du ausspuckst, alles auseinanderreißen, auch wenn du sie Vier-Obolen-Männer nennst.

Daos. Ich hab Spaß gemacht; denn du bist ein Kotfresser.

Sosias. Leute, die in der Stadt [205] wohnen –

Daos. Wir haben sie nicht.

Sosias. Ha, meine Sarisa werde ich holen.

Daos. Ab zu den Raben! Denn ich gehe hinein, solange du einem Menschenhändler gleichst. *(Ab in Myrrhines Haus.)*

Doris *(kommt aus Polemons Haus)*. Sosias!

Sosias. Wenn du mir nahe kommst, Doris, werde ich dir ein großes Übel verschaffen; du bist am meisten schuld an dem hier.

Doris. [210] So wahr du Nutzen hast, sage ihm, dass sie, weil sie Angst hatte, zu einer Frau geflohen ist.

Sosias. Zu einer Frau, weil sie Angst hatte?

Doris. Ja, denn sie ging zu Myrrhine, der Nachbarin, so wahr mir geschieht, was ich wünsche.

Sosias. Siehst du, wohin sie ging? Dort, wo ihr Schwarm ist, dahin!

⟨ΔΩ.⟩ οὐ]δὲ[ν] ποεῖ νῦν ὧν σὺ βούλει, Σω[σία.
(ΣΩ.) ἄπ[αγ]ε σε[αυτή]ν, ἄπ[α]γ', [ἐπεὶ] ψευδῆ λ[έγεις.

⟨ΧΟΡΟΥ⟩

ΜΕΡΟΣ Γ'

ΣΩ. ἐκ]εῖθεν ἥκει χρήματ' εἰληφώς, ἐμοὶ
πίστευε. προδίδωσίν σε καὶ τὸ στρατ[ό]πεδον.
(ΠΑΤΑΙΚΟΣ)
κάθευδ' ἀπελθών, ὦ μακάριε, τὰς μά[χ]ας
τ]αύτας ἐάσας· [οὐ]χ ὑγιαίνεις. σοὶ λαλῶ·
ἧττον μεθύεις γά[ρ].
(ΠΟΛΕΜΩΝ)
ἧττον; ὃς πέπωκ' ἴσως
κοτύλην, προειδὼς πάντα ταῦθ' ὁ δυστυχὴς
τηρῶν τ' ἐμαυτὸν εἰς τὸ μέλλον.
(ΠΑ.) εὖ λέγεις.
πείσθητί μοι.
(ΠΟ.) τί δ' ἐστὶν ὃ κελεύεις ἐμοί;
⟨ΠΑ.⟩ ὀρθῶς ἐρωτᾷς νῦν· ἐγὼ δὴ τἄλλ' ἐρῶ.
(ΣΩ.) Ἁβρότονον, ἐπισήμηνον.
(ΠΑ.) εἴσω τουτονὶ
πρῶτον ἀπόπεμψον τούς τε παῖδας οὓς ἄγει.
(ΣΩ.) κακῶς διοικεῖς τὸν πόλεμον· διαλύεται,
ἐξὸν λαβεῖν κατὰ κράτος.
(ΠΟ.) οὑτοσί με γάρ –
⟨ΣΩ.⟩ Πάταικος; ἐξόλλυσιν· οὐκ ἔσθ' ἡγεμών.
(ΠΑ.) πρὸς τῶν θεῶν, ἄνθρωπ', ἄπελθ'.

DORIS. Sie tut jetzt nichts, was du willst, Sosias!
SOSIAS. Pack dich davon, pack dich, denn du sagst Lügen!
(Zwischen V. 216 und 217 fehlen etwa 60 Verse außer V. 216[a]–216[c], von denen ein Wort und zwei Buchstaben übrig sind. In der Lücke begann Akt III.)

⟨*Tanz und Gesang des Chors*⟩

AKT III

(Von rechts kommen Polemon, Sosias mit Sklaven und der Flötenspielerin Habrotonon.)

SOSIAS *(sieht Pataikos kommen).* Der kommt von dort und hat Geld bekommen, glaube mir. Er verrät dich und deine Armee.

PATAIKOS. Geh weg und schlafe, Glücklicher, und lass diese Kämpfe sein; du bist nicht bei Verstand. *(Zu Polemon.)* Mit dir rede ich; denn du bist weniger betrunken.

POLEMON. Weniger? Ich trank vielleicht einen Becher, weil ich Unglücklicher dies alles vorher wusste und mich für die Zukunft vorsah.

PATAIKOS. Das sagst du gut. Gehorche mir.

POLEMON. Was ist es, was du mir aufträgst?

PATAIKOS. Mit Recht fragst du jetzt; ich werde also das Weitere sagen.

SOSIAS. Habrotonon, gib das Signal!

PATAIKOS. Schicke den da zuerst hinein und dazu die Sklaven, die er anführt.

SOSIAS. Schlecht arrangierst du den Kampf; er beendet ihn, obwohl Einnehmen mit Gewalt möglich wäre.

POLEMON. Denn der hier –

SOSIAS. Pataikos? Er vernichtet uns; er ist kein Heerführer.

PATAIKOS. Bei den Göttern, Mensch, geh weg!

(ΣΩ.) ἀπέρχομαι.
ᾤμην σε ποιήσειν τι. καὶ γάρ, Ἁβρότονον,
ἔχεις τι πρὸς πολιορκίαν σὺ χρήσιμον
δύνασαί τ' ἀναβαίνειν, περικαθῆσθαι. ποῖ στρέφει,
λαικάστρι'; ᾐσχύνθης; μέλει τούτων τί σοι;
(ΠΑ.) εἰ μέν τι τοιοῦτ' ἦν, Πολέμων, οἷόν φατε
ὑμεῖς, τὸ γεγονὸς καὶ γαμετὴν γυναῖκά σου –
(ΠΟ.) οἷον λέγεις, Πάταικε.
(ΠΑ.) διαφέρει δέ τι.
⟨ΠΟ.) ἐγὼ γαμετὴν νενόμικα ταύτην.
(ΠΑ. μὴ βόα.
τίς δ' ἔσθ' ὁ δούς;
(ΠΟ.) ἐμοὶ τίς; αὐτή.
(ΠΑ.) πάνυ καλῶς.
ἤρεσκες αὐτῇ τυχὸν ἴσως· νῦν δ' οὐκέτι,
ἀπελήλυθε[ν δ'] οὐ κατὰ τρόπον σου χρωμένου
αὐτῇ.
(ΠΟ.) τί φής; οὐ κατὰ τρόπον; τουτί με τῶν
πάντων λελύπηκας μάλιστ' εἰπών.
(ΠΑ.) ἐρᾷς,
τοῦτ' οἶδ' ἀκριβῶς· ὥσθ' ὃ μὲν νυνὶ ποεῖς
ἀπόπληκτόν ἐστι. ποῖ φέρει γάρ; ἢ τίνα
ἄξων; ἑαυτῆς ἐστ' ἐκείνη κυρία.
λοιπὸν τὸ πείθειν τῷ κακῶς διακειμένῳ
ἐρῶντί τ' ἐστίν.
(ΠΟ.) ὁ δὲ διεφθαρκὼς ἐμοῦ
ἀπόντος αὐτὴν οὐκ ἀδικεῖ μ';
(ΠΑ. ὥστ' ἐγκαλεῖν
ἀδικεῖ σ' ἐκεῖνος, ἄν ποτ' ἔλθῃς εἰς λόγους·
εἰ δ' ἐκβιάσει, δίκην ὀφλήσεις. οὐκ ἔχει
τιμωρίαν γὰρ τἀδίκημ', ἔγκλημα δέ.
(ΠΟ.) οὐδ' ἄρα νῦν;
(ΠΑ.) οὐδ' ἄρα νῦν.

SOSIAS. Ich gehe weg. Ich hatte geglaubt, du würdest etwas tun. Denn auch du, Habrotonon, verfügst über etwas für eine Eroberung Nützliches und kannst besteigen, umringen. Wohin wendest du dich ab, [235] Schwanzlutscherin? Schämst du dich? Geht dich etwas davon an? *(Ab mit den Sklaven und Habrotonon in Polemons Haus.)*

PATAIKOS. Wenn von der Art wäre, Polemon, wie ihr sagt, das, was geschah, und sie deine Ehefrau –

POLEMON. Wie du redest, Pataikos!

PATAIKOS. Da ist ein Unterschied.

POLEMON. Ich habe sie für meine Ehefrau gehalten.

PATAIKOS. Schrei nicht! [240] Wer ist es, der sie in die Ehe gab?

POLEMON. Wer mir? Sie selbst.

PATAIKOS. Sehr schön. Du gefielst ihr vielleicht; jetzt aber nicht mehr, sie ging davon, weil du sie nicht angemessen behandelt hast.

POLEMON. Was sagst du? Nicht angemessen? Indem du das sagtest, hast du mich am allermeisten gekränkt.

PATAIKOS. Du liebst, [245] das weiß ich genau; deshalb ist das, was du jetzt gerade tust, verrückt. Denn wohin lässt du dich treiben? Oder wen willst du holen? Sie ist ihre eigene Herrin. Übrig bleibt dem Liebenden, der leidet, das Überreden.

POLEMON. Aber der, der sie schändete, [250] als ich abwesend war, hat der mir kein Unrecht getan?

PATAIKOS. Unrecht getan hat er dir, so dass du es ihm vorwerfen kannst, wenn es zum Wortwechsel kommt; wenn du aber Gewalt anwendest, machst du dich schuldig. Denn nicht Strafe verdient sein Unrecht, sondern Tadel.

POLEMON. Nicht einmal jetzt?

PATAIKOS. Nicht einmal jetzt.

(ΠΟ.) οὐκ οἶδ' ὅ τι
λέγω, μὰ τὴν Δήμητρα, πλὴν ἀπάγξομαι.
Γλυκέρα με καταλέλοιπε, καταλέλοιπέ με
Γλυκέρα, Πάταικ'. ἀλλ' εἴπερ οὕτω σοι δοκεῖ
πράττειν, συνήθης ἦσθα γὰρ καὶ πολλάκις
λελάληκας αὐτῇ πρότερον, ἐλθὼν διαλέγου,
πρέσβευσον, ἱκετεύω σε.
ΠΑ. τοῦτό μοι δοκεῖ,
ὁρᾷς, ποεῖν.
ΠΟ. δύνασαι δὲ δήπουθεν λέγειν,
Πάταικε;
(ΠΑ.) μετρίως.
(ΠΟ.) ἀλλὰ μήν, Πάταικε, δεῖ·
αὕτη 'στὶν ἡ σωτηρία τοῦ πράγματος.
ἐγὼ γὰρ εἴ τι πώποτ' ἠδίκηχ' ὅλως,
εἰ μὴ διατελῶ πάντα φιλοτιμούμενος –
τὸν κόσμον αὐτῆς εἰ θεωρήσαις –
(ΠΑ.) καλῶς
ἔχει.
(ΠΟ.) θεώρησον, Πάταικε, πρὸς θεῶν·
μᾶλλόν μ' ἐλεήσεις.
(ΠΑ.) ὦ Πόσειδο[ν.
ΠΟ. δ]εῦρ' ἴθι.
ἐνδύμαθ' οἷ'. οἷα δὲ φαίνεθ', ἡνίκ' ἂν
λάβῃ τι τούτων· οὐ γὰρ ἑοράκεις ἴσως.
ΠΑ. ἔγωγε.
(ΠΟ.) καὶ γὰρ τὸ μέγεθος δήπουθεν ἦν
ἄξιον ἰδεῖν. ἀλλὰ τί φέρω νῦν εἰς μέσον
τὸ μέγεθος, ἐμβρόντητος, ὑπὲρ ἄλλων λαλῶν;
(ΠΑ.) μὰ τὸν Δί', οὐδέν.
(ΠΟ.) οὐ γάρ; ἀλλὰ δεῖ γέ σε
ἰδεῖν, βάδιζε δεῦρο.
(ΠΑ.) πάραγ'· εἰσέρχομαι.

Polemon. Ich weiß nicht, was ich sagen soll, bei der Demeter, außer dass ich mich aufhängen will. Glykera hat mich verlassen, verlassen hat mich Glykera, Pataikos! Aber wenn es dir gut scheint, so zu handeln – denn du warst ihr vertraut und hast früher oft mit ihr gesprochen –, geh und rede mit ihr, sei mein Gesandter, ich flehe dich an!

Pataikos. Das zu tun, scheint mir gut, siehst du!

Polemon. Du kannst doch wirklich reden, Pataikos?

Pataikos. Mittelmäßig.

Polemon. Aber es ist wahrhaft nötig, Pataikos; genau das ist die Rettung der Situation. Denn wenn ich ihr jemals ganz und gar Unrecht getan habe, wenn ich sie nicht ständig voller Ehrgeiz in allem – wenn du ihren Schmuck anschauen würdest –

Pataikos. Ist ja schon gut.

Polemon. Schau ihn an, Pataikos, bei den Göttern; du wirst mich noch mehr bemitleiden.

Pataikos. O Poseidon!

Polemon. Komm her. Und was für Kleider! Welche Erscheinung sie ist, wenn sie eines davon anzieht! Denn das hattest du vielleicht nicht gesehen.

Pataikos. Doch, habe ich.

Polemon. Denn auch ihre großartige Statur wäre doch wohl sehenswert. Aber was bringe ich jetzt ihre großartige Statur zur Sprache, ganz von Sinnen, wo ich doch über anderes rede?

Pataikos. Nein, beim Zeus, gar nicht.

Polemon. Also nicht? Aber du musst das sehen, komm her!

Pataikos. Geh du; ich trete ein. *(Beide ab in Polemons Haus.)*

(ΜΟ.) οὐκ εἰσφθερεῖσθε θᾶττον ὑμεῖς ἐκποδών;
λόγχας ἔχοντες ἐκπεπηδήκασί μοι.
οὐκ ἂν δύναιντο δ' ἐξελεῖν νεοττιὰν
χελιδόνων· οἷοι γάρ εἰσ' οἱ βάσκανοι.
ἀλλὰ ξένους, φήσ', εἶχον· εἰσὶ δ' οἱ ξένοι
οἱ περιβόητοι Σωσίας εἷς οὑτοσί.
πολλῶν γεγονότων ἀθλίων κατὰ τὸν χρόνον
τὸν νῦν (φορὰ γὰρ γέγονε τούτου νῦν καλὴ
ἐν ἅπασι τοῖς Ἕλλησι δι' ὅ τι δή ποτε)
οὐδένα νομίζω τῶν τοσούτων ἄθλιον
ἄνθρωπον οὕτως ὡς ἐμαυτὸν ζῆν ἐγώ.
ὡς γὰρ τάχιστ' εἰσῆλθον, οὐδὲν ὧν ἀεὶ
εἴωθ' ἐποίουν, οὐδὲ πρὸς τὴν μητέρα
εἰσῆλθον, οὐ τῶν ἔνδον ἐκάλεσ' οὐδένα
πρὸς ἐμαυτόν, εἰς δ' οἶκόν τιν' ἐλθὼν ἐκποδὼν
ἐνταῦθα κατεκ[ε]ίμην συνεστηκὼς πάνυ·
τὸν Δᾶον εἰσπέμπω δὲ δηλώσονθ', ὅτι
ἥκω, τοσοῦτον αὐτό, πρὸς τὴν μητέρα.
οὗτος μὲν οὖν μικρόν τι φροντίσας ἐμοῦ
ἄριστον αὐτοῖς καταλαβὼν παρακείμενον
ἐγέμιζεν αὑτόν. ἐν δὲ τούτῳ τῷ χρόνῳ
κατακείμενος πρὸς ἐμαυτὸν ἔλεγον· "αὐτίκα
πρόσεισιν ἡ μήτηρ ⟨ἀπ⟩αγγελοῦσά μοι
παρὰ τῆς ἐρωμένης ἐφ' οἷς ἄν φησί μοι
εἰς ταὐτὸν ἐλθεῖν." αὐτὸς ἐμελέτων λόγον

ΧΟΡΟΥ

MOSCHION *(kommt aus dem Haus Myrrhines und spricht zunächst die Sklaven an, die noch nicht alle abgegangen sind).* Geht ihr nicht schnell aus dem Weg in euer Verderben? Obwohl sie Lanzen haben, sind sie vor mir davongesprungen. Sie könnten kein Schwalbennest einnehmen; was die doch für Nichtsnutze sind! Aber Söldner, sagt er, hätten sie; es sind die vielgerühmten Söldner, dieser Sosias da einer von ihnen. Von vielen, die unglücklich wurden in der heutigen Zeit – denn eine feine Ernte gibt es davon heute unter allen Hellenen, weswegen auch immer –, lebt, glaube ich, kein Mensch von den so vielen so unglücklich wie ich. Denn sobald ich ins Haus kam, tat ich nichts von dem, was ich stets gewohnt bin, ich ging nicht zu meiner Mutter hinein, rief keinen von den Leuten drinnen her zu mir, sondern ging in einen abgelegenen Raum und lag dort sehr ruhig; den Daos schicke ich hinein zur Mutter, damit er meldet, dass ich gekommen bin, nur so viel. Der nun scherte sich wenig um mich, nahm sich das Mittagessen, das man ihnen hingestellt hatte, und füllte sich voll. Während dieser Zeit lag ich da und sagte zu mir selbst: »Gleich wird meine Mutter kommen und mich von der Geliebten benachrichtigen, unter welchen Voraussetzungen sie zusagt, mit mir zusammenzukommen.« Ich selbst übte meine Worte ein …

(Zwischen V. 300 und 301 fehlen etwa 160 Verse; die davon erhaltenen V. 300[a] und 300[b] haben zusammen nur noch drei Wörter zu bieten. In der Lücke begann Akt IV.)

⟨*Tanz und Gesang des Chors*⟩

ΜΕΡΟΣ Δ′

[ΓΛΥΚΕΡΑ]
τίσιν ἂν λόγοις τὴν μ]ητέρ' αὐτοῦ, φίλ[τ]ατε,
πεῖσαί γε κα]ταφυγοῦσ' ἐδυνάμην; οὐ σκοπεῖς;
ἵ]να με λ[άβῃ] γυναῖκα; κατ' ἐμὲ γὰρ πάνυ
γέ]γον' οὗτ[ος]. ἀλλ' οὐ τοῦθ', ἑταίραν δ' ἵνα μ' ἔχῃ;
εἶτ' οὐ λαθεῖν τούτους ἂν ἔσπευδον, τάλαν,
αὐτός [τ'] ἐκεῖνος, ἀλλ' ἰταμῶς εἰς ταὐτό με
τῷ πατρὶ κατέστησ'; εἱλόμην δ' οὕτως ἐγ[ὼ
ἀφρόνως ἔχειν ἔχθραν τε πρά[ττειν Μυρρίνῃ
ὑμῖν θ' ὑπόνοιαν καταλιπεῖν [ἀκολασίας
ἣν ἐξαλείψαιτ' οὐκέτ'; οὐδ' αἰσχ[ύνεται,
Πάταικε; καὶ σὺ ταῦτα συμπεπ[εισμένος
ἦλθες τ[ο]ιαύτην θ' ὑπέλαβές [με γεγονέναι;
(ΠΑ.) μὴ δὴ [γ]ένοιτ'. ὦ Ζεῦ πολυ[τίμηθ'· ἃ δὲ λέγεις
δείξαις ἀληθῶς ὄντ'· ἔγω[γε πείθομαι.
ἀλλ' ἄπιθι μηδὲν ἧττον.
[ΓΛ. εἰς ἑτέραν τινὰ
ὑβριζέτω τὸ λοιπόν.
(ΠΑ.) οὐχ ἑ[κούσιον
γέγ[ο]νε τὸ δεινόν.
(ΓΛ.) ἀνόσι[ον δέ, νὴ Δία.
ο[ὐδ' ἂν, τά]λαν, θεράπαιναν [ἐργάσαιτό τις.

ἐγ[ὼ δ' ἐκεῖν' ἐ]λάμβα[νον· γνωρίσματ' ἦν
τοὐμοῦ πατρὸς καὶ μητρός, εἴ[θισμαι δ' ἔχειν
ἀεὶ παρ' ἐμαυτῇ ταῦτα καὶ τηρ[εῖν.
ΠΑ.] τί οὖν
βούλει;
(ΓΛ.) κομίσασθαι ταῦτ'.
[ΠΑ. ἀ]π[έγ]νωκας σὺ [γὰρ
κομιδῇ τὸν ἄνθρωπον; τί βούλε[ι];

AKT IV

GLYKERA *(mitten im Dialog mit Pataikos vor Myrrhines Haus).* Mit welchen Worten hätte ich seine Mutter, mein Liebster, überzeugen können, nachdem ich geflohen bin? Überlegst du das nicht? Dass er mich zur Frau nimmt? Er ist mir ja ganz und gar ebenbürtig von Herkunft! Also das nicht, aber dass er mich als Hetäre hat? [305] Ach, hätte ich mich dann nicht darum bemüht, dass es ihnen verborgen bleibt, und hätte auch er selbst nicht, sondern mich dreist in dasselbe Haus mit seinem Vater gebracht? Hätte ich es vorgezogen, mich so unklug zu verhalten, in Myrrhine Feindschaft zu wecken und euch dem Verdacht der Zuchtlosigkeit auszusetzen, [310] den ihr nicht mehr würdet ausräumen können? Und schämt er sich nicht, Pataikos? Und kamst du, weil du davon überzeugt bist, und nahmst du an, ich sei eine solche?

PATAIKOS. Das möge nicht geschehen. O ehrenreicher Zeus! Das, was du sagst -- mögest du zeigen können, dass es wahr ist! Ich jedenfalls glaube dir. [315] Aber geh dennoch zurück.

GLYKERA. Soll er doch eine andere künftig misshandeln!

PATAIKOS. Nicht aus einer Absicht heraus ist das Schreckliche geschehen.

GLYKERA. Aber ruchlos, bei Zeus. [318] Ach, nicht einmal einer Sklavin täte jemand das an. *(Zwischen V. 318 und 319 fehlen etwa 16 Verse.)* [319] Die da bekam ich; es waren Erkennungszeichen [320] meines Vaters und meiner Mutter, ich bin gewohnt, sie immer bei mir zu haben und auf sie achtzuhaben.

PATAIKOS. Was willst du nun?

GLYKERA. Dass sie geholt werden.

PATAIKOS. Hast du denn den Menschen ganz und gar aufgegeben? Was willst du?

(ΓΛ.) φίλτατε,
διὰ σοῦ γενέσθω τοῦτό μ[ο]ι.
[ΠΑ. π]ραχθ[ή]σεται
τοῦτό ⟨γε⟩ (γελοῖον)· ἀλλ' ὑπὲρ πάντων [ἐ]χρῆν
ὁρ]ᾶν σ' –
(ΓΛ.) ἐγᾦδα τἄμ' ἄρισθ'.
(ΠΑ.) οὕτως ἔχεις;
τίς τῶν] θεραπαινῶν οἶδε ταῦθ' ὅπου 'στί σοι;
(ΓΛ.) ἡ Δωρὶ]ς οἶδε.
(ΠΑ.) καλεσάτω τὴν Δωρίδα
ἔξω τι]ς. ἀλλ' ὅμως, Γλυκέρα, πρὸς τῶν θεῶν
. . . . .(.)] .ε . .', ἐφ' οἷς ἐγὼ νυνὶ λέγω
. . . .] . .δ . .
ΔΩ. ὦ κεκτημένη,
. . . .] οἷον τὸ κακόν.
(ΓΛ.) ἐξένεγκέ μοι
τὴν κιστίδ'] ἔξω, Δωρί, τὴν τὰ ποικίλα
ἔχουσαν, οἶσθα, ν]ὴ Δί', ἣν δέδωκά σοι
τηρεῖν. τί κ]λαίεις, ἀθλία;
ΠΑ. πέπονθά τι,
νὴ τὸν Δία τὸ]ν σωτῆρα, [θαυμαστὸν π]άνυ·
. . . .] πρᾶγμ' οὐδέν· ηκ .[

. .] καὶ τότ' εἶδον, οὐ παρ' αὐτὸν οὑτοσὶ
τ]ράγος τις ἢ βοῦς ἢ τοιουτὶ θηρ[ί]ον
ἕ]στηκεν;
(ΓΛ.) ἔλαφος, φίλτατ', ἐστίν, οὐ τράγος.
(ΠΑ.) κέρ]ατ' ἔχει, τοῦτ' οἶδα. καὶ τουτὶ τρίτον
πετ]εινὸς ἵππος. τῆς γυναικὸς τῆς ἐμῆς
. . . .] .ματ' ἐστὶ ταῦτα καὶ μάλ' ἀθλίας.
(ΜΟ.) οὐ τῶν] ἀδυνάτων ἐστί, τουτί μοι δοκεῖ
σκοποῦν]τι, τὴν ἐμὴν τεκοῦσαν μητέρα
συνεκτίθ]εσθαι θυγατέρ' αὐτῇ γενομένην·

Glykera. Mein Liebster, durch dich soll das für mich geschehen.

Pataikos. Das wird gemacht. *(A parte.)* [325] Lächerlich! *(Laut.)* Aber du solltest auf alles schauen –

Glykera. Ich weiß am besten, was mir nützt.

Pataikos. So hältst du es damit? Welche von den Sklavinnen weiß, wo du sie hast?

Glykera. Die Doris weiß es.

Pataikos. Die Doris soll jemand nach draußen rufen. Aber dennoch, Glykera, bei den Göttern, ... [330] zu dem, was ich jetzt sage, ...

Doris. Ach, Herrin, ... welch ein Unglück!

Glykera. Bringe mir das Kästchen nach draußen, Doris, das, welches die bunten Sachen enthält, du weißt schon, bei Zeus, das ich dir [335] zur Aufbewahrung gab. Warum weinst du, du Arme? *(Doris ab in Polemons Haus.)*

Pataikos. Ich erlebe, bei dem Retter Zeus, etwas sehr Verwunderliches: ... [337] keine Angelegenheit ... *(Zwischen V. 337 und 338 fehlen etwa 7 Verse, nach denen Pataikos noch oder wieder spricht.)* [338] ... ⟨das⟩ ich auch damals sah, stand nicht daneben dieser Ziegenbock oder ein Rind oder ein derartiges Tier?

Glykera. [340] Ein Hirsch, mein Liebster, ist es, kein Ziegenbock.

Pataikos. Es hat Hörner, das weiß ich. Und dieses dritte hier ein geflügeltes Pferd. Von meiner Frau ... sind diese, der sehr unglücklichen.

Moschion *(kommt aus Myrrhines Haus und kommentiert die Szene)*. Zu den unmöglichen Dingen gehört es nicht, das glaube ich, [345] wenn ich es überlege, dass meine Mutter, als sie gebar, mit mir eine von ihr zur Welt gebrachte Tochter aussetzte; wenn

εἰ δὲ πεπόητ]αι τοῦτ᾽, ἀδελφὴ δ᾽ ἔστ᾽ ἐμὴ
αὕτη, κάκιστ᾽] ἔφθαρμ᾽ ὁ δυστυχὴς ἐγώ.
(ΠΑ.) ὦ Ζε]ῦ, τίν᾽ ἤδη τἀπίλοιπα τῶν ἐμῶν;
(ΓΛ.) πέραι]ν᾽ ὃ βούλει τοῦτο πυνθάνου τ᾽ ἐμοῦ.
(ΠΑ.) πόθε]ν λαβοῦσα ταῦτα κέκτησαι; φράσον.
(ΓΛ.) ἐν] τοῖσδ᾽ ἀνῃρέθην ποτ᾽ οὖσα παιδίον.
(ΜΟ.) ἐ]πάναγε σαυτὸν μικρόν· ὡς ῥοθ[ίῳ τινὶ
ἥ[κ]ω τύχης εἰς καιρὸν οἰκείας ἐ[γώ.
(ΠΑ.) μόνη δ᾽ ἔκεισο; τοῦτο γὰρ σήμαινέ μο[ι.
(ΓΛ.) οὐ δῆτ᾽, ἀδελφὸν δ᾽ ἐξέθ[ηκ]ε κἀμέ τις.
(ΜΟ.) τουτὶ μὲν ἕν μοι τῶν [πάλ]αι ζητουμένων.
(ΠΑ.) πῶς οὖν ἐχωρί[σθ]ητ᾽ ἀπ᾽ ἀλλήλων δ[ίχα;]
(ΓΛ.) ἔ]χοιμ᾽ ἂν ε[ἰπε]ῖν πάντ᾽ ἀκηκουῖά σοι·
τἀμὰ δ⟨έ μ᾽⟩ ἐρώτα, ῥητὰ γ[ὰ]ρ ταῦτ᾽ ἐστί μοι,
ἐκεῖνα δ᾽ αὐτῇ μὴ φράσειν ὀμώμοκα.
(ΜΟ.) κ]αὶ τ[οῦ]τό μοι σύσσημον εἴρηκεν σαφές·
ὀ]μώμοκεν τῇ μ[ητρί. πο]ῦ ποτ᾽ εἰμὶ γῆς;
(ΠΑ.) ὁ δὴ λαβών σε [καὶ τ]ρέφων τίς ἦν ποτε;
(ΓΛ.) γυνή μ᾽ ἔθρεψ[᾽, ἣ] καὶ τότ᾽ εἶδε κειμένην.
(ΠΑ.) τοῦ δὴ τόπου τι μνημόνευμά σοι λέγει;
(ΓΛ.) κρή[νην] τιν᾽ ε[ἶπε κ]αὶ τόπον ⟨γ᾽⟩ ὑπόσκιον.
(ΠΑ.) τὸν αὐτόν, ὅνπερ χὠ τιθεὶς εἴρηκέ μοι.
(ΓΛ.) τίς δ᾽ οὗτός ἐστιν; εἰ θέμις, κἀμοὶ φράσον.
(ΠΑ.) ὁ μὲν τιθεὶς παῖς, ὁ δὲ τρέφειν ὀκνῶν ἐγώ.
(ΓΛ.) σὺ δ᾽ ἐξέθηκας ὢν πατήρ; τίνος χάριν;
(ΠΑ.) πόλλ᾽ ἐστὶν ἔργ᾽ ἄπιστα, παιδίον, Τύχη[ς·
ἡ μὲν τεκοῦσ᾽ ὑμᾶς γὰρ ἐκλείπει βίον
εὐθύς, μιᾷ δ᾽ ἔμπροσθεν ἡμέρᾳ, τέκνο[ν –
(ΓΛ.) τί γίνεταί ποθ᾽; ὡς τρέμω τάλαιν[᾽ ἐγώ.

das aber gemacht worden ist, ist die meine Schwester, und ich Unglücklicher bin aufs Übelste vernichtet.

Pataikos. O Zeus, was ist noch von den Meinen übrig?

Glykera. Fahre fort, und du erfährst von mir, was du willst.

Pataikos. Sag, woher bekamst und besitzt du nun diese Dinge?

Glykera. Als ich als Kind einst darin lag, wurde ich aufgelesen.

Moschion. Zieh dich ein bisschen zurück; wie mit einer Woge gelange ich zum Wendepunkt meines eigenen Schicksals.

Pataikos. Lagst du allein? Zeig mir dies doch an!

Glykera. O nein, jemand setzte meinen Bruder und mich aus.

Moschion. Dies ist das eine von dem, was schon lange von mir gesucht wird.

Pataikos. Wie wurdet ihr nun voneinander getrennt?

Glykera. Ich könnte dir alles sagen, da ich es gehört habe; aber frage mich nach dem, was mich betrifft, denn das darf ich sagen, das andere aber nicht zu sagen habe ich ihr geschworen.

Moschion. Auch das hat sie mir als klares Kennzeichen gesagt: Sie hat es der Mutter geschworen. Wo auf Erden bin ich?

Pataikos. Wer war es, der dich einst aufnahm und aufzog?

Glykera. Eine Frau zog mich auf, die mich auch damals liegen sah.

Pataikos. Was sagte sie dir nun zur Erinnerung an den Ort?

Glykera. Sie nannte eine Quelle und einen schattigen Ort.

Pataikos. Denselben, den der, welcher dich aussetzte, mir nannte.

Glykera. Wer aber ist der? Wenn es erlaubt ist, sage es auch mir!

Pataikos. Der, der aussetzte, war ein Sklave, der, welcher das Aufziehen scheute, ich.

Glykera. Du bist mein Vater und hast mich ausgesetzt? Weswegen?

Pataikos. Viele Werke Tyches sind unglaublich, mein Kind; denn die, die euch gebar, musste sofort ihr Leben lassen, an einem einzigen Tag zuvor, mein Kind –

Glykera. Was geschieht da? Wie zittere ich Arme!

(ΠΑ.) πένης ἐγενόμην βίον ἔχειν [εἰθισμένος.
(ΓΛ.) ἐν ἡμέρᾳ; πῶς; ὦ θεοί, δεινοῦ πό[τμου.
(ΠΑ.) ἤ]κουσα τὴν ναῦν, ἣ παρεῖχ' ἡμῖν τροφ[ήν,
ἄγρ]ιον καλύψαι πέλαγος Αἰγαίας ἁλός.
ΓΛ. τάλαιν' ἔγωγε τῆς τύχης
(ΠΑ.) ἐφόλκια
ἡ[γησ]άμην δὴ πτωχὸν ὄντα παιδία
τ[ρέφ]ειν ἀ[βού]λου παντελῶς ἀνδρὸς τρόπ[ον.
. . . .] .[.] .[. . .]α τῶν [π]άντ[ω]ν, τέκ[νον –
[ΓΛ.] τὸ ποῖ[ον;
ΠΑ. . . . . .]λ .[. . .] .ε
⟨ΓΛ.⟩ μηνυθήσεται·
ἦν καὶ δέραια καὶ β[ρ]αχύς τις [δι]άλιθ[ος
κόσμος προσὼν γν[ώ]ρισ[μα] τοῖς [ἐκκ]ε[ι]μένοις.
(ΠΑ.) ἐκεῖ[νον] ἀναθεώμ[εθ'.
ΓΛ. ἀλλ' οὐκ] ἔ[στ'] ἔτι.
⟨ΠΑ.⟩ τ[ί φής;
ΓΛ. τὰ λοίφ' ἀδελφὸς ἐσχε δη]λαδή.
⟨ΜΟ.⟩ ἀλ]λ' ἔ[στιν] οὗτ[ος, ὡς ἔοιχ', οὑ]μὸς πατήρ.
(ΠΑ.) ἔχοις ἂν εἰπεῖν;
[ΓΛ. . . . .]α ζώνη τις ἦν
(ΜΟ.) ἦν γάρ.
(ΓΛ.) χορός τε παρθέ[νω]ν ἐνταῦθά τις
(ΜΟ.) οὔκουν συνῆκας;
(ΓΛ.) δ[ιαφαν]ές τε χλ[ανί]διο[ν
χρυσῆ τε μίτρα· πάντα [καθ' ἓ]ν εἴρηκά σ[ο]ι.
(ΠΑ.) οὐ[κέ]τι καθέξω. φιλτάτη, [χαῖρ'.]
ΜΟ. εἰ δ' ἐγὼ
. . . . .]ι τί προσέχεσθεμ[. . . . .]. ο[
πάρειμι τοῦτον πα[. . . . .]α[.] ἐγώ.
(ΠΑ.) ὦ θεοί, τίς ἐστιν οὗτος;
(ΜΟ.) ὅστ[. . . .]μο .[

Pataikos. Ich wurde arm, der ich eine gute Lebensweise gewohnt war.

Glykera. An einem Tag? Wie? Ihr Götter, welch ein schreckliches Geschick!

Pataikos. Ich hörte, das Schiff, das uns Nahrung verschaffte, habe eine wilde Woge des Aigaiischen Meers verschlungen.

Glykera. [380] Ich Arme, welch ein Schicksal!

Pataikos. Als Boot im Schlepptau sah ich es an, ein Bettler zu sein und Kinder aufzuziehen nach Art eines ganz unvernünftigen Mannes. ... von allem, mein Kind –

Glykera. Welches?

Pataikos. ...

Glykera. Es soll dir kundgetan werden: [385] Es waren auch Halskettchen und ein kleiner steinbesetzter Schmuck für die Ausgesetzten als Erkennungszeichen dabei.

Pataikos. Lass uns den ansehen.

Glykera. Aber der ist nicht mehr da.

Pataikos. Was sagst du?

Glykera. Das Übrige hatte offensichtlich mein Bruder.

Moschion. Aber dann ist der, wie es scheint, mein Vater.

Pataikos. [390] Könntest du es nennen?

Glykera. ... ein Gürtel war es –

Moschion. Ja, war es.

Glykera. Und ein Tanz junger Frauen war darauf –

Moschion. Hast du verstanden?

Glykera. – und ein durchsichtiges Mäntelchen und ein goldenes Stirnband; ich habe dir alles im Einzelnen gesagt.

Pataikos. Ich will mich nicht mehr zurückhalten. Meine Liebste, sei gegrüßt!

Moschion. Wenn ich ... [395] Was wendet ihr euch zu ... Ich bin da, diesen ... ich ..

Pataikos. [397] Ihr Götter, wer ist der?

Moschion. Wer auch immer ...

⟨ΧΟΡΟΥ⟩

ΜΕΡΟΣ Ε΄

[ΠΟ.] ἵν' ἐμαυτὸν ἀποπνίξαιμι.
(ΔΩ.) μὴ δῆτ', [ὦ τάλαν.
[ΠΟ.] ἀλλὰ τί [π]οήσω, Δωρί; πῶς βιώ[σομαι
ὁ τρισκακοδαίμων χωρὶς ὧ[ν αὐτῆς;
ΔΩ. πάλιν
ἄπεισιν ὡς σέ.
(ΠΟ.) πρὸς θεῶν, οἴε[ι τόδε;
[ΔΩ.] ἐὰν προθυμηθῇς ἀκάκως [τὰ λοίπ' ἔχειν.
[ΠΟ.] οὐκ ἐνλίποιμ' ἂν οὐθέν. εὖ τοῦ[τ, ὦ φίλη,
ὑπέρευ λέγεις· βάδιζ'. ἐγώ σ' ἐλ[ευθέραν
αὔριον ἀφήσω, Δωρί. ἀλλ' ὃ δε[ῖ λέγειν
ἄκουσον. εἰσελήλυθ'. οἴμοι, [φιλτάτη,
ὡς κατὰ κράτος μ' εἴληφας. ἐ[φίλησάς γ' ἄρα
ἀδελφόν, οὐχὶ μοιχόν· ὁ δ' ἀλάστωρ ἐγὼ
καὶ ζηλότυπος ἄνθρωπος ἀ[δικεῖσθαι δοκῶν
εὐθὺς ἐπαρῴνουν. τοιγαροῦ[ν ἀπηγχόμην
καλῶς ποῶν. τί ἐστι, Δωρὶ φιλ[τάτη;
(ΔΩ.) ἀγαθά· πορεύσεθ' ὡς σέ.
(ΠΟ.) κατεγέλα [δ' ἐμου;
[ΔΩ.] μὰ τὴν Ἀφροδίτην. ἀλλ' ἐνεδύετο [στολήν,
ὁ πατὴρ ἐπεξ[ήτ]αζ'. ἐχρῆν σε νῦν τα[χὺ
εὐαγγέλια τῶ[ν] γεγονότων ποθ' [ἡδέων
θ[ύε]ι[ν] ἐκ[ε]ίνης εὐτυχηκυίας [πάλιν.

(Zwischen V. 397 und 398 fehlen bis auf 12 Versenden mit einzelnen Wörtern oder Buchstaben 100–200 Verse, in denen Akt V begann.)

⟨*Tanz und Gesang des Chors*⟩

AKT V

POLEMON *(sitzt vor dem Haus Myrrhines).* [398] ... damit ich mich aufhänge.

DORIS. Ach, nicht doch!

POLEMON. Aber was soll ich tun, Doris? Wie soll ich leben, [400] ich dreimal Unglückseliger, ohne sie?

DORIS. Sie wird wieder zu dir zurückkommen.

POLEMON. Bei den Göttern, glaubst du das?

DORIS. Wenn du entschlossen bist, dich künftig gut zu verhalten.

POLEMON. Ich werde nichts an mir fehlen lassen. Gut, meine Liebe, supergut sagst du das; geh! Ich werde dich [405] morgen freilassen, Doris. Aber was du ihr sagen musst, höre! *(Doris ab ins Haus.)* Sie ist hineingegangen. Weh mir, Liebste, wie hast du mich mit Macht ergriffen! Du küsstest also deinen Bruder, nicht einen Liebhaber; ich Unhold und von Eifersucht geschlagener Mensch habe mich, weil ich glaubte, mir geschehe Unrecht, [410] sofort wie ein Betrunkener benommen. Also täte ich gut daran, mich zu erhängen. *(Doris kommt heraus.)* Was ist, liebste Doris?

DORIS. Es ist gut: Sie wird zu dir kommen.

POLEMON. Verspottet sie mich?

DORIS. Nein, bei der Aphrodite. Sondern sie hat ihr Festkleid angezogen, ihr Vater hat darauf geachtet. Du solltest nun schnell [415] für die frohe Botschaft über das Erfreuliche, was geschehen ist, opfern, weil sie wieder glücklich ist.

(ΠΟ.) νὴ τὸν Δί’, ὀρθῶς γὰρ λέγεις. ὁ δ’ [ἐπηγμένος
μάγειρος ἔνδον ἐστί· τὴν ὗν θ[υέτω.
ΔΩ. κανοῦν δὲ ποῦ καὶ τἄλλ’ ἃ δεῖ;
(ΠΟ.) κα[νοῦν μὲν οὖν
ὕστερον ἐνάρξετ’, ἀλλὰ ταύτην σφ[αττέτω.
μᾶλλον δὲ κἀγὼ στεφανὸν ἀπὸ βω[μοῦ ποθεν
ἀφελὼν ἐπιθέσθαι βούλομα[ι.
ΔΩ.] πιθα[νώτερος
πολλῷ φανεῖ γοῦν.
(ΠΟ.) ἄγετε [γ’ ἔ]ξ[ω τὴν κόρην.
[ΔΩ.] καὶ μὴν ἔμελλεν ἐξιέναι δ[ὴ καὶ πατήρ.
(ΠΟ.) αὐτός; τί γὰρ πάθῃ τις;
(ΔΩ.) ὢ τά[λαιν’ ἐγώ.
με[ῖνο]ν· κακὸν τοσοῦτον ἦν θύραν [ψοφεῖν;
εἴσειμι καὐτὴ σ[υ]μποήσουσ’ [εἴ τι δεῖ.
(ΠΑ.) πάνυ σοῦ φιλῶ τὸ “νῦν διαλλαχ[θήσομαι”.
ὅτ’ εὐτύχηκας, τότε δέ[χεσθ]αι τὴν δίκ[ην,
τεκμήριον τοῦτ’ ἔστ[ιν Ἑλλ]ηνος τρ[όπου.
ἀλ[λ’ ἐκκ]αλείτω τις δ[ραμὼ]ν αὐτ[ὸν ταχύ.
ΠΟ. ἐ[ξέρχομ’· ἀ]λλ’ ἔθυον [ὑ]πὲρ εὐ[πραξίας.
Γ[λυκέραν γ]ὰρ εὑρηκ[υ]ῖαν οὓς [εἶχ’ ἐν γένει
π[υθό]μεν[ο]ς –
ΠΑ. ὀρθῶς γὰρ λέγεις. ἃ [δ’ οὖν ἐγὼ
μέλλω λέγειν ἄκουε· ταύτην γν[ησίων
παίδων ἐπ’ ἀρότῳ σοι δίδωμι
(ΠΟ.) λ[αμβάνω
[ΠΑ.] καὶ προῖκα τρία τάλαντα.
(ΠΟ.) καὶ καλῶ[ς ποεῖς.
[ΠΑ.] τὸ λοιπὸν ἐπιλαθοῦ στρατιώτης ὤν, [ἵνα
προπετὲς ποιήσῃς μ[η]δὲ ἕν, [Πολέμων, πάλιν.
ΠΟ. Ἄπολλον, ὃς καὶ νῦν ἀπ[ό]λωλα πα[ρ’ ὀλίγον,
πάλιν τι πράξω προπετ[έ]ς; οὐδὲ μ[έμψομαι
Γλυκέρᾳ· διαλλάγηθι, φιλτάτη, μό[νον.

Polemon. Ja, beim Zeus, denn du sagst das Richtige. Der herbeigeholte Koch ist im Haus; er soll ein Schwein opfern.

Doris. Aber wo ist der Korb und das andere, was man braucht?

Polemon. Den Korb wird er später weihen, aber er soll es schlachten. Auch ich will lieber einen Kranz vom Altar von irgendwoher wegnehmen und mir aufsetzen.

Doris. Viel überzeugender wirst du dann sicher wirken.

Polemon. Führt das Mädchen heraus.

Doris. Sie war schon dabei, herauszukommen, und der Vater.

Polemon. Er selbst? Was widerfährt mir? *(Ab in sein Haus.)*

Doris. Ach, ich Arme! Warte! So etwas Schlimmes war das Anstoßen der Tür? Ich will selbst hineingehen, um zu helfen, wenn es nötig ist.

Pataikos *(kommt mit Glykera aus Myrrhines Haus).* Ich liebe sehr an dir das »Nun will ich mich mit ihm versöhnen.« Wenn man Glück gehabt hat, dann die Buße anzunehmen, das ist ein Beweis für hellenische Art. Doch es möge jemand schnell laufen und ihn herausrufen.

Polemon *(kommt aus seinem Haus).* Ich komme heraus; doch ich opferte für Glück. Denn dass Glykera die gefunden hat, welche sie in der Familie hatte, habe ich erfahren und –

Pataikos. Du sagst das Richtige. Was ich nun zu sagen gedenke, höre: Sie hier gebe ich dir zur Zeugung freigeborener Kinder –

Polemon. Ich nehme sie an.

Pataikos. – und als Mitgift drei Talente.

Polemon. Und daran tust du gut.

Pataikos. In Zukunft vergiss, dass du ein Soldat bist, damit du überhaupt nichts Voreiliges wieder tust, Polemon.

Polemon. Apollon, ich, der ich mich jetzt beinahe vernichtet hätte, sollte wieder etwas Voreiliges tun? Auch werde ich Glykera nicht tadeln; versöhne dich, Liebste, nur mit mir!

ΠΑ. νῦν μὲν γὰρ ἡμῖν γέγονεν ἀρχὴ [πραγμάτων
ἀγαθῶν τὸ σὸν πάροινον.
(ΠΟ.) ὀρθῶ[ς γὰρ λέγεις.
[ΠΑ.] διὰ τοῦτο συγγνώμης τετύχηκα[ς.
ΠΟ. ἥδομαι.
σύνθυε δή, Πάταιχ᾽.
ΠΑ. ἑτέρους ζη[τητέον
ἐστὶν γάμους μοι. τῷ γὰρ ὑῷ λαμβάν[ω
τὴν τοῦ Φιλίνου θυγατέρ᾽. ὦ Γῆ [καὶ θεοί

F 1 οὕτω ποθεινόν ἐστιν ὁμότροπος φίλος

F 2 ὅμως δ᾽ ἀπόδειξον ταῦτα τῇ γυναικὶ καὶ

PATAIKOS. Jetzt wurde für uns ja zum Beginn für eine gute Lage deine Betrunkenheit.
POLEMON. Das sagst du mit Recht.
PATAIKOS. [445] Deswegen hast du Verzeihung erlangt.
POLEMON. Ich freue mich. Opfere also mit mir, Pataikos.
PATAIKOS. Eine weitere Hochzeit muss ich suchen. Denn für meinen Sohn nehme ich die Tochter des Philinos. O Ge und ihr Götter ...!
(Vom Ende fehlen vermutlich nur wenige Verse.)

Nicht einzuordnende Fragmente

F 1 So willkommen ist ein gleichgesinnter Freund ...

F 2 Dennoch zeige dies der Frau und ...

ΠΕΡΙΝΘΙΑ

DIE PERINTHIERIN

Von dieser Komödie sind nur das Papyrusfragment einer Szene höchstwahrscheinlich des fünften Aktes und sieben kurze Zitate erhalten. Terenz sagt im Prolog zu seiner *Andria* über das menandrische Original dieses Stücks und die von ihm für seine Komödie zusätzlich herangezogene Περινθία Menanders: »Wer eines von beiden ⟨Stücken⟩ richtig kennt, kennt beide« (*Andria* 10: *qui utramque recte norit ambas noverit*), aber mehr als die Verwendung von zwei klassischen Motiven der Gattung, welche die *Andria* aufweist, lässt sich daraus nicht mit einiger Sicherheit erschließen: alter Vater, den sein Sklave im Dienste seines Sohnes zum Opfer einer Intrige macht, und Wiedererkennung der von dem jungen Mann zum Leidwesen des Vaters geliebten Hetäre als verschollene Tochter eines Atheners mit anschließender Hochzeit.

Personen
Laches, ⟨Vater eines jungen Mannes⟩
Daos, sein Sklave

Stumme Personen
Pyrrhias
Tibeios
Getas

Aus Terenz, Andria und dem Terenz-Kommentar des Aelius Donatus zu erschließen
Frau des Laches
Die Perinthierin, die sich als freie Athenerin herausstellt
Der junge Mann, der sie liebt
Ihr Vater

ΜΕΡΟΣ Α′ (?)

F 2
(ΔΑΟΣ)

ὅστις παραλαβὼν δεσπότην ἀπράγμονα
καὶ κοῦφον ἐξαπατᾷ θεράπων, οὐκ οἶδ' ὅ τι
οὗτος μεγαλεῖόν ἐστι διαπεπραγμένος,
ἐπαβελτερώσας τὸν πάλαι ⟨γ'⟩ ἀβέλτερον

ΜΕΡΟΣ Ε′

]· σὺ δ' ἀκολούθει [
ΔΑ. κληματίδ]ας ἔξεισιν φέρων.
⟨ΛΑΧΕΣ⟩ τὸ πῦρ [ταχύ.
[ΔΑ.] καὶ πῦρ; πρόδηλον. ὦ Τίβειε καὶ Γέτα,
ἔπειτα κατακαύσει μ'. ἀφείητ' ἄν, Γέτα,
σύν]δουλον ὄντα καὶ διασῶσαι[τ'; ο]ὐ πάνυ;
οὐκ] ἄν μ' ἀφείητ', ἀλλὰ περιόψεσθέ με;
οὕτ]ω πρὸς ἀλλήλους ἔχομεν; προσέρχεται
ὁ Πυρ]ρίας ὅσον γε φορτίον φέρων.
ἀπό]λωλα· καὶ δᾶδ' αὐτὸς ἡμμένην ἔχων
Λάχης ἀκ]ολουθεῖ.
ΛΑ. περίθετ' ἐν κύκλῳ ταχύ.
νυνί γ' ἐπ]ίδειξαι, Δᾶε, τὴν πανουργίαν,
τέχνην τιν' εὑρὼν διαφυγών τ' ἐνθένδε με.
(ΔΑ.) τέχνην ἐγώ;
(ΛΑ.) ναί, Δᾶε, τὸν μὲν ἀπράγμονα
καὶ κοῦφον ἐξαπατᾶν γάρ ἐστι δεσπότην
φλύαρος.
(ΔΑ.) ἤήν.

AKT I (?)

(Straße in Athen, im Hintergrund das Haus des Laches und wahrscheinlich das der Perinthierin. Vor den Häusern ein Altar, auf dem Daos in Akt V Zuflucht vor Laches sucht. Dieser nimmt in V. 11–15a Bezug auf das, was Daos in F 1 sagt, vielleicht in Akt I, wo er seine Intrige schon planen könnte.)

F 2 Daos. Ein Sklave, der sich einen untätigen und leichtsinnigen Herrn hernimmt und ihn betrügt – ich weiß nicht, was der Großes geleistet hat, wenn er einen, der längst ein Narr ist, zum Narren gehalten hat.

AKT V

… du aber folge mir.

Daos. Er kommt heraus und bringt Reisig.

Laches. Das Feuer, schnell!

Daos. Und Feuer? Offensichtlich. O Tibeias und Getas, dann wird er mich verbrennen. Würdet ihr mich laufen lassen, Getas, wo ich doch Mitsklave bin, und retten? Sicher nicht? Würdet ihr mich nicht laufen lassen, sondern es mit mir geschehen lassen? So stehen wir zueinander? Pyrrhias kommt her, und was für eine Last er trägt! Ich bin verloren! Und mit einer angezündeten Fackel folgt Laches selbst.

Laches. Legt es schnell im Kreis herum! Jetzt zeige, Daos, deine Schlauheit, indem du eine List erfindest und mir von hier entfliehst.

Daos: Ich eine List?

Laches. Ja, Daos, denn den untätigen und leichtsinnigen Herrn zu betrügen ist ein Jux.

Daos. Ahem!

(ΛΑ.) εἰ δέ τις τὴν τῶν φρενῶν
στακτήν – ἐκνίσθης;
(ΔΑ.) οὐχὶ πρὸς σοῦ, δέσποτα.
⟨ΛΑ.⟩ ὁ μὲν πονηρός, ὁ θρασὺς ἐνθάδ' ἀρτίως
κατὰ τῶν σκελῶν; τὴν κληρονομίαν φι[λ]τάτο[υ
]οδων
(ΔΑ.) ἕξειν χάριν
]ς ὑφ' ἡμῶν.
ΛΑ. κάετ[ε.
::]. ως ἀφίκετο
] φερόμενος γὰρ κἂν κύκλῳ
]ρτων τ' ἐστὶ τὸ

F 3 οὐπώποτ' ἐζήλωσα πολυτελῆ νεκρόν·
εἰς τὸν ἴσον ὄγκον τῷ σφόδρ' ἔρχετ' εὐτελεῖ

F 4 ὅς' ἐστὶ μαλακὰ συλλαβὼν
ἐκ τῆς πόλεως τὸ σύνολον ἐκπήδα, φίλε,
θᾶττον

F 5 ἐπὶ τῶν ἁμαξῶν εἰσι πομπεῖαί τινες
σφόδρα λοίδοροι

F 6 οὐδεμίαν ἡ γραῦς ὅλως
κύλικα παρῆκεν, ἀλλὰ πίνει τὴν κύκλῳ

F 7 τὸ παιδίον
εἰσῆλθεν ἑψητοὺς φέρον

F 8 οὐδ' αὐτός εἰμι σὺν θεοῖς ὑπόξυλος

F 9 τὰ δ' ἄλλ' ἀνέπαφα σώματ', οὐδ' ἑλῇ

LACHES. Wenn einer den Gipfel an Verstand – wurde dir ein Stich versetzt?

DAOS. Nicht von dir, Herr.

LACHES. Der Verbrecherische, der hier eben noch Freche, die Beine herab? Die Erbschaft des liebsten ...

DAOS. ... wird danken ... [20] von uns.

LACHES. Brennt ...

:: ... Als er ankam ... Denn ⟨zum Markt?⟩ gebracht und im Kreis ... ist das ...

Nicht einzuordnende Fragmente

F 3 Ich habe nie einen teuren Leichnam beneidet; er geht in die gleiche Masse über wie der sehr billige ...

F 4 Alle leichten Güter packe zusammen und eile ganz und gar aus der Stadt davon, mein Freund, ziemlich schnell ...

F 5 Auf den Wagen sind einige heftig schmähende Zoten ...

F 6 Die Alte ließ keinen Becher ganz aus, sondern trank aus dem, der die Runde machte ...

F 7 Der Sklave kam herein mit kleinen Fischen ...

F 8 Und ich bin mit Hilfe der Götter nicht unten verfault ...

F 9 Die anderen sind unberührte Körper, du wirst sie nicht nehmen ...

ΣΑΜΙΑ Η ΚΗΔΕΙΑ

DIE SAMIERIN
ODER DIE VERSCHWÄGERUNG

Demeas' Adoptivsohn Moschion hat Plangon, die Tochter des Nachbarn Nikeratos, vergewaltigt und geschwängert, das Kind ist bereits geboren, und er verkündet in seinem externen Prolog, er schäme sich, Demeas dies zu gestehen. Aus Akt I ist außerdem die Szene erhalten, in der Chrysis, die mit Demeas zusammenlebende Hetäre, sich auf den Rat des Sklaven Parmenon bereit erklärt, das Kind als das Ihre auszugeben, sowie am Schluss das Auftreten der von einer Reise zurückkehrenden Väter, die bereits die Hochzeit ihrer Kinder beschlossen haben. Vom zweiten Akt, der wie der erste unvollständig überliefert ist, haben wir noch eine Szene, in der Moschion Demeas davon abbringt, Chrysis aus dem Haus zu jagen, und eine weitere, in der Parmenon zum Markt geschickt wird, damit er für die Hochzeitsvorbereitung einen Koch mietet. Die übrigen Akte sind so gut wie vollständig auf uns gekommen. Im dritten erfährt Demeas durch Zufall, dass Moschion der Vater des Kindes ist, und verstößt nun doch Chrysis, weil er ihr, die er nach wie vor für die Mutter hält, allein die Schuld gibt. In Akt IV erreicht die Verwirrung ihren Höhepunkt, als nach einem längeren Gespräch der beiden Väter mit Moschion Nikeratos beschlossen hat, seinerseits die bei ihm untergekommene Hetäre zu vertreiben, und ins Haus gegangen ist, um das durchzuführen: Moschion gesteht Demas, dass Plangon die von ihm geschwängerte Mutter ist, und Nikeratos trifft sie beim Stillen an, versteht überhaupt nichts mehr und tobt. Mit dem Ende des Aktes ist zwar das Handlungsziel durch die nun gegebene Möglichkeit einer von Problemen freien Hochzeit Moschions mit Plangon erreicht, aber Akt 5 bringt noch eine Retardation: Moschion, den es kränkt, dass sein Adoptivvater an die Möglichkeit geglaubt hat, der junge Mann habe ihn mit Chrysis betrogen, fingiert, dass er sich fern von Athen als Söldner betätigen wolle, aber es kommt rasch zur Versöhnung mit Demeas, und die Hochzeit kann stattfinden.

Personen
Moschion, junger Mann
Chrysis, Hetäre
Parmenon, Demeas' Sklave
Demeas, Moschions Adoptivvater
Nikeratos, Demeas' Nachbar
Koch

Stumme Personen
Plangon, Nikeratos' Tochter
Frau des Nikeratos
Moschions Amme
Gehilfe des Kochs
Flötenspielerin
Wasserträgerin

ΜΕΡΟΣ Α΄

[ΜΟΣΧΙΩΝ]

]. . . ε. [.]. περ[
γέγ]ονε· τί λυπῆσαί με δεῖ [αὐτόν;]
. . . . . .ὀδ]υνηρόν ἐστιν· ἡμάρτηκα γάρ,
ὥστ' αὐτ]ὸ τοῦτο ⟨γ'⟩ ἐσόμενον λογίζομαι.
σαφὲς]δὲ τοῦτ' ἂν εὐλόγως ὑμῖν ποεῖν
ἔχοιμι] τὸν ἐκείνου διεξελθὼν τρόπον.
ὡς μὲ]ν ἐτρύφησα τῷ τότ' εὐθέως χρόνῳ
ὢν παι]δίον, μεμνημένος σαφῶς ἐῶ·
εὐεργέ]τει γὰρ ταῦτά μ' οὐ φρονοῦντά πω.
ὡς δ' ἐν]εγράφην οὐδὲν διαφέρων οὐδενός,
τὸ λεγό]μενον δὴ τοῦτο τῶν πολλῶν τις ὤν
(ὃς γέγον]α μέντοι, νὴ Δί', ἀθλιώτερος·
αὐτοὶ] γάρ ἐσμεν) τῷ χορηγεῖν διέφερον
καὶ τῇ] φιλοτιμίᾳ. κύνας γὰρ ἔτρεφέ μοι,
ἵππο]υς· ἐφυλάρχησα λαμπρῶς. τῶν φίλων
τοῖς] δεομένοις τὰ μέτρι' ἐπαρκεῖν ἐδυνάμην.
δι' ἐκεῖνον ἦν ἄνθρωπος. ἀστείαν δ' ὅμως
τούτων χάριν τιν' ἀπεδίδουν· ἦν κόσμιος.
μετὰ τοῦτο συνέβη (καὶ γὰρ ἅμα τὰ πράγματα
ἡμῶν δίειμι πάντ', ἄγω γάρ πως σχολήν)
Σαμίας ἑταίρας εἰς ἐπιθυμίαν τινὰ
ἐλθεῖν ἐκεῖνον, πρᾶγμ' ἴσως ἀνθρώπινον.
ἔκρυπτε τοῦτ', ᾐσχύνετ'· ᾐσθόμην ἐγὼ
ἄκοντος αὐτοῦ διελογιζόμην θ' ὅτι,
ἂν μὴ γένηται τῆς ἑταίρας ἐγκρατής,
ὑ[π'] ἀντεραστῶν μειρακίων ἐνοχλήσεται,
τοῦτο ⟨δὲ⟩ ποῆσαι δι' ἔμ' ἴσως αἰσχύνεται.
. .]ω λαβεῖν ταύτην τὸ με . . .[.] . .π .[
. .]. . . ε .[.] .[

AKT I

(Straße in Athen, die rechts zum Marktplatz und zum Hafen, links aufs Land führt. Im Hintergrund das Haus des Demeas und das des Nikeratos. Moschion betritt die Bühne zu einem Prolog. Etwa 7 Verse fehlen am Anfang.)

MOSCHION. ... geschah; warum muss ich ihn bekümmern? ... ... es ist schmerzlich; denn ich habe mich vergangen, weshalb ich damit rechne, dass eben dies geschehen wird. [5] Euch das deutlich machen dürfte ich wahrscheinlich können, indem ich euch seinen Charakter schildere. In welchem Luxus ich damals gleich zu der Zeit lebte, als ich ein Kind war, erinnere ich mich deutlich, lass das aber; diese Wohltat erwies er mir, als ich noch nicht bei Verstand war. [10] Als ich in die Bürgerliste eingeschrieben war, nicht verschieden von irgendwem, einer von den vielen, wie es in der Redensart heißt – ich, der freilich recht unglückselig wurde, bei Zeus; wir sind ja unter uns –, tat mich als Chorege und durch meine Freigebigkeit hervor. Hunde zog er für mich auf, [15] Pferde; als Phylarch war ich glänzend. Von den Freunden konnte ich denen, die bedürftig waren, angemessen aushelfen. Seinetwegen war ich ein Mensch. Den dafür angebrachten Dank erwies ich ihm dennoch; ich war anständig. Danach geschah es – denn ich werde zugleich [20] alle unsere Sachen schildern; ich habe ja Zeit –, dass er in das Verlangen nach einer samischen Hetäre hineingeriet, eine vielleicht menschliche Sache. Er versuchte das zu verheimlichen, schämte sich; ich merkte es gegen seinen Willen, und ich überlegte, dass, [25] wenn er nicht Herr über die Hetäre würde, von Rivalen, jungen Männern, Schwierigkeiten bekommen könnte, doch das zu tun schämt er sich vielleicht meinetwegen, ... diese zu nehmen ... [29] ... *(Zwischen V. 29 und 30 fehlen etwa 22 Verse.)*

] .[. . . .] .[. .] .[
] .φέροντ᾽ ἰδών
] . .τος προσετίθην πανταχοῦ
]. ησθε πρὸς τὸν γείτονα
]α συνθλάσας τὸ σημεῖον σφόδρα
φ]ιλανθρώπως δὲ πρὸς τὴν τοῦ πατρὸς
Σαμί]αν διέκειθ᾽ ἡ τῆς κόρης μήτηρ, τά τε
πλεῖ]στ᾽ ἦν παρ᾽ αὐταῖς ἥδε, καὶ πάλιν ποτὲ
αὗτ]αι παρ᾽ ἡμῖν. ἐξ ἀγροῦ δὴ καταδραμὼν
. . .] . . . γ᾽ εἰς Ἀδώνι᾽ αὐτὰς κατέλαβον
συν]ηγ[μ]ένας ἐνθάδε πρὸς ἡμᾶς μετά τινων
ἄλλω]ν γυναικῶν. τῆς δ᾽ ἑορτῆς παιδιὰν
πολλὴ]ν ἐχούσης, οἷον εἰκός, συμπαρὼν
ἐγι]νόμην, οἴμοι, θεατής. ἀγρυπνίαν
ὁ θ]όρυβος αὐτῶν ἐνεπόει γάρ μοί τινα·
ἐπὶ] τὸ τέγος κήπους γὰρ ἀνέφερόν τινας,
ὠρχο]ῦντ᾽, ἐπαννύχιζον ἐσκεδασμέναι.
ὀκν]ῶ λέγειν τὰ λοίπ᾽, ἴσως δ᾽ αἰσχύνομαι
οἷς] οὐδὲν ὄφελος· ἀλλ᾽ ὅμως αἰσχύνομαι.
ἐκύ]ησεν ἡ παῖς· τοῦτο γὰρ φράσας λέγω
καὶ τ]ὴν πρὸ τούτου πρᾶξιν. οὐκ ἠρνησάμην
τὴν] αἰτίαν σχών, ἀλλὰ πρότερος ἐνέτυχον
τῇ] μητρὶ τῆς κόρης· ὑπεσχόμην γαμεῖν
ἂν ν]ῦν ἐπανέλθῃ ποθ᾽ ὁ πατήρ, ⟨ἐπ⟩ώμοσα.
τὸ π]αιδίον γενόμενον εἴληφ᾽ οὐ πάλαι.
ἀπὸ] ταὐτομάτου δὲ συμβέβηκε καὶ μάλα
εὔκαιρο]ν· ἡ Χρυσίς – καλοῦμεν τοῦτο γὰρ
]῀.[.] . . ΄.ονονου πάλαι

[ΧΡΥΣΙΣ]

] . .[. . .] .[
σπουδῇ πρὸς ἡμᾶς .[. . .]δ[
ἐγὼ δ᾽ ἀναμείνασ᾽ ὅ τι λέγουσ᾽ ἀ[κούσομαι.

[30] … …tragenden sehend … ich legte überall dazu … zum Nachbarn … das Siegel aufbrechend … … [35] freundlich zu der Samierin des Vaters verhielt sich die Mutter des Mädchens, und meistens war die bei denen und dann wiederum waren sie bei uns. Als ich also ⟨einmal⟩ vom Land zurückeilte … fand ich sie bei den Adonia hier bei uns [40] versammelt mit einigen anderen Frauen vor. Da das Fest viel Spaß mit sich brachte, wie es natürlich ist, war ich dabei und wurde, wehe mir, Zuschauer. Schlaflosigkeit brachte mir nämlich ihr Lärm; [45] denn auf das Dach trugen sie Adonisgärten, tanzten, machten überall verstreut die Nacht durch. Ich zögere, das Weitere zu sagen, vielleicht schäme ich mich da, wo es zu nichts gut ist; aber trotzdem schäme ich mich. Das Mädchen wurde schwanger; indem ich das sage, spreche ich [50] auch von der vorausgegangenen Tat. Ich leugnete nicht, dass ich die Schuld hatte, aber vorher traf ich die Mutter des Mädchens; ich versprach, es zu heiraten, wenn heute irgendwann ihr Vater zurückkehre, ich schwor dazu. Das Kind, das zur Welt kam, habe ich unlängst aufgenommen. [55] Aus Zufall geschah es nun und genau zum richtigen Zeitpunkt: Chrysis – wir nennen dies nämlich … [57] schon lange …

(Zwischen 57 und 58 fehlen etwa 26/27 Verse, in denen Moschion zum Hafen geht und Chrysis aus Demeas' Haus kommt.)

CHRYSIS *(sieht Moschion und Parmenon von rechts kommen).* [58] … In Eile zu uns … [60] Ich will hier bleiben und hören, was sie sagen.

ΜΟ. ἑόρακας αὐτὸς τὸν πατέρα σύ, Παρμέν[ων;
ΠΑΡΜΕΝΩΝ
οὔκουν ἀκούεις; φημί.
(ΜΟ.) καὶ τὸν γείτονα;
(ΠΑ.) πάρεισιν.
(ΜΟ.) εὖ γ' ἐπόησαν.
(ΠΑ.) ἀλλ' ὅπως ἔσει
ἀνδρεῖος εὐθύς τ' ἐμβαλεῖς περὶ τοῦ γάμου
λόγον.
(ΜΟ.) τίνα τρόπον; δειλὸς ἤδη γίνομαι
ὡς πλησίον τὸ πρᾶγμα γέγονεν.
(ΠΑ.) πῶς λέγεις;
(ΜΟ.) αἰσχύνομαι τὸν πατέρα.
(ΠΑ.) τὴν δὲ παρθένον
ἣν ἠδίκηκας τήν τε ταύτης μητέρα
οὔ; πῶς; τρέμεις, ἀνδρόγυνε;
ΧΡ. τί βοᾷς, δύσμορε;
ΠΑ. καὶ Χρυσὶς ἦν ἐνταῦθ'. ἐρωτᾷς δή με σὺ
τί βοῶ; γελοῖον. βούλομ' εἶναι τοὺς γάμους
ἤδη, πεπαῦσθαι τουτονὶ πρὸς ταῖς θύραις
κλάοντα ταύταις, μηδ' ἐκεῖν' ἀμνημονεῖν
ὧν ὤμοσεν, θύειν, στεφανοῦσθαι, σησάμην
κόπτειν, παρελθὼν αὐτός· οὐχ ἱκανὰς ἔχειν
προφάσεις δοκῶ σοι;
(ΜΟ.) πάντα ποιήσω· τί δεῖ
λέγειν;
(ΧΡ.) ἐγὼ μὲν οἶομαι –
(ΠΑ.) τὸ δὲ παιδίον
οὕτως ἐῶμεν ὡς ἔχει ταύτην τρέφειν
αὐτήν τε φάσκειν τετοκέναι.
(ΧΡ.) τί δὴ γὰρ οὔ;
(ΜΟ.) ὁ πατὴρ χαλεπανεῖ.

Moschion. Hast du selbst meinen Vater gesehen, Parmenon?

Parmenon. Hörst du nicht? Ich sage es doch!

Moschion. Und den Nachbarn?

Parmenon. Sie sind da.

Moschion. Gut taten sie daran.

Parmenon. Doch dass du mir mannhaft sein und sogleich Worte über die Heirat einwerfen wirst!

Moschion. Auf welche Weise? Ich werde bereits feige, weil die Sache nahe gerückt ist.

Parmenon. Wie redest du da?

Moschion. Ich schäme mich vor meinem Vater.

Parmenon. Aber vor der Jungfrau, die du geschändet hast, und vor ihrer Mutter nicht? Wie? Du zitterst, Mannweib?

Chrysis *(tritt hinzu)*. Was schreist du, Unseliger?

Parmenon. Auch Chrysis war hier! Du fragst mich, warum ich schreie? Lächerlich! Ich will, dass endlich die Hochzeit stattfindet, dass der da aufhört, vor diesen Türen zu weinen, und nicht das vergisst, was er geschworen hat, zu opfern, sich zu bekränzen, Sesam zu zerstoßen, nachdem er selbst hineingegangen ist; glaubst du, ich habe nicht genügend Gründe?

Moschion. Ich werde alles tun; was muss ich sagen?

Chrysis. Ich glaube zwar –

Parmenon. Das Kindchen aber lassen wir die da so, wie sie ⟨es jetzt⟩ hat, aufziehen und behaupten, sie habe es geboren.

Chrysis. Ja, warum auch nicht?

Moschion. Der Vater wird wütend sein.

(ΧΡ.) ⟨καὶ⟩ πεπαύσεται πάλιν·
ἐρᾷ γάρ, ὦ βέλτιστε, κἀκεῖνος κακῶς,
οὐχ ἧττον ἢ σύ· τοῦτο δ' εἰς διαλλαγὰς
ἄγει τάχιστα καὶ τὸν ὀργιλώτατον.
πρότερον δ' ἔγωγε πάντ' ἂν ὑπομεῖναι δοκῶ
ἢ τοῦτο τίτθην ἐν συνοικίᾳ τινὶ
........[ ] . ̀[

[ΜΟ.]] .[
βο]ύλομαι
λά]βοις
] .ρ ἀθλιώτερον
]πάντων· οὐκ ἀπάγξομαι ταχύ;
ῥ]ήτωρ μόνος γὰρ φιλόφρονος·
]ότερός εἰμ' ἔν γε τοῖς νυνὶ λόγοις·
τί δ' οὐκ ἀ]πελθὼν εἰς ἐρημίαν τινὰ
γυμν]άζομ'· οὐ γὰρ μέτριος ἀγών ἐστί μοι.

(ΔΗΜΕΑΣ)
ἆ]ρ' οὖν μεταβολῆς αἰσθάνεσθ' ἤδη τόπου;
ὅσον διαφέρει ταῦτα τῶν ἐκεῖ κακῶν.
Πόντος· παχεῖς γέροντες, ἰχθῦς ἄφθονοι,
ἀηδία τις πραγμάτων. Βυζάντιον·
ἀψίνθιον, πικρὰ πάντ'. Ἄπολλον. ταῦτα δὲ
καθαρὰ πενήτων ἀγάθ'. Ἀθῆναι φίλταται,
πῶς ἂν [γ]ένοιθ' ὑμῖν ὅσων ἔστ' ἄξιαι,
ἵν' ὦμεν ἡμεῖς πάντα μακαριώτατοι
οἱ τὴν πόλιν φιλοῦντες; εἴσω παράγετε
ὑμεῖς. ἀπόπληχθ', ἕστηκας ἐμβλέπων ἐμοί;

ΝΙΚΗΡΑΤΟΣ
ἐκ[εῖ]ν' ἐθαύμαζον μάλιστα, Δημέα,
τῶν περὶ ἐκεῖνον τὸν τόπον· τὸν ἥλιον
οὐκ ἦν ἰδεῖν ἐνίοτε παμπόλλου χρόνου.
ἀὴρ παχύς τις, ὡς ἔοικ', ἐπεσκότει.

CHRYSIS. Und damit wieder aufhören; denn auch er liebt, mein Bester, verzweifelt, nicht weniger als du; das bringt auch den Erzürntesten sehr schnell zur Versöhnung. Ich glaube, ich ertrüge alles eher, [85] als dass eine Amme es in irgendeinem Mietshaus [86] ...

(Zwischen V. 86 und 87 fehlen etwa 21 Verse, in denen Chrysis und Parmenon in Demeas' Haus gehen.)

MOSCHION. [87] ... ... ich will ... du mögest nehmen ... [90] unglücklicheren ... aller; soll ich mich nicht schnell erhängen? ... ein einziger Redner nämlich eines freundlichen; ... bin ich bei diesen jetzigen Worten; warum gehe ich nicht fort zu einem einsamen Ort [95] und übe; denn nicht leicht ist für mich die Auseinandersetzung.

(Ab nach links. Demeas und Nikeratos treten von rechts mit Sklaven auf.)

DEMEAS. Bemerkt ihr nicht schon die Veränderung des Ortes? Wie sehr unterscheidet sich dies von den üblen Dingen dort? Der Pontos: fette alte Männer, Fische im Überfluss. Unerfreulichkeit der Verhältnisse. Byzantion: [100] Wermut, alles bitter. Apollon! Das hier aber ist die reine Wohltat für Arme. Liebstes Athen, wie möge dir doch so viel zuteil werden, wie du verdienst, damit wir in allem die glücklichsten sind, wir, die wir die Stadt lieben? *(Zu den Sklaven.)* Geht hinein, [105] ihr. Was stehst du da verdonnert und glotzt auf mich?

NIKERATOS. Darüber habe ich mich am meisten gewundert, Demeas, von dem, was rings um jenen Ort war: Die Sonne war manchmal nicht zu sehen für sehr lange Zeit. Dicker Dunst verdunkelte sie, wie es scheint.

(ΔΗ.) οὔκ, ἀλλὰ σεμνὸν οὐδὲν ἐθεᾶτ᾽ αὐτόθι,
ὥστ᾽ αὐτὰ τἀναγκαῖ᾽ ἐπέλαμπε τοῖς ἐκεῖ.
(ΝΙ.) νὴ τὸν Διόνυσον, εὖ λέγεις.
⟨ΔΗ.⟩ καὶ ταῦτα μὲν
ἑτέροις μέλειν ἐῶμεν· ὑπὲρ ὧν δ᾽ ἐλέγομεν
τί δοκεῖ ποεῖν σοι;
(ΝΙ.) τὰ περὶ τὸν γάμον λέγεις
τῷ μειρακίῳ σου;
(ΔΗ.) πάνυ γε.
⟨ΝΙ.⟩ ταὔτ᾽ ἀεὶ λέγω·
ἀγαθῇ τύχῃ πράττωμεν, ἡμέραν τινὰ
θέμενοι.
(ΔΗ.) δέδοκται ταῦτ᾽;
⟨ΝΙ.⟩ ἐμοὶ γοῦν.
(ΔΗ.) ἀλλὰ μὴν
κἀμοὶ προτέρῳ σου.
(ΝΙ.) παρακάλει μ᾽ ὅταν ἐξίῃς.
] .γα·στ .[ ] .ʹ[. .] .[

⟨ΧΟΡΟΥ⟩

ΜΕΡΟΣ Βʹ

[ΔΗ.]
] . . ντο εἰ καὶ δι .[
ΜΟ. οὐδὲ] ἓν
ἐ]γὼ μελετήσας ὧν τό[τ᾽ ἐνόουν ἔρ]χομαι.
ὡς ἐγενόμην γὰρ ἐκπ[οδὼν αὐτὸς μ]όνος
ἔθυον, ἐπὶ τὸ δεῖπνον [ἐκάλουν τοὺς φίλ]ους,
ἐπὶ λούτρ᾽ ἔπεμπον τὰς γ[υναῖκας,] περιπατῶν

Demeas. [110] Nein, sie erblickte da nichts Erhabenes, so dass sie denen dort gerade mal das Notwendige beschien.

Nikeratos. Ja, beim Dionysos, gut sprichst du.

Demeas. Und das lass uns anderen als Sorge überlassen; worüber wir aber sprachen, was scheint dir da zu tun?

Nikeratos. Das mit der Hochzeitsfeier [115] für deinen jungen Mann meinst du?

Demeas. Genau das.

Nikeratos. Immer dasselbe sage ich: Lass es uns mit gutem Glück durchführen, nachdem wir einen Tag festgesetzt haben.

Demeas. Ist das dein Beschluss?

Nikeratos. Ja, meiner.

Demeas. Aber auch meiner vor dir.

Nikeratos. Rufe mich, wenn du herauskommst. *(Ab in sein Haus.)* [119] …

(Zwischen 119 und 119ᵃ fehlen etwa 11 Verse. Demeas dürfte noch einen kurzen Monolog gesprochen haben, bevor er den Chor kommen sah. Dann ging er in sein Haus.)

⟨*Tanz und Gesang des Chors*⟩

AKT II

Demeas. …

(Von V. 119ᵃ–119ᶜ, die Demeas spricht, sind nur 3 Buchstaben erhalten. Vermutlich eröffnete er den Akt, der in einer Lücke von etwa 11 Versen begann, mit einem Monolog und belauschte dann den Monolog Moschions, der von links kam.) …

Moschion *(bei sich)*. [120] Nachdem ich gar nichts von dem, was ich dachte, eingeübt habe, komme ich her. Denn als ich ganz allein weit weg war, opferte ich, rief meine Freunde zum Mahl, schickte die Frauen nach Badewasser, ging herum und [125] ver-

τὴν σησαμῆν διένεμον, ἦ[δον ἐνί]οτε
ὑμέναιον, ἐτερέτιζον· ἦν ἀβέλτ[ε]ρος.
ὡς δ' οὖν ἐνεπλήσθην – ἀλλ', Ἄπολλον, οὑτοσὶ
ὁ π]ατήρ· ἀκήκο' ἄρα; χαῖρέ μοι, πάτερ.
⟨ΔΗ.⟩ ν]ὴ καὶ σύ γ', ὦ παῖ.
(ΜΟ.) τί σκυθρωπάζεις;
(ΔΗ.) τί γάρ;
γ]αμετὴν ἑταίραν, ὡς ἔοικ', ἐλάνθανον
ἔχ]ων.
(ΜΟ.) γαμετήν; πῶς; ἀγνοῶ ⟨γὰρ⟩ τὸν λόγον.
(ΔΗ.) λάθ]ριό[ς τι]ς ὑ⟨ός⟩, ὡς ἔοικε, γέγονέ μοι.
ἡ δ'] ἐς [κόρ]ακας ἄπεισιν ἐκ τῆς οἰκίας
ἤ]δη λαβ[ο]ῦσα.
(ΜΟ.) μηδαμῶς.
(ΔΗ.) πῶς μηδαμῶς;
ἀλλ' ἢ μ[ε θ]ρέψειν ἔνδον ὑὸν προσδοκᾷς
νόθον; [λόγο]ν γ' οὐ τοῦ τρόπου τοὐμοῦ λέγεις.
(ΜΟ.) τίς δ' [ἐ]στ[ὶν] ἡμῶν γνήσιος, πρὸς τῶν θεῶν,
ἢ τίς νό[θος], γενόμενος ἄνθρωπος;
(ΔΗ.) σὺ μὲν
παίζεις.
(ΜΟ.) μὰ τὸν Διόνυσον, ⟨ἀλλ'⟩ ἐσπούδακα.
οὐθὲν γένος γένους γὰρ οἶμαι διαφέρειν·
ἀλλ' εἰ δικαίως ἐξετάσαι τις, γνήσιος
ὁ χρηστός ἐστιν, ὁ δὲ πονηρὸς καὶ νόθος
καὶ δοῦλος ε[ ] .[.]ς

(ΜΟ.)
ΔΗ. ἐ]πὰν διδῶσ' οὗτοι, γαμεῖς;
(ΜΟ.) πῶς ἂν π]υθόμενος μηδὲ ἓν τοῦ πράγματος
ἐσπο]υδακότα μ' αἴσθοιο συλλάβοις τέ μοι;
(ΔΗ.) ἐσπουδακότα; μηδὲν πυθόμενος; καταν[οῶ
τὸ πρᾶγμα, Μοσχίων, ὃ λέγεις· ἤδη τρέχω

teilte den Sesamkuchen, sang manchmal den Hymenaios, summte ihn; ich war dumm. Als ich nun genug davon hatte – Aber, Apollon, da ist mein Vater; hat er zugehört? Sei mir gegrüßt, Vater!

DEMEAS. Ja, auch du, mein Sohn.

MOSCHION. Warum blickst du finster?

DEMEAS. Warum? [130] Weil ich die Hetäre, wie es scheint, unbemerkt als Ehefrau habe.

MOSCHION. Als Ehefrau? Wie? Denn ich verstehe das Wort nicht.

DEMEAS. Unbemerkt wurde mir, wie es scheint, ein Sohn geboren. Sie wird mit ihm auf der Stelle aus dem Haus ab zu den Raben gehen.

MOSCHION. Keinesfalls!

DEMEAS. Wie keinesfalls? [135] Was, du erwartest, dass ich im Haus als Sohn einen Bastard aufziehe? Du sagst etwas, was nicht mit meinem Wesen übereinstimmt.

MOSCHION. Wer von uns ist vollbürtig, bei den Göttern, und wer ein Bastard, da er doch als Mensch geboren ist?

DEMEAS. Du machst einen Witz.

MOSCHION. Nein, beim Dionysos, ich meine es ernst. [140] Denn in nichts unterscheidet sich Herkunft von Herkunft, glaube ich; doch wenn man es recht prüft, ist vollbürtig [142] der Anständige, der Schlechte aber ein Bastard [142a] und ein Sklave …

(Von V. 142b–142l sind nur einzelne Wörter am jeweiligen Versanfang und von V. 143 ist nichts erhalten. Danach fehlen zwischen 143 und 144 etwa 17 Verse, und von V. 144–149 sind wieder nur einzelne Wörter überliefert.)

MOSCHION. [150] …

DEMEAS. … Wenn die sie dir geben, heiratest du sie dann?

MOSCHION. Wie wirst du, wenn du gar nichts in der Sache gefragt hast, wahrnehmen, dass ich es ernst meine, und mir helfen?

DEMEAS. Dass du es ernst meinst? Ich nichts gefragt habe? Ich verstehe die Sache, von der du sprichst, Moschion: Schon laufe

πρὸς τουτονὶ καὶ τοὺς γάμους αὐτῷ φράσω
ποεῖν· τὰ παρ’ ἡμῶν γὰρ ⟨παρ⟩έσται.
⟨ΜΟ.⟩ ταῦ[τά γ’ εὖ
λέγεις· περιρρανάμενος ἤδη παρα[γαγών,
σπείσας τε καὶ λιβανωτὸν ἐπιθεὶς [τὴν κόρην
μέτειμι.
(ΔΗ.) μήπω δὴ βάδιζ’, ἄχ[ρι ἂν μάθω
εἰ ταῦτα συγχωρήσεθ’ ἡμῖ[ν οὑτοσί.
(ΜΟ.) οὐκ ἀντερεῖ σοι· παρενοχλε[ῖν δ’ ὑμῖν, πάτερ,
ἐμὲ συμπαρόντ’ ἔστ’ ἀπρε[πές· ἀλλ’ ἀπέρχομαι.
(ΔΗ.) ταὐτόματόν ἐστιν ὡς ἔοικέ που θεὸς
σῴζει τε πολλὰ τῶν ἀοράτων πραγμάτων.
ἐγὼ γὰρ οὐκ εἰδὼς ἔχον[τα τουτονὶ
ἐρωτικῶς, ταυ[τ

ἐκκαλ]ε[ῖν] ἐκεῖνον βού[λομαι,
ἔξω καλεῖν δεῦ]ρ’ εἰς τὸ πρόσθεν, δ[ε]ῦρό μοι,
Νικήρατ’, ἔξελθ’.]
(ΝΙ.) ἐπὶ τί;
(ΔΗ.) χαῖρε πολλὰ σύ.
(ΝΙ.) καὶ σύ γε· τί δ’ ἐστί]ν;
(ΔΗ.) μνημονεύεις, εἰπέ μοι,
]ν ἐθέμεθ’ ἡμέραν;
(ΝΙ. ἐγώ.
ΔΗ. τ]αυτ[α]γί· τὴν τήμερον
οἶ]σθ’ ἀκριβῶς.
(ΝΙ.) ποῦ; πότε;
(ΔΗ.) γ]ίνεσθαι ταχὺ
τήμ]ερον.
(ΝΙ.) τρόπῳ τίνι;
(ΔΗ.)
ΝΙ.]· ἀλλ’ ἔστ’ ἀδύνατον.

ich [155] zu ihm und sage ihm, er soll die Hochzeit ausrichten; denn was von uns kommt, wird da sein.

Moschion. Gut, was du da sagst; wenn ich hineingegangen bin und mich besprengt habe, ein Trankopfer dargebracht und Weihrauch aufgelegt habe, hole ich das Mädchen.

Demeas. Geh noch nicht, bis ich erfahren habe, [160] ob der mit uns darin übereinstimmt.

Moschion. Er wird dir nicht widersprechen; doch euch, Vater, zur Last sein, indem ich dabei bin, ist unpassend; also gehe ich weg. *(Ab nach rechts.)*

Demeas. Der Zufall ist, wie es scheint, irgendwie ein Gott und sorgt dafür, dass viel von dem, was man nicht sieht, gut ausgeht. [165] Denn ich habe, ohne zu wissen, dass der [166] verliebt ist, … *(Zwischen V. 166 und 167 fehlen etwa 27 Verse.)* … [167] … herausrufen will ich ihn, heraus hierher vors Haus rufen, *(laut)* hierher zu mir, Nikeratos, komm heraus!

Nikeratos. Wofür?

Demeas. Sei vielmals gegrüßt!

Nikeratos. [170] Auch du! Was ist?

Demeas. Erinnerst du dich, sage mir, … ⟨dass wir noch nicht⟩ den Tag festgesetzt haben.

Nikeratos. Ja …

Demeas. … dies hier; den heutigen Tag … weißt du genau.

Nikeratos. Wo? Wann?

Demeas. … dass es schnell sein wird [175] … heute.

Nikeratos. Auf welche Weise?

Demeas. …

Nikeratos. …; aber es ist unmöglich.

(ΔΗ.) οὐκοῦν μελήσει ταυτ' ἐ]μοί, σοὶ δ' οὐδὲ ἕν
]γειν
(ΝΙ.) ὦ Ἡράκλεις
]ς· οὕτω σοι φράσαι
ΔΗ.].ν· ἀλλὰ ⟨ – ⟩ τοδὶ λέγειν.
(ΝΙ.)]ν πρὶν εἰπε[ῖ]ν τοῖς φίλοις
]δοκεῖν.
(ΔΗ.) Νικήρατε,
μ]οι χαρίσῃ.
⟨ΝΙ.⟩ πῶς γνώσομαι
]. τυχόντος μοι φίλον.
(ΔΗ.)
ΝΙ.] τοῦτ' ἐσπούδακας;
ἀ]λλὰ συγχωροῦντά σοι
ἐ]στιν φιλονικεῖν
(ΔΗ.) νοῦν [ἔχ]εις.
]ν συνοίσει σοι.
(ΝΙ.) λέγεις
]ς.
(ΔΗ.) Παρμένων, παῖ Παρμέν[ων.
ΠΑ.
ΔΗ. στε]φάνους, ἱερεῖον, σήσαμα,
] πάντα τἀξ ἀγορᾶς ἁπλῶς
πριάμενος ἥ]κε.
(ΠΑ.) πάντ'; ἐμοὶ ⟨δή⟩, Δημέα,
ἄν τις παρα]λίπῃ –
(ΔΗ.) καὶ ταχέως· ἤδη λέγω.
ἄγε καὶ μ]άγειρον.
(ΠΑ.) καὶ μάγειρον, πριάμενος
ἃ δεῖ;
ΔΗ. π]ριάμενος.
(ΠΑ.) ἀργύριον λαβὼν τρέχω.
(ΔΗ.) σὺ δ' οὐδ]έπω, Νικήρατ';

Demeas. Also kümmere ich mich darum, du dich um gar nichts …

Nikeratos. O Herakles! …; so dir sagen …

Demeas. … aber … das sagen …

Nikeratos. … bevor ich es den Freunden sage … scheinen.

Demeas. Nikeratos, … mir zu Gefallen.

Nikeratos. Wie werde ich entscheiden? … mir lieb.

Demeas. …

Nikeratos. … meinst du das ernst? … doch dir zustimmend … ist zu wetteifern.

Demeas. Du hast Verstand. … es wird dir nützen.

Nikeratos. Du sprichst …

Demeas. Parmenon, Sklave Parmenon, …

Parmenon. …

Demeas. … Kränze, Opfertier, Sesamkuchen … alles zusammen, was es auf dem Markt gibt, kaufe und komm her.

Parmenon. Alles? Wenn das mir also, Demeas, jemand überlässt –

Demeas. Und schnell; auf der Stelle, meine ich. Bring auch einen Koch.

Parmenon. Auch einen Koch? Wenn ich gekauft habe, was nötig ist?

Demeas. Ja, wenn du gekauft hast.

Parmenon. Ich hole Geld und laufe. *(Ab in Demeas' Haus.)*

Demeas. Gehst du noch nicht los, Nikeratos?

(ΝΙ.) εἰσιὼν φράσας
πρὸς τ]ὴν γυναῖκα τἄνδον εὐτρεπῆ ποεῖν
διώξομ’ εὐθὺς τοῦτον.
(ΠΑ.) οὐκ οἶδ’ οὐδὲ ἕν,
πλὴν προστέτακται ταῦτα συντείνω τ’ ἐκε[ῖ
ἤδη.
ΔΗ. τὸ πεῖσαι τὴν γυναῖκα πράγματα
αὐτῷ παρέξει· δεῖ δὲ μὴ δοῦναι λόγον
μηδὲ χ[ρ]όνον ἡ[μ]ᾶς. παῖ, διατρίβεις· οὐ δραμεῖ;

⟨ΧΟΡΟΥ⟩

ΜΕΡΟΣ Γ′

[ΔΗ.]
] . δρόμου καλο[ῦ
χει]μὼν ἀπ[ροσδ]όκητος ἐξαίφνης [μέγας
ἐλθών· ἐκεῖνος τοὺς ἐν εὐδίᾳ ποτὲ
θέοντας ἐξήραξε κἀνεχαίτισεν.
τοιοῦτο γὰρ καὶ τοὐμόν ἐστι νῦν. ἐγώ,
ὁ τοὺς γάμους ποῶν, ὁ θύων το[ῖ]ς θεο[ῖς,
ᾧ πάντα κατὰ νοῦν ἀρτίως ἐγίν[ετο,
οὐδ’ εἰ βλέπω, μὰ τὴν Ἀθηνᾶν, οἶδ[α νῦν
καλῶ⟨ς⟩ ἔτ’· οὔκ, [ἀ]λλ’ εἰς τὸ πρόσθεν π[ροάγομαι
ὀδύν]ην τιν’ ἀνυπέρβλητον ἐξ[αίφνης λαβών.
ἦ ’στ[ι] πιθανόν; σκέψασθε πότερο[ν εὖ φρονῶ
ἢ μαίνομ’, οὐδέν τ’ εἰς ἀκρίβειαν [πάνυ
λαβὼν ἐπάγομαι μέγ’ ἀτύχημα [διὰ κενῆς.
ὡς γὰρ τάχιστ’ εἰσῆλθον, ὑπερεσπουδακὼς
τὰ τοῦ γάμου πράττειν, φράσας τὸ πρᾶγμ’ ἁπλῶς
τοῖς ἔνδον ἐκέλευσ’ εὐτρεπίζειν πάνθ’ ἃ δεῖ,

NIKERATOS. Ich gehe hinein, sage zu meiner Frau, sie soll die Dinge im Haus fertig machen, und folge ihm sofort. *(Ab in sein Haus.)*

PARMENON *(kommt aus Demeas' Haus und spricht zurück)*. Ich weiß überhaupt nichts. Nur, dass mir dies befohlen ist, und ich eile [200] schon dorthin.

DEMEAS. Seine Frau zu überreden wird ihm Schwierigkeiten bereiten; doch wir dürfen ihr nicht das Wort [202] noch Zeit geben. Sklave, du hältst dich hier noch auf; willst du nicht laufen?

(Parmenon ab nach rechts, Demeas in sein Haus. V. 203–205 enthalten nur einzelne Wörter. Danach fehlen etwa 11 Verse, in die der Übergang vom zweiten zum dritten Akt fiel.)

⟨*Tanz und Gesang des Chors*⟩

AKT III

DEMEAS *(kommt aus seinem Haus)*. ... [206] ⟨nach⟩ einer schönen Fahrt ... ein gewaltiger Sturm, der unvorhergesehen plötzlich aufkam; der hat die, die vorher bei Windstille fuhren, herausgeschmettert und umgeworfen. [210] Derartig nämlich ist auch meine Situation jetzt. Ich, der ich die Hochzeit ausrichte, der ich den Göttern opfere, dem alles eben noch nach Wunsch ablief, weiß, bei der Athene, jetzt nicht einmal, ob ich noch richtig sehe; nein, hier nach draußen komme ich, da ich plötzlich [215] einen Schmerz, der nicht größer sein könnte, zu spüren bekam. Ist das glaublich? Schaut, ob ich recht bei Verstand bin oder wahnsinnig und, weil ich gar nichts richtig verstanden habe, mir sinnlos großes Unheil verschaffe. Denn kaum war ich ins Haus gegangen, übereifrig bedacht, [220] das, was zur Hochzeit gehört, durchzuführen, erklärte ich die Sache kurz und befahl denen im Haus, ganz und gar alles, was nötig ist, zu bewerk-

καθαρὰ ποεῖν, πέττειν, ἐνάρχεσθαι κανοῦν.
ἐγίνετ' ἀμέλει πάνθ' ἑτοίμως, τὸ δὲ τάχος
τῶν πραττομένων ταραχήν τιν' αὐτοῖς ἐνεπόει,
ὅπερ εἰκός. ἐπὶ κλίνης μὲν ἔρριπτ' ἐκποδὼν
τὸ παιδίον κεκραγός, αἳ δ' ἐβόων ἅμα
"ἄλευρ', ὕδωρ, ἔλαιον, ἀπόδος ἄνθρακας."
καὐτὸς διδοὺς τούτων τι καὶ συλλαμβάνων
εἰ[ς τ]ὸ ταμιεῖον ἔτυχον εἰσελθών, ὅθεν
πλείω προαιρῶν καὶ σκοπούμενος συχνὰ
οὐκ εὐθὺς ἐξῆλθον. καθ' ὃν δ' ἦν χρόνον ἐγὼ
ἐνταῦθα, κατέβαιν' ἀφ' ὑπερῴου τις γυνὴ
ἄνωθεν εἰς τοὔμπροσθε τοῦ ταμιειδίου
οἴκημα· τυγχάνει γὰρ ἱστεών τις ὤν,
ὥσθ' ἥ τ' ἀνάβασίς ἐστι διὰ τούτου τό τε
ταμιεῖον ἡμῖν. τοῦ δὲ Μοσχίωνος ἦν
τίτθη τις αὕτη, πρεσβυτέρα, γεγονυῖ' ἐμὴ
θεράπαιν', ἐλευθέρα δὲ νῦν. ἰδοῦσα δὲ
τὸ παιδίον κεκραγὸς ἠμελημένον
ἐμέ τ' οὐδὲν εἰδυῖ' ἔνδον ὄντ', ἐν ἀσφαλεῖ
εἶναι νομίσασα τοῦ λαλεῖν, προσέρχεται
καὶ ταῦτα δὴ τὰ κοινὰ "φίλτατον τέκνον"
εἰποῦσα καὶ "μέγ' ἀγαθόν· ἡ μάμμη δὲ ποῦ;"
ἐφίλησε, περιήνεγκεν. ὡς δ' ἐπαύσατο
κλᾶον, πρὸς αὑτήν φησ[ι]ν "ὦ τάλαιν' ἐγώ.
πρώην τοιοῦτον ὄντα Μοσχίων' ἐγὼ
αὐτὸν ἐτιθηνούμην ἀγαπῶσα· νῦν δ' [ἐπεὶ
παιδίον ἐκείνου γέγον[ε]ν [ἤ]δη καὶ τόδ[ε

]α καὶ
γεγο]νέναι."
. . . . .] .[. . . .] . . . καὶ θεραπαινιδίῳ τινὶ
ἔξωθεν εἰστρέχοντι "λούσατ', ὦ τάλαν,
τὸ παιδίον", φησίν, "τί τοῦτ'; ἐν τοῖς γάμοις

stelligen, sauber zu machen, zu backen, den Korb zu weihen. Es geschah natürlich alles ohne Zögern, aber die Schnelligkeit, mit der es durchgeführt wurde, verursachte ihnen einige Verwirrung, [225] wie zu erwarten war. Auf einem Bett abgelegt, dadurch aus dem Weg, war das Kind, das schrie, die Frauen aber riefen alle auf einmal: »Mehl, Wasser, Öl, Kohlen gib her!« Auch ich selbst gab etwas davon, half mit und kam dabei zufällig in die Vorratskammer, aus der ich, [230] weil ich noch mehr hervorholte und mich lange umsah, nicht sofort herauskam. In der Zeit aber, in der ich dort war, stieg vom oberen Stockwerk eine Frau von oben in den vor dem Vorratskämmerchen gelegenen Raum; zufällig nämlich ist der eine Webstube, so gelegen, [235] dass die Treppe durch ihn geht und wir eine Vorratskammer haben. Moschions Amme war die, recht alt, meine Sklavin gewesen, aber jetzt frei. Sie erblickt das schreiende, unversorgte Kind, [240] und da sie nicht weiß, dass ich drin bin, und glaubt, es sei gefahrlos, zu schwatzen, geht sie hin, und als sie das, was üblich ist, gesagt hat, »liebstes Kind« und »Großer Schatz! Wo ist denn die Mama?«, küsste sie es und trug es umher. Als es aufgehört hat [245] zu weinen, sagt sie zu sich selbst: »Ach ich Arme, kürzlich noch habe ich Moschion selbst, als er so einer war, als Amme liebevoll versorgt; jetzt aber, da bereits ein Kind von ihm zur Welt gekommen ist und dies … (*2–3 Verse fehlen zwischen V. 248 und 249*) und … [250] geworden.« … und zu einer jungen Sklavin, die von draußen hereinläuft, sagt sie: »Badet, du Elende, das Kind; ja, was ist das hier? Bei der Hochzeit des

τοῖς τοῦ πατρὸς τὸν μικρὸν οὐ θεραπεύετε;"
εὐθὺς δ' ἐκείνη "δύσμορ', ἡλίκον λαλεῖς"
φήσ', "ἔνδον ἐστὶν αὐτός." "οὐ δήπου γε· ποῦ;"
"ἐν τῷ ταμιείῳ". καὶ παρεξήλλαξέ τι·
"αὐτὴ καλεῖ, τίτθη, σε" καὶ "βάδιζε καὶ
σπεῦδ'. οὐκ ἀκήκο' οὐδέν, εὐτυχέστατα."
εἰποῦσ' ἐκείνη δ' "ὢ τάλαινα τῆς ἐμῆς
λαλιᾶς" ἀπῆξεν ἐκποδών, οὐκ οἶδ' ὅποι.
κἀγὼ προῄειν τοῦτον ὅνπερ ἐνθάδε
τρόπον ἀρτίως ἐξῆλθον, ἡσυχῇ πάνυ,
ὡς οὔτ' ἀκούσας οὐδὲν οὔτ' ᾐσθημένος·
αὐτὴν δ' ἔχουσαν αὐτὸ τὴν Σαμίαν ὁρῶ
ἔξω καθ' αὑτὴν ⟨καὶ⟩ διδοῦσαν τιτθίον.
ὥσθ' ὅτι μὲν αὐτῆς ἐστι τοῦτο γνώριμον
εἶναι, πατρὸς δ' ὅτου ποτ' ἐστίν, εἴτ' ἐμὸν
εἴτ' – οὐ λέγω δ', ἄνδρες, πρὸς ὑμᾶς τοῦτ' ἐγώ,
οὐχ ὑπονοῶ, τὸ πρᾶγμα δ' εἰς μέσον φέρω
ἅ τ' ἀκήκο' αὐτός, οὐκ ἀγανακτῶν οὐδέπω.
σύνοιδα γὰρ τῷ μειρακίῳ, νὴ τοὺς θεούς,
καὶ κοσμίῳ τὸν πρότερον ὄντι χρόνον ἀεὶ
καὶ περὶ ἔμ' ὡς ἔνεστιν εὐσεβεστάτῳ.
πάλιν δ' ἐπειδὰν τὴν λέγουσαν καταμάθω
τίτθην ἐκείνου πρῶτον οὖσαν, εἶτ' ἐμοῦ
λάθρᾳ λέγουσαν, εἶτ' ἀποβλέψω πάλιν
εἰς τὴν ἀγαπῶσαν αὐτὸ καὶ βεβιασμένην
ἐμοῦ τρέφειν ἄκοντος, ἐξέστηχ' ὅλως.
ἀλλ' εἰς καλὸν γὰρ τουτονὶ παρόνθ' ὁρῶ
τὸν Παρμένοντ' ἐκ τῆς ἀγορᾶς· ἐατέον
αὐτὸν παραγαγεῖν ἐστι τούτους οὓς ἄγει.
ΠΑ. μάγειρ', ἐγώ, μὰ τοὺς θεούς, οὐκ οἶδα σὺ
ἐφ' ὅ τι μαχαίρας περιφέρεις· ἱκανὸς γὰρ εἶ
λαλῶν κατακόψαι πάντα πράγματ'.

Vaters sorgt ihr nicht für den Kleinen?« Sofort sagt die: »Du Unglückselige, wie laut du schwatzt, im Haus ist er persönlich!« »Doch sicher nicht! Wo?« »In der Vorratskammer.« Und sie veränderte den Ton etwas: »Sie selbst ruft dich, Amme!«, und »Geh und beeil dich! Er hat nichts gehört, höchst glücklicherweise!« Die aber sagte: »Ach, ich Elende mit meinem Geschwätz!«, und eilte davon, ich weiß nicht, wohin. Und ich war dabei, auf die Weise hervorzutreten, in der ich soeben hier heraustrat, ganz in Ruhe, als ob ich weder etwas gehört noch bemerkt hätte; sie selbst aber, wie sie es hält, die Samierin, sehe ich außen allein, und wie sie ihm die Brust gibt. Daher ist sicher, dass es das Ihre ist, aber von welchem Vater auch immer es ist, ob es meines, ob – *(zum Publikum)* darüber jedoch, ihr Männer, rede ich nicht vor euch, argwöhne nicht, aber die Sache bringe ich vor die Öffentlichkeit und das, was ich selbst gehört habe, ohne noch betrübt zu sein. Denn ich weiß von dem Jungen, bei den Göttern, dass er in der bisherigen Zeit immer anständig war und mir gegenüber so respektvoll wie möglich. Doch wenn ich wiederum überlege, dass sie, die das sagte, zuerst seine Amme war, dann es heimlich vor mir sagte und dann wieder auf die blicke, die es lieb hat und erzwang, es gegen meinen Willen aufzuziehen, bin ich ganz außer mir. Doch günstigerweise sehe ich ja den Parmenon da vom Markt kommen; ich muss ihn die hineinbringen lassen, die er bringt. *(Tritt beiseite. Parmenon kommt mit einem Koch und dessen Gehilfen von rechts.)*

PARMENON. Koch, bei den Göttern, ich weiß nicht, wozu du Messer mit dir herumträgst; denn du bist fähig, durch Schwatzen alle Dinge zu zerhacken.

(ΜΑΓΕΙΡΟΣ)
ἄθλιε
ἰδιῶτ᾽.
(ΠΑ.) ἐγώ;
(ΜΑ.) δοκεῖς γέ μοι, νὴ τοὺς θεούς.
εἰ πυνθάνομαι πόσας τραπέζας μέλλετε
ποεῖν, πόσαι γυναῖκές εἰσι, πηνίκα
ἔσται τὸ δεῖπνον, εἰ δεήσει προσλαβεῖν
τραπεζοποιόν, εἰ κέραμός ἐστ᾽ ἔνδοθεν
ὑμῖν ἱκανός, εἰ τοὐπτάνιον κατάστεγον,
εἰ τἆλλ᾽ ὑπάρχει πάντα –
(ΠΑ.) κατακόπτεις γέ με,
εἰ λανθάνει σε, φίλτατ᾽, εἰς περικόμματα,
οὐχ ὡς ἔτυχες.
(ΜΑ.) οἴμωζε.
(ΠΑ.) καὶ σύ, τοῦτό γε
παντὸς ἕνεκ᾽. ἀλλὰ παράγετ᾽ εἴσω.
ΔΗ. Παρμένων.
(ΠΑ.) ἐμέ τις κέκληκε;
(ΔΗ.) ναιχί.
(ΠΑ.) χαῖρε, δέσποτα.
(ΔΗ.) τὴν σφυρίδα καταθεὶς ἧκε δεῦρ᾽.
(ΠΑ.) ἀγαθῇ τύχῃ.
(ΔΗ.) τοῦτον γὰρ οὐδέν, ὡς ἐγᾦμαι, λανθάνοι
τοιοῦτον ἂν πραττόμενον ἔργον· ἔστι γὰρ
περίεργος, εἴ τις ἄλλος. ἀλλὰ τὴν θύραν
προϊὼν πέπληχε.
(ΠΑ.) δίδοτε, Χρυσί, πάνθ᾽ ὅσ᾽ ἂν
ὁ μάγειρος αἰτῇ· τὴν δὲ γραῦν φυλάττετε
ἀπὸ τῶν κεραμίων, πρὸς θεῶν. τί δεῖ ποεῖν,
δέσποτα;
(ΔΗ.) τί δεῖ ποεῖν ⟨σε⟩; δεῦρ᾽ ἀπὸ τῆς θύρας·
ἔτι μικρόν.

Koch. Elender Stümper!

Parmenon. Ich?

Koch. So scheinst du mir, bei den Göttern. Wenn ich mich erkundige, wie viele Tische ihr zu decken gedenkt, wie viele Frauen da sind, wann das Essen sein wird, ob es nötig sein wird, einen Servierer dazu zu nehmen, ob ihr genügend Geschirr im Hause habt, ob die Küche überdacht ist, ob das Übrige alles vorhanden ist –

Parmenon. Ja, du zerhackst mich, falls dir das entgeht, mein Liebster, zu Hackfleisch, nicht einfach so.

Koch. Heulen sollst du!

Parmenon. Du auch, und das für alles. Doch geht hinein! *(Koch und Gehilfe ab in Demeas' Haus.)*

Demeas. Parmenon!

Parmenon. Hat mich jemand gerufen?

Demeas. Ja!

Parmenon. Sei gegrüßt, Herr!

Demeas. Stell deinen Korb ab und komm dann hierher.

Parmenon. Mit gutem Glück! *(Ab ins Haus.)*

Demeas. Dem nämlich wird, wie ich glaube, nicht verborgen sein ein so getanes Werk; er ist nämlich neugierig wie kein anderer. Aber es hat jemand beim Herausgehen gegen die Tür gestoßen.

Parmenon *(kommt aus Demeas' Haus und spricht zurück)*. Gebt, Chrysis, alles, was auch immer der Koch verlangt; die Alte aber haltet fern von den Krügen, bei den Göttern! *(Zu Demeas.)* Was soll ich tun, Herr?

Demeas. Was du tun sollst? Komm weg von der Tür hierher! Noch ein bisschen!

(ΠΑ.) ἤν.
(ΔΗ.) ἄκουε δή μου, Παρμέν[ων·
ἐγώ σε μαστιγοῦν, μὰ τοὺς δώδεκα θεού[ς,
οὐ βούλομαι διὰ πολλά.
(ΠΑ.) μαστιγοῦν; τί δὲ
πεπόηκα;
(ΔΗ.) συγκρύπτεις τι πρός μ', ἤ[σ]θημ'.
[ΠΑ.] ἐγώ;
μὰ τὸν Διόνυσον, μὰ τὸν Ἀπόλλω τουτονί,
μὰ τὸν Δία τὸν σωτῆρα, μὰ τὸν Ἀσκληπιόν –
(ΔΗ.) παῦ, μηδὲν ὄμνυ'· οὐ γὰρ εἰκάζων λέγω.
(ΠΑ.) ἦ μήποτ' ἄρ' –
(ΔΗ.) οὗτος, βλέπε δεῦρ'.
(ΠΑ.) ἰδού, βλέ[πω.
[ΔΗ.] τὸ παιδίον τίνος ἐστίν;
(ΠΑ.) ἤν.
(ΔΗ.) τὸ παιδίον
τίνος ἔ[στ' ἐρ]ωτῶ.
(ΠΑ.) Χρυσίδος.
(ΔΗ.) πατρὸς δὲ τοῦ;
(ΠΑ.) σόν, φ[ησίν.
ΔΗ.] ἀπόλωλας· φενακίζεις μ'.
(ΠΑ.) ἐγώ;
(ΔΗ.) εἰδότα γ' ἀκριβῶς πάντα καὶ πεπυσμένον
ὅτι Μοσχίωνός ἐστιν, ὅτι σύνοισθα σύ,
ὅτι δι' ἐκεῖνον αὐτὸ νῦν αὕτη τρέφει.
(ΠΑ.) τίς φησι;
(ΔΗ.) πάντες. ἀλλ' ἀπόκριναι τοῦτό μοι·
ταῦτ' ἐστίν;
(ΠΑ.) ἔστι, δέσποτ', ἀλλὰ λανθάνειν –
ΔΗ. τί λανθάνειν; ἱμάντα παίδων τις δότω
ἐπὶ τουτονί μοι τὸν ἀσεβῆ.
(ΠΑ.) μή, πρὸς θεῶν.

Parmenon. Jawohl!

Demeas. Hör mir nun zu, Parmenon: Auspeitschen will ich dich, bei den zwölf Göttern, aus vielen Gründen nicht lassen.

Parmenon. Auspeitschen? Aber was habe ich getan?

Demeas. Du hilfst, vor mir etwas zu verbergen, habe ich gemerkt.

Parmenon. Ich? Beim Dionysos, bei diesem Apollon hier *(zeigt auf eine Statue des Gottes)*, beim Retter Zeus, bei dem Asklepios –

Demeas. Hör auf, schwöre nichts! Denn ich spreche nicht, weil ich vermute.

Parmenon. Niemals also soll –

Demeas. Du, sieh her zu mir!

Parmenon. Schau, ich sehe.

Demeas. Von wem ist das Kind?

Parmenon *(a parte)*. Hilfe!

Demeas. Von wem das Kind ist, frage ich.

Parmenon. Von Chrysis.

Demeas. Und von welchem Vater?

Parmenon. Von dir, sagt man.

Demeas. Mit dir ist es aus; du betrügst mich.

Parmenon. Ich?

Demeas. Mich, der ich alles genau weiß und erfahren habe, dass es von Moschion ist, dass du Mitwisser bist, dass seinetwegen sie es nun aufzieht.

Parmenon. Wer sagt das?

Demeas. Alle. Doch beantworte mir dies: Ist das wahr?

Parmenon. Das ist es, aber verborgen bleiben –

Demeas. Was »verborgen bleiben«? Den Riemen soll mir einer von den Sklaven geben für diesen Ruchlosen hier!

Parmenon. Nicht, bei den Göttern!

(ΔΗ.) στίξω σε, νὴ τὸν Ἥλιον.
(ΠΑ.) στίξεις ἐμέ;
(ΔΗ.) ἤδη γ᾽.
(ΠΑ.) ἀπόλωλα.
(ΔΗ.) ποῖ σύ, ποῖ, μαστιγία;
λάβ᾽ αὐτόν. ὦ πόλισμα Κεκροπίας χθονός,
ὦ ταναὸς αἰθήρ, ὦ – τί, Δημέα, βοᾷς;
τί βοᾷς, ἀνόητε; κάτεχε σαυτόν, καρτέρει.
οὐδὲν γὰρ ἀδικεῖ Μοσχίων σε. παράβολος
ὁ λόγος ἴσως ἔστ᾽, ἄνδρες, ἀλλ᾽ ἀληθινός.
εἰ μὲν γὰρ ἢ βουλόμενος ἢ κεκνισμένος
ἔρωτι τοῦτ᾽ ἔπραξεν ἢ μισῶν ἐμέ,
ἦν ἂν ἐπὶ τῆς αὐτῆς διανοίας ἔτι, θρασὺς
ἐμοί τε παρατεταγμένος· νυνὶ δέ μοι
ἀπολελόγηται τὸν φανέντ᾽ αὐτῷ γάμον
ἄσμενος ἀκούσας. οὐκ ἐρῶν γάρ, ὡς ἐγὼ
τότ᾽ ᾠόμην, ἔσπευδεν, ἀλλὰ τὴν ἐμὴν
Ἑλένην φυγεῖν βουλόμενος ἔνδοθέν ποτε·
αὕτη γάρ ἐστιν αἰτία τοῦ γεγονότος.
παρέλαβεν αὐτόν που μεθύοντα δηλαδή,
οὐκ ὄντ᾽ ἐν ἑαυτοῦ· πολλὰ δ᾽ ἐξεργάζεται
ἀνόητ᾽ ἄκρατος καὶ νεότης, ὅταν λάβῃ
τὸν συνεπιβουλεύσαντα τούτοις πλησίον.
οὐδενὶ τρόπῳ γὰρ πιθανὸν εἶναί μοι δοκεῖ
τὸν εἰς ἅπαντας κόσμιον καὶ σώφρονα
τοὺς ἀλλοτρίους εἰς ἐμὲ τοιοῦτον γεγονέναι,
οὐδ᾽ εἰ δεκάκις ποητός ἐστι, μὴ γόνῳ
ἐμὸς ὑός· οὐ γὰρ τοῦτο, τὸν τρόπον δ᾽ ὁρῶ.
χαμαιτύπη δ᾽ ἄνθρωπος, ὄλεθρος. ἀλλὰ τί;
οὐ γὰρ περιέσται. Δημέα, νῦν ἄνδρα χρὴ
εἶναί σ᾽· ἐπιλαθοῦ τοῦ πόθου, πέπαυσ᾽ ἐρῶν,
καὶ τἀτύχημα μὲν τὸ γεγονὸς κρύφθ᾽ ὅσον
ἔνεστι διὰ τὸν ὑόν, ἐκ τῆς δ᾽ οἰκίας

DEMEAS. Ich werde dich brandmarken, beim Helios!

PARMENON. Du wirst mich brandmarken?

DEMEAS. Ja, jetzt gleich.

PARMENON. Mit mir ist es aus. *(Ab nach links.)*

DEMEAS. Wohin, du, wohin, du Mensch für die Peitsche? Fass ihn!

O du, kekropischen Gefildes Stadt,
o weiter Himmel, o!

– was schreist du, Demeas? Was schreist du, Törichter? Nimm dich zusammen, sei stark! In keiner Weise tut Moschion dir Unrecht. Kühn ist das Wort vielleicht, *(zum Publikum)* ihr Männer, aber wahr. Denn wenn er entweder willentlich oder gepeinigt von Liebesverlangen dies getan hat oder aus Hass auf mich, bliebe er noch bei der gleichen Gesinnung, trotzig und gegen mich feindlich eingestellt; jetzt ist er aber von mir entschuldigt, weil er von der Hochzeit, die sich ihm eröffnete, bereitwillig hörte. Denn nicht aus Liebe, wie ich erst glaubte, war er eifrig, sondern weil er meiner Helena im Haus endlich entrinnen wollte; sie nämlich ist schuld an dem, was geschehen ist. Sie eroberte ihn irgendwie, als er offensichtlich betrunken, nicht Herr über sich war; vieles Törichte bewirken Ungemischter und Jugend, wenn man den, der einem zusammen mit ihnen nachstellt, nahebei vorfindet. Denn auf keine Weise scheint mir glaubwürdig zu sein, dass er, der allen Fremden gegenüber Anständige und Besonnene, sich so mir gegenüber beträgt, auch wenn er zehnmal adoptiert, nicht von Geburt mein Sohn ist; denn nicht darauf, sondern auf seine Wesensart sehe ich. Eine billige Hure ist die Person, ein Verderben. Doch was nun? Sie wird nicht bleiben. Demeas, jetzt musst du ein Mann sein; vergiss dein Begehren, hör auf zu lieben, und verheimliche das Unglück, das geschehen ist, soweit es möglich ist, wegen deines Sohnes, aus dem Haus Hals über

ἐπὶ κεφαλὴν ἐς κόρακας ὦσον τὴν καλὴν
Σαμίαν. ἔχεις δὲ πρόφασιν, ὅτι τὸ παιδίον
ἀνείλετ᾽· ἐμφανίσῃς γὰρ ἄλλο μηδὲ ἕν.
δακὼν δ᾽ ἀνάσχου, καρτέρησον εὐγενῶς.
(MA.) ἀλλ᾽ ἆρα πρόσθε τῶν θυρῶν ἐστ᾽ ἐνθάδε;
παῖ, Παρμένων. ἄνθρωπος ἀποδέδρακέ με,
ἀλλ᾽ οὐδὲ μικρὸν συλλαβών.
ΔΗ. ἐκ τοῦ μέσου
ἄναγε σεαυτόν.
(MA.) Ἡράκλεις, τί τοῦτο; παῖ.
μαινόμενος εἰσδεδράμηκεν εἴσω τις γέρων,
ἢ τί τὸ κακόν ποτ᾽ ἐστί; τί δέ μοι τοῦτο; παῖ.
νὴ τὸν Ποσειδῶ, μαίνεθ᾽, ὡς ἐμοὶ δοκεῖ·
κέκραγε γοῦν παμμέγεθες. ἀστεῖον πάνυ,
εἰ τὰς λοπάδας ἐν τῷ μέσῳ μου κειμένας
ὄστρακα ποιήσαι. πάνθ᾽ ὅμοια. τὴν θύραν
πέπληχεν. ἐξώλης ἀπόλοιο, Παρμένων,
κομίσας με δεῦρο. μικρὸν ὑπαποστήσομαι.
(ΔΗ.) οὔκουν ἀκούεις; ἄπιθι.
XP. ποῖ γῆς, ὦ τάλαν;
(ΔΗ.) ἐς κόρακας ἤδη.
(XP.) δύσμορος.
(ΔΗ.) ναί, δύσμορος.
ἐλεεινὸν ἀμέλει τὸ δάκρυον. παύσω σ᾽ ἐγώ,
ὡς οἴομαι –
(XP.) τί ποοῦσαν;
(ΔΗ.) οὐδέν. ἀλλ᾽ ἔχεις
τὸ παιδίον, τὴν γραῦν· ἀποφθείρου ποτέ.
(XP.) ὅτι τοῦτ᾽ ἀνειλόμην;
(ΔΗ.) διὰ τοῦτο καί –
(XP.) τί καί;
(ΔΗ.) διὰ τοῦτο.
MA. τοιοῦτ᾽ ἦν τι τὸ κακόν, μανθάνω.

Kopf zu den Raben vertreibe die schöne Samierin! Du hast als Vorwand, dass sie das Kind angenommen hat; erkläre nämlich weiter gar nichts. Beiß dir auf die Lippen, halte aus und werde stark auf edle Art!

Koch *(kommt aus Demeas' Haus).* Ist er hier draußen vor der Tür? Sklave, Parmenon! Der Mensch ist mir weggelaufen, aber nicht ein bisschen hat er geholfen.

Demeas. Aus dem Weg, pack dich! *(Ab in sein Haus.)*

Koch. Herakles, was ist denn das? Sklave! Irgendein wahnsinniger Alter ist ins Haus hineingerannt, oder was für ein Übel ist das wohl? Aber was geht es mich an? Sklave! Beim Poseidon, er ist wahnsinnig, wie mir scheint; er hat jedenfalls sehr laut geschrien. Sehr lustig, wenn er meine Schüsseln, die ihm im Weg stehen, zu Scherben machen würde. Es ist immer dasselbe! Er hat gegen die Tür gestoßen. Gründlich zu Grunde gehen mögest du, Parmenon, der du mich hierher gebracht hast. Ich will ein bisschen beiseite gehen.

Demeas *(kommt mit Chrysis, die das Kind auf dem Arm trägt, aus seinem Haus).* Hörst du nicht? Geh weg!

Chrysis. Wohin in aller Welt, um Himmels Willen!

Demeas. Ab zu den Raben, gleich!

Chrysis. Ich Unglückliche!

Demeas. Ja, Unglückliche! Natürlich, Tränen sind bemitleidenswert. Ich werde beenden, dass du, wie ich glaube –

Chrysis. Ich, die ich was getan habe?

Demeas. Nichts. Aber du hast das Kind, die Alte; geh endlich in dein Verderben.

Chrysis. Weil ich es angenommen habe?

Demeas. Deswegen und –

Chrysis. Was »und«?

Demeas. Deswegen.

Koch *(a parte).* Von solcher Art war das Übel, ich begreife.

(ΔΗ.) τρυφᾶν γὰρ οὐκ ἠπίστασ᾽.
ΧΡ. οὐκ ἠπιστάμην;
τί δ᾽ ἔσθ᾽ ὃ λέγεις;
(ΔΗ.) καίτοι πρὸς ἔμ᾽ ἦλθες ἐνθάδε
ἐν σινδονίτῃ, Χρυσί, (μανθάνεις;) πάνυ
λιτῷ.
(ΧΡ.) τί οὖν;
(ΔΗ.) τότ᾽ ἦν ἐγώ σοι πάνθ᾽, ὅτε
φαύλως ἔπραττες.
(ΧΡ.) νῦν δὲ τίς;
(ΔΗ.) μή μοι λάλει.
ἔχεις τὰ σαυτῆς πάντα· προστίθημί σοι
ἐγὼ θεραπαίνας, χρυσί᾽. ἐκ τῆς οἰκίας
ἄπιθι.
ΜΑ. τὸ πρᾶγμ᾽ ὀργή τις ἐστί· προσιτέον.
βέλτισθ᾽, ὅρα –
(ΔΗ.) τί μοι διαλέγει;
(ΜΑ.) μὴ δάκῃς.
(ΔΗ.) ἑτέρα γὰρ ἀγαπήσει τὰ παρ᾽ ἐμοί, Χρυσί, νὴ
καὶ τοῖς θεοῖς θύσει.
ΜΑ. τίς ἐστιν;
(ΔΗ.) ἀλλὰ σὺ
ὑὸν πεπόησαι· πάντ᾽ ἔχεις.
(ΜΑ.) οὔπω δάκνει.
ὅμως –
(ΔΗ.) κατάξω τὴν κεφαλὴν ἄνθρωπέ σου,
ἄν μοι διαλέγῃ.
(ΜΑ.) νὴ δικαίως γ᾽. ἀλλ᾽ ἰδού,
εἰσέρχομ᾽ ἤδη.
(ΔΗ.) τὸ μέγα πρᾶγμ᾽. ἐν τῇ πόλει
ὄψει σεαυτὴν νῦν ἀκριβῶς ἥτις εἶ.
αἱ κατὰ σέ, Χρυσί, πραττόμεναι δραχμὰς δέκα
μόνας ἕτεραι τρέχουσιν ἐπὶ τὰ δεῖπνα καὶ

DEMEAS. Du hast es nicht verstanden, luxuriös zu leben.

CHRYSIS. Es nicht verstanden? Was ist es, was du meinst?

DEMEAS. Und doch kamst du zu mir hierher in einem Sidonitischen, Chrysis – begreifst du? –, einem ganz billigen.

CHRYSIS. Was also?

DEMEAS. Damals war ich für dich alles, als es dir [380] schlecht ging.

CHRYSIS. Wer aber nun?

DEMEAS. Schwatz mir nicht daher. Du hast alles, was dir gehört; dazu gebe ich dir Sklavinnen, Gold. Geh fort aus meinem Haus!

KOCH. Die Angelegenheit ist Wut; ich muss dazu gehen. Mein Bester, schau –

DEMEAS. Warum redest du mit mir?

KOCH. Beiß nicht.

DEMEAS *(zu Chrysis)*. [385] Denn eine andere wird, was bei mir ist, schätzen, Chrysis, ja, und den Göttern opfern.

CHRYSIS. Wer ist das?

DEMEAS. Doch du hast einen Sohn bekommen; alles hast du.

KOCH. Er beißt noch nicht. Dennoch –

DEMEAS. Ich werde deinen Schädel zerschmettern, Mensch, wenn du mir dazwischenredest.

KOCH. Ja, mit Recht. Doch schau, [390] ich geh schon hinein. *(Ab in Demeas' Haus.)*

DEMEAS. Die große Nummer! In der Stadt wirst du nun genau dich selbst sehen können, wer du bist. Die anderen von deiner Sorte, Chrysis, verdienen nur zehn Drachmen, laufen zu den Gelagen

πίνουσ᾽ ἄκρατον ἄχρι ἂν ἀποθάνωσιν, ἢ
πεινῶσιν ἂν μὴ τοῦθ᾽ ἑτοίμως καὶ ταχὺ
ποῶσιν. εἴσει δ᾽ οὐδενὸς τοῦτ᾽, οἶδ᾽ ὅτι,
ἧττον σύ, καὶ γνώσει τίς οὖσ᾽ ἡμάρτανες.
ἕσταθι.
(ΧΡ.) τάλαιν᾽ ἔγωγε τῆς ἐμῆς τύχης.
ΝΙ. τουτὶ τὸ πρόβατον τοῖς θεοῖς μὲν τὰ νόμιμα
ἅπαντα ποιήσει τυθὲν καὶ ταῖς θεαῖς·
αἷμα γὰρ ἔχει, χολὴν ἱκανήν, ὀστᾶ καλά,
σπλῆνα μέγαν, ὧν χρεία ᾿στὶ τοῖς Ὀλυμπίοις.
πέμψω δὲ γεύσασθαι κατακόψας τοῖς φίλοις
τὸ κῴδιον· λοιπὸν γάρ ἐστι τοῦτό μοι.
ἀλλ᾽, Ἡράκλεις, τί τοῦτο; πρόσθε τῶν θυρῶν
ἕστηκε Χρυσὶς ἥδε κλάουσ᾽· οὐ μὲν οὖν
ἄλλη. τί ποτ᾽ ἐστὶ γεγονός;
(ΧΡ.) ἐκβέβληκέ με
ὁ φίλος ὁ χρηστός σου. τί γὰρ ἄλλ᾽;
(ΝΙ.) ὦ Ἡράκλεις,
τίς; Δημέας;
(ΧΡ.) ναί.
(ΝΙ.) διὰ τί;
(ΧΡ.) διὰ τὸ παιδίον.
(ΝΙ.) ἤκουσα καὐτὸς τῶν γυναικῶν, ὅτι τρέφεις
ἀνελομένη παιδάριον· ἐμβροντησία.
ἀλλ᾽ ἔστ᾽ ἐκεῖνος ἡδύς. οὐκ ὠργίζετο
εὐθύς, διαλιπὼν δ᾽, ἀρτίως;
(ΧΡ.) ὃς καὶ φράσας
εἰς τοὺς γάμους μοι τἄνδον εὐτρεπῆ ποεῖν
μεταξύ μ᾽ ὥσπερ ἐμμανὴς ἐπεισπεσὼν
ἔξωθεν ἐκκέκλεικε.
(ΝΙ.) Δημέας χολᾷ.
ὁ Πόντος οὐχ ὑγιεινόν ἐστι χωρίον.
πρὸς τὴν γυναῖκα δεῦρ᾽ ἀκολούθει τὴν ἐμήν.

und trinken Ungemischten, bis sie sterben, oder sie hungern, wenn sie das nicht bereitwillig und schnell machen. Du wirst das, ich weiß es, nicht weniger als irgendjemand wissen und erkennen, was du warst und verlorst. Bleib da stehen! *(Ab in sein Haus.)*

CHRYSIS. Ach ich Arme mit meinem Schicksal!

NIKERATOS *(kommt von rechts mit einem mageren Schaf)*. Dieses Schaf wird den Göttern das, was der Brauch verlangt, alles leisten, wenn es geopfert ist, und den Göttinnen; denn es hat Blut, genug Galle, schöne Knochen, eine große Milz, was die Olympier brauchen. Ich will es schlachten und zum Kosten den Freunden schicken – das Fell; denn das habe ich übrig. Doch, Herakles, was ist das? Vor der Tür steht diese Chrysis und weint; nein, wirklich keine andere. Was ist denn geschehen?

CHRYSIS. Hinausgeworfen hat mich dein braver Freund. Was sonst?

NIKERATOS. O Herakles, wer? Demeas?

CHRYSIS. Ja.

NIKERATOS. Weswegen?

CHRYSIS. Wegen des Kindes.

NIKERATOS. Ich hörte auch selbst von den Frauen, dass du ein Kind annahmst und aufziehst: Dummheit! Aber er ist doch lieb. War er nicht sofort wütend, nach einer Pause, gerade erst?

CHRYSIS. Ja, nachdem er mir gesagt hatte, ich solle für die Hochzeit die Sachen drinnen stattlich ausrichten, ist er inzwischen wie rasend hineingestürzt und hat mich draußen ausgesperrt.

NIKERATOS. Demeas hat es in der Galle. Der Pontos ist kein gesunder Ort. Zu meiner Frau folge mir hierher. Nur Mut! Was willst

θάρρει· τί βούλει; παύσεθ' οὗτος ἀπομανείς,
ὅταν λογισμὸν ὧν ποεῖ νυνὶ λάβῃ.

ΧΟΡΟΥ

ΜΕΡΟΣ Δ΄

ΝΙ. παρατενεῖς, γύναι· βαδίζω νῦν ἐκείνῳ προσβαλῶν.
οὐδ' ἂν ἐπὶ πολλῷ γενέσθαι τὸ γεγονός, μὰ τοὺς θεούς,
πρᾶγμ' ἐδεξάμην. μεταξὺ τῶν γάμων ποουμένων
συμβέβηκ' οἰωνὸς ἡμῖν ἄτοπος· ἐκβεβλημένη
εἰσελήλυθεν πρὸς ἡμᾶς παιδάριον ἔχουσά τις.
δάκρυα γίνεθ', αἱ γυναῖκες τεθορύβηνται. Δημέας
σκατοφαγεῖ· νὴ τὸν Ποσειδῶ καὶ θεούς, οἰμώξεται
σκαιὸς ὤν.
ΜΟ. οὐ μὴ δύῃ ποθ' ἥλιος. τί δεῖ λέγειν;
ἐπιλέλησθ' ἡ νὺξ ἑαυτῆς. ὢ μακρᾶς δείλης. τρίτον
λούσομ' ἐλθών· τί γὰρ ἔχοιμ' ἂν ἄλλο ποιεῖν;
ΝΙ. Μοσχίων,
χαῖρε πολλά.
(ΜΟ.) νῦν ποοῦμεν τοὺς γάμους; ὁ Παρμένων
εἶπεν ἐν ἀγορᾷ περιτυχὼν ἄρτι μοι. τί κωλύει
μετιέναι τὴν παῖδά μ' ἤδη;
(ΝΙ.) τἀνθάδ' ἀγνοῶν πάρει;
(ΜΟ.) ποῖα;
(ΝΙ.) ποῖ'; ἀηδία τις συμβέβηκεν ἔκτοπος.
(ΜΟ.) Ἡράκλεις· τίς; οὐ γὰρ εἰδὼς ἔρχομαι.
(ΝΙ.) τὴν Χρυσίδα
ἐξελήλακ' ἔνδοθέν σου, φίλταθ', ὁ πατὴρ ἀρτίως.
(ΜΟ.) οἷον εἴρηκας.

du noch? Nachdem er ausgerast hat, wird er aufhören, wenn er sich Gedanken über das gemacht hat, was er jetzt tut.

Tanz und Gesang des Chors

AKT IV

Nikeratos *(kommt aus seinem Haus und spricht zunächst zurück).* Du wirst mich noch niederstrecken, Weib! Ich geh jetzt zu ihm und attackiere ihn. Auch nicht für einen hohen Preis hätte ich, bei den Göttern, die Tat, die geschah, als geschehen hingenommen. Mitten in der Ausrichtung der Hochzeit ereignete sich ein für uns schlimmes Vorzeichen: Eine, die ausgestoßen wurde, kam zu uns herein und hatte ein Kind dabei. Es gibt Tränen, die Frauen sind verwirrt. Demeas frisst Kot; beim Poseidon und den Göttern, er wird zu jammern haben, dumm, wie er ist.

Moschion *(kommt von rechts, spricht bei sich).* Dass die Sonne gar nicht untergeht! Was soll ich sagen? Die Nacht hat sich selbst vergessen. Welch langer Abend! Zum dritten Mal gehe ich baden; denn was könnte ich anderes tun?

Nikeratos. Moschion, sei vielfach gegrüßt.

Moschion. Richten wir jetzt die Hochzeit aus? Parmenon sagte es, als er mir gerade auf dem Markt begegnete. Was hindert mich, das Mädchen gleich abzuholen?

Nikeratos. Du kommst ohne Kenntnis der Lage hier?

Moschion. Was für einer?

Nikeratos. Welcher? Ein außerordentlicher Ärger hat sich ereignet.

Moschion. Herakles! Welcher? Ich komme ohne Wissen.

Nikeratos. Die Chrysis hat, mein Liebster, soeben dein Vater aus deinem Haus vertrieben.

Moschion. Was hast du gesagt?

(ΝΙ.) τὸ γεγονός.
(ΜΟ.) διὰ τί;
(ΝΙ.) διὰ τὸ παιδίον.
(ΜΟ.) εἶτα ποῦ 'στι νῦν;
(ΝΙ.) παρ' ἡμῖν ἔνδον.
(ΜΟ.) ὦ δεινὸν λέγων
πρᾶγμα καὶ θαυμαστόν.
(ΝΙ.) εἴ σοι δεινὸν εἶναι φαίνεται –
ΔΗ. ἂν λάβω ξύλον, ποήσω τὰ δάκρυ' ὑμῶν ταῦτ' ἐγὼ
ἐκκεκόφθαι. τίς ὁ φλύαρος; οὐ διακονήσετε
τῷ μαγείρῳ; πάνυ γάρ ἐστιν ἄξιον, νὴ τὸν Δία,
ἐπιδακρῦσαι· μέγα γὰρ ὑμῖν ᾤχετ' ἐκ τῆς οἰκίας
ἀγαθόν· αὐτὰ τἄργα δηλοῖ. χαῖρ', Ἄπολλον φίλτατε,
ἐπ' ἀγαθῇ τύχῃ τε πᾶσι τοὺς γάμους, ⟨οὓς⟩ μέλλομεν
⟨νῦν⟩ ποεῖν, ἡμῖν γενέσθαι δὸς σύ. μέλλω γὰρ ποεῖν
τοὺς γάμους, ἄνδρες, καταπιὼν τὴν χολήν. τήρ[ει δὲ σύ,
δέσποτ', αὐτὸς ἵνα γένωμαι μὴ 'πίδηλος μηδ[ενί,
ἀλλὰ τὸν ὑμ[έν]αιον ᾄδειν εἰσανάγκασόν με σύ.
ἄρ]ξ[ομ' ο]ὐκ ἄριστ' ἐγὼ ⟨γὰρ⟩ ὡς ἔχω νῦν. ἀλλὰ τί;
εἴθε μόνο]ν ἔλθοι.
(ΝΙ.) σὺ πρότερος, Μοσχίων, πρόσελθέ μου.
(ΜΟ.) νὴ Δί', ὦ π]άτερ, τί ποιεῖς ταῦτα;
(ΔΗ.) ποῖα, Μοσχίων;
(ΜΟ.) ποῖ', ἐρωτ]ᾷς; διὰ τί Χρυσὶς οἴχετ' ἀπιοῦσ', εἰπέ μοι;
(ΔΗ.) δηλαδὴ] πρεσβεύεταί τις πρὸς ἐμέ· δεινόν. οὐχὶ σό[ν,
μὰ τὸν Ἀ]πόλλω, τοὖργόν ἐστιν, ἀλλὰ παντελ[ῶς ἐμόν.

NIKERATOS. Was geschehen ist.

MOSCHION. Weswegen?

NIKERATOS. Wegen des Kindes.

MOSCHION. Wo ist sie also jetzt?

NIKERATOS. Bei uns drinnen.

MOSCHION. Was für eine schreckliche und unbegreifliche Sache sagst du da!

NIKERATOS. Wenn sie dir schrecklich scheint –

DEMEAS *(kommt aus seinem Haus und spricht zunächst zurück).* Wenn ich einen Knüppel nehme, werde ich machen, dass eure Tränen da herausgeprügelt werden. Was soll das Geschwätz? Wollt ihr dem Koch nicht helfen? Ja, das verdient es unbedingt, beim Zeus, dass darüber geheult wird; denn ein großes Gut ist euch aus dem Haus davongegangen; die Fakten machen es deutlich. *(Wendet sich der Apollon-Statue auf der Bühne zu.)* Sei gegrüßt, liebster Apollon, dass mit gutem Glück für alle die Hochzeit, die wir jetzt auszurichten gedenken, für uns verläuft, gib du! *(Zum Publikum.)* Denn ich gedenke die Hochzeit auszurichten, ihr Männer, habe die Galle heruntergeschluckt. Du achte darauf, Herr, dass ich selbst niemandem klar durchschaubar werde, sondern zwinge du mich, den Hymenaios zu singen. Denn ich werde das Fest nicht am besten durchführen, so wie es mir geht. Doch was soll's? Wenn er nur kommt.

NIKERATOS. Geh du, Moschion vor mir zu ihm hin.

MOSCHION. Bei Zeus, Vater, warum tust du dies?

DEMEAS. Was, Moschion?

MOSCHION. Was, fragst du? Weswegen ist Chrysis fortgeeilt, sage mir?

DEMEAS *(a parte).* Offensichtlich kommt einer als Unterhändler zu mir; schrecklich. *(Zu Moschion.)* Nicht deine Sache ist das, beim Apollon, sondern ganz und gar meine. Was soll das Ge-

τίς ὁ φλύ]αρος; δεινὸν ἤδη· συναδικεῖ μ' οὗτος
(ΜΟ.) [τί φῄς;
ΔΗ. περιφα]νῶς· τί γὰρ προσέρχεθ' ὑπὲρ ἐκείνης; ἀσ[μένῳ
χρῆν γὰρ αὐτῷ τοῦτο δήπου γε[γονέναι.
ΜΟ. τί τ]οὺς φίλους
προσδοκᾷς ἐρεῖν πυθομένους;
(ΔΗ.) π[ροσδο]κῶ ⟨'γώ⟩, Μοσχίων,
τοὺς φίλους· ἔα μ'.
(ΜΟ.) ἀγεννὲς ἂν ποι[οίη]ν ἐπιτρέπων.
(ΔΗ.) ἀλλὰ κωλύσεις μ';
(ΜΟ.) ἔγωγε.
(ΔΗ.) τοῦθ', ὁρᾷ[ς, ὑ]περβολή,
τοῦτο τῶν δεινῶν ἐκείνων δεινό[τερο]ν.
(ΜΟ.) [ο]ὐ πάντα γὰρ
ἐπιτρέπειν ὀργῇ προσήκει.
ΝΙ. Δημέα, κ[αλ]ῶς λέγει.
ΜΟ. ἀποτρέχειν αὐτῇ φράσον δεῦρ' εἰσιών, Νικήρατε.
(ΔΗ.) Μοσχίων, ἔα μ', ἔα με, Μοσχίων, τρίτον λέγω
τουτογί· πάντ' οἶδα.
(ΜΟ.) ποῖα πάντα;
(ΔΗ.) μή μοι διαλέγου.
(ΜΟ.) ἀλλ' ἀνάγκη, πάτερ.
(ΔΗ.) ἀνάγκη; τῶν ἐμῶν οὐ κύριος
ἔσομ' ἐγώ;
(ΜΟ.) ταύτην ἐμοὶ δὸς τὴν χάριν.
(ΔΗ.) ποίαν χάριν;
οἷον ἀξιοῖς μ', ἀπελθεῖν αὐτὸν ἐκ τῆς οἰκίας
καταλιπόνθ' ὑμᾶς δύ' ὄντας. τοὺς γάμους ἔα ποεῖν,
τοὺς γάμους ἔα με ποιεῖν, ἂν ἔχῃς νοῦν.
(ΜΟ.) ἀλλ' ἐῶ·
βούλομαι δὲ συμπαρεῖναι Χρυσίδ' ⟨ἡμῖν⟩.

schwätz? *(A parte.)* Schrecklich bereits! Der hilft, mir Unrecht zu tun.

MOSCHION. Was sagst du?

DEMEAS *(a parte).* Offensichtlich! Denn warum kommt er her für sie? Zu seiner Freude nämlich müsste das doch wohl geschehen sein.

MOSCHION. Was erwartest du, dass die Freunde sagen werden, wenn sie es erfahren?

DEMEAS. Ich erwarte, Moschion, [460] dass die Freunde – lass mich.

MOSCHION. Unedel würde ich handeln, wenn ich es zuließe.

DEMEAS. Aber willst du mich hindern?

MOSCHION. Ja.

DEMEAS *(a parte).* Das, siehst du, ist der Gipfel, das ist schrecklicher als das andere Schreckliche.

MOSCHION. Denn alles dem Zorn zu überlassen, ist nicht angemessen.

NIKERATOS. Demeas, das sagt er schön.

MOSCHION. Sage ihr, sie soll hierher zurücklaufen, wenn du hineingehst, Nikeratos.

DEMEAS. [465] Moschion, lass mich, lass mich, Moschion, zum dritten Mal sage ich dies; ich weiß alles.

MOSCHION. Welches »alles«?

DEMEAS. Diskutiere nicht mit mir.

MOSCHION. Aber es ist notwendig, Vater.

DEMEAS. Notwendig? Soll ich nicht Herr sein über mein Eigentum?

MOSCHION. Tu mir diesen Gefallen!

DEMEAS. Welchen Gefallen? Wie du doch von mir verlangst, dass ich selbst aus dem Haus gehe [470] und euch, die ihr zwei seid, zurücklasse! Lass mich die Hochzeit ausrichten, die Hochzeit lass mich ausrichten, wenn du Verstand hast.

MOSCHION. Aber ich lasse dich; ich will jedoch, dass Chrysis mit uns zusammen dabei ist.

(ΔΗ.) Χρυσίδα;
(ΜΟ.) ἕνεκα σοῦ σπεύδω μάλιστα τοῦτο.
(ΔΗ.) ταῦτ᾽ οὐ γνώριμα,
οὐ σαφῆ; μαρτύρομαί σε, Λοξία, συνόμνυται
τοῖς ἐμοῖς ἐχθροῖς τις. οἴμοι, καὶ διαρραγήσομαι.
(ΜΟ.) τί δὲ λέγεις;
(ΔΗ.) βούλει φράσω σοι;
(ΜΟ.) πάνυ γε.
(ΔΗ.) δεῦρο δή.
(ΜΟ.) λέγε.
(ΔΗ.) ἀλλ᾽ ἐρῶ. τὸ παιδίον σόν ἐστιν· οἶδ᾽, ἀκήκοα
τοῦ συνειδότος τὰ κρυπτὰ Παρμένοντος. μηκέτι
πρὸς ἐμὲ παῖζ᾽.
(ΜΟ.) ἔπειτά σ᾽ ἀδικεῖ Χρυσίς, εἰ τοῦτ᾽ ἔστ᾽ ἐμόν;
(ΔΗ.) ἀλλὰ τίς; σύ;
(ΜΟ.) τί γὰρ ἐκείνη γέγονεν αἰτία;
(ΔΗ.) τί φής;
οὐδὲν ἐνθυμεῖσθε;
(ΜΟ.) τί βοᾷς;
(ΔΗ.) ὅ τι βοῶ, κάθαρμα σύ,
τοῦτ᾽ ἐρωτᾷς; εἰς σεαυτόν, εἰπέ μοι, τὴν αἰτίαν
ἀναδέχει; καὶ τοῦτο τολμᾷς ἐμβλέπων ἐμοὶ λέγειν;
παντελῶς οὕτως ἀπεγνωκώς με τυγχάνεις;
(ΜΟ.) ἐγώ;
διὰ τί;
(ΔΗ.) διὰ τί φής; ἐρωτᾶν δ᾽ ἀξιοῖς;
(ΜΟ.) τὸ πρᾶγμα γάρ
ἐστιν οὐ πάνδεινον, ἀλλὰ μυρίοι δήπου, πάτερ,
τοῦτο πεποήκασιν.
(ΔΗ.) ὦ Ζεῦ, τοῦ θράσους. ἐναντίον
δή σ᾽ ἐρωτῶ τῶν παρόντων· ἐκ τίνος τὸ παιδίον
ἐστί σοι; Νικηράτῳ τοῦτ᾽ εἶπον, εἰ μή σοι δοκεῖ
δεινὸν ⟨εἶναι⟩.

Demeas. Chrysis?

Moschion. Am meisten deinetwegen bemühe ich mich darum.

Demeas. Ist es nicht deutlich, nicht offenbar? *(Zur Apollon-Statue.)* Ich rufe dich zum Zeugen an, Loxias, es verschwört sich einer mit meinen Feinden. Weh mir, ich werde bestimmt auseinanderplatzen.

Moschion. Was redest du da?

Demeas. Willst du, dass ich es dir sage?

Moschion. Ja.

Demeas. Her zu mir!

Moschion. Rede!

Demeas. Also, ich werde es sagen. Das Kind ist deines; ich weiß es, ich habe es gehört von dem Mitwisser des Geheimnisses Parmenon. Spiele nicht mehr mit mir!

Moschion. Dann tut Chrysis dir Unrecht, wenn es meines ist?

Demeas. Aber wer sonst? Du?

Moschion. Womit ist sie denn schuldig geworden?

Demeas. Was sagst du? Nehmt ihr euch nichts zu Herzen?

Moschion. Was schreist du?

Demeas. Warum ich schreie, du Abschaum, das fragst du? Auf dich selbst, sage mir, nimmst du die Schuld? Und das wagst du mir ins Gesicht zu sagen? Hast du mich wirklich von dir gestoßen?

Moschion. Ich? Weswegen?

Demeas. Weswegen sagst du? Zu fragen hältst du für recht?

Moschion. Ja, denn die Sache ist nicht ganz und gar schrecklich, sondern sicherlich Unzählige, Vater, haben das getan.

Demeas. O Zeus, was für eine Frechheit! Vor den Anwesenden frage ich dich: Von wem hast du das Kind? Sag es Nikeratos, wenn es dir nicht schrecklich zu sein scheint.

(ΜΟ.) νὴ Δί', ἀλλὰ δεινὸν οὕτω γίνεται
τοῦτο πρὸς τοῦτον λέγειν με· χαλεπανεῖ γὰρ πυθόμενος.
ΝΙ. ὦ κάκιστ' ἀνδρῶν ἁπάντων· ὑπονοεῖν γὰρ ἄρχομαι
τὴν τύχην καὶ τἀσέβημα τὸ γεγονὸς μόλις ποτέ.
ΜΟ. τέλος ἔχω τοίνυν ἐγώ.
ΔΗ. νῦν αἰσθάνει, Νικήρατε;
(ΝΙ.) οὐ γάρ; ὢ πάνδεινον ἔργον· ὦ τὰ Τηρέως λέχη,
Οἰδίπου τε καὶ Θυέστου καὶ τὰ τῶν ἄλλων, ὅσα
γεγονόθ' ἡμῖν ἔστ' ἀκοῦσαι, μικρὰ ποιήσας –
(ΜΟ.) ἐγώ;
(ΝΙ.) τοῦτ' ἐτόλμησας σὺ πρᾶξαι, τοῦτ' [ἔ]τλης; Ἀμύντορος
νῦν ἐχρῆν ὀργὴν λαβεῖν σε, Δ[η]μέα, καὶ τουτονὶ
ἐκτυφλῶσαι.
(ΔΗ.) διὰ σὲ τούτῳ γέγονε πάν[τ]α καταφανῆ.
(ΝΙ.) τίνος ἀπόσχοι' ἂν σύ; ποῖον οὐκ ἂν [αἰσχύνοις λ]έχ[ος;
εἶτ' ἐγώ σοι δῶ γυναῖκα τὴν ἐμαυτ[οῦ θυγατέρα;
πρότερον – εἰς κόλπον δέ φασι τὴν Ἀδ[ράστειαν σέβων –
ἐπὶ Διομνήστῳ γενοίμην νυμφίῳ['γὼ πενθερός
ὁμολογουμένην ἀτυχίαν.
(ΔΗ.) ταῦ[τ' ἀκούσας τὴν χολὴν
ἠδικημένος κατεῖχον.
(ΝΙ.) ἀνδράποδ[ον εἶ, Δημέα.
εἰ γὰρ ἐμὸν ᾔσ[χυνε λέ]κτρον, οὐκ ἂν εἰς ἄλλον ποτὲ
ὕβρισ', οὐδ' ἡ συγ[κλ]ιθεῖσα· παλλακὴν δ' ἂν αὔριον
πρῶτος ἀνθρώπ[ω]ν ἐπώλουν, συναποκηρύττων ἅμα
ὑόν, ὥστε μηθὲ[ν εἶ]ναι μήτε κουρεῖον κενόν,
μὴ στοάν, κ[αθη]μένους δὲ πάντας ἐξ ἑωθινοῦ
περὶ ἐμοῦ λαλ[ε]ῖν λέγοντας ὡς ἀνὴρ Νικήρατος
γέγον' ἐπεξελθὼν δικαίως τῷ φόνῳ.
(ΔΗ.) ποίῳ φόνῳ;
(ΝΙ.) φόνον ἐγὼ κρίνω τὰ τοιαῦθ' ὅστις ἐπαναστὰς π[ο]εῖ.

Moschion. Bei Zeus, so wird es doch schrecklich, dass ich das zu ihm sage; er wird wütend sein, wenn er es erfährt.

Nikeratos. O du schlechtester aller Männer! Denn ich beginne gerade erst die ruchlose Tat, die geschehen ist, zu ahnen.

Moschion. Jetzt bin ich also am Ende.

Demeas. Merkst du es jetzt, Nikeratos?

Nikeratos. Etwa nicht? O ganz und gar schreckliche Tat! O Bett des Tereus, des Oidipus und des Thyestes und der anderen, so viel Geschehenes uns zu hören möglich ist, das hast du zu Lappalien gemacht –

Moschion. Ich?

Nikeratos. Das hast du zu tun gewagt, dazu dich erdreistet? Den Zorn des Amyntor müsstest du jetzt annehmen, Demeas, und den da blind machen.

Demeas. Deinetwegen ist ihm alles klar geworden.

Nikeratos. Welcher würdest du dich enthalten, welches Bett nicht schänden? Da soll ich dir zur Frau meine eigene Tochter geben? Eher – in den Gewandbausch, wie sie sagen, Adrasteia ehrend – würde ich Schwiegervater für Diomnestos als Bräutigam werden, was unbestritten ein Unglück wäre.

Demeas. Als ich davon hörte, hielt ich meine Galle zurück, obwohl mir Unrecht geschehen war.

Nikeratos. Du bist ein Sklave, Demeas. Hätte er nämlich mein Bett geschändet, hätte er niemals gegen einen anderen gefrevelt, auch nicht die, die bei ihm lag! Die Hure würde ich morgen als allererster verkaufen und zugleich den Sohn öffentlich feilbieten, so dass kein einziger Frisörladen und keine Säulenhalle davon leer wäre und alle vom frühen Morgen an dasitzen und von mir reden und sagen würden, dass Nikeratos ein Mann war, als er mit Recht den Mord bestraft hat.

Demeas. Welchen Mord?

Nikeratos. Als Mord beurteile ich, wenn einer sich auflehnt und so etwas tut.

ΜΟ. αὗός εἰμι καὶ πέπηγα τῷ κακῷ, νὴ τοὺς θεούς.
(ΝΙ.) ἀλλ᾽ ἐγὼ πρὸς τοῖσιν ἄλλοις τὴν τὰ δείν᾽ εἰργασμένην
εἰσεδεξάμην μελάθροις τοῖς ἐμοῖς.
(ΔΗ.) Νικήρατε,
ἔκβαλ᾽, ἱκετεύω· συναδικοῦ γνησίως ὡς ἂν φίλος.
(ΝΙ.) ὃς διαρραγήσομ᾽ ⟨ἅμ᾽⟩ ἰδών· ἐμβλέπεις μοι, βάρβαρε,
Θρᾷξ ἀληθῶς; οὐ παρήσεις;
ΜΟ. πάτερ, ἄκουσον, πρὸς θεῶν.
[ΔΗ.] οὐκ ἀκούσομ᾽ οὐθέν.
(ΜΟ.) οὐδ᾽ εἰ μηδὲν ὧν σὺ προσδοκᾷς
γέγονεν; ἄρτι γὰρ τὸ πρᾶγμα κατανοῶ.
(ΔΗ.) πῶς μηδὲ ἕν;
(ΜΟ.) οὐχὶ Χρυσίς ἐστι μήτηρ οὗ τρέφει νῦν παιδίου,
ἀλλ᾽ ἐμοὶ χαρίζεται τοῦθ᾽ ὁμολογοῦσ᾽ αὑτῆς.
(ΔΗ.) τί φής;
(ΜΟ.) τὰς ἀληθείας.
(ΔΗ.) διὰ τί δὲ τοῦτό σοι χαρίζεται;
(ΜΟ.) οὐχ ἑκὼν λέγω μέν, ἀλλὰ μείζον᾽ αἰτίαν φυγὼν
λαμβάνω μικράν, ἐὰν σὺ τὸ γεγονὸς πύθῃ σαφῶς.
(ΔΗ.) ἀλλ᾽ ἀποκτενεῖς πρὶν εἰπεῖν.
(ΜΟ.) ἔστι τῆς Νικηράτου
θυγατρὸς ἐξ ἐμοῦ· λαθεῖν δὲ τοῦτ᾽ ἐβουλόμην ἐγώ.
(ΔΗ.) πῶς λέγεις;
(ΜΟ.) ὥσπερ πέπρακται.
(ΔΗ.) μή με βουκολεῖς ὅρα.
(ΜΟ.) οὗ λαβεῖν ἔλεγχον ἔστι; καὶ τί κερδανῶ πλέον;
(ΔΗ.) οὐθέν· ἀλλὰ τὴν θύραν τις –

MOSCHION. Ich bin erstarrt und eiskalt von dem Unheil, bei den Göttern.

NIKERATOS. Doch ich habe zu allem anderen noch sie, die das Schreckliche getan hat, aufgenommen in meiner Halle!

DEMEAS. Nikeratos, wirf sie hinaus, ich bitte dich; fühl dich mit mir gekränkt, edel, wie ein Freund sollte.

NIKERATOS. Ja, ich, der ich platzen will, wenn ich sie sehe! *(Zu Moschion.)* Siehst du mich an, Barbar, wahrlich ein Thraker? Willst du mich nicht vorbeilassen? *(Ab in sein Haus.)*

MOSCHION. Vater, hör zu, bei den Göttern!

DEMEAS. Ich werde gar nichts hören.

MOSCHION. Auch nicht, wenn nichts von dem, was du vermutest, geschehen ist? Denn gerade erst durchschaue ich die Sache.

DEMEAS. Wie »nichts«?

MOSCHION. Chrysis ist nicht die Mutter des Kindes, das sie jetzt ernährt, sondern sie tut mir diesen Gefallen, dass sie es als ihres anerkennt.

DEMEAS. Was sagst du da?

MOSCHION. Die Wahrheit.

DEMEAS. Weswegen tut sie dir diesen Gefallen?

MOSCHION. Ich sage es nicht gerne, aber weil ich größerer Schuld so entgehe, nehme ich die kleine auf mich, wenn du das, was geschehen ist, klar erfährst.

DEMEAS. Doch du wirst mich umbringen, bevor du geredet hast.

MOSCHION. Es ist das der Tochter des Nikeratos von mir; ich wollte, dass das geheim bleibt.

DEMEAS. Wie sagst du?

MOSCHION. Wie es geschehen ist.

DEMEAS. Sieh zu, dass du mich nicht täuschst!

MOSCHION. Mit etwas, wofür du einen Beweis bekommen kannst? Und was gewinne ich damit?

DEMEAS. Nichts; aber jemand hat gegen die Tür –

ΝΙ. ὦ τάλας ἐγώ, τάλας·
οἷον εἰσιδὼν θέαμα διὰ θυρῶν ἐπείγομαι
ἐμμανὴς ἀπροσδοκήτῳ καρδίαν πληγεὶς ἄχει.
ΔΗ. τί ποτ' ἐρεῖ;
(ΝΙ.) τὴν θυγατέρ' ⟨ἄρτι⟩ τὴν ἐμὴν τῷ παιδίῳ
τιτθίον διδοῦσαν ἔνδον κατέλαβον.
(ΔΗ.) τοῦτ' ἦν ἄρα.
ΜΟ. πάτερ, ἀκούεις;
(ΔΗ.) οὐδὲν ἀδικεῖς, Μοσχίων, ⟨μ'⟩· ἐγὼ δὲ σὲ
ὑπονοῶν τοιαῦτα.
(ΝΙ.) πρὸς σέ, Δημέα, πορεύομαι.
ΜΟ. ἐκποδὼν ἄπειμι.
(ΔΗ.) θάρρει.
(ΜΟ.) τουτονὶ τέθνηχ' ὁρῶν.
(ΔΗ.) τί τὸ πάθος δ' ἐστίν;
ΝΙ. διδοῦσαν τιτθίον τῷ παιδίῳ
ἀρτίως ἔνδον κατέλαβον τὴν ἐμαυτοῦ θυγατέρα.
(ΔΗ.) τυχὸν ἔπαιζεν.
(ΝΙ.) οὐκ ἔπαιζεν· ὡς γὰρ εἰσιόντα μ[ε
εἶδεν, ἐξαίφνης κατέπεσεν.
(ΔΗ.) τυχὸν ἴσως ἔδοξέ [σοι.
[ΝΙ.] παρατενεῖς "τυχὸν" λέγων μοι πάντα.
(ΔΗ.) τούτων αἴτιό[ς
εἰμ' ἐγώ.
(ΝΙ.) τί φής;
(ΔΗ.) ἄπιστον πρᾶγμά μοι δοκεῖς λέγε[ιν.
[ΝΙ.] ἀλλὰ μὴ[ν] εἶδον.
(ΔΗ.) κορυζᾷς.
(ΝΙ.) οὗτος οὐκ ἔστιν λόγος.
ἀλλὰ πάλιν ἐλθών –
(ΔΗ.) τὸ δεῖνα· μικρόν, ὦ τᾶν – οἴχετ[αι.
πάντα πράγματ' ἀνατέτραπται, τέλος ἔχει. νὴ τὸν Δία,
οὑτοσὶ τὸ πρᾶγμ' ἀκούσας χαλεπανεῖ, κεκράξεται·

NIKERATOS *(stürzt aus seinem Haus)*. Ach, ich Armer, Armer! Was für einen Anblick sah ich und stürze nun durch die Tür rasend, im Herzen getroffen von unvorhergesehenem Leid!

DEMEAS. [535] Was wird er wohl sagen?

NIKERATOS. Meine Tochter traf ich soeben im Haus an, wie sie dem Kind die Brust gab.

DEMEAS. Das war es also.

MOSCHION. Vater, hörst du?

DEMEAS. Du tust mir kein Unrecht, Moschion – ich dir, mit einer derartigen Verdächtigung.

NIKERATOS. Zu dir, Demeas, komme ich.

MOSCHION. Ich geh hier weg.

DEMEAS. Nur Mut!

MOSCHION. Wenn ich den sehe, bin ich tot. *(Ab nach rechts.)*

DEMEAS. [540] Was ist mit dir los?

NIKERATOS. Wie sie die Brust dem Kind gab, traf ich soeben meine Tochter im Haus an.

DEMEAS. Vielleicht tat sie es aus Spaß?

NIKERATOS. Nicht aus Spaß; denn als sie mich hereinkommen sah, fiel sie plötzlich in Ohnmacht.

DEMEAS. Vielleicht schien es dir nur so.

NIKERATOS. Du streckst mich noch nieder, wenn du mir alles als »vielleicht« sagst.

DEMEAS *(a parte)*. Schuld daran [545] bin ich.

NIKERATOS. Was sagst du?

DEMEAS. Eine unglaubwürdige Sache scheinst du mir zu erzählen.

NIKERATOS. Aber ich sah es doch!

DEMEAS. Du redest Unsinn.

NIKERATOS. Das sind nicht bloße Worte. Aber ich gehe zurück und – *(Ab in sein Haus.)*

DEMEAS. Die Sache ist die – etwas noch, mein Lieber! Weg ist er. Alle Sachen sind auf den Kopf gestellt, haben ein Ende. Beim Zeus, wenn der die Sache gehört hat, wird er wütend sein, wird

τραχὺς ἄνθρωπος, σκατοφάγος, αὐθέκαστος τῷ τρόπῳ.
ἐμὲ γὰρ ὑπονοεῖν τοιαῦτα τὸν μιαρὸν ἐχρῆν, ἐμέ.
νὴ τὸν Ἥφαιστον, δικαίως ἀποθάνοιμ' ἄν. Ἡράκλεις,
ἡλίκον κέκραγε. τοῦτ' ἦν. πῦρ βοᾷ, τὸ παιδίον
φησὶν ἐμπρήσειν ἀπειλῶν· ὑϊδοῦν ὀπτώμενον
ὄψομαι. πάλιν πέπληχε τὴν θύραν. στρόβιλος ἢ
σκηπτὸς ἄνθρωπός τις ἐστίν.
ΝΙ. Δημέα, συνίσταται
ἐπ' ἐμὲ καὶ πάνδεινα ποιεῖ πράγμαθ' ἡ Χρυσίς.
(ΔΗ.) τί φής;
(ΝΙ.) τὴν γυναῖκά μου πέπεικε μηθὲν ὁμολογεῖν ὅλως,
μηδὲ τὴν κόρην, ἔχει δὲ πρὸς βίαν τὸ παιδίον
οὐ προήσεσθαί τε φησίν· ὥστε μὴ θαύμαζ', ἐὰν
αὐτόχειρ αὐτῆς γένωμαι.
ΔΗ. τῆς γυναικὸς αὐτόχειρ;
(ΝΙ.) πάντα γὰρ σύνοιδεν αὕτη.
(ΔΗ.) μηδαμῶς, Νικήρατε.
(ΝΙ.) σοὶ δ' ἐβουλόμην προειπεῖν.
(ΔΗ.) οὑτοσὶ μελαγχολᾷ.
εἰσπεπήδηκεν. τί τούτοις τοῖς κακοῖς τις χρήσεται;
οὐδεπώποτ' εἰς τοιαύτην ἐμπεσών, μὰ τοὺς θεούς,
οἶδα ταραχήν. ἔστι μέντοι τὸ γεγονὸς φράσαι σαφῶς
πολὺ κράτιστον. ἀλλ', Ἄπολλον, ἡ θύρα πάλιν ψοφεῖ.
ΧΡ. ὢ τάλαιν' ἐγώ, τί δράσω; ποῖ φύγω; τὸ παιδίον
λήψεταί μου.
ΔΗ. Χρυσί, δεῦρο.
(ΧΡ.) τίς καλεῖ μ';
ΔΗ. εἴσω τρέχε.
ΝΙ. ποῖ σύ, ποῖ φεύγεις;
(ΔΗ.) Ἄπολλον, μονομαχήσω τήμερον,
ὡς ἔοικ', ἐγώ. τί βούλει; τίνα διώκεις;

schreien; hart ist der Mensch, ein Kotfresser, eigensinnig in seiner Art. Ich Verruchter hätte so etwas ahnen müssen, ich. Beim Hephaistos, mit Recht würde ich sterben. Herakles, wie laut er schreit! Das war es. Er brüllt nach Feuer, das Kind, sagt er drohend, werde er verbrennen; ich werde meinen Enkel geröstet sehen. Wieder hat er gegen die Tür gestoßen. Ein Wirbelwind oder ein Sturm ist der Mensch.

NIKERATOS. Demeas, verschworen hat sich gegen mich und tut ganz schreckliche Dinge die Chrysis.

DEMEAS. Was sagst du da?

NIKERATOS. Sie hat meine Frau überredet, ganz und gar nichts zuzugeben, auch nicht das Mädchen, sie hält gewaltsam das Kind fest und sagt, sie werde es nicht loslassen; deshalb wundere dich nicht, wenn ich zum Mörder an ihr werde.

DEMEAS. Mörder der Frau?

NIKERATOS. Denn sie ist Mitwisserin von allem.

DEMEAS. Auf keinen Fall, Nikostratos!

NIKERATOS. Dir wollte ich es vorher sagen. *(Ab in sein Haus.)*

DEMEAS. Der ist voll schwarzer Galle. Er ist hineingesprungen. Wie soll man mit diesem Unheil umgehen? Niemals bin ich, wie ich weiß, bei den Göttern, in eine solche Verwirrung hineingeraten. Es ist freilich bei Weitem am besten, das, was geschehen ist, deutlich zu erklären. Aber, Apollon, die Tür knarrt wieder.

(Chrysis mit dem Kind und hinter ihr Nikeratos stürzen aus seinem Haus.)

CHRYSIS. Ach, ich Arme, was soll ich tun? Wohin fliehe ich? Das Kind wird er mir wegnehmen!

DEMEAS. Chrysis, hierher.

CHRYSIS. Wer ruft mich?

DEMEAS. Lauf hinein!

NIKERATOS. Wohin, du, wohin fliehst du?

DEMEAS *(a parte)*. Apollon, heute werde ich mich duellieren, wie es scheint. Was willst du, wen verfolgst du?

(ΝΙ.) Δημέα,
ἐκποδὼν ἄπελθ’· ἔα με γενόμενον τοῦ παιδίου
ἐγκρατῆ τὸ πρᾶγμ’ ἀκοῦσαι τῶν γυναικῶν.
(ΔΗ.) μηθαμῶς.
(ΝΙ.) ἀλλὰ τυπτήσεις μ’;
(ΔΗ.) ἔγωγε. θᾶττον εἰσφθάρηθι σύ.
(ΝΙ.) ἀλλὰ μὴν κἀγὼ σέ.
(ΔΗ.) φεῦγε, Χρυσί· κρείττων ἐστί μου.
(ΝΙ.) πρότερος ἅπτει μου σὺ νυνί· ταῦτ’ ἐγὼ μαρτύρομαι.
ΔΗ. σὺ δ’ ἐπ’ ἐλευθέραν γυναῖκα λαμβάνεις βακτηρίαν
καὶ διώκεις.
(ΝΙ.) συκοφαντεῖς.
(ΔΗ.) καὶ σὺ γάρ.
(ΝΙ.) τὸ παιδίον
ἐξένεγκέ μοι.
(ΔΗ.) γελοῖον· τοὐμόν;
(ΝΙ.) ἀλλ’ οὐκ ἔστι σόν.
(ΔΗ.) ἐμόν.
(ΝΙ.) ἰώ ’νθρωποι.
(ΔΗ.) κέκραχθι.
(ΝΙ.) τὴν γυναῖκ’ ἀποκτενῶ
εἰσιών· τί γὰρ ποήσω;
(ΔΗ.) τοῦτο μοχθηρὸν πάλιν·
οὐκ ἐάσω. ποῖ σύ; μένε δή.
(ΝΙ.) μὴ πρόσαγε τὴν χεῖρά μοι.
(ΔΗ.) κάτεχε δὴ σεαυτόν.
(ΝΙ.) ἀδικεῖς Δημέα με, δῆλος εἶ,
καὶ τὸ πρᾶγμα πᾶν σύνοισθα.
(ΔΗ.) τοιγαροῦν ἐμοῦ πυθοῦ,
τῇ γυναικὶ μὴ ’νοχλήσας μηδέν.
(ΝΙ.) ἆρ’ ὁ σός με παῖς
ἐντεθρίωκεν;

Nikeratos. Demeas, geh aus dem Weg! Lass mich das Kind in meine Gewalt bringen und dann die Sache von den Frauen hören.

Demeas. Keinesfalls.

Nikeratos. Aber wirst du mich schlagen?

Demeas. Ja. *(Zu Chrysis.)* Schnell, verschwinde ins Haus!

Nikeratos. [575] Aber ich dich auch!

Demeas. Flieh, Chrysis; er ist stärker als ich. *(Chrysis ab in sein Haus; er hält Nikeratos zurück.)*

Nikeratos. Zuerst fasst *du* mich jetzt an; das sage ich vor Zeugen.

Demeas. Du aber nimmst gegen eine freie Frau einen Stock und verfolgst sie.

Nikeratos. Du bist ein Verleumder.

Demeas. Auch du ja.

Nikeratos. Das Kind bringe mir heraus.

Demeas. Lächerlich! Meines?

Nikeratos. Aber es ist nicht deines.

Demeas. [580] Meines.

Nikeratos. O weh, Leute!

Demeas. Schrei nur!

Nikeratos. Ich werde hineingehen und meine Frau töten; denn was soll ich sonst tun?

Demeas. Das ist wieder schlecht; ich werde es nicht zulassen. Du, wohin? Bleib doch!

Nikeratos. Bleib mir weg mit der Hand!

Demeas. Halte dich doch zurück!

Nikeratos. Du tust mir Unrecht, Demeas, das ist klar, und du bist Mitwisser bei der ganzen Sache.

Demeas. Also befrage mich [585] und belästige deine Frau in keiner Weise.

Nikeratos. Also hat dein Knabe mich eingewickelt?

(ΔΗ.) φλυαρεῖς· λήψεται μὲν τὴν κόρην,
ἔστι δ᾽ οὐ τοιοῦτον. ἀλλὰ περιπάτησον ἐνθαδὶ
μικρὰ μετ᾽ ἐμοῦ.
(ΝΙ.) περιπατήσω;
(ΔΗ.) καὶ σεαυτόν γ᾽ ἀνάλαβε.
οὐκ ἀκήκοας λεγόντων, εἰπέ μοι, Νικήρατε,
τῶν τραγῳδῶν ὡς γενόμενος χρυσὸς ὁ Ζεὺς ἐρρύη
διὰ τέγους καθειργμένην τε παῖδ᾽ ἐμοίχευσέν ποτε;
(ΝΙ.) εἶτα δὴ τί τοῦτ᾽;
(ΔΗ.) ἴσως δεῖ πάντα προσδοκᾶν· σκόπει,
τοῦ τέγους εἴ σοι μέρος τι ῥεῖ.
(ΝΙ.) τὸ πλεῖστον. ἀλλὰ τί
τοῦτο πρὸς ἐκεῖν᾽ ἐστί;
(ΔΗ.) τοτὲ μὲν γίνεθ᾽ ὁ Ζεὺς χρυσίον,
τοτὲ δ᾽ ὕδωρ. ὁρᾷς; ἐκείνου τοὔργόν ἐστιν. ὡς ταχὺ
εὕρομεν.
(ΝΙ.) καὶ βουκολεῖς με;
(ΔΗ.) μὰ τὸν Ἀπόλλω, ᾽γὼ μὲν οὔ.
ἀλλὰ χείρων οὐδὲ μικρὸν Ἀκρισίου δήπουθεν εἶ·
εἰ δ᾽ ἐκείνην ἠξίωσε, τήν γε σὴν –
(ΝΙ.) οἴμοι τάλας·
Μοσχίων ἐσκεύακέν με.
(ΔΗ.) λήψεται μέν, μὴ φοβοῦ
τοῦτο· θεῖον δ᾽ ἔστ᾽, ἀκριβῶς ἴσθι, τὸ γεγενημένον.
μυρίους εἰπεῖν ἔχω σοι περιπατοῦντας ἐν μέσῳ
ὄντας ἐκ θεῶν· σὺ δ᾽ οἴει δεινὸν εἶναι τὸ γεγονός;
Χαιρεφῶν πρώτιστος οὗτος, ὃν τρέφουσ᾽ ἀσύμβολον,
οὐ θεός σοι φαίνετ᾽ εἶναι;
(ΝΙ.) φαίνεται. τί γὰρ πάθω;
οὐ μαχοῦμαί σοι διὰ κενῆς.
(ΔΗ.) νοῦν ἔχεις, Νικήρατε.
Ἀνδροκλῆς ἔτη τοσαῦτα ζῇ, τρέχει, πηδᾷ, πολὺ
πράττεται, μέλας περιπατεῖ λευκός, οὐκ ἂν ἀποθάνοι

Demeas. Du redest Unsinn! Er wird das Mädchen zur Frau nehmen, es ist nichts dergleichen. Doch geh hier ein wenig mit mir spazieren.

Nikeratos. Ich soll spazieren gehen?

Demeas. Und reiß dich zusammen. Hast du nicht erzählen hören, sage mir, Nikeratos, die Tragödiendichter, wie einst Zeus, zu Gold geworden, durch ein Dach strömte und ein eingeschlossenes Mädchen vergewaltigte?

Nikeratos. Was soll denn das?

Demeas. Vielleicht muss man mit allem rechnen; sieh nach, ob dir ein Teil des Dachs leckt.

Nikeratos. Der größte Teil. Aber was hat das damit zu tun?

Demeas. Bald wird Zeus zu Gold, bald zu Wasser. Siehst du? Sein Werk ist es. Wie schnell wir es herausgefunden haben!

Nikeratos. Du täuschst mich doch!

Demeas. Beim Apollon, ich nicht. Aber du bist doch wahrlich kein bisschen geringer als Akrisios; wenn er die für würdig hielt, hat er jedenfalls deine –

Nikeratos. Weh mir Armem! Moschion hat mich hereingelegt!

Demeas. Er wird sie nehmen, keine Angst deswegen! Aber göttlich ist, wisse es genau, was geschehen ist. Unzählige kann ich dir nennen, die mitten unter uns herumspazieren und von Göttern abstammen; du glaubst, dass das Geschehene schrecklich ist? Zuallererst dieser Chairephon, den sie füttern, ohne nach einem Beitrag zu fragen, scheint er dir kein Gott zu sein?

Nikeratos. Er scheint es. Denn was kann ich sonst tun? Ich werde nicht umsonst mit dir kämpfen.

Demeas. Du hast Verstand, Nikeratos. Androkles lebt schon so viele Jahre, läuft, springt, nimmt viel ein, spaziert, obwohl weiß, schwarz herum, und er stürbe nicht, auch nicht, wenn jemand

οὐδ᾽ ἂν εἰ σφάττοι τις αὐτόν· οὗτός ἐστιν οὐ θεός;
ἀλλὰ ταῦτ᾽ εὔχου γενέσθαι [σ]υμφέροντα, θυμία,
σπένδε· τὴ]ν κόρην μέ[τε]ισ[ιν] οὑμὸς υἱὸς αὐτίκα.
(ΝΙ.) ἐξ ἀνάγκης ἐστὶ τοῦ[τ]ο.
(ΔΗ.) πολλ[αχ]ῇ μ[ὲ]ν νοῦν ἔχει[ς –
(ΝΙ.) εἰ δ᾽ ἐλήφθη τότε –
(ΔΗ.) πέπαυσο· μὴ παροξύνου. πόει
τἄνδον εὐτρεπῆ.
(ΝΙ.) ποήσω.
(ΔΗ.) τὰ παρ᾽ ἐμοὶ δ᾽ ἐγώ.
(ΝΙ.) πόει.
(ΔΗ.) κομψὸς εἶ. χάριν δὲ πολλὴν πᾶσι τοῖς θεοῖς ἔχω
οὐθὲν εὑρηκὼς ἀληθὲς ὧν τότ᾽ ᾤμην γεγονέναι.

ΧΟΡΟΥ

ΜΕΡΟΣ Ε΄

ΜΟ. ἐγὼ τότε μὲν ἧς εἶχον αἰτίας μόλι[ς
ἐλεύθερος γενόμενος ἠγάπησα καὶ
τοῦθ᾽ ἱκανὸν εὐτύχημ᾽ ἐμαυτῷ γεγονέναι
ὑπέλαβον· ὡς δὲ μᾶλλον ἔννους γίνομαι
καὶ λαμβάνω λογισμόν, ἐξέστηκα νῦν
τελέως ἐμαυτοῦ καὶ παρώξυμμαι σφόδρα,
ἐφ᾽ οἷς μ᾽ ὁ πατὴρ ὑπέλαβεν ἡμαρτηκέναι.
εἰ μὲν καλῶς οὖν εἶχε τὰ περὶ τὴν κόρην
καὶ μὴ τοσαῦτ᾽ ἦν ἐμποδών, ὅρκος, πόθος,
χρόνος, συνήθει᾽, οἷς ἐδουλούμην ἐγώ,
οὐκ ἂν παρόντα γ᾽ αὖτις ᾐτιάσατο
αὐτόν με τοιοῦτ᾽ οὐδέν, ἀλλ᾽ ἀποφθαρεὶς
ἐκ τῆς πόλεως ἂν ἐκποδὼν εἰς Βάκτρα ποι
ἢ Καρίαν διέτριβον αἰχμάζων ἐκεῖ.

ihn abschlachten würde; ist der kein Gott? Doch bete, dass dies nutzbringend wird, verbrenne Weihrauch, bring ein Trankopfer; das Mädchen wird mein Sohn sofort holen.

Nikeratos. Es ist notwendig.

Demeas. Du hast Verstand in vielfacher Hinsicht –

Nikeratos. Wenn er damals nicht erwischt worden wäre –

Demeas. Hör auf! Zürne nicht. Mach die Dinge im Haus fertig.

Nikeratos. Werde ich machen.

Demeas. Die bei mir ich.

Nikeratos. Ja, mach.

Demeas. Du bist schlau. Viel Dank aber weiß ich allen Göttern, weil ich nichts als wahr gefunden habe, von dem ich glaubte, es sei geschehen. *(Beide ab in ihre Häuser.)*

Tanz und Gesang des Chors

AKT V

Moschion *(kommt von rechts)*. Ich war vorhin, als ich von der Schuld, die ich fälschlich hatte, frei geworden war, zufrieden, und dass dies ausreichendes Glück für mich geworden sei, nahm ich an; da ich mir aber dessen stärker bewusst werde und mir Gedanken mache, bin ich jetzt ganz außer mir und höchst erbittert über das, weswegen mein Vater annahm, ich hätte mich vergangen. Wenn nun alles sich gut verhielte, was das Mädchen betrifft, und nicht so viel im Wege stünde, Eid, Liebesverlangen, Zeit, Gewohnheit, wovon ich versklavt wurde, hätte er mich nicht nochmals direkt ins Gesicht mit etwas Derartigem beschuldigen können, sondern ich würde aus der Stadt weg nach Baktra irgendwo verschwinden oder nach Karien und dort Lanzen werfend mein Leben verbringen.

νῦν δ᾽ οὐ ποήσω διὰ σέ, Πλαγγὼν φιλτάτη,
ἀνδρεῖον οὐθέν· οὐ γὰρ ἔξεστ᾽, οὐδ᾽ ἐᾷ
ὁ τῆς ἐμῆς νῦν κύριος γνώμης Ἔρως.
οὐ μὴν ταπεινῶς οὐδ᾽ ἀγεννῶς παντελῶς
παριδεῖν με δεῖ τοῦτ᾽, ἀλλὰ τῷ λόγῳ μόνον,
εἰ μηθὲν ἄλλ᾽, αὐτὸν φοβῆσαι βούλομαι,
φάσκων ἀπαίρειν· μᾶλλον εἰς τὰ λοιπὰ γὰρ
φυλάξετ᾽ αὖτις μηθὲν εἴς μ᾽ ἀγνωμονεῖν,
ὅταν φέροντα μὴ παρέργως τοῦτ᾽ ἴδῃ.
ἀλλ᾽ οὑτοσὶ γὰρ εἰς δέοντά μοι πάνυ
καιρὸν πάρεστιν ὃν μάλιστ᾽ ἐβουλόμην.

ΠΑ. νὴ τὸν Δία τὸν μέγιστον, ἀνόητόν τε καὶ
εὐκαταφρόνητον ἔργον εἴμ᾽ εἰργασμένος·
οὐθὲν ἀδικῶν ἔδεισα καὶ τὸν δεσπότην
ἔφυγον. τί δ᾽ ἦν τούτου πεποηκὼς ἄξιον;
καθ᾽ ἓν γὰρ οὑτωσὶ σαφῶς σκεψώμεθα·
ὁ τρόφιμος ἐξήμαρτεν εἰς ἐλευθέραν
κόρην· ἀδικεῖ δήπουθεν οὐδὲν Παρμένων.
ἐκύησεν αὕτη· Παρμένων οὐκ αἴτιος.
τὸ παιδάριον εἰσῆλθεν εἰς τὴν οἰκίαν
τὴν ἡμετέραν· ἤνεγκ᾽ ἐκεῖνος, οὐκ ἐγώ.
τῶν ἔνδον ὡμολόγησε τοῦτό τις τεκεῖν·
τί Παρμένων ἐνταῦθα πεποίηκεν κακόν;
οὐθέν. τί οὖν οὕτως ἔφυγες, ἀβέλτερε
καὶ δειλότατε; γελοῖον. ἠπείλησέ με
στίξειν, μεμάθηκας· διαφέρε[ι δ᾽ ἀ]λλ᾽ οὐδὲ γρῦ
ἀδίκως [πα]θεῖν τοῦτ᾽ ἢ δικαίως, ἔστι δὲ
π]άντα τρόπον οὐκ ἀστεῖον.

(ΜΟ.) οὗτος.

(ΠΑ.) χαῖρε σύ.

(ΜΟ.) ἀφεὶς ἃ φλυαρεῖς ταῦτα θᾶττον εἴσιθι
εἴσω.

(ΠΑ.) τί ποήσων;

Jetzt aber werde ich deinetwegen, liebste Plangon, nichts Mannhaftes tun; denn es ist nicht möglich, und das lässt der jetzige Herr über mein Planen, Eros, auch nicht zu. Freilich darf ich weder unterwürfig noch ganz und gar unedel darüber hinweg sehen, sondern ich will allein, mit Worten wenn denn nicht anders, ihn erschrecken, indem ich sage, ich zöge davon; denn mehr wird er sich in Zukunft davor hüten, nochmals mir gegenüber unverständig zu handeln, wenn er sieht, dass ich das nicht ohne nachhaltige Wirkung ertrage. *(Parmenon kommt von rechts.)* Aber der dort ist ja zu einem mir sehr gut passenden Zeitpunkt da, er, den ich am meisten wünschte.

Parmenon *(bei sich)*. Bei dem größten Zeus, eine unsinnige und verächtliche Tat habe ich getan: Ohne Unrecht zu tun, bekam ich Angst und bin vor meinem Herrn geflohen. Was aber habe ich dem Angemessenes gemacht? Denn das lasst uns Punkt für Punkt so genau betrachten: Der junge Herr hat sich an einem freien Mädchen vergangen: Unrecht tut sicherlich in keiner Weise Parmenon. Schwanger wurde die: Parmenon ist nicht schuldig. Das Kind kam in unser Haus hinein: Der brachte es, nicht ich. Von denen drinnen gab eine zu, sie habe es geboren: Was hat Parmenon da Böses getan? Nichts. Warum also bist du so geflohen, du Dummer und Allerfeigster? Lächerlich! Er drohte, mich zu brandmarken, gelernt hast du: Kein bisschen anders ist es, das zu Unrecht zu erleiden oder zu Recht, ist aber in jeder Hinsicht nicht fein.

Moschion. Du da!

Parmenon. Sei gegrüßt!

Moschion. Lass das, was du schwatzt, und geh schnell hinein ins Haus.

Parmenon. Um was zu tun?

(ΜΟ.) χλαμύδα καὶ σπάθην τινὰ
ἔνεγκέ μοι.
(ΠΑ.) σπάθην ἐγώ σοι;
(ΜΟ.) καὶ ταχύ.
(ΠΑ.) ἐπὶ τί;
(ΜΟ.) βάδιζε καὶ σιωπῇ τοῦθ' ὅ σοι
εἴρηκα ποίει.
(ΠΑ.) τί δὲ τὸ πρᾶγμ';
(ΜΟ.) εἰ λήψομαι
ἱμάντα –
(ΠΑ.) μηδαμῶς· βαδίζω γάρ.
(ΜΟ.) τί οὖν
μέλλεις; πρόσεισι νῦν ὁ πατήρ. δεήσεται
οὗτος καταμένειν δηλαδή. δεήσεται
ἄλλως μέχρι τινός· δεῖ γάρ. εἶθ', ὅταν δοκῇ,
πεισθήσομ' αὐτῷ. πιθανὸν εἶναι δεῖ μόνον,
ὅ, μὰ τὸν Διόνυσον, οὐ δύναμαι ποεῖν ἐγώ.
τοῦτ' ἔστιν· ἐψόφηκε προϊὼν τὴν θύραν.
ΠΑ. ὑστερίζειν μοι δοκεῖς σὺ παντελῶς τῶν ἐνθάδε
πραγμάτων, εἰδώς τ' ἀκριβῶς οὐθὲν οὐδ' ἀκηκοὼς
διὰ κενῆς σαυτὸν ταράττεις εἰς ἀθυμίαν τ' ἄγεις.
ΜΟ. οὐ φέρεις;
(ΠΑ.) ποοῦσι γάρ σοι τοὺς γάμους· κεράννυται,
θυμιᾶτ', ἐνῆρκτ', ἀνῆπται θύμαθ' Ἡφαίστου φλογί.
(ΜΟ.) οὗτος, οὐ φέρεις;
(ΠΑ.) σέ γάρ, ⟨σὲ⟩ περιμένουσ' οὗτοι πάλαι.
μετιέναι τὴν παῖδα μέλλεις; εὐτυχεῖς· οὐδὲν κακόν
ἐστί σοι. θάρρει· τί βούλει;
(ΜΟ.) νουθετήσεις μ', εἰπέ μοι,
ἱερόσυλε;
(ΠΑ.) παῖ· τί ποιεῖς, Μοσχίων;
(ΜΟ.) οὐκ εἰσδραμὼν
θᾶττον ἐξοίσεις ἅ φημι;

Moschion. Einen Mantel und ein Schwert [660] bringe mir.

Parmenon. Ich dir ein Schwert?

Moschion. Ja, und zwar schnell.

Parmenon. Wozu?

Moschion. Geh und mach wortlos das, was ich dir gesagt habe.

Parmenon. Was für eine Sache ist es?

Moschion. Wenn ich einen Riemen nehme werde –

Parmenon. Keinesfalls! Ich gehe ja.

Moschion. Was also zögerst du? *(Parmenon ab in Demeas' Haus.)* Jetzt wird mein Vater kommen. [665] Der wird mich zweifellos zu bleiben bitten. Er wird mich vergeblich bis zu einem bestimmten Punkt bitten; das muss sein. Dann, wenn es mir gut scheint, werde ich mich von ihm überreden lassen. Nur überzeugend muss sein, was ich, beim Dionysos, nicht zu tun vermag. Das ist es; er hat gegen die Tür gestoßen und kommt heraus.

Parmenon *(kommt aus Demeas' Haus)*. [670] Du scheinst mir ganz hinter den hiesigen Angelegenheiten hinterher zu sein, und da du nichts genau weißt und gehört hast, beunruhigst du dich sinnlos und treibst dich zur Verzweiflung.

Moschion. Bringst du es nicht?

Parmenon. Denn sie richten dir die Hochzeit aus; man mischt, räuchert, hat geweiht, zündet die Opferstücke an mit Hephaistos' Flamme.

Moschion. [675] Du da, bringst du es nicht?

Parmenon. Denn dich, dich erwarten sie längst. Zögerst du, das Mädchen abzuholen? Du hast Glück; nichts Schlechtes gibt es für dich. Nur Mut! Was willst du?

Moschion. Willst du mich mahnen, sage mir, Tempelräuber? *(Schlägt ihn.)*

Parmenon. Junge! Was tust du, Moschion?

Moschion. Läufst du nicht ziemlich schnell hinein und bringst heraus, was ich sage?

(ΠΑ.) διακέκομμαι τὸ στόμα.
(ΜΟ.) ἔτι λαλεῖς οὗτος;
(ΠΑ.) βαδίζω. νὴ Δί', ἐξεύρηκά γε
τόδε κακόν.
(ΜΟ.) μέλλεις;
(ΠΑ.) ἄγουσι τοὺς γάμους ὄντως
(ΜΟ.) πάλιν;
ἕτερον ἐξάγγελλέ μοι τι. νῦν πρόσεισιν· ἂν δέ μου
μὴ δέητ', ἄνδρες, καταμένειν, ἀλλ' ἀποργισθεὶς ἐᾷ
ἀπιέναι (τουτὶ γὰρ ἄρτι παρέλιπον), τί δεῖ ποεῖν;
ἀλλ' ἴσως οὐκ ἂν ποήσαι τοῦτ'. ἐὰν δέ; πάντα γὰρ
γίνεται. γελοῖος ἔσομαι, νὴ Δί', ἀνακάμπτων πάλιν.
ΠΑ. ἦν· χλαμὺς πάρεστιν αὕτη καὶ σπάθη· ταυτὶ λαβέ.
(ΜΟ.) δεῦρο δός. τῶν ἔνδον οὐθείς σ' εἶδεν;
(ΠΑ.) οὐθείς.
(ΜΟ.) οὐδὲ εἷς
παντελῶς;
(ΠΑ.) οὔ φημι.
(ΜΟ.) τί λέγεις; ἀλλά σ' ὁ Ζεὺς ἀπολέσαι.
(ΠΑ.) πρόαγ' ὅποι μέλλεις· φλυαρεῖς.
(ΔΗ.) εἶτα ποῦ 'στιν, εἰπέ μοι;
παῖ· τί τοῦτο;
(ΠΑ.) πρόαγε θᾶττον.
(ΔΗ.) ἡ στολὴ τί β[ούλετα]ι;
τί τὸ πάθος; μέλλεις ἀπαίρειν, εἰπέ μ[οι σύ, Μοσχίων;
(ΠΑ.) ὡς ὁρᾷς, ἤδη βαδίζει κἀστὶν ἐν ὁδῷ. [νῦν δὲ δεῖ
κἀμὲ τοὺς ἔνδον προσειπεῖν· ἔρχο[μ' εἴσω.
ΔΗ. Μοσχίων,
ὅτι μὲν ὀργίζει, φιλῶ σε, κοὐχ[ὶ μέμφομαί τί σοι.
εἰ λελύπησαι γὰρ ἀδίκως αἰτίαν ἔ[γωγ' ἔχω.
ἀλλ' ἐκεῖν' ὅμως θεώρει· τίνι πικρῶ[ς οὕτως ἔχεις;

Parmenon. Ich bin am Mund zerschlagen.

Moschion. Du da, plapperst du immer noch?

Parmenon. Ich gehe. Bei Zeus, dieses Übel habe ich mir eingebracht.

Moschion. Du zögerst?

Parmenon. Sie feiern wirklich die Hochzeit.

Moschion. Schon wieder? Melde mir etwas anderes! *(Parmenon ab in Demeas' Haus.)* Jetzt wird er kommen; wenn er mich aber nicht hierzubleiben bittet, *(zum Publikum)* ihr Männer, sondern erzürnt mich davonziehen lässt – das hatte ich nämlich soeben nicht bedacht –, was soll ich dann tun? Aber das wird er wohl nicht tun. Aber wenn? Denn alles kann passieren. Ich werde lächerlich sein, bei Zeus, wenn ich wieder umbiege.

Parmenon *(kommt aus Demeas' Haus).* Schau: Dieser Mantel ist da und das Schwert; nimm sie.

Moschion. Gib her! Von denen drinnen sah dich keiner?

Parmenon. Keiner.

Moschion. Ganz und gar nicht einer?

Parmenon. Nein, sage ich.

Moschion. Was sagst du? Doch Zeus möge dich vernichten!

Parmenon. Geh, wohin du zu gehen vorhast; du schwatzt.

Demeas *(kommt aus seinem Haus).* Also, wo ist er, sage mir! Junge! Was ist das?

Parmenon *(zu Moschion).* Geh schnell!

Demeas. Was soll der Aufzug? Was ist mit dir los? Sag du es mir, Moschion, hast du vor, davonzuziehen?

Parmenon. Wie du siehst, geht er und ist auf dem Weg. Jetzt aber muss auch ich mich von denen drinnen verabschieden; ich gehe hinein.

Demeas. Moschion, was das betrifft, dass du zürnst, ich liebe dich, und ich werfe es dir nicht vor. Denn wenn du zu Unrecht betrübt bist, habe jedenfalls ich die Schuld. Aber erwäge dennoch dies: Wem gegenüber verhältst du dich so hart? Denn ich

εἰμὶ γὰρ πατήρ· ἐ[γώ ποτ᾽ ἀν]αλαβών σε παιδίον
ἐξέθρεψ᾽· εἴ σο[ι] χ[ρόνος τι]ς γέγονεν ἡδὺς τοῦ βίου,
τοῦτόν εἰμ᾽ ὁ δοὺς [ἔγωγε], δι᾽ ὃν ἀνασχέσθαι σ᾽ ἔδει
καὶ τὰ λυπήσαντα [παρ᾽ ἐ]μοῦ καὶ φέρειν τι τῶν ἐμῶν
ὡς ἂν ὑόν. οὐ δικαί[ως] ῃτιασάμην τί σε·
ἠγνόησ᾽, ἥμαρτον, ἐμάνην. ἀλλ᾽ ἐκεῖν᾽ ὀρ[θῶς σκόπει·
εἴς τε τοὺς ἄλλους ἁμαρτὼν σοῦ πρόνοιαν ἡλίκη[ν
ἔσχον, ⟨ἐν⟩ ἐμαυτῷ τ᾽ ἐτήρουν τοῦθ᾽ ὅ δή ποτ᾽ ἠγνόουν,
οὐχὶ τοῖς ἐχθροῖς ἔθηκα φανερὸν ἐπιχαίρειν. σὺ δὲ
τὴν ἐμὴν ἁμαρτίαν νῦν ἐκφέρεις, καὶ μάρτυρας
ἐπ᾽ ἐμὲ τῆς ἐμῆς ἀνοίας λαμβάνεις. οὐκ ἀξιῶ,
Μοσχίων. μὴ μνημονεύσῃς ἡμέραν μου τοῦ βίου
μίαν ἐν ᾗ διεσφάλην τι, τῶν δὲ πρόσθεν ἐπιλάθῃ.
πόλλ᾽ ἔχων λέγειν ἐάσω· καὶ γὰρ οὐ καλῶς ἔχει
πατρὶ μόλις πιθέσθ᾽, ἀκριβῶς ἴσθι, τὸ δ᾽ ἑτοίμως καλόν.

ΝΙ. μὴ ᾽νόχλει μοι· πάντα γέγονε· λουτρά, προτέλει᾽, οἱ γάμοι·
ὥστ᾽ ἐκεῖνος, ἄν ποτ᾽ ἔλθῃ, τὴν κόρην ἄπεισ᾽ ἔχων.
παῖ· τί τοῦτ᾽;

ΔΗ. οὐκ οἶδ᾽ ἔγωγε, μὰ Δία.

(ΝΙ.) πῶς οὐκ οἶσθα σύ;
χλαμύς· ἀπαίρειν οὑτοσί που διανοεῖται.

(ΔΗ.) φησὶ γοῦν.

(ΝΙ.) φησὶν οὗτος; τίς δ᾽ ἐάσει, μοιχὸν ὄντ᾽ εἰλημμένον,
ὁμολογοῦντ᾽; ἤδη σε δήσω, μειράκιον, οὐκ εἰς μακράν.

(ΜΟ.) δῆσον, ἱκετεύω.

ΝΙ. φλυαρεῖς πρός μ᾽ ἔχων. οὐ καταβαλεῖς
τὴν σπάθην θᾶττον;

bin dein Vater; ich habe dich einst als ein Kind adoptiert und zog dich auf; wenn es für dich eine angenehme Lebenszeit gab, [700] bin jedenfalls ich es, der sie dir schenkte, und ihretwegen müsstest du auch das Betrübende, das von mir kam, aushalten und eine meiner Taten ertragen, wie ein Sohn es sollte. Nicht zu Recht habe ich dir etwas als Schuld angelastet; ich war in Unkenntnis, machte einen Fehler, raste. Doch betrachte dies richtig: Welch große Sorge um dich ich, während ich mich den anderen gegenüber falsch verhielt, [705] zeigte, und in mir drin das hütete, was ich verkannte, es nicht den Feinden zu ihrer Freude offenbar machte. Du aber trägst meinen Fehler jetzt nach draußen und ziehst Zeugen meiner Unklugheit gegen mich heran. Das halte ich nicht für gerecht, Moschion. Behalte nicht den einen Tag meines Lebens im Gedächtnis, [710] an dem ich mich täuschte, und vergiss dabei die vorherigen! Obwohl ich noch viel sagen könnte, will ich es lassen; denn es ist nicht schön, dem Vater widerstrebend zu gehorchen, wisse das genau, gerne aber ist schön.

Nikeratos *(kommt aus seinem Haus und spricht zurück zu seiner Frau)*. Fall mir nicht zur Last! Alles ist geschehen: Bad, Voropfer, Hochzeit; deshalb kann er, wenn er endlich kommt, mit dem Mädchen weggehen. *(Sieht Moschion.)* [715] Junge! Was ist das?

Demeas. Ich weiß es nicht, bei Zeus.

Nikeratos. Wie weißt du es nicht? Ein Mantel; fortzuziehen beabsichtigt er offenbar.

Demeas. Er sagt es jedenfalls.

Nikeratos. Er sagt es? Wer wird ihn lassen, der ein Ehebrecher ist, ertappt, alles zugebend? Gleich werde ich dich fesseln, junger Mann, unverzüglich.

Moschion. Fessle mich, ich bitte dich.

Nikeratos. Du machst weiterhin Unsinn mir gegenüber. Wirst du nicht schnell [720] das Schwert wegwerfen?

(ΔΗ.) κατάβαλε, Μοσχίων· πρὸς τῶν θεῶν,
μὴ παροξύνῃς.
ΜΟ. ἀφείσθω· καταλελιπαρήκατε
δεόμενοί μου.
(ΝΙ.) σοῦ δεόμενοι; δεῦρο δή.
(ΜΟ.) δήσεις μ' ἴσως;
[ΔΗ.] μηδαμῶς. ἔξω κόμιζε δεῦρο τὴν νύμφην.
ΝΙ. δοκεῖ;
ΔΗ. πάνυ μὲν οὖν.
ΜΟ. εἰ τοῦτ' ἐποίεις εὐθύς, οὐκ ἂν πράγματα
εἶχες, ὦ πάτερ, φιλοσοφῶν ἄρτι.
ΝΙ. πρόαγε δὴ σύ μοι.
μαρτύρων ἐναντίον σοι τήνδ' ἐγὼ δίδωμ' ἔχειν
γνησίων παίδων ἐπ' ἀρότῳ, προῖκα τἀμὰ πάνθ' ὅτα[ν
ἀποθάνω γ', ὃ μὴ γένοιτ', ἀλλ' ⟨εἰς⟩ ἀεὶ ζῴην.
(ΜΟ.) ἔχω,
λαμβάνω, στέργω.
(ΔΗ.) τὸ λοιπόν ἐστι λουτρὰ μετιέναι.
Χρυσί, πέμπε τὰς γυναῖκας, λουτροφόρον, αὐλητρίδ[α·
δεῦρο δ' ἡμῖν ἐκδότω τις δᾷδα καὶ στεφάνους, ἵνα
συμπροπέμπωμεν.
(ΜΟ.) πάρεστιν ὅδε φέρων.
(ΔΗ.) πύκαζε σ[ὺ
κρᾶτα καὶ κόσμει σεαυτόν.
(ΜΟ.) ἀλλ' ἐγώ.
(ΔΗ.) παῖδες καλοί,
μειράκια, γέροντες, ἄνδρες, πάντες εὐρώστως ἅμα
πέμψ[α]τ' εὐνοίας προφήτην Βακχίῳ φίλον κρότον.
ἡ δὲ κα]λλίστων ἀγώνων πάρεδρος ἄφθιτος θεὰ
εὐμε]νὴς ἕποιτο Νίκη τοῖς ἐμοῖς ἀεὶ χοροῖς.

DEMEAS. Wirf es weg, Moschion; bei den Göttern, erbittere ihn nicht!

MOSCHION. Sei es denn abgelegt; ihr habt mich erfolgreich gebeten und angefleht.

NIKERATOS. Dich gebeten? Hierher also.

MOSCHION. Fesselst du mich vielleicht?

DEMEAS. Keineswegs. *(Zu Nikeratos.)* Bring die Braut aus dem Haus hierher!

NIKERATOS. Scheint dir das gut?

DEMEAS. Sehr wohl. *(Nikeratos ab in sein Haus.)*

MOSCHION. Hättest du das sofort getan, hättest du soeben keine Schwierigkeiten mit dem Moralisieren gehabt, Vater. *(Nikeratos kommt mit Plangon heraus.)*

NIKERATOS. Komm du mir her! Vor Zeugen gebe ich Dir diese hier zu haben zur Zeugung frei geborener Kinder, als Mitgift alle meine Habe, wenn ich sterbe, was nie geschehen möge, sondern für immer möchte ich leben.

MOSCHION. Ich habe, nehme, liebe sie.

DEMEAS. Übrig bleibt, das Badewasser zu holen. *(Ruft in sein Haus.)* Chrysis, ordne die Frauen zur Prozession, die Wasserträgerin, die Flötenspielerin; hierher gebe uns jemand eine Fackel und Kränze heraus, damit wir sie zusammen geleiten können.

MOSCHION. Der da ist damit da.

DEMEAS. Umhülle du dein Haupt und schmücke dich.

MOSCHION. Ja, tu ich.

DEMEAS. Schöne Knaben, junge Männer, Greise, Männer, schickt alle zugleich kräftig als Verkünder eures Wohlwollens einen dem Bakchios lieben Befall. Die bei den schönsten Wettkämpfen neben ihm sitzende unvergängliche Göttin Nike möge immer wohlwollend meinen Chören folgen.

F 1 φέρε τὸν λιβανωτόν, σὺ δ᾽ ἐπίθες τὸ πῦρ, Τρύφη

Nicht einzuordnendes Fragment

F 1 Bringe den Weihrauch, du aber lege Feuer an, Tryphe.

ΣΙΚΥΩΝΙΟΣ

DER SIKYONIER

Von der Komödie, für die auch der Titel *Σικυώνιοι* bezeugt ist – für den Singular gibt es m. E. die besseren Argumente –, sind sehr lückenhafte Reste des ersten und vielleicht noch zweiten Aktes überliefert, die außer der fragmentarischen Inhaltsangabe des Prologs wenig von der laufenden Handlung erkennen lassen; die übrigen drei Handlungsabschnitte verraten uns mehr. Am Ende von Akt III hört der vermeintliche Sikyonier, ein Offizier namens Stratophanes, der seine Sklavin Philumene liebt, dass nicht seine gerade gestorbene Mutter in Sikyon ihn gebar, sondern eine athenische Bürgerin. Smikrines, deren Mann, erfährt in Akt IV von einem Eleusinier durch einen ausführlichen Botenbericht, Stratophanes habe für Philumene, die im Tempel von Eleusis Schutz gesucht hat, weil ihr Bürgerrecht angezweifelt wurde, erreicht, dass die Priesterin des Tempels die junge Frau in ihre Obhut nahm. Moschion, der Sohn des Smikrines, seinerseits in Philumene verliebt, habe vergeblich widersprochen, und da sich in einer Wiedererkennungsszene am Schluss des vierten Aktes herausstellt, dass Stratophanes der Sohn des Smikrines und seiner Frau ist, erweist er sich als Bruder des Offiziers und verzichtet auf die junge Frau. Deren Vater Kichesias wird in Akt V dadurch wiederentdeckt, dass Theron, der Parasit des Stratophanes, ausgerechnet diesen alten Mann dazu bringen will, den Vater der Philumene zu spielen. Dem sehr schlecht überlieferten Ende der Komödie lässt sich entnehmen, dass Stratophanes Philumene und sehr wahrscheinlich Theron die Hetäre Malthake heiratet, deren Funktion während der Handlung im überlieferten Text kaum erkennbar ist. Als Zitate sind acht ganze und fünf halbe Verse (F 1–7 und *10) erhalten.

Personen
Gott, Prologsprecher
Stratophanes, Offizier
Malthake, Hetäre
Theron, Parasit
Moschion, Sohn des Smikrines und Bruder des Stratophanes
Pyrrhias, Sklave des Stratophanes
Smikrines, Vater des Stratophanes
Eleusinios
Frau des Smikrines
Kichesias, alter Mann
Dromon, früherer Sklave des Kichesias

Stumme Personen
Philumene, Tochter des Kichesias, von Stratophanes geliebte Sklavin
Donax, Sklave

ΜΕΡΟΣ Α΄

(ΘΕΟΣ)

]. [. .] . . [.] . [
. . . . .]αρεῖναί φημι τούτου θυγάτριον.
ὡ[ς δ' ἐγκρατεῖς ἐγένοντο σωμάτων τρ[ιῶν,
τὴν γραῦν μὲν οὐκ ἔδοξε λυσιτελεῖν ἄ[γειν
αὑτοῖς, τὸ παιδίον δὲ καὶ τὸν οἰκέτην
τῆς Καρίας ἀγαγόντες εἰς τὰ Μύλασ' ἐ[κεῖ
ἐχρῶντ' ἀγορᾷ, καθῆτό τ' ἐπὶ τῆς ἀγκ[άλης
ἔ]χων ὁ θεράπων τὴν τροφίμην. πωλ[ουμένοις
π]ροσῆλθεν ἡγεμών τις· ἠρώτα "πόσ[ου
ταῦτ' ἐστίν;" ἤκουσεν, συνεχώρησ', ἐπ[ρίατο.
παλίμβολος δὲ τῷ θεράποντι πλησί[ον
τ]ῶν αὐτόθεν τις ἕτερος ἅμα πωλουμ[ένων
"β]έλτι[σ]τε, θάρρει", φησίν, "ὁ Σικυώνιος
ἠ]γόρακεν ὑμᾶς, ἡγεμὼν χρηστὸς σφόδρα
κ]αὶ πλούσιος. τούτῳ [τ]υχὸν [
ἐ]κ τοῦ παραχρῆμ[
τ]ῷ παιδίῳ τὴν πατ[ρίδα
.]εον προσαγων οἰκεῖον ειςτ[
πρὶ]ν εἰδέναι δοκεῖν τ[ι

]δειδοξενουτινος
] γὰρ ποιοῦσί τε
].αν[.]ε̣τι
ταῦτ' ἐστὶ τὰ κεφάλαια, τὰ] καθ' ἕκαστα δὲ
ὄψεσθ' ἐὰν βούλησθε· βουλή]θητε δέ.

AKT I

(Straße wahrscheinlich in Eleusis, die rechts zum Marktplatz und nach Sikyon, links zum Demeterheiligtum führt. Im Hintergrund das Haus des Smikrines und einer weiteren Person, bei der Stratophanes wohnt. Rechts geht es zum Markt und nach Sikyon, links zum Demeterheiligtum. Ein Gott betritt die Bühne und spricht den Prolog, von dessen Anfang 21–31 Verse fehlen.)

GOTT. ... sage ich ... dessen Töchterchen. Da sie drei Personen in ihre Gewalt bekommen hatten, meinten sie, es nütze ihnen nichts, die alte Frau mitzunehmen, [5] das Kind und den Sklaven aber nahmen sie mit nach Mylasa in Karien und stellten sie dort auf dem Marktplatz aus, und der Diener saß da mit seiner jungen Herrin auf dem Arm. Zu den zum Verkauf Angebotenen trat ein Offizier; er fragte: »Wie viel [10] kostet das?« Er hörte es, war einverstanden, kaufte sie. Ein anderer, schon mehrfach Verkaufter nahe dem Sklaven unter den an derselben Stelle zugleich zum Verkauf Angebotenen sagt: »Mein Bester, nur Mut, der Sikyonier hat euch erworben, ein sehr anständiger Offizier [15] und reich. Dem zufällig ... sogleich ... dem Kind die Heimat ... den eigenen ... bevor er zu wissen schien ... *(Zwischen V. 19 und 20 fehlen eher 5–15 als 26–40 Verse.)* [20] ... denn sie tun ... Das ist das Wesentliche. Die Einzelheiten [24] seht, wenn ihr wollt; wollt es denn!

(Von V. 25–51 sind nur einzelne Wörter oder Buchstaben erhalten. Zwischen V. 35 und 36 fehlen 5–9 Verse; wie viele Verse zwischen V. 51 und 52 fehlen, lässt sich nicht feststellen und deshalb auch nicht, ob das Folgende noch im ersten oder schon im zweiten Akt stand.)

(ΣΤΡΑΤΟΦΑΝΗΣ?)
]ων ἀπολεσάντων παιδίον
ἐκ]δόντων τρέφειν ἢ τὸν τόπον
]γεγραμμένων ἄλλως ἐκεῖ

(ΘΗΡΩΝ?)
τί δὴ τὸ κακ]όν ποτ᾽ ἐστίν; οὕτω μαρτυρεῖν
μάρτυρα] τοιοῦτον ἄν τις εὕροι πολλαχοῦ
ἐνταῦθ᾽ ἐ]ν ἄστει τοῦδ᾽· Ἐλευσίς ἐστι καὶ
πανήγ]υρίς που· τίς νοήσει, πρὸς θεῶν;
εἰ συνδρα]μεῖται δῆμος, εἷς τις οὐ ταχὺ
τὴν παῖδ᾽] ἀφελκύσαιτ᾽ ἄν· εἰ δὲ περιμένω
ἐνθάδε, γένοιτ᾽ ἂν] ἔτι λέγοντος ἑσπέρα
]τ[ ].[

(ΣΤ.?) ὁ] Διόνυσος ἀπολέσαι
οὐδὲν ὑγ]ιὲς οὐδ᾽ ἁπλοῦν φρονῶν
]ην ἀνήρηκάς με νῦν
]τ᾽ ἐπυθόμην ὅτι
]ο παιδίον χάριν
]ν φιλανθρώπων κακῶς
]ωσολ. .τι τὴν μὲν παρθένον
] νῦν οἶδεν ἐνδεέστερον
.] .[ ] . .[
ἐμαυ[τὸ]ν ουδω[
.]υσ[. . . . . .] αυται και[
ὑπόλει[ο]ν [. . . . .]ω . . .ρα . . .[
ἔδωκας ἂν δὶς· οὐκ ἀγαθά;
(ΘΗ.?) κάλ᾽, ὦ θ[εοί.
(ΣΤ.?) καὶ νῦν δραμὼν τὴν παῖδα παρ[ακάλει
ἔσται γὰρ ὥσπερ ωετοιγαυτησεμο[
ὡς ἔστιν.
(ΘΗ.?) οὐκ ἐᾷς με κοινῶσαι λ[όγον.
(ΣΤ.?) τίς οὐκ ἐᾷ; δέδωκ᾽, ἐδέξω· νῦ[ν δ᾽ ἴθι.

Stratophanes. (?) [52] ... von denen, die ein Kind verloren ⟨oder⟩ zum Aufziehen herausgaben oder den Ort ... von vergeblich dort Geschriebenem ...

Theron. (?) [55] Was ist denn nun die Schwierigkeit? Einen solchen Zeugen dafür, es so zu bezeugen, dürfte man überall hier in der Stadt finden; es ist Eleusis und wohl eine Ratsversammlung: Wer wird es bemerken, bei den Göttern? Wenn das Volk zusammenläuft, könnte nicht ein einziger [60] das Mädchen schnell wegschleppen; wenn ich aber lange hier warte, wird es wohl, während ich noch rede, Abend ...

(Zwischen V. 62 und 63 fehlen 10–14 Verse und von V. 63–79 sind nur einzelne Wörter oder Buchstaben erhalten. Zwischen V. 71 und 72 fehlt eine nicht feststellbare Anzahl von Versen. Es ist möglich, dass V. 72–109 vor V. 52 standen.)

Stratophanes. (?) [80] ... möge Dionysos verderben ... weder Gesundes noch Ehrliches denkend ... hast du mich nun vernichtet ... ich erfuhr, dass ... das Kind ... Dank ... der [85] menschenfreundlichen ... schlecht ... ⟨dass?⟩ das Mädchen ... nun bedürftiger ⟨ist?⟩, weiß er ... ... [90] ... ... [92] Du hättest zweimal geben können; ist das nicht gut?

Theron. (?) Prima, ihr Götter!

Stratophanes. (?) Und nun lauf und ruf das Mädchen her ... Es wird sein wie ... [95] So ist es.

Theron. (?) Du lässt mich nicht erklären.

Stratophanes. (?) Wer lässt dich nicht? Ich habe gegeben, du hast genommen; nun geh! *(Theron ab nach rechts.)*

(ΜΟΣΧΙΩΝ?)
δ]έδοικε, φησί, δεσπότην ξένο[ν
τρίτον τ' ἐρῶντ', ἐγγύς τε τω[.]ρα[
λέγοντα τούτους τοὺς λόγους επε.[
ἐμοὶ δὲ καὶ τούτῳ τί πρᾶγμ' ἐστ[– ◡ –
μὴ τοῦτον ἡμῖν τὸν τρόπον λαλει[◡ –
τολμητέον γάρ ἐστιν. ἀλλ' ει[. .]ρ[
τούτων ἀληθὲς ὁ θεράπων τι .[
ἅπασιν η[.]α[. .]ạ τοῖς πολίταις ἡ κ[όρη
οὐκ ἀλλοτρία· πρῶτον μὲν αυτηστ[
προσηνεπ . .τ .πωνεκαδ . .τει[
οὐκ οἶδ' ὅ τι λέγω· τῷ θεράπ[οντι
κἀμοὶ τ[. . . . .] . . . .[
(ΣΤ.?) μειρακιο[. .] .[.]οντι[.] . πορνη[

(ΘΗ.?)]κες διαμένει μηδὲ σαυτὸν ἀξίου
τ]ούτου ποτ' ἔσται καιρός.
(ΣΤ.?) εὖ γε, νὴ Δία
(ΘΗ.?)] γὰρ αὐτὸν, ἐπιπαροξυνθήσεται.
εἴτε]ασιν οὕτως εἴτε μή, πεπράξεται
πάντα νῦν. ἔστ]ω, δεδόχθω.
(ΣΤ.?) νῦν δοκεῖ μοι, νὴ Δία
ταῦτα γοῦν.
(ΘΗ.?) ἐ]νθάδ' ἦσθα διὰ λογισμὸν οὐθενὸς
] μὰ τὴν Ἀθηνᾶν, πώποτ' εὐφρονέστερον
Ἄ]πολλον.
(ΣΤ.?) εὖ γε, νὴ τὸν Ἥλιον
(ΘΗ.?)] τῶν σῶν ὄνασθαι μηθέν' ἄλλον, ἀλλὰ σέ
(ΣΤ.?)]ον εἶπον οὐδὲ προὐνοήσανθ' οἵτινες
(ΘΗ.?) ὁ] ποῖος;
ΣΤ. Πυρρίας, ὃν οἴκαδε
]. . ἑαυτόν, ἵνα φράσῃ σεσωμένους
]ντες ὀλίγων.

MOSCHION (?) *(hat vermutlich das Gespräch belauscht und spricht unbemerkt von Stratophanes).*
Sie fürchtet sich, sagt er, vor ihrem Herrn, der ein Fremder ist und drittens sie liebt, und nahe … sagend diese Worte … [100] Aber was haben ich und er damit zu tun? … Sprich nicht auf diese Weise mit uns … Es muss gewagt werden. Aber … daran wahr … der Sklave … zu allen Bürgern das Mädchen … [105] nicht als Fremde; zuerst … Ich weiß nicht, was ich sagen soll; dem Sklaven … und mir …

STRATOPHANES. (?) [109] Junger Mann … Hure …

(Es fehlt eine unbestimmbare Anzahl von Versen. V. 110–148 schlossen Akt III ab.)

THERON. (?) … [110] bleibt. Halte dich nicht für wert … dafür wird es einmal eine Gelegenheit geben.

STRATOPHANES. (?) Gut, bei Zeus.

THERON. (?) … ihn nämlich, er wird erbost sein. Ob sie … so oder nicht, es wird alles nun getan sein. So sei es, so sei es beschlossen.

STRATOPHANES. (?) Das wenigstens scheint mir jetzt gut, bei Zeus.

THERON. (?) [115] Du warst da, … von nichts eine Liste, … bei der Athene, jemals vernünftiger … Apollon.

STRATOPHANES. (?) Gut, beim Helios!

THERON. (?) … dass niemand anders von deiner Habe Nutzen hat, sondern du …

STRATOPHANES. (?) … ich sprach, und ich überlegte nicht vorher, wer auch immer… ⟨Da kommt er⟩.

THERON. (?) Wer?

STRATOPHANES. [120] Pyrrhias, den ⟨ich⟩ nach Hause … sich selbst, damit er sagt, dass sie wohlbehalten sind … weniger …

ΘΗ. οἶδα, πρὸς τὴν μητέρα
τόνδ᾽ ἐπέμψα]μεν.
⟨ΣΤ.⟩ τί οὖν δεῦρ᾽ ἔρχεται μαθὼν πάλιν
καὶ διὰ σπουδῆς] βαδίζων;
(ΘΗ.) καὶ σκυθρωπὸς ἔρχεται.
⟨ΣΤ.⟩ ἤ τι συμβέβη]κεν ἡμῖν, Πυρρία, νεώτερον;
ΠΥΡΡΙΑΣ
ἥ γε σὴ μήτηρ] τέθνηκε πέρυσιν.
(ΣΤ.) οἴμοι. γραῦς σφόδρ᾽ ἦν,
φιλτάτη δ᾽ ὅμω]ς ἐκείνη γέγονεν.
⟨ΠΥ.⟩ ἀλλ᾽ ἐν πράγμασιν,
Στρατοφάνη, κ]αινοῖς ἔσει σὺ σφόδρα τ᾽ ἀνελπίστοις τισίν.
οὐ γὰρ αὐτῆς ἦσ]θας ὑός, ὡς ἔοικεν.
⟨ΣΤ.⟩ ἀλλὰ τοῦ;
ΠΥ.]ο τελευτῶσ᾽ ἐνθαδὶ τὸ σὸν γένος
ἔ]γραψεν.
(ΘΗ.) ἀποθνῄσκων οὐ φθονεῖ
οὐδενὸς τοῖς ζ]ῶσιν ἀγαθοῦ· τοὺς ἑαυτοῦ σ᾽ ἀγνοεῖν
οὐκ ἐβούλετ᾽.
⟨ΠΥ.⟩ οὐ μόνον δ᾽ ἦν τοῦτο· καὶ δίκην δέ τῳ
ὦφλεν ὁ πατήρ, ὡς ἔοικε, ζῶν ὁ σὸς Βοιωτίῳ
(ΣΤ.) ἐπυθόμην
⟨ΠΥ.⟩ πολλῶν ταλάντων, Στρατοφάνη, κατὰ σύμβολα.
(ΣΤ.) ἦλθε περὶ τούτων ἁπάντων μοι τότ᾽ εὐθὺς γράμματα
τήν τε τοῦ πατρὸς τελευτὴν ἅμα λέγοντ᾽ εἰς Καρίαν.
(ΠΥ.) ὄντ᾽ ἀγώγιμόν σε τούτῳ πυθομένη τῶν τοὺς νόμους
εἰδότων τήν τ᾽ οὐσίαν σου, τοῦτο προὐνοεῖτό σου
καὶ τελευτῶσ᾽ ἀπεδίδου σε τοῖς ἑαυτοῦ γ᾽ εὐλόγως.
(ΣΤ.) δὸς τὸ γραμματείδιόν μοι.
(ΠΥ.) καὶ ταδὶ χωρὶς φέρω
τῶν γεγραμμένων ἐκείνῃ, Στρατοφάνη, γνωρίσματα
καὶ τεκμήρι᾽, ὡς ἐκείνην ἔφασαν οἱ δόντες λέγειν
ζῶσαν.

THERON. Ich weiß, zu deiner Mutter haben wir ihn geschickt.

STRATOPHANES. Mit welcher Kunde kommt er wieder hierher, sogar eilig laufend?

THERON. Und er kommt mit düsterer Miene.

(Pyrrhias kommt von rechts.)

STRATOPHANES. [125] Pyrrhias, ist etwas für uns Neueres passiert?

PYRRHIAS. Deine Mutter starb letztes Jahr.

STRATOPHANES. Weh mir! Sie war eine sehr alte Frau. Trotzdem war sie mir sehr lieb.

PYRRHIAS. Aber du wirst in einer sehr neuen und unerwarteten Situation sein, Stratophanes. Du warst nicht ihr Sohn, wie es scheint.

STRATOPHANES. Aber wessen?

PYRRHIAS. [130] ... im Sterben hat sie hier deine Herkunft ... aufgeschrieben.

THERON. Ein Sterbender missgönnt den Lebenden kein Gut; dass du die Deinen nicht kennst, wollte sie nicht.

PYRRHIAS. Das war es nicht allein; auch hat dein Vater, wie es scheint, als er noch lebte, einen Prozess gegen irgendeinen Böotier verloren –

STRATOPHANES. [135] Davon habe ich erfahren.

PYRRHIAS. – mit Schulden von vielen Talenten, Stratophanes, gemäß einem zwischenstaatlichen Vertrag.

STRATOPHANES. Über all das kam damals sofort ein Brief zu mir, der zugleich vom Tod meines Vaters berichtete, nach Karien.

PYRRHIAS. Da sie von denen, die die Gesetze kennen, erfahren hatte, dass du und dein Vermögen ihm haftbar seien, traf sie Vorsorge für dich [140] und gab im Sterben vernünftigerweise dich den Deinen zurück.

STRATOPHANES. Gib mir den Brief.

PYRRHIAS. Und außer dem von ihr Aufgeschriebenen bringe ich diese Erkennungszeichen und Beweise, wie – das erklärten die, welche sie mir gaben – sie, als sie noch lebte, sagte.

(ΘΗ.) ὦ δέσποιν' Ἀθηνᾶ, τουτονὶ σαυτῆς πόει,
ἵνα λάβῃ τὴν παῖδ', ἐγὼ δὲ Μαλθάκην.
(ΣΤ.) βαδίζετε.
δεῦρο, Θήρων
⟨ΘΗ.⟩ οὐ λέγεις μοι –;
⟨ΣΤ.⟩ πρόαγε, μηθέν πω λάλει.
(ΘΗ.) ἀλλ' ὅμως· κἀγὼ –
⟨ΣΤ.⟩ βάδιζε. καὶ σὺ δεῦρο, Πυρρία·
τῶν ἐμῶν λόγων γὰρ οἴσεις εὐθέως τὰ σύμβολα
καὶ παρὼν δείξεις ἐάν τις αὐτὰ βούληται σκοπεῖν.

ΧΟΡΟΥ

ΜΕΡΟΣ Δʹ

(ΣΜΙΚΡΙΝΗΣ)
ὄχλος εἶ φλυάρου μεστός, ὦ πονηρὲ σύ,
δίκαια τὸν κλάοντα προσδοκῶν λέγειν
καὶ τὸν δεόμενον· τοῦ δὲ μηδὲ ἓν ποεῖν
ὑγιὲς σχεδὸν ταῦτ' ἐστὶ νῦν τεκμήριον.
οὐ κρίνεθ' ἀλήθεια τοῦτον τὸν τρόπον,
ἀλλ' ἐν ὀλίγῳ πολλῷ γε μᾶ[λλον συνεδρίῳ.
(::) ὀλιγαρχικός γ' εἶ καὶ πονηρός, Σμ[ικρίνη,
νὴ τὸν Δία τὸν μέγιστον.
⟨ΣΜ.⟩ οὐδέν[μοι μελει.
(::) ὦ Ἡράκλεις, ἀπολεῖτέ μ' οἱ σφόδ[ρ' αὐθάδεις
ὑμεῖς.
(ΣΜ.) τί γάρ μοι λοιδορεῖ; βαρύς[τις εἶ.
⟨::⟩ μισῶ σε καὶ τοὺς τὰς ὀφρῦς ἐπη[ρκότας
ἅπαντας. ὄχλος ὢν δ' ὁμολογῶ, [πιστός γε μήν.
(ΣΜ.) οὐκ ἂν γένοιτο τοῦτ'.

THERON *(a parte)*. O Herrin Athene, mach den da zu dem Deinen, damit er das Mädchen bekommt, ich Malthake.

STRATOPHANES. Geht jetzt! Hierher, Theron!

THERON. Sagst du es mir nicht?

STRATOPHANES. Mach dich auf den Weg, schwatze nichts mehr!

THERON. Aber trotzdem; auch ich –

STRATOPHANES. Geh! Und du, komm hierher, Pyrrhias; denn du wirst sogleich die Beweise für meine Worte bringen und wirst da sein, um sie zu zeigen, wenn jemand sie prüfen will.

Tanz und Gesang des Chors

AKT IV

(Von rechts kommen Smikrines und ein demokratisch gesinnter Mann, dessen Identität nicht feststellbar ist.)

SMIKRINES. Du bist Pöbel, voller Geschwätz, du Mieser du, da du dir einbildest, der, der heult und bettelt, sage Gerechtes; für auch nicht in einem einzigen Punkt verständiges Handeln ist es heutzutage geradezu ein Beweis. Über die Wahrheit wird nicht auf diese Weise entschieden, sondern viel besser in einem kleinen Gremium.

DEMOKRAT. Du bist oligarchisch gesinnt und mies, Smikrines, beim Zeus, dem Größten.

SMIKRINES. Das kümmert mich nicht.

DEMOKRAT. O Herakles, ihr Selbstgefälligen bringt mich um!

SMIKRINES. Was schmähst du mich? Du bist ein Lästiger.

DEMOKRAT. Ich hasse dich und alle, die die Augenbrauen hochziehen. Dass ich Pöbel bin, gebe ich zu, wenigstens zuverlässig.

SMIKRINES. Das könnte nicht geschehen.

⟨::⟩ ἐγώ σε .[
τὸν πλούσιον κλέπτοντα σ .[
σκεύη τε καὶ τούτων αποτ .[
ἀργύριον οὐκ ἐξ οἰκίας ἴσως φ[⏑ –
τῶν ἀγομένων ἐκεῖσε προ[
(ΣΜ.) οἴμωζε.
(::) καὶ σύ.
(ΣΜ.) νοῦν ἔχεις φ[εύγων· σκάφης
ἐγὼ γὰρ ἄν σ' ἐπόησα συνστο[μώτερον.
(ΕΛΕΥΣΙΝΙΟΣ)
ὦ γεραιέ, μεῖνον ἐν παραστά[σιν δόμων.
(ΣΜ.) μένω. τίνος δὲ τοῦτο θωΰσ[σεις χάριν;
(ΕΛ.) ὡς ἂν σὺ μικρὸν καὶ καπν[ὸν βλέψῃς πυρός.
(ΣΜ.) βουλόμεθ' ἀκοῦσαι τὰ περὶ τ[ὸν πυρὸς καπνόν
κα . . . υ . . . κυφαινειδεκα[
(ΕΛ.) εἰδὼς δ' ἃ πυν[θάνει
(ΣΜ.) ἅπασαν ἡμῖν εἰ[πὲ τὴν πρᾶξιν σαφῶς.
⟨ΕΛ.⟩ ἐτύγχανον μὲν οὐ[
βαίνων, μὰ τὸν Δί', οὔτε τ[
]ε τοῦτ' ἐμοί, καλῶς ποιῶν
] καὶ τὰ τῶν ἄλλων κακά
]μαι φοβερὸς εἰς τριώβολον
]τε κοινὸν μέγα βοῶν οἷς ἂν τύχω
δημο]τικός, οἵπερ καὶ μόνοι σῴζουσι γῆν,
ἐξ] ἄστεως δ' ἥκων ἵν' ἐντύχοιμί τῳ
τ]ῶν δημοτῶν μέλλοντι λεπτὸν βοΐδιον
νέμειν ἀκούειν θ' ὅσα πρόσεστ' αὐτῷ κακὰ
ὑπὸ τῶν λαβόντων μερίδα (τούτων δ' αὐτὸς ἦν·
τοῦ τῆς θεοῦ δήμου γάρ εἰμ' ἐπώνυμος
κληθεὶς Ἐλευσίνιος) ἐπέστην ὄχλον ἰδὼν
πρὸς τοῖς προπυλαίοις καὶ "πάρες μ'" εἰπὼν ὁρῶ
καθημένην παῖδ' εἶς τε τούτων τῶν κύκλῳ
γενόμενος εὐθὺς δῆμος ἦν καὶ κύριον

DEMOKRAT. Ich … dich … den Reichen, der stiehlt … der Hausrat und deren … Geld nicht aus einem Haus vielleicht … der dorthin gebrachten …

SMIKRINES. Du sollst heulen müssen!

DEMOKRAT. Auch du! *(Geht ab.)*

SMIKRINES. Du hast Verstand, dass du davonläufst; denn ich hätte dir den Mund noch mehr gestopft als einem Metöken. *(Er will in sein Haus gehen.)*

ELEUSINIOS *(kommt von links).* Ehrwürdiger alter Mann, warte beim Eingang zu deinem Haus.

SMIKRINES. Ich warte. Aber weswegen rufst du dies so laut?

ELEUSINIOS. Damit auch du ein wenig Rauch vom Feuer erblickst.

SMIKRINES. Wir wollen das hören, was den Rauch des Feuers betrifft. … du scheinst aber …

ELEUSINIOS. Wenn du aber weißt, was du erfährst …

SMIKRINES. Erzähle uns die ganze Sache anschaulich.

ELEUSINIOS. Ich … zufällig … schreitend, nein, beim Zeus, auch nicht … dies für mich, gut handelnd … und die Schwierigkeiten der anderen … fürchterlich für drei Obolen … gemeinsam, als Mann des Volkes rief ich laut denen zu, denen ich begegnete, die ja auch allein das Land erhalten, kam aber aus der Stadt, um einen von den Bewohnern meines Demos zu treffen, der vorhatte, ein dünnes kleines Rind zu verteilen und von denen, die einen geringen Teil bekamen, zu hören, wie viel Schlechtes daran war – von denen war ich selbst einer; ich bin nämlich nach dem Demos der Göttin benannt und heiße Eleusinios –, blieb stehen, als ich eine Volksmenge bei der Vorhalle erblickte, sagte: »Lass mich vorbei«, und sehe ein Mädchen da sitzen, und da ich einer von denen im Kreis war, wurde ich sofort

ἐπυνθανόμην τὸν τ]ῆς καθημένης κόρης

“οὔπω πέπυσμαι π[άντα γ’, ἀλλὰ δέδια μὴ
ὁ κύριος κακὸν ποήσῃ κ .[
καὐτὸς μεθ’ ὑμῶν ἐνθαδὶ κα[θίζομαι.”
ἐπόησε τοῦτο, καὶ μέγ’ ὠρεχθή[σαμεν
ἡμεῖς “πολῖτίς ἐστιν ἡ παῖς”, καὶ μόλι[ς
σὺν τῷ κύκλῳ πάλιν κατεσβέσθη π[ολὺς
ἦχος. σιωπῆς γενομένης προσίσταται
μειράκιον ἐγγὺς τῷ θεράποντι λευκόχρω[ν
ὑπόλειον ἀγένειόν τι καὶ μικρὸν λαλεῖν
ἐβούλετ’. οὐκ εἰάσαμεν· “μεῖζον λέγε”,
εὐθύς τις ἀνεβόησε καὶ “τί βούλεται;”
“τίς ἐστι;” “τί λέγεις;” “οἶδεν οὗτος ὁ θεράπων”,
φησίν, “πάλαι γὰρ οὖν βοηθῶ κἂν τινος
δέητ’ ἐρωτῶ. [κ]αὶ τὰ πόλλ’ ἀκήκοα
αὐ]τοῦ λέγοντος ἄρτι πρὸς τὸν δεσπότην.”
κα]ὶ κόκκινος γενόμενος ὑπανεδύετο
κοὐ] παντελῶς ἦν βδελυρός, οὐ σφόδρ’ ἤρεσεν
ἡ]μῖν δέ, μοιχώδης δὲ μᾶλλον κατεφάνη.
μ]έγ’ ἐγκραγόντες εἰς τὸ . . .[.] . .ωσα . . .[
νῦ]ν τοῦτον, εἷς θ’ ἡμῶν γενόμενος ἔβλεπ[εν
εἰς] τὴν κόρην, ἐλάλε[ι] τε τοῖς ἐγγὺς συχν[ά
]ον πεφευγῦι’ ἡ κόρη
ὄ]ψει τις ἀνδρικὸς πάνυ
]μως, νὴ τὸν Δί’, ἐγγὺς ἵσταται
ἄ]νθρωπος ἕτερος καὶ τρίτος
θεράπων τις α]ὐτῶν· ὡς δ’ ἐνέβλεψ’ ἐγγύθεν
τὴν παρθένον τή]νδ’, ἐξαπίνης ποταμόν τινα
δακρύων ἀφίησ’ ο]ὗτος ἐμπαθῶς τε τῶν
τριχῶν ἑαυτοῦ λα]μβάνεται βρυχώμενος
ἔπειτα δ’ οἶκτος] ἔλαβε τοὺς ἑστηκότας
πάντες δ’ ἐβόησαν “σὺ δ]ὲ τί βούλει; λέγε, λέγε.”

Teil der Volksversammlung und [192] fragte nach dem Herrn des da sitzenden Mädchens … *(Zwischen V. 192 und 193 fehlen 7 oder 8 Verse.)* [193] »Ich habe noch nicht alles erfahren, doch fürchte ich, ihr Herr könnte ihr etwas Übles antun … [195] und ich selbst setze mich hier unter euch hin.« Er tat das, und wir brüllten laut: »Das Mädchen ist eine Bürgerin!«, und kaum legte sich wieder der große Lärm ringsum. Als Schweigen herrscht, tritt [200] ein junger Mann, ein weißhäutiger, glattgesichtiger, bartloser, nahe an den Sklaven heran, und er wollte leise mit ihm reden. Wir ließen ihn nicht. »Sprich lauter«, rief einer sofort und: »Was will er?« – »Wer ist das?« – »Was sagst du?« – »Dieser Sklave«, [205] sagt er, »kennt mich, denn ich helfe ihm nun schon lange und frage ihn, wenn er etwas braucht. Und ich habe das meiste gehört, als er neulich mit seinem Herrn sprach.« Und purpurrot geworden, zog er sich etwas zurück, und er war nicht vollkommen ekelhaft, gefiel [210] uns aber nicht sehr und schien eher ein Frauenheld zu sein. Wir schrien laut und in … nun diesen, und einer von uns geworden, blickte er auf das Mädchen, schwatzte zu denen in seiner Nähe viel … geflohen das Mädchen … [215] einer, sehr mannhaft in seiner Erscheinung … beim Zeus … daneben stellt sich … ein anderer Mensch und ein dritter, ein Sklave von ihnen; als er aus der Nähe dieses Mädchen erblickt hat, vergießt er plötzlich eine Flut von [220] Tränen und greift sich heftig erregt in seine Haare, wobei er heult. Da ergriff Mitleid die Dabeistehenden, und alle riefen: »Du, was willst du, sag, sag!« – »Das Mädchen ist meines«,

“ἡ παῖς ἐμή ’στι,” φησί]ν, “οὕτως ἡ θεὸς
δοίη τὸ λοιπὸν δ’, ἄνδρες,] ὑμῖν εὐτυχεῖν
τὴν γὰρ κόρην ἐκτέ]τροφα, μικρὸν παιδίον

οἰκέτης ἦν τοῦ πα]τρὸς
αὐτῆς, ἐμὸν δ’ ὄντ’ ἀποδίδωμι τῇ κόρῃ·
τροφεῖ’ ἀφίημ’, οὐδὲν ἀξιῶ λαβεῖν.
εὑρισκέτω τὸν πατέρα καὶ τοὺς συγγενεῖς·
οὐκ ἀντιτάττομ’ οὐθέν.” “εὖ γ’.” “ἀκούσατε
καὶ τἀμὰ δ’, ἄνδρες. ὄντες αὐτοὶ κύριοι
ταύτης (ἀφεῖται τοῦ φόβου γὰρ ὑπό γ’ ἐμοῦ)
πρὸς τὴν ἱέρειαν θέσθε, καὶ τηρησάτω
ὑμῖν ἐκείνη τὴν κόρην.” πολλήν τινα
τοῦθ’ ὡς προσῆκ’ εὔνοιαν εἵλκυσ’· ἀνέκραγον
“ὀρθῶς γε” πάντες, εἶτα “λέγε” πάντες πάλιν.
“Σικυώνιος τὸ πρότερον εἶναι προσεδόκων
κἀγώ· πάρεστι δ’ οὑτοσί μοι νῦν φέρων
μητρὸς διαθήκας καὶ γένους γνωρίσματα.
οἶμαι δὲ καὐτός, εἴ τι τοῖς γεγραμμένοις
τούτοις τεκμαίρεσθαί με πιστεῦσαί τε δεῖ,
εἶναι πολίτης ὑμέτερος. τὴν ἐλπίδα
μήπω μ’ ἀφέλησθ’, ἀλλ’, ἂν φανῶ τῆς παρθένου
κἀγὼ πολίτης, ἣν ἔσωσα τῷ πατρί,
ἐάσατ’ αἰτῆσαί με τοῦτον καὶ λαβεῖν.
τῶν ἀντιπραττόντων δ’ ἐμοὶ τῆς παρθένου
μηθεὶς γενέσθω κύριος, πρὶν ἂν φανῇ
ἐκεῖνος.” “ὀρθῶς” καὶ “δίκαι’”, “ὀρθῶς.” “ἄγε
πρὸς τὴν ἱέρειαν, ἄγε λαβών.” ὁ λευκόχρω[ς
ἐκεῖνος ἐξαίφνης τε παραπηδᾷ πάλ[ιν
καί φησι “ταυτὶ συμπέπεισθ’, ὡς οὑτοσὶ
νῦν ἐξαπίνης εἴληφε διαθήκας ποθέ[ν
ἐστί τε πολίτης ὑμέτερος, τραγῳδίᾳ
κενῇ τ’ ἀγόμενος τὴν κόρην ἀφήσετ[αι;”

sagt er, »so wahr die Göttin [225] euch, ihr Männer, gebe, dass ihr künftig glücklich seid. Denn ich habe [226] das Mädchen aufgezogen, das kleine Kind … *(Von V. 227–234 sind nur einzelne Wörter oder Buchstaben erhalten.)* [235] … er war der Sklave ihres Vaters, ist jetzt meiner und ich gebe ihn dem Mädchen zurück; den Lohn für die Ernährung erlasse ich ihr, will nichts von ihr bekommen. Sie möge ihren Vater und ihre Verwandten finden; ich stehe in keiner Weise im Weg. »Ja, gut so!« – »Hört [240] aber auch meine Seite, ihr Männer! Da ihr ihre Vormünder seid – denn von mir aus ist sie von Furcht befreit –, überstellt sie der Priesterin, und die soll für euch das Mädchen hüten.« Viel Wohlwollen zog dies an, wie es verdiente; alle schrien: [245] »Recht so«, dann wieder alle: »Sprich!« – »Dass ich ein Sikyonier sei, nahm auch ich früher an; aber dieser hier ist da, der mir das Testament meiner Mutter und Erkennungszeichen meiner Herkunft bringt. Auch ich selbst glaube, wenn ich [250] aus diesem Geschriebenen schlussfolgern und ihm vertrauen darf, dass ich euer Mitbürger bin. Nehmt mir meine Hoffnung noch nicht, sondern lasst mich, wenn sich zeigt, dass auch ich Mitbürger des Mädchens bin, das ich dem Vater gerettet habe, diesen um sie bitten und sie von ihm bekommen. [255] Von meinen Widersachern aber soll keiner für das Mädchen verantwortlich sein, bevor er erscheint.« – »Richtig und gerecht, richtig!« – »Bring sie zur Priesterin, nimm sie und bring sie hin.« Jener Weißhäutige springt plötzlich wieder auf [260] und sagt: »Glaubt ihr das hier miteinander, dass der da jetzt plötzlich von irgendwoher ein Testament bekommen hat und euer Mitbürger ist und aufgrund seiner nichtssagenden Tragödienvorstellung das Mädchen mitnimmt und freilassen wird?« – »Wirst du diesen

“ἆρ’ οὐκ ἀποκτενεῖς τὸν ἐξυρημένον;”
“μὰ Δί’, ἀλλὰ σ’, ὅστις· οὐ γάρ;” “οὐκ ἐκ τοῦ μέσ[ου,
λάσταυρε;” “πόλλ’ ὑμῖν γένοιτο κἀγ[αθά”
ἐκεῖνος. “ἄγε, βάδιζ’ ἀναστᾶσ’”. ὁ θεράῤπων
“ὑμῶν κελευόντων βαδιεῖται” φη[σί, καὶ
“κελεύετ’, ἄνδρες;” “ναί, βάδιζ’.” ἀνίστ[ατο,
ἐβάδιζε. μέχρι τούτου παρῆν· τ[ὰ δ’ ὕστερα
οὐκέτι λέγειν ἔχοιμ’ ἄν. ἀλλ’ ἀπέ[ρχομαι.
(ΜΟ.) τοὺς ἀνδραποδιστὰς ἀπαγαγεῖ[ν ὑμᾶς θέλω.
(ΣΤ.) ἡμᾶς σύ;
⟨ΜΟ.⟩ νὴ τὸν Ἥλιον.
(ΣΤ.) κορυβ[αντιᾷς,
μειράκιον.
(ΜΟ.) ἐξαίφνης πολίτ[ης ἀναφανείς;
γενναῖον.
(ΣΤ.) οὐκ ἔξεστι .ο[
⟨ΜΟ.⟩ πῶς; ἀγνοῶ τὸ τοιοῦτο[
(ΣΤ.) ὁρᾷς; βάδιζ’ εἰς ἐξετα[σμὸν
ΜΟ.
πρᾶγμ’ ἐξεταζε[
παρὰ τῆς ἱερέα[ς

(ΣΜΚΡΙΝΟΥΣ ΓΥΝΗ?)
πτέρυξ χιτωνίσκου γυναικείου διπλῆ·
ἔ]κρυπ[τε γὰ]ρ σῶμ’ ἡνίκ’ ἐξεπέμπομεν
πρὸς τὴ]ν ξένην σε τὴν τότ’ αἰτοῦσαν τέκνα
] .νεστιν αλλα τῷ βεβαμμένῳ
]τ’ ἔχουσα χρώματος φύσιν
πέριξ ἰώ]δους τοὐν μέσῳ δὲ πορφυρᾶς.
(ΣΜ.?) ἤ]δη καὐτὸς ἐμβλέπω σε, παῖ
]ηται καιρὸς ὡς παρ’ ἐλπίδας
φ]ημὶ λαμπαδηφόρου
]ντος ὑπεραγωνιῶν

Glattrasierten nicht töten?« – [265] »Nein, bei Zeus, sondern dich, wer auch immer; nicht doch?« – »Haust du nicht ab, du Schwuchtel?« – »Möge euch viel Gutes geschehen!«, sagte er. »Auf denn, erhebe dich und geh!« Der Sklave sagt: »Wenn ihr sie auffordert, wird sie gehen«, und »Fordert sie auf, Männer!« »Ja, geh!« Sie stand auf, [270] ging. Bis dahin war ich dabei; das Spätere könnte ich nicht mehr erzählen. Doch ich gehe nun. *(Ab.)*

(Stratophanes und Moschion kommen von links.)

MOSCHION. Euch Kidnapper möchte ich abführen!

STRATOPHANES. Du uns?

MOSCHION. Ja, beim Helios.

STRATOPHANES. Du bist verrückt, junger Mann.

MOSCHION. Plötzlich als Bürger erschienen? [275] Großartig!

STRATOPHANES. Ist es nicht erlaubt …

MOSCHION. Wie? Etwas Derartiges kenne ich nicht …

STRATOPHANES. Siehst du? Geh zur Überprüfung …

MOSCHION. … prüfe die Sache … [279] von der Priesterin …

(Zwischen V. 279 und 280 fehlt eine unbestimmbare Anzahl von Versen. In der letzten Szene des Aktes befinden sich Stratophanes, Smikrines und dessen Frau auf der Bühne.)

FRAU DES SMIKRINES. (?) [280] Eine Hälfte von einem Frauengewand, doppelt gefaltet; das verhüllte nämlich deinen Leib, als wir dich fortschickten zu der Fremden, die sich damals Kinder wünschte … auf dem Gefärbten … hat eine natürliche Farbe … [285] ringsum rostfarbene und in der Mitte purpurne.

SMIKRINES. Schon sehe auch ich dich an, mein Sohn … Zeitpunkt jenseits unserer Hoffnungen … ich sage … eines Fackelträgers … in großer Angst …

(ΣΤ.?)]τι μῆτερ αλλα τι
ὀνόμα]τος ὃ νομίζω καλεῖν

(Σ. Γ.?) ἴωμεν εἴσω δεῦρ[ο· καὶ γὰρ Μοσχίων,
ἄνερ, ἐνθάδ' ἐστι .[
(ΣΜ.?)
ἡμῖν τε ποιήσειν ἑτοιμο[
ἔφη προελθὼν ἐχθὲς εἰς ομ[
(ΣΤ.) ὁ Μοσχίων ἀδελφὸς ἐμός ἐσ[τιν, πάτερ;
(ΣΜ.) ἀδελφός. ἀλλὰ δεῦρο πρὸς [τὴν οἰκίαν.
ἡμᾶς γὰρ ἔνδο[ν .] πρὸς .[

ΧΟΡ[ΟΥ

ΜΕΡΟΣ Ε'

(ΚΙΧΗΣΙΑΣ)
ἐμοὶ τί σὺ σπουδαῖο[ν ἀνακοινοῦσθ' ἔχεις,
ὥστ' ἄξιον ταύτης φ[ανῆναι τῆς ὁδοῦ
ἣν κεκόμικάς με δεό[μενος μου συντόνως
ἀεί τι μικρὸν ἔτι προέ[ρχεσθαι;
[ΘΗ.] πάνυ
ἄξιον, ἀκριβῶς ἴσθι, γιν[ώσκειν.
ΚΙ. τίς εἶ;
⟨ΘΗ.⟩ τίς εἰμι; μὰ τὸν Ἥφαιστ[ον, οὐ πεύσῃ τόδε.
σπουδαῖον ἂν δέξῃ μ[
λαλοῦντα γάρ σε, θηρί[ον
πρὸς τὸν τελώνην λιθι[
σπασάμενον εὐθὺς ημ[
] . . [ ]ρισμο[

STRATOPHANES. [290] ... Mutter, aber was ... [291] des Namens, den ich zu rufen glaube ...

(Von V. 291–304 sind nur einzelne Wörter oder Buchstaben erhalten.)

FRAU DES SMIKRINES. [305] Lasst uns hier hineingehen. Denn auch Moschion, Mann, hier ist ...

SMIKRINES. ... für uns tun werde bereit ... sagte er, als er gestern kam zu ...

STRATOPHANES. Ist Moschion mein Bruder, Vater?

SMIKRINES. [310] Dein Bruder. Aber hierher zum Haus! Denn uns innen ... zu

(Alle ab in das Haus des Smikrines.)

Tanz und Gesang des Chors

AKT V

(Kichesias und Theron kommen von rechts.)

KICHESIAS. Was hast du mir Wichtiges mitzuteilen, so dass es dir diesen Weg wert scheint, auf dem du mich hergebracht hast, mich heftig bittend, [315] immer noch ein wenig weiter zu gehen?

THERON. Es ist unbedingt wert, das zu erkennen, das wisse genau.

KICHESIAS. Wer bist du?

THERON. Wer ich bin? Beim Hephaistos, das wirst du nicht erfahren. Wenn du das Wichtige erwartest ... denn dich Schwatzenden, Untier ... [320] Zu dem Steuereinnehmer ... sofort gezogenen ... [322] ...

(Es fehlen 3 Verse und von V. 323–342 sind nur einzelne Wörter oder Buchstaben erhalten.)

[ΚΙ.] οὐκ εἰς τὸν ὄλεθρον – χαλεπὸς ἦσθ' – ἀποφθερεῖ
ἀπ' ἐμοῦ; Κιχησίαν σὺ τοιοῦθ' ὑπέλαβες
ἔργον ποήσειν ἢ λαβεῖν ἂν παρά τινος
ἀργύριον; ἀδίκου πράγματος.
⟨ΘΗ.⟩ Κιχησίαν;
(ΚΙ.) Σκαμβωνίδην γενόμενον.
⟨ΘΗ.⟩ εὖ γ'.
⟨ΚΙ.⟩ ἆρ' ὑπέλαβες;
(ΘΗ.) τούτου με πρᾶξαι μισθὸν αὐτοῦ, μηκέτι
ὧν ἔλεγον ἄρτι.
⟨ΚΙ.⟩ τοῦ τίνος;
(ΘΗ.) Κιχησίας
Σκαμβωνίδης γε – πολὺ σὺ βέλτιον λέγεις·
νοεῖν τι φαίνει τὸν τύπον τοῦ πράγματος.
οὗτος γενοῦ· καὶ σιμὸς εἶ γὰρ ἀπὸ τύχης
καὶ μικρός, οἷον ἔλεγεν ὁ θεράπων τότε,
γέρων.
⟨ΚΙ.⟩ ὅς εἰμι γέγονα.
(ΘΗ.) πρόσθες "θυγάτριον
Ἁλῆθεν ἀπολέσας ἑαυτοῦ τετραετὲς
Δρόμωνά τ' οἰκέτην"
⟨ΚΙ.⟩ ἀπολέσας –
(ΘΗ.) εὖ πάνυ·
"ἁρπασθὲν ὑπὸ λῃστῶν."
(ΚΙ.) ἀνέμνησας πάθους
τὸν ἄθλιόν με συμφορᾶς τ' οἰκτρᾶς ἐμοί.
(ΘΗ.) ἄριστα· τοῦτον διαφύλαττε τὸν τρόπον
τό τ' ἐπιδακρύειν. ἀγαθὸς ἄνθρωπος σφόδρα.

ΔΡΟΜΩΝ

ἡ μὲν τροφίμη 'στὶν ἀσφαλῶς τηρουμένη
π]άτερ

[ΔΡ.] ζῇ καὶ πάρεστιν. μὴ πέσῃς· ἀνίστασο,

KICHESIAS. [343] Wirst du nicht – du warst lästig – ins Verderben weggehen von mir? Hast du angenommen, Kichesias werde eine solche [345] Arbeit tun oder von jemandem Geld nehmen? Was für eine unrechte Tat!

THERON. Kichesias?

KICHESIAS. Ja, ein Skambonide von Geburt.

THERON. Ja, gut!

KICHESIAS. Hast du es angenommen?

THERON. Fordere allein dafür einen Lohn von mir, nicht mehr für das, was ich gerade sagte.

KICHESIAS. Wofür?

THERON. Ja, ›Kichesias [350] der Skambonide‹ – etwas viel Besseres sagst du; du scheinst irgendwie das Wesen der Sache zu erkennen. Der werde du! Und du bist ja zum Glück ein plattnasiger und kleiner alter Mann, wie der Sklave damals sagte.

KICHESIAS. Der, der ich bin, bin ich geworden.

THERON. Füge hinzu: »Der sein vierjähriges Töchterchen [355] in Halai verloren hat und seinen Sklaven Dromon –«

KICHESIAS. – verloren hat –

THERON. Sehr gut! »Entführt von Räubern.«

KICHESIAS *(in Tränen)*. Du hast mich Unglücklichen an mein Leid und für mich bejammernswertes Missgeschick erinnert.

THERON. Bestens! Behalte diese Art und Weise [360] und das Weinen bei! *(A parte.)* Sehr gut, der Mensch!

(Dromon kommt von links.)

DROMON *(bei sich)*. Die junge Herrin ist in sicherer Hut … [362] Vater … *(4–5 Verse fehlen.)* [363] Sie lebt und ist da. *(Zu Kiche-*

Κιχησία. Θήρων, ὕδωρ, ὕδωρ, ταχύ.
(ΘΗ.) οἴσω γε, νὴ Δί', εἰσδραμὼν καὶ Στρατοφάνην
ἔνδοθεν ἀποστελῶ πρὸς ὑμᾶς.
⟨ΔΡ.⟩ οὐκέτι
ὕδατος δεήσει.
(ΘΗ.) τοιγαροῦν αὐτὸν καλῶ.
⟨ΔΡ.⟩ ἀναφέρεται γὰρ οὑτοσί. Κιχησία.
(ΚΙ.) τί ἐστι; ποῦ γῆς εἰμι; καὶ τίνος λόγου
ἤκουσα φήμην;
⟨ΔΡ.⟩ ἔστι σοι καὶ σῴζεται
τὸ θυγάτριον.
⟨ΚΙ.⟩ καλῶς δὲ σῴζεται, Δρόμων,
ἢ σῴζετ', αὐτὸ τοῦτο;
(ΔΡ.) παρθένος γ' ἔτι,
ἄπειρος ἀνδρός.
⟨ΚΙ.⟩ εὖ γε.
⟨ΔΡ.⟩ σὺ δὲ τί, δέσποτα;
(ΚΙ.) ζῶ· τοῦτ' ἔχοιμ' ἂν αὐτό σοι φράσαι, Δρόμων.
τὰ δ' ἄλλ', ὅταν γέροντα καὶ πένητ' ἴδῃς
καὶ μόνον, ἀνάγκη πάντ' ἔχειν οὕτω καλῶς.
(ΣΤ.) σκεψάμενος ἥξω ταῦτα, μῆτερ.
⟨ΔΡ.⟩ Στρατοφάνη,
πατὴρ Φιλουμένης
(ΣΤ.) ὁ ποῖος;
(ΔΡ.) οὑτοσί.
⟨ΣΤ.⟩ χαῖρε, πάτερ.
(ΔΡ.) οὗτός σοι σέσωκε τὴν κόρην.
⟨ΚΙ.⟩ ἀλλ' εὐτυχὴς γένοιτ'.
(ΣΤ.) ἐάνπερ σοι δοκῇ,
ἔσομαι, πάτερ, καὶ μακάριός γε.
(ΔΡ.) Στρατοφάνη,
πρὸ]ς τὴν Φ[ιλουμένην βαδί]ζωμεν ταχύ,
πρὸς τῶν] θεῶν.

sias.) Fall nicht hin! Steh auf, Kichesias! Theron, Wasser, Wasser, schnell!

Theron. Ja, bei Zeus, ich werde hineinlaufen und es holen, und Stratophanes werde ich aus dem Haus zu euch schicken.

Dromon. Wir werden kein Wasser mehr brauchen –

Theron. Also, ich werde ihn rufen. *(Ab.)*

Dromon. – denn er kommt wieder zu sich. Kichesias!

Kichesias. Was ist? Wo in aller Welt bin ich? Und was für eines Wortes Kunde habe ich gehört?

Dromon. Dir lebt und ist wohlbehalten dein Töchterchen.

Kichesias. Ehrenhaft wohlbehalten, Dromon, oder gerettet, eben das nur?

Dromon. Sie ist noch Jungfrau, ohne Erfahrung mit einem Mann.

Kichesias. Ja, gut!

Dromon. Aber wie geht es dir, Herr?

Kichesias. Ich lebe; eben das kann ich dir wohl sagen, Dromon. Im Übrigen aber, wenn du mich als alten Mann und einen Armen und einsam siehst, muss notwendigerweise alles so gut sein.

(Stratophanes kommt aus dem Haus des Smikrines.)

Stratophanes *(spricht zurück).* Wenn ich danach geschaut habe, werde ich wiederkommen, Mutter.

Dromon. Stratophanes, der Vater Philumenes.

Stratophanes. Wer?

Dromon. Dieser hier.

Stratophanes. Sei gegrüßt, Vater.

Dromon. Er hat dir deine Tochter gerettet.

Kichesias. So soll er glücklich sein!

Stratophanes. Wenn es dir gut scheint, Vater, werde ich sogar glückselig sein.

Dromon. Stratophanes, lass uns schnell zu Philumene gehen, bei den Göttern.

⟨ΣΤ.⟩ ἡγοῦ μ[όνος σύ]· κατὰ πόδας
ἐγὼ δι]ώκω, μικρὰ το[ῖς γ' ἔνδο]ν φράσας.
ΔΡ. προάγ]ωμεν· ἢ μέλλεις, [Κ]ιχησία;
(ΣΤ.) Δόναξ
παῖ, παῖ] Δόναξ, φράσον εἰσιὼν πρὸς Μαλθάκην
εἰς γειτόνων ἅπαντα δεῦρ[ο μεταγαγεῖν
τοὺς κανδυτάνας, τοὺς ἀόρτ[ας, τὰ πλόκανα
ἅπαντα, τοὺς ῥίσκους ἅπαντ[ας οἰκόθεν
καὶ μηκέθ' εὕρισκ' ὄντας ἐνθά[δ' ὕστερον
αὐτήν τ' ἀπιέναι δεῦρο πρὸς [τὴν μητέρα
κέλευε τὴν ἐμὴν μεθ' ὑμῶ[ν, τῶν δ' ἐμῶν
τοὺς βαρβάρους παῖδας καταλ[είπειν βούλομαι
ἐνταῦθα καὶ Θήρωνα τούς τ' ὀ[νηλάτας
καὶ τοὺς ὄνους. ταῦτα λέγ'· ἐγὼ [δ' αὐτῇ ταχὺ
ἐντεύξομ' αὐτὸς· τἄλλα τῷ τ .[
(ΜΟ.) νῦν οὐδὲ προσβλέψαι σε, Μοσχίω[ν, ἔτι
πρὸς τὴν κόρην δεῖ· Μοσχίων, [κακοδαιμονεῖς.
λευκή, σφόδρ' εὐόφθαλμός ἐστιν· οὐδὲ[ν εἶ.
ἀδελφὸς ὁ γαμῶν, μακάριος κα[ὶ πλούσιος.
οἷον γὰρ οὗτος ἔτι λέγεις· ὃν ἄντ[ικρυς
πρᾶγμ' ἔστ' ἐπαινεῖν, χάριν ενο[
ἀλλ' οὐκ ἐρῶ γε· μὴ γὰρ ὦ τᾶν, ὅσον[
παροχήσομαι δηλονότι καὶ κ[⏒ – ⏑ –
τρίτος με[τ'] αὐτῶν. ἄνδρες, οὐ δυ[νήσομαι
. . . .[
. . . .[
ἕτερος [. .]ω . .πα. . . γισακαι[
αὐτῆς θ' ἑταίρας ἡ κακ[
ἀλλ' ἔργον ἀρέσαι· νῦ[ν] ἔδ[ει

(ΜΑΛΘΑΚΗ?)
φέρουσα κριθῶν τοῖς ὄνοι[ς καθ' ἡμέραν
ἐν ταῖς πορείαις ὡς παν[

Stratophanes. Geh du allein voraus; ich werde auf dem Fuß folgen, nachdem ich ein bisschen was zu denen im Haus gesagt habe.

Dromon. [385] Lasst uns gehen; zögerst du, Kichesias?

Stratophanes. Donax, Sklave, Sklave Donax! *(Donax kommt aus dem Nachbarhaus.)* Geh hinein und sage zu Malthake, sie möge alles hierher ins Nachbarhaus hinüberbringen, ihre Kleiderbehälter, Kleidersäcke, sämtliche Körbe, sämtliche Koffer aus dem Haus, [390] und sieh zu, dass du sie später nicht mehr hier findest, und trage ihr auf, dass sie mit euch hierher zu meiner Mutter geht, aber meine Barbarensklaven will ich hier zurücklassen und Theron, die Eselstreiber [395] und die Esel. Das sage ihr; ich will sie bald selbst treffen; das andere dem ...

(Stratophanes mit Donax ab nach links. Moschion kommt aus dem Haus des Smikrines.)

Moschion. Jetzt darfst du nicht einmal mehr auf das Mädchen blicken; Moschion, du bist im Unglück. Sie ist weiß, sehr schönäugig; du bist nichts. [400] Dein Bruder ist es, der sie heiratet, glückselig und reich. Was du da also noch redest! Es ist hart, ihn direkt ins Angesicht zu loben. Dank ... Aber ich werde nicht reden; denn nicht, mein Lieber, wie viel ... Natürlich werde ich neben ihm auf dem Wagen sitzen und ... [405] als dritter mit ihnen; *(zum Publikum)* ihr Männer, ich werde es nicht können ... ein anderer ... der Hetäre selbst die schlechte.... [410] Aber es ist schwer, zu gefallen; nun musste ...

(Zwischen V. 410 und 411 fehlt eine unbestimmbare Anzahl von Versen.)

Malthake. (?) [411] Den Eseln täglich etwas von der Gerste bringend auf den Reisen wie ...

(ΘΗ.?) ἀεὶ τοιαύτην εὐχόμην ἔ[χειν τύχην.
(ΜΑ.?) εὔχου τοιαύτην; τί δ’ ἀδικε[ῖς; οἷς ὤμοσεν
οὐκ ἐμμεμένηκεν ὁ βαθύ[πλουτος οὑτοσί.
(ΜΑ.?) ἄνθρωπον ἐλπίσαντα δε.[
(ΜΑ.?) καὶ τὴν δέησίν ἐστί σου δ .[
πῶς δ’ ἂν διακόψαις;
(ΘΗ.?) δᾳδά[μοί τις ἐκδότω.
(ΜΑ.?) πρὶν ὁμολογῆσαι;
(ΘΗ.?) καὶ στεφάν[ους. πείσθητί μοι.
(ΜΑ.?) δράσω.
(ΘΗ.?) κατάνευσον. μειράκ[ι’, ἄνδρες, παιδία,
πρῳράσατ’ ἐκτείναντες, ἐπι[κροτήσατε.
ἡ δ’ εὐπάτειρα φιλόγελώς τε παρθένος
Νίκη μεθ’ ἡμῶν εὐμενὴς ἕποιτ’ ἀεί.

F 1 ἄβραν γὰρ ἀντωνούμενος
ἐρωμένην ταύτῃ μὲν οὐ παρέδωκ’ ἔχειν,
ἔτρεφε δὲ χωρὶς ὡς ἐλευθέρᾳ πρέπει

F 2 εὐλοιδόρητον, ὡς ἔοικε, φαίνεται
τὸ τοῦ στρατιώτου σχῆμα καὶ τὸ τοῦ ξένου

F 3 Στρατοφάνη, λιτόν ποτ’ εἶχες χλαμύδιον καὶ παῖδ’ ἕνα

F 4 ὁ πλέων κατήχθη. κρίνεθ’ οὗτος πολέμιος.
ἐὰν ἔχῃ τι μαλακόν, ἀγγαρεύεται

THERON. (?) Ich habe immer gewünscht, ein solches Glück zu haben.

MALTHAKE. (?) Ein solches hast du dir gewünscht? Warum tust du mir Unrecht? Bei dem, was er geschworen hat, [415] ist nicht geblieben dieser Steinreiche da.

THERON. (?) Einen Menschen, der gehofft hat ...

MALTHAKE. (?) Und deine Bitte ... ist ... Wie könntest du zum Durchbruch kommen ...

THERON. (?) Jemand gebe mir eine Fackel heraus. ...

MALTHAKE. (?) Bevor ich zustimme? ...

THERON. (?) Und die Kränze. Sage ja! ...

MALTHAKE. (?) [420] Ich werde es tun.

THERON. (?) Nicke dazu! *(Sie nickt.)* Junge Männer, Männer, Knaben, streckt eure Arme aus, klatscht und applaudiert! Die edle und das Lachen liebende Jungfrau Nike möge stets wohlgesonnen mit uns marschieren.

Nicht einzuordnende Fragmente

F 1 Denn er kaufte ihr stattdessen eine sie persönlich betreuende Sklavin, überließ die von ihm Geliebte ihr nicht, sondern zog sie getrennt auf, wie es für eine Freie angemessen ist ...

F 2 Leicht zu verspotten scheint, wie es aussieht, die Kleidung eines Soldaten und eines Ausländers zu sein ...

F 3 Stratophanes, einst hattest du ein einfaches Mäntelchen und nur einen einzigen Sklaven ...

F 4 Der Seefahrer ist gelandet. Er wird als Feind beurteilt. Wenn er irgendwelchen Besitz hat, wird er zu Zwangsarbeit verurteilt ...

F 5 κακὴ μὲν ὄψις, ἐν δὲ δείλαιαι φρένες

F 7 ⟨ἐμπρίσασά σε⟩
ἀπῆλθε, φασίν, ἀπολιποῦσα

F *10 ἔγωγ' ἐπίσταμαι
ῥινᾶν

F *11
(ΜΑ.?) μὴ ζηλοτυπῶν μ[
ἑτέρα παροῦσα.
ΘΗ. τ[
τουτὶ τετόλμηκε[
πεισθεῖσ'
ΜΑ. ἐμοὶ π[
ΘΗ.?
ΜΑ. κακὸς κακῶς ἀπόλ[οιτο
ταύτῃ λελ[ά]ληκ' αν[
τὸ[ν ἄ]νδρ' α[.]ειμ' εἰς [
. . . .]ο παρέ[χ]ετε το[
. . . .]σιν
ΠΥ. [οἴ]μωζε [

F *12 und *13

F 5 ... böse das Gesicht, innen ein feiger Sinn ...

F 7 Auf die Zähne beißend, sagen sie, verließ sie dich und ging davon ...

*F *10* Ich verstehe mich darauf, an der Nase herumzuführen ...

*F *11*

MALTHAKE. (?) Nicht eifersüchtig ... Eine andere ist da ...
THERON. ... Das hat sie (er?) gewagt ... Sie ließ sich überreden ...
MALTHAKE. Mir ...
THERON. (?) ...
MALTHAKE. [5] Der Elende möge elend verrecken ... ich habe mit ihr geredet, ... den Mann ... (ihr) gewährt ...
PYRRHIAS. Du sollst zu jammern haben.

*F *12* und **13*

(Von V. 1–7 bzw. 1–29 der beiden Papyrusfragmente, deren Zuweisung an den Sikyonios *sehr unsicher ist, sind wie von F *11 nur einzelne Wörter oder Buchstaben erhalten.*

ΦΑΣΜΑ

DIE ERSCHEINUNG

Inhaltsangabe des Aelius Donatus
(zu Terenz, *Eunuchus* 9, I, 272 Wessner)

Phasma autem nomen fabulae Menandri est, in qua noverca superducta adulescenti virginem, quam ex vitio quondam conceperat, furtim eductam, cum haberet in latebris apud vicinum proximum, hoc modo secum habebat assidue nullo conscio: parietem, qui medius inter domum mariti ac vicini fuerat, ita perfodit, ut ⟨in⟩ ipso transitu sacrum locum esse simularet cumque transitum intenderet sertis ac fronde felici rem divinam saepe faciens evocaret ad se virginem. quod cum animadvertisset adulescens, primo aspectu pulchrae virginis velut numinis visu perculsus exhorruit, unde fabulae Phasma nomen est; deinde paulatim re cognita exarsit in amorem puellae ita, ut remedium tantae cupiditatis nisi ex nuptiis non reperiretur. itaque ex commodo matris ac virginis et ex voto amatoris consensuque patris nuptiarum celebritate finem accipit fabula.

Phasma aber ist der Titel einer Komödie Menanders, in der die einem jungen Mann ins Haus gebrachte Stiefmutter ein Mädchen, das sie einst durch eine Vergewaltigung empfangen hatte, heimlich aufzog und, weil sie es beim Nachbarn versteckt hielt, auf diese Weise ständig bei sich hatte, ohne dass es jemand wusste. Eine Wand, die es zwischen ihrem Haus und dem des Nachbarn gab, durchbohrte sie so, dass sie vortäuschen könnte, direkt im Übergang befinde sich ein Heiligtum, und, weil sie den Durchgang mit Kränzen und frischem Grün verhängte, das Mädchen, während sie eine heilige Handlung verrichtete, oft zu sich herausrufen konnte. Als das ein junger Mann bemerkte, erschrak er beim ersten Anblick des schönen Mädchens heftig wie durch eine göttliche Erscheinung erschüttert, woher der Titel der Komödie stammt. Als er die Wahrheit allmählich erkannt hatte, verliebte er sich so glühend in die junge Frau, dass ein Heilmittel gegen eine so große Leidenschaft nur durch die Hochzeit gefunden werden konnte. So nimmt zu gelegener Zeit für Mutter und Mädchen und nach dem Willen des Liebhabers und mit Zustimmung des Vaters die Komödie mit der Hochzeitsfeier ihr Ende.

Personen
Pheidias, junger Mann
Syros, Sklave oder Freigelassener
Gottheit, Prologsprecher:in
Vater des Pheidias (Ehemann I)
Stiefmutter des Pheidias (Ehefrau I 2)
Tochter der Stiefmutter im Nachbarhaus
Koch
Chaireas (?), junger Mann, Sohn von Ehefrau II und Ehemann II 1
Sklave des Chaireas (?)
Stiefvater des Chaireas (?) (Ehemann II 2)
Mutter des Chaireas (Ehefrau II)

Aus den geringen Resten der Komödie geht hervor, dass die von Donat zusammengefasste Handlung wesentlich komplizierter war, als er es erkennen lässt. Denn der Stiefsohn der Mutter des versteckten Mädchens, der Pheidias hieß, sollte die Tochter des Nachbarn heiraten, die offensichtlich von ihrem Stiefbruder geliebt wurde. Das bildete die Voraussetzung für Verwicklungen, die am Schluss durch eine Doppelhochzeit ihr Ende fanden. Wie das im Einzelnen verlief, lässt sich den Fragmenten nicht entnehmen. Erhalten ist vom Anfang z. T. der Dialog des Pheidias mit seinem Pädagogen (?), dem seine »Vision« vorausgegangen sein dürfte, und die interne Prologrhesis einer unbekannten Gottheit, die den Zuschauer über die Hintergründe informiert. Aus späteren Akten stammt das Bruchstück eines Gesprächs, das der junge Mann des Nachbarhauses – er heißt vermutlich Chaireas – mit seinem Sklaven führt, und der geringe Rest eines kaum verständlichen Dialogs der Eheleute im Nachbarhaus.

ΜΕΡΟΣ Α΄

.νατ[. .] .[.] .εισι .[
(ΣΥΡΟΣ?)
πῶς εἰσιν οἱ πυροὶ [κατ᾽ ἀγορὰν ὤνιοι;
⟨ΦΕΙΔΙΑΣ⟩
τί δ᾽ ἐμοὶ μέλει τοῦτ᾽;
(ΣΥ.?) οὐθέν, [ἀλλὰ τῷ λόγῳ
εἰς τὴν ἀλήθειαν καταχρήσα[σθαι πρέπει.
ἂν τίμιοι, δακέτω σ᾽ ὑπὲρ ἐμ[οῦ τοῦτο τοῦ
πένητος. αἰσθοῦ σαυτὸν ὄντα [Φειδία,
ἄνθρωπον, ἄνθρωπον δὲ καὶ[τὸν ἐνδεῆ,
ἵνα μὴ ᾽πιθυμῇς τῶν ὑπὲρ σ[ὲ πραγμάτων.
ὅταν δ᾽ ἀγρυπνεῖν εἴπῃς, τίς ὁ [βίος σου σκοπῶν
τὴν αἰτίαν γνώσῃ· περιπατεῖς κ[ατ᾽ ἀγοράν.
εἰσῆλθες εὐθύς, ἂν κοπιάσῃς τ[ὰ σκέλη.
μαλακῶς ἐλούσω, πάλιν ἀναστ[ὰς περιπατεῖς
πρὸς ἡδονήν. ὕπνος αὐτὸς ὁ βί[ος ἐστί σοι.
τὸ πέρας· κακὸν ἔχεις οὐδέν, ἡ ν[όσος δέ σου
ἔσθ᾽ ἣν διῆλθες (φορτικώτερο[ν δέ τι
ἐπέρχεταί μοι, τρόφιμε, συγγνώ[μην δ᾽ ἔχε)·
τὸ δὴ λεγόμενον, οὐκ ἔχεις ὅπο[ι χέσῃς
ὑπὸ τῶν ἀγαθῶν, εὖ ἴσθι.
(ΦΕ.) μὴ ὥ[ρας σύ γε
ἵκοιο.
(ΣΥ.?) τἀληθῆ λέγω, νὴ τοὺς θε[ούς·
τοῦτ᾽ ἔστι τἀρρώστημα.
(ΦΕ.) καὶ μὴ[ν, ὦ Σύρε,
ἀτόπως ἐμαυτοῦ καὶ βαρέως [ἔχω σφόδρα.
⟨ΣΥ.?⟩ ἀσθενικόν ἐστι τἀνόητο[ν τῇ φύσει.

AKT I

(Straße in Athen, im Hintergrund die Häuser des Vaters des Pheidias und das einer Familie, eines Ehepaars mit Sohn, Tochter und der versteckten jungen Frau, der »Erscheinung«. Vor V. 1 des Fragments dürften bis zu 40 Verse fehlen.)

…

Syros. (?) Was kostet der Weizen auf dem Markt?

Pheidias. Was kümmert das mich?

Syros. (?) Nichts, doch es ist angebracht, sich zur Wahrheitsfindung des Verstandes zu bedienen. Wenn er teuer ist, sollte es dich um meinetwillen, den Armen, betrüben. Nimm wahr, dass du ein Mensch bist, aber ein Mensch auch der Bedürftige ist, damit du nicht das begehrst, was über deine Verhältnisse hinaus geht. Wenn du sagst, dass du nicht schlafen kannst, wirst du, wenn du überlegst, was deine Lebensweise ist, den Grund erkennen: Du gehst auf dem Markt spazieren. Nach Hause gehst du sofort, wenn du müde Beine hast. Du nimmst ein luxuriöses Bad, stehst wieder auf und gehst zum Vergnügen spazieren. Deine Lebensweise ist selbst ein Schlaf. Schließlich: Du hast keine Schwierigkeiten, deine Krankheit, die du beschrieben hast, ist – etwas Gröberes kommt mir in den Sinn, junger Herr, verzeih mir –, wie man sagt, dass, weil du so gut dran bist, keinen Ort hast, wo du scheißen kannst, wisse das wohl.

Pheidias. Mögest du nicht in die Jahre kommen!

Syros. (?) Ich sage die Wahrheit, bei den Göttern; das ist dein Leiden.

Pheidias. Wirklich, Syros, ich habe an mir etwas Seltsames und sehr Drückendes.

Syros. (?) Die Unvernunft von Natur ist deine Schwäche.

ΦΕ. ε]ἶέν· πάνυ γὰρ ταυτὶ λελό[γισαι κατὰ τρόπον·
τί] μοι παραινεῖς;
(ΣΥ.?) ὅ τι παρ[αινῶ; πρόσεχε δή.
εἰ μέν τι κακὸν ἀληθὲς εἶχες, Φειδία,
ζητεῖν ἀληθὲς φάρμακον τούτου σ᾽ ἔδει.
νῦν δ᾽ οὐκ ἔχεις· κενὸν εὑρὲ καὶ τὸ φάρμακον
πρὸς τὸ κενόν, οἰήθητι δ᾽ ὠφελεῖν τί σε.
περιμαξάτωσάν σ᾽ αἱ γυναῖκες ἐν κύκλῳ
καὶ περιθεωσάτωσαν· ἀπὸ κρουνῶν τριῶν
ὕδατι περίρραν᾽ ἐμβαλὼν ἅλας, φακούς.

Δι]ονυσίων . . . .
] ἐπιτελεῖν συλλαμβάνῃς
]ν νυμφίον σαυτὸν φρονεῖν
τῆ]ς παρθένου τὴν μητέρα
ἑτ]έρῳ τοῦθ᾽ ὁμομητρίῳ τινὶ
] μὴ παραδῷς, πρὸς τῶν θεῶν,
πρόφασιν κατ]ὰ σαυτοῦ μηδεμίαν. οὕτω πόει."
(ΦΕ.) εἶέν· ποῶ γὰρ τ]οῦτο. τί γὰρ ἄν τις πάθοι;
(ΘΕΟΣ)
τὸ δ᾽ οὐχὶ φάσμ᾽] ἔστ᾽, ἀλλὰ παῖς ἀληθινή
ἐν τῳκίᾳ στε]χθεῖσα τῆς γαμουμένης.
τίκτει γὰρ ἡ] μήτηρ πρὶν ἐλθεῖν ἐνθάδε
] ταύτην δίδωσί τ᾽ ἐκτρέφειν
]υνεστιν ἐν τῶν γειτόνων
λάθρᾳ τρεφομ]ένη καὶ φυλαττομένη κόρη
ἀνὴρ ὅταν ἔλθῃ] δεῦρο, τὸν δ᾽ ἄλλον χρόνον
]ν φυλακῆς τ᾽ ἐλάττονος
χρεία ᾽στιν, ἣν εἴλη]χεν οἰκίαν τότε
εἴωθε καταλιπεῖν.] τίν᾽ οὖν φαντάζεται
ἡ παῖς τρόπον; τ]ουτὶ γὰρ ἔτι ποθεῖτ᾽ ἴσως
ἐμοῦ πυθέσθ᾽. ἔνδ]ον πεπόηκεν ἡ γυνή
διελοῦσα τὸν τοῖχον,] διέξοδόν τινα

PHEIDIAS. Also gut; denn du hast dir das hier ganz nach Wunsch überlegt; was rätst du mir?

SYROS. (?) Was ich dir rate? Pass also auf! [25] Wenn du ein richtiges Leiden hättest, Pheidias, müsstest du nach einem richtigen Heilmittel dafür suchen. Nun hast du aber nichts; finde ein Pseudomittel für das Pseudoleiden, glaube aber, dass es dir hilft. Massieren sollen dich die Frauen im Kreis herum [30] und umräuchern; mit Wasser von drei Quellen [31] besprenge dich, nachdem du Salz und Linsen hineingeworfen hast. *(Zwischen V. 31 und 32 dürften 20 Verse fehlen; es spricht noch oder wieder der Sklave.)* [32] ... der Dionysien ... zu feiern, um zu begreifen ... dich dir als Bräutigam vorzustellen ... [35] die Mutter des Mädchens ... dies für einen anderen, einen Stiefbruder ... dass du, bei den Göttern, keinen Vorwand zum Handeln gegen dich gibst. So handle.«

PHEIDIAS. Also gut; denn das mache ich. Was sonst könnte man tun?

(Pheidias und der Sklave gehen ab, und der Gott, der den Prolog spricht, tritt auf.)

GOTT. [40] Das ist aber keine Erscheinung, sondern ein richtiges Mädchen, das in dem Haus der Braut versteckt ist. Die Mutter gebiert es, bevor sie hierher kommt, ... sie gibt es ⟨einer Amme⟩ es aufzuziehen ... es befindet sich nun im Nachbarhaus, [45] das heimlich aufgezogene und behütete Mädchen, wenn der Ehemann hierher kommt, die übrige Zeit aber ... wenn für geringere Bewachung Notwendigkeit ist, dann pflegt sie das Haus, das sie erlost hat, zu verlassen. Auf welche Weise nun [50] macht das Mädchen seine Erscheinung? Denn das begehrt ihr vielleicht noch von mir zu erfahren. Im Haus hat die Frau die Wand durch-

]παντ' ἐπισκοπεῖν
ἡ γὰρ διέξοδος κε]κάλυπται ταινίαις
μή τις πρ]οσελθὼν καταμάθῃ 55
] τις ἔνδον τῆς θεοῦ 56

(ΜΑΓΕΙΡΟΣ?)
ἐ]ξώλης, Σύ[ρ]ε, 71
ἀπόλοιο]ιωνε[....] ἐμοί
ἐπισημαίνεσθ', ἐὰν
ἡ σκευασία καθάρειος ᾖ καὶ ποικίλη 74

(ΧΑΙΡΕΑΣ?)
οἴχο[μ]αι. 79
(ΧΑΙΡΕΟΥ ΔΟΥΛΟΣ?)
τὸ παιδίον [
αὐτός. οὐκ Ἔμβαρός ἐσ[τιν οὗ]τος. ὑπενόουν [ἐγὼ 80
τὸ πα[ρ]αχρῆμ' ὀ[ρ]θῶς· ἔ[πειτ]α παντοδαπὰ λέ[γων φίλως
ο]ὐθεν[...]υνθ...
(ΧΑΙ.?) κ[αὶ μὴ]ν ἐμφρόνως ημ[– ᴗ –
ἐνέτυχεν.
(Χ. Δ.?) τὸ πρᾶγμα [....ἐ]πινοῆσ' ἐμοὶ δο[κε]ῖ.
εἶτα πάλ[ι]ν ἐπῇξεν[
(ΧΑΙ.?) ἤήν· ἀναφρό]διτός εἰμί τις.
(Χ. Δ.?) τῶν διδόντων δεκτ.[.......τρό]φιμε, κατακεκλειμέν[⏓ 85
ἂν τὸ κακὸν αὐτῷ παρασ[τῇ· τῆς] κόρης τὴν ⟨ῥῖν' ἴσως⟩
ἀπέδετ[αι] καμών.
(ΧΑΙ.?) Ἄπολλο[ν], μηθαμῶς.
(Χ. Δ.?) νὴ τοὺς θεούς,
ἢ τὸ χεῖλος ἅμα φιλῶν.
⟨ΧΑΙ.?⟩ τί;
⟨Χ. Δ.?⟩ καὶ κ[ρά]τιστα ταῦτ' ἴσως
ἔστ', ἐρῶν παύσε[ι] γὰρ οὕτως ἂν ἴδῃς αὐτὴν τότε.
(ΧΑΙ.?) καὶ παρασκώπτεις μ'; 90

brochen und einen Durchgang gemacht … alles überwachen … Denn der Durchgang ist mit Bändern verhüllt … [55] damit nicht jemand, der dort hinkommt, etwas merkt …[56] innen ⟨der Altar⟩ der Göttin …

(Es fehlt eine unbestimmbare Anzahl Verse. Von einer Szene, die vermutlich aus dem dritten Akt stammt, bestehen V. 57–78 bis auf das Zitat eines späteren Autors [73b–74] nur aus einzelnen Wörtern/Buchstaben; einigermaßen lesbar sind noch V. 79–92.)

Koch. (?) [71] Elend, Syros, … mögest du verrecken … mir … zeigt es mir an, falls [74] euer Mahl einfache oder verfeinerte Kost ist.

Chaireas. (?) [79] Ich mach mich davon.

Sklave des Chaireas. (?) … das Mädchen … [80] Er selbst. Er ist kein Embaros. Ich hatte sofort einen berechtigten Verdacht; als er dann liebevoll Verschiedenes sagte, das nichts war …

Chaireas. (?) … und freilich auf vernünftige Weise … begegnete er ihr …

Sklave des Chaireas. (?) Mir scheint, er beabsichtigte die Situation. Dann wiederum stürzte er sich auf sie …

Chaireas. (?) Ach! Ich habe kein Glück in der Liebe!

Sklave des Chaireas. (?) [85] Junger Herr, du bist einer von denen, die dafür sorgen, dass einer eingesperrt wird … falls der Anfall über ihn kommt; vielleicht wird er dem Mädchen die Nase abbeißen.

Chaireas. (?) Apollon, nicht das!

Sklave des Chaireas. (?) Ja, bei den Göttern. Oder die Lippen, während er sie küsst!

Chaireas. (?) Was?

Sklave des Chaireas. (?) Und vielleicht wäre das das Beste, denn du wirst aufhören, sie zu lieben, wenn du sie dann so siehst.

Chaireas. (?) [90] Verspottest du mich auch noch?

(Χ. Δ.?) ἐγώ σε; μὰ τὸν Ἀπόλλω, ’γὼ μὲν οὔ.
⟨ΧΑΙ.?⟩ εἰσιὼν πρὸς τὴν ἀδελφὴν πά[ντ’ ἀκού]σομαι σαφῶς.
οἴομαι δ’ αὐτὴν ἀθυμεῖν [τῷ πο]ουμένῳ γάμῳ.

ΑΝΗΡ Β′
. . .]. υ τίς ἐστι; τίς καταισχ[ύ?νει ⏑ –
ΓΥΝΗ Β′
. . .]θεν οὐκ οἶδ’· οὖσα γὰρ [
παν]νυχίδος οὔσης καὶ χο[ρ
οὐ μ]ανθάνεις γάρ; τὴν ὁδ[ὸν
. . . .]ελέγξεις· ἡ δ’ ἐρεῖ “ Βρ[αυρῶνι, τοῖς
Βραυρ]ωνίοις” σύ· “πηνίκ’;” ουπ[⏓ – ⏑ –
μόν]η πλανηθεῖσ’ ἡ τάλαι[να
. . .]
(ΑΝ.) ἐρωτήσεις τὰ πρό[σθεν γεγονότα
πλ]εῖστον εἶτα θαυ[μασεῖ
]ον ποῦ ποτ’ ὢν λ[⏓ – ⏑ –
(ΓΥ.) φίλ’] ἄνερ, γνώριμον τ[⏓ – ⏑ –
] ς γάρ ποτ’ ἐν Βραυ[ρωνι ⏓
]αιδ’ ἐνθαδὶ τὰ π[
]αντι τῶν γεγ[
] . ταπαντης[
] . ου[

Sklave des Chaireas. (?) Ich dich? Nein, beim Apollon, ich nicht.

Chaireas. (?) Ich gehe ins Haus zu meiner Schwester und werde alles deutlich hören. [92] Ich glaube, sie ist mutlos wegen der Hochzeit, die ausgerichtet wird. ...

(Es ist nicht möglich, die folgenden Versreste in den Handlungszusammenhang einzuordnen.)

Ehemann II 2. [193] Wer ist das? Wer bringt Schande ...

Ehefrau II. Ich weiß es nicht; denn sie war ... [195] ... es war ein nächtliches Fest mit Tänzen ... Verstehst du denn nicht? Den Weg ... Du wirst es untersuchen; sie wird sagen: »In Brauron beim Brauroniafest«, du: »Wann?« ... Die Arme irrte allein umher ... [200] ...

Ehemann II 2. Du wirst nach dem, was vorher geschehen ist, fragen ... am meisten. Dann wirst du erstaunt sein ... wo er war ...

Ehefrau II. Lieber Mann, bekannt ... einmal in Brauron ... ... [205] hier anstelle von dem ... begegnet ... [208] ...

KOMÖDIE MIT UNBEKANNTEM TITEL

(*FABULA INCERTA*)

Es sind nur zwei Szenen erhalten, die im fünften Akt gestanden haben müssen, da es um eine Hochzeit geht und mit einem alten Mann wie in anderen Menander-Komödien ein Spiel getrieben wird: Laches, offensichtlich von einer Reise zurückgekehrt, erfährt von Chaireas, dem Freund seines Sohnes Moschion, dieser habe die Tochter des Kleainetos vergewaltigt. Das trifft zu, aber nicht, dass die junge Frau ihm versprochen gewesen sei, was bei Laches den falschen Eindruck eines Freundesverrats weckt und ihn veranlasst, Chaireas die eigene Tochter zur Hochzeit anzubieten. Kleainetos sagt Laches dann, dass seine Tochter nicht Chaireas, sondern Moschion versprochen war, und Laches, der nun erkennt, dass er zum Narren gehalten wurde, macht laut seinem Ärger Luft.

Personen
Laches, älterer Mann
Kleainetos, älterer Mann
Moschion, Sohn des Laches
Chaireas, Freund Moschions

Stumme Personen (?)
Tochter des Kleainetos
Tochter des Laches

ΜΕΡΟΣ Ε′

(ΧΑΙΡΕΑΣ)
ἀδικεῖ μ’ ἐκεῖνος, οὐδὲ[ν] ἐξ ἐμοῦ π[αθών.
ἤρα μὲν ἀεὶ τῆς κόρης κ[αὶ] πολλά μοι
πράγματα παρεῖχεν, ὡ[ς δ’] ἐπέραινεν οὐδὲ ἓν
αὐτῷ παραδοῦναι τὸν [γάμο]ν πείθων, ἰδού,
ἐξειργάσατο.
(ΛΑΧΕΣ)
τί οὖν; ἀναίνει τὴν ἐμὴν
ἔχειν θυγατέρα;
(ΧΑΙ.) τοῖς δὲ δοῦσι τίνα λόγον
ἐρῶ, Λάχης;
(ΛΑ.) γενοῦ γάρ, ἱκετεύω [σ’] ἐγώ
(ΧΑΙ.) οἴμοι, τί ποήσω;
(ΚΛΕΑΙΝΕΤΟΣ)
τίς ὁ βοῶν ἐστίν ποτε
πρὸς ταῖς θύραις;
(ΧΑΙ.) εὐκαιρότ[α]τ⟨ά γ⟩ε, νὴ Δία
νῦν οὗτ]ος ἥ[κει πρὸ]ς με. τί ποήσω, Λάχης;
⟨ΛΑ.⟩ πείθωμεν αὐτόν.
(ΧΑΙ.) ὦ βίας ἐρρωμ[έ]νης·
πείθω παραδοῦναι τὴν ἐμὴν ἀδικούμενος
α]ὐτός;
(ΛΑ.) ὑπόμεινον δι’ ἐμέ.
(ΚΛ.) νὴ τὸν Ἥλιον,
αἰσχύνομαι, Λάχης, σε.
(ΛΑ.) ταὐτὰ σπ[ε]ύδομεν.
ΚΛ. ἄ]κουε δή μου· Μοσχίων τὴν παρθένον
ἑκ]ὼν ἔχει.
⟨ΧΑΙ.⟩ Κλεαίνετ’, ἠδικήμεθα.

AKT V

(Straße in irgendeinem Ort in Attika, im Hintergrund das Haus des Laches und das des Kleainetos. Chaireas und Laches befinden sich mitten im Gespräch. Von V. 1–12 sind nur einzelne Wörter oder Buchstaben erhalten.)

CHAIREAS. Er tut mir Unrecht, ohne dass er von mir etwas zu leiden hatte. Er hat das Mädchen immer geliebt und mir viele Schwierigkeiten bereitet, als er aber mich zu überreden versuchte, ihm die Hochzeit zu überlassen, und gar nichts erreichte, schau, hat er die Tat begangen.

LACHES. Was nun? Weigerst du dich, meine Tochter zur Frau zu nehmen?

CHAIREAS. Was für Worte werde ich dann zu denen sagen, Laches, die sie mir zur Frau geben?

LACHES. Werde doch, ich flehe dich an –

CHAIREAS. Weh mir, was soll ich tun?

KLEAINETOS *(kommt aus seinem Haus)*. Wer ist es, der bei meiner Tür schreit?

CHAIREAS. Höchst günstig jedenfalls, beim Zeus, kommt jetzt der zu mir. Was soll ich tun, Laches?

LACHES. Lass uns versuchen, ihn zu überreden.

CHAIREAS. Welch wirkungsvolle Vergewaltigung! Soll ich ihn dazu zu überreden versuchen, die meine wegzugeben, der ich Unrecht doch selbst erlitten habe?

LACHES. Ja, nimm es meinetwegen auf dich!

KLEAINETOS. Beim Helios, ich schäme mich vor dir, Laches!

LACHES. Darauf wollen wir hinaus.

KLEAINETOS. Höre mir zu! Moschion besitzt das Mädchen aus freiem Willen.

CHAIREAS. Kleainetos, mir ist Unrecht getan worden.

(ΚΛ.) μηθὲν βοήσῃς· γνησίω[ν] ἐπὶ σπορᾷ
παίδων.
⟨ΧΑΙ.⟩ ὁ πατὴρ αὐτοῦ [παρ]ὼν Λάχης ὁδὶ
τοῦτ᾽ ἐπιβεβαιοῖ. φὴς σύ; [
ΛΑ. φη]μί, Χαιρέα
οὐ] γάρ τι βουλ[........]. [

(ΛΑ.) ....]. ἐ[κ τηλι]κούτων νῦν φόβων
τὸν ὑὸν ἐκ[λυσά]μενος.
(ΚΛ.) ἀλλὰ μὴν πάλαι
ἡμῖν ἔδοξ[ε τοῦ]τ᾽. ἔχει τὴν παρθένον
ὁ Μοσχίων· [ἔλ]αβ᾽ ἐθελοντής, οὐ βίᾳ.
ᾠόμεθα χα[λε]πανεῖν σε τοῦτο πυθόμενον.
ἀστεῖος ἀποβέβηκας· εὐτυχήκαμεν.
περὶ τοῦ βοῶμεν;
(ΛΑ.) πῶς λέγεις;
(ΚΛ.) ὥσπερ λέγω.
(ΛΑ.) οὐ Χαιρέᾳ τὸ πρῶτον ἐξεδώκατε
τὴν παῖδα;
(ΚΛ.) μὰ Δία.
(ΛΑ.) τί σὺ λέγεις; οὐ Χαιρέᾳ;
ἀλλὰ τίν[ι;
ΚΛ. π]άνυ γελοῖον. οὐκ ἀκήκοας;
τῷ σῷ νεανίσκῳ.
(ΛΑ.) τί λέ[γει]ς;
(ΚΛ.) νὴ τ[ο]ὺς θεού[ς·
καὶ παιδίον γὰρ γέγονεν ἐκ τούτου.
[ΛΑ. τ]ί φ[ής;
ἐκ Μοσχίωνος; ὦ πολυτίμητοι [θ]εο[ί,
ἐρρωμένου πράγματος.
(ΚΛ.) Ἄπολλον, ν[οῦν ἔχεις;
πρωί γε σ᾽, ὡς ἔοικ᾽, ἐπῄνεσ᾽.

KLEAINETOS. Schrei nicht! Zur Zeugung freigeborener [30] Kinder!

CHAIREAS. Sein Vater ist hier und bestätigt es. Sagst du ja?

LACHES. Das sage ich, Chaireas, [32] denn ich will nicht ...

(Von V. 32b–43 sind nur einzelne Wörter oder Buchstaben erhalten. Chaireas verließ mit einem dieser Verse die Bühne.)

LACHES. ... [44] nachdem ich jetzt von seinen so großen Ängsten [45] meinen Sohn erlöst habe.

KLEAINETOS. Doch darüber haben wir schon lange diesen Beschluss gefasst. Das Mädchen hat nun Moschion; er nahm sie aus freiem Willen, nicht mit Gewalt. Wir glaubten, du würdest wütend sein, wenn du es erfahren haben würdest. Du hast dich als ein Mann von Welt erwiesen; wir haben Glück gehabt. [50] Worüber sollten wir schreien?

LACHES. Wie meinst du das?

KLEAINETOS. Wie ich es sage.

LACHES. Habt ihr nicht zuerst dem Chaireas das Mädchen angeboten?

KLEAINETOS. Nein, bei Zeus.

LACHES. Was sagst du da? Nicht dem Chaireas? Aber wem denn dann?

KLEAINETOS. Sehr komisch! Hast du es nicht gehört? Deinem eigenen Sohn!

LACHES. Was sagst du da?

KLEAINETOS. Ja, bei den Göttern; [55] und ein Kind von ihm ist ja geboren worden.

LACHES. Was sagst du da? Von Moschion? O ihr vielgeehrten Götter, was für eine schreckliche Sache!

KLEAINETOS. Apollon, bist du bei Verstand? Zu früh, wie es scheint, habe ich dich gelobt!

(ΛΑ.) οὐδ[ὲ ἓν
ὁ Χαιρέας ἆρ' ἠδίκηται;
⟨ΚΛ.⟩ φίλτατος.
τί γὰρ ἠδίκηται Χαιρέας;
(ΛΑ.) οὐθέν; τί οὖ[ν
ἐβόα πορευθ[εὶ]ς δεῦρ';
(ΚΛ.) ἴσως ἐβούλετο.
[ΛΑ.] ἐβούλετ'; ἐπ' [ἐμ]ὲ ταῦτα συνετάξασθ' ἄρα.
ὦ Γῆ.
(ΚΛ.) τί πο[ιεῖς;
ΛΑ.] οὐθέν, ἀλλ' ὅμως ἔα
δὶς ἢ τρ[ὶς ἀνακ]ραγεῖν με, πρὸς τῆς Ἑστία[ς

LACHES. Nicht in einem einzigen Punkt ist Chaireas also Unrecht getan worden?

KLEAINETOS. Der liebste Chaireas! [60] Was für Unrecht hätte ihm getan werden können?

LACHES. Überhaupt nicht? Warum brüllte er denn, als er hierher kam?

KLEAINETOS. Vielleicht wollte er das.

LACHES. Er wollte das? Ihr habt euch also für dies gegen mich zusammengerottet. O Ge!

KLEAINETOS. Was machst du denn da?

LACHES. Nichts, aber lass mich zweimal oder dreimal aufschreien, bei der Hestia …

ZUM TEXT DIESER AUSGABE

Der Text fußt auf der Ausgabe von Rudolf Kassel und Stephan Schröder in Band VI 1 der *Poetae Comici Graeci* (Berlin 2021), ist aber mit Rücksicht auf ein möglichst breites Leserpublikum wie folgt geändert:

1. Passagen, die, weil sie zu lückenhaft sind, nicht übersetzt werden können, sind in der Regel ausgelassen.
2. Viele Lücken sind durch Konjekturen von Forschern ergänzt. Diese verzeichnet die nachstehende Liste; sie sind überwiegend aus dem textkritischen Apparat bei Kassel/Schröder übernommen; die dort nicht verzeichneten Ergänzungen lassen sich leicht mit Hilfe meiner S. 585 genannten Menander-Bibliographie für die Jahre 1972–2022 verifizieren.
3. An wenigen Stellen habe ich eine andere Lesart als Kassel/Schröder bevorzugt; auch das ist in der Liste nachgewiesen.
4. Statt C und c schreibe ich Σ, σ und ς, c nur dann, wenn wegen einer Lücke nicht zu erkennen ist, ob *σ* oder ς zu schreiben wäre.
5. Statt Iota adscriptum schreibe ich Iota subscriptum, also ᾳ statt αι, ῃ statt ηι und ῳ statt ωι; wenn das Iota adscriptum im Papyrus in einer Lücke ergänzt werden muss, setze ich in den Text den Buchstaben mit Iota subscriptum vor die eckige Klammer und weise in der nachstehenden Liste darauf hin.
6. Die Punkte unter einzelnen Buchstaben, welche diese als unsicher bezeichnen, und die halben eckigen Klammern, die anzeigen, dass eine Passage eines Paypyrus mit einer anderswo zitierten Passage identisch ist, sind entfernt.

Wie bei Kassel/Schröder steht :: als Personenangabe, wenn der Name der Person oder ihr Verhältnis zu einer anderen Person nicht bekannt ist.

	PCG	diese Ausgabe
		Aspis
1	] ἡμέραν	Ἀπροσδόκητον, νὴ Δί,] ἡμέραν Schröder
34	.......] ὁ	αὐτὸς δ'] ὁ Jacques
100	] .ων	ὁ προσέ]χων mehrere Textkritiker
102	ως .[. . .]τοκ . .[	ὡς δ[' οὖν] τὸ κακ[ὸν αὐτοῖς προσέπεσεν Borgogno, Gronewald

103	βαρβάρων [	βαρβάρων [ἐγένετο καὶ Gronewald
104	ἐξεβοήθου[ν	ἐξεβοήθου[ν κατὰ τάχος Schröder
193a	χ[..].΄.[..]έ. ⟨Σμ.⟩ ω .[..]εστάλ[.].[	χ[αρισ]τέο[ν δ]έ γ'. ⟨ΣΜ.⟩ ὡς [ὑπ]εστάλ[η]ς [λόγῳ. Handley, Austin
194	σὸν	σῶν Handley
	πα.[	πρα[γμάτων βούλει λόγον, Handley, Jacques
195	ἔστι.[	ἔστι[ν ἀνακρίνειν τά τε Jacques
196	τ.[	τὰ [χρήματα· Schröder
235	τοῦτον ου..[.].ς[	τοῦτον οὐχ ὁρᾷς; Koenen
236	].έλλων ἄρ[α	Δᾶος προσῆλθε· τί ποτ' ἀπαγ[γέλλων ἄρ[α; F adesp. 287 Kock, Gaiser
237	].(.)ρω.(.)[..]τα;	ἀπαγγελεῖς, ἄνθρωπ[', ἄφ]ρα[σ]τα; Austin
239	....]..[.π]εποιηκώς.	τοιό]νδ[ε π]εποηκώς. Austin
276	..........]ἔμ' ἢ τί ποι[εῖ]ν	νυνὶ λέγειν]ἔμ'; ἢ τί ⟨ποτε⟩ ποι[εῖ]ν Austin
278	ἐμὲ.[..].[	ἐμέ τ[ι θ]αῦ[μ' ὑπῆλθεν· ᾠόμην Austin
279	.]εις	ἀ]εί{ς} Austin
	ταύτη[ν	ταύτη[ν, θυγατέρα Schröder
280	ἐμὴν.(.)[	ἐμὴν τῆ[ς οὐσίας Handley
321	keine Sprecherangabe	ΔΑΟΣ V. 321–327 Arnott
324	ἐπτ[	ἐπτ[οημένον Kasser-Austin
361	.....]τες	τηροῦν]τες Borgogno, Handley
368	......]ιν	εὖ γ' ἐστ]ὶν Austin
370	......] σφοδροτέραν	λαβεῖν] σφοδροτέραν; Austin, Gallavotti
404	....]μονον	ὦ δαῖ]μον ὃν Kassel
409	. αια[	καὶ ἀ[νδροφθόρου. Austin
410	καὶ .[– ∪ –	καὶ [τοῦτό που· Austin
431	– ∪ –	εἰστρέχω. Borgogno
491	χαῖρ[	χαῖρ['· ἐγὼ Κλεόστρατος Austin
492	σοι μ[	σοι μ[όλις ἐμαυτὸν ἐκ πόνων Austin
493	† πολλον † σεσωκώς· ει[	πολλῶν σεσωκώς· εἰ [δὲ νῦν σεσωμένος Austin
494	σωτηρ[ίαν	σωτηρ[ίαν κοινωνίας Austin
495	τὴν [	τὴν [ἐμὴν ἀνθρωπίνης. Austin
496	διαπέφευγε[	διαπέφευγε[ν πάλιν ἐλήλυθεν Austin
497	απ[	ἀπ[άντων δὴ τότ' ἂν Austin
498	ἐμαυτο[	ἐμαυτὸ[ν εὐτυχέστατον πολύ. Austin
499	θύρ[α..	θύρ[α. παῖδες. Austin
	Δα. [	ΔΑ. [τίς εἶ; Austin
502	Δα. [	ΔΑ. [ἄπελθε σὺ Austin, Sandbach

507	(Δα.) .[	(ΔΑ.) Κ[λεόστραθ', ὡς παρ' ἐλπίδα Austin
508	κατ[	κατ[έχειν τὰ δάκρυ' οὐ δυνήσομαι. Austin
F 1,2	† τι	⟨ὅσοι⟩ τι Borgogno

Georgos

74	. . . .] τοσούτους	τί δὴ] τοσούτους Schröder
	κατατ[. . . .]	κατατ[εμὼν] van Leeuwen
75	. . . .] ὁ	ὄζους] ὁ van Leeuwen
76	. .] . .μεταστῶμεν.	δ[ευ]ρὶ μεταστῶμεν. Nicole, Schröder
108	. . . .]ων ἀπαλλαγεὶς	ἄγ]ων ἀπαλλαγεὶς Kaibel
112	. . . . . .]μένου	κοινου]μένου Sandbach
	τ[.]δε	τ[ά]δε Kaibel, Weil
113	. . . .τ]ῆς	περὶ τ]ῆς Blass
114	. . . .]ας	τῆς ἀπορί]ας Körte, Arnott

Dis exapaton

23	ε[. . .(.)] . .[.	ἐ[πίσ]χε[ς, Schröder
30	. . . .] ἐκεῖνον [. . . . . . .] . .[. . . .] .ϊ	ἐλθεῖν ἐπ'] ἐκεῖνον. [ἀλλ' ὁρῶ γὰ]ρ τ[ουτο]νὶ Austin, Handley
47	keine Sprecherangabe	ΣΩΣΤΡΑΤΟΥΣ ΠΑΤΗΡ Arnott
49	keine Sprecherangabe	ΣΩΣΤΡΑΤΟΣ Arnott
78	ἀθῶ[ιος	ἀθῷ[ος in dieser Ausgabe
89	πα[. . .] . . μοι.	πα[ρά]θες μοι. Handley
113	ε . . . . .το . .ρωταταλλ . . . .ιαμ'αγ[	ἐμὲ γάρ, τὸν ἔρωτα· τἆλλα δ' ἡνία μ' ἄγ[αν Handley

Dyskolos

44	. . . .] . ἔχειν	ἰδόντ]α ἔχειν Sandbach
60	μεθύω,	μοχλεύω, Korzeniewski
90	ἔπεμπ[ες – ◡ –	ἔπεμπ[ες, ὦ θεοί, Page
91	δακτύλους [⏓ – ◡ –	δακτύλους [κατέαξα γὰρ mehrere Textkritiker
92	Σω. – ◡ –	ΣΩ. δηλαδὴ Schröder
93	δεῦ[ρ ⏓ – ◡ –	δεῦ[ρ' ἥξων ταχὺ Kassel
125	† ουδυνωμένος †	ὁδ' ὀδυνώνομενός Zuntz
141	. . . .]εις	κακὸν ἐπό[εις Ritchie, van Groningen

142	...... ΠΥ.]	κλέπτων. ΠΥ.] Arnott
146	λέγει[.........]νι;	λέγει[ν δὲ τῷδ' ἔ]νι; Kraus
185	ἐκεῖνος ⟨–⟩	ἐκεῖνος ⟨τοῦτ'⟩ Gronewald
194	ἄνδρε[ς	ἄνδρε[ς, τί δρῶ; Barrett
195	κακ[– ⏑ –	κακ[ῶς πάνυ Kassel
199	ἐμοὶ δ[⏒ – ⏑ –	ἐμοὶ δ[ῷς τὴν χύτραν, mehrere Textkritiker
200	τ[.........ἥ]ξω	τ[ήνδε πάλιν ἥ]ξω Oguse
201	α[....... Σω.]	ἄ[νυσον δ'. ΣΩ.] Barigazzi
251	βέλτι[ον.......]ν	βέλτι[ον ποτ' ἄ]ν Diano
252	ο[......]ς,	ο[ὐδεὶς ὅλω]ς, Kamerbeek
350	......]υνα	ὄψει σὺ ν]ῦν, ἄ⟨ν⟩ Post
351	......] † παρατης·	αὐτὸν] παραιτῆ· Fraenkel
353	... περὶ]	ἐγὼ περὶ] Blake
406	τί δεγ .[.....	τί δ' ἐγ[ὼ νῦν; Editio princeps, Sandbach
	† ερεισον ταῦτα δεῦρο †.	ταῦτ' ἔρεισον δεῦρ'. Editio princeps
494	πάππα[ν ⏑ –	πάππα[ν λέγω. Lloyd-Jones, Gallavotti
496	θεράπων [⏒ – ⏑ –	θεράπων [τις ᾖ, καλῶ Thierfelder
497	δε ⟨ ⟩ κρεμαν .[⏒ – ⏑ –	δ' ἐκκρεμανν[ύοισθε δή· Arnott
500	π[αῖ,	π[ῶς; Barigazzi
528	† εγαιπλειον †	ἐνέπαιον. Blake
548	....] .αι, † πολυνω † φέρω	δέχο]μαι, φέρω, πλύνω, Kraus, Barber
549	τα .[.......το]υτονὶ	τὰ κ[ρέα τιμῶν το]υτονὶ Lloyd-Jones, Rau
550	[.......]ς	[γεγονώ]ς Editio princeps
597	† τῆς ἐρημίας τῆς νῦν †[	νῦν τῆς ἐρημίας, [τάλας Schröder, Winnington-Ingram
647	....]ς	ἀλλ' εἰ]ς Webster
648	... ἄ]ρα	τί δ'; ἄ]ρα Gallavotti, Bingen
688	ε[	ἐ[ξέστηκα καὶ Thierfelder
691	τί [	τί [δεῖ λέγειν; Arnott
740	....κατάκλινόν	ἀλλὰ κατάκλινόν Fraenkel
763	† ενεγκεινος δίκαιόν ἐστι π .[.]θη †,	⟨ἥν σ'⟩ ἐνεγκεῖν ὡς δίκαιον ἐστ' ἐπεί[σ]θη⟨ν⟩, Rau, Sandbach
817	πόριζε † βάδιζε †	πόρισον· βάδιζε καὶ Kraus
836	..[....] .ος	πα[ράλογος Sandbach
840	......]ς	ἣν ὁ γάμο]ς Schröder
850	νύκτα [	νύκτα [ταύτην ἑστιώμεθ' ἐνθαδὶ Editio princeps, Lloyd-Jones, Mette
851	μεν[το]ὺς	μέν[οντες· αὔριον δὲ το]ὺς Editio princeps, Lloyd-Jones, Mette

878	ευπ .[	εὖ πά[θοις. Editio princeps
879	δεῦρ[	δεῦρ[' ὡς ἔχει. Editio princeps
886	διαπο .[⏓ ⏑ – –	διαπον[εῖν ἔδει με. Barigazzi, Sandbach
889	[. . . . . .].ν.	[σὺ θᾶττ]ον. Editio princeps
895	⟨⏑⟩	⟨γάρ⟩ Editio princeps
924	. . . .] ποδῶν	προσέτι] ποδῶν Sandbach
925	. . . .] π[ο]θεν	ἱμάς] π[ο]θεν. Gallavotti
937	. . . .]. ον	ἐπεὶ παρῆλθ]ον Arnott, Handley
	αἱ γυναῖκες .[. . . . . . .]	[ἐνθάδ' αἱ] Handley
939	. . . .]ματ'	καὶ δεξι]ώματ'· Kraus
940	. . .] .[. . .]	μικ]ρ[ὸν δ'] Diano
942	⟨⏑ –⟩ βούλει	⟨τί δ'; οὐ⟩ βούλει Kassel
943	† εστρωννυντ[.]χ[.]μαιστιβας †	ἐστρώννυτο στιβὰς χαμαί· Jacques

Epitrepontes

133	οἰμω[⏑ –	οἰμω[ζέτω. Körte
144	. . . .]ων	δριμὺ βλέπ]ων Austin
	τις .[	τις φ[ιλόσοφος Wilamowitz
145	Σμ. ὁ]	ἀκριβολογεῖθ'. ΣΜ. ὁ] Austin
146	]σαν γυναῖκα[. . . . .]ι	πρὸς τὴν ἐνοικοῦ]σαν γυναῖκ' [ἐπεισάγε]ι. Austin
160	αειπο . .	ἅ ⟨γ'⟩ εἶπον. Austin, Furley
172	ἐπι[σφαλῆ μὲν]	ἐπί[πονα] Furley πάντα P. Michigan 4801
	τἀνθ[ρώπων	τἀνθ[άδ'· οὐχ ὑ]περευφραν[εῖ Austin
209	αὐ[τὸν	αὐ[τὸν ὕστερον. Brown, Austin
211	προσ .[	πρόσ[μεινον μόνος. Nünlist, Furley, Bathrellou
213	οὐ μα[	οὐ μ' ἀ[ποστρέφεις. Nünlist
214	. . . .]ε	ἐγὼ δ]ὲ Austin
	δεσπότην [	δεσπότην [τραπήσομαι Austin
215	. . . . .]ον.	τὸν ἐμ]όν. Austin
	ἐνθα[δ	ἐνθα[δὶ Χαιρέστρατος. Austin
216	. . . .] .[.]μεν	ἀλλ' εἰσ]ί[ω]μεν· Austin
	οἰκε . .ου[	οἱ κενοὺ[ς ἀεὶ λόγους Austin
217	– – – – – – – –	[λέγοντες οὐκ εἰσ' ἄξιοι κοινωνίας.] Austin
284	ἔλαβ[ε ⏓	ἔλαβ[έ που, Austin, Furley
374	αὐτ[. . . . .]. .	αὐτ[ὰ σώσεις τ' ἀσφαλῶς, Capps
397	οἷ]ον τὸ	οἷ]όν τε (… παιδός;) Austin

427	καλῶς [	καλῶς [ποῶ Arnott
428	ος .[	ὃς ἀ[πέχομαι· Schröder
660	ομο[. .	ὀμό[σας, Kassel
	Χ]αιρέστρατ[	Χ]αιρέστρατ[', αὐτοὺς τοὺς θεούς Austin
661	ὧν .[. . . . . . .]πεμψα .[	ὧν θ[υγατέρ' ἔ]πεμψα π[ρὸς τὸν νυμφίον. Austin
662	λ]αμβάν .[	λ]αμβάνε[ιν βούλει πάλιν Austin
663	ἀνάξι' ὑμῶν [	ἀνάξι' ὑμῶν, [Σμικρίνη. Austin
	]. .[	μὴ νῦν δόκει Austin
664	λεγετ[ ]. . ων .[	λέγε. τ[αῦτα γὰρ λ]έγων παίζεις. ἄνους Austin
682[a]	[ ]ους	[οἰκίας ἀναστάτ]ους Koenen
682[b]	λεκ[ ]εκεν	λέκ[τρα πόλλ' ἀπολώλ]εκεν. Koenen
683	]θρας	ἔχ]θρας Koenen-Gagos oder ἐχ]θρᾶς oder ἐχ]θράς Austin
684	ε . .[.]. νη[	εὖ φ[ρ]ονή[σασ' ἡμέραν, Gronewald, Schröder
685	ὅπερ [. . .] .(.)[	ὅπερ [λέγ]ω, Austin
700	τούτω[	τούτω[ν τῶν κακῶν ἄλλην λύσιν, Gronewald
701	δ .[	δε[ῖ, Παμφίλη· τοῖς ἔμφροσιν Furley
704	κύριο[	κύριο[ς μου; Koenen-Gagos
705	ε[	ἐ[μφανῶς Χαρίσιος. Austin
706	δεῖ[	δεῖ[ται σκέψεως πολλῆς ἀεί. Gronewald, Furley, Schröder
707	προτεί[νω	προτεί[νω σ' αὖθις ἐκδώσειν ἐγώ. Gronewald, Schröder
708	τοῦθ'[	τοῦθ' [ὡς δ' ὑπὲρ σαυτοῦ λέγεις. Rau
792	σχῆμα κατακεκλειμένη ἐν[ταῦ]θα παραλυσει	σχῆμα, κατακεκλειμένη[ἐν[ταῦ]θα, παραλύσει Schröder
796	αἰσχρῶν [. .] . . . .[	αἰσχρῶν [εὐπορεῖ. Kassel
801	π . . . .[	πειρά[σομαι. Schröder
805	.]ε	δ]ὲ Furley
806	. . . . .] . τοῦτο,	ἐπεὶ δ]ὲ τοῦτο Furley
807	. . . . .] μηδὲν	γυναῖκα] μηδέν' Furley
808	] ἁμαρτούσας	πόρνας θ'] ἁμαρτούσας Austin
809	] παρὰ	"ταἰσχρὸν] παρὰ Austin
810	οὐ]δὲν	ἔστ' οὐ]δὲν Schröder, Gronewald
813	[. .] .ς	[δόκ]ος. Kassel

815	αἰσχρόν	αἰσχρόν πάνυ Schröder
819	συ μενου[...]..[	σύ με νου[θετ]εῖς. [ἐγὼ Schröder, Gronewald
852	(Αβρ.)	(ΑΒ.) [τὸ παιδίον Sudhaus
856	φίλτατον . . . . . . .ὄψει	φίλτατον [τέκνον, πότε] ὄψει Fraenkel
921	. . . .]οὐ	λέγουσα κ]οὐ Sandbach
927	]ονων	τῶν δαιμ]όνων Wilamowitz
983	Χαρισίω[ι	Χαρισίῳ[in dieser Ausgabe
984	ἐσ[τ ⏑ –	ἐσ[τί που Wilamowitz
985	τυχὸν [– ⏑ –	τυχὸν [παίγνιον. Sudhaus
986	η . .[	ἤδ' [ἔσωσ'· ὁ νοῦς Wilamowitz
1094	ἐνδ .[.]ε .(.)[	ἔνδο[ν] ἐπ[ιτεταγμένος Editio princeps, Sandbach
1095	χρη[	χρή[σητ' ἀνήρ Schröder

Heros

9	. . . .] τὰ	σῴζειν ἕως] τὰ van Leeuwen
10	. . . . .σ]υνάχθομαί	ἔθου καλῶς, Δᾶ'; ὡς σ]υνάχθομαί Schröder
11	. . . .] .ρ .	εἰ προσδοκᾷς πον]ηρά. van Herwerden, Jensen
12	ληρεῖς·	ληρεῖς· ἐγὼ δὲ Croiset, van Leeuwen
13	. . . .] . ἔφθαρμαι	ἀπροσδοκήτῳ καὶ μάλ]' ἔφθαρμαι, Sandbach
14	(Γε.) . . . .]	(ΓΕ.) ποίῳ, κατάρατε;] Körte
15	. . . .	βέλτιστ', ἐρῶντι. ΓΕ.] van Leeuwen
46	Λῆμ[νον	Λῆμ[νον, ἡμεῖς δ' ἐνθάδε Sonnenburg, Austin
47	αὐτῆς [. . .] . [	αὐτῆς [ἔτ' ἐλπίδος· μόνον Wilamowitz
48	χρηστὸς [.] .[	Δα. χρηστὸς [εἶ σύ. ΔΑ. τῆς τ' ἀποδημίας Wilamowitz
96	. [. .] . .ς	ἀσαφὲ]ς Körte

Theophorumene

20	νεανίυκυ[	νεανίσκο[ν κόρῃ; Handley
27	Κορυβάντ[ων ⏑ –	Κορυβάντ[ων σύ μοι Handley
33	]το	τοῦ]το Austin
35	]ντες	πά]ντες Pavese

41	]α	τὰ σ]ὰ Bartoletti
42	ουτε[	οὔτ' ἐ[γώ Austin
45	]ον	τὴν λιβανωτ]όν, Handley
47	]τες	πάν]τες. Ioannidou

Karchedonios

4	keine Personenbezeichnung	(ΚΑΡΧΗΔΟΝΙΟΣ ?) Del Corno
5	keine Personenbezeichnung	(ΝΕΑΝΙΑΣ ?) Arnott
6	keine Personenbezeichnung	(ΟΙΚΕΤΗΣ ?) Arnott
9	]εστι	τουτὶ τὸ κακὸν τί]ἐστι; Handley
10	]ων·	ὁ τρισκακοδαίμ]ων; Handley
30	πρόσεισιν . . . .[. .] . . ω[	πρόσεισιν [οὗ]το[ς] (ΟΙ.?) [οὐκ] ἴσω[ς Handley
73	]ησεαν δεηθα[	]ης, ἐὰν δέηθ' ἅ[μα Handley
76	]λουτρά τοῦτο γὰρ [	φέρων τὰ]λουτρά· τοῦτο γὰρ [νομίζεται Handley
79	. . . . .] ποτ'	πάρες] ποτ' Handley
F 1	† ἐπιθυμίσας	ἐπιθυμιάσας Bentley
	ἴδιον †	⟨λιβαν⟩ίδιον Bentley

Kitharistes

35	keine Personenbezeichnung	ΑΝΗΡ Arnott
	τη[ν . . . . .ἐλ]ήλυθα[ς	τὴ[ν καλὴν ἐλ]ήλυθα[ς Handley
36	[ἡγ]ῆ[ι]	[ἡγ]ῆ in dieser Ausgabe
41	πορνο[. . . . . .]θ	πορνο[κόπου θρέμμα νῦν. Wilamowitz, Austin
42	.[. . . . . .]κ	τ[ί ποτ' οὐ]κ Arnott
43	κα[ὶ . . . .];	κα[ὶ τὴν οὐσία]ν; Körte
59	οὐ .[. . . . . .]γην	οὐκ [εἶχον ὀρ]γήν. Wilamowitz, Sandbach
64	ἔνδο[ν, . . .]. πρὸς	ἔνδο[ν, εὐθ]ὺ πρὸς Gronewald
69	πρ]οσ .[	πρ]οσβ[αλεῖν περὶ τοῦ γάμου.] Schröder
109	εἶναι [– ⏑ –	εἶναι [τοῦ πάθους; Handley
110	κατεν[εχθὲν	κατεν[εχθὲν αὐτίκα Schröder
111	διενεγ[κ ⏓ – ⏑ –	διενεγ[κεῖν δεῖν' ἔδει. Austin
F 5	⟨– ⏑ –⟩	⟨κἀγαπᾶν⟩ Sandbach

Kolax

1	]στον	ὡς οὐδέν ἐστ' ἄπι]στον Turner
45	ἀδ .[. . . . .]	ἀδύ[νατ' εἶπας.] Wilamowitz
48	. . . . . π]αρακολουθῶν	αὐτῷ π]αρακολουθῶν Sudhaus
52	τῆς [. . . . . . .] .ωσε	τῆς [ὁδοῦ 'τέ]ρωσε; Sudhaus, Grenfell-Hunt
90	keine Personenbezeichnung	ΔΑΟΣ (?) Arnott
97	οὐ [. . .(.)]	οὐ [γὰρ] Grenfell-Hunt
98	[. . . . .]οῦτ'	[νῦν, τ]οῦτ' Grenfell-Hunt
99	ου .[.] .	οὗτοι δ' Leo
100	keine Personenbezeichnung	(ΦΕΙΔΙΑΣ (?) Arnott
110	ἐ]ποιησα	ἐ]ποίησ' α . . . . Schröder
117	αὐτ[ο]θ[	αὐτ[ό]θ[εν Arnott
118	[. .]στρατ[	[ὁ] στρατ[ιώτης Turner
119	ἐκτριβο[	ἐκτρίβο[ιτο δ' ἂν Robert, Coppola
120	πιστευθεὶς .[	πιστευθεὶς δ[ὲ σὺ Arnott
122	ε[	ἔ[κτοθεν Arnott
123	ο .[	ὃν [δ' ἂν τρόπον Petersen
125	keine Sprecherangabe	(ΠΟΡΝΟΒΟΣΚΟΣ) Arnott
	[⏑ –	[τύλους Sandbach
127	ὁ .[	ὅμ[ως, Grenfell-Hunt
137	μαρτ[υρ	μάρτ[υρας Leo

Koneiazomeniai

1	keine Personenbezeichnung	ΝΕΑΝΙΣΚΟΣ Arnott
2	]ιον;	ἆρ' ἐστὶ τοῦτ' ἐνύπν]ιον; Körte, Zereteli
	keine Personenbezeichung	ΟΙΚΕΤΗΣ Arnott
3	] τάλαντα	δίδωσι τὴν κόρην,] τάλαντα Sandbach
4	] κόσμον	προῖκ' ἐπιδιδοὺς καὶ] κόσμον. Sandbach
5	γ]άμους	νὴ τὸν Διόνυσον, γ]άμους Sandbach
6	κροτ]ῶν	νοσῶν γὰρ; (ΟΙ.?) ὡς κροτ]ῶν. Sudhaus, Körte
7	] δειλινὸν	ὑγιὴς γὰρ ὑπὸ τὸ] δειλινὸν Sudhaus
8	κ]αθήμενος	τί δὴ ποεῖ; (ΟΙ.?) τί; παρακ]αθήμενος Zereteli-Krueger
9	::]ι	τῷ σῷ φίλῳ. (ΝΕ.?) τίν]ι; Sudhaus
10	:: ἐγγ]ύς	αὐτὸν ἀνερέσθ'. (ΟΙ.?) ἐγγ]ύς Sudhaus

12	]σιν	ἐνταῦθα νῦν λαλοῦ]σιν. Körte
13	]υ	λελοιδόρημ' ἄρ ο]ὐ Körte
14	κ]	ὡς γὰρ τυφλὴν αὐτὴν κ]ακῶς Körte
15	ἔ]οιχ'	νῦν δ' ἐξέσωσέ μ', ὡς ἔ]οιχ', Körte
16	]ς	ἐπόνησα δεινῶ]ς, Wilamowitz
17	]ων	οὐδὲν πλέον. τούτ]ων Wilamowitz, Körte
18	] ὥστε	εἰ μὴ συνέλαβεν.] ὥστε Sudhaus

Leukadia

1	keine Personenbezeichnung	ΠΑΙΔΙΟΝ Arnott
2	κ[⏑ –	κ[άτω Parsons
6	τουτὶ . .[	τουτὶ πλ[ησίον Parsons
7	ε . .[ ]αμα.	ἱερ[ὸν θεοῦ 'στι ν]ᾶμα; Parsons, Handley
8	] . ποῦ	ἄκουσον· οἶσθ' ε]ἴ που Handley
9	] . .υσινατουσ	ἀφ' ἧς ὁ κλισμὸς] ἰθύς, ἵνα τοὺς – Handley
10	] .[. .]ρ	ὁρᾷς, μεγάλη τις. τὴ]ν [γὰ]ρ Arnott, Austin

Misumenos

8	† ἀμφοτέρας †	ἀμφοτερ⟨ίσ⟩ας Furley
18	[.] . .εα .επ[	οὐκ ἐᾷ μ' ὕ[πνον Sisti
19	δ]ιατρίβων	λαβεῖν δ]ιατρίβων Austin
	εγκα . . . πεσ [	ἐγκραγ[ὼν] πεσ[ὼν χαμαί. Furley
20	]. . ει	τίς νῦν ἀνακρο]ύσει Furley
26	. . . . . . .ἐ]κέλευον	μὰ Δί' οὐκ ἐ]κέλευον Handley, Sandbach
29	δεινῶς [	δεινῶς τ[άλας Schröder
30	Γ]έτα	ἔχων κακ', ὦ Γ]έτα, Schröder
31	. . . . . .ο]ρᾶν	σχολὴ καθο]ρᾶν Turner
41	. . . . ὑβ]ρίζει	ποοῦσ' ὑβ]ρίζει; Schröder
42	. . . .] .ναν	μὰ τὴν Ἀθ]ηνᾶν. Furley
43	] με	μισεῖ νέον] με Turner, Austin
	ω .[.] .νητις .(.)	ὦ, Μα[γ]νῆτις εἶ; Furley
50	keine Personenangabe	(ΘΡ.) Furley
56	[. . . . .] . πον	[πρὸς ἄνθρ]ωπόν Austin, West
85	[πρ]οσεχω φιλ[	[πρ]οσέχ', ὦ φιλ[τάτη, τὸν νοῦν ἐμοί· Turner
86	δε . .[	δὲ πε[ριβαλεῖς παραχρῆμά μοι Turner

88	φι[λ	φί[λος ἅπαξ Schröder
92	στρατιωτικοῦ [⏑ –	στρατιωτικοῦ [νοσεῖ· Furley
93	α .[	ἄγ[εις Turner
94	.[. .] ἡλικίας	τ[ῆς] ἡλικίας Turner
98	. . .(.)] . παρῆ[ις	ἂν μὴ] παρῇ[ις – Turner, παρ[ῇς in dieser Ausgabe
99	. . . .(.)]ομο. . .αι προς[. .]	οὔτε γ'] ὁμοθυμεῖ πρὸς [σὲ Furley
100	. . . .(.) .ομο[. ο]ὐκ	αὐτό]νομο[ς· ο]ὐκ Furley
	τε .[	τέ τ[ις Furley
101	[γυνή] Furley	
432	ἐγώ; παρ .[	ἐγώ; παρὰ[Κύπρου Turner
533	ἐκεί[ν . .]	ἐκεί[νῳ]", Webster
536	ἑαυτῆς . .ω	ἑαυτῆς. ἐγὼ Henry, Parsons, Prauscello
539	. .] τοῦτο .[.] . .ο τίς	τί] τοῦτο; ⟨::⟩ τ[ο]ῦτο; ⟨::⟩ τίς Turner
553	.(.)] . .(.)[το]ιαῦτα	ἔσ]τιν γέ]νη [το]ιαῦτα Turner, Henry et al.
	παρεισφ . . .ων	παρεισφέρων Gonis
557	.(.)]με .ς	ἡμεῖς Gonis
558	ὁ δε[σπότ]ης ε . . .[. .]θαπιστον	ὁ δε[σπότ]ης; ἐντα[ῦ]θ' ἄπιστον Gonis
562	† ἔξωθεν ἐπιθεωρε[	ἔξωθεν θεωρε[ῖν Austin
563	† καὶ λυω[.] . .[. .] . .[	⟨ὅς⟩ κελεύε[ται; Cartlidge
567	[⏑ –	[πότῳ. Austin
573	. . . . . .β]αδιοῦμ'	φέναξ. β]αδιοῦμ' Schröder
574	. . . .]ν	κρύπτω]ν Wilamowitz
623	γε . . .[	Γέτα, π[ά]ρ[εστιν. Sandbach
	Γε.	ΓΕ. τίς λόγος Sandbach
624	ου . . . .[	οὐκ ἐρεῖ[ς Turner
625	θ' [	θ' [ἥκεις; Kumaniecki
626	πορε[υ	πορε[υθεὶς ὄψομαι τὸν δεσπότην Mette, Schröder
627	ἀληθῶς . .[	ἀληθῶς σ[ου πατήρ, πρὸς τῶν θεῶν; Borgogno
628	(::) λαμ[β	(ΚΡ.) λάμ[βαν' αὐτὴν μάρτυρα. Arnott
629	γρᾳ̣δ[ι]ο[ν	γρᾳ̣δ[ι]ο[ν, τοιαῦτά μοι Schröder
630	.αλεῖς;	λαλεῖς; Austin
	βέλτιστε [. . . .] .[.]ολ[	βέλτιστε, [νῦν π]α[ρ]ελ[ήλυθας; Furley
647	] δ'	ὁ]δ' Austin, Mette
659	[⏑ –	[βίου. Handley
682	μονηστι † λημψεων	μόνη 'στὶ λήψεων Furley
721	. .[.] .[. .] βοήσεται	δ[οκ]ῶ. βοήσεται Mette

722	.[..]..ν ἑαυτόν	κ[τα]νεῖν ἑαυτόν. Webster
757	..]..με	ἴσ]ως με Furley
758	.(.)]...ἀλύονθ' ὡ[..]	ὁ]ρῶν ἀλύονθ' ὥ[δε Henry et al.
761	ἔστωστε.ειν	ἔστω στέ[γ]ειν Turner
	φ[...]..	φ[ορε]ῖ[ν. Furley.
762	ποεῖ	ποεῖ⟨ν⟩ Handley
763	δυνησ[...]	δυνήσ[ομαι] Turner
764	καὶ....	καὶ σιγῇ Schröder
791	λαλ.[	λαλε[ῖς; Turner
793	...]ν	ἅπα]ν Furley
	ἐκει[ν....] ψέγω	ἐκεῖ[νον μὴ] ψέγω; M. Maehler, Handley
794	τ......[.]ν	τὸ κωλύε[ι]ν M. Maehler
795	τοῦτο[.....]αχου	τοῦτο[ν; ⟨ἀλλὰ⟩ παντ]αχοῦ M. Maehler, Austin
796	γενό[μεν...].α.[	γενό[μενα ἀ]νατ[ρέπει Maehler, Handley
797	θε..[....]...[	θέλ[εις, τά]λαν, Furley, H. Maehler
798	σεαυτὸν....[	σεαυτὸν [ἐλ]κ[ύσαι;] Furley
799	τοτη[..].[.]...ας	τὸ τῆ[ς] σ[ω]τηρίας M. Maehler
800	...σεται[..]..αις.[.]ει	ὁμ[ό]σε ταῖ[ς ὀ]ργαῖς [τρέχ]οι Handley, Furley
801	ε....α. πασαιβ...ων	εἴ[περ; ἁ]ρπάσαι βλέπων M. Maehler
802	νῦν.....	νῦν γενοῦ H. Maehler
806	ο[ὖ]ν	ο[ὖ]κ Turner
807	].ειν με	αὑτὸν κταν]εῖν με Furley, M. Maehler
	προσποου[μεν	προσποου[μένῳ M. Maehler
959	ἄνθρ[ωπε	ἄνθρ[ωπ' ἄπιθι. Turner, Arnott
973	πρ[	πρ[ός σε νῦν ἐξέρχομαι. Sandbach
975	σοι –	σοι γαμεῖν Turner
984	.παυ.[	ἐπ' αὔρ[ιον Turner
988	ει[..]	εἶ[ἑν], Turner
989	δᾶ[ιδας	δᾳ̈[δας in dieser Ausgabe
990	τε[.].ντε[ς	τ' ἔ[χο]ντε[ς Turner
993	μ[	μ[ειράκια, παῖδες καλοί, Austin

Perikeiromene

1	] προθυμηθεῖσα	τὸ μὲν] προθυμηθεῖσα Leo
4	....(.)]. δὲ	ἤρεσ]ε δὲ Furley
	[....].(.)μένων	[ἐγγενο]μένων Leo

86	.[.] . τ' ἐπιβλε . . [Δα.?	π[ά]ντ' ἐπιβλέψα[ς ἑλοῦ. Schröder
90	. . .εδει[	[ἐν τ]έλει [δὲ πάντα δὴ Furley
91	ο[ἵ] μ'	ὄ[ντ'] Furley
	εὐθυς . . . .χη	εὐθύς, ἄ[ν τύ]χῃ, κλέψ[α]ν[τ]ά τι. Sudhaus, Furley, Schwartz, Jensen
92	αλλ . . . . [. .] . ἐκδότης †	ἀλλ' ὀνήσει γ' ἐκδότης ⟨ὤν⟩· Handley
	εκδοσει. . . .ει λαβ . .	ἐκδόσει [λήσ]ει λαβὼ[ν Jensen, Sudhaus
93	ἑπτὰ [.] . . . [. .]ω	ἑπτὰ [τῶν ὀκτ]ὼ Sudhaus
96	(Mo.) . . [	(MO.) αἰ[νετόν γέ που· Furley
97	. .δεκ .ιν. . η γενο[.]θο	εἰ δ' ἐκεῖνο μὴ γένο[ι]θ' ὃ Sudhaus
	ευ[	εὔ[χεται Sudhaus
98	.ε .[	γεγ[ονέναι δέ γ' ἄξιος Sandbach
100	τα . .ι[	τὸ λ[ο]ι[πὸν εὐτύχει. Körte, Jensen
101	δ[– ⏑ – ⏒ – ⏑ –	δ[εῦρο πάραγε τήν τε σὴν Arnott
103	ε[. . . .]	ἐ[μὲ δὲ] Sudhaus
	[. . . .]νη[	[ἐκεί]ν[ην νῦν προσήκει καὶ γελᾶν Sudhaus
114	αρ[. . . . .]	ἄρ[' ὥρα προσκυνεῖ]ν. Capps
132	ἀλλ[. . . . .].	ἀλλ' [ἀσχολοῦμαι, νῦ]ν Leidig
135	. . . . .] . . [.]σαι	κατακ]έχρ[η]σαί Robert
139	. . . . . ψε]ῦδο[ς	[οὐδὲ ἓν ψε]ῦδο[ς, Furley
	καταψεύδεσθ[' .] . .	καταψεύδεσθ' [ἔ]τι Sudhaus.
140	. . . . Mo. οὐ	βούλομ'. MO. οὐ Furley
153	οὐ φλυαρία[.] † εραστην †	οὐ φλυαρ[ῶ, ⟨τὸν⟩ τ'] ἐραστήν· Körte
155	κατα	κατα[βάλω, Sandbach, Furley
158	]βαλοῦ	μετα]βαλοῦ Wilamowitz
160	π[.] . . [. .]ραγε	π[α]ῦε, [πά]ραγε, παιδίο[ν· Jensen
181	.[.]ρι .[	π[ε]ριά[γει Sudhaus
188	ος . .[. .] . . .[. .] .[	ὅς [τοιαῦτ' ἐπαιτιᾷ. Furley
191	.(.)]λα .[	ἐπ]ιλά[βῃ, Furley
194	[. . .(.)]ελθ' ἄνθρωπ' [. .]αριων	πρ[όσ]ελθ' ἄνθρωφ' [ὁ π]αριών – Koenen, Rea
195	. . . .] . . . . .[. . .]μαρτυ . [. .] .λέγει τ'	φυ[γὼ]ν ὃς ἦλ[θ]ε μάρτυ[ς. ὁμ]ολογεῖτ'
	ἔχειν.	ἔχειν; Koenen
196	οὐ . .[. . . . .] . εν . [.	οὐχ [ηὗρετ' αὐτὴ]ν ἔν[δον; ΣΩ. ὄ]ψ[ο]μαί Jensen, Furley
197	ὑμῶν [. . . . . . .] .ας	ὑμῶν [στένον]τας. van Leeuwen
207	α .[. . . .]	ἀν[δρα]ποδιστῇ. Furley
216	keine Personenangabe	(ΣΩ.) Sudhaus

	α.[..]ε.ε[.....]α..γ'[....]	ἄπ[αγ]ε σε[αυτή]ν, ἄπ[α]γ', [ἐπεὶ] Sudhaus
	ψευδη λ[	ψευδῆ λ[έγεις. Jensen, Arnott
301	πρὸς τὴν μ]ητέρ'	τίσιν ἂν λόγοις τὴν μ]ητέρ' Furley
302	κα]ταφυγοῦσ'	πεῖσαί γε κα]ταφυγοῦσ' Furley
308	πρ...[	πρά[ττειν Μυρρίνῃ Schmidt, Meister
309	[⏓ – ⏑ –	[ἀκολασίας Schröder
313	πολυ[τίμητε	πολυ[τίμηθ'· ἃ δὲ λέγεις Schwartz
314	ἐγω[⏓ – ⏑ –	ἔγω[γε πείθομαι. Gerhard
316	οὐ.[⏓ – ⏑ –	οὐχ ἑ[κούσιον Sudhaus
317	ἀνοσι[	ἀνόσι[ον δέ, νὴ Δία. Capps, Sudhaus
318	ο[......]λα..(.),	ο[ὐδ' ἂν, τά]λαν, van Leeuwen
	θεράπαιναν [	θεράπαιναν [ἐργάσαιτό τις. Sudhaus
319	ε.[........]λαμβα[ν	ἐγ[ὼ δ' ἐκεῖν' ἐ]λάμβα[νον· γνωρίσματ' ἦν Sudhaus, Körte, Arnott
320	ε.[ἔχειν	εἴ[θισμαι δ' ἔχειν Sudhaus, Croiset
333	τὴν.......]	τὴν κιστίδ'] Editio princeps
336	[........π]άνυ·	[θαυμαστὸν π]άνυ· Klaus
346	.........]εσθαι	συνεκτίθ]εσθαι Furley
350	.....]ν'	πέραι]ν' Schwartz
353	ὡς ῥοθ[...].[	ὡς ῥοθ[ίῳ τινὶ Körte, Wilamowitz
367	† τόπον †	τόπον ⟨γ'⟩ Körte
375	τ.λ.(.)ν[	τάλαιν[' ἐγώ. Wilcken
385	τις........	τις [δι]άλιθ[ος Jensen
388	τ[..........	τ[ί φῄς; Sudhaus
	Γλ.?...........	ΓΛ. τὰ λοίφ' ἀδελφὸς ἔσχε Sudhaus
389	οὗτ[ος......οὐ]μὸς	οὗτ[ος, ὡς ἔοιχ', οὑ]μὸς Sudhaus
398	μὴ δη.[– ⏑ –	μὴ δῆτ', [ὦ τάλαν. Browne
400	ὧ[ν ⏓ – ⏑ –	ὧ[ν αὐτῆς; ΔΩ. πάλιν Sudhaus
402	[⏓ – ⏑ –	[τὰ λοίπ' ἔχειν. Furley, Wilamowitz
403	τοῦ[τ – –	τοῦ[τ, ὦ φίλη, Grenfell-Hunt, Weil
406	οἴμοι [– ⏑ –	οἴμοι, [φιλτάτη, Sudhaus
407	ε[	ἐ[φίλησάς γ' ἄρα Arnott
409	α[	ἀ[δικεῖσθαι δοκῶν Wilamowitz
410	τοιγαροῦ[ν ⏓ – ⏑ –	τοιγαροῦ[ν ἀπηγχόμην Wilamowitz
412	[⏑ –	[δ' ἐμου; Capps
414	ἐπε..[..]αζ'	ἐπεξ[ήτ]αζ'. Greenfell-Hunt, Browne
	τα[⏒	τα[χὺ van Herwerden
415	ποθ[– ⏑ –	ποθ' [ἡδέων Furley
416	[τόδε.	[πάλιν. Sudhaus

417	δ[– ⏑ –	δ' [ἐπηγμένος Lamagna, Furley
421	βω[μοῦ ⏑ –	βω[μοῦ ποθεν Grenfell-Hunt
423	[. . .]ξ[	[γ' ἔ]ξ[ω τὴν κόρην. Browne
424	δ .[	δ[ὴ καὶ πατήρ. Furley
425	ω τα[	ὦ τά[λαιν' ἐγώ. Grenfell-Hunt
426	. . .[.] .κακὸν	με[ῖνο]ν· κακὸν Furley
	[⏑ –	[ψοφεῖν; Sudhaus
427	[– ⏑ –	[εἴ τι δεῖ. Grenfell-Hunt
433	οὓς .[	οὓς [εἶχ' ἐν γένει Arnott
439	ἕν [	ἕν, [Πολέμων, πάλιν. Gronewald
445	– ⏑ –	ἥδομαι. Kassel

Perinthia

2	[⏑ –	[ταχύ. Schröder
18	φι[λ]τατο[	φι[λ]τάτο[υ Grenfell-Hunt
22	κύκλω[ι	κύκλῳ in dieser Ausgabe.

Samia

2	] .νετι	γέγ]ονε· τί Austin
	δεῖ [	δεῖ [αὐτόν;] Austin
4	. . . . . .]ο τοῦτο †	ὥστ αὐτ]ὸ τοῦτο ⟨γ'⟩ Sommerstein, Barigazzi, Sandbach
5	. . . . . .]δε	σαφὲς]δὲ Austin
6	. . . . . .] τὸν	ἔχοιμι] τὸν Lamagna
7	. . . . . .]νετρύφησα	ὡς μὲ]ν ἐτρύφησα Oguse
9	. . . . . .] .ει	εὐεργέ]τει Jacques, Oguse
10	. . . . . .]εγράφην	ὡς δ' ἐν]εγράφην Kamerbeck, Luppe
12	. . . . . .]α	(ὃς γέγον]α Arnott
13	. . . . . .] γάρ	αὐτοὶ] γάρ Macleod, Oguse
43	† οἰμε †	οἴμοι Austin, Jacques
48	. . .] οὐδὲν	οἷς] οὐδὲν Lowe
56	. . . . . .]ν	εὔκαιρο]ν· Sandbach
60	ἀ[	ἀ[κούσομαι. Barigazzi, Sandbach
77	(Mo.)	(ΠΑ.) zulcizi Sommerstein
79	τετοκέναι;	τετοκέναι. mehrere Textkritiker
120	Mo.?]. ν	MO. οὐδὲ] ἓν Gallo, Sisti
121	τ. [ ] . .μαι	τό[τ' ἐνόουν ἔρ]χομαι. Barigazzi, Turner

122	ἐκτο[μ]όνος	ἐκπ[οδὼν αὐτὸς μ]όνος Sisti, Dedoussi
125	η[ ].τε	ἤ[ιδον ἐνί]οτε Austin, Sandbach, ᾖδον in dieser Ausgabe
133	...] ἐς	ἡ δ'] ἐς Webster
136	[.....]ν	[λόγο]ν Turner
150	]..αν διδωσ' ουτοι	ἐ]πὰν διδῶσ' οὗτοι, Lowe, Dedoussi
156	τα.[...]	ταῦ[τά γ' εὖ Jacques
161	παρενοχλε[ῖν ⏓ – ⏑ –	παρενοχλε[ῖν δ' ὑμῖν, πάτερ, Austin
162	ἀπρε[πές – ⏓ – ⏑ –	ἀπρε[πές· ἀλλ' ἀπέρχομαι. West
167	].[..].ἐκεῖνον βου[	ἐκκαλ]ε[ῖν] ἐκεῖνον βού[λομαι, Austin
168	]. εἰς	ἔξω καλεῖν δεῦ]ρ' εἰς Arnott, Austin
	δ[.].ρομαι	δ[ε]ῦρό μοι, Handley
169	] (NI.)	Νικήρατ' ἔξελθ'.] (NI.) Barigazzi
170	]ν.	καὶ σύ γε· τί δ' ἐστί]ν; Barigazzi, Arnott
172	].υτ[.]. τὴν	τ]αυτ[α]γί· τὴν Dedoussi
173	]σθ'	οἶ]σθ' Austin
175	]ερον	τήμ]ερον. Barigazzi, Jacques
177	]μοι	οὐκοῦν μελήσει ταυτ' ἐ]μοί, Barigazzi, Sommerstein
192	]κε	πριάμενος ἥ]κε. Austin
	⟨⏓⟩	⟨δή⟩, Arnott, Barigazzi
193	]αλίπῃ	ἄν τις παρα]λίπῃ –
194	......μ]άγειρον	ἄγε καὶ μ]άγειρον. Austin
195	......; Δη.	ἃ δεῖ; ΔΗ. Arnott
207	ἐξαίφνης [⏑ –	ἐξαίφνης [μέγας Sisti
214	πρόσθεν .[	πρόσθεν π[ροάγομαι Austin
215	....]ην	ὀδύν]ην Editio princeps
	ἐξ[⏓ – ⏑ –	ἐξ[αίφνης λαβών. Editio princeps; Jacques
217	[⏑ –	[πάνυ Schröder
218	[– ⏑ –	[διὰ κενῆς. Austin
230	σκοπούμενος	σκοπούμενος συχνὰ Hense, Wilamowitz
313	ἥν;	ἥν. Sommerstein und andere.
315	σόν .[....	σόν, φ[ησίν. Sandbach
450	.].[....]..ἄριστ' ἐγὼ ⟨ ⏓ ⟩	ἄρ]ξ[ομ' ο]ὐκ ἄριστ' ἐγὼ ⟨γὰρ⟩ Barigazzi, Roca-Puig
451	.......]νέλθοι	εἴθε μόνο]ν ἔλθοι. Dedoussi
452	......π]άτερ	νὴ Δί', ὦ π]άτερ, Barigazzi, Kassel
454	......]	δηλαδὴ] Fernández Galiano
456	....]..ος	τίς ὁ φλύ]αρος; Editio princeps

	[⏑ –	[τί φῄς; Editio princeps
459	.[. . . . .] .ω	π[ροσδο]κῶ ⟨'γώ⟩, Sandbach
501	[. . . . .] .(.)[	[αἰσχύνοις λ]έχ[ος; Arnott
503	Ἀδ[ράστειαν ⏑ –	Ἀδ[ράστειαν σέβων – Austin
504	νυμφίω[ι ⏓ – ⏑ –	νυμφίω[ι 'γὼ πενθερός Austin, νυμφίῳ in dieser Ausgabe
505	τα .[	ταῦ[τ' ἀκούσας τὴν χολὴν Arnott
506	ἀνδράποδ[ον ⏓ – ⏑ –	ἀνδράποδ[ον εἶ, Δημέα. Sandbach
610	. . . . τὴ]ν	σπένδε· τὴ]ν Sudhaus
611	keine Sprecherangabe	(NI.) ... (ΔΗ.) Körte
	ἐστὶ . . .[.].	ἐστὶ τοῦ[τ]ο. Riad
	πολλ[. . .] .μ[.]. νοῦν ἔχει[	πολλ[αχ]ῇ μ[ὲ]ν νοῦν ἔχει[ς – Jensen, Riad
692	μ[οι ⏓ – ⏑ –	μ[οι σύ, Μοσχίων; Austin
693	ὁδῶ[ι – ⏑ –	ὁδῶ[ι. νῦν δὲ δεῖ West, ὁδῷ in dieser Ausgabe
694	ἔρχο[μ – ⏓	ἔρχο[μ' εἴσω. Barigazzi
695	κοὐχ[⏑ – ⏓ – ⏑ –	κοὐχ[ὶ μέμφομαί τί σοι. Austin
696	αἰτίαν .[	αἰτίαν ἔ[γωγ' ἔχω. Austin
697	πικρο[	πικρῶ[ς οὕτως ἔχεις; Kamerbeek
698	ε[. . . . . . .]αλαβών	ἐ[γώ ποτ' ἀν]αλαβών Lowe, Arnott
699	εἰ σ . .[. . . . . .]ς	εἴ σο[ι] χ[ρόνος τι]ς Barigazzi
700	δοὺς [. . . . . .]	δοὺς [ἔγωγε], mehrere Textkritiker
703	ἐκεῖνο.[	ἐκεῖν' ὀρ[θῶς σκόπει·Austin
704	η .ι . .[	ἡλίκη[ν Arnott, Kasser
728	⟨–⟩ ἀεὶ	⟨εἰς⟩ ἀεὶ Sandbach, West

Sikyonios

15	τούτω[ι τ]υχὸν	τούτῳ [τ]υχὸν in dieser Ausgabe
17	πατ[	πατ[ρίδ(α) Handley
19	. . .] . . . .εναι δοκεῖν	πρὶ]ν εἰδέναι δοκεῖν τ[ι Austin
52	keine Personenangabe	ΣΤΡΑΤΟΦΑΝΗΣ ? Arnott; so auch V. 80–119
53	]δόντων	ἐκ]δόντων Blass
55	keine Personenangabe	ΘΗΡΩΝ ? Arnott; so auch V. 93–120
	]ον ποτ' ἐστιν	τί δὴ τὸ κακ]όν ποτ' ἐστίν; Arnott
56	] τοιοῦτον	μάρτυρα] τοιοῦτον O. Schröder
57	ἐ]ν	ἐνταῦθ' ἐ]ν O. Schröder, Jouguet
	τουδε	τοῦδ'· Page

59	] .εἶται	εἰ συνδρα]μεῖται Page, Austin
60	] ἀφελκύσαις	τὴν παῖδ'] ἀφελκύσαιτ' Sandbach
61	]ετι	ἐνθάδε, γένοιτ' ἂν] ἔτι Arnott, Blass
81	ὑγ]ιὲς	οὐδὲν ὑγ]ιὲς Blass
92	δὶς οὐκ ἀγαθὰ	δὶς· οὐκ ἀγαθά; Arnott
	καλωθ[	κάλ', ὦ θ[εοί. Austin
93	πα.[	παρ[ακάλει Kassel
95	λ[⏑ –	λ[όγον. Austin
96	νῦ[ν ⏑ –	νῦ[ν δ' ἴθι. Austin, Arnott
97	keine Personenangabe	ΜΟΣΧΙΩΝ (?) Arnott
113	]ασιν	εἴτε]ασιν Arnott
	† εἶτα μὴ πεπραζεται †	εἴτε μή, πεπράξεται Handley, Editio princeps
114	]ω	πάντα νῦν. ἔστ]ω, Arnott, Jacques
120	] ποῖος;	ὁ] ποῖος; mehrere Textkritiker
123	]μεν	τόνδ' ἐπέμψα]μεν. Arnott, Mette
124	] βαδίζων;	καὶ διὰ σπουδῆς] βαδίζων; Arnott
125	– ⏑ συμβέβη]κεν	ἤ τι συμβέβη]κεν Gallavotti
126	] τέθνηκε	ἥ γε σὴ μήτηρ] τέθνηκε Arnott, Barigazzi
127	] .	φιλτάτη δ' ὅμω]ς Austin
129	ἦσ]θας	οὐ γὰρ αὐτῆς ἦσ]θας mehrere Textkritiker
132	] .σιν ἀγαθοῦ·	οὐδενὸς τοῖς ζ]ῶσιν ἀγαθοῦ· Mette
157	οὐδε .[	οὐδέν [μοι μελει. Austin
158	σφοδ[ρ	σφόδ[ρ' αὐθάδεις Rau
159	λοιδορεῖ βαρυ .[	λοιδορεῖ; βαρύς[τις εἶ. Sandbach
161	ὁμολογῶ [	ὁμολογῶ, [πιστός γε μήν. Arnott
167	φ[⏓ – · σκάφης	φ[εύγων· σκάφης Kassel, Barigazzi
171	καπν[	καπν[ὸν βλέψης πυρός. Kassel
172	περὶ τ[	περὶ τ[ὸν πυρὸς καπνόν Kassel
174	ειδωσταπυν[	εἰδὼς δ' ἃ πυν[θάνει Barigazzi
175	εἰ[π	εἰ[πὲ τὴν πρᾶξιν σαφῶς. Barigazzi, Austin, Henry
182	]τικός	δημο]τικός, Handley, Kassel
188	† βλεπηις †	κληθεὶς Kassel
192	τ]ῆς	ἐπυνθανόμην τὸν τ]ῆς Barigazzi; Sandbach
193	π[	π[άντα γ', ἀλλὰ δέδια μὴ Barigazzi
195	κα[	κα[θίζομαι." Handley
205	† οὐ	οὖν Barigazzi
212	]ν	νῦ]ν Austin

218	]υτων	θεράπων τις α]ὐτῶν· Sandbach
219	] .δ’	τὴν παρθένον τή]νδ’, Austin
220	]υτος	δακρύων ἀφίησ’ ο]ὗτος Austin, Sandbach
221	λα]μβάνεται	τριχῶν ἑαυτοῦ λα]μβάνεται Austin, Sandbach
222	]έλαβε	ἔπειτα δ’ οἶκτος] ἔλαβε Arnott
223	]ε	πάντες δ’ ἐβόησαν “σὺ δ]ὲ Austin
224	]ν	“ἡ παῖς ἐμή ’στι,” φησί]ν, Arnott
225	] ὑμῖν	δοίη τὸ λοιπὸν δ’, ἄνδρες,] ὑμῖν Kassel
226	τέ]τροφα	τὴν γὰρ κόρην ἐκτέ]τροφα, Arnott
235	πα]τρὸς	οἰκέτης ἦν τοῦ πα]τρὸς Gallavotti, Handley
262	τραγῳδία[ι	τραγῳδίᾳ in dieser Ausgabe
270	τ[ὰ	τ[ὰ δ’ ὕστερα Austin
272	ἀπαγαγεῖ[ν ⏓ – ⏑ –	ἀπαγαγεῖ[ν ὑμᾶς θέλω. Austin, Arnott
274	πολιτ[⏓ – ⏑ –	πολίτ[ης ἀναφανείς; Arnott
277	ἐξετα[σ	ἐξετα[σμὸν Kassel
280	διπλῆι	διπλῇ· Arnott
282	. . . . .]. ξένην	πρὸς τὴ]ν ξένην O. Schröder
	† αισουσαν	αἰτοῦσαν O. Schröder
285	]δους	πέριξ ἰώ]δους O. Schröder
	πορφυρᾶς	πορφυρᾶς. Arnott
286	]δη	ἤ]δη Jouguet
288	]ημι	φ]ημὶ O. Schröder
291	]τος	ὀνόμα]τος Sudhaus
305	δεῦρ[	δεῦρ[ο· καὶ γὰρ Μοσχίων, Blass
310	προσ .[	πρὸς [τὴν οἰκίαν. O. Schröder
312	σπουδαιο[	σπουδαῖο[ν ἀνακοινοῦσθ’ ἔχεις, Sudhaus
313	ταύτης .[	ταύτης φ[ανῆναι τῆς ὁδοῦ Blass, Lloyd Jones
314	δεο[	δεό[μενος μου συντόνως Blass, Sudhoff, Arnott
315	προε[	προέ[ρχεσθαι; ΘΗ. πάνυ Sudhaus, Kassel, Sandbach
317	Ἥφαιστ[ον	Ἥφαιστ[ον, οὐ πεύσῃ τόδε. Blass, Arnott
358	καὶ † θυρας †	συμφορᾶς τ’ Schröder
382	τὴν .[ ]. ωμεν	τὴν Φ[ιλουμένην βαδί]ζωμεν Barigazzi, Galavotti
383	ἡγοῦ .[. . . . . .]	ἡγοῦ μ[όνος σύ]· Arnott, Lloyd-Jones
384	. . . .δι]ώκω	ἐγὼ δι]ώκω, Barigazzi, Kassel

386	] Δόναξ,	παῖ, παῖ] Δόναξ, Handley
387	δεῦρ[ᴗ̄ – ᴗ –	δεῦρ[ο μεταγαγεῖν Kumaniecki
388	τοὺς ἀορτ[άς – ᴗ –	τοὺς ἀόρτ[ας, τὰ πλόκανα Handley
389	ἁπαντ[ᴗ̄ – ᴗ –	ἅπαντ[ας οἰκόθεν Arnott
390	μη . .(.) † ευρησκοντας †	μηκέθ' εὕρισκ' ὄντας ἐνθά[δ' ὕστερον Arnott
391	πρὸς [	πρὸς [τὴν μητέρα Oguse, Webster
392	ὑμῶ[ν – ᴗ –	ὑμῶ[ν, τῶν δ' ἐμῶν Arnott
393	καταλ[	καταλ[είπειν βούλομαι Arnott
395	ἐγὼ [ᴗ̄ – ᴗ –	ἐγὼ [δ' αὐτῇ ταχὺ Kassel, Arnott
398	Μοσχίων [ᴗ̄ – ᴗ –	Μοσχίων, [κακοδαιμονεῖς. Barigazzi
399	σφόδρ' † ἔστ' εὐόφθαλμος οὐδε[	σφόδρ' εὐόφθαλμός ἐστιν· οὐδὲ[ν εἶ. Blanchard, Bataille, Handley, Arnott
400	κ .[	κα[ὶ πλούσιος. Coles, Arnott
401	ονα ντ[ᴗ –	ὃν ἄντ[ικρυς Austin
403	οτανοσον[	ὦ τᾶν, ὅσον[Austin[
410	ν . .ε .(.)[	νῦ[ν] ἔδ[ει Austin
411	keine Personenangabe	ΜΑΛΘΑΚΕ (?) mehrere Textkritiker
	ὄνοι[ς ᴗ̄ – ᴗ –	ὄνοι[ς καθ' ἡμέραν Arnott
413	keine Personenangabe	(ΘΗ. ?) mehrere Textkritiker
	ε[	ἔ[χειν τύχην. Lloyd-Jones
414	ἀδικ .[	ἀδικε[ῖς; οἷς ὤμοσεν Lloyd-Jones
415	βαθυ[– ᴗ̄ – ᴗ –	βαθύ[πλουτος οὑτοσί. Lloyd-Jones
418	δᾳδα[	δᾳδά[μοί τις ἐκδότω. Handley, Barigazzi
419	στεφαν[	στεφάν[ους. πείσθητί μοι. Handley
420	δ .(.)σω.	δράσω. Handley
	μειράκ[ι(α)	μειράκ[ι' ἄνδρες, παιδία, Kassel
F *11,5	ἀπόλ[	ἀπόλ[οιτο Hunt

Phasma

2	keine Personenangabe	ΣΥΡΟΣ (?) Arnott
3	[ἀλλὰ – ᴗ –	[ἀλλὰ τῷ λόγῳ Cobet, Körte
4	καταχρήσα[σθ – ᴗ –	καταχρήσα[σθαι πρέπει. Arnott
6	ὄντα [	ὄντα, [Φειδία, Cobet
7	κα.[	καὶ[τὸν ἐνδεῆ, Sudhaus
10	περιπατεῖς .[	περιπατεῖς κ[ατ' ἀγοράν. Sudhaus
20	μὴ[ν – ᴗ –	μὴ[ν, ὦ Σύρε, Cobet, Arnott
21	βαρέως [ᴗ̄ – ᴗ –	βαρέως [ἔχω σφόδρα. Cobet, Sudhaus
23	λελο[γ	λελό[γισαι κατὰ τρόπον· Arnott, Sudhaus

38	]α	πρόφασιν κατ]ὰ Jernstedt
39	τ]οῦτο	εἶέν· ποῶ γὰρ τ]οῦτο. Arnott, Jernstedt,
40	keine Personenangabe	(ΘΕΟΣ) mehrere Textkritiker
	] ἔστ'	τὸ δ' οὐχὶ φάσμ'] ἔστ', Kock
41	] .θεῖσα	ἐν τῷκίᾳ στε]χθεῖσα Arnott
42	] μήτηρ	τίκτει γὰρ ἡ] μήτηρ Körte
45	]ένη	λάθρᾳ τρεφομ]ένη Körte, Wilamowitz
46	] δεῦρο,	ἀνὴρ ὅταν ἔλθῃ] δεῦρο, Kock
48	]χεν	χρεία 'στιν, ἣν εἴλη]χεν Sudhaus
49	] τίν'	εἴωθε καταλιπεῖν.] τίν' Sudhaus
50	τ]ουτὶ	ἡ παῖς τρόπον; τ]ουτὶ Sudhaus, Kock
51	]ον	ἐμοῦ πυθέσθ'. ἔνδ]ον Sudhaus
52	] διέξοδόν	διελοῦσα τὸν τοῖχον,] διέξοδόν Wilamowitz, Körte
54	κε]κάλυπται	ἡ γὰρ διέξοδος κε]κάλυπται Allinson, Jernstedt
55	πρ]οσελθὼν	μή τις πρ]οσελθὼν Allinson, Jernstedt
71	keine Personenangabe	ΜΑΓΕΙΡΟΣ (?) Arnott
79	keine Personenangabe	ΧΑΙΡΕΑΣ (?) Arnott
	keine Personenangabe	ΧΑΙΡΕΟΥ ΔΟΥΛΟΣ (?) Arnott
80	ὑπενόουν [⏑ –	ὑπενόουν [ἐγὼ Turner
81	ε[. . . .]α παντοδαπὰ λε[– ⏑ –	ἔ[πειτ]α παντοδαπὰ λέ[γων φίλως Turner, Arnott
84	. . .ἀναφρό]διτός	ἠἡν ἀναφρό]διτός Handley
193	kein Personenangabe	ΑΝΗΡ Β' Arnott
194	kein Personenangabe	ΓΥΝΗ Β' Arnott
196	. .μ]ανθάνεις	οὐ μ]ανθάνεις Turner
	οδ[	ὁδ[ὸν Turner
197	Βρ[αυρων ⏑ –	Βρ[αυρῶνι, τοῖς Webster, Arnott
199	. . .]η	μόν]η Austin
	πλανηθεισῃ ταλα .[	πλανηθεῖσ' ἡ τάλαι[να Turner
200	προ[	πρό[σθεν γεγονότα Barbieri, Austin
201	θαυ[μα	θαυ[μασεῖ Arnott
203	] ἄνερ	φίλ'] ἄνερ Turner

Fabula incerta

22	. . . . . .] . .[. . . . . . .].με.	νῦν οὗτ]ος ἥ[κει πρὸ]ς με. Körte
57	ν[– ⏑ –	ν[οῦν ἔχεις; Sudhaus

ERLÄUTERUNGEN

Außer den Erklärungen zu Namen und Sachen versuche ich, wenn es mir nötig erscheint, Verständnishilfen zu geben, insbesondere an Stellen, wo der Text schlecht überliefert ist. Ich bemühe mich aber grundsätzlich nicht darum, Verlorenes zu rekonstruieren. Genau das nimmt dagegen in Geoffrey Arnotts Loeb-Ausgabe einen großen Raum ein. Doch auch wenn der Gelehrte mit höchst bewundernswertem Scharfsinn selbst einzelnen Wörtern Hinweise für die inhaltliche Ausfüllung von Lücken entnimmt, bietet, was er vorschlägt, nur Spekulation.

Aspis (›Der Schild‹)

7 *Stratege*: In Athen einer von zehn Männern, die, jährlich gewählt, abwechselnd die oberste Befehlsgewalt über die Armee hatten.

14 *Erzieher*: Ein Sklave, der einen Sohn des Hauses zur Schule und auch sonst überallhin begleitete.

23 *Lykien*: Landschaft in SW-Kleinasien, durchflossen vom Xanthos, der heute Eşen Çayı heißt.

25 *Barbaren*: Mit diesem Wort bezeichneten die Griechen alle, die nicht Griechisch sprachen.

34 *Goldmünzen*: Statere, denen in Athen zwanzig Silberdrachmen (zu V. 84) entsprachen. 600 Statere hatten den Wert von zwei Talenten, also der Geldsumme, die in den Komödien oft als Mitgift gewährt wird.

45 *das ganze Heer*: Nur die im Lager kampierenden Soldaten.

52 *ich ...*: Daos dürfte kurz gesagt haben, dass er in der Nähe ein Lager aufgeschlagen hatte.

84 *Mine*: Gewichtseinheit, die etwa 4,5 kg entsprach, gleichzeitig Währungseinheit: 60 Minen zu ca. 4,5 g Silber entsprachen 1 Talent, 1 Mine entsprach 100 Drachmen und 1 Drachme 6 Obolen. Drachme und Obolos waren bis zur Ersetzung durch den Euro griechische Münzen.

96 *ihnen*: Gemeint sind die übrigen Angehörigen des Kleostratos.

98 *nicht angebracht*: Götter meiden Berührung mit Krankheit und Tod als etwas, das unrein ist.

102 *ein anderer Söldner*: Er kampierte vermutlich im selben Zelt wie Kleostratos.

104 *er ... das Signal gab*: Der Trompeter oder der Kommandeur.

106 *dessen*: Sie meint Daos, so auch mit *dieser* in V. 110. Eigennamen werden in den Prologen so gut wie nie genannt; Ausnahme ist hier Kleostratos (V. 110).

127 *ließ ... zurück*: Er ließ sie in dessen Obhut zurück.

135 *zwei Talente*: Zu V. 34.

141 *Erbtochter*: Von dem (vermeintlichen) Toten Kleostratos erbt seine Schwester. Sie ist unverheiratet, und nach Athener Gesetz soll sie den ältesten Verwandten als »Erbtochter« heiraten, damit dieser sie statt des Verstorbenen mit einer Mitgift ausstatten kann. So ergibt sich für Smikrines, den älteren Onkel des Kleostratos, die Möglichkeit, von dessen Kriegsbeute Besitz zu ergreifen.

148 *Tyche*: Sie ist wie die römische Fortuna die Göttin des Zufalls und des Glücks.

155 *solange die ...*: Sklaven durften durch Folter befragt werden.

156 *die*: Seine Verwandten.

164 *euch*: Frau und Tochter des Chairestratos und die Schwester des Kleostratos. *dass ihr dies tut*: Gemeint: dass ihr heftig klagt.

169 *dies regeln*: D. h. regeln, was mit der Kriegsbeute geschieht. Smikrines versucht taktvoll zu sein, indem er das Thema nicht direkt anspricht.

186 *Gesetz*: Zu V. 141.

189 *du bist kein Fremder*: Daos ist als Sklave, den Smikrines von Kleostratos erben würde, persönlich betroffen.

191 *»Erkenne dich selbst!«*: Die berühmte Maxime war am Apollontempel in Delphi zu lesen.

206 *Phryger*: Volk in NW-Kleinasien, das den Römern als feige und verweichlicht galt. Dorther kam aber auch der schlaue Fabelerzähler Äsop, Sklave wie Daos. Dieser dürfte somit implizit vor seiner Fähigkeit zum Intrigieren warnen. Die anschließend genannten Thraker und Geten galten als Balkanvölker.

215 *Welches so große Unrecht ...*: D. h.: »Was habe ich dir angetan, das dem entspricht, das du mir angetan hast?

223 *Drachme*: Zu V. 84.

227 *Tempelräuber*: Das ist hier eine drastische Bezeichnung für einen kleinen Dieb, wie Spinther (»Funke«) es als Küchenjunge vermutlich ist – sein Herr moniert ja sogar, dass er kein Öl gestohlen hat –, wird aber auch sonst als Schimpfwort verwendet.

230 *Aristeides*: Athenischer Staatsmann des frühen 5. Jahrhunderts v. Chr., dem man den Beinamen »der Gerechte« gab.

233 *bis zum Leichenschmaus*: Er fand neun Tage nach der Beisetzung statt.

234 *geschlagen*: Im Deutschen nicht adäquat wiederzugebendes Wortspiel mit κόπτεσθαι 1. sich trauernd die Brust schlagen; 2. ermüdet, gelangweilt werden.

245 *sind die Mühlen voll von uns*: Die dort zu verrichtende harte Arbeit wurde Sklaven als Strafe auferlegt.

247 *diesen fremdem Haufen betrunkener Menschen*: Gemeint ist der zum Entreakt auftretende Chor; s. Einf. S. 17f.

260 *Habe ich* ...: Smikrines spricht in der Vergangenheit, weil die Heirat für ihn so gut wie schon stattgefunden hat.

267 *allein*: D. h. ohne das von ihrem Bruder Kleostratos geerbte Vermögen.

268 *zwei Talente*: Zu V. 34 und 84.

269 *Melitides*: Name eines sprichwörtlichen Dummkopfs.

280 *er selbst*: Kleostratos.

288 *nicht selbst gewählt*: D. h., die Liebe (bzw. der Liebesgott) ergriff ihn.

306 *Ich leide ... an schwarzer Galle*: D. h., er ist schwermütig. Man glaubte, dieser körperliche Zustand erzeuge Depressionen und Wahnsinn.

341 *Pleuritis oder Phrenitis*: Pleuritis, heute für Brustfellentzündung gebraucht, stand in der Zeit Menanders für Seitenstechen. Phrenitis, wörtlich übersetzt »Zwerchfellentzündung«, wurde in der Antike für Geisteskrankheiten verwendet, da man das Zwerchfell als Sitz der seelischen Regungen ansah.

356 *wird er ... zu jammern haben*: Einigermaßen wörtliche Wiedergabe einer Formel, mit der jemandem Unglück prophezeit oder gewünscht wird; freie Wiedergabe: »Das wird/soll ihm schlecht bekommen.«

391 *Wirklich schnell*: Das ist ironisch gemeint, da Daos nichts dergleichen tat.

398 *dieses Ausreißers*: Das ist nicht wörtlich gemeint, sondern gängiges Schimpfwort für einen Sklaven.

399 *Ihr göttlichen Mächte* ...: Daos spricht bewusst mit dem Pathos einer Tragödienfigur.
Helios: Der Sonnengott.

404 *O Gottheit, die* ...: Wenn richtig ergänzt ist, könnte Daos hier bereits einen Tragödienvers zitieren. Im Folgenden sind die Zitate metrisch übersetzt.

407 *»Es existiert* ...: Euripides, *Stheneboia* F 661,1 Kannicht; auch Menandersentenzen 596 Pernigotti.

411 *»Das Tun* ...: Chairemon, *Achilleus Thersitestöter* F 2 Snell-Kannicht; auch Menandersentenzen 732 Pernigotti.

412 *»Ein Gott* ...: Aischylos, *Niobe* F 154a, 15f. Radt.

415 *»Unglaublich* ...: Wohl auch ein (verkürzter) jambischer Trimeter aus einer Tragödie.

417 *»Was ist* ...: Karkinos 70 F 5a,2–4 Snell-Kannicht.

424 *»Kein Wort* ...: Euripides, *Orestes* 1f.

425 *»Denn das* ...: Chairemon 71 F 42 Snell-Kannicht.

432 *»In ihrer* ...: »Euripides, *Orestes* 232.

439 *seine Galle*: Zu V. 306. Der falsche Arzt sagt nicht χολήν, was Attisch wäre, sondern χολάν und imitiert damit den dorischen Dialekt der Nachfolger des Hippo-

krates. Das lässt sich in der Übersetzung nicht nachahmen (Arnott in der Loeb-Bilingue versucht es mit Schottisch).

444 *Phren*: Zu V. 341.

465 *Sicherlich tragen* ...: Smikrines stellt sich vor, dass die Frauen den Besitz des Chairestratos plündern, wie Soldaten Beute machen. Er vermutet offenbar, dass sie die Sachen durch die Regenrinnen in ein Nachbarhaus schaffen, damit er es nicht sieht (M. Gronewald, Zeitschrift für Papyrologie und Epigraphik 102, 1994, 71f.).

Georgos (›Der Bauer‹)

47 *der junge Mann*: Gorgias.

53 *meine Stiefschwester*: Die Heirat von Halbgeschwistern war in Athen gesetzlich erlaubt.

67 *bei den zwei Göttinnen*: Demeter und Persephone, bei denen Frauen schwuren.

75 *Zweige*: Zusammen mit anderem Grünzeug Dekoration von Häusern, in denen ein Fest, z. B. eine Hochzeit, gefeiert wurde.

79 *Myrten, ... Efeu*: Myrte gehörte zum Kult der Aphrodite, Efeu zu dem Apollons und des Dionysos.

100 *er solle ... zu jammern haben*: Zu *Aspis* V. 356.

175 *Sykophant*: Denunziant, der aus Profitgier vor Gericht auftritt.

Dis exapaton (›Der Doppelbetrüger‹)

15 *der*: Sostratos.

18 *Der ist ... hinüber*: D. h., Moschos kann nicht mehr gerettet werden.

25 *leer*: D. h., ohne Geld.

54 *Niemand ging ... Nicht bei Theotimos* ...: Bezugnahme auf die Lügen, die Syros erzählt hat, um zu begründen, dass der Vaters des Sostratos das Gold nicht bekommt.

57 *er trägt* ...: Das Bild evoziert einen zweimal im Jahr Frucht tragenden Baum. Entsprechend vermehrt Theotimos (den Syros für seine Lüge offenbar erfunden hat) laut Sostratos bei ihm investiertes Geld.

64 *er*: Syros.

92 *leer*: Zu V. 25.

96 *wie ich es verdiene*: Wenn Sostratos die Hetäre sagen lässt, sie verdiene das Gold, griechisch χρυσός, könnte er darauf anspielen, dass sie bei Menander Chrysis hieß.

105 *ein brandneues Unglück unter den hiesigen:* D. h. »hier in ein neues Unglück«.

F 2 *Demeas*: So hieß offenbar bei Menander einer der beiden Väter, wahrscheinlich der des Sostratos.

Dyskolos (›Der Schwierige‹)

Inhaltsangabe: Sie ist in der Handschrift zusammen mit dem Personenverzeichnis und der Didaskalie überliefert und stammt schwerlich von dem alexandrinischen Philologen Aristophanes von Byzanz (um 220 v. Chr.), u. a. weil sie den Handlungsverlauf stark simplifiziert.

Lenäen: Athenisches Fest zu Ehren des Dionysos im Januar/Februar.

Demogenes: Der Name des Archonten steht für 317/16 v. Chr.

20 *noch schlimmer*: Knemon hätte wohl lieber einen Sohn gehabt, für den er später keine Mitgift würde aufbringen müssen.

33 *Cholargos*: Wie Phyle ein attisches Dorf.

40 *Talente*: Zu *Aspis* V. 34.

60 *ich heble* ...: Chaireas deutet das in Komödie und Elegie beschriebene Vorgehen bei der gewaltsamen Entführung einer Hetäre an.

88 *Odynes Sohn*: »Schmerz« (ὀδύνη) ist hier personifiziert.

89 *mit schwarzer Galle*: Zu *Aspis* V. 306.

112 *Ab zu den Raben*: D. h. »ab zum Henker«, da Raben über den in eine Mördergrube (zu V. 394) geworfenen Verbrecher herfielen.

118 *15 Stadien*: Ein Stadion entspricht etwa 180 Metern.

153 *Perseus*: Sohn des Zeus und der Danaë, der sich mit Flügelschuhen durch die Luft bewegt und mit dem Haupt der Gorgo Menschen, die es anblicken, versteinern kann.

160 *Asklepios*: Der Gott der Heilkunst, lateinisch Aesculapius (Äskulap).

173 *eine Säulenhalle* ...: Orte, wo Athener sich versammelten. Leos wurde als einer der Heroen der zehn attischen Phylen (Stadtbezirke) verehrt.

188 *gegen die Tür gestoßen*: Das dabei entstehende Geräusch kündigt in Komödien an, dass jemand aus einem der Bühnenhäuser kommt.

192 *Phoibos Paian*: Phoibos Apollon als Heilgott.

Dioskuren: Die Zwillinge Kastor und Polydeukes, Söhne des Zeus (Διὸς κοῦροι), die als Retter besonders in Seenot angerufen wurden.

209 *Penia*: Die personifizierte Armut.

230 *Ich sehe ja* ...: Zu dem formelhaften Schluss von Akt I vgl. Einf. S. 17f.

249 *hängt ... auf*: Zur Auspeitschung.

262 *Demos*: D. h. in Phyle, einer Gemeinde (δῆμος).

292 *eine Tat* ...: Vergewaltigung.

327 *Talente*: Zu *Aspis* V. 34.

340 *Tyche*: Zu *Aspis* V. 148.

347 *bei dem Gott*: Bei Pan, wie das Publikum von diesem weiß.

369 *selbst arbeitend*: D. h. ohne Sklave(n).

390 *vier Talente*: Das wären etwa 100 kg, was also übertrieben ist.

394 *Mördergrube*: In eine solche wurden Verbrecher gestürzt; in Athen lag sie hinter der Akropolis.

408 *Paiania*: Dorf an der Ostseite des südöstlich von Athen liegenden Hymettosgebirges.

423 *Und entspanne … deine Augenbrauen*: Er soll nicht finster blicken.

432 *Ab zu den Raben*: Zu V. 112.

497 *aufgehängt*: Zu V. 249.

549 *den hier*: Pan.

570 *Demeter*: Die Göttin des Ackerbaus, lateinisch Ceres.

575 *Mördergrube*: Zu V. 394.

586 *stößt gegen die Tür*: Zu V. 188.

624 *Ihr sollt zu jammern haben!*: Zu *Aspis* V. 356.

629 *Uranos*: Der personifizierte Himmel, Großvater des Zeus.

633 *Fabel*: Nr. 120 in der Augustana-Sammlung der Aisopika (Leben und Fabeln Äsops. Griechisch/deutsch. Hg. u. übers. von N. Holzberg, Berlin 2021 [Sammlung Tusculum], S. 300f.): Ein Gärtner, dem der Hund in den Brunnen gefallen ist und der ihn zu retten versucht, wird von ihm gebissen, weil der Hund denkt, sein Herr wolle ihn ertränken.

666 *Demeter … Asklepios*: Zu V. 570 und 160.

675 *der Goldene*: Das Adjektiv, sonst für Götter verwendet, bezieht Sostratos offenbar selbstironisch auf sich.

683 *Atlas*: Titan, der dem Mythos zufolge den Himmel trägt.

690 *Ekkyklema*: Bühnenmaschine in Form einer hölzernen Plattform auf Rädern, die aus einer Tür der Skene (Bühnenhaus) herausgerollt wurde.

708 *ich wollte*: Hier wechselt im Original der jambische Trimeter bis V. 783 in den katalektischen trochäischen Tetrameter über.

718 *Hephaistos*: Der Gott der Schmiedekunst und des Feuers, lateinisch Vulcanus.

729 *jetzt nicht«* –: Es soll »Er sagte es nicht« folgen, aber wir sollen uns offenbar vorstellen, dass Gorgias hier verlegen abwinkt. Es liegt also eine Aposiopese vor.

758 *Rollt mich hinein*: Zu V. 690.

801 *Tyche*: Zu *Aspis* V. 148.

844 *Talente*: Zu *Aspis* V. 34.

878 *bei den zwei Göttinnen*: Zu *Georgos* V. 67.

879 *Der Flötenspieler bläst*: Hier geht im Original das Metrum vom jambischen Trimeter bis V. 958 in den katalektischen jambischen Tetrameter über.

908 *Ge*: Die Personifikation der Erde als Mutter.

923 *barbarisch*: Zu *Aspis* V. 25. Hier ist wohl ein persisches Gewebe gemeint.

946 *Euios*: Beiname des Dionysos, der hier metonymisch für alten Wein steht.

947 *Nass der Nymphen*: Wasser.

969 *Nike*: Die Siegesgöttin, die hier um den Sieg im Komödienwettbewerb gebeten wird.

Epitrepontes (›Das Schiedsgericht‹)

F 1 *Harfenmädchen*: Eine Hetäre, die ein Saiteninstrument (Lyra oder Kithara) bei Gastmählern spielt.

F 3 *Der liegt ... da*: Auf dem Speisesofa. Vermutlich spricht Onesimos zu Karion.

F 5 *Ich streue Salz auf den Salzfisch*: Vielleicht eine Entsprechung zu »Ich gieße Öl ins Feuer«. Dann würde der vermutlich sprechende Koch Karion ein Wortspiel machen.

127 *... der Mensch Wein*: Zu ergänzen ist wohl »kauft unglaublich teuren«.

130 *Obolos*: (Zu *Aspis* V. 84.) Das ist für den Geizhals viel.

133 *Liebesfreuden*: Offenbar diejenigen, die sich Charisios (vermeintlich) von Habrotonon erhofft.
etwas zu jammern: Zu *Aspis* V. 356.

134 *Talente*: Zu *Aspis* V. 34.

137 *zwölf Drachmen*: Zu *Aspis* V. 84.

159 *So wahr ...*: Worum es in V. 159–168a geht, ist unklar. Offenbar stehen Chairestratos und Habroton nach wie vor abseits, von Smikrines nicht bemerkt. Dann wäre der Fluch in V. 160 *a parte* gesprochen und würde sich gegen Smikrines richten.

160 *Ab zu den Raben*: Zu *Dyskolos* V. 112.

165 *ihm*: Charisios.

168 *irgendeine Schar*: Gemeint ist der zum Entreakt auftretende Chor; s. Einf. S. 17f.

294 *Also ich danach*: Hier beginnt die Szene, die eines der in Mytilene gefundenen Mosaike (s. Einf. S. 14f.) darstellt.

302 *der hier*: Das Kind ist ein Junge.

314 *das da*: das Kind.

319 *Finden ... Entwinden*: So ahmen Kurt und Ursula Treu in ihrer Übersetzung (s. S. 585) das Wortspiel mit εὕρεσις und ἀφαιρεσις nach.

326 *Neleus und ... Pelias*: Anspielung auf die verlorene Tragödie *Tyro* wahrscheinlich des Sophokles, vielleicht des Karkinos oder Astydamas. Tyro, von Poseidon vergewaltigt, setzt ihre von ihm gezeugten Zwillinge Nereus und Pelias im Gebirge aus, und diese werden von einem Hirten zusammen mit den Erkennungszeichen gefunden.

341 *Seine Schwester ...*: Verhinderten Inzest von Bruder und Schwester kennen wir nur aus Menanders *Perikeiromene*, nicht aus einer Tragödie, aber das Motiv wurde zweifellos auch dort verwendet. Finden und Befreien der Mutter thematisierten die *Tyro* und mehrere Euripides-Stücke, darunter der (einzig davon erhaltene) *Ion*; ein Bruder wird in *Iphigenie bei den Tauriern* des Euripides gerettet.

349 *das*: das Kind.

351 *Tyche*: Zu *Aspis* V. 148.

412 *sie*: Chairestratos und seine Gäste beim Gelage, darunter Charisios.

433 *der Mensch*: Charisios.

435 *neben sich liegen*: Auf dem Speisesofa, was Hetären gestattet werden konnte.

438 *den Korb der Göttin*: Als eine der noch nicht verheirateten Frauen in der Prozession des Panathenäenfest für Athene. Sie will sagen, dass Charisios sie nicht berührt hat.

451 *Tauropolien*: Nachtfest, gefeiert von Frauen als Teil des Kultes für Artemis Tauropolos, die in dem athenischen Demos Halai Araphenides verehrt wurde.

452 *natürlich*: D. h. es war von vornherein damit zu rechnen. Das ist auch metatheatralisch zu verstehen: Eine Vergewaltigung bei einem Fest gehört zur Neuen Komödie.

479 *Ja freilich*: Höhnische Bemerkung zu dem, was Onesimos einer Hetäre nicht glaubt.

489 *ihr ... Tarentinisches*: Ein leicht durchsichtiges Kleid aus einem seidenartigem Stoff, hergestellt im unteritalischen Tarent.

491 *ihn*: Er meint den Ring.

520 *Ja, am besten ...*: Zu V. 479.

525 *Helios*: Der Sonnengott.

530 *es*: das Kind.

543 *bei den zwei Göttinnen*: Zu *Dyskolos* V. 878.

553 *ob es wirklich so ist*: D. h. ob Charisios wirklich der Vater des Kindes ist.

555 *Peitho*: Die personifizierte Überredung als Gottheit.

610 *Ich dreimal Unglückseliger*: Offenbar hat Habrotonons Auftritt mit dem Ring die Auflösung der Festgesellschaft bewirkt. Den Papyrusresten lässt sich entnehmen, dass der Koch Karion sich bis zu V. 631a zusammen mit Smikrines auf der Bühne befindet und sie zusammen mit seinem Gehilfen Simias verlässt. Danach tritt Chairestratos zu einem Dialog mit Smikrines auf.

614 *ins Land der Seligen*: Euphemistisch für »zu den Raben« (zu *Dyskolos* V. 112).

689 *es sei denn, er wäre ...*: Smikrines meint, nur eine Familie von (verachteten) Nicht-Athenern könne einen Mann wie Chaireas als Schwiegersohn akzeptieren.

691 *Anlass zum Jammern*: Zu *Aspis* V. 356.

695 *die eine ... die andere*: Pamphile und Habrotonon.

699 *Auftrag*: Die Freikaufung Habrotonons, nachdem sie (vermeintlich) als Mutter des Kindes erkannt worden ist.

749 *Thesmophorien*: Dreitägiges Frauenfest für Demeter und Persephone im Herbst.

750 *Skiren*: Eintägiges Frauenfest für Demeter und Persephone, auch Skirophorien genannt, im Monat Skirophorion (Mai/Juni).

752 *Peiraieus*: Athens Hafen (Piräus).

786 *Zaubersäfte*: Offenbar unterstellt Smikrines Habrotonon, sie verabreiche Charisios Liebestränke.

797 *Pythia*: Priesterin des Apollon-Tempels in Delphi, welche die Orakel verkündet. Mit ihr setzt Smikrines sich hier bezüglich seiner Prognosen gleich.

874 *Gegen die Tür ...*: Zu *Dyskolos* V. 188.

880 *Die schwarze Galle*: Zu *Aspis* V. 306.

903 *der sie verhasst gemacht hat*: Laut V. 426 sagte Onesimos seinem Herrn Charisios, dass Pamphile schwanger sei.

1060 *Einer solchen Frau*: Offenbar ist Habrotonon gemeint. Aber wer er sein soll, ist unklar.

1069 *viel zu jammern*: Zu *Aspis* V. 356.

1082 *der Raub*: Ironisch auf Charisios als Mitgiftjäger bezogen.

1123 *»Natur hat ...«*: Aus der verlorenen Tragödie *Auge* des Euripides (F 265a Kannicht).

1124 *dafür*: Für das Gebären von Kindern.

1125 *Auge*: Das gleichnamige Stück ist motivisch mit den *Epitrepontes* verwandt: Auge, von Herakles vergewaltigte Königstochter, wird die Mutter des Telephos. Auges Vater lässt ihn aussetzen, aber Hirten finden ihn, und ein Ring verhilft zur Wiedererkennung.

1126 *Galle*: Zu *Aspis* V. 306.

Heros (›Der Halbgott‹)

3 *Mühle*: Zu *Aspis* V. 245.

16 *Choiniken*: 1 Choinix, etwa 1 Liter, war normalerweise die tägliche Getreideration für einen Sklaven.

29 *Mine*: Zu *Aspis* V. 84.

43 *zusammenwohnen*: Sklaven durften nicht wie freie Bürger heiraten.

46 *Lemnos*: Insel in der NO-Ägäis.

70 *ab zu den Raben mit ihnen!*: Zu *Dyskolos* V. 112.

Theophorumene (›Die Besessene‹)

27 *Göttermutter*: Kybele, eine in Phrygien (zu *Aspis* V. 206) ekstatisch verehrte Göttin.

Korybanten: Orgiastisch feiernde Verehrer der Kybele, die sich im religiösen Rausch kastrierten.

36 *mächtigste Königin* …: V. 36–41 sind in lyrischen Hexametern verfasst, in V. 50–56 solche mit jambischen Trimetern (51, 53–55, 57) gemischt.

39 *Hekatombe*: Opfer von 100 Stieren, auch allgemein festliches Opfer.

41 *Bergmutter*: Wichtigste Kultstätte war das Idagebirge bei Troja. Zwischen V. 41 und 42 steht in Prosa στέφανο(ν) ἐχέτω μ(ε)τ(ὰ) πλακιτῶ(ν) … π]αρὰ χεῖρα θαλλού[ς (»Sie soll einen Kranz zusammen mit Fladenkuchen haben … grüne Zweige bei der Hand«), offensichtlich eine Regieanweisung.

50 *Angdistis*: Phrygische Göttin mit männlichen und weiblichen Genitalien, hier mit Kybele gleichgesetzt.

F 1,17 *Sykophant*: Zu *Georgos* V. 175.

F 5 *der Therikleische*: Ein von dem korinthischen Künstler Therikles angefertigter Becher mit reicher Verzierung.

Karchedonios (›Der Karthager‹)

4 ⟨*gegen die Tür*⟩ *gestoßen*: Zu *Dyskolos* V. 188.

34 *Demos*: Stadtteil Athens (zu *Dyskolos* V. 262).

35 *Hamilkar*: Name mehrerer Heerführer (griech. »Strategen« genannt) der Karthager.

F 1 *Boreas*: Der personifizierte Nordwind.

*F 3 *Not lehrt* …: Die Zuweisung an den *Karchedonios* ist unsicher.

F 4 *Lityersis*: Ein Erntelied.

Kitharistes (›Der Kitharaspieler‹)

41 *einer* …: Ein Zuhälter, griechisch »Hurenernährer« (πορνοβοσκός)

65 *Hermen*: Statuen mit dem Kopf des Hermes, des Gottes der Kaufleute, die u. a. auf der Agora standen.

93 *Ich fiel in Ephesos ein*: Das ist sicher nicht wörtlich gemeint, sondern die Form des Verbs, das einfach im Sinne von »ich kam (nach)« zu verstehen ist, klingt an den Ortsnamen an.

95 *Festzug*: Wörtlich »Speisentragung«, da die Frauen Speisen trugen.

97 *Euonymon*: Attischer Demos (zu *Karchedonios* V. 34) südlich von Athen.

Kolax (›Der Schmeichler‹)

45 *Helios*: Der Sonnengott.

47 *den Thasischen*: Wein von der Ägäisinsel Thasos.

96 *Satrap*: Statthalter einer Provinz des Persischen Reiches.

105 *Astyanax*: Ein berühmter Ring- und Faustkämpfer im 4. Jahrhundert v. Chr.

108 *Minen*: Zu *Aspis* V. 84.

132 *bei den zwölf Göttern*: Es sind die zwölf olympischen Götter mit Zeus an der Spitze gemeint.

Koneiazomenai (›Die Schierling trinkenden Frauen‹)

3 *Talente*: Zu *Aspis* V. 34.

4 *Ich bin nicht wach*: D. h. »Das muss ich wirklich träumen.«

6 *Wie eine Zecke*: Es gab die Redensart »gesünder als eine Zecke«.

13 *Tyche*: Zu *Aspis* V. 148.

Leukadia (›Die Leukadierin‹)

10 *die hohe*: Geoffrey Arnott äußert die ansprechende Vermutung, dass F 1 hier mit »wo« direkt anschloss. Die in anapästischen Dimetern verfassten sechs Verse hätten dann den Anfang eines Lieds der Tempeldienerin gebildet.

Misumenos (›Der Gehasste‹)

1 *an Aphrodite*: D. h. an Liebe und Liebesspiel, wofür die Göttin steht, deren Name hier metonymisch gebraucht ist,

18 *aus Eichenholz*: D. h. zäh wie Eichenholz.

20 *Wer wird …*: Zu *Dyskolos* V. 188.

43 *Magnetstein*: Wie ein solcher anzieht und abstößt, so zieht Thrasonides in Getas' Augen die Frauen an und stößt sie ab.

576 *Bei den zwei Göttinnen*: Zu *Dyskolos* V. 878.

578 *Schwerter*: An diese Schwerter, die laut F 12 »verschwunden« sind, hat man Spekulationen geknüpft.

621 *zu heulen haben*: Wenn er geschlagen wird (zu *Aspis* V. 356).

647 *Er ist nicht mehr?*: Alle Ergänzungen der Lücken in V. 647–658, die mit dem Versuch, das Rätsel um Krateias Bruder zu lösen, verbunden sind, beruhen auf Spekulation. Hier ist nur abgedruckt, was als einigermaßen sicher gelten darf.

648 *Er selbst*: Offenbar Thrasonides.

660 *Tyche*: Zu *Aspis* V. 148.

673 *beunruhigt*: Worüber, ist unklar. Eine erotische Angelegenheit wie die des Thrasonides (»auch«)?

674 *Gast*: Demeas.

677 *Schwert*: Zu V. 578.

686 *Helios*: Der Sonnengott.

696 *Der Esel hört eine Lyra*: Redensartlich für jemanden, bei dem man auf taube Ohren stößt.

704 *Das Wildschwein am Berg*: Sonst nicht bekannte Redensart, die offenbar im Zusammenhang mit Hartnäckigkeit verwendet wurde.

800 *das Abzeichen der Rettung*: Er spielt vermutlich auf ein Symbol des Sieges auf seinem Schild an und dürfte sagen wollen, dass ihm seine Fähigkeit, als Soldat zu retten und zu siegen, in der Liebe nicht hilft.

996 *Nike*: Die Siegesgöttin.

Perikeiromene (›Die Geschorene‹)

1 *Agnoia*: Die Personifikation der Unwissenheit.
sie: Eine arme Frau, welche die von dem reichen Pataikos nach dem Tod von dessen Frau ausgesetzten Zwillinge findet, das Mädchen (Glykera) aufzieht und deren Bruder (Moschion) Myrrhine als Ziehkind übergeben hat.

5 *der Krieg …*: Welche militärische Aktion gegen Korinth im letzten Drittel des 4. Jahrhunderts v. Chr. gemeint sein könnte, lässt sich nicht feststellen.

9 *dieser … junge Mann*: Polemon.

30 *Tyche*: Zu *Aspis* V. 148.

37 *Der Gefolgsmann*: Sosias, wie das Mosaik in Daphne belegt: Dort zeigt er auf Glykera. Er ist auch in V. 38 gemeint.

51 *verderbt nicht …*: Ermahnung der Zuschauer zu Disziplin während der Aufführung (wörtlich: »und verschont das noch Übrige«).

70 *Sklavenjunge …*: Sie dürfte Myrrhine im Namen Glykeras gebeten haben, diese vor Polemon in ihr Haus fliehen zu lassen. Das muss in den verlorenen Versen erfolgt sein.

77 *Daos …*: V. 77–163 sind in katalektischen trochäischen Tetrametern verfasst.

79 *Häng mich … auf*: Zu *Dyskolos* V. 249.

97 *wenn nur das nicht geschieht …*: Worauf hier angespielt wird, ist unbekannt. Furley erwägt in seinem Kommentar (s. u. S. 586) zur Stelle mehrere Möglichkeiten, kommt aber zu keinem definitiven Ergebnis.

104 *Chiliarch*: Kommandeur einer Truppe von 1000 Infanteristen.

114 *Adrasteia*: Diese Göttin ist hier mit der Rachegöttin Nemesis gleichgesetzt, die u. a. Hochmut bestraft.
126 *jemand stößt …*: Zu *Dyskolos* V. 188.
146 *Asklepios*: Der Gott der Heilkunst.
156 *auf einem langen Rundgang herumgehen*: Er führt ihn in die Irre.
170 *Heimkehr*: Der Soldat ist gerade von einer Expedition zurück, als Sosias ihm von der »Untreue« Glykeras berichtet.
174 *meinen Herrn*: Wenn Pataikos der Mann Myrrhines und der Ziehvater Moschions ist, wie angenommen wird, meint er ihn.
180 *befiehlt uns langes und lautes Jammern*: Zu *Aspis* V. 356. Vgl. auch V. 196f.
188 *Sykophant*: Zu *Georgos* V. 175.
189 *Galle*: Zu *Aspis* V. 306.
190 *Vier-Obolen-Männer*: Feige Soldaten.
202 *mit den kleinen Schilden*: Solche trugen die Leichtbewaffneten (Peltasten), und Sosias zeigt bei seinen Worten vermutlich auf das Haus des Offiziers Polemon, dessen Sklaven es verstanden haben müssten, mit kleinen Schilden umzugehen.
204 *Leute, die in der Stadt wohnen –*: Was will er sagen? »– sind schwach im Kämpfen«?
205 *sie*: Glykera.
206 *Sarisa*: Schwere makedonische Lanze.
Ab zu den Raben: Zu *Dyskolos* V. 112.
280 *er*: Daos, der wohl die Rückkehr Polemons mit seinen Söldnern sah.
303 *Er ist mir ja …*: Das meint sie ironisch.
310 *er*: Polemon, weil er Untreue mit Moschion argwöhnte.
327 *sie*: Die Erkennungszeichen.
335 *Warum weinst du …*: Darauf gibt Doris seltsamerweise keine Antwort. Stattdessen sagt Pataikos, er erlebe etwas Verwunderliches. Damit meint er schwerlich den Anblick der Erkennungszeichen, da Doris wohl nicht sofort wieder mit dem Kästchen kommt.
339 *Ziegenbock …*: Offenbar handelt es sich um Stickereien auf einem Tuch.
361 *ihr*: Der Adoptivmutter.
372 *Tyche*: Zu *Aspis* V. 148.
437 *Talent*: Zu *Aspis* V. 34.
448 *Ge*: Die Personifikation der Erde als Mutter.

Perinthia (›Die Perinthierin‹)

15 *den Gipfel an Verstand*: wörtlich »das beste Myrrhenöl an Verstand«.
18 *die Beine herab?*: Daos entlädt sich vor Angst.

22 *im Kreis*: Das Wort dürfte hier den Ort bezeichnen, wo Sklaven verkauft wurden.

F 5 *Wagen*: Gemeint sind solche, die man bei einer Dionysos-Prozession mitführte und von denen aus wohl die Zuschauer rituell beschimpft wurden.

Samia (›Die Samierin‹)

2 *ihn*: Demeas.

13 *Chorege*: Reicher Athener, der die Chöre für die Theateraufführungen ausstattet.

15 *Phylarch*: Befehlshaber einer Reiterabteilung seiner Phyle (Stadtgemeinde; zu *Dyskolos* V. 173).

25 *Herr über die Hetäre*: In dem Sinne, dass sie als seine Konkubine mit ihm zusammen wohnen würde.

27 *das zu tun*: »Herr« über sie zu werden.

39 *Adonia*: Ein Frauenfest zu Ehren des Adonis, eines dem Mythos zufolge von Aphrodite geliebten jungen Mannes, der von einem Eber getötet, wird, aber die Hälfte jedes Jahrs auf der Erde verbringen darf. Er ist daher Symbolfigur für Werden und Vergehen.

45 *Adonisgärten*: Kästen mit schnell blühenden und wieder verwelkenden Blumen, die beim Adonisfest das Werden und Vergehen symbolisierten.

57 *... schon lange*: Hier dürfte Moschion gesagt haben, dass auch Chrysis gebar (Arnott ergänzt deshalb zu Beginn von V. 56 ἔτικτε[ν = sie gebar, allerdings zweifelnd) und deshalb sein Kind stillen konnte. Was aus ihrem Kind wurde, liegt im Dunkeln.

74 *Sesam*: Er diente mit Honig vermischt als Teig für den Hochzeitskuchen.

98 *Pontos*: Das Schwarze Meer.

123 *opferte ich*: Er stellt sich dies und alles Weitere lediglich vor.

126 *Hymenaios*: Das rituelle Hochzeitslied, gerichtet an den Hochzeitsgott Hymenaios.

ich war dumm: Moschion wird jetzt klar, dass er in der Stadt hätte bleiben und seinem Adoptivvater gegenübertreten sollen.

133 *ab zu den Raben*: Zu *Dyskolos* V. 112.

153 *Ich verstehe ...*: Demeas versteht nur so viel, dass Moschion Plangon heiraten will, wie dieser schon in (dem verstümmelten) V. 146 gesagt hat: γαμεῖν ἐρῶ (ich begehre heftig, ⟨sie⟩ zu heiraten).

157 *mich besprengt*: Er meint eine rituelle Reinigung.

158 *Weihrauch aufgelegt*: Weihrauchkörner auf den Altar.

222 *Korb*: Er enthielt die für das Opferritual benötigten Utensilien.

256 *er persönlich*: αὐτός hier und αὐτή in V. 265 steht wie lateinisch *ipse/a* oder *ipsissimus/a* für »Herr/Herrin« aus der Sicht von Sklav:innen.

258 *Sie selbst*: Chrysis als die Herrin in Demeas' Haus. Er ironisiert das in V. 265.
294 *Heulen sollst du*: Indirekte Androhung von Prügeln. Zu *Aspis* V. 356.
300 *gegen die Tür gestoßen*: Zu *Dyskolos* V. 188.
302 *die Alte* ...: Alte Frauen galten in der Antike als trunksüchtig.
310 *Asklepios*: Der Heilgott.
323 *Helios*: Der Sonnengott.
325 *O du .. Himmel, o*: Zitat aus Euripides, *Oidipus* F 554 b Kannicht.
337 *Helena*: Die Frau des Spartanerkönigs Menelaos, deren Entführung durch den trojanischen Prinzen Paris den Anlass zum Kampf der Griechen um Troja lieferte.
369 *Hörst du nicht* ...: Die Szene mit Demeas, dem Koch und Chrysis mit dem Kind auf dem Arm ist auf einem der Mosaike in Mytilene dargestellt; s. Einführung S. 14f.
373 *die Alte*: Die in V. 302 genannte Trunksüchtige könnte gemeint sein.
378 *in einem Sidonitischen*: D. h. nur in einem einfachen Leinenhemd, also ohne Obergewand darüber.
390 *Die große Nummer*: Sarkastische Bezeichnung für Chrysis als Hetäre (wörtl. »Die große Sache«).
392 *Drachmen*: Zu *Aspis* V. 34.
416 *hat es in der Galle*: D. h. er ist verrückt (zu *Aspis* V. 306).
417 *Der Pontos*: Das Schwarze Meer; vgl. V. 96ff.
421 *Du wirst* ..: Ab hier ist im Originaltext das Metrum bis zum Ende des Aktes der katalektische trochäische Tetrameter.
427 *frisst Kot*: D. h., er benimmt sich barbarisch.
er wird zu jammern haben: Zu *Aspis* V. 356.
443 *darüber*: Über die Vertreibung der Chrysis, die offenbar sehr tatkräftig bei den Hochzeitsvorbereitungen war.
474 *Loxias*: Ein Beiname Apollons.
495 *Tereus* ...: Die mythischen Namen stehen für Sexualverbrechen: Tereus vergewaltigt seine Schwägerin und reißt ihr die Zunge heraus; Oidipus heiratet, ohne es zu wissen, seine Mutter und zeugt mit ihr zwei Söhne und zwei Töchter; Thyestes schläft mit der Frau seines Bruder und seiner Tochter.
498 *Amyntor*: Sein Sohn Phoinix vergewaltigt seine Geliebte, weshalb ihn der Vater des Augenlichts beraubt.
503 *in den Gewandbausch* ...: Zu ergänzen ist »spucke ich«. Mit dieser Geste versuchte man, Unheil, das aus einer unbedacht geäußerten Bemerkung entstehen konnte, im Namen der Rachegöttin Adrasteia abzuwehren.
504 *Diomnestos*: Ihn kennt man nur aus der *Samia*.
505 *Galle*: Zu *Aspis* V. 306.

517 *Halle*: Nikeratos verwendet in seinem Pathos unfreiwillig komisch für sein Haus das Wort, das in Epos und Tragödie für einen Königspalast steht.

532 *gegen die Tür –*: Zu *Dyskolos* 188.

552 *Hephaistos*: Der Gott der Schmiede und des Feuers, lateinisch Vulcanus.

563 *voll schwarzer Galle*: Zu *Aspis* V. 306.

580 *O weh, Leute!*: Hilferuf des Opfers eines Verbrechens.

590 *Zeus, zu Gold geworden*: Der Göttervater dringt als Goldregen zu der von ihrem Vater Akrisios gefangen gehaltenen Prinzessin Danaë vor und vergewaltigt sie.

603 *Chairephon*: Parasit, der in Texten der Mittleren und Neuen Komödie verspottet wird.

606 *Androkles*: Auch ihn kennt man nur aus der *Samia*.

607 *spaziert, obwohl weiß, schwarz herum*: Offensichtlich steht »weiß« für den passiven, als weiblich geltenden Partner in einer mann-männlichen Beziehung, »schwarz« für den aktiven, virilen. Ähnlich Catull 93 zu Caesar: *studeo ... nec scire, utrum sis albus an ater homo* (»ich bemühe mich, auch nicht zu wissen, ob du ein weißer oder ein schwarzer Mensch bist.«).

616 *Ich war ...*: Ab hier ist im Originaltext das Metrum bis V. 669 der jambische Trimeter.

628 *Baktra*: Stadt in Baktrien, das Nord-Afghanistan entsprach. Karien hieß eine Landschaft im Südwesten der heutigen Türkei.

629 *Lanzen werfend*: Er meint die Tätigkeit eines Söldners.

632 *Eros*: Der Liebesgott, lateinisch Amor/Cupido.

670 *Du scheinst ...*: Ab hier ist im Originaltext das Metrum bis zum Ende des Aktes wieder der katalektische trochäische Tetrameter.

673 *man mischt*: Gemeint: den Wein mit Wasser. *Geweiht* wird ein zum Hochzeitsritual gehörender heiliger Korb, und die *Opferstücke* sind die Fleischteile der Opfertiere, die den Göttern überlassen werden.

674 *Hephaistos*: Der Schmiedegott als Gott des Feuers.

713 *Hochzeit*: Gemeint ist der Teil der Feier, der im Haus des Brautvaters stattfindet.

735 *Bakchios*: Anderer Name für Dionysos, den Gott des Theaters.

737 *Nike*: Die Siegesgöttin.

Sikyonios (›Der Sikyonier‹)

6 *Mylasa in Karien*: Zu Samia V. 628.

110 *bleibt*: Von hier bis V. 149 ist das Versmaß der katalektische trochäische Tetrameter.

135 *zwischenstaatlicher Vertrag*: Geschlossen zwischen zwei Stadtstaaten, damit Schuldner auch bei Grenzübertritt strafrechtlich verfolgt werden konnten.

144 *zu dem Deinen*: D. h. Zu einem freien Bürger ihrer Stadt Athen.

167 *Du sollst heulen müssen!*: Zu Aspis V. 356.

168 *Metöke*: Einwohner Athens ohne Bürgerrecht.

171 *Rauch vom Feuer*: Eine sonst nicht belegte Redensart, die offenbar Begleitumstände von der eigentlichen Handlung trennte.

180 *Obolen*: Zu Aspis V. 84.

190 *ein Mädchen*: Philumene.

193 *»Ich habe …*: Es spricht offensichtlich Dromon.

196 *Er*: Stratophanes.

200 *ein junger Mann*: Moschion

242 *Priesterin*: Im Heiligtum der Demeter in Eleusis.

244 *dies*: der Vorschlag.

247 *dieser hier*: Pyrrhias.

273 *Helios*: Der Sonnengott.

347 *Skambonide*: Bewohner des attischen Demos Skambonidai.

355 *Halai*: Einer von zwei attischen Demen (zu Dyskolos V. 262) mit demselben Namen.

404 *Wagen*: Der Bräutigam saß auf einem Wagen, mit dem er die Braut abholte, und neben ihm ein Verwandter oder Freund, den man im Englischen als »best man« bezeichnet.

423 *Nike*: Die Siegesgöttin.

Phasma (›Die Erscheinung‹)

32 *Dionysien*: Athenisches Fest zu Ehren des Weingottes Dionysos. An den Großen Dionysien im März/April wurden Tragödien und Komödien aufgeführt.

79 *Ich mach …*: Spätestens hier, vielleicht schon mit V. 75, beginnt im Original ein Abschnitt im Metrum des katalektischen trochäischen Tetrameters, das im erhaltenen Text bis V. 98 beibehalten ist.

80 *Embaros*: Heros des athenischen Mythos, der sich durch praktische Anwendung seiner Schläue hervortut.

198 *Brauron*: Ein Ort ca. 26 km östlich von Athen mit einem Heiligtum der Artemis Brauronia. Dort fand alle vier Jahre ein Fest für junge Frauen statt.

Fabula incerta (Komödie mit unbekanntem Titel)

63 *Ge*: Die Personifikation der Erde als Mutter.

64 *Hestia*: Die Göttin des Herdes, lateinisch Vesta.

BIBLIOGRAPHIE

Kommentierte Bibliographie

Holzberg, Niklas: Menander 1972–2022. Eine Bibliographie, Logeion 13, 2023, 297–433.

Ausgaben, Übersetzungen, Kommentare

Arnott, W. Geoffrey: Menander. Edited with an English Translation. 3 Bde., Cambridge MA/London 1979–2000 (Loeb Classical Library 458–460).

Kassel, Rudolf/Colin Austin: Poetae Comici Graeci (PCG). VI 2: Menander: Testimonia et Fragmenta apud scriptores servata, Berlin/New York 1998.

– /Stephan Schröder: Poetae Comici Graeci (PCG). VI 1. Menander. Dyscolus et fabularum quarum fragmenta in papyris membranisque servata sunt, Berlin/Boston, Mass. 2022.

Sandbach, Francis Henry: Menandri reliquiae, Oxford [2]1990 (Scriptorum Classicorum Bibliotheca Oxoniensis).

Blume, Horst-Dieter: Menander. Dyskolos. Der Menschenfeind. Griechisch-Deutsch. Übersetzt und hg., Stuttgart 2007 (Reclams Universalbibliothek 18485).

Offermann, Helmut: Menander. Samia. Griechisch-deutsch. Übersetzt und hg., Stuttgart 1980 (Universal-Bibliothek 9993).

Rau, Peter: Menander. Komödien. Griechisch und deutsch. Hg., übersetzt und kommentiert. 2 Bde., Darmstadt 2013/14 (Edition Antike).

Treu, Kurt/Ursula Treu: Menander. Herondas. Werke in einem Band. Übertragen, Berlin 1980 (Bibliothek der Antike. Griechische Reihe).

Gomme, Arnold Wycombe/Francis Henry Sandbach: Menander: a Commentary, Oxford 1973.

Beroutsos, Demetrios: A Commentary on the "Aspis" of Menander. 1: Lines 1–298, Göttingen 2005 (Hypomnemata 157).

Ireland, Stanley: Menander. The Shield (Aspis) and the Arbitration (Epitrepontes), Oxford 2010 (Aris and Phillips Classical Texts).

Handley, Eric W.: The Dyskolos of Menander, London 1965.

Ireland, Stanley: Menander. The Bad-tempered Man. ΔΥΣΚΟΛΟΣ. Ed. with Translation, Introduction and Commentary, Warminster 1995 (Classical Texts).

Furley, William D.: Menander, Epitrepontes, London 2009 (Bulletin of the Institute of Classical Studies. Suppl. 106).

Wilamowitz-Moellendorff, Ulrich von: Menander. Das Schiedsgericht (Epitrepontes), Berlin 1925; Nachdr. 1974.

Ireland, Stanley: Menander. The Shield (Aspis) and the Arbitration (Epitrepontes), Oxford 2010 (Aris and Phillips Classical Texts).

Pernerstorfer, Matthias Johannes: Menanders Kolax. Ein Beitrag zu Rekonstruktion und Interpretation der Komödie. Mit Edition und Übersetzung der Fragmente und Testimonien sowie einem dramaturgischen Kommentar, Berlin/New York 2009 (Untersuchungen zur antiken Literatur und Geschichte 99).

Menander. Misoumenos or The Hated Man. Introduction, Translation and Commentary, London 2021 (Bulletin of the Institute of Classical Studies. Suppl. 143).

Furley, William D.: Menander. Perikeiromene or The Shorn Head. Ed. with Introduction and Commentary, London 2015 (Bulletin of the Institute of Classical Studies. Suppl. 127).

Lamagna, Mario: Menandro. La fanciulla tosata. Testo critico, introduzione, traduzione e commento, Napoli 1994 (Speculum. Contributi di Filologia Classica).

Bain, David M.: Menander. Samia. Edited with Translation and Notes, Warminster 1983.

Dedoussi, Christina: Μενάνδρου *Σαμία*. Εἰσαγωγή, κείμενο, μετάφραση, ὑπόμνημα, Athina 2006 (Vivliothiki A. Manousi 8).

Lamagna, Mario: Menandro. La donna di Samo. Testo critico, introduzione, traduzione e commentario, Napoli 1998 (Hellenica et Byzantina Neapolitana 17).

Sommerstein, Alan H.: Menander, *Samia* (The Woman from Samos), Cambridge 2013 (Cambridge Greek and Latin Classics).

Belardinelli, Anna Maria Menandro. Sicioni. Introduzione, testo e commento, Bari 1994 (Studi e commenti 11).

Cusset, Christophe: Redécouvrir *L'apparition* [Phasma] de Ménandre. Texte établi, traduit et commenté. Avec la collaboration d'Alessandra Lukinovich, Paris 2019 (Études grecques).

Monographien und Aufsätze zu übergreifenden Themen

Arnott, W. Geoffrey: Moral Values in Menander, Philologus 125, 1981, 215–227.

– Menander's Manipulation of Language for the Individualisation of Character, in: Francesco De Martino/Alan H. Sommerstein (Hgg.): Lo spettacolo delle voci, Bari 2005 (Le Rane 14) 1995, 2, 147–164.

Blume, Horst-Dieter: Einführung in das antike Theaterwesen, Darmstadt 1978 (Die Altertumswissenschaft).
– Menander, Darmstadt 1998 (Erträge der Forschung 293); Nachdruck 2010.
Casanova, Angelo (Hg.): Menandro e l'evoluzione della commedia greca. Atti del Convegno Internazionale di Studi in memoria di Adelmo Barigazzi nel centenario della nascita (Firenze, 30 settembre – 1 ottobre 2013), Firenze 2014 (Studi e Testi 32).
Cinaglia, Valeria: Aristotle and Menander on the Ethics of Understanding, Leiden/Boston, Mass. 2015 (Philosophia Antiqua 138).
Dobrov, Gregory W. Brill's Companion to the Study of Greek Comedy, Leiden/Boston, Mass. 2010.
Fontaine, Michael/Adele C. Scafuro (Hgg.): The Oxford Handbook of Greek and Roman Comedy, Oxford/New York 2014 (Oxford Handbooks).
Fuhrmann, Manfred: Lizenzen und Tabus des Lachens. Zur sozialen Grammatik der hellenistisch-römischen Komödie, in: Wolfgang Preisendanz/Rainer Warning (Hgg.): Das Komische, München 1976 (Poetik u. Hermeneutik 7), 65–101 = [leicht gekürzt] AU 29.5, 1986, 20–43.
Gaiser, Konrad: Menander und der Peripatos, Antike und Abendland 13, 1967, 8–40.
Green, John Richard: Theatre in Ancient Greek Society, London/New York 1994.
Gutzwiller, Kathryn: The Tragic Mask of Comedy: Metatheatricality in Menander, Classical Antiquity 19, 2000, 102–137.
Handley, Eric W./André Hurst (Hgg.): Relire Ménandre, Genève 1990 (Recherches et Rencontres 2).
Heap, Angela M.: Behind the Mask: Character and Society in Menander, London 2019.
Holzberg, Niklas: Fragmenta Comicorum (FrC) 24.1: Menander. Einleitung, Göttingen 2023.
– Menander. Untersuchungen zur dramatischen Technik, Göttingen 2024 (Studia Comica 22).
Hunter, Richard: The New Comedy of Greece and Rome, Cambridge 1985.
Iversen, Paul A.: Menanders *Thaïs*: 'hac primum lascivos lusit amores', Classical Quarterly 61, 2011, 186–191.
Konstan, David: Greek Comedy and Ideology, New York/Oxford 1995.
– Comedy and the Athenian Ideal, in: Mirko Canevaro/Benjamin Gray (Hgg.): The Hellenistic Reception of Classical Athenian Democracy and Political Thought, Oxford 2018, 109–120.
Krieter-Spiro, Martha: Sklaven, Köche und Hetären. Das Dienstpersonal bei Menander. Stellung, Rolle, Komik und Sprache, Stuttgart/Leipzig 1997 (Beiträge zur Altertumskunde 93).

Lape, Susan: Reproducing Athens: Menander's Comedy, Democratic Culture, and the Hellenistic City, Princeton, N. J. 2004.

– The Poetics of the κῶμος-chorus in Menander's Comedy, American Journal of Philology 127, 2006, 89–109.

Petrides, Antonis K.: Menander, New Comedy and the Visual, Cambridge 2014 (Cambridge Classical Studies).

Revermann, Martin (Hg.): The Cambridge Companion to Greek Comedy, Cambridge 2014.

Scafuro, Adele C.: The Forensic Stage: Settling Disputes in Graeco-Roman New Comedy, Cambridge 1997.

Scardino, Carlo/Giada Sorrentino: Menander und die Komödie seiner Zeit, in: Stylianos Chronopoulos/Christian Orth (Hgg.): Fragmente einer Geschichte der griechischen Komödie/Fragmentary History of Greek Comedy, Heidelberg 2015 (Studia Comica 5), 199–227.

Schröder, Stephan: Die Lebensdaten Menanders (Mit einem Anhang über die Aufführungszeit seines Ἑαυτὸν τιμωρούμενος), Zeitschrift für Papyrologie und Epigraphik 113, 1996, 35–48.

Sommerstein, Alan H. (Hg.): Menander in Contexts, Oxford 2014 (Routledge Monographs in Classical Studies).

– (Hgg.): The Encyclopedia of Greek Comedy, Hoboken 2019.

Traill, Ariana E.: Women and the Comic Plot in Menander, Cambridge/New York 2008.

Turner, Eric: (Hg.): Ménandre. Sept exposés suivis de discussions, Vandœuvres-Genève 1970 (Entretiens sur l'antiquité classique 16).

Vogt-Spira, Gregor: Dramaturgie des Zufalls. Tyche und Handeln in der Komödie Menanders, München 1992 (Zetemata 88).

Weber, Thomas Bertram Lobster/John Richard Green/Axel Seeberg: Monuments Illustrating New Comedy. 2 Bde., London [3]1995 (Bulletin of the Institute of Classical Studies. Suppl. 50).

Zagagi, Netta: The Comedy of Menander: Convention, Variation and Originality, London 1994 = Bloomington, Ind. 1995.

Zimmermann, Bernhard: Die griechische Komödie, Frankfurt a.M. [2]2006.

Zu einzelnen Komödien

Dyskolos

Brown, Peter George McCarthy: The Construction of Menander's Dyskolos, Acts I–IV, Zeitschrift für Papyrologie und Epigraphik 94, 1992, 8–20.

Lowe, Nicholas John: Tragic Space and Comic Timing in Menander's *Dyskolos*, Bulletin of the Institute of Classical Studies 34, 1987, 126–138; auch in: Eric Segal: Oxford Readings in Menander, Plautus, and Terence, Oxford/New York 2001, 65–79.

Rzepkowski, Krzysztof: Stage Movement and Staging in Menander's *Dyskolos*, Mnemosyne 65, 2012, 584–596.

Schäfer, Armin: Menanders Dyskolos. Untersuchungen zur dramatischen Technik. Mit einem kritisch-exegetischen Anhang, Meisenheim am Glan 1965 (Beiträge zur klassischen Philologie 14).

Epitrepontes

Furley, William D.: New Fragments of Menander's Epitrepontes, London 2021.

Porter, John R.: Euripides and Menander: *Epitrepontes*, Act IV, Illinois Classical Studies 24/25, 1999/2000, 157–173.

Sommerstein, Alan H.: Menander: *Epitrepontes* (The Arbitration), London 2021 (Bloomsbury Ancient Comedy Companions).

Heros

Ioannidou, Kyriaki A.: Menander's *Heros*: a New Reconstruction of the Smaller Cairo Codex Fragments (δεζ, γO, θη), The Bulletin of the American Society of Papyrologists 58, 223–247.

Theophorumene

Handley, Eric W.: Notes on the *Theophoroumene* of Menander, Bulletin of the Institute of Classical Studies 16, 1969, 88–101.

Ioannidou, Kyriaki A.: The Act Number Inscribed on the Mytilene Mosaic of Menander's *Theophoroumene*: an Old Problem Revisited, Zeitschrift für Papyrologie und Epigraphik 194, 2015, 29–35.

– PSI 15 1480: a Performed Hymn to Cybele in Menander's *Theophoroumenē*?, Logeion 13, 2013, 157–181.

Samia

Blume, Horst-Dieter: Menanders »Samia«. Eine Interpretation, Darmstadt 1974 (Impulse der Forschung 15).

Möllendorff, Peter von: Menanders *Samia* und die Aristotelische Poetik, in: Anton F. Harald Bierl/Peter von Möllendorff (Hgg.): Orchestra. Drama, Mythos, Bühne. Festschrift für Hellmut Flashar anlässlich seines 65. Geburtstages, Stuttgart 1994, 300–317.

Philippides, Katerina: Secrets and Lies in Menander's Samia: a Reading of the Play Focused on Light and Darkness, Wiener Studien 132, 2019, 7–28.

Weissenberger, Michael: Vater-Sohn-Beziehung und Komödienhandlung in Menanders 'Samia', Hermes 119, 1991, 415–434.

Wright, Matthew: Menander: *Samia*, London 2020 (Bloomsbury Ancient Comedy Companions).

Sikyonios

Favi, Federico: The Title(s) of Menander's *Sikyonioi*, Mnemosyne 72, 2019, 335–339.

– I *Sicioni* di Menandro: una proposta di ricostruzione, Lexis 42, 2024, 121–152.

Lloyd-Jones, Hugh: Menander's *Sikyonios*, Greek, Roman and Byzantine Studies 7, 1966, 131–157; auch in: Ders.: Greek Comedy, Hellenistic Literature, Greek Religion, and Miscellanea: the Academic Papers, Oxford 1990, 53–86.

Witzke, Serena S.: Gendered Differences in the Recognition Plot: Menander's *Sikyonioi*, EuGeStA 6, 2014, 41–65.

Nachleben

Charitonidis, Sérafim/Lilly Kahil/René Ginouvès: Les Mosaïques de la Maison du Ménandre à Mytilène, Bern 1970 (Antike Kunst. 6. Beiheft).

Csapo, Eric: Actors and Icons of the Ancient Theater, Chichester/Malden, MA 2010.

Davis, Gregson: Ovids *Metamorphoses* 3.442 ff. and the Prologue to Menander's *Misoumenos*, Phoenix 32, 1978, 339–342.

Fontaine, Michael: Von Athen nach Rom: Von der griechischen zur römischen Komödie, in: Stylianos Chronopoulos/Christian Orth (Hgg.): Fragmente einer Geschichte der griechischen Komödie/Fragmentary History of Greek Comedy, Heidelberg 2015 (Studia Comica 5), 250–277.

Gaiser, Konrad: Zur Eigenart der römischen Komödie: Plautus und Terenz gegenüber ihren griechischen Vorbildern, Aufstieg und Niedergang der römischen Welt I 2, 1972, 1027–1113.

Gutzwiller, Kathryn/Çelik, Ömer: New Menander Mosaics from Antioch, American Journal of Archeology 116, 2012, 573–623.

Konstantakos, Ioannis M.: *Rara coronato plausere theatra Menandro*? Menander's Success in His Lifetime, Quaderni Urbinati di Cultura Classica 88, 2008, 79–106.

Lorenz, Katharina: Menander daheim. Die pompejanische Casa del Menandro als Autorbild, in: Ute Tischer [et al.] (Hgg.): *Ut pictura poeta*: Author Images and the Reading, Turnhout 2022 (Biblioteca del Giornale Italiano di Filologia 90), 79–102.

Nervegna, Sebastiana: Menander in Antiquity. The Contexts of Reception, Cambridge 2013.

Pernigotti, Carlo: Menandri Sententiae, Firenze 2008 (Studi e testi per il Corpus dei papiri filosofi greci e latini 15).

Schwarzmaier, Agnes: Die Masken aus der Nekropole von Lipari, Wiesbaden 2012 (Beiheft Palilia 21).

Treu, Kurt: Menander-Zitate und ihr Kontext, Philologus 119, 1975, 170–178.